U0616579

明代贵州史全四种整理点校文献集成

贵州省高校人文社科基地贵阳学院阳明学与黔学研究院黔学研究丛书

万历贵州通志

（上册）

[明]江东之 王耒贤 沈思充◎修

[明]许一德 陈尚象 刘汝辑 周文化◎等纂

赵平略 吴家宽◎点校

西南交通大学出版社

·成都·

图书在版编目（CIP）数据

万历《贵州通志》. 上／（明）江东之，（明）王来贤，（明）沈思充修；（明）许一德等纂；赵平略，吴家宽点校. —成都：西南交通大学出版社，2021.1
（明代贵州史全四种整理点校文献集成）
ISBN 978-7-5643-7641-3

Ⅰ. ①万… Ⅱ. ①江… ②王… ③沈… ④许… ⑤赵… ⑥吴… Ⅲ. ①贵州－地方志－明代 Ⅳ. ①K297.3

中国版本图书馆 CIP 数据核字（2020）第 173574 号

明代贵州史全四种整理点校文献集成
Wanli《Guizhou Tongzhi》(Shang Xia)
万历《贵州通志》（上下）
[明]江东之　王来贤　沈思充　修
[明]许一德　等纂
赵平略　吴家宽　点校

出版人　王建琼
责任编辑　吴　迪
助理编辑　李　欣
策划编辑　李晓辉
封面设计　严春艳

出版发行　西南交通大学出版社
（四川省成都市二环路北一段 111 号
西南交通大学创新大厦 21 楼）
发行部电话　028-87600564　028-87600533
邮政编码　610031
网址　http：//www.xnjdcbs.com

印刷　成都勤德印务有限公司
成品尺寸　170 mm × 230 mm
总印张　59
总字数　1 045 千
版次　2021 年 1 月第 1 版
印次　2021 年 1 月第 1 次
书号　ISBN 978-7-5643-7641-3
套价（上下册）　398.00 元

点校说明

一、点校以日本尊经阁文库藏明万历二十五年刻本影印本为底本，参校弘治《贵州图经新志》、嘉靖《贵州通志》、《黔记》等书。异文之处，一般只注明不同版本的不同之处，不对原文进行更改，如果可能是原书错误，则提出点校者的看法，但不改原书。如果错误十分明显，且影响阅读或影响文义，方对原文进行更改。

二、原文有缺或模糊之处，尽量依据《贵州图经新志》、嘉靖《贵州通志》、《黔记》等书予以补充。无法补充的，则以口表示。

三、各章结尾有"万历丁酉年志""万历《丁酉志》"等不同表述，点校时统一为"万历《丁酉志》"。

四、原书目录不便于阅读，今重新编制目录，亦不改变原书顺序。原文总目录仍附于后，夹杂在正文中的"经略志"和"艺文志"共六卷的目录皆调整到新编制的目录位置，以新编制的目录为准。

五、原文汉字数目字既有大写，也有小写，为使全书体例统一，且便于阅读，均改为汉字小写。

六、书中有一些词语体现了民族歧视，如"猡猡""獠"等，但这是特定历史时期的局限，为保持古籍原貌，本书不做修改。

七、书中有一些词语前后写法不一样，如"猡猡"，有时写作"罗罗"。本书只在第一次出现时做出说明，均保持原貌。

八、少数地方，原书行文过于简洁，而内容又颇为重要，本书适当补注。如"杨最，射洪人……历官太仆寺卿，以抗言国事。卒。""卒"字过简，本书补了注："据《黔记》，杨最因上疏忤旨，被逮，死于狱中。"

九、繁体字、异体字，如非现在仍在使用的地名、人名，一律改为现在通行的简体字。

十、关于编纂者，文末附在事诸臣中以王耒贤为首，但从邹元标、应朝卿的序来看，组织者应是江东之，故本书作江东之、王耒贤等修。而实际编辑的载有 4 人，本书全予列出。

目 录（上）

贵州通志序

元标荷殳黔筑，竢罪六祀。癸未春，奉诏赐环，用特恩备官腋垣。诸抱疆埸忧者过问黔筑事，曰："诸土司故世受国恩，何多梗化者？"予曰："天威照临，谁不欲守世业，传之云？仍间有不靖游民，鼓掌弄之，非其心也。计最雄长者，土舆、钱谷、甲兵、人民，不及中州一下县，且其所仗肘腋，人各有心，欲自相贵，又四面受敌，亡足计也。但地硗而瘠，物产既屈，有田者赋税时加，转瞬辄罢。州邑长及诸小吏宦情萧索，诸小吏最苦，士与民，上与下交病也。又尺籍稍耗[①]，屯田荒芜，所称站军者，惫于迎送，守卫益病。以雄藩较之，犹巨室诸子各享饶富，一子独食贫，且贫者与富者，宾客、祭祀、燕享之需相埒，捉衿露肘，苦而可知。闻先正建议，以湖北、川东尽入版舆，楚蜀不见少，在黔筑式扩而大。此其议非不伟，而犬牙相制之说，锢不得施，难言矣！"问者唯唯。

予同年念所江公[②]，奉命镇抚是邦。旧游告公受事来，斧断斤削，洞若游刃，予闻之喜。已，又闻公捐俸创救荒田若干。又敦请予门人给谏陈君见羲、乡缙绅宪父[③]许君吉庵大葺《通志》。

夫此两者，朱紫阳氏所至奉为令甲，公毅然行于贵，贵之人何幸有公也。未几，公遣使以书委予序，予得披之。为卷二十有四，大要若《省会》、若《合属》、若《兼制》、若《经略》、若《艺文》，目各以类分，丰约同异，必详必确[④]。卓乎，贵之宪章矣！中丞公心盖曰："百金之夫，辛勤立门户，必有家乘以遗后人，奈何[⑤]视官不如家？"故竭蹶为贵筑世世计。读兹志者，感甲兵强弱则思振，熟土苗驯梗则思驭，会钱谷多寡则思裕，稽盗贼出没则思靖，察士习民风淳漓则思正，此治贵大较也，公惓惓是志之心也。

虽然，医书载阴阳虚实之宜，在人悟不耳，执一方御众病，病之数多，

---

① 稍耗:《黔记》卷十四作"消耗"。
② 念所江公:《黔记》卷十四作"中丞念所江公"。
③ 宪父:《黔记》卷十四作"宪副"，当是。
④ "为卷二十有四"至"必详必确":《黔记》卷十四作"为图十有二，附目十有八，曰星野，曰沿革，曰形势，曰民政，曰军政，曰学政，曰城郭，曰公署，曰秩官，曰名宦，曰经略，曰艺文。丰约同异，必详必确，草创润色，裁正铨次，咸得其人"。
⑤ 奈何:《黔记》卷十四作"予奈何"。

方不胜病，医必败。予饮食兹土者久，知上常与下有龃龉，不越两端：鄙夷者苟简塞责，喜事者轻举飚发，贵事益不可支。有能熟俗所宜，衡物之情，文武迭用，德威惟时，如名医针灸，参蓍旋投而立有效者，然亦代不数人，载在《名宦》，可睹矣。我朝列圣立极，一统有志，即《周礼》大司徒掌史之意；各省有志，即小史所掌之意。然其政兴废举坠在人，存亡不尽藉方册也。

往予以恤站军末议，陈情于上，得蒙俞旨，大司马下贵，当事以力诎辞，故不得其人，即君父之命，竟至沉阁。矧兹载籍，竟公之志，奠四境若覆盂者，其在得人哉！其在得人哉！予敢以后先肤见熟数篇端，裨同志君子有所览镜焉。

元标一别兹土，荏苒几廿年，忆承名儒如少宗伯淮海孙公、参知同野李公及诸士陈君等，以圣贤之学相切劘朝夕，盖期报君父万一。乃戍则无一矢一镞之劳，仕则暗小心翼翼之恭，负圣皇解网之恩，孤并州父老之望，五溪云山，用想为劳，抚兹志，悠悠我思矣！书成，会侍御应公持绣斧至，遂相与图之，而藩司汝阴王公、观察荆溪曹公皆赞其成，而总其事者，督学桐乡沈公云。

万历丁酉岁仲秋月之吉

吉水邹元标尔瞻父撰

重修贵州通志序

夫志，史之遗也。今省会以至郡邑皆有之，乃记繁志寡，余窃慨焉。盖左氏最号浮夸，今睹传所载，采缉鲁史而属以己法，辞艳事核，列国之文告、政理及其他军兴之制度，与其战阵之行伍，犂然毕具；且别兴衰，稽善败，辨若淄渑，应惟影响又何也？今志所纪，旁及廨宇，琐涉米盐，靡不详其始末，至搜精骑于什伍，则寥寥然。令观者如嚼蜡，溺其旨矣。

余以丁酉夏奉命按黔中。初入界，见层岗叠嶂，丛棘栈栈，泉流硍礧，间作悲鸣，卫所城堞与夷落相错如绣，辄叹曰："此非古夜郎、罗施地耶？而郡县置之，风气日开，与中土埒，我国家教化翔洽，即暗胸幽昧之区，悉耀于光明，甚盛矣！"然窃有惧焉，夷性御夺格斗以为常，刁斗之声，旦夜相属。且也，田在草间，庾无见粮，将卒擐甲待炊，仰给于川湖，可为凛凛。

已而会中丞江公，则方锐意图所以不朽者，搜锾金，置公田，积刍糒，复谋浚南河达之川江，以通泉货，忧与余合，而策之甚备。余喜焉，亟索饩余佐之，檄藩臬为疏钥计，且曰："此二役也，成黔百世利也，其尚志之哉！"若其他补偏救敝，厚墉树基，振余威于殊俗，令一二酋长委命息喙，余方且于故典是稽。

适督学沈君以新志成，请序于余。余曰："彪彪班简，一代所凭；野史家乘，褒贬攸征。昔朱元晦氏所至，唯葺志书是急，毋亦唯是。山川险易，风俗污隆，与其乡之喆人哲士[①]、来宦者之殊猷绝迹，无俾淹没，令经世者得考镜焉耳。黔虽远在天末，试考马伏波屯军故处，及诸葛武侯祃牙营垒，挥毫吊古，辄令人增气。且吾乡王文成不谪居此乎？当时微词片语，能令负雄心者戢志，亦奇矣！迩岁邹尔瞻氏亦以抗疏谴谪，与文成后先相映。名贤所

① 哲士：《黔记》作"吉士"，当是。

过，其流风余韵，犹足以廉起顽鄙，为山川增色，则二百年来，披荆棘，立纲纪，宁无一二可数者？藉令核其关键，摭其散逸，则数帙可以信百世。若犹然循故事已也，即继此者，日执笔以续其简，亡当也。”

沈君曰：“唯唯。”今睹所为志，网罗旧闻，考证要眇，多所发明云。

余曰：“此庶几无盭于史之遗意者，余足迹将周遍黔土，且以此参之观风焉。”

巡按贵州监察御史赤城应朝卿书

重修贵州通志序

国家建置列省以藩屏帝室，即五等分封遗意，而今列省之各有志，即古列国之各有史，其义一也。黔虽介在徼外西南乎？其幅员虽少褊乎？而地舆、形胜、民风、物产、户口、财赋、名贤、职官、祲祥、古迹之属，载在全黔《通志》，与制俱来，则因时修辑，以备参考，而昭观省者，是亦不可以已也。

岁丙申，余奉简书来抚是都。先是，土酋舞文乱法，欲改邑复司，哗然而以事闻，诏下其议于两台之臣。余思以定制折之，乃亟取省志，稽其建置由来，而志自嘉靖癸丑以后阙焉未续，寻得《会典》镜正，始藉手以先一疏。按志自中丞刘公、侍御宿公增修方志，迄今四十余年，而未有执简从事者，亦已疏矣。

余方有慨于其中[①]，欲胥谋于直指应公，而会乡先生给谏陈君以请，曰："甲午之役，不佞象寔从一二乡绅后，敦雠校事，业副其墨于藩司，倘及今犁而正之，以授剞劂，此为时矣。"余都给谏此意，即令有司拥彗先驱，开集雅之馆，复延畴昔所称一二执简也，雠校也[②]，而日趣驾焉。

事竣，给谏谒余言曰："省之大典，在志与文。君侯谊薄梁园，声高稷下，岂其爱一言而不以褒吾黔耶？"余唯唯不不。既而藩臬大夫亦复申之，辄思得吾友邹君尔瞻氏文之简端，而姑为不腆之辞，以志岁月。

大都曰：自结绳以往，文明丕著，纪事纪言，厥有内史，《春秋》《梼》《乘》，惇无隐虚，尚矣。后世文胜之敝，史也奚辞？太史公谓周秦之间可谓文敝矣，若邹鲁尚文今且质，吴越尚朴今且华，是地气之改而时变之迁也。故函夏之地宜救以忠，边鄙之乡宜救以僿，是辅相之宜而财成[③]之术也。

今天下大一统以示无外，即鬼方、靡莫故地[④]，已进而中国之[⑤]，与列省比肩，承宣德化。圣天子特[⑥]于黔乎加额开科，所谓以冠裳易鳞介，以俎豆

① 其中：清乾隆八年（1743）东皋堂刻本《瑞阳阿集》卷五作"中"。

② 执简也，雠校也：《瑞阳阿集》作"执简者，雠校者"。

③ 财成：《瑞阳阿集》作"裁成"。

④ 故地：《瑞阳阿集》作"异域"。

⑤ 中国之：《瑞阳阿集》无此三字。

⑥ 特：《瑞阳阿集》无此字。

饬战阵[①]，意在斯乎！则凡天文辨析于分野，地理究极于舆图，士习民风兼采于夷夏，田赋兵车，与时盈缩，固维新之一机也。

黔故有志，自诸葛武侯以至王文成公[②]，上下千有余年，其间英声骏劭[③]，播溢三危，概可睹矣。嘉隆以来，代不乏人。或铁石之衷，耀奇于御侮；或瑶华之藻，展采于天庭；亦有却金茹淡，继美关西之清；迁客硕儒，讲明洙泗之学。是皆质之于前而有光，俟之于后而可法，昭昭在人，闻见[④]方真。非乘岁时之近，录而纪之，将事与时湮，人随世往。典型寥邈，若存若亡，藉令豪杰犹兴，尚友之谓何?

我国家有《一统志》，载天下山川名物，如指诸掌。若《会典》一书，非时时著为令甲，则因革损益，无繇而稽。以斯知志之有续，犹国之有典。彼石渠之上，寻讨纂修，必有鸿笔近臣，总裁其事，而后法守画一，无敢[⑤]变易以干度者，虽海外夷邦，尚尊而信之。今兹高世名贤，操觚登坛，又得督学沈君相与印正而润色之，凡例有纲有条，爰分爰合，各有攸当，文不伤质，丽而得体，黔之衣冠礼乐彰而传矣。且也，其事核，其义正，庶几哉！麟经遗意，犹能翼国典而寝诇谋，即晋楚之史，亦何让焉。于是乎序。

赐进士、中宪大夫、奉敕巡抚贵州兼督湖北川东地方军务、都察院右佥都御史、前御笔召还大理寺左少卿鄣郡江东之书

---

① 饬战阵:《瑞阳阿集》作“息兵戎”。
② 至王文成公:《瑞阳阿集》作“至于王文成公”。
③ 骏劭:《瑞阳阿集》作“骏烈”。
④ 闻见:《瑞阳阿集》作“见闻”。
⑤ 无敢:《瑞阳阿集》作“不敢”。

贵州通志凡例

一、贵志未详所始，及今可考者：一修于弘治中督学沈公庠，体如《一统志》之分属；一修于嘉靖中督学谢公东山，体如诸类书之分类。分属则条纪张矣，而鲜归摄；分类则属比明矣，而泰割裂。今兼采二志，参之他省志，首以《省会》提纲，中以各《属》分纪，维之以《兼制》，经之以《经略》，罄之以《艺文》终焉，其大较也。

一、叙事，《旧志》所载者仍之，新者续之，繁者芟之，漏者补之，讹者订之，旧说可疑而别立新说者，两存之。凡远事据经史，近事据见闻，不以臆说。

一、《省会志》总挈一省大纲而为之组，若因革纪古今，若星野纪天，若形胜纪地，若崇文、若饬武、若理财、若用人，皆政之大者，余不琐缀。各属志则加详焉。

一、舆地故有图，止分布诸属名，而于列方计里、名川源委总无当也，今更画之。

一、沿革，如汉有夜郎县，无夜郎郡，而《旧志》误称郡，及自来建置多未合者，悉订改之。

一、分野相沿袭舛，未有定据，今加考正，并存其旧者。

一、军、民、学、政、城郭、秩官诸款，各提全省之总，庶一披览而全黔在目云。

一、合属府、州、卫、土司，多联络一方，且并治一城而不相属者，析之则离，合之则溷。故各以守巡道属分类而鳞比之，以示有纪。

一、贵阳宣慰、贵前二卫分辖异道，而同附省城，故别立《省会·首属志》以联之，与诸属例稍异。

一、职官题名，书郡邑独详者，重亲民也。武职指挥，纪始祖一人及见今沿袭者，示文武并用之意。千百户而下，冗繁不备纪云。

一、土司准武官例得纪其先及今受爵者，防冒滥、杜争端也。

一、纪教官以重铎职，科第及岁选士，例皆得书。

一、《名宦》《乡贤》《旧志》所载者都存之，非确有议者不削。其续入者，必公论昭明，祠祀已定者，不滥及也。

一、孝子割股者不轻与，以防末俗也。

一、隐逸必以道德显，或以文章著，乃不愧其名，如以寻常韦布无所表见者当之，溺其旨矣。今惟存《旧志》所载，余姑俟之。

一、《列属》后为《兼制志》，重相维之义，目止军旅、钱谷、学校、邮传四款，取其关于黔者著之也。

一、《经略志》，诸关兴革大故及切于政务者录之，若事体琐屑、处分一时者不录。

一、《艺文》首取有关于风化，次则足为黔中纪胜者录之，余无当者，虽工不录。末纪书目，以存典籍；演夷字，以引之同文。凡皆《旧志》所未备者。

贵州通志目录计二十四卷

贵州通志卷一

第一章 省会志

自昔帝王之兴，莫不囊括寰宇，提衡六合，以弘顺治威严之略，而我明独㒱焉。蕞尔南黔，历代虽尝率俾之、羁縻之，然中间离合靡常，统辖不一，未有能籍入版图，列之藩服，如今日一统之盛者也，则二祖八宗所为开先缵绪，以贻万世之丕基者，其鸿谟骏烈，可绎思已。故檃括全黔制度之概，政事之纲，汇为《省会志》，弁诸《合属志》之首，譬则名宗巨阀，支属虽殊，本原则一。秉政者诚握其枢，而笃近举远，安内攘外，以惠我元元，黔虽与天亡极可也。

舆图

神物呈图，皇羲以画。泄灵块之秘，罗浩宇之藏。惟圣穷神，不遗俯察。分疆万国，敷土九州。《禹贡》之作，《舆经》鼻祖。殷缵旧服，周掌职方。迨汉萧何，收之秦府。咸阳之炬，图籍未灭。汉卒霆挞八蛮，风偃绝域，动无阻奥，厥有自来。彼张骞、唐蒙诸人，浪云“凿空”，吾未之信。

皇明肇启黔藩，襟川带粤，枕楚距滇，窟丛万山，丝悬一线，盘蜒曲折，东西冥迷，指南籍图，于兹为亟。予以铎事，按部再周，迹遍穷谷，时考旧图，多所未合，穷晷摩改，亦未确然。偶得《广舆图》一书，奇之，夫非原本禹经、冥契羲画者耶？抑何玄巧也。爰摘《黔图》，参之睹记，稍订其讹，补其阙，画之左方，而述其概如此。

贵州布政司

东抵湖广平溪卫界五百五十里。南抵广西泗城州界三百四十里。西抵云南曲靖卫界七百二十里。北抵四川泸州界七百五十五里。东南抵广西庆远府荔波县界五百八十五里。西北抵四川建昌行都司界一千六百里。西南抵云南亦佐县界九百二十五里。东北抵湖广五寨司界八百里，抵南京四千二百五十里，抵京师七千六百七十里。

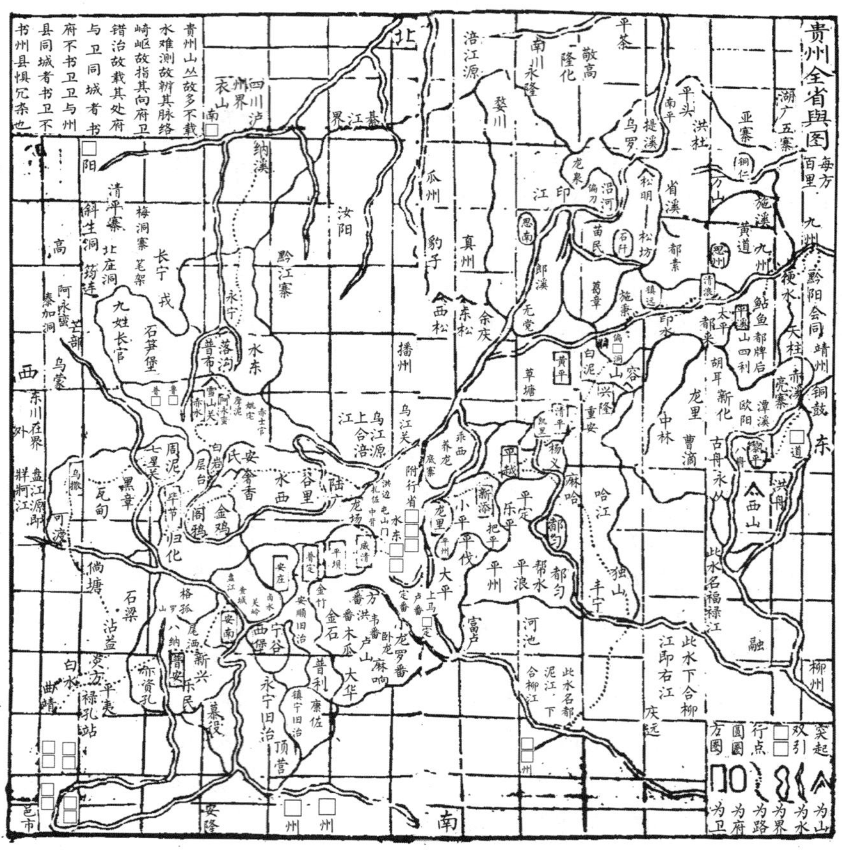

图 1 贵州全省舆图

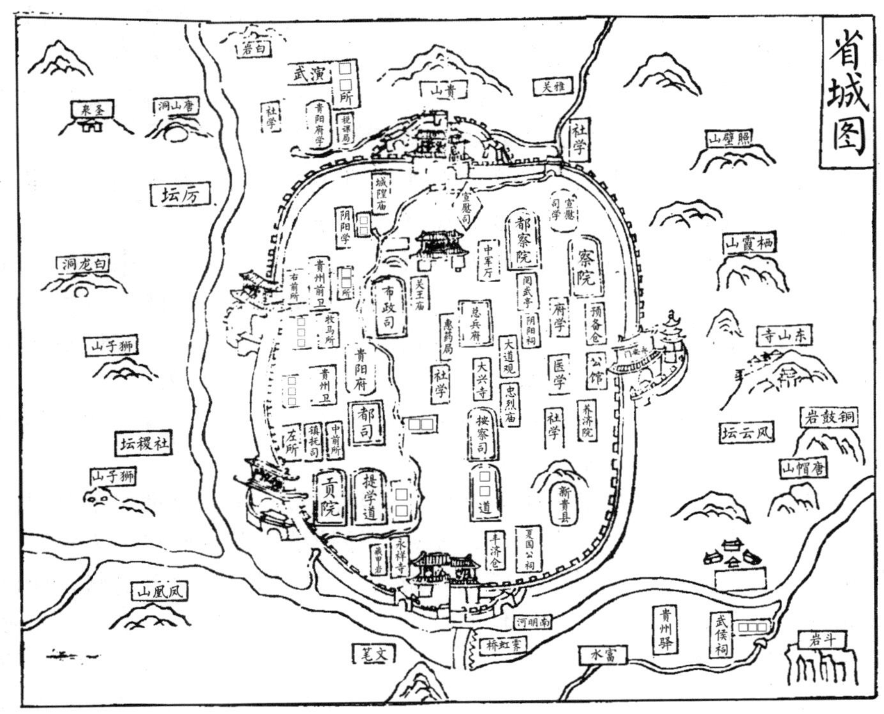

图 2 省城图

建置沿革

语有之:“浑沌剖而熙明,忠质穷而文焕。”由斯以谭,上下数千年间,因革损益之故可睹已,矧于黔乎?大都时与势移,政因俗异。故希文明于草创之始,舛矣;袭成法于泰宁之世,固矣。今贵阳建府会城,黎平兼制五开,体统庶几云正,其他如郡理之分镇,新贵、定番之继设,解额、黉序之增广,又非所谓时至事起,与民宜之者乎?虽然,“革言”已“三就”矣,犹必“巳日乃孚”,而鉴于成宪,斯永无愆。是又权舆贵筑者宜加之意也。

三代《禹贡》梁州南境,而荆州西裔也。殷为鬼方。周为靡莫之属。战国时,楚顷襄王遣将庄蹻略地黔中。秦为黔中郡。

汉为西南夷地。武帝元鼎六年,平南夷,分属牂牁、犍为、武陵三郡。蜀汉为牂牁、兴古二郡。

晋为牂牁、犍为、兴古、武陵四郡,属荆、益、宁三州。南宋、齐因之。

隋为巴东、黔安、清江、明阳四郡地。

唐武德二年归附。贞观十六年，开山峒，益拓其地，置牂、夷、播、珍等州，属黔中、剑南二道采访使。昭宗大顺二年，为蜀王建所有。

五代唐天成二年附于唐。晋天福五年，都匀酋长尹怀昌，率其属十二部，牂牁酋长张万浚，率其属思夷等州，皆附于楚。

宋至道二年，分隶荆湖与剑南之东西三路。元丰间，改隶湖北、夔州二路。政和中，复置思、播、珍、承、溱五郡，寻废。

元为湖广、四川、云南、广西四行省地。至元十六年，诸夷降附，置八番、罗甸等处军民宣慰使司及都元帅府于贵州。十九年，以降夷八番、金筑百万寨悉为郡县，置顺元路金筑府，贵州以统之。二十年，又以讨平九溪十八峒为郡县，并立总管府，俱听顺元路宣慰司节制。初隶湖广，后改隶云南及四川，寻复隶湖广，而割普定以西隶云南焉。二十九年，合宣慰司都元帅府，置八番、顺元等处宣慰司都元帅府。

本朝洪武初平定，分隶云南、湖广、四川三布政司，设都司于贵州。永乐十一年，废思南、思州二宣慰司，建贵州等处承宣布政使司。十八年，置提刑按察司。万历二十八年，灭播，以播之五司、湖广四卫益贵州，而以黎平改属湖广，领府八、州八、县十一、宣慰司一、卫二十二、所二。[①]初领思州、思南、镇远、石阡、铜仁、黎平、乌罗、新化八府，及宣慰司，普安、永宁、安顺、镇宁四州，镇远、婺川、印江、施秉四县。后废乌罗、新化二府。成化十年，置程番府。弘治六年，置都匀府。八年，置麻哈、独山二州，清平、永从二县。隆庆二年，迁程番府治入会省附郭，改名贵阳。万历十四年，置定番州，治旧府地。十九年，置新贵县，附郭，余如故。都指挥使司领贵、前、龙里、新添、平越、清平、兴隆、都匀、威清、平坝、普定、安庄、安南、普安、毕节、乌撒、永宁、赤水一十八卫，黄平、普市守御二千户所。

外史氏曰：黔于古始，非异域也，入我版图，所从来远矣。鸿蒙不可得考，帝高阳氏化至交趾流沙，远跨黔西南之外。唐虞命官敕治，时廑有苗。有苗氏者，缙云氏之后也。称苗者何？若曰中夏之苗裔云尔。时则有三危之戮，徂征之命，藉令非我服属，骛远略而勤之兵，帝者不为也。《禹贡》所纪，尤大彰明。雍、梁之境，西南皆据黑水。黑水之流，导自三危，入于南海。汉武开滇嶲，其地即有古黑水祠，而滇之澜苍江流入南海，黔之牂牁江通粤番禺，亦入南海。天下诸水多归二界，入东海，滇黔独有别流。其单言南海，以此非神禹足迹遍历，胸中具一堪舆，何能揭若指掌哉！

---

① 晋天福五年……卫二十二、所二：原文为："晋天福五年，都匀酋长尹……二"，中间省略号处全缺，今据《黔记》卷七补足。

黔博灵之山，有古象祠，夷人世祀之，莫知其始，斯亦有虞格苗之一征也。殷汤代夏，而氐羌来享来王，其中衰也，鬼方再梗，故高宗伐之。周兴，越雉旅獒，献自西南重译，安在区区靡莫内地哉！迨其季，秦楚之强也，迭据而役属之，垂数百年。庄蹻之入滇也，略地黔中，直略之耳，秦遂置郡焉。彼其时，黔之人第知有秦楚也。

而汉高起丰沛，诛秦艾楚，其窃据而未入汉也固宜。惟时与中国绝者垂百年，而武帝复通夜郎，是“恢复”，非“凿空”也。武帝好大，故侈其说。西南夷皆置郡，名益州，以为九州之外复益一州，而不知即《禹贡》雍、梁境内地也。黔于《禹贡》为梁州之境，殷为鬼方，周为髳、微、羌、巢之类，汉为牂牁郡，而迤西稍入犍为，迤南稍入益州，迤东稍入武陵。自汉以来，代多羁縻，未有若我国家收之幅员之内，一视之而树之屏者，此我太祖再造区宇，绍统古先帝王而非求多也。

今日之黔，东则楚，西则滇，北则川，南则粤，是腹心而喉咽也。或者不深惟祖宗用变之初意，狠以其地之瘠、道之险，而漫言羁縻，空谈干羽，则三旬之师，三年之克，帝王何乐与远夷区区争一顺逆者？可以长思矣。

星野

星辰丽天而次舍分，山川丽地而疆圉判，精相属也，气相感也，察祲考祥于是乎在，可忽乎哉！《尧典》羲和之命，《周官》保章氏之设，诚重之也。古书亡，而后之言分野者凌杂米盐，其究也，揣摩附会，而失愈远矣。乃玑衡之政在，则分野在也。黔虽荒域，于《禹贡》荆衡之裔，雍梁黑水之内，讵独无分星可考据乎？而袭舛承讹，狠云天道，远置不辨，宁第诬人，且诬天矣！余故以《一统志》及黔旧志所载分野并列左方，而附今所考正于其后，著《星野辨》。

《一统志》：宣慰司参、井分野，普安州井、鬼分野，铜仁府星分野，黎平府翼、轸之余。余各属俱不载分野。

旧志：宣慰司，贵州、前、龙里、新添、平越、清平、兴隆、威清、平坝、普定、安庄、安南、普安、毕节、乌撒、赤水、永宁等十七卫，俱参、井。都匀府、卫，程番府，即今定番州。永宁、镇宁、安顺、普安四州，俱参井之余。思州、思南、镇远、石阡、铜仁、黎平六府，俱翼、轸之余。

今考正：贵阳、都匀、石阡、思南四府，宣慰司，定番、安顺、镇宁、永宁、普安五州，贵、前、威清、平坝、普定、安庄、安南、普安、毕节、乌撒、赤水、永宁、龙里、新添、平越、清平、兴隆、都匀一十八卫，普市、黄平二所，俱井、鬼分。镇远、铜仁、思州、黎平四府，俱柳、星之余。

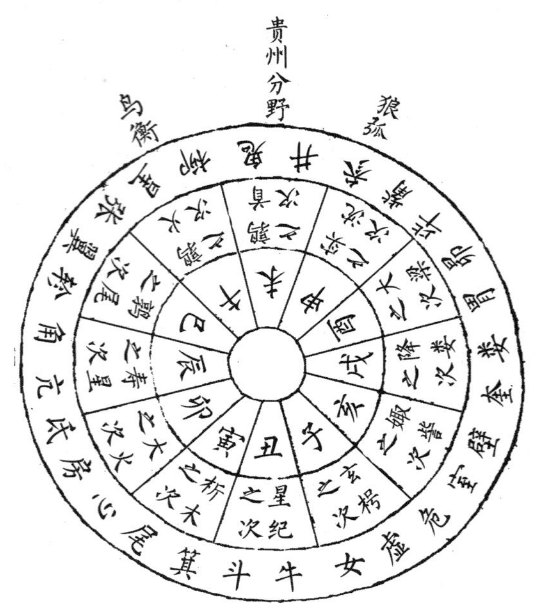

图 3　贵州分野图

辨曰：国邑之名代变，而山川不变，星辰亦不变，泥其变者，遗其不变者，是何异于亡剑而刻舟，舟去且远，而犹索之剑也。考自毕十二度而觜而参，至东井十五度为实沈，于辰在申，为益之分。自东井十六度而鬼，至柳八度为鹑首，于辰在未，为雍之分。周成合梁于雍，汉武改梁为益，是雍益又未始不为梁也。黔在寓县南而西偏，于《禹贡》为梁，于周、汉为雍与益，于辰为未，于次为鹑首，而分则井、鬼之交。《汉书》所称：秦地于天官东井舆鬼之分野，西南有犍为，又西南有牂牁、越嶲、益州，皆宜属焉者。近是。

及考司马子长世掌天官，星历最核，而其说曰："秦之疆，候在太白，占于狼弧。吴楚之疆，候在荧惑，占于鸟衡。"以当楚盛时包有武陵，非复江夏、云梦之偏，故不占翼、轸而占鸟衡，此太史公独见也。班氏祖荆州翼轸之说而并及武陵，后之谭者复沿武陵之说而并及夜郎，何其失之愈远也？今按：黔于狼弧之参则退而东，于鸟衡之柳则进而西，举以属井、鬼，若券合矣。旧志谓迤西参井而不及鬼，谓迤东翼、轸而越柳、星、张，其谬无论。

至《一统志》于黔诸属寥寥著一二分野，如普安属井、鬼，是矣。宣慰司在普安之东北，奈何西入参？铜仁属星，似矣。黎平地邻铜仁，奈何越入翼、轸？至其余多阙焉不著，盖亦有疑而未遑考耶。今断以镇远、思州、铜仁、黎平四郡，稍近武陵，为柳、星之余，合于太史之楚占鸟衡者，而余为黔属者，总为井、鬼二宿。盖在殷称鬼方，今俗相传称罗鬼，其故可知矣。象事揆方，自谓确然，故敢僭为之辨，以俟后之君子。

形胜

宇宙大矣，黔为西南一隅，宜不足当中原什一。然山经水纬，天地献其奇；重峦复嶂，造化佐其险。固荆楚之上游，而滇南之锁钥也。非所称徼外一大都会哉！第其地形，东北界镇筸、酉、播诸夷酋间，而西南盘错僰、獞、乌蛮诸种。夷性犬羊，不忘格斗，争疆夺职，寔长衅端。故绸缪桑土之谋，在德不在险之说，守土者未可置不念也。

东延梦泽，西错昆池，北襟三川，南裔五岭。上则盘江旋绕，下则溡溪阻深。层峦叠嶂，巨镇雄藩。

民赋

禹平水土，别九州，则壤成赋;《周礼》建邦，人民之数，则大司徒掌焉，所从来远矣。而守位以人，聚人以财，理财以义，《易传》旨哉！其言之黔，在今日，生齿繁矣，徭赋且日益重矣。夫土田非有加于昔也，山林川泽之利，业已与官共之，又非能时时天降而地出也。生不众、食不寡为不疾，而供输且倍往日，又或令其剜心而饱黠胥，即欲闾阎之不日朘月削，犹却其步而求之前耳。忠信之长，慈惠之牧，诚覃精计画，凡百经费，一禀于义，而宁使其有余在民也，即鬼神相之矣，何论治理哉！

户口：府、州、县、司、卫、所军民通共一十四万八千九百五十七户，五十一万二千二百八十九丁口。军户七万二千二百七十三户，二十六万一千八百六十九丁口。民户六万六千六百八十四户，二十五万四百二十丁口。万历二十五年，查存一十万五千九百六户，五十万九千九百七十五丁口。军户五万九千三百四十户，一十八万四千六百一丁口。民户四万六千五百六十六户，三十二万五[1]千三百七十四丁口。

屯田：陆地官、军、民通共九十四万五千二百三十亩零。田四十二万八千六百五十九亩有奇。地五十一万六千五百七十七亩有奇。万历二十五年，查存一百七十一万四千八百七十九亩零。田一百一十九万八千三百二亩零。地五十一万六千五百七十七亩零。

---

① 二万五：原本模糊不清，据《黔记》补。

贡额：一年一贡，硃砂共三十三斤，水银共四百四十四斤，黄蜡共二千九百一十斤，茶共一百二十八斤，膳马共十匹。三年一贡，膳马共六十匹半。六年一贡，膳马一匹。

夏税：莜麦共二百六十六石八斗二升。洞蛮布折银二十九两五钱零。

秋粮：屯科实征一十四万六千八百八十二石五斗。万历二十五年，查存一十四万六千六十一石八斗八升零。谷价银一十六两六钱零。粮米一十四万五千五百六十九石二斗八升零。谷四百九十二石六斗。银一十六两六钱零。

课程税钞一十三万六千四十六贯三百八十文，税银三百二十九两九钱三分零。

有司、军卫条鞭通共银八万四千五百零六两一钱九分零。万历二十五年，查存七万五千八百七十七两一钱三分六厘五毫。有司六万四千四百五十九两九钱二分五厘。军卫一万一千四百一十七两二钱一分一厘五毫。

湖广协济粮银三万七百二十两。

四川协济粮银三万七千四百七十四两五钱。乌撒、乌蒙、镇雄、东川等四府，播州宣慰司黄平等七司，天坝、干寨，共纳粮二万九千六十五石五斗零。

云南协济驿站银一千五百两，朝觐年分加一千两。

军政

贵之兵制备矣。将领军卫，屯堡营哨，关隘险阻，星列棋布，是非无兵之患，所以振其怠而作之气者，贵在实耳。猝遇小警，动征土兵，而我军或不足以备缓急，非算也。侈谈干羽，藉言文德，而先声未足以夺人，非所以示观望而寒毡裘之胆也。余以为平居则实严操练，实倡勇敢；有事则以吾节制之众，诛彼暴慢，倏然临之，使其不及掩耳焉。庶几哉久安长治之策乎？故治世不讳兵，矧在黔之今日，不啻七年病，而求三年艾矣。

军门建节会省，专征伐。内则监军道，外则四兵备道，武则总兵及参将、都司分阃焉。军门标下署游击将军都指挥一员，坐营中军官一员，游击坐营小中军官二员，标正二营把总共十六员。哨总七名，哨长十名，队长三十名，标兵五百五十名，募兵四百五十名，正军一千名。按古制分之为营者十：曰左、曰右、曰健、曰顺、曰风、曰雷、曰山、曰泽、曰水、曰火。

以都指挥体统行事守备六，乌撒、普安、都清、思石、铜仁、坝阳。坐镇指挥三。卧这、马鞍山、宣威营。营、哨、关、堡通计二百八十一处。

各卫所原额旗军及铜仁、思石等府戍守汉土军兵，通计一十五万八千七百零七名。万历二十五年，查存二万六千八百四十名。

各卫所原额操马，通计二千三百九十一匹。万历二十五年，查存一千一百九十匹。

各卫所原额军器，通计一百四十三万六千零一十三件。万历二十五年，查存四十九万一千六百二十九件。

军门标下官兵廪粮，每年除实米外，通计银七千九百九十两有奇。

总兵廪薪公用等银，通计九百五十八两四钱，标下各员役廪粮等银，通计一千五百二十五两四钱，家兵五十名，支实米二百七十石。

内外参、备、各营哨官兵廪粮、鱼、盐等银，通计一万三千二百七十四两有奇。

各卫、所、站、铺正军每岁该仓粮米放尽，赴布政司关银不等。

学政

国家稽古右文，胶庠弦诵，所在同风，既彬彬矣，乃其嘉惠于黔则甚渥。学以后先增建，科以后先广额，视他省沿成法、胶故常者特异，岂不以士涵育于菁莪之化久，其必有裒然特出，可为世道倚者乎？士际斯昌期，倘不以豪杰自命，而振起乎无前之业，岂惟有负旁求之典，即以窥国家广厉之意何如也？语曰：“周士贵，秦士贱。”贵之人士，其尚有以自贵哉！

学校：通省府、州、县、司、卫，兼四川、湖广司、卫共二十八学。建置迁修岁月，详各属志中。

科额：自宣德己酉至嘉靖甲午合试云南，计一百六十年，自开科四名，后增至二十一名。

嘉靖丁酉科始分贵州乡试，增四名，共二十五名。巡抚汪珊、巡按王杏以提学焦维章议题准。

嘉靖丙午科增五名，共三十名。巡抚王学益、巡按萧端蒙以提学徐樾议题准。

万历甲午科增五名，共三十五名。巡抚林乔相、巡按薛继茂以提学徐秉正议题准。

贡额：贵阳、思州、思南、石阡、铜仁、黎平、镇远、都匀八府，宣慰司、普定卫十学，一年一贡；定番、普安二州，四川永宁宣抚司三学，四年三贡；威清、平坝、安庄、安南、毕节、乌撒、赤水、龙里、新添、平越、清平、兴隆十二卫学，三年两贡；湖广偏桥、平溪二卫，婺川县三学，两年一贡。

万历二十四年，提学沈思充详允两院分委文职府、厅、州、县官，就近专提调各司卫学。分委定员详《经略志》中。

城郭

《易》曰："王公设险，以守其国。"《春秋》凡城必书，诚重之也。黔在万山中，为诸夷窟穴，则高城深池以为捍卫，视中原尤重矣。会城创建于都指挥马烨，巍然雄峙，睹长城者，有遐思焉。

次则郡邑卫所，依山履险，名城相望，即有不轨之徒潜伏其间，亦罔敢有睥睨者。要之，有形之险未足恃也，语曰"众心成城"，守土者宜深味之矣。

会城，周回九里三分。洪武五年，都指挥马烨建。门五：北曰柔远；万历二十二年，参政蔡贵易匾其内，曰恩波。南曰朝京；东曰永安；原名武胜。万历十九年，巡按陈效题改今名。西曰德化；西北曰圣泉。门各有楼。又敌台楼一，曰神机。窝铺五十。水关二。一在南门，一在北门。万历九年，都御史王缉增高女墙数尺，城下开路建桥，以便夜巡。越十三年，都御史舒应龙因拦马墙卑甚，且善崩，乃砌以石脚三尺，上筑墙，高可五尺许，规制始备云。

合属附省城者五。贵阳府、宣慰司、新贵县、贵、前二卫。

府、州、县、卫、所专城者二十七。思州、石阡、思南、铜仁四府，定番、麻哈、独山三州，婺川、印江、永从、施秉四县，威清、平坝、毕节、赤水、龙里、新添、平越、兴隆八卫，黄平、普市、关岭、平夷、赤水前、摩泥、阿①、白撒八所。

府、州、县、卫、所、土司同城者十一。都匀府同都匀卫，黎平府同湖广五开卫，镇远府同湖广镇远卫，隔江镇远县亦同卫，安顺州同普定卫，镇宁州同安庄卫，永宁州同安南卫，普安州同普安卫，清平县同清平卫，永宁卫同四川永宁宣抚司，乌撒卫同四川乌撒府，乌撒卫后所同云南沾益州。

司、关、站建城者四。平头司、七星关、周泥站、新兴站。

以上通共城四十三座，详见《合属志》。

公署

《易》于宫室，取诸壮以丽，正也；于听治，取诸离以向，明也。其义顾不大矣哉！显允君子，攸宁攸跻，堂下曲直，闾中炑慝，固可不出阶序，而明见万里外矣。

都察院，会城中东北。初为贵州前卫兵器局。成化十年，都御史宋钦改建。弘治间，都御史邓廷瓒复迁西数十武，是为今制。府中为正己堂，内为上帝临汝堂、燕喜堂，观物、皆春二亭，运筹、雅歌二轩；外为文武总宪、节制三藩、贞肃百度、总持风纪各坊。又前讲武场、鹰扬亭，诸材官角技肄

① 阿：即阿罗密千户所。或作"阿落密"。《黔记》卷四有《阿落密千户所城图》。

艺之所。中军厅本院右，万历丁酉年以断事司改建。

察院，会城东门内，永乐十八年建。中为太微法象堂，后退思堂，后澄心亭，又后主敬堂；右风节堂、陶然轩、凝翠亭；左资政楼、东园亭；外维风肃纪、代巡黔服二坊。

布政司，会城中。初为贵州前卫。永乐十二年，开设贵州布政司，以城外贵州驿为公署，而库藏廨舍分置城中，即今总兵府也。景泰五年，都御史蒋琳易建于此。正为经济堂，后紫薇堂、双桂堂，前粮储道、贵宁道、抚夷道、新镇道。前西南都会、紫薇行省坊；外旬宣、屏翰二坊。经历司、照磨所、理问所、丰济库，堂左右。

按察司，会城中，永乐十八年建。正为协中堂，后冰玉堂，前提学道、清军驿传道、威清道、毕节道、都清道、思石道，前高明楼。外明刑、弼教二坊。经历司、照磨所、司狱司，堂左右。

提学道外署，治城西南贡院左，旧镇守太监府，隆庆四年改建。中为文德堂，内为鉴空衡平堂，后为文昌阁。外左鹍化鹏抟坊，右凤翔麟见坊。

清军道外署，治城中。旧为东岳庙，嘉靖间建贵宁道，万历六年改今道。

总兵府，会城中。永乐间为布政司公廨，后迁司治。成化间，镇守总兵南宁伯毛荣始建府于此。中为远猷堂，内后乐亭、东胜台；外为三藩保障、万里干城二坊。

都司，会城中西。即元八番顺元都元帅府，洪武五年改建。正为威远堂，后壮猷堂，右屯田道，前翊国筹边坊。经历司堂左。断事司以操补道改建。

游击署，在北关外。万历间，军门何起鸣题建。

贡院，会城中西南，即西察院旧址。嘉靖十四年，御史王杏疏请创建。中为至公堂，堂后天鉴堂，堂右为监临察院，左为誊录对读所，堂后为主考公署，又后为五经考官房。至公堂左为提调公署，右为监试公署。前为明远楼，东西文场。万历二十二年，巡按薛继茂、布政王来贤易木舍以砖石舍。楼前为三门，左为供给所，右为搜检所；又前为二门，左为延会亭，前为大门，匾曰“为国求贤”。外天开文运坊。

演武场，北关外，游击署右。正阅武堂，左将台，外先声万里坊。

秩祀

古称民神异业，敬而不黩，若乃礼崇望秩，法用成民，则圣人所为，神道设教，厥典有常矣。

明兴，山川社稷，各以方祀，尽去胡元不经之号，以伐淫德。诸藩国暨郡邑，坛若庙各有制，诞用刑昭于遐迩。黔故鬼国，信巫尚祝，杂扰而放于物，此其俗，然化而宜之有渐。予于秩祀，重有感也。邹舆氏曰：“经正则庶民兴，邪慝者不作。”知言哉！

省会社稷坛。城西一里。

山川坛。城东一里。

厉坛。城北隅。

城隍庙。城内北，洪武间建，成化五年增修。布政萧俨记略曰：“京都西南行万里为贵州，界乎辰、沅、滇、蜀之境，我皇明统运，遣大将临征之，始城其地，以居其众。即城北隅创庙，用栖城隍之神。时总戎南宁伯毛公过祠宇，睹其屋𩆜弗修[1]，爰谋于镇守太监郑公、巡抚秦公、巡按戴公，洎三司诸公，撤而新之。公既捐己赀，吏民响应，财用不匮，不期年而成。中为殿庭，后为寝室，甃露台，列两庑，前门有屏，周缭有垣，丹雘金碧，与夫肖像绘塑之工，皆极精巧，可谓规模弘壮，足为边境观瞻矣。役始于成化五年五月，讫工于十二月云。”

旗纛庙。一在都司内，一在演武场。

真武庙。北月城内。

武侯祠。治城南门外，旧圣寿寺。正德间，巡按贵州监察御史胡琼改为祠。清戎御史席春记略：“易佛宫，崇名宦，胡子知化理矣。于学宫得文昌庙。曰：是可为乡贤祠。已，于城东得泰岳庙。曰：是可为贵宁道。已，于城南得南庵，山幽林茂，地爽宇弘，且阙里孔中丞去思碑在焉。曰：名宦祠其无可易是。已，遂撤寺额，去佛像，麾僧徒而人之。乃取合省诸贤宦功德在民者一十六人，置神位祀其中。君子曰：胡子知化理矣。贵州，古鬼方，高皇帝设宣慰司，建军卫，以控驭其地。文皇帝又设藩省以临制之。百六十年余，易夷俗，而文物礼乐与中夏诸大藩等，政化大行矣。然佛老犹盛，则鬼方者又易趋焉。胡子按兹土，去邪崇正，是之谓得其位，行其道以黜之者。胡子知化理矣。”

副使刘瓒《序次神位记略》：“嘉靖癸未，侍御姚江陈公克宅出观民风，见名宦祠十有六贤一座，殊无等级，乃会宪使傅君习、参政郑君锡文、于君湛、参议江君玠、都指挥顾君恩、刘君麟议。佥曰：汉武侯位宜正独尊，以作元祀，余以次序之。诸葛同时则有若都督马忠之詟服诸夷；元时有若左丞李德辉之计降鬼国，贵州守张怀德之犯难死节；国朝有若总兵官方瑛、都指挥马烨戡定祸乱，保障边陲，之五人宜共居一龛，列于旁左。西向有若都御史孔镛、刘丙，总执宪纲，以平庶政；有若监察御史成务、吴讷，风裁雄俊，僚肃度贞，之四人宜同居一龛，列于旁右。东向有若左布政使蒋廷瓒、彭韶、参议杨廉，或以循良闻，或以清白著；有若按察使吴伯通、副使吴倬，或称其学优才赡，或美其刑清讼理：合一龛而列于旁左。龛之次，

① 屋𩆜弗修：弘治《贵州图经新志》作“屋𩆜弗修，揭处弗称”。

又有若宣慰使司儒学教授芒文缜，文章德行为时范模，独一龛而列于旁右。龛之下嗣入者增焉，若先都宪秦敔，宪副李睿、毛科，总兵颜玉，参将张任、洛忠，文德武功，皆表表于当时者。前此遗焉，兹不可以不录，复以类秩之。仍于先后神位，悉书其讳，实诸龛，俾安厥居。议令所司，将本祠临街倾圮门楼并对门隙地修葺，建盖官房二所，听其贯人僦居，月收钱若干缗，以充加会祭需祭器云。"

《祭文》："惟神钟扶，与之秀应。名世之期，树立不同，而同归于正。不鄙谓夷，过化黔荒。或以德表，或以武靖，或以文昭，变夷为华。间有大义讨贼，捐躯御侮者，尤为焯焯。考诸祀典而不谬，缘于人情之有乎。某等奉命守卫兹土，仰高尚论，凛然生气，穆如遗风。今时仲春（秋），庙貌骏奔。尊杯驰献，庶几德馨。永妥阙灵，光启后人。"

巡抚熊一潢诗："兀兀新祠照坞沙，短篱修竹几人家。英贤事业皆名世，何处安攘示翊华？南去云山多入越，西来桥水暗通巴。我来拜谒逢春雨，开遍祠前古树花。"巡抚刘大直诗："山朝水绕蜀龙祠，松桂森森列羽旗。铜鼓共传遗爱远，木牛那识运筹奇？三分正统犹存汉，八阵天威此变夷。伊吕谟猷将相业，诚心公道更吾师。"郡人王训诗："净度招提旧结茅，地偏应不远尘嚣。山腰倒接城边路，水口斜通郭外桥。深院落花无客扫，空门残月有僧敲。忘怀好结莲花社，寄语山翁早见招。"按：此祠正德间以旧寺改名名宦，至嘉靖间，巡抚徐问更名武侯祠，增祀傅友德等，以后续祀者，俱入府司两学名宦祠。本祠列祀诸位，寝以遗失，而人第知专奉武侯矣。

关王庙。一演武场内，一南门月城内，一军门前。

忠烈庙。府治东，洪武间都指挥程暹建，祀唐忠臣南霁云。正统间，按察使王宪题，赐号"忠烈"，命有司岁春秋致祭焉。王文成守仁诗："风雨长廊嘶铁马，松杉夹道卷灵旗。英雄千载知何处？岁岁边翁赛旅祠。"

夏国公祠。在城内南，永乐年建。大学士金幼孜记略："永乐十二年夏五月丁酉，奉天翊运、推诚宣力武臣、特进荣禄大夫、柱国、后军都督府右都督、镇远侯顾公薨于贵州，时年八十有五。讣闻京师，天子辍视朝，遣行人李鉴往祭，诏定谥，议追封夏国公，谥武毅。明年春，公之子勇、孙兴祖自贵入谢，兴祖承命袭封镇远侯。请予为文，以昭示后世。予弗获辞，序次其平生功业如左：公讳成，字景韶，其先湘潭人。以元至顺庚午十二月十六日生。太祖渡江，公自扬州归附。从元帅至镇江，与勇士十二人奋战，直抵城下，无敢当其锋者。会日暮，守将集众执缚至江上，已戮十一人。公奋起蹴执刀者，仆之以身，转至水次，适遇檝舟者，投之以斧，绝其缚，乃溯江而上，遇舟师桑院判。因与众曰：'镇江无敌士，可破也。'众从之，攻其城，克之。青军据扬州，公以母故，请往说之。议不协，将害公，公觉之，独托更衣去。微服出城，载母驰归，其从皆被脔矣。已而，从徐中山武宁，攻常州、宁国、江阴，克之。败陈友谅兵于龙湾，每战皆有俘获。甲辰，从征武昌，擒伪汉主理，授凤翔卫百户。乙巳，从常开平取襄阳，克泰州，留守兴化。丙午，攻浙西，破旧馆，取湖州，进围伪吴张士诚于姑苏，吴元年秋九月下之，公最有功，升金吾卫副千户。尝扈车驾自汴梁还，御舟胶浅，篙师集力不得发。公即解衣入水，以背负舟，大呼，舟随脱以行。即日，授坚城卫指挥佥事。攻信阳、唐州，所俘妇女以百计，悉访其亲还之。

自平蜀后，调贵州卫。岁丙辰，蛮人作乱。公率兵，连岁攻破瓮蓬、翁底、洪边、乖西等寨，斩获无算，降土酋王万全，贼首龙小思走死。蛮人自是闻公名，皆心胆震悍，目公为“顾老虎”。辛酉，从颖川侯傅友德征云南。明年，克普定，诸蛮皆平。太祖遣中使特赐袭衣金带，升普定卫指挥使。自甲子至辛未，凡八年，数受命讨阿黑、螺蛳、尾洒、龙山诸蛮[①]贼，悉破斩之。壬申夏五月入朝，宴赏甚厚，升镇国将军、贵州都指挥同知。未几，复征诸蛮有功，丙子，升骠骑将军、右军都督府都督佥事。冬十一月，承制充总兵官，佩征南将军印。五开诸洞蛮獠之弗顺者，连战剿捕之，杀获殆尽，其输诚归款者则抚绥之，蛮人贴服。戊寅，还京师。己卯，靖难师起，公自真定挺身来归，命守北京。庚辰，升后军都督府都督同知。辛巳，升右都督。壬午，内难平，论功行赏，公列侯封，食禄千五百石，赐白金彩币，诰命铁券，仍以其孙兴祖袭普定卫指挥使。冬十月，公出镇贵州。初，公还京师，蛮人谓公弗复至，相聚出没剽掠，边卫弗能禁。比公再至，有被拘者，公纵遣之，俾谕诸酋以复来意。未几，皆相率来见，公抚辑之，宣布朝廷威德，边人遂安。戊子夏，特诏还京，赏劳有加。秋八月，复回贵州。时蛮寇背叛，公遣其子贵州卫指挥同知勇领兵剿绝之。其后累征诸酋为寇者，擒杀贼首苗普亮、王忠、杨再智等送京师。甲午夏四月，还军贵州，五月疾剧，终于镇。夫人彭氏。子八：长统，任普定卫指挥使。次勇，为贵州卫指挥同知。孙七，曰兴祖，袭爵镇远侯。公天性雄勇，有胆略，能料胜制敌，出师攻战，必获万全，虽骁将强寇，莫敢婴其锋，蛮夷协服，边人用康，此其功德彰彰，有不可掩云。正统八年岁次癸亥十一月初一日壬子，皇帝遣贵州布政司左参政严恭赐祭于追封夏国公镇远侯顾成曰：“卿昔宣布威德，于兹南徼，民用信服，永久不忘，请以春秋致祭，已允所言。英灵如在，其歆承之。”

《勘合碑抄略》：“礼部柔字十七号勘合事。该巡按贵州监察御史杨刚等奏：贵州原系荒地，蛮夷梗叛，不通中国。伏自圣朝命成镇守，善用军马，相机剿杀，招谕抚绥，边境清宁。后本官在任病故，至今三十余年，蛮夷畏服。本官原建祠堂一所，在于贵州，未蒙祀享。永乐六年六月二十三日，太宗皇帝圣旨：‘你那祠堂盖起了来，著土官每祭祀你，钦此。’至今尚未举行等因奏，奉圣旨：‘不必查，准他祭，钦此。’合行本司转行宣慰司，支给官银办物[②]，春秋致祭施行。”《祭文》：“惟公昔承朝命，抚御兹土，威惠兼施[③]，人用永赖。时维仲春（秋），用伸常祭。”

---

① 蛮：原缺，据《黔记》补。

② 办物：原文不清，据嘉靖《贵州通志》补。

③ 抚御兹土，威惠兼施：“兹土，威”三字原文不清，据嘉靖《贵州通志》补。

贵州通志卷二

第二章　省　志

秩官

予读《虞书》，命官矢谟之际，时廑三苗不少置。窃叹明圣之不遐遗，抑有所重虑之也。黔，古三苗地，其人土，其钱谷，其案牒，弗当他省十一。而语经费，则以无米炊；语政教，则以野鹿驯；语操纵，则以掣肘运。视他省更且十百。噫！十百若此，履事者难之；而十一如彼，遬观者易之。惟其易之，卒甚其难之，吾何以知黔之终哉。试思虞廷亮工励翼之旨，惟官人以安民之为兢兢，何迁有苗矣。

总督湖广川贵军务都御史一员。间值地方有警，特命专征，事定还朝，不常设。嘉靖间，御史宿应麟奏设总督一员，驻沅州，节制三省。寻停省。

巡抚贵州都御史一员。驻省城，正统间设。至嘉靖四十二年，因省沅州总督，奉敕加提督军务，兼制湖北、川东等处地方，自巡抚吴维岳始。

巡按贵州监察御史一员。驻省城，行巡各属。

巡按云贵监察御史一员。先年，每岁耑差，并理云贵清军、刷卷、查盘事，嘉靖间，以本省御史兼之，不复设。

贵州等处承宣布政使司。永乐十一年设。

左布政使一员。

左参政一员、左参议一员、右参议二员。一清军督粮，分守安平道，驻省城；一分守贵宁道，驻乌撒；一分守新镇道，驻平越；一分守思仁道，驻思南。各道参政、参议互用，无定衔。旧设清军右参政一员，后以督粮道兼理，裁省。

首领。理问所正理问一员；经历司经历一员，都事一员；照磨所照磨一员；丰济库大使一员；新添、平越、清平、都匀、兴隆、威清、平坝、安庄、乌撒、赤水等十仓大使各一员。

贵州等处提刑按察司。永乐十八年设。

按察使一员。

副使四员、佥事二员。一提督学校道，驻省城，巡各属；一清军兼理驿传道，驻省城；一兵备分巡威清道，驻普定；一兵备分巡毕节道，驻毕节；一兵备分巡都清道，驻都匀；一兵备分巡思石道，驻铜仁。各道副使、佥事互用，无定衔。

首领。经历司经历一员，知事一员；照磨所照磨一员；司狱司司狱一员。

镇守贵州兼提督平清等处地方总兵官一员。旧驻会城，嘉靖间移镇铜仁。

贵州都指挥使司。洪武十五年设。

军政掌印都指挥一员。管屯都指挥一员。管操捕都指挥一员近改游击将军。

首领。经历司经历一员，都事一员；断事司断事一员。

合属官员详见属志，总计员数于此：

文职。贵阳等八府知府八、同知一、通判二、推官七、经历八、照磨三、司狱五；定番等七州知州七、州同一、州判二、吏目七；新贵等七县知县七、典史五；宣慰司经历一、都事一；贵、前等十八卫经历十八；府、州、县、卫、司二十八学教官五十四、长官司吏目七十八、所吏目三、驿丞三十四、巡检七、仓大使七、局大使四。

武职。守备六，贵、前等十八卫印、屯、操、捕指挥九十余，镇抚十八，所千户二百余，站伍百户一千三十余，操备官无定数。

土职。宣慰二，同知一，安抚二，府同、府判、推官各一；州同、州判各二；县丞一，主簿二，百户四，巡检二，长官一百十五。

兼制官员。见《兼制志》，此不载。

院、司、道、镇题名

总督湖广川贵军务都御史

侯琎。见《名宦》。

程信。休宁[①]人，成化三年，贵州山都掌蛮乱，信以兵部尚书提督川、广、云、贵番汉兵讨平之。

王轼。公安人，弘治十六年，普安土妇米鲁乱，轼以户部尚书统川、广、云、贵汉土官军十余万讨平之，加秩太子少保。

张岳。惠安人，嘉靖二十七年，镇筸、铜仁诸苗乱，岳以右都御史总督湖广、川、贵师进剿，至三十二年剿平，功未上而卒。寻加赠谥襄惠。

屠大山。鄞县人，嘉靖三十二年任。

冯岳。慈溪[②]人，嘉靖三十三年任。

---

① 休宁：原缺，据《黔记》补。

② 慈溪：原缺，据《黔记》补。

王崇。永康人，嘉靖三十六年任。

石永。直隶威县[①]人，嘉靖三十八年任。

黄光升。晋江[②]人，嘉靖三十九年任。

董威。信阳州[③]人，嘉靖四十年任。

罗崇奎。南昌[④]人，嘉靖四十年任。

邢玠。益都人，万历二十二年，播酋杨应龙乱，玠以兵部左侍郎兼副都御史总督川贵兵勘剿，寻勘报还。

巡抚都御史

吴荣[⑤]。□□人，宣德六年任。

丁璇。上元人，正统八年任。

王询。公安人，景泰元年任。

王来。慈溪人，景泰二年任。

蒋琳。见《名宦》。

白圭。冀州人，天顺三年任。

王俭。铜梁人，成化元年任。

李浩。公安人，成化二年任。

陈宜。泰和人，成化四年任。

秦敬。见《名宦》。

宋钦。见《名宦》。

陈俨。见《名宦》。

谢昹。黄岗人，成化十九年任。

孔镛。见《名宦》。

邓廷瓒。见《名宦》。

张文昭。平山人，弘治四年任。

高崧。襄城人，弘治四年任。

王轼。公安人，弘治八年任。

张濂。见《名宦》。

钱钺。杭州人，弘治十二年任。

---

① 直隶威县：原缺，据《黔记》补。

② 晋江：原缺，据《黔记》补。

③ 信阳州：原缺，据《黔记》补。

④ 南昌：原缺，据《黔记》补。

⑤ 吴荣：《黔记》载有此人之事迹，但无籍贯。弘治《贵州图经新志》、嘉靖《贵州通志》均不载此人。

汪奎。婺源人，弘治十四年任。

刘洪。安陆人，弘治十五年任。

林元甫。莆田人，弘治十六年任。

汪钟。钱塘人，弘治十八年任。

王质。宣府人，正德元年任。

邵宝。无锡人，未任。

魏英。慈溪人，正德六年任。

杨茂元。鄞县人，正德七年任。

沈林。长洲人，正德七年任。

陈天祥。吴江人，正德八年任。

萧冲。内江人，正德九年任。

曹祥。歙县人，正德十年任。

邹文盛。公安人，正德十一年任。

汤沐。江阴人，正德十六年任。

熊一渶。南海人，嘉靖二年任。

袁宗儒。雄县人，嘉靖六年任。

叶相。江都人，嘉靖七年任。

刘士元。彭县人，嘉靖十年任。

徐问。见《名宦》。

戴书。崇阳人，嘉靖十三年任。

陈克宅。余姚人，嘉靖十四年任。

汪珊。贵池人，嘉靖十五年任。

张钺。安仁人，嘉靖十七年任。

韩士英[①]。南充人，嘉靖十九[②]年任。

刘彭年。巴县人，嘉靖二十一年任。

刘渠。安陆人，嘉靖二十三年任。

王学益。安福人，嘉靖二十四年任。

李义壮。南海人，嘉靖二十七年任。

任辙。巴县人，嘉靖二十九年任。

---

① 韩士英：原作“韩仕英”，《黔记》及本书他处均作“韩士英”，因改。据《黔记》载，韩士英历任贵州副使、贵州参政、贵州按察使、贵州巡抚。

② 十九：原缺，据《黔记》补。

刘大直。见《名宦》。
张鹗翼。上海人，嘉靖三十三年任。
高冲。新淦人，嘉靖三十五年任。
鲍道明。歙县人，嘉靖四十年任。
赵钎。桐城人，嘉靖四十年任。

提督军务巡抚都御史

吴维岳。孝丰人，嘉靖四十二年任。
康朗。惠安人，未任。
吴岳。汝上人，未任。
陈洪濛。仁和人，嘉靖四十四年任。
杜拯。丰城人，隆庆元年任。
赵锦。余姚人，隆庆二年任。
王诤。温州人，隆庆三年任。
阮文中。见《名宦》。
蔡文。龙溪人，隆庆六年任。
罗瑶。巴陵人，万历二年任。
严清。见《名宦》。
何起鸣。内江人，万历四年任。
王缉。汾州人，万历七年任。
刘庠。承天人，万历十年任。
舒应龙。全州人，万历十二年任。
萧彦。泾县人，万历十五年任。
许子良。仁和人，万历十六年任。
叶梦熊。归善人，万历十八年任。
彭富。鹤庆人，万历十九年任。
王体复。太平人，万历二十年任。
林乔相。晋江人，万历二十一年任。
江东之。歙县人，万历二十四年任。

巡按御史

钟旭。□□人，永乐间巡按。
朱仲安。□□人，永乐间巡按。
萧潘。□□人，永乐间巡按。

方佺。巴陵人，永乐间巡按。
王翰。浙江人，宣德间巡按。
吴讷。见《名官》。
尹镗。浙江人，宣德间巡按。
陈赟。浙江人，宣德间巡按。
王子沂。奉化人，宣德间巡按。
陈衡。江西人，宣德间巡按。
唐慎。郴州人，宣德间巡按。
韦广。宜山人，宣德间巡按。
阎肃。历城人，正统间巡按。
陈嘉谟。江西人，正统间巡按。
邢端。□□人，正统间巡按。
李芳。四川人，正统[①]间巡按。
冯诚。浮梁人，正统间巡按。
王通。淮安人，正统间巡按。
沈衡。钱塘人，正统间巡按。
周轨。□□人，正统间巡按。
杨纲。溧阳人，正统间巡按。
叶蓁。歙县人，正统间巡按。
虞祯。苏州人，正统间巡按。
金恺。浙江人，正统间巡按。
上官寿。福建人，正统间巡按。
陈鉴。江西人，正统间巡按。
王永寿。山西人，正统间巡按。
冯靖。徽州人，正统间巡按。
黄镐。见《名官》。
汪琰。浙江人，景泰间巡按。
邵进。南阳人，景泰间巡按。
伍善。合州人，景泰间巡按。
伍星会。义宁人，景泰间巡按。
靳敏。泗州人，景泰间巡按。
杨贡。乐安人，景泰间巡按。

① 正统：原文误作“正德”，据《黔记》及本书体例改。

郭本。融县人，景泰间巡按。
刘敬。湖广人，天顺间巡按。
李志刚。内江人，天顺间巡按。
冯定。北京人，天顺间巡按。
刘珂。安福人，天顺间巡按。
宋有文。见《名宦》。
刘璧。永新人，天顺间巡按。
任玺。湖广人，天顺间巡按。
李昺。永福人，成化间巡按。
周源。武昌人，成化间巡按。
王埙。河南人，成化间巡按。
戴缙。南海人，成化间巡按。
傅实。南海人，成化间巡按。
王亿。铜梁人，成化间巡按。
李勋。□□人，成化间巡按。
梁泽。西安人，成化间巡按。
吴祚。淳安人，成化间巡按。
吴道宏。四川人，成化间巡按。
谢秉中。成都人，成化间巡按。
尹仁。安福人，成化间巡按。
刘宇。钧州人，成化间巡按。
余[①]振才。新化人，成化间巡按。
吴泰。江阴人，成化间巡按。
杨纯。邻水人，成化间巡按。
邹鲁。当涂人，成化间巡按。
王鉴之。见《名宦》。
杨澄。射洪人，成化间巡按。
刘信。南溪人，成化间巡按。
包裕。见《名宦》。
汪律。乐平人，弘治间巡按。
黄荧。龙溪人，弘治间巡按。
黄玹。湖广人，弘治间巡按。

① 余：《黔记》作“俞”。

曾禄。广东人，弘治间巡按。
王一言。见《名宦》。
马炳然。内江人，弘治间巡按。
冯玘。遂宁人，弘治间巡按。
丁养浩。见《名宦》。
徐纲。遂宁人，弘治间巡按。
陈荣。常德人，弘治间巡按。
黄珂。见《名宦》。
张淳。见《名宦》。
吴学。无锡人，弘治间巡按。
陈恪。归安人，弘治间巡按。
戴乾。临海人，弘治间巡按。
匡翼之。山东人，弘治间巡按。
王绍。曹州人，弘治间巡按。
董纴。麻城人，正德间巡按。
朱衮。永州人，正德间巡按。
王济。丹徒人，正德间巡按。
吴祺。丰城人，正德间巡按。
徐文华。见《名宦》。
张祐。铅山人，正德间巡按。
邝约。南海人，正德间巡按。
朱弦。无锡人，正德间巡按。
李显。乐清人，正德间巡按。
周文光。永康人，正德间巡按。
周廷用。华容人，正德间巡按。
胡琼。见《名宦》。
陈克宅。余姚人，嘉靖元年巡按。
刘廷簠。见《名宦》。
钟卿密。太和人，嘉靖四年巡按。
施山。缙云人，嘉靖六年巡按。
陈讲。遂宁人，嘉靖七年巡按。
敖钺。高安人，嘉靖八年巡按。
陈邦敷。乾州人，嘉靖九年巡按。
郭弘化。安福人，嘉靖十年巡按。

周襗。山阴人，嘉靖十一年巡按。
王杏。见《名宦》。
杨春芳。宿松人，嘉靖十五年巡按。
倪嵩。当涂人，嘉靖十六年巡按。
卞伟。宜宾人，嘉靖十七年巡按。
杨时泰。真定人，嘉靖十九年巡按。
赵大佑。见《名宦》。
魏洪冕。威远人，嘉靖二十一年巡按。
张涣。定州人，嘉靖二十三年巡按。
萧端蒙。潮阳人，嘉靖二十五年巡按。
孙文锡。连江人，嘉靖二十七年巡按。
张雨。万安人，嘉靖二十八年巡按。
董威。信阳人，嘉靖三十年巡按。
宿应麟。掖县人，嘉靖三十一年巡按。
陈效古。息县人，嘉靖三十三年巡按。
王绍元。金溪人，嘉靖三十五年巡按。
朱贤。江浦人，嘉靖三十六年巡按。
钟沂。南昌人，嘉靖三十八年巡按。
黄国用。丰城人，嘉靖三十九年巡按。
巫继咸。广德人，嘉靖四十年巡按。
郝杰。蔚州人，嘉靖四十二年巡按。
郜光先。长治人，嘉靖四十三年巡按。
潘一桂。遵化人，嘉靖四十四年巡按。
王时举。通州人，隆庆元年巡按。
王湘。平度人，隆庆三年巡按。
蔡廷臣。德化人，隆庆四年巡按。
郑国仕。魏县人，隆庆五年巡按。
朱光宇。河南人，隆庆六年巡按。
杨允中。遵化人，万历元年巡按。
孙济远。当涂人，万历三年巡按。
秦时吉。南郑人，万历四年巡按。
雷嘉祥。井盐人，万历五年巡按。
张道。湖口人，万历六年巡按。
马呈图。内江人，万历七年巡按。

傅顺孙。昆明人，万历十年巡按。
毛在。太仓人，万历十二年巡按。
赵楷。犍为人，万历十四年巡按。
赵士登。泾县人，万历十七年巡按。
陈效。井研人，万历十八年巡按。
张大谟。永年人，万历十九年巡按。
张鹤鸣。徐州人，万历二十一年巡按。
薛继茂。保山人，万历二十二年巡按。
杨宏科。余姚人，万历二十三年巡按。
应朝卿。仙居人，万历二十五年巡按。

清军

刘天和。麻城人，弘治十七年任。
刘寓生。石首人，正德四年任。
张缙。巴县人，正德五年任。
刘士元。彭县人，正德九年任。
席春。遂宁人，正德十六年任。
熊允懋。资阳人，嘉靖元年任。
谢瑜。上虞人，嘉靖十八年任。
赵锦。余姚人。

查盘

李美。绵州人，嘉靖元年任。
章衮。临川人，嘉靖五年任。
李实。海丰人，嘉靖十六年任。

刷卷

江良才。贵溪人，嘉靖二年任。
周煦。安福人，嘉靖六年任。
陆梦麟。丰城人，嘉靖九年任。
白贲。潼川人，嘉靖十二年任。

左布政使

蒋廷瓒。见《名宦》。
孟骥。萧县人，永乐间任。

易节。见《名宦》。
萧宽。泰和人，宣德间任。
董和。闽县人，宣德间任。
范理。天台人，宣德间任。
许士达。歙县人，宣德间任。
李浩。安陆人，宣德间任。
萧俨。见《名宦》。
陈云鹏。余姚人，成化间任。
洪弼。淳安人，成化间任。
朱伸。河州人，成化间任。
彭韶。见《名宦》。
章律。常熟人，成化间任。
王诏。见《名宦》。
张诰。见《名宦》。
刘元。见《名宦》。
张濂。归安人，弘治间任。
张抚。见《名宦》。
李祥。南海人，弘治间任。
马铨。南和人，弘治间任。
陈孜。海山人，弘治间任。
閰钲。泾州人，弘治间任。
陈俊名。嘉兴人，弘治间任。
王敏。新城人，弘治间任。
方廷玉。巴陵人，弘治间任。
汤全。华亭人，弘治间任。
任弘。南充人，弘治间任。
郭绅。宜春人，正德间任。
翁健之。余姚人，正德间任。
何琛。成都人，正德间任。
罗荣。古田人，正德间任。
陈雍。余姚人，正德间任。
赵文魁。江陵人，正德间任。
宗玺。建平人，正德间任。
杨惟康。灵宝人，正德间任。

梁材。大城人，正德间任。
张羽。南郑人，正德间任。
王汝舟。华阳人，正德间任。
罗方。南充人，嘉靖十一年任。
周忠。贵溪人，嘉靖十三年任。
张峨。华阳人，嘉靖十六年任。
李显。乐清人，嘉靖十八年任。
洪珠。莆田人，嘉靖十九年任。
叶珩。莆田人，嘉靖二十[1]年任。
侯缄。临海人，嘉靖二十一年任。
石简。临海人，嘉靖二十二年任。
李充浊。永平人，嘉靖二十六[2]年任。
郜相。泽州人，嘉靖二十八年任。
李涵。迁安人，嘉靖二十九年任。
高冲。新淦人，嘉靖三十三年任。
杨守约。长沙人，嘉靖三十五年任。
丘预达。莆田人，嘉靖四十一年任。
姜廷颐。巴县人，隆庆元[3]年任。
王遵。南充人，隆庆二[4]年任。
江珍。歙县人，隆庆三[5]年任。
蔡文。龙溪人，隆庆四[6]年任。
于锦。济宁人，隆庆六[7]年任。
李心学。临淮人，万历三年任。
顾言。仁和人，万历五年任。
郭斗。昆明人，万历六年任。
钱藻。如皋人，万历八年任。
沈人种。嘉定人，万历十年任。
郑旻。见《名宦》。

---

① 二十：原缺，据《黔记》补。
② 六：原缺，据《黔记》补。
③ 元：原缺，据《黔记》补。
④ 二：原缺，据《黔记》补。
⑤ 三：原缺，据《黔记》补。
⑥ 四：原缺，据《黔记》补。
⑦ 六：原缺，据《黔记》补。

张明正。华亭人，万历十三年任。
朱孟震。新淦人，万历十五年任。
范仑。丹徒人，万历十四[①]年任。
钱藻。起复未任。
王来贤。临安人，万历二十一[②]年任。
杨归儒。洛阳人，万历二十三年任。

按察使

成务。见《名宦》。
胡器。新淦人，永乐间任。
应履平。奉化人，正统间任。
林坦。莆田人，正统间任。
王宪。合肥人，正统间任。
张海。宁州人，永乐间任。
陈价。铜梁人，正统间任。
夏裕。福清人，天顺间任。
杜铭。见《名宦》。
卢秩。新淦人，成化间任。
赵铭。安化人，成化间任。
卓天锡。莆田人，成化十七年任。
徐珪。见《名宦》。
钱钺。见《名宦》。
张廉。归安人，弘治元年任。
汪琎。婺源人，弘治七年任。
陈金。见《名宦》。
吴伯通。见《名宦》。
刘福。巴县人，弘治十二[③]年任。
冯镐。信阳人，弘治十五[④]年任。
刘杲。长洲人，弘治八年任。
张贯。蠡县人，正德三年任。

① 四：原缺，据《黔记》补。
② 二十一：原缺，据《黔记》补。
③ 十二：原缺，据《黔记》补。
④ 十五：原缺，据《黔记》补。

刘丙。见《名宦》。
郑端。临清人，正德六[①]年任。
朱玑。蒙化人，正德六年任。
陈恪。归安人，正德八年任。
姚镆。见《名宦》。
张琮。江宁人，正德十年任。
陈洪谟。武陵人，正德十二年任。
李麟。□□人，正德十六年任。
付习。进贤人，嘉靖元年任。
徐赞。永康人，嘉靖三年任。
于鳌。滁州人，嘉靖三[②]年任。
钱如京。桐城人，嘉靖六年任。
王浚。建德人，嘉靖七年任。
戴书。崇阳人，嘉靖九年任。
王遵。宣城人，嘉靖十一年任。
韩士英。南充人，嘉靖十三年任。
杨最。见《名宦》。
沈教。慈溪人，嘉靖十六年任。
黄祺。安义人，嘉靖十七年任。
张璁。江都人，未任。
顾遂。余姚人，嘉靖十九年任。
胡崧。绩溪人，嘉靖十七年任。
何鳌。山阴人，嘉靖二十三年任。
曾存仁。吉水人，未任。
郭日休。莆田人，嘉靖二十三年任。
卢绅。咸宁人，嘉靖二十六年任。
郜相。泽州人，嘉靖二十七年任。
李涵。迁安人，嘉靖二十九年任。
胡尧时。太和人，嘉靖三十年任。
郑絅。莆田人，嘉靖三十二年任。
李冕。章丘人，嘉靖三十三年任。

① 六：原缺，据《黔记》补。
② 三：原缺，据《黔记》补。

张尧年。慈溪人，嘉靖三十四年任。
陈尧。通州人，详见《名宦》。
徐霈。江山人，嘉靖三十八年任。
董策。长沙人，未任。
宋国华。奉新人，嘉靖四十一[1]年任。
罗时霖。泰和人，嘉靖四十一年任。
邬琏。新昌人，嘉靖四十四年任。
熊汝达。进贤人，嘉靖四十五年任。
卢岐嶷。长太人，隆庆元年任。
刘炌。海盐人，隆庆二年任。
郭斗。昆明人，隆庆四[2]年任。
冯成能。见《名宦》。
刘侃。京山人，隆庆□□年[3]任。
程大宾。歙县人，万历元年任。
林斑璋。莆田人，万历三年任。
李台。寿昌人，万历七年任。
吴文佳。景陵人，万历□□年任。
余立。孝感人，未任。
刘经纬。进贤人，万历八[4]年任。
郭孝。仁和人，未任。
彭富。鹤庆人，万历十一年任。
范仑。丹徒人，万历十四年任。
冯孜。桐乡人，万历十七年任。
顾问。咸宁人，万历十九年任。
甘一骥。南昌人，万历二十年任。
应存卓。仙居人，万历二十一年任。
郑国仕。广平人，未任。
李同芳。昆山人，万历二十三年任。
曹司勋。宜兴人，万历二十四年任。

---

① 四十一：原缺，据《黔记》补。
② 四：原缺，据《黔记》补。
③ 隆庆□□年：《黔记》作“万历元年”。
④ 八：原缺，据《黔记》补。

左参政

郑景耀[①]。建德人，□□年任。

刘永贤。福建人，□□年任。

郭垣。崇庆人，□□年任。

严恭。严州人，□□年任。

王理[②]。许州人，□□年任。

胡拱辰。安县人，□□年任。

尹弼。上元人，□□年任。

刘训。麻城人，□□年任。

杨铎。沿武人，□□年任。

熊俊。江夏人，□□年任。

何经。顺德人，□□年任。

吴诚[③]。钱塘人，□□年任。

杨荣[④]。青神人，□□年任。

刘本。桂林人，□□年任。

蒋云汉。巴县人，□□年任。

钟蕃。见《名宦》。

张珏。仁和人，弘治四年任。

刘肃。加定人，弘治六年任。

黄琏[⑤]。莆田人，□□年任。

陈睿。惠安人，□□年任。

郭绅。见《名宦》。

王琳。嘉兴人，□□年任。

马经[⑥]。西充人，□□年任。

田彭。马邑人，□□年任。

朱玑。蒙化人，□□年任。

何显。闽县人，□□年任。

---

① 耀:《黔记》作“曜”。自郑景耀、刘永贤、郭垣,《黔记》无任职年份，定为永乐间。

② 王理：其任期《黔记》作正统、景泰间。胡拱辰、尹弼、刘训、杨铎、熊俊、何经等人的任期亦作正统、景泰间。

③ 吴诚：其任期《黔记》作景泰间。刘本、蒋云汉的任期亦作景泰间。

④ 杨荣：其任期《黔记》作正统间。

⑤ 黄琏：其任期《黔记》作弘治间。陈睿、王琳、田彭、何显、戴敏等人的任期亦作弘治间。

⑥ 马经：《黔记》作“马金”。

戴敏。□□人，□□年任。
林茂达。莆田人，正德十一年任。
高节。□□人，正德十五年任。
郑锡文。长乐人，嘉靖元[①]年任。
叶相。江都人，嘉靖三[②]年任。
王大用。莆田人，嘉靖六[③]年任。
李付。叙南人，嘉靖七年任。
韩仕英。南充人，嘉靖十一年任。
曾鹏。琼山人，嘉靖十四年任。
喻茂坚。荣昌人，嘉靖十五年任。
戴金。汉阳人，嘉靖十七年任。
姜仪。南昌人，嘉靖十八年任。
郑宗古。石首人，嘉靖二十二年任。
林应标。莆田人，嘉靖二十五年任。
杨洒。应天人，嘉靖二十七年任。
曹韩。咸宁人，嘉靖二十七年任。
杨守约。长沙人，嘉靖三十二[④]年任。
张定。代州人，嘉靖三十五年任。
罗时霖。太和人，嘉靖三十九[⑤]年任。
庄朝宾。惠安人，嘉靖四十一年任。
周俶。成都人，嘉靖四十四[⑥]年任。
黎澄。乐平人，隆庆元[⑦]年任。
王鸣臣。太和人，隆庆三[⑧]年任。
程大宾。歙县人，隆庆五[⑨]年任。
林舜道。闽县人，万历二年任。
林澄源。莆田人，万历四年任。
史槚。会稽人，万历七年任。

---

① 元：原缺，据《黔记》补。
② 三：原缺，据《黔记》补。
③ 六：原缺，据《黔记》补。
④ 三十二：原缺，据《黔记》补。
⑤ 嘉靖三十九：原缺，据《黔记》补。
⑥ 嘉靖四十四：原缺，据《黔记》补。
⑦ 隆庆元：原缺，据《黔记》补。
⑧ 隆庆三：原缺，据《黔记》补。
⑨ 隆庆五：原缺，据《黔记》补。

周舜岳。安仁人，万历十一年任。
洪邦光。同安人，万历十一[1]年任。
李日强。曲沃人，万历十五年任[2]。
吴谦。泸州人，万历二十年任[3]。
王恩民。临安人，万历二十一年任。

右参政

陈昭。
张锐。
陆广平。临川人。
王敏。新城人。
贾昭。缁川人。
何恭。富顺人。
黄仲芳。福建人。
曹琳。通州人。
李浩。安陆人。
朱铨。应天人。
吴中。乐平人，成化间任。
林迪。闽县人，成化二十二年任。
郑炯。福州人，弘治三年任。
沈棨。平湖人，弘治三年任。
周宏。德清人，弘治六年任。
马自然。内江人。
罗安。益阳人。
孙春。尉州人。
张翼。介休人。
陈一经。成都人。
胡濂。定安人，正德九年任。
傅习。进贤人。
于湛。金坛人。
卫道。华县人。

---

① 万历十一：原缺，据《黔记》补。
② 十五年任：原缺，据《黔记》补。
③ 二十年任：原缺，据《黔记》补。

朱佩。鹤庆人，嘉靖八年任。

郑气。静海人，嘉靖十三年任。

章侨。兰溪人，嘉靖十八年任。

毛绍元。余姚人，嘉靖十五年任。

蔡云程。临海人，嘉靖二十三年任。

孙世祐。丰城人，嘉靖二十五年任。

杨应奇。夏邑人，嘉靖二十七年任。

万虞恺。南昌人，嘉靖三十三年任。

俞维屏。莆田人，嘉靖三十六年任。

张英。莆田人，嘉靖三十九年任。

王一夔。安福人，嘉靖四十年任。

沈桥。会稽人，嘉靖四十一年任。

陈应和。归安人，嘉靖四十四年任。

张任。嘉定人，隆庆元年任。

罗一道。博罗人，隆庆三年任。

范懋和。富顺人，隆庆五年任。

吴椿。新建人，隆庆六年任。

陈洙。长乐人，万历三年任。

吴一澜。南昌人，万历五年任。

蔡贵易。同安人，万历十九[①]年任。

陈顺正。慈溪人，万历十六年任。

刘朝噩。永新人。

副使

赵维恭。济宁人。

赵彬。

舒仲诚。

林时。莆田人。

茹琪。巴县人。

朱理。巴县人。

李浚。见《名宦》。

章敏。新昌人。

---

① 十九：原缺，据《黔记》补。

刘鼎贯。吉水人。
王骥。吉水人。
乐咏。泰和人。
汪琰。乐平人，天顺间任。
胡端。吉水人，天顺间任。
刘敷。永新人，天顺间任。
盛俊。华亭人，天顺间任。
邓珏。武昌人，天顺间任。
熊俊。武昌[①]人。
陆平。河间人，成化间任。
吴立。慈溪人，成化间任。
胡灏。嘉定人，成化间任。
刘本。富顺人，成化间任。
徐珪。安岳人。
李钊。临安人。
刘余庆。江夏人。
曹奇。崇庆人。
陈琦。吴县人。
方中。淳安人。
柳淳。华亭人。
陈葵。铜梁人。
吴洪。江都人。
汤金。见《名宦》。
吴倬。
俞俊。丽水人。
秦瓛。昆山人。
周凤。西安人。
戚昂。金华人。
沈庠。上元人，弘治九年任。
阴子淑。见《名宦》。
毛科。余姚人，弘治十五年任。
王倬。见《名宦》。

① 武昌：原缺，据《黔记》补。

朱玑。蒙化人，弘治十八年任。
席书。见《名宦》。
王经。山阴人。正德五年任。
陈恪。归安人。正德六年任。
秦文。临海人，正德六年任。
邵遵道。都昌人。正德七年任。
林长繁。莆田人，正德八年任。
李麟。鄞县人，正德九年任。
刘瓒。会川人，正德十三年任。
陈怀经。新昌人，正德十三年任。
杨伟。揭阳人，正德十五年任。
舒表。铜梁人，嘉靖元年任。
潘鉴。婺源人，嘉靖四年任。
王浚。建德人，嘉靖四年任。
沈霁。华亭人，嘉靖六年任。
韩仕英。南充人，嘉靖七年任。
陆钶。鄞县人，嘉靖七年任。
张庠。见《名宦》。
李润。蒲州人，嘉靖十一年任。
冯裕。有传。
林茂竹。莆田人，嘉靖十二年任。
陈则清。闽县人，嘉靖十二年任。
陈赞。长乐人，嘉靖十四年任。
王世隆。长州人，嘉靖十七年任。
李翔。上海人，嘉靖十七年任。
林应标。莆田人，嘉靖十七年任。
诸偁。秀水人，嘉靖十九年任。
骆颙。富顺人，嘉靖十九年任。
傅应祥。进贤人，嘉靖二十二年任。
王积。见《名宦》。
蒋信。武陵人，嘉靖二十三年任。
徐九皋。余姚人，嘉靖二十三年任。
徐樾。见《名宦》。
唐时英。卢溪人，嘉靖二十三年任。

茹鸣金。无锡人，嘉靖二十四年任。
陈贵。延平人，嘉靖二十五年任。
朱麟。万安人，嘉靖二十五年任。
任佐。稷山人，嘉靖二十六年任。
林斌。莆田人，嘉靖二十七年任。
杨僎。临安人，嘉靖二十八年任。
魏尚纯。钧州人，嘉靖二十八年任。
纪绣。利津人，嘉靖二十九年任。
赵之屏。南充人，嘉靖二十九年任。
廖天明。奉新人，嘉靖三十年任。
谢东山。射洪人，嘉靖三十一年任。
余勉学。马平人，嘉靖三十一年任。
王璧。蔚州人，嘉靖三十二年任。
赵崇信。慈溪人，嘉靖三十三年任。
顾问。蕲州人，嘉靖三十三年任。
刘望之。内江人，嘉靖三十四年任。
何彦。顺德人，嘉靖三十五年任。
项廷吉。龙泉人，嘉靖三十六年任。
焦希程。秘阳[1]人，嘉靖三十五年任。
陈天资。饶平人，嘉靖三十六年任。
万士和。有传。
况叔祺。高安人，嘉靖三十九年任。
张廷柏。蒲州人，嘉靖三十九年任。
熊勉学。汝宁人，嘉靖四十年任。
蔡用乂。海宁人，嘉靖四十一年任。
祁清。山阴人，嘉靖四十二年任。
刘曰材。南昌人，嘉靖四十三年任。
赵文同。清安人，嘉靖四十四年任。
王鸣臣。泰和人，嘉靖四十四年任。
包柽芳。嘉兴人，嘉靖四十五年任。
林烶章。莆田人，嘉靖四十五年任。
徐惟贤。上虞人，隆庆元年任。

---

① 秘阳：《黔记》作“泌阳”。当是。

秦淦。慈溪人，隆庆二年任。
李凤。番禺人，隆庆二年任。
周京。永年人，隆庆三年任。
程嗣功。歙县人，隆庆三年任。
陆相儒。秀水人，隆庆四年任。
林澄源。莆田人，隆庆六年任。
滕伯轮。瓯亭人，隆庆六年任。
刘行素。高阳人，隆庆六年任。
吴国伦。武昌人，隆庆六年任。
方邦庆。婺源人，万历元年任。
王天爵。吴县人，万历四年任。
张守中。高邮人，万历二[①]年任。
杨启元。栾城人，万历四年任。
凌琯。见《名宦》。
黄鋐。嘉兴人。
余一龙。婺源人，万历六年任。
李学一。归善人，万历八年任。
段孟贤。湖口人，万历八年任。
郑秉厚。瑞昌人，万历十年任。
李荐佳。颍州人，万历十年任。
冯时可。华亭人，万历十年任。
华启直。无锡人，万历九[②]年任。
史翊。永新人。
王任。潼川人。
陈祖尧。莆田人。
洪邦光。同安人，万历十一年任。
苏愚。如皋人。
王文炳。上海人，万历十四年任。
蔡应科。龙溪人，万历十四年任。
叶明元。同安人，万历十七年任。
廖希元。蓝山人，万历十七年任。

---

① 二：原缺，据《黔记》补。
② 九：原缺，据《黔记》补。

萧良干。泾县人，万历十八年任。
陈性学。诸暨人，万历十八年任。
李蕴。吉水人，万历十八年任。
赵以康。太和人，万历十八年任。
徐秉正。南昌人，万历十九年任。
钱拱宸。浙江人，万历十九年任。
卢一麟。巴县人，万历二十一年任。
易以巽。安县人，万历二十一年任。
孙瑀。汉阳人，万历二十一年任。
朱熙洽。昆山人，万历二十一年任。
詹启东。安溪人，万历二十二年任。
王轩。直隶人，万历二十二年任。
郭廷良。漳浦人，万历二十三年任。
张斗。乌程人，万历二十四年任。
林乔楠。晋江人，万历二十四年任。

左参议

王理。许州人。
张谅。华亭人。
徐道正。处州人。
顾理。山阳人。
王升。山阳人。
卢彬。咸宁人。
鲍经。宁波人。
谷茂。简县人。
叶鸾。直隶人。
龚晟。蒲芹人。
吴禋。见《名宦》。
邓琪。闽县人。
吴琳。常川人。
韩镛。福清人。
王杲。见《名宦》。
林沂。莆田人。
胡拱。南京人。

方天雨。淳安人。

张定。锦衣人。

王承祥。三元人。

刘金。三河人。

江炌。巴县人。

朱璠。合州人，嘉靖六年任。

周镐。元陵人，嘉靖七年任。

姚汝皋。襄城人，嘉靖九年任。

荣察。蓝田人，嘉靖十一年任。

张楠。来安人。

尹尚宾。茶陵人，嘉靖十五年任。

诸偁。秀水人。

赵叶。东阳人。

翁学渊。遂川人。

杨一谟。闽县人。

杨僎。无锡人，嘉靖二十五年任。

伍铠。晋江人，嘉靖二十八年任。

余爌。乐平人，嘉靖三十三年任。

王重光。新城人，嘉靖三十五①年任。

汪集。进贤人，嘉靖三十八②年任。

程时思。浮梁人，嘉靖三十九③年任。

朱安期。福建人，嘉靖四十一④年任。

王鸣臣。泰和人，嘉靖四十四⑤年任。

谢莆。代州人，嘉靖四十四年任。

杨美益。鄞县人，嘉靖四十五⑥年任。

曹司贤。武陵人，隆庆二⑦年任。

杨文明。南昌人，隆庆六年任。

---

① 五：原缺，据《黔记》补。
② 八：原缺，据《黔记》补。
③ 九：原缺，据《黔记》补。
④ 四十一：原缺，据《黔记》补。
⑤ 四十四：原缺，据《黔记》补。
⑥ 五：原缺，据《黔记》补。
⑦ 二：原缺，据《黔记》补。

许宗镒。晋江人，隆庆六年任。

李与善。长清人，万历三年任。

杜诗。吴县人，万历七年任。

赵莘。长垣人，万历八[1]年任。

李荐佳。颍州人，万历十[2]年任。

应存卓。仙居人。万历十二年任[3]。

陈学博。孝感人，万历十三[4]年任。

郑人逵。闽县人，万历十六年任。

董樾。鄞县人，万历二十一年任。

来经济。萧山人，万历二十三年任。

右参议

邹锐。

丘陵。

杨濂。见《名宦》。

李睿。济宁人。

汪泳。嘉兴人。

尹弼。上元人。

李颙。岢岚人。

陈恕。绛州人。

李英。合州人。

李芳。融县人。

吕正。晋州人。

戴用。吉安人。

吴环。见《名宦》。

陈奂。漳浦人，弘治四年任。

费瑄。沿山人。

翁迪。余姚人。弘治十一年任[5]。

---

① 八：原缺，据《黔记》补。
② 十：原缺，据《黔记》补。
③ 万历十二年任：原缺，据《黔记》补。
④ 十三：原缺，据《黔记》补。
⑤ 弘治十一年任：原缺，据《黔记》补。

林璜[1]。安县人。

李礩[2]。崞县人。

卢宅仁。四会人。

孙清。武清人。

蔡潮。见《名宦》。

李楫。怀宁人。

杨仪。射洪人，嘉靖六[3]年任。

叶经。鄞县人，嘉靖九年任。

邹輗。武进人，嘉靖十[4]年任。

叶儒。白河人，嘉靖十二年任。

张淑。内江人，嘉靖十四年任。

刘淮。睢州人，嘉靖十六[5]年任。

刘寅。大庚人，嘉靖十七[6]年任。

王应诏。瓯宁人，嘉靖二十年任[7]。

张珪。太仓人，嘉靖二十三年任。

沙稷。仪真人，嘉靖二十四年任。

钱亮。丹徒人，嘉靖二十五年任。

张合。永昌人，嘉靖二十六年任。

杨儒。孟津人，嘉靖二十七年任。

赵希夔。长治人，嘉靖二十九年任。

刘望之。内江人，嘉靖二十九年任。

万敏。南昌人，嘉靖三十四年任。

汪垍。休宁人，嘉靖三十四年任。

黄大廉。莆田人，嘉靖三十五年任。

刘景韶。崇阳人，嘉靖三十五年任。

鲍龙。临安人，嘉靖三十七年任。

吴守贞。潮州人，嘉靖三十八年任。

颜嘉会。长沙人，嘉靖三十九年任。

---

① 璜:《黔记》作“镄”。林璜、李礩、卢宅仁、孙清任职时间,《黔记》作弘治间。

② 礩:《黔记》作“瓒”。

③ 六：原缺，据《黔记》补。

④ 十：原缺，据《黔记》补。

⑤ 六：原缺，据《黔记》补。

⑥ 十七：原缺，据《黔记》补。

⑦ 二十年任：原缺，据《黔记》补。

张汝述。洪雅人，嘉靖四十年任。
徐敦。太仓人，嘉靖四十年任。
金世龙。长州人，嘉靖四十一年任。
王汝述。金华人，嘉靖四十三年任。
马出图。辽州人，嘉靖四十四年任。
宋治。临淮人，隆庆元年任。
周聚星。永康人，隆庆二年任。
周经。广平人，隆庆二[①]年任。
樊仿。南昌人，隆庆三[②]年任。
林澄源。莆田人，隆庆三[③]年任。
杨祐。内江人，隆庆四[④]年任。
许天奇。晋江人，隆庆六[⑤]年任。
叶宪。南昌人，隆庆六[⑥]年任。
丘文学。博平人，万历二年任。
李继芳。晋江人，万历三年任。
梁士楚。番禺人，万历二年任。
刘世赏。巴县人，万历四年任。
毕天能。九江人，万历五年任。
张尚大。万安人，万历六[⑦]年任。
黄德洋。晋江人，万历八年任。
詹贞吉。巴县人，万历十年任。
秦舜翰。晋江人，万历八[⑧]年任。
金从洋。华亭人，万历十二年任。
赵睿。休宁人，万历十二年任。
王恩民。临安人，万历十三年任。
张克家。宣城人，万历十三年任。
杨寅秋。泰和人，万历十五年任。

---

① 二：原缺，据《黔记》补。
② 三：原缺，据《黔记》补。
③ 三：原缺，据《黔记》补。
④ 四：原缺，据《黔记》补。
⑤ 六：原缺，据《黔记》补。
⑥ 六：原缺，据《黔记》补。
⑦ 六：原缺，据《黔记》补。
⑧ 八：原缺，据《黔记》补。

张文耀。沅陵人，万历十六年任。
顾云程。常熟人，万历十七[1]年任。
史旌贤。洱海人，万历十八年任。
李瑞。林县人，万历十八年任[2]。
王制。乌阳人，万历十九年任[3]。
莫睿。钱塘人，万历二十二年任。

佥事

杨勋。
陈辉。开县人，永乐间任。
张翼。
周善。
周正[4]。
陈远。山东人，宣德间任。
郭恭绪。泰和人，宣德间任。
陈敏。泰和人，宣德间任。
于文通。磁州人，宣德间任。
范循。见《名宦》。
屈伸。湖口人，正统间任。
戴诚。山东人，正统间任。
王缙绅。安岳人，正统间任。
李良。新淦人，正统间任。
王贯。清源人，正统间任。
贾进。安东人，正统间任。
谭琬。成都人，景泰间任。
刘益。贵溪人，景泰间任。
邓达。麻城人，景泰间任。
张淑。昆明人，景泰间任。
李瓛。丰城人，成化间任。

---

① 七：原缺，据《黔记》补。
② 十八年任：原缺，据《黔记》补。
③ 十九年任：原缺，据《黔记》补。
④ 杨勋、张翼、周善、周正的任职时间，《黔记》载："碑志俱无年号，总系于永乐、洪（熙）、宣（德）之间。"

徐宗。荣昌人，天顺间任。
李淑义。闽县人，天顺间任。
赵京。安肃人，成化间任。
李述。丰城人，成化间任。
杨廷芳。绍阳人，成化间任。
聂蒙昌。丰城人，成化间任。
周重。安福人，成化间任。
方秘。开化人，成化间任。
尹仁。安福人，成化间任。
刘简。富顺人，成化间任。
沈璐。上海人，成化十八年任。
蔡肃。闽县人，成化十八年任。
吴倬。见《名宦》。
周孟中。庐陵人，成化二十年任。
李孟晊。见《名宦》。
古其然。永川人，弘治四年任。
罗昕。见《名宦》。
龚嵩。富顺人，弘治九年任。
朱仪。成都人，弘治十三年任。
范坪。浮梁人，弘治十七年任。
彭程。瓯宁人，弘治十八年任。
陆健。鄞县人，正德三年任。
张腾霄。铜梁人，正德五年任。
王注。歙县人，正德六年任。
许效廉。莆田人，正德八年任。
詹源。安溪人，正德九年任。
蔡中孚。德清人，正德十一年任。
徐海。常山人，正德十三年任。
欧阳申。安福人，正德十三年任。
王瑞之。江阴人，正德十六年任。
夏邦谟。涪州人，正德十六年任。
沈圻。平湖人，正德十六年任。
赵渊。临海人，嘉靖二年任。
杨薰。南昌人，嘉靖二年任。

成周。直隶人，嘉靖三年任。
刘彭年。巴县人，嘉靖四年任。
朱珮。鹤庆人，嘉靖三年任。
龚亨。清江人，嘉靖五年任。
高贲亨。临海人，嘉靖七年任。
萧璆。辰州人，嘉靖九年任。
王尚志。浙川人，嘉靖十年任。
黄国用。庐陵人，嘉靖十年任。
康世隆。咸宁人，嘉靖十年任。
焦维章。灌县人，嘉靖十四年任。
赵得佑。卢龙人，嘉靖十七年任。
徐九皋。余姚人，嘉靖十七年任。
田汝成。钱塘人，嘉靖十五年任。
施昱。云南人，嘉靖二十年任。
李美。绵州人，嘉靖二十年任。
朱文质。云南人，嘉靖二十三年任。
陈克昌。仁和人，嘉靖二十三年任。
杨僎。临安人，嘉靖二十五年任。
范爱。汶上人，嘉靖二十七年任。
郭从道。徽州人，嘉靖二十七年任。
李用中。乐安人，嘉靖二十九年任。
喻冲。麻城人，嘉靖二十九年任。
龙遂。永新人，嘉靖三十年任。
万敏。南昌人，嘉靖三十年任。
刘景韶。崇阳人，嘉靖三十三年任。
黄明良。晋宁人，嘉靖三十四年任。
顾柄。常熟人，嘉靖三十五年任。
汪集。进贤人，嘉靖三十六年任。
蒋春生。零陵人，嘉靖三十八年任。
何全。温江人，嘉靖三十九年任。
王汝述。金华人，嘉靖四十一年任。
郑逑。闽县人，嘉靖四十三年任。
徐鼒。广信人，嘉靖四十三年任。
赵孟豪。全州人，嘉靖四十四年任。

周以鲁。安福人，嘉靖四十五年任。
杨应东。太和人，隆庆元[①]年任。
金瓯。六安人，隆庆三年任。
沈闻。巴县人，隆庆四年任。
李继芳。晋江人，隆庆五年任。
周汝德。丰城人，万历三年任。
高任重。云南人，万历五年任。
黄镆。莆田人，万历五年任。
胡宥。见《名宦》。
吴尧弼。鹤庆人，万历十一年任。
伍让。衡阳人，万历十六年任。
方端。固始人，万历十六年任。
沈思充。桐乡人，万历二十二年任。
方万策。莆田人，万历二十三年任。
梁铨。仁和人，万历二十四年任。

总兵官

傅友德。见《名宦》。
顾成。见《名宦》。
吴亮。见《名宦》。
刘玉[②]。北京人。
方瑛[③]。北京人。
李贵。见《名宦》。
毛荣。平越人。天顺二年任[④]。
吴经。亮之子。成化元年任。
彭伦。永宁人。成化六年任。
王通。新添卫人[⑤]。弘治五年任。
焦俊。东宁伯。
曹恺。弘治十一年任。

---

① 元：原缺，据《黔记》补。
② 刘玉：《黔记》载其正统二年任贵州总兵官。
③ 方瑛：正统七年任总兵官，《黔记》有“方瑛传”。
④ 天顺二年任：原缺，据《黔记》补。载其天顺二年（1458）任贵州总兵官。
⑤ 新添卫人：原缺，据《黔记》补。《黔记》有“王通传”，由新添卫指挥历都督佥事。

顾玉。北京人。弘治十一年任。

李昂。南京人。

施瓒。怀柔伯。正德十一年任。

方寿祥。南和伯。

李旻。丰城人。正德十二年任。

昌佐。山后人。正德十六年任。

陈珣。宁夏人。嘉靖元年任。

牛桓。凤阳人。嘉靖二年任。

李璋。宁远人。嘉靖四年任。

杨仁。贵州人。嘉靖十二年任。

沈希仪。奉仪人。嘉靖二十九年任。

张经。桂林人。嘉靖二十九年代行。

王良辅。广西人。嘉靖三十年任。

白泫[①]。广西人。嘉靖三十一年任。

石邦宪。见《名宦》。

安大朝。平越人，隆庆二年任。

刘显。南昌人，隆庆五年任。

王继祖。怀庆人，隆庆六年任。

吴国。怀庆人，万历元年任。

胡守仁。观海人，万历九年任。

郭成。叙南人，万历六年任。

戚继美。登州人，万历十一年任。

张藻。六安人，万历十二年任。

谭敬承。长沙人，万历十六年任。

侯之胄。山东人，万历二十年任。

陈汝忠。锦衣卫人，万历二十二年任。

李如柏。铁岭人，万历二十三年任。

沈尚文。太仓人，万历二十四年任。

都指挥

马烨。见《名宦》。

---

① 据《黔记》，以下各总兵官：吴经、彭伦、王通、曹恺、顾玉、李昂、李旻、昌佐、陈恂、牛桓、李璋、杨仁、沈希仪、张经、王良辅、白泫，其任职时间原书均无，均据《黔记》补，不一一出校。

张可大。
程暹。见《名宦》。
胡通海。
费聚。
李雄。
王霖。
司继先。都匀人。
潘勋。辰州人。
李祖。前卫人。
许诏。镇远人。
曹实。贵州人。
顾恩。贵州人。
骆忠。前卫人。
刘麟。安南人。
陈武。乌撒人。
周爵。四川人。
王玺。新添人。
李宗佑。前卫人。
王木。龙里人。
胡璋。前卫人。
邓良。清平人。
逖远。兴隆人。
王锐。广东人。
宋弁。广东人。
朱文。贵州人。
田茂。南京人。
顾继先。贵州人。
余大纶。襄阳人。
王贤。普定人。
李葵。四川人。
汤相。襄阳人。
宋琏。四川人。
樊世鲸。云南人。
马南。湖广人。

曹宗岱。云南人。
王璋。云南人。
但一麟。广西人。
丘润。新添人。
邵鉴。见《名宦》。
徐世远。前卫人。
程规。松潘人。
杨楚。广东人。
梁天麒。贵州人，嘉靖三十三年任。
唐济澄。福建人，嘉靖三十五年任。
祝明。清浪人，嘉靖三十六年任。
谷旸。贵州人。嘉靖三十六年任。
何自然。新添人，嘉靖三十七年任。
张东旭。云南人，嘉靖三十七年任。
汪辅。云南人，嘉靖三十八年任。
孙时。沅州人，嘉靖三十九年任。
梁高。南京人，嘉靖三十九年任。
杨均。贵州人，嘉靖四十年任。
安大朝。平越人，嘉靖四十二年任。
杨州鹤。云南人，嘉靖四十二年任。
徐惠。卢龙人，嘉靖四十四年任。
刘公臣[①]。山东人。嘉靖四十□年任。
孙克谦[②]。襄阳人，嘉靖四十□年任。
吴子忠。云南人，嘉靖四十五年任。
薛近宸。贵州人，隆庆二年任。
胡大宾。云南人，隆庆四[③]年任。
王梦弼。武昌人，隆庆四年任。
倪中化。江陵人，隆庆五年任。
王月。永昌人，隆庆五年任。
杨仲。沅州人，隆庆六[④]年任。

---

① 刘公臣：《黔记》无此人。
② 孙克谦：《黔记》作隆庆二年（1568）任指挥，隆庆五年（1571）升清浪参将。
③ 四：原缺，据《黔记》补。
④ 六：原缺，据《黔记》补。

王德懋。桂林人，隆庆六年任。
凌文明。广西人，万历二年任。
许文。广西人，万历三年任。
张奇峰。泉州人，万历四年任。
顾宗文。浙江人，万历五年任。
杨桂。广东人，万历七年任。
胡大忠。南开卫人，万历四年任。
刘招桂。南昌人，万历九年任。
杨云程。贵州卫人，万历九年任。
朱鹤龄。贵州人，万历十四年任。
陈洪范。南京人，万历十七年任[①]。
王时伟。南京人，万历十九年任[②]。
蔡兆吉。贵州人，万历九年任[③]。
刘瑞。赤水人，万历十四年任。
吴光宇。贵州人，万历十四年任。
段扆。云南人，万历十七年任[④]。
张问达。广东人，万历十六年任。
张先声。云南人，万历十八年任[⑤]。
常守贵。兴隆人，万历十九年任。
林维乔。湖广人，万历二十一年任。
周应熊。云南人，万历二十三年任。
张云翱。赤水人，万历二十四年任。
王纳谏。河南人，万历二十四年任。
舒文俊。骁骑人，万历二十四年任。
杨国柱。浙江人，万历二十五年任。

名宦

法志《秩官》，而复列《名宦》，示风也。自楚汉迄今千百年，如蹻、蒙诸人，皆得以其功辉映简册，而况我明诸大夫乎？操修经济，虽人人殊，而

① 十七年任：原缺，据《黔记》补。
② 十九年任：原缺，据《黔记》补。
③ 九年任：原缺，据《黔记》补。
④ 十七年任：原缺，据《黔记》补。
⑤ 十八年任：原缺，据《黔记》补。

要其树勋业于当年，流景铄于后代，均足为有官者之龟蔡矣。语曰：“前事之不忘，后事之师。”又曰：“高山仰止，景行行止。”余能不为之表著乎？其迁秩非久，及时方在事者，例不得有所评骘，以俟后之君子。

周

庄蹻。楚庄王苗裔也。顷襄王使将兵循江上，略巴、黔中以西，遂灭夜郎。至滇池，定属楚。欲归报，会秦夺楚巴、黔中，道不通，以其众王滇。

汉

唐蒙。番阳令。建元中，风晓东粤食枸酱，问所从来，曰：“道西北牂牁江，江出番禺城下。”蒙归，问蜀贾人，独蜀出枸酱，多窃出市夜郎。夜郎临牂牁江，江广数十丈。蒙乃上书曰：“闻夜郎所有精兵可得十余万，浮舡牂牁江，出不意，此制越一奇也。诚以汉之强，通夜郎道，为置吏，易甚。”上许之，拜中郎将，将千人，从巴蜀筰关入。见夜郎侯多同，喻以威德，厚赐，约为置吏，使其子为令。夜郎小邑，贪汉缯帛，听蒙约。还报，以为犍为郡，置两县一都尉，寻为牂牁郡，夜郎侯入朝，改夜郎县。汉卒郡县西南夷者，唐蒙发之也。

诸葛亮。后主时为丞相，南夷雍闿叛，亮南征，斩之。孟获素为夷汉所服，拥众拒亮。亮七擒七纵，犹遣获，获止不去，曰：“公天威也。南人不复反矣！”遂入滇池，益州、永昌、牂牁、越嶲四郡皆平。今会城藏甲岩、毕节七星关、乌撒插枪岩、黎平诸葛营，皆故迹也，所在祠祀。

李恢。建宁俞元人。任交州刺史。随丞相亮分道南征，为蛮寇所袭，恢给以粮尽图退，寇围稍懈，恢出奇奋击，大破之。逐北至盘江，扼牂牁，与亮声势相连，黔中悉平。论南征功，惟恢居多，封汉兴侯。卒，子遗嗣。

唐

韦皋。贞元中为剑南西川节度使，抚绥西南，威令大著。

段文昌。文宗时为节度使，政尚简静，间示武健，群蛮震慑。长庆二年，黔中蛮叛，观察使崔元略以闻，文昌使人开晓，蛮引还。

宋

宋景阳。真定人。开宝八年，广右诸蛮作乱，诏景阳率师征之，悉定广右。复进兵都云、贵州等处，西南以平。诏建总管府于大万谷乐等处，授景阳宁远军节度使、都总管以镇之。景阳抚绥劳来，甚得远人之心，而柳州、庆远之民多归附，其苏、赵、周、高、兰、蔡、南容七姓者举族附焉。卒，赠太尉，谥忠臣。子孙世爵兹土，今宣慰宋氏，其裔也。

元

阿里海牙。畏吾人。至元间为平章政事，降八番、罗甸蛮，以其总管文龙貌入见，以宣慰司八番、罗甸等处并置安抚以镇之。

刘继昌。至元时为两淮招讨司经历，阿里海牙遣招谕西南诸夷。继昌深入险阻，大播德威，而八番、两江溪峒皆降附焉。

李德辉。潞县人。至元中，罗施鬼国既降复叛，诏云南等路合兵讨之。德辉以左丞被命，至播州，遣张孝思谕之。其酋阿察密熟德辉名，悉驰至播[①]，泣且告曰："吾属微公来，死且不降。今而公在也，敢有它肠？"德辉乃奏改鬼国为顺元路，以酋为宣慰使。后有谮德辉受鬼国马千匹者，世祖曰："是人虽一羊不妄受，宁有是耶？"

张孝思。至元中为左丞李德辉偏裨。招降叛夷，功著边徼。

速哥。蒙古人。至元十九年，为顺元等路军民宣慰司宣慰使，经理诸蛮，得其归心。后迁河东、陕西等路万户府达鲁花赤，夷酋赴阙留之，遂降八番、金竹等百余寨，得户三万四千。悉以地为郡县，置顺元路金竹府、贵州以统之。东连九溪十八洞，南至交址，西至云南，咸受节制，为西南名臣第一。

刘国杰。女直人，入中国，从姓刘。貌魁梧，善骑射，胆力过人。初为湖广行省平章政事，大德五年，罗鬼女子蛇节反，乌撒、乌蒙、东川、芒部诸蛮从之，陷贵州，诏国杰将各路兵讨之。贼锐甚，官军失利，杰乃令人持一盾，布钉其上，俟合战，即弃之，佯北，贼驱逐，马奔不能止，遇盾皆仆，因反击，贼大溃。既而复合，众请战，国杰不应，数日，度其气衰，出不意，一鼓破之，追奔数十里。七年春，计擒蛇节等，西南复平。

本朝

开国功臣

傅友德。宿州人。洪武初封颍川侯，充征南将军。身数十战，筑城通道，屯兵聚粮，恩威并著，夷獠闻风降附，边境以宁。后追封颍国公兼太子太师。

顾成。扬州人。倜傥饶智略，膂力绝群。洪武初授贵州指挥佥事，历官右军都督府佥事，充总兵官，讨水西叛夷，晋封镇远侯。置官司，建学校，卓有成绩。卒，赠夏国公，谥武毅。仍立祠，命有司岁时祭焉，详见《祠堂记》。

经略尚书

侯琎。泽州人。正统间麓川之役，公以郎中参军务，功升兵部侍郎，镇守云南。景泰初，贵州苗叛，攻围新添、平越、都匀及普定等城急，道梗弗通。命督诸军进

---

① 悉驰至播：弘治《贵州图经新志》、嘉靖《贵州通志》及《黔记》均作"即身至播"。

讨。公自云南选善射者为前锋，自将至普定，疾战，贼大败，诸围俱解，遂迁尚书。疾作，卒于普定，士民哀慕。

巡抚

王询。公安人。景泰元年任。端凝简重，雅有大臣之度，蛮夷怀德畏威，边陲帖然。以异等召还，改国子监祭酒。

蒋琳。钱塘人。景泰五年任。廉干果毅，锄强剔蠹，恩威丕著，时清水江苗叛，授方略殄之。迁建布政司治，卓有治效，为时能臣。

陈宜。泰和人。成化四年任。清净简易，推心置人腹，怀柔远夷，无携贰者，边境宁谧。召还，迁兵部侍郎。

秦敬。涿州人。成化六年任。治责大指而已，不苛小[①]，民恋之如慈亲。及代，境内父老携其稚幼，攀送百里外，涕泗不忍舍去。

宋钦。乾州人。成化十二年任。光明正大，洞见里底，苗夷感化，相戒毋犯边，溷我公清宁之化。

陈俨。庐陵人。成化十六年任。讦谟远识，屹然负天下望，尝讨平西堡叛寇，境内帖然。寻召为工部右侍郎。

孔镛。吴县人。成化二十三年任。平恕不苛，暇惟以诗文自娱，遇佳山水，辄游咏终日，颇有西湖了公事之适。召还，迁工部侍郎，郡人立碑，以识去思。

邓廷瓒。巴陵人。成化间，初设程番府，铨部举瓒异等出守。时方草昧，德则人，不德则鹿。瓒甫下车，以龚遂渤海之治治之，夷始奉约束。凡城郭、庙宇、廨舍，以次兴作，所居成聚。弘治三年，寻晋本省巡抚。黑夷久叛，奉命讨之，不事军兴，计系其酋而致之幕府。苗平，疏上保民十事，得俞旨，遂郡县都匀、麻哈、清平。

张濂。归安人。弘治间初任按察使，升布政使，寻升巡抚。在贵日久，民俗夷情靡不洞悉。有所兴革，皆因民之利病；有所抚讨，皆视夷之顺逆。谙练若理其家政然。

曹祥。字应麟，歙县人。正德十年任。先是，镇箪、铜、平等处苗蛮倡乱，公至，即檄谕利害，解散者半。寻擒斩逆命者五十名颗，招抚逃民三百余名。遂蒙玺书慰劳，其略曰："苗蛮连年反侧贻害，尔自交代以来，夷患既除，地方宁靖。非处置有方，委任得人，何以致此！宜益竭才猷，绥怀远迩，用称朝廷委任责成之意。"又普安苗贼阿则、阿马，纠夷诈称官职，扎营劫掠。凯口地方阿向等亦皆煽乱。乃大集将佐，会兵殄灭，剧酋面缚乞降，贼党悉平。寻以劳疾乞休。接任都御史邹公

---

① 小：《黔记》作"细小"。

文盛奏叙前功，上命礼部差赐白金、彩缎于家。公雅言做人当以诚为本，故能克勤王事，所至卓有成绩。

徐问。武进人。嘉靖十一年任。政以化民善俗为务，举行蓝田乡约法，朔望择郡耆老宣扬圣谕，讲读律令，置“彰善”“瘅恶”二簿，时或亲临饬之，俗用丕变。都匀土酋蒙越煽乱，民疲于转输，问多方调停，刻期督偏裨以必克，非久，越就擒。所著有《读书札记》遗于黔。

刘大直。华阳人。嘉靖三十二年任。光明俊伟，有大节，具文武才。极力整顿百务，立保甲法，令民自相防范，规劝为善，以塞盗源。土人不知纺织，为颁式制具，延工师教之。他如清屯田、练士卒、省驿递，惠政种种。甫六月卒，士民至今思之。

鲍道明。字行之，歙县人。嘉靖四十年任。时容山土酋韩甸纠集诸洞云扰，所过堡破落焚，势甚猖獗。公以大义征谕土兵，分遣将领，授以方略，生擒贼苗普哥等三十八人，馘斩一百四十八级，贼首韩甸及其党与，以次购缚。复斩容山、景洞等处逆苗八十九级，生擒四人，负固诸夷，一旦平服。时公南迁廷尉，未及上其事。贵州巡按御史巫继咸[①]题核，上赐银币有差。

阮文中。南昌人。隆庆四年任。镇静不扰，廉介有为，处逆酋，芟巨寇，不动声色，人莫能窥其涯际。

严清。昆明人。万历三年任。持宪度，肃风裁，地方利弊，毅然兴革，无少顾忌。如捐俸金修道路，加诸生廪饩，惠政种种。历官吏部尚书，卒，谥恭肃。

巡按

吴讷。常熟人。宣德三年任。综核精明，百度振饬，尤注意士类。所著有《小学直解》以传。

黄镐。闽县人。景泰间任。值苗乱道梗，镐简精锐千人，进至镇远，躬擐甲胄，与贼战，败之，且战且进。时兴隆、清平皆被围，平越尤急，镐婴城固守，凡九阅月，士卒掘草根、煮皮甲以食，镐多方劝谕振济之，身同甘苦。后朝廷遣援兵至，与镐军内外夹攻，贼乃溃遁。在贵三年，凡五十三疏，皆嘉纳采行，详见《八闽人物志》。

宋有文。四川人。天顺间任。激浊扬清，发奸摘伏，不事钩巨，翕然称神明云。

王鉴之。会稽人。成化间任。贞以持己，廉以率人，蛮夷信服。时都匀酋弗靖，单骑深入，喻以德意，酋感泣投戈降，一时诸郡获免军兴之扰。

包裕。桂林人。弘治间任。宽洪仁恕，耻以鹰击鸷蝗为能，凡事务通民情。不

① 巫继咸：该书与《黔记》有时亦作巫继贤。按所记内容应是同一人，不知孰是，故保留原貌。

树威，然自不怒而威，尤加惠茕独，悉收之养济院，亡失所者。

王一言。四川人，弘治七年任。端凝严重，吏不敢犯，民不忍欺。论者谓一言如雨露霜雪，各以其时。

丁养浩。仁和人。弘治九年任。击疆宗，有拔薤之风；通下情，得辟门之义。且兴学育才，以教化为兢兢，称真御史云。

黄珂。遂宁人。弘治间任。卓有风裁，然持大体，不以鹰击毛挚为治。历官兵部尚书。宸濠求复护卫，珂坚执不署，竟莫能夺。卒，谥简肃。

张淳。合肥人。弘治间任。性峻整孤立，吏不敢犯其私。平普安米鲁之乱，能以独断成功。

徐文华。嘉定人。正德间任。甫入境，适有阿贾、阿礼之变，密相机宜，得其要领，遂授偏裨以奇策，歼厥渠魁，夷平。至今贵之人谭乖西事者，颂徐公之功不衰。

胡琼。廷平人。正德十三年任。威望风采，凛不可犯。先是，黔俗黩鬼，巫觋阴操祸福之权，以煽惑人。琼首厉禁之，毁淫祠之不在祀典者数百所，治巫觋如西门豹治邺故事，一时民俗丕变。至若劾总兵昌佐之贪婪，抑中官王诲之豪横，狐鼠辈惧焄灌，不敢凭城社，作威虐矣。

刘廷簠。安福人。嘉靖二年任。性耿介，才卓荦，清苦自茹。按部屏除阿导，匹马双旌，遍历荒徼，发奸摘伏，凛若神明。

王杏。奉化人。嘉靖十三年任。英风峻节，一时凛然。吏治、民瘼、夷情，若辨黑白，积豪大猾，罔不敛手。若请贵州得专制科，又其大者。

赵大佑。太平人。嘉靖二十年任。果敢峭直，执法不回。临大事，决大疑，片言而止。土酋安氏阴怀不轨，詟公威名，遂寝其谋。

布政

蒋廷瓒。滑县人。美丰姿，有大度。永乐初，以行人讨平思南叛夷，升工部左侍郎。十一年，开设贵州布政使司，上难其人，以廷瓒素有威望于黔，转本司左布政使。甫下车，宣德意，与民正始，黔中颂之为黄丞相重临云。

易节。万载人。宣德间任。宽洪有度，抚字心劳，一时治行，翕然称长者。古有三不欺，如公，倘所谓不忍欺者乎！

萧俨。内江人。成化间任。兴学校，重风化，奏请颁乐器，增解额，皆得次第举行。已，乃乞归。有《皇明风雅广选》五十卷，梓于贵。

彭韶。莆田人。成化间任。先任广东布政，坐劾太监梁芳弟官锦衣千户者，在乡私采禽鸟等物进贡，官民俱扰，乞治之，忤旨，调贵州布政。濒行，父老涕泗，有追送数百里外者。巡抚朱英赠诗，有“独有羊城临发处，西风卧辙鸟声酸”之句。甫下车，首问民疾苦利病状，即与兴革之。朔望受民词，告戒谆切，民爱戴如父母。

累官刑部尚书，谥惠安。都御史林俊为请易谥，大略谓："其正色立朝，先忧为国，舍大录细，不类其人，未足以服天下之心"云。

王诏。真定人。成化间任。度量汪洪，政尚恺悌，群吏化之，民用宁谧。

张诰。华亭人。弘治三年任。议论依道义，厝注尽经纶。以为钱谷，藩职也，综核精密，积胥无敢奸者。

刘元。仁寿人。弘治四年任。廉静寡欲，抑浮节冗，身俭啬以为群僚先，每饭惟青菜一味，盖其天性然也，人因号之曰"青菜刘"。寻以艰去。所至清白之声，雷于宇宙。

张抚。宝鸡人。弘治间任。沉毅刚介，明敏卓荦，厉清苦以风群属，贪墨吏为之瞿然顾化。

江珍。歙县人。隆庆间任。政有执持，往往抑豪右，植小民。躬行节俭，归休，家无长物云。

郑旻。揭阳人。万历十一年任。先历提学副使，大雅好古，深仁濊泽，造士有文翁之化，宜民深召伯之仁。后卒于官，祀名宦。

按察使

成务。兴国人。永乐初御史，风裁凛然，廉介有声。十一年，开设贵州按察司，超迁按察使，秉宪得大体，为黔臬开先第一。

杜铭。金堂人。成化初任。听狱仁恕，多所平反，疑狱一讯直之，亡蔓引者。累官刑部尚书。

徐珪。安岳人。成化二十年任。廉而不刿，宽而有制，爰书周慎详察，必反覆无可出处而后入之，民自以不冤。寻升左布政使。

钱钺。仁和人。成化二十三年任。持正秉公，振纲肃纪。尤注意文教，如增修学舍，建社学，置射圃，制乐舞生衣冠带履，以供春秋祭祀，文物焕然改观。寻巡抚本省，选将练兵，丰饷葺垒，密侦渠魁巢穴，分捕而格杀之，寇惊以为神。一平普安，再平东苗，三平西堡，皆以计制胜，未尝假兵力。又修梁的澄河，一、二年间，百废举毕。

陈金。应城人。弘治九年任。平易近民，不立町岸，然裁决如流。寻升云南布政，父老泣请留遗舄以识去思，公以所挥扇畀之，众宝藏焉。时有"遗扇清风"之咏，倡和成帙以传。

吴伯通。广安人。弘治十一年任。持大体，不琐屑科条，以滋多事。暇辄进郡弟子员列侍，讲经义，纚纚忘倦，多所发明，士咸虚往实归。

刘丙。安福人。正德四年任。廉明详慎，以洗冤泽物为任。决大狱，每付古义，读其牍者，莫不缩颈吐舌，骇以为神明。

姚镆。慈溪人。正德九年任。有守有为，尤加意作兴士类，日进诸生课其业，颁矩矱，定绳尺，纚然大方家法，贵之士寖寖向学矣。

杨最。射洪人。嘉靖十五年任。刚果敢为，廉明执法，人莫敢干以私。历官太仆寺卿，以抗言国事卒[①]。

陈尧。通州人。嘉靖三十五年任。居恒劲爽，不与俗浮沉，治崇大体，恤民隐。会采木命下，公持议不宜罢荒服。有旨征丹砂若干斤，台使者檄征之，公持不下，则有先输者。台使者诧公曰："夜郎砂赤如血，佳哉!"公曰："此百姓血也，安得不赤!"一座愕然。而所征砂竟寝不报。其伉直不回多此类，惟时僚友惮公严，而黔人颂公德云。

冯成能。慈溪人。隆庆三年任。志存理学，力行古道，每日集诸生于阳明书院讲论，谓阳明"良知"二字，即虞廷"道心惟危"之旨，谆谆训诲，大有发明。所著有《慎》《默》二箴，以为之的。复区画建置义田，以赡贫士。

程大宾。字汝见，歙县人。万历元年任。淡泊自持，不见可欲；讲明理学，多实践之功。生平言笑不苟，僚属咸敬惮之。

参政

钟蕃。崇德人。弘治间任。政尚简静，不屑屑米盐，常谓"天下本无事，庸人自扰之"，尔时称识治体云。

郭绅。万载人。弘治间任。器宇温雅，耻为表暴。虽事当匆剧，而裁处雍容，务从宽厚。临属吏，浑然不露圭角，恐伤贤者意，雅有大臣度量。详见《袁州人物志》。

周宏。德清人。弘治六年任。宽洪大度，不屑屑于苛细，人颂清宁之政。

王重光。新城人。嘉靖间任。奉公守正，时永宁黑白羿蛮叛，重光谕降其三万余。及督采木之役，历险阻，冒瘴岚，竟卒。奉旨谕祭一坛，永宁立祠祀之。

副使

李睿。济宁人。正统间任。先是，诸郡卫强半未建学，睿念圣人之道，如水行地中，无处无之，何厄于黔？乃疏请。得可，遍建诸学，黔人始津津然兴起。且礼殿乐器，犁然且备，擘画之功尤多。

刘本。富顺人。成化间任。持正恬静，其于名位，澹如也。未久，乞归去，士论韪之。

汤全。华亭人。弘治二年任。浑厚内有精明，刑罚中寓教化，吏望之不寒而栗，民就之蔼然也。

阴子淑。内江人。弘治十年任。备兵都清，善谋多智，娴武略，尝示人以不测，

① 据《黔记》，杨最因上疏忤旨，被逮，死于狱中。

即左右莫之知也。如谭笑擒王向、阿仇二酋，磔之麾下，诸夷凛凛，莫必其命。

王倬。昆山人。弘治十五年任。心公而恕，政简而明，举措机宜，地方攸赖。

席书。遂宁人。正德四年提学。性嗜静养，学问根本周、程，课士先德行后文艺。时王阳明谪丞龙场驿，倡“良知”之学，乃以礼廷至文明书院，训迪诸生。暇则就书院论学，或至夜分，诸生环而观听以百数，自是贵人士知从事心性，不汩没于俗学者，皆二先生之倡也。历官礼部尚书。卒，谥文襄。

张庠。蓬溪人。嘉靖十年，备兵都清，饶智略，谙权变，信赏必罚。平岩埋、丰宁诸寇。居匀未半载，道不拾遗，户不夜闭。去任之日，士民奏留至再，部议重赏白银一百二十两，竟未终用，至今惜之。巡抚都御史邓士元《保留疏》内，有“谈笑取岩埋，诸夷慑服；忧勤制桓贼，一鼓成擒”之语。

冯裕。临朐人。嘉靖十一年任。先知石阡府，清介绝俗，爱民如子。历官虽久，囊无余赀，里居敝衣粝食，淡如也。并祀石阡府名宦。

王积。太仓人。嘉靖十九年任。刚毅果敢，法在必行，庭无逋事，亦无漏奸。豪民猾吏与群盗扞网者，按治不少贷，以故良善获安，民到于今称之。

蒋信。武陵人。嘉靖二十三年提学。文章节概，为品流第一。训迪生儒，以默坐澄心体认天理，一时士习翕然丕变。虽喜怒不形，第规规自度，而潜移默动有出于劝督之外者，所奖拔尽名士。

徐樾。贵溪人。嘉靖二十三年提学。讲明心学，陶溶士类，不屑屑于课程。尝取夷民子弟衣冠之，训诲谆切，假以色笑。盖信此理无古今，无夷夏，苟有以兴起之，无不可化而入者，非迂也。

万士和。宜兴人。嘉靖三十六年提学。褆躬方正，师道尊严，士类蒸蒸丕变。且亲课程以奖拔，储义谷以助贫。至今谭黔南名督学者，必首公。详见《去思碑》。

程嗣功。歙县人。隆庆三年任。褆躬皭然不滓，治体崇惇大。时当惨切，独养和平之福，去后人辄思之。

杨启元。栾城人。万历四年备兵威清。刚毅有为，政教兼举。擒获贼首阿夜，地方安堵。改建学宫、坊市，士民胥赖焉。

凌琯。歙县人。万历五年提学。古心正气，近世鲜俪。试事竣，惓惓举“文行忠信”四字为启迪，学者翕然以山斗宗之。每晨起，必冠服礼先圣像，后出视事，虽寒燠不辍。历官陕西按察使，即翾然解组归。

参议

杨廉。扬州人。宣德间任。冰蘖自持，一介不苟。居恒自矢曰：“吾关西夫子裔，自当为清吏，期不点家声，且不负吾父命名意也。”寻卒于官，论者谓事定盖棺，廉真行顾其言云。

吴禋。零陵人，成化间任。狷介廉明，参藩政垂十年所，饮冰茹蘖，始终如一。去之日，箧无长物，惟来时所携图书而已。

吴环。漳浦人。弘治间任。才略英迈，明作有为。凡苛条积蠹，汰而去之殆尽。

蔡潮。临海人。正德间任。备兵新镇，时清平香炉山苗叛，声言屠城。潮驰赴，誓众曰："去与守，等死耳。守死，百有一二生！"缮城隍，积粮糗，恤士卒，与贼攻守者二年，城赖不陷。后得请命于朝，集大兵捣其巢穴，荡平之。虽时都御史邹文盛为政，而潮实领左右二垒，斩馘之功居多。郡人思其功，立生祠，岁时祭焉。

佥事

范循。南充人。正统间以御史擢。性鲠介，凛凛持三尺从事不少贷，部署肃然，罔敢骩法。

吴倬。淳安人。成化十九年任。倜傥敢为，外严内宽。按部，见各学廪饩不继，与宾兴士贫不能行者，多方区画，积枲布以置学田。又以诸站堡军役疲甚，请益粮三斗，复设法市田以资之。至平都清叛夷，尤其功之最著者。

李孟晊。睢州人。成化二十二年任。丰仪峻整，器识不群，望之凛然。群胥皆输心腹，无所隐匿，咸愿为用。以能蜚声，升云南副使。

罗昕。番禺人。弘治五年任。平易近人，不修边幅，而廉洁威严，卓有古君子风。

赵渊。临海人。嘉靖二年提学。学问渊源，德性醇粹。崇教化，勤课程，常以身先多士，间尝取苗獠子弟衣冠习礼，真有变夷之意云。

胡宥。休宁人。万历九年备兵毕节。行己端庄，莅官清慎，如捐赀改学、刊书造士，与修城练兵，均赋赈之，惠政种种，不可殚述。寻升苑马卿，濒行而卒，士民哀之，举入祠祀。

总兵

吴亮。滁州人。宣德间任。号令严明，士卒用命，寇盗屏迹。子经，成化间继镇于兹，卓有父风。

李贵。顺天人，本姓苗，天顺间以总兵镇守，赐姓李。智略勇敢，迥然出众。时贵苗弗靖，与太监郑忠极力抚捕匪人而戢。忠亦有心计，修桥建楼，置壶漏以明时，葺祠庙以祝禧。郡人为立生祠奉祀之。

石邦宪。清平人。嘉靖间任。智勇天成，机谋神算。川、湖、滇、贵各苗蜂起，宪前后悉平之，大小数十余战，无不奏捷，寇称为"石老虎"，望风降服。卒之日，虽深山穷谷，无不悲号，铜仁各处立祠祀之。

杨仁。详见《郡志》。

都司

马烨。洪武初都指挥使。时贵州初附，势尚尯鞄，烨政令明肃，人莫敢犯者，畏而呼为“马阎王”。创建城郭，极其坚固雄壮，攻讨拊循之绩尤为茂著。论者谓肇造贵州，烨功第一，后坐以事，人共惜之。

程暹。洪武初，自沧州卫指挥升贵州都指挥使。是时边备草创，暹殚力经营，厥功最懋。

张锐。正统间任。有材力，知大体，为政几三十载，终始一节。

邵鉴。清平人。嘉靖间任。清苦自守，刚方不阿。先守备铜仁，苗夷畏服。及贵州初建科场，鉴督理，悉区画，其规模之广，工料之精，至今赖之。

赞曰：眷兹黔方，壤连越嶲。列藩自明，泰生于否。曰亦仕国，印若绶累。过化去思，烂然前史。文德武功，君子乐只。民靡赖之，曷怙曷恃？存焉舆颂，没焉哀诔。列以俎豆，荐以兰芷。终不谖兮，姓名爵里。特书大书，明德远矣。后有作者，厥美可趾。《诗》不云乎？“高山仰止”。

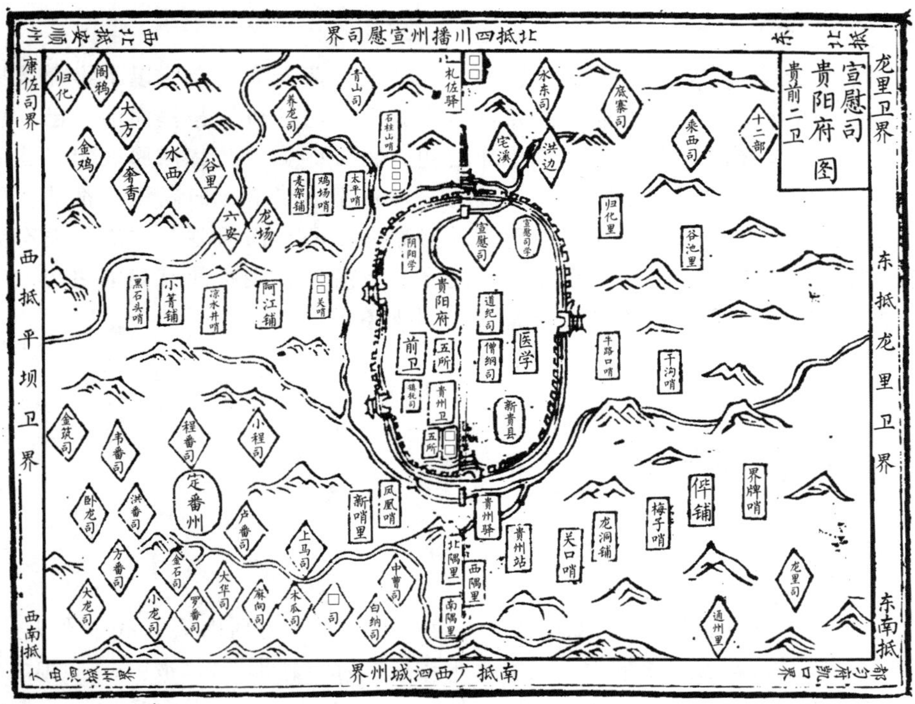

图 4　宣慰司、贵阳府、贵、前二卫图

贵州通志卷三

合属志

邦国犹人一身然，郡邑卫所，四肢百骸也；藩臬大吏，所以纲维而统摄之心也。黔在国初，始以征南诸介胄留守其土，与各酋长相提而治，已，稍稍郡县之。今经制大备，视经纶草昧之初，骎骎盛矣。乃其保厘底定，建威销萌，则责在诸监司。故曰安平、威清，曰贵宁、毕节，曰新镇、都清，曰思仁、思石，实辖属焉。辟之视听言动必禀命于心，而后驰张注厝，罔有弗得其理者。且事权一，则耳目无旁落之虞；体统严，则指使有相因之势。元气周流，荣卫浃洽，而黔可安于磐石，固于覆盂矣。

第三章 贵阳府

沿革

《禹贡》梁州南境，荒服之地，秦为黔中郡，汉为西南夷。武帝平头兰，即且兰，今播州是也。遂平南夷，在播州之南。为牂牁郡。《汉书》云："郡有牂牁江，通番禺城下。"光武时，牂牁大姓自牂牁江入贡，即此。唐为牂州，寻为首领南谢氏所有。

五代时，楚王马殷遣八姓帅率邕管、柳州兵讨两江溪洞至此，留军戍之，遂各分据，号八番。

宋为羁縻南宁州，治卧龙。至道元年，南宁酋长龙汉珖遣使率西南牂牁诸夷贡方物。时龙氏最强，诸番皆为所统，自号龙番。元丰间，龙番、罗番、石番先后皆贡方物。

元至元十九年，诏降夷八番、金筑百余寨三万四千余户，悉为郡县，置顺元路金筑府、贵州以统之，总隶于八番顺元等处宣慰司、都元帅府。考《通鉴》"征交趾由八番"，即此地也。按《元史》，至元十六年，潭州行省遣两淮招讨经历刘继昌招降西南诸番，以龙番方零为小龙番靖蛮军安抚使，龙文求卧龙番南宁州安抚使，龙延三大龙司应天府安抚使，程延随程番武胜军安抚使，洪延畅洪番永胜军安抚使，韦昌盛方番河中府安抚使，石延异石番太平军安抚使，卢延陵卢番靖海军安抚使，罗阿资罗甸国遏蛮军安抚使，并怀远大将军虎符，仍以兵三千戍之。

皇明洪武四年，酋长密定等举土内附，置安抚司一、长官司十六，隶四川贵州卫。正统元年，以木瓜、麻响、大华三长官司割属金筑安抚司，直隶贵州布政司，程番等十三长官司改隶贵州宣慰司。成化十年，长官方勇等愿开府治，设文臣领之，奏准设程番府于程番长官司，安抚司及长官司十六俱隶焉。隆庆二年，巡抚杜拯、巡按王时举题将程番府移治省城，益以贵竹、平伐二司，改名贵阳府。万历十四年，巡抚舒应龙、巡按毛在题设定番州于旧府。十九年，巡抚叶梦熊、巡按陈效题设新贵县，并隶府。共领州一、县一、安抚司一、长官司十六。

新贵县。附郭。元为贵州，寻改贵州等处军民长官司。本朝洪武初，改贵竹长官司。万历十九年，并龙里卫平伐长官司，共置为新贵县。以贵竹司为贵竹乡，以平伐司为平伐乡，编户共十里。

贵竹乡。六里，曰：南隅、西隅、北隅、谷也、归化、新哨。

平伐乡。县东一百二十里。元为平伐等处蛮夷军民长官司，隶新添葛蛮安抚司。大德元年，改隶亦奚不薛千户所。洪武十五年，改平伐长官司，隶四川贵州卫。二十八年，改隶龙里卫。万历十九年，改乡属县。四里，曰：上牌、下牌、江肘、谷广。

定番州。府南九十里。旧为程番府。万历十四年，改州，领长官司十六、里四。

程番长官司。附州。元为武胜军安抚司，洪武五年改置。

小程长官司。州西北五里。元为小程番蛮夷军民长官司，洪武五年改置。

卢番长官司。州北五里。元置卢番靖海军安抚司，析其西北地置卢番蛮[①]夷军民长官司，洪武五年合置。

上马桥长官司。州西北二十里。元为上桥县，洪武五年改置。

方番长官司。州南八里。元为方番河中府安抚司，洪武五年改置。

韦番长官司。州南五里。元为韦番蛮夷长官司，洪武五年改置。

洪番长官司。州南十里。元为永盛军安抚司，洪武五年改置。

卧龙番长官司。州南十五里。宋置南宁州，酋长龙汉珗称长雄，寻号龙番。元丰二年入贡。元改卧龙番南宁州安抚司，洪武五年改置。

小龙番长官司。州东南二十里。元为小龙番静蛮军安抚司，洪武五年改置。

金石番长官司。州东二十五里。宋为石番，元丰二年入贡。元为金石番太平军安抚司，洪武五年改置。

---

① 蛮：原缺，据嘉靖《贵州通志》补。

大龙番长官司。州东南五十里。元为大龙番应天府安抚司，洪武五年改置。

罗番长官司。州南三十里。宋为罗番，元丰二年入贡。元为罗番遏蛮军安抚司，洪武五年改置。

卢山长官司。州南一百里。元为卢山等处蛮夷军民安抚司，洪武五年改置。

木瓜长官司。州东一百里。元初为罗赖州，《元史》作罗赖，寻改木瓜等处蛮夷军民长官司，隶新添葛蛮安抚司，洪武五年改置。

麻响长官司。州南二百里。元为麻响等处蛮夷长官司，洪武五年改置。

大华长官司。州南二百二十里。元为大华等处蛮夷军民长官司，隶新添葛蛮安抚司，洪武十年改置。

木官里。州南一百四十里。元置木当蛮夷长官司，隶新添葛蛮安抚司。洪武四年改隶广西泗城州，七年，为苗贼所破，改木官寨。

克度里。州东南一百里。元置雍郎客都等处蛮夷军民长官司，隶新添葛蛮安抚司。洪武间废司，分为上、下克度二里。

通州里。州东南一百五十五里。唐宋为羁縻州地，《元志》无考。国初置里，领把马等十八寨。以上十六长官司及三里，初俱隶贵州卫。正统间，木瓜、麻响、大华三司改隶金筑安抚司，余改隶贵州宣慰司。成化间，俱改隶府。万历十四年隶州。

金筑安抚司。府西南一百二十里。唐为牂牁国羁縻州地。宋为南宁州地。元至元十九年，置金筑府，领长官司十七、县一，隶顺元路。本朝洪武四年，酋长密定归顺，罢金筑府，置金筑长官司于斗笠寨。十年，升安抚司，俱隶四川贵州卫。十六年，密定迁司治于杏林峰。永乐十一年，密定子得珠复迁马岭之阳，即坝寨。正统元年，改隶贵州布政司，领木瓜、麻响、大华三长官司。成化十一年，设府治，并木瓜、麻响、大华俱隶府。

郡名

黔中。秦名。

牂牁。战国时，楚顷襄王遣将庄蹻从沅水伐夜郎，军至且兰，椓船于岸，步战，灭夜郎。后人以且兰有椓船牂牁处，乃名其地为牂牁。牂牁，系舡杙也。

贵竹。汉时，有女子浣于遁水，有三节大竹流入足间，闻号声，剖之，得一男，养之。长，自立为夜郎侯，以竹为姓。武帝威服西南夷，夜郎侯迎降，封为夜郎王，又称竹王，贵竹之名本此。一谓地产美竹，故名。

南宁。宋名。

八番。五代名。

顺元、武胜。俱元名。

形胜

富水绕前，贵山拥后；沃野中启，复岭四塞。《旧志》。据荆楚之上游，为滇南之门户。《一统志》。

贵阳十景

东山胜概。提学沈思充诗："方壶遥驾贵城东，秀拔群山来郁葱。手可摘星斗母阁，僧来面壁梵王宫。北郊细柳开牙纛，南浦芳洲挂玉虹。漫自委蛇扶屐跻[①]，振衣一啸瘴烟空。"

藏甲遗踪。沈思充诗："吾闻汉相征南罢，瘗甲灵岩有秘踪。石匮于今苍箐锁，宝符从古白云封。谁探九地知神诀，独压三危净戌烽。惯见岩前干羽舞，漫劳指点紫光冲。"

贵竹清风。郡人周文化诗："看竹黔山自面阳，怀风不是染三湘。映窗半欲啼斑鹧，结实全宜待彩凰。良友入交清绝俗，此君常在雅非狂。纵无富贵如千亩，不共凡花媚靡廊。"

铜鼓遗爱。郡人杨仁诗："炎汉三分鼎足时，武侯吊伐统王师。七擒妙算寰中少，八阵雄才天下奇。水挽银河洗兵甲，山藏铜鼓镇边陲。甘棠遗爱真堪拟，千载南人在在思。"

鸦关使节。周文化诗："戟列蜂[②]屯俯万山，雪乘鸦翅马蹄艰。一为行省冠裳地，便是雄图锁钥关。中使衔恩通十道，速邮飞檄走诸蛮。弃繻叱驭无人说，何用长缨过此间？"

狮峰将台。杨仁诗："台筑高峰枕水湄，将军陈迹在郊墟。草荒故垒彤云护[③]，月照空山铁马嘶。九伐谋深关塞远，百蛮胆落羽书驰。颖川功已铭彝鼎，感慨令人有所思。"

灵泉印月。杨仁诗："寒泉浸月月波浮，玉兔深涵净不流。桂影沉沉萧寺夜，蟾光皎皎碧天秋。水中神女奁犹在，天上嫦娥镜未收。试向瞿昙问消息，虚玄景象此何由？"

圣水流云。周文化诗："不经禹凿有奇名，转轴无端费赏评。山散[④]韩云烹石鼎，耳闻孙齿漱瑶琼。风恬松径流初断，潮起盆池面忽盈。此地圣贤非是酒，洙坛脉络远分明。"

虹桥春涨。杨仁诗："春和积雪尽消残，水涌虹桥势淼漫。浪滚落花红雨乱，

① 跻：《黔记》作"上"。
② 蜂：《黔记》作"峰"。
③ 彤云护：《黔记》作"玄猿啸"。
④ 散：原文不清，据《黔记》补。

汀迷芳草绿烟寒。为趋东海三千里，漫拟西江十八滩。好向中流为砥柱，顿令顷刻见回澜。”

龙井秋阴。周文化诗：“夷庚隐隐镇台隍，膏泽真能惠一方。斛满丹砂闲古井，瓶摇素绠汲寒浆。高秋作雨供三事，首夏驱炎济六阳。莫把灵犀深照底，辘轳留取咏词场。”

定番州，风景颇类中华，四水交流，八番罗列。程番《旧志》。

贵南藩屏。田饶地阜，平广如砥。田野畎亩相接，地土肥饶，宜稻宜麦。据诸夷丛聚之地。《金筑志》。

疆域府治附省

东抵龙里卫界，五十里。西抵平坝卫界，一百五十里。南抵广西泗城州界，二百里。北抵四川播州宣慰司界。五十里。东南抵都匀府凯口界，一百二十里。西南抵广西泗城州界，二百五十里。东北抵龙里卫界，九十里。西北抵安顺州康佐司界。二百里。

新贵县。附郭。

定番州。东抵龙里卫界八十里。东南抵丹平司界一百里。南抵广西泗城州界一百里。西南抵泗城州界一百里。西抵金筑司界四十里。西北抵康佐司界九十里。北抵金筑司界五十五里。东北抵青岩堡界五十里。

金筑安抚司。东抵定番州五十里。南抵卢山司六十里。西抵坝阳四十里。北抵水东司六十里。

山川

贵山。城北二里。蜀道所经，一名贵人峰，郡之得名以此。

铜鼓山。城东二里。高百余仞，山半崆峒，常有声如铜鼓，相传为汉诸葛藏铜鼓处，景云“铜鼓遗爱”，即此。

高连山。城南二里。即新添关诸山，高而连络，有天马、贵人诸峰。《唐史》谓牂牁境内有高连、石门二山，即此。郡人徐节诗：“天马行空依北斗，人峰檐宇立中天。”

狮子山。有三。一东、一南、一西，治城里许。西即景所云“狮峰将台”者。

凤凰山。城南五里。似凤形。

五虎山。周绕治城之外，山形如虎者五，相传谓五虎、三狮、一凤凰云。

翠屏山。布政司后。

照壁山。城东北里许，俗名“平顶高峰”。

栖霞山。城东，山腹有洞曰“来仙”。王文成守仁诗：“古洞生寒客到稀，绿阴荒径草霏霏。书悬绝壁留僧偈，花发层萝绣佛衣。提榼远从童冠集，杖藜真觉鹤猿知。石门遥锁阳明洞，应叹山人久未归。”

东山。城东。上有浮屠，万历间御史马呈图建空中楼阁，后御史陈效增修，益为雄丽，“东山胜概”景即此。知府刘之龙诗：“晴日东山纵远眸，西南万里尽皇州。风云不变中原色，花鸟都消旅客愁。面面危峰青黛合，盈盈江水玉虹流。登临此日逢王粲，扫石题诗纪胜游。”

天马山。城南，高连山顶。

天榜山。天马山前，贵人峰下。

笔架山。文笔峰左。

文笔峰。城南里许。孤峰如笔，为郡署宾山。巡抚刘大直诗：“颖峰天半插灵鳌[①]，射斗书云五色毫。六艺三才吾道在，慢将翰墨侈风骚。”

点易岩。城北里许。易贵校《易》于上。

青岩。城南五十里。下有河通定番州，有羊、虎二场。

忠节冈。城南二里。郡人徐资战殁，妻刘氏守节，既卒，合葬于此，有记，见《艺文》。

云岩洞。旧名唐山，即芝岩洞，城西北三里。刘大直诗：“野分晴霭阔，峰族夏云多。”郡人越英诗：“风日晴和漾碧川，水光山色两相连。人间寻胜惟斯地，洞里乾坤别有天。野寺月明禅榻寂，阴岩春至薜萝悬。清流古洞无穷意，仁智应能职本源。”

魁星石。贡院掌卷所。

龙船石。铜鼓岩下，其形如船。

富水。城南一里。源出八里屯龙井，东北流入南明河。

南明河。城南门外。源出定番州界，东北流经郡城，至巴乡，北流合乌江，通思南府，绕城，河入蜀涪州界，会川江。

贯城河。城北。贯城中，会南明河。大学士席书《记略》：“省城之阴，有溪[②]远出夷箐，贯入城腹，曰贯城河。每夏秋水泛，沿岸居人门墙庐舍[③]率为倾圮，人畜漂溺，贻患有年。今都御史洪公询故老云：‘前巡抚蒋公正统、景泰间，常于郊外上流傍凿河渠泄水，皆于南门汇襄阳河，由思南浮于涪，达于江。岁久渠湮，故迹罔寻。’公闻而亲诣，沿城度势，乃集议修复。材费资之公帑，器具给之旧储，夫匠需之近卫，率半月更番。经画既允，乃属役于三司，刊木堑道，塞污[④]攻坚，人乐趋事，不

① 插灵鳌：《黔记》作“彩云高”。
② 有溪：《黔记》作“溪”。
③ 庐舍：《黔记》作“舍”。
④ 污：《黔记》作“淤”。

五旬而渠道底绩。两河既导，城市胥安。"

龙洞河。城南十里。

涵碧潭。武侯祠前。即南明河之流，汇而为潭，涵碧莹澈，深不可测，渔舟往来，岩木荟蔚，有迥隔尘凡之趣。王守仁诗："岩寺逢春长不夏，江花映日艳于桃。"

普惠井。一名四方井。

通衢井。城内小街。

龙井。城隍庙前。水出石隙，味清冽殊绝，景云"龙井秋阴"，即此。

四眼井。布政司左。覆以方石，石上四孔，故名。

灵泉。大兴寺内，泉极澄澈，凡月出没，虽偏在东南，而泉中皆见影，景云"灵泉印月"即此。

廉泉。按察司内。

文泉。一儒学前，一至公堂右。

圣泉。城西五里。山麓涌出，消长如潮，镇远侯顾成甃石为池，覆以亭，池中立一石以视消长，下流溉田数百亩。旁有寺，郡人岁时咸游观焉。景云"圣水流云"即此。今寺废址存。提学蒋信[①]诗："涓滴始知沧海在，乾坤宁直马图传。"副使赵之屏诗[②]："凿破云根入海丘，苍龙呼吸引沉浮。风涛咫尺此青眼，天地盈虚几白头。心恋鱼樵不可得，凉生松桂若为留。缘何胜景藏斯地，一脉渊泉亿万秋。"

宪泉。先在西察院，因名，即今贡院供给所井。

渔矶湾。南明河左岸。巡按王杏诗："层岩深曲结渔矶，碧石清流境亦稀。试浴寒鸥翻塞日，出潜晴鲤吸溪晖。琼梅点岸春犹丽，野荇沿郊晚自肥。鳌钓何人随画艇，吏情山色更相违。"巡抚严清诗[③]："莫讶临流归去晚，严陵本性爱渔矶。"巡抚江东之扁其处曰"会心"。郡人吴民表诗："一瓢吸长江，两瓮肩明月。纵目乾坤宽，抚掌狂歌发。"

柳塘。城北关外。

白莲池。圣泉门外。

定番州

麒麟山。城东五里。知府汪藻诗："瑞音千里播，灵趾万年栖。"

天马山。城西南七里。

骊龙玩珠山。城北二里。山势盘曲，如龙玩珠。

三宝山。城南十里。上有三宝寺，夷人于此祷雨。

---

① 提学蒋信：原文不清，据《黔记》补。
② 副使赵之屏诗：原文不清，据《黔记》补。
③ 严清诗：原文不清，据《黔记》补。

连珠山。城南八里。五山圆秀，连络如珠。

凤凰山。城北二十里。

笠山。城南八里。俗名斗蓬山。

旗山。城西二里。

交椅山。城西五里。

挂榜山。城南五里。

笔架山。城南五里。

琴山。城东一里。

文笔峰。城东十里。

中峰。城中。旧有书院，今废。

营盘坡。城南二里。

杨梅坡。城西一里。上产杨梅最多。

红土坡。城西一里。土皆赤色。

龙泉洞。城南十里。天旱，祷雨即应。

牂牁江。州南。源出西北三十里濛潭，南流至地名破蚕，入广西泗城州，出番禺城下，入南海。

七曲江。城西二十里。

玉带河。城北二里。

清水塘。城南五里。水清不涸，溉田数百里。

甘马泉。城南五里。昔传有犀牛见于此。

程番司

龙山。西四十里。

蒙山。南二里。

滴水岩。东南一十里。岩中滴水，四时不绝，行人多藉此济渴。前数十丈有平地，名曰三墓，贼常于此出没为患，今立哨。

土地石。西五里。一石形似土地象，昔传乃一白发老人所化，土人至今祀之。

乾堰塘。北一里。以盈涸验丰歉。

上马桥司

屏风山。南一里。

卓笔山。南二里。

高洞山。北二里。

岩头山。北四里。

上马桥河。治东。

小程番司

唐帽山。治后。
五魁山。治东四里。
廖家坝。治西三里。
嘉木箐。南十五里。
江度箐。南五十里。
伏龙坡。治南二里。上通上马桥，下通卢番司。
涟江。治东百步。南流合牂牁江。
冷水河。南五十里。

卢番司

象山。治南一里。
狮山。治南三里。
太平山。治南三里。
桐木山。治东三里。
长岩。南十五里。
洗马河。司左。
龙井。治前。

方番司

锦屏山。治北一里。
将台山。治北一里。
旗峰山。治北一里。
小河。治前。
底方河。治南五里。
云溪水。治北一里。

韦番司

三宝山。治南十里。
印山。治西一里。
大韦河。治南三里。上通程番，下接卧龙。
滚水泉。治西三里。

洪番司

三叠山。治前。峰峦凡三叠。
伏皎山[①]。治北一里。
莲花池。治前。
小溪。治前，溪流清澈。

卧龙司

文笔山。治南十里。
笔架山。治南三里。
月坡。治南三里。
绕翠江。治前。
仙人洞。治东一里，中有乱石，起立如人。
白象洞。治东南十里。中有白石，如象跧伏。

小龙司

九龙山。治后。九岭起伏，蜿蜒如龙。
马鞍山。治南十五里。
旗鼓山。治南二十里。
文秀峰。治南十里。
牛眠岭。治南十里。
古松坡。治南一里。
双峡水。治南。二水会于司东，故名。

大龙司

执笏山。治前。以形似名。
挂榜山。司前。
栗木山。治西十里。
桐木冈。治南一里。
奔龙江。治东一里。
大龙河。治后。

罗番司

屏风山。治后。
松明岭。治北三里。
龙王洞。治西五里。

---

① 伏皎山：《黔记》作“伏蛟山”。

环带江。治前。
小水河。治左五里。
罗番河。治后。

金石司

三台山。治南一里。
小龙山。治左。
天堂山。治西三里。
伏龙山。治南五十里。
天生洞。东六十里。
回龙江。治左。

卢山司

卢山。治前。极高，旁有三石峡如门，盘旋而上，顶平广，可容千人，有泉池田土可耕。相传为乡人避兵处。

纱帽山。治后。
石门山。治东三里。
茶山。南二十里。
宝塔山。治西五里。峰峦尖削如塔。
卧牛冈。治北一里。
翁松岭。南十五里。
腰带河。治前。
摆游河。西三十里。

木瓜司

天马山。治西一里。
凤凰山。治东二里。
独鲤山。治南一里。
莲花洞。治西一里。中有石乳，形为莲花。
九曲溪。治南八里。
淞井。治北一里。清流奔涌，虽旱不涸。

麻响司

蟠龙山。治后。
百连山。治北二里。

小河。治前。

大华司

翠松山。治前。
牛角山。南十里。
龙塘。治西一里。
清水沟。治西一里。

木官里

沿台山。寨西三里。
栗木山。寨北五里。
独峰。寨北二里。

克度里

松岐山。寨南二里。
高囤山。寨南六里。
龙井河。寨前。

通州里

连云山。寨南五里。
屏风山。寨前五里。
绕村沟。寨右。

金筑安抚司

马鞍山。治后。
灵龟山。治右。上有关王庙。
真武山。治右。
螺拥山。治东二十里。山高五里，状如螺拥，上有深渊，水碧如蓝，四时不涸。每天欲曙，鸟兽皆集而饮之。傍有僧寺，曰大圣庵。
天台山。西南二十里。
簸箕山。东六十里。
粗石坡。北十里。上有洞，相传古人藏金器于中，人不敢取。
悬羊洞。南十里。内有石，如羊倒悬。
麻线河。北一十里。流延如线。
乾溪。南五里。雨集成溪，止则涸。

龙泉。东十里。

福泉。治南。故老云："井旁旧有降真藤为妖。土人伐之，建寺其上"。

胜水。西五里，地名麻大寨。人汲则涌，不汲则止。

风俗

俗尚朴实，敦礼教。郡人多自中州迁来，服食器用，节序礼仪，一如中土。士秀而文，民勤而务本。俱《旧志》。人多气节。《旧志》："崇儒术，重气节，处者耻为污下之事，仕者多著忠廉之称。"渐渍文明之化，易兵戍为城郭，变刁斗为桑麻。《程番旧志》。属夷种类不一，风俗亦异。曰八番子者，服食居处与汉人同，妇人直顶作髻，不施被饰，俱以耕织为业。获稻和楷储之。刳木作臼，长四五尺，曰椎塘。每临炊，始取稻把入臼，手舂之，其声丁东，抑扬可听。曰苗人者，性恶喜杀，僻居鲜俦，然甚重信，亦知爱亲。每春暮，闻鹃啼，则比屋号泣，声振林谷，问之，则曰："禽鸟去犹岁一至，父母死不再来矣！吾思吾亲，故闻鹃而泣。"曰仲家者，奸宄无义，多为寇盗。曰犵獠者，衣服鄙陋，饮食秽恶。余详见《宣慰司》。民淳畏法。《旧志》：府治新设，征役颇繁。然番民素淳畏法，不敢与吏抗，苦其搅则相率亡去。土官利其遗田，亦不之禁，故附郡村落寂然无居人。善牧者蠲其逋负，省其征徭，还定而安集之，亦易治也。

岁时

元日。五鼓时，洁衣冠，具香楮于庭，拜告上下神祇，以祝灵贶。毕，即拜先人遗像，集尊卑于堂，男女以大小序拜，称觞祝庆。后出拜亲友。

上冢。拜节之六七日以后，拜扫祖茔，尽一月而止。

入学。乡里有社学，先期，父兄为子弟求师，以礼往叩之，允，则择日送至学或延家塾，执经授业，课试讲解，其资质之俊秀者，以岁通经书为期。阳明王守仁《寓贵诗》："村村兴社学，处处有书声。"盖喜其向道知方也，今人文益彬彬矣。

立春。取土为牛，结彩，具鼓乐导迎，土人负耜以从，谓之迎春。以牛头、腹及芒神服色，验岁丰歉。

上元。户各灯悬，设宴赏，放烟花。

寒食。具酒食拜扫先茔，合饮于坟侧，崩圮，以是日修葺。

上巳。浴佛。

乌饭。四月八日，取楠木茎叶捣烂，渍米为饭，染成绀青色，亲戚相送以为礼。

端午。黎明，插艾叶于门，以禳沴气。取菖蒲细切，拌以雄黄，谓之续寿酒，合男女饮之，以避秽厌毒。用箬叶裹米而熟之，谓之角黍，亲朋相送以为礼。午时，出郊采药一枝箭类蓄之，以治诸毒。长幼各从其类，采百草相斗，以为胜负，会饮欢笑而罢。

六月六。俗传龙晒衣日，华族巨姓俱晒晾衣物等件。土人以是日晴雨卜水旱。

中元。俗有盂兰大会。是月自十一、二以至十五日，郡人严洁厅宇，设祖考位，具馔馐为面食，以柳条系盘，荐献尽敬，以金银纸箔及楮衣钱马焚之。祭毕，撤馔，遗亲友为礼，昭神惠焉。

中秋。八月十五日，郡人具酒馔，为面食，名月饼，相聚乐饮赏月。

重阳。登高临赏，饮菊酒以延年，插茱萸以辟恶，蒸米糕为食，以应登高之意云。

小春。十月也，拜扫先茔。

冬至。序拜如元节。

腊日。以五辛五牲煮羹，合大小食之。

祀灶。俗谓是月二十五日，灶神朝天，先于二十四夜祭送之，至次年元日具礼以迎。

除夕。是夕，具牲礼，扎草舡，列纸马，陈火炬，家长督之，遍各房室，驱呼吼怒，如斥遣状，谓之逐疫，古傩意也。

爆竹。俗谓逐鬼，用火药为爆，到处燃放，俾诸邪不犯，一年不沾恶疾。

馈岁

别岁

守岁。岁晚相馈遗以辞岁，夜则相集燕饮，达旦不眠。

祀祖像。祖有遗像悬挂于堂，祀之，尽一月藏之。无像，具神位如礼。

宿岁。岁晚，家家具馔，为宿岁之储，以迎新年。又留饭以为节内之食，过五、七日犹有食，则甚喜年有收望，谓“隔年饭”。

桃符。是日预定桃符于门两旁，门挂钟馗以压邪魅，贴春帖于门坊以迎嘉祥。

以上岁时，全省略同，虽诸夷亦颇慕效之，足征圣化之遐被矣。

户口

嘉靖间，官民杂役五千九百四十八户，三万七百四十四丁口。万历十三年，报增四万六千四百四十丁口。二十五年，报存六千六百九十九户，三万八千七百四十六丁口。定番州。四千七百二十一户，二万五千二百二十二丁口。新贵县。八百五十九户，五千八百四十二丁口。金筑司。一千一百一十九户，七千六百八十二丁口。

土田

《旧志》田无顷亩。万历八年，新丈田地一十一万一千八百五十六亩三分零，二十五年报增一十一万一千八百八十六亩三分。定番州。六万八千二百七十七亩三分八厘零。新贵县。二千四百一十亩。金筑司。四万一千一百九十九亩。

方产

谷之属

黍、稷、稻、梁、麦、菽、莜、粺、麻。

蔬之属

芹、芥、菠薐、苋、笋、蕨、黄菌、姜、葱、韭、薤、蒜、茄、瓠、董蒿、甜菜、蔓菁、白菜、木耳、莴苣、芋、椿、青菜、油菜、芫荽、王瓜、东瓜、丝瓜、菜瓜、薯蓣、红豆、扁豆、春不老、萝葡。

果之属

柑、香橼、栗、瓜、柿、蕉、林檎、花红、石榴、橙、金桔、木瓜、桃、李、梅、银杏、枣、莲、梨、核桃、枇杷、樱桃、葡萄、杨梅、软枣、茨菰、荸荠、地石榴。

药之属

紫苏、薄荷、稀签[1]、苍耳、栝楼、商陆、荆芥、茱萸、南藤、乌头、象耳、鼠妇、苦参、管仲、桔梗、黄精、牛膝、半夏、泽泻、三棱、枳壳、青皮、仙毛、木通、赤白芍药、地骨皮、五加皮、天麦二门冬[2]、续随子、一枝箭、旱莲草、石菖蒲、薏苡仁、木贼、藁本、厚朴、石斛、通草、桑皮、马鞭草、箄麻子、牵牛子、车前草、香附子、剪刀草、草决明、何首乌、羊蹄根、益母草、史君子、白癣皮、金银藤、土当归、过山硝、草血蝎、蛇含石、九里光、五味子、五倍子、龙胆草、虎耳草、金星草、天花粉、山查子、山豆根、夏枯草。

竹之属

紫竹、绵竹、丛竹、凤尾竹、罗汉竹、筋竹、水竹、白竹、苦竹、实竹、刺竹、潇湘竹、画眉竹、斑竹、箭竹。

木之属

松、杉、樟、楠、桐、柳、椿、榔、枫、柏、桑、梓、棕、槐、黄杨、

---

① 稀签：嘉靖《贵州通志》作“豨签”。
② 天麦二门冬：嘉靖《贵州通志》作“麦门冬”。

楮、桧、冬青、柘、椒、梼、皂荚、水杨、白杨、血珀、罗汉松、蒙子、花桑、黄心、鸡爪、丁木、猪元。

花之属

山茶、桂、葵、牡丹、紫薇、海棠、芙蓉、鸡冠、凤仙、玉簪、粉团、金银花、兰、菊、芍药、石竹、瑞香、夜合、栀子花、荼靡、蔷薇、木槿、报春、迎春、山丹、紫荆、杜鹃红、素馨、岩锦、棣棠、凌霄、萱、水仙、扁竹、百合、罂粟、蝴蝶、白结、阳雀、龙爪、滴滴金、金凤花、洛阳、铁线莲、十姊妹、月月红、雁传书、粉团、水红、碎剪罗、夜落金钱、红蓼花、杨和。

羽之属

仙鹤、锦鸡、鸿、鹭鸶、黄鹂、白鹇、竹鸡、画眉、百舌、鹧鸪、山雀、斑鸠、鹳鸽、鸦鹊、乌鸦、莺、喜鹊、燕、凫、布谷、啄木、鹡鸰、瓯雀、鸥、雉、杜鹃、鸲鸽、蜡嘴、鹌鹑、鸬鹚、白头翁、黑头翁、青菜子、鸡、鹅、鸭。

毛之属

兔、鹿、牛、马、驴、骡、獐、麂、虎、豹、猿、豺、猫、熊、狗、羊、竹鼬、鼯鼠、猪、犬、狐狸、黄鼠狼、貂鼠、野猪、毫猪、野猫。

鳞之属

鲤、鲇、鳅、鲫、鲖、鲭、金鱼、鳝鱼、赤尾鱼、花鱼、鲦鱼、鲚、鲂鱼、细鳞鱼、七星鱼又名乌鱼。

介之属

龟、鳖、虾、蟹、螺、蚌。

货之属

丝、土布、蜜、粉、蜡、纸、茶、油、漆、雕漆器、皮包、葛布、马鞍、皂靴、降真香、蓝靛、紫草、乌梅、土粉、饧糖、水胶、麻。

以上方产，全省略同，以后各地止载特异者，而寻常者不赘见。

贡赋

新贵县辖贵竹、平伐二乡，每乡额三年一贡，马一匹；六年一贡，马一匹。每匹纳银十两。

定番州辖各长官司并金筑司，三年一贡，朝觐马共一十二匹。金筑司四匹。程番司一匹。韦番、方番二司共一匹。小龙、卧龙二司共一匹。罗番、金石二司共一匹。洪番、卢番二司共一匹。大龙、卢山二司共一匹。小程、上马桥二司共一匹。木瓜、麻向、大华三司共一匹。

三年额贡茶芽五十三斤十一两六钱五厘。金筑司十三斤六两一钱二分五厘，方番司二十五斤一两七钱三分，卧龙司十五斤三两七钱五分。

夏税莜麦旧额无。万历十四年，添设新贵县，报该六石九斗五升。

秋粮，旧额六千五百二十石四斗二升五合五抄。万历八年新丈并十四年添设新贵县，报存六千一十六石三斗五升五合零。二十五年，报存五千八百六石七升零。定番州四千四十八石六斗二升零。新贵县三百九十四石九斗五升四合零。金筑司一千三百六十二石五斗。

商税门摊钞共二千九百六十二贯四百六十七文。

徭役

万历二十五年，条鞭、银差、力差、公费三项，共银六千八百两四钱二分零。定番州属：程番司三百八十二两九钱四分四厘零。方番司三百一十四两八钱五分三厘。卧龙司三百三十六两八钱九分八厘。上马司三百一十九两一钱八厘。小程司二百三十五两八钱五分八厘。卢番司一百七十三两二钱二厘。韦番司三百二十两一钱三分七厘。洪番司二百二十一两二钱四分二厘。金石司二百五十五两五钱六分二厘。大龙司二百六十六两三钱六分九厘。罗番司二百二十四两九钱一分五厘。卢山司二百一十一两一钱四分七厘。木瓜司一百四十二两一钱八分四厘。小龙司一百七十八两四钱四分三厘。麻响司二十三两三钱九分四厘。大华司七十一两八钱五分。通州里三十两九钱七分九厘。克度里四十三两九钱七分六厘。木官里一十五两一钱五分五厘。新贵县属：贵竹乡一千一百二十二两七分一厘零三丝。平伐乡五百七十一两八钱。金筑司一千三百三十八两三钱三分五厘。额有表笺、贡马、茶芽、门摊、商税、应朝、祭祀、乡饮，考试、鹿鸣宴、举贡坊牌、盘缠，各衙门柴薪、马夫、执事轿伞、门神、桃符、花灯、花炮、油烛、柴炭什物、心红、纸札、刑具、门禁、库皂、轿夫、斋夫、牢快工食，各驿供馆马价、铺陈诸费，俱于前银内派支。

城池

府。附省。

定番州城。旧程番府城，成化十三年，知府邓廷瓒建。二十年，知府朱琏重筑，易土以石，为门四，周五百丈，久之圮坏。万历十七年，知州范郴修筑而恢拓之，穷谷之中屹然雄峙矣。

公署

府治。省城中。旧为提学道及文明、正学二书院，隆庆四年改建。万历十四年，知府周一经买左右民舍增修。

清军厅、理刑厅、经历司、司狱司。俱府内。

医学。府东。

阴阳学。治城南。

僧纲司。大兴寺。

道纪司。府东。

新贵县治。城内东南。万历十八年，知县孙梦熊建。

定番州治。旧程番府治。成化十七年建，万历十四年改州治。

程番司治。州城内。至元十六年建。

上马司治、小程番司治、卢番司治、韦番司治、方番司治、洪番司治、卧龙司治、大龙司治、小龙司治、金石司治、罗番司治、卢山司治、木瓜司治、麻响司治、大华司治。

已上各司，俱洪武年建，地里见《沿革》。

行治

布按分司。州治东北隅。成化十七年，知府邓廷瓒建。

金筑安抚司。成化十年建。

学校

贵阳府儒学。成化间建，在旧程番府。隆庆二年，迁府入省，学制、殿庑、祠祀与宣慰司共之，而以司学右阳明书院为明伦堂。万历二十一年，布政王来贤、提学徐秉正、知府刘之龙议呈抚院林乔相、按院薛继茂，允动官帑，助以俸金洎士大夫捐资，将北城外贵州驿并贸民地鼎建，至二十四年落成，以八月吉奉安先师神位。提学沈思充请于巡抚江东之为记勒碑，见《艺文》。

明伦堂。文庙后。

志道、据德、依仁、游艺四斋。堂前左右。

教授、训导廨二。敬一亭前。

碑厅。儒学门内。

儒学门。

敬一亭。

先师庙。明伦堂前。

东、西两庑。

戟门。

棂星门。

泮池。棂星门前。

启圣祠。明伦堂右。

乡贤祠。启圣祠前。

名宦祠。乡贤祠前。

祭器。铜爵六十只，簠簋十六，铜象樽一，云罍樽十，铜钟十六，楚磬十六，铜炉瓶一，小方炉十，乡官杨秉钺造。

乐器。麾幡二，柷一，敔一，琴六，瑟二，箫八，笛八，搏拊鼓二，应鼓二，埙六，篪六，笙八，凤箫四，钟十六，磬十六，引舞旌节二，舞竿六十四，籥六十四，大鼓一，乐舞生衣冠履带一百四十一副。

定番州儒学。先为程番府学，成化十一年，知府邓廷瓒建于城中。弘治初，知府汪藻迁建于西南隅。嘉靖十五年，知府林春泽建于中峰书院故址。今府移入省城，改为州学。

明伦堂。文庙后。

居仁、由义二斋。堂前左右。

先师庙。明伦堂前。

东、西两庑。

戟门。

泮池。戟门前。

棂星门。泮池前。

启圣祠、名宦祠、乡贤祠。以上三祠，万历二十五年，知州王应昌议详提学沈思充，各捐资创建。

祭器。锡簠、簋各五十，锡爵一百六十，锡登十，竹笾一百三十四，木豆一百五十四，知州王应昌置。

学田。一分在工固庄，每年纳净米二百秤，折银十八两，供春秋丁祭。学店十三间，在北门外，每间每月一钱三分，每年取租银一十八两七钱二分，添办本学祭需。岁贡田，一分在陇落堡，每年纳米四石五斗，为贡生盘缠之费。定番学田，一分在小程司廖家寨等处，每年分租二十四石五斗七升。一分在官地中坝，一十五丘，每年米花一百三十秤。二分在寨门首下坝，一十三丘，每年米花二十三秤；六丘，二十三秤。二分在洪边，四丘，每年米花五秤；二十四丘，四十秤。一分在悠忙寨龙井下，每年米花五十五秤。俱供本学纸札，贡生盘缠。义田，隆庆六年，带管提学道按察使冯成能捐资，并措处及变前提学副使万士和积贮义谷价，并节年陆续置买，计六十九分，共一千一十七丘。一分在山后眉毛、龙井二寨，东至龙井大坡，西至关口，南至乾坝，北至大冲。每年收米花除秋粮外，该五百三十五秤。一分在姚家哨，东至姚家铺田，南至马瑙寨，西至廖家坝大路，北至小程司门首。年收米花除秋粮外，该一百二十秤。四十一分在上马桥新寨，东至大坡，西至堡子，南至龙潭，北至长冲。年收米花除粮差外，该五百六十秤。节因本庄原系贼巢，人民多起瘟疾，佃农难以住种，荒芜无收。本州申详提学道勘实，自万历二十五年为始，每年准蠲谷五十三石，实征一百一十五石。四分在天堂庄，东抵大坡，南抵本庄，西抵东吾，北抵陶家寨。年收租谷二十三石一斗。一十二分在东吾庄，东至山坡，西至毛家，南至山坡，北至天堂寨。年收米花一百五十秤。一十分在姚家下哨，东至姚家哨，西至洪番存留田，南至界牌，北至廖家坝大路土堆。年收租谷二十石。向因本田设居高埠，递年荒芜无收，本州申详提学道，以二十五年为始，每年收谷一十五石。以上租谷，俱贮本州广储仓，遇有公举贫生，合府、司、州三学俱于前谷内详批动助。

校文馆。提学道左。隆庆四年，因以文明、正学两书院为贵阳府治，乃改建于此。

社学。城内忠烈庙右。万历二十五年，提学沈思充捐资，行新贵县知县张羽鸿建。

阳明书院。原治城东，嘉靖十四年，巡按王杏建。二十五年，巡抚王学益改建于司学右。因设府，权为府学明伦堂。隆庆五年，按察使冯成能建于都察院前，中为祠，后为山斗堂，外为昭代真儒坊。

祭田。一分在夷菜寨，每年租银二两六钱。巡按王杏、提学蒋信置。一分在洪边高寨，每年租银二两。布政石简、提学徐九皋置。一分在洪边夷菜寨，每年租九成银一两零六分。

武学。治城东。原为阳明祠，后祠迁司学右，乃以此为武学。

定番州书院。州治内北。弘治间，知府汪藻建。嘉靖间，知府陈则清重建。

秩祀①

定番州

社稷坛。州东。

山川坛。州北。

① 原文后接小注："社稷、山川等坛，城隍、旗纛等庙，见《省会》，府、司共祀。"

厉坛。州西北。
城隍庙。州西。
关王庙。州南西。

关梁

新添关。城东南二里，贵州站在其下。
鸦关。杨柳铺左，四川驿道经此。
响水关。城西北五里，以兵戍守。
程番关。定番州北十里。
滴水岩关。州南十五里。
鸡窝关。州南十里。
磨石关。州南十里。
石门关。州南二十里。
俱程番司。
洞口关。州东十三里。
小山关。州北二十里。
青苗关。州南三十里。
长田关。州东二十里。
俱上马桥司。
鸭水关。州西六十里，俱卧龙司。
乌罗关。州西四十里，罗番司。
墓口关。州西十五里。
龙堰口关。大龙司西十二里。
木星关。西南七十里，抵广西龙平界。
梅子关。西七十里。
俱金石司。
宂夏关。南二十里。
竹柯关。南二十里。
俱罗番司。
苦练关。西六十里。
翁松关。西七里。
俱卢山司。
黑石关。大华司北六里。

克度关。去州一百八十里，抵广西龙平界。

打仇关。麻响司东二里。

通州关。去州一百七十里，抵丹平、丹行二司，即通州地。

蔓头关。木瓜司北一十五里。

翁桂关。州东二十里。

白岩关。州东十五里。

燕溪关。州北十三里。

乾沟关。州西四十里。

文马关[①]。州西四十五里。

俱金筑司。

遵德桥。布政司西。

振武桥。都司左，永乐间建。

崇真桥。大兴寺前，弘治间程暹建。

忠烈桥。府治左，正德三年建，提学副使毛科记。

威远桥。柔远门内。

霁虹桥。治城南南明河上，永乐二年，镇远侯顾成建。景云“虹桥春涨”，即此。

南浦桥。城南富水上。

水关桥。一小南门外，一北门外。

德化桥。德化门外。

凤鸣桥。柔远门外。

化龙桥。渔巷铺。

贡院桥。嘉靖间建。

太慈桥。治城西五里四方河上。

通济桥。有三，城北里许为一桥，又里许为二桥，又二里为三桥，皆宣德间建。按察使胡器有记。

五里桥。城西南，经定番州道。

阿江桥。城西，云南路经此。

登云桥。府学前。

玉关桥。城东二里。

金锁桥。城西门外。

登龙桥。定番州东一里牂牁江上。

---

① 文马关：嘉靖《贵州通志》同，《黔记》作“交马关”。本书后文有交马哨，《黔记》亦有交马哨。则此关名当是“交马关”。

惠义桥。卧龙司。
天生桥。金筑司北二十里。石壁千仞，环绕如城，水流其下，人行坦平若桥。
水部龙桥。金筑司。
杨家渡。定番州一里。
九曲渡。金筑司。

兵防

四方河哨。军兵二十名，民兵十名。
乾堰塘哨。土兵十九名。
毛栗哨。军兵十九名，民兵九名。
花犵狫哨。军兵二十名。
四哨共百户一员。
桐木岭哨。军兵二十三名，民兵八名。
簸箕哨。哨长一名，哨兵二十名。
二哨共哨官一员。
波罗二哨。百户一员，哨长一名，哨兵二十九名。
石板哨。百户一员，军二十名。
摆找哨。哨兵二十名。
打铁哨。哨兵二十名。
二哨共百户一员。

新贵县

青岩哨。在州县之界，旧土兵十五名。万历二十五年议复千总一员，红兵二十五名。又平伐乡盗贼啸聚，议行都清守备控压。

定番州

程番关哨。哨兵十六名。
乾堰塘哨。哨兵十六名。
姚家哨。哨兵十名。
赤土哨。哨兵六名。
马门哨。哨兵十名。
狗场哨。哨兵十名。
打华、虎牢二哨。哨兵十六名。
白岩哨。哨兵十名。
交马哨。哨兵十五名。

牛皮哨。哨兵十五名。
鸡窝哨。哨兵十名。
谷宋哨。哨兵八名。
乾马哨。哨兵十名。
墓口哨。哨兵十名。
崇明哨。哨兵五名。
杉木哨。哨兵十名。

邮传

协济各驿马馆

贵州驿。供馆银五百四十八两二钱，铺陈银三十二两一钱一分三厘，马银七百三十一两四钱二分五厘。

威清驿。铺陈银五两三钱五分三厘，马银七十九两七钱。

平坝驿。供馆银一百七十二两八钱，铺陈银二十二两九钱三分三厘，马银八百九十七两八分。

龙里驿。铺陈银十两四钱八分四厘，马银一百三十二两四钱。

新添驿。马银八十五两，莔银三百六十两。

派该：

新贵县。钉银八十五两，莔银三百六十两。

金筑司。一千九十二两八钱一分三厘。

程番司。一百六十四两二钱四分。

方番司。一百三十二两七钱八分六厘。

卧龙司。一百三十四两九钱八分七厘。

上马司。一百五十二两一钱八分六厘。

小程司。一百零二两七钱八分六厘。

卢番司。七十两三钱三分三厘。

韦番司。一百三十五两一钱三分二厘。

洪番司。九十九两八钱四分九厘。

金石司。九十二两二钱二分。

大龙司。一百一十两八钱四分九厘。

罗番司。九十七两八钱四分九厘。

卢山司。八十八两五分三厘。

木瓜司。二十七两六分六厘。

小龙司。七十八两三钱四分九厘。

麻响司。三两九钱八厘。

大华司。五两五钱八分三厘。

通州里。六两六钱二分五厘。

上下克度里。二十七两二钱五分。

木官里。六两六钱二分五厘。

铺[①]

惠政

预备仓。城内东，成化间，都御史陈俨建。

养济院。城内，弘治间，御史包裕建。

纸场。巡抚刘大直建。募江浙纸匠于渔矾湾濒水，造各色纸，仍令市民子弟习学，至今赖其利。

惠药局田。万历二十五年，巡抚江东之因民俗尚鬼，病不医药，以中军署改建药局，与巡按应朝卿置田建店，取租银以充药饵。有记并铭，见《艺文》。定番州。价六十一两二钱五分，买彭朝宗韦番司门首田二十五丘，岁除谷十石给佃民完纳粮差，实征租谷市斗五十一石二斗五升。又价二十两，买王金銮兴龙观前后田八十三丘，岁除谷二石给佃民完纳粮差，实征租谷市斗十九石。又价十一两六钱，买李先春方番司门首田十一丘，岁除谷二石三斗给佃民完纳粮差，实征租谷市斗十石三斗。又价八两，买陈清三方番司前后十六丘，岁除谷一石六斗给佃民完纳粮差，实征租谷市斗八石五斗。又土官龙文光原献卧龙司庄田，岁征租谷市斗十九石八斗六升六合，地租银六钱六分。以上租谷收贮州仓，至次年六月每石粜价二钱七分，并前地租银共三十两零六分七厘，解府给局。又局前创建店房二十[②]间，岁征店租银二十六两四钱[③]，并给局买药。

右文田。万历二十五年，巡抚江东之因义田远在定番，令州官粜价解府，听济贫士。又与巡按应朝卿以三百金置田于庠，并清出乌当把路田租，岁试府、司、州、县少俊在贫富之间者，于六七月人贷一石，不得过二石，秋熟还仓。有记并铭，见《艺文》。龙洞铺后价八十两，买王纳祉田一分，七丘，上抵王家坡，下抵河，东抵井，北抵霍家田，岁纳租谷市斗二十石。佃户阿乌、阿勿、阿知、阿右、阿恩、阿得。马料崖价七十三两，买陈国翰田五分，一百三十九丘，左抵沟、右抵坡脚，北

① 此处底本模糊，文字无法辨识，故省。

② 二十：原缺，据《黔记》补。

③ 二十六两四钱：原缺，据《黔记》补。

抵段家田，前抵岩，岁纳租谷市斗二十石。佃户阿来、安清、阿桃、阿问。董龙寨堡马料岩价一百五十两，买陈舜典、陈舜道田十二分。寨脚一分，十四丘，左抵路，右抵吴石匠田，上抵水沟，下抵毛知府田；寨左二分，四十七丘，左抵高坎，右抵路，上抵毛知府田，下抵溪；堡脚三分，二十七丘，左抵团山口，右抵堡脚，上抵山脚，下抵吴石匠田；坝中一分，十二丘，东抵陈百户田，西抵毛知府田，南抵阿忍田，北抵吴石匠田；犵狫寨中段一分，二十二丘，东、西俱抵山脚，南抵邹阴阳田，北抵吴相田；溪口三分，四十六丘，左抵溪湾，右抵山，上抵堰坝，下抵溪；枧槽田二分，二十五丘，左抵路，右抵溪，上抵枧口，下抵张银匠田。岁纳租谷市斗共四十石。佃户宋亮、黄廷举、黄臣、陈弟、阿九、阿桃、阿来。乌当高车青岗，前卫指挥徐登阶清报余田四分：一分六十四丘，东抵大河，西抵栗木山，北抵席草坡，南抵易千户坟；一分十八丘，东、西俱抵苗田，南抵大坡，北抵大河；一分二丘，东抵后山路，西南俱抵田，北抵栗木山；一分四丘，东抵堰坝，西抵栗木山，南北俱抵苗田；岁纳租共三百二十秤。府司二学教官杨蹈中、刘怀望勘明，详允折谷市斗八十石。佃户张阿珠、阿二、龙三、陈四、阿右、阿谈、阿七、童保、阿同、全大弟、戴二弟、杨小生。

备赈田。万历二十五年，巡抚江东之以乞籴扰民，与巡按应朝卿各捐俸薪、公费、备赈等银，购买民田备赈。有序、铭并《赈谷流通议》，给事中陈尚象记，俱见《艺文》。小龙潭价七百二十三两，买刘世达等田二百四十六丘，东抵龙场大路，南抵鸦关大路乾塘，西抵养马苗大路，北抵长坡，岁纳租谷市斗二百一十一石五斗零五合。仓房四间。佃户王朋、阿扛、邵文先、王五、阿成、王恩、王三、阿尧、阿郎、阿杨、谢成、阿闰、王良富、阿专、阿全、阿庸、阿慢、阿戎、王友、阿遮、阿正、胡二、王满、阿贡、王应成、阿伦、阿牛。蔡家关，价七百零五两，买王廷爵大关口田十五分，左抵新买陆家卿田，右抵叶乡官田，上抵李乡官田，下抵大路，岁纳租谷市斗一百三十一石七斗五升。佃户班文华、班文德、班文要、班衣、班眼、班志清、班儒、班门、班曹、班春、班世七、宋成、蔡留、蔡四。又价二百一十七两，买陆家卿后坝田七分：一分下抵李乡官行路丘上，右抵新买王乡官田，左抵大路；三分，上抵潘家田右塝；一分中小沟；一分寨脚，上抵官田，下抵新买王廷爵田，左抵任、张二家田，右挨山水沟；一分大关口，上自沟脑起抵叶乡官田，下、左俱抵新买官田，右抵关口。岁纳租谷市斗共三十四石。团仓一间。佃户班幺儿、班傍、班刁、班文华、班长工、蔡志文、宋成。又价一百一十六两七钱，买张著象大关口田一分，左右俱抵新买王乡官田，上抵潘家田，下抵滕家田，岁纳租谷市斗二十三石。佃户班月、班榜。工腰寨价三百四十三两，买蔡廷元、寨民阿茹田，中坝七十四丘，东抵彭家民田，南抵大河，西抵山脚，北抵大路，岁除运谷脚价八石六斗，实纳租谷市斗九十八石九斗。佃户李国太、何万韬、王文训、徐高、裴文弟、何乌、汪秉、阿银、姚廷美、郭大聪、漆元启、贯惠、何昂、李向阳、李猫儿。小摆陀寨百户王松先首司学义田，今改备赈。东抵歪脚堡后官田，南抵大[1]摆陀苗寨，西抵老榜阿寨，北抵白纳路河。原契租二百六十五秤，勘议岁除二十四秤给佃民，完粮二石三斗又十五秤，完差九钱，暂令岁纳租谷市斗二十四石二斗，候三年成熟，照原契征租。佃户阿棒、罗得、阿保、阿黎、阿问。威清卫刘官堡老孔寨门首，共价四百三十一两二钱，买强登先田十五分，东、南抵柳家民田，西、北抵新买耿文彬田。又买耿文彬田十六分，东、南抵新买强登先田，西、北抵新买程思孟田；又买程思孟田五分，东抵河，南抵石桥，西、北抵新买耿文彬田。共岁除运谷脚价一百三十七秤，实纳租谷市斗共一百二十三石九斗七升。佃户越正明、朱应海、朱应节、朱朝礼、喻名成、毛应成、朱向湖、严月小、朱应堂、朱应观、赵显昌、杨世清、胡希武、周应柏、周必胜、朱志升、朱应世。

递马谷。万历二十五年，巡抚江东之行令贵、前二卫，将屯田应纳递马米石折作稻谷，自二十六年为始，每屯岁该仓斗六石，通共谷六百石上纳新仓，照颁行赈田收放规则，一例借军，秋成还仓。

泽幽田。万历二十五年，巡抚江东之、巡按应朝卿共置田，令寺僧世守，岁收租以掩骼用，其余托盂兰会以招历魂。有《序》并《招词》，见《艺文》。青岩价九十九两三钱二分五厘，买田五分。龙井田一分，东抵水沟，南抵山，西抵刘家田，北抵歪脚堡；又高寨一分，东抵山，西、南、北俱抵彭家田；又摆瓦寨一分，东抵山，西、南、北俱抵越乡官田。又盐井芦梯田二分，东抵戚家田，南、北俱抵山，西抵刘家田。共岁收租一百零九秤。板仓一间。佃民瞿登、王汝文、蒲正大、漆元启、阿老、阿生。

定番州预备仓。州治内。

养济院。州城内。

职官

知府一员，同知一员隆庆三年设。通判一员驻镇毕节卫，万历四年设。推官一员，经历司经历一员，司狱司司狱一员，儒学教授一员，训导一员，医学正科一员，阴阳学正术一员，僧纲司都纲一员，道纪司都纪一员。医学等即俱万历二十二年题请改颁。

定番州

知州一员，同知一员，吏目一员，儒学学正一员，程番、上马桥、小程、

---

① 大：原文误作“太”，据《黔记》改。

卢番、方番、韦番、洪番、卧龙、金石番、罗番、卢山、大华、麻响等一十三司各正长官一员，木瓜司正长官一员，副长官一员，十五司各吏目一员。

新贵县

知县一员，土县丞一员，土主簿二员，典史一员。

金筑安抚司

安抚一员。

知府

邓廷瓒。巴陵人，成化十年初设程番府，首任。
汪藻。内江人。
李克恭。兖州人。
欧阳滐。江陵人。
朱琎。昌邑人。
何垕。新城人。
丁襄。莆田人。
祝浚。沿山人。
王聪。庆都人。
王念。迁安人。
陈则清。闽县人。
赵昶。安丘人。
林春泽。侯官人。
汪仲成。绩溪人。
高宇。丰城人。
林廷衮。怀安人。
龙翔霄。武陵人。
简书。清江人。
卢逵。缙云人。
隆庆：
李濮。浚县人，隆庆三年改贵阳府，首任。
万历：
王任重。福清人。
邓宗臣。南充人。

周一经。贵溪人。
周廷宾。从化人。
赵经。南直隶人。
谢文炳。龙溪人。
刘之龙。富顺人。

同知

隆庆：
高任重。昆明人。
万历：
师道立。长安人。
万铣。临安人。
董学孔。蒙自人。
李翘。四川人。
罗希贤。进贤人。
马宗孟。太和人。
鲁嘉衮。麻城人。

通判[①]

嘉靖：
陆邦教。大冶人。
隆庆：
高守谦。临安人。
杨春秀。沔阳人。
万历：
赵友仁。建水人。
高珍。南昌人。
林宗教。永嘉人。
吴道东。丹徒人。
杨资元。蒙自人。
王之稷。常熟人。
程世采。南直隶人。
万夫望。公安人。
庄祖高。华阳人。

① 原文自注：一员驻镇程番府，嘉靖四十四年设，今革。一员驻镇毕节卫，隆庆四年设。

田于莘。忠州人。
张瑛。江西人。

推官

嘉靖：
王尊贤。阆中人。
张立。郧阳人。
李承恩。郧阳人。
张启参。五开人。
隆庆：
颜希海。应山人。
常正和。富顺人。
万历：
丘栋。应山人。
高任。南昌人。
霍荩臣。南海人。
萧如松。内江人。
龙时跃。恭成人。
张应选。荆州人。

府学教授

嘉靖：
杨守。马湖人。
隆庆：
朱颜和。巴陵人。
万历：
刘馨。太和人。
石晌。桂林人。
何其高。嵋峨人。
周文深。黎平人。
何崇孝。重庆人。
龚仕。荆州人。
杨蹈中。通道人。

训导

万历：

田时宜。思南人。

董承爵。普安人。

张君禄。威清人。

陶于礼。普安人。

定番州知州

万历：

伍成大。全州人。

范郴。南城人。

漆柱。新昌人。

王柱。广西人。

王应昌。嵊县人。

同知

万历：

黄宣。大昌人。

方果。淳安人。

周邦英。莆田人。

州学学正

万历：

陆儒。龙里人。

许凤举。宜良人。

程番司正长官程谷祥。任元安抚，洪武四年归附。五年，授正长官。八世孙良辅为事死于狱，弟良弼袭，沿至弘道。

上马桥司正长官方朝俸。洪武四年归附。十五年，男谷付授正长官。沿袭至镇邦。

小程司正长官程受孙。洪武五年归附。六年，授正长官。沿袭至国卿。

卢番司正长官卢朝俸。任元安抚，洪武四年归附。五年，授正长官，沿至珠。

方番司正长官方得用。任元安抚，洪武四年归附，授正长官，沿至岳。

韦番司正长官韦四海。任元安抚，洪武四年归附。十五年，子胜祖授正长官。六世孙凤韶及子世勋为事，凤韶拟死，世勋为民。嫡孙钦袭。沿至启。

洪番司正长官洪庆诗。任元安抚，洪武四年，男智归附。五年，设正长官。沿至祚。

卧龙番司正长官龙得寿。任元安抚，洪武四年归附。男顺昌本年授正长官。沿至文光。

小龙司正长官龙昶。任元安抚，洪武四年归附。五年，授正长官。沿至德贤。

金石番司正长官石爱。任元安抚，洪武四年归附。五年，男宝授正长官。六世孙隆及子显高为事监故，次房六世孙承晟袭。沿至国正。

罗番司正长官龙势瑛。任元安抚，洪武四年归附，授正长官。六世孙会清为事充军，子鸾袭。沿至胜麟。

卢山司正长官卢经保。任元土官，洪武五年，被苗贼的黑杀死，子神保授正长官。沿至承恩。

木瓜司正长官石盖。任元长官，洪武六年，子鸥归附。十五年，三世孙保升正长官。七世孙贵绝，次房爱子中宪承袭，因与广西泗城州争地有碍，应该中安接袭。

副长官顾宸。南直隶人。洪武间，调拨征南有功，升授本司副长官。沿宋袭。

大华司正长官狄幸乜。任元长官，洪武八年，授正长官。沿袭至应朝。

麻响司正长官得雍。洪武五年归附，授本司正长官，沿袭至胜。

新贵县

万历：

孙梦熊。藤县人。

张羽鸿。平利人。

土县丞宋显印。祖扯黎，洪武四年归附，授贵筑司正长官。沿袭至显印，改今职。

土主簿宁国梁。祖敏得，洪武二年归附。十四年，随颖川侯征进云南西堡有功，升贵筑司副长官。沿袭至国梁，改今职。

土主簿庭拱极。祖保郎，洪武初有功，授平伐司安抚。十五年，男那袭，降长官，沿袭至拱极。旧属龙里卫，万历元年，改属本府，十八年设县，改今职。

金筑安抚司安抚金密定。土人，洪武四年归附，设金筑长官司。十年，改安抚司，授安抚，沿至大璋。

科贡

进士

万历

壬辰科：马文卿。改庶吉士，补御史。

举人

弘治戊午：蔡让。官至府通判。
甲子：章录。官至训导。
正德癸酉：林学。官训导。
己卯：钟程。官至御史。
嘉靖壬午：陈佐。官至推官。
辛卯：段以金。官至知县。
癸卯：向黉。官至学录。
丙午：王三聘。官至教授。
甲子：段公衮。
李南乔。官至府同知。
隆庆庚午：佘赓。官至知州。
许裕德。官至府同知。
越应扬。任州判。
万历癸酉：江大顺。官至知县。
黄应旌。官至知县。
孙枝华。官至长史。
丙子：程文灿。官至知州。
薛彦卿。官至知县。
熊应祥。任教谕。
己卯：越应虞。任教谕。
李懋芳。官至知县。
尹志伊。任知州。
卢焯。任知县。
俞化龙。官至知县。
曹维藩。任府同知。
汤师黄。官至审理。
杨秉铎。任知州。
壬午：周郛。任知县。
越应甲。
李时华。任广东道御史。

沈三德。官教谕。

乙酉：周思稷。任知州。

龙奋河[①]。任知县。

马文卿。中壬辰进士。

戊子：越应宾。任教谕。

越应捷。任知县。

辛卯：张呈象。

王廷极。任教谕。

谷迁乔。

刘述祖。

甲午：何图出。

朱正寅。

张慎言。

丁酉：胡仰极。

王道纯。

周鄷。

李世甲。

杨师孔。

杨世华。

定番州

万历辛卯：卢夔。

甲午：陈九功。

李之仁。

丁酉：张邦典。

程文弼。

岁贡

罗志。洪鉴。方以祥。韦用。程裕。程源。罗英。顾继祖。周易。张怀。张纶。郭瑞。朱彻。程润。强建。石显璋。罗绘山。张金。平鉴。段真。曹廉。刘绍。石承凤。平镆。朱镗。林溱。平镜。朱臣。陈禄。金铨。易梁。

① 龙奋河：原书模糊，据《黔记》补。

谌时用。詹惠。胡铎。尹胜略。周廷用。邓达。刘兰。萧永春。汪鋐。蒲继明。戴纶。汤珊。郑坤。张绮。江瑛。章兰。汪表。汪杲。吴希周。陈敬。胡选。李智。袁凤翔。石藻。徐第。周民望。曹辄。周廷辅。程良玉。袁桀。石浚。王从政。张桂伯。王从仁。黄永松，李文。吴从周。许承智。王满。张永淮。顾继贤。周书。张洁。杨文炳。程聪。任惟信。赵鸾。徐镗。周廷翼。蒋晖。韦应之。程武。李宸。强高。曹廷鹄。李鸾。任懋荣。杨祯。吴馆。熊尚智。王宇。敖天祥。林大茂。顾汝栋。汪朝阳。

隆庆：

吴镐。强希颜恩贡。谢天眷恩贡。李复春。杨凤朝。孙濮。汤有光。

万历：

张孚。吴亨。欧阳寿。刘秉义。蒲时芳。黄裳吉。程诰。徐鸿渐。茹钟云。段以孝。汤克念。陈伊训。周祐。蒋文甫。杨朝东。江一龙。薛廷琮。胡仰极中丁酉举人。李时发。李宗元。杨翘瀛选贡。

定番州

万历：

徐熙。江鳞。龙奋渊。熊尚簧。李良栋。刘大聘。陈鹏。罗弘化。袁国藩选贡。

武会

嘉靖戊戌：刘文。

甲辰：吴时春。

隆庆戊辰：陈应魁。

辛未：李长荣。

万历甲戌：汤杰。

李显文。

李长实。

丁丑：吴学易。

庚辰：蒋思仁。

李春元。

癸未：吴光宇。

丙戌：刘效节。

陈尚策。

杜鹤鸣。

己丑：陈三德。

封进德。

薛绍瑄。

壬辰：程试。

王懋德。

乙未：叶定远。

名宦

汉

刘尚。建武十九年为武威将军，讨平西南夷。

陈立。河平二年为牂牁太守，夜郎王兴、钩町[①]王禹、漏卧侯俞更举兵相攻，立至，谕兴，不从。乃从吏数十人出，行部至兴国，召兴至，数责之，因断头，出示士卒，皆释兵降。禹、俞震恐，入粟、牛羊劳士卒，西夷遂平。

马忠。建兴三年，诸葛亮征南，以忠为牂牁太守，恩威并著，诸夷悦服。及卒，莫不为涕泣，建祠祀之。

元

刘继昌。至元中，以两淮招讨司经历招谕西南夷，八番、两江溪峒皆降附。详见《省会志》。

张怀德。大德间为贵州知州，值土官宋隆济反，攻贵州。时治平既久，兵备废弛，众心汹汹无措。怀德募民壮，合官军千余，喻以忠义，人殊效死，军势颇振。然众寡不敌，力战被擒，贼欲降之，怀德大骂，不屈而死。郡人表其战地曰“崇节”。

本朝

邓廷瓒。成化十二年，初设府治，以廷瓒为知府。披荆棘，创府治，勤劳不怠，抚治开导诸夷，使奉约束。其循良有足称者。

汪藻。成化间，以兵科给事中任知府，严毅刚果，民夷畏服。尝拓筑郡城，迁建府治，不烦于民，政暇诣学课诸生，边郡风俗、官府之美，皆藻为之。

何垕。正德间知府，驭民以宽，弥盗以武，郡人至今思之。入祠祀。

汪仲成。绩溪人，嘉靖二十年知府。刷奸弊，绝苞苴，修金汤，立保甲，士民德之。万历四年准入祀。

① 町：《黔记》作“町”。

龙翔霄。武陵人，嘉靖三十二年知府。明断果决，诸废俱兴，弥盗安民，切厘时弊，万历四年准入祀。

万历《丁酉志》共名宦十人

乡贤

汉

尹珍。桓帝时人，官至荆州刺史。先从汝南许慎、应奉受经书，学成，还乡里教授。南域有学，自珍始。

本朝

张任。指挥佥事，骁勇有材略。尝遇虎，据林鸣吼，众莫敢撄，任独持枪刺杀之，时遂称为“莽张”。正统间征伐，累功升右军都督府佥事，充参将。卒，赐祭葬。

顾勇。镇远侯成之子，忠勇廉能。正统中，为贵州都指挥同知，从征麓川，力战死，朝廷谕祭褒之。

洛宣。正统间征麓川，攻鬼哭山，身先士卒，竟死于锋镝之下。诏赐祭，加其子官二级。

王辂。前卫人，都指挥佥事。正统间，征麓川战死，谕祭有“才勇”之褒。

陈铣。前卫千户。仪度修整，博览文翰，多积奇书以自娱，尤好吟咏，时人目为“秀才”。陈有《醉乡诗集》遗于家。

朱暹。前卫千户。少尚儒雅，善词令。正统间，副使李睿以将才荐，暹力避不就。尚书王骥征思仁发，至金沙江，暹以利涉之策进，公用其言而深器之。班师，授武德将军。

佘生。前卫人。少好文，雅善骑射，有勇略。累从征讨，自部卒官至指挥佥事。

李顺。前卫人。官至都指挥佥事。有能名，雅尚恬退，不以名利自拘。尝守备安平，调度有方，桴鼓不警。后致政还，开葵轩，以延儒绅，时出词调，丽藻焕发，优游三十余年，寿八十。

陈晟。前卫人。敦礼尚义。正统间，南蛮入寇，公廪不继，晟输粟足之，授七品散官。景泰初，又输银百两以助军。事闻，赐敕奖之，世复其家。

杨仁。博学能诗，有操守。历官总兵，多平抚之绩，擒蒙钺，剿阿向，又其功之最大者。已，入祠祀。

洛忠。官至清浪参将。早孤，事母极孝。神奇英迈，勇力绝人。平都清、普安苗酋，保全安南诸城，信义威德，慑服夷獠。母疾，侍汤药，衣不解带，遍祷庙神，稽颡北辰，愿以身代。母卒，哀毁逾礼。葬时，秋雨连旬，至期晴霁，事毕，复雨如初，人以为纯孝所感。事闻，巡按徐文华令有司厚礼旌异之。

胡璋。官至迤西参将，视卫篆二十余年。仁爱忠勇，军士怀服。叛恶安铨乱，璋时守备普定，防御有方，士民不为所扰，卒成收复之功。他如除杨桥湾劫贼，捕获洪俊解官，地方多所仰赖，谨厚之德尤为人所颂。

李梅。敦孝友，惠乡邻，有长者行。万历二十五年，有司详允入祀。

万历《丁酉志》共乡贤十四人

恩典

钟源。以子程贵，封知县。

薛廷珠。以子彦卿贵，赠知县。

李梅。以子时华贵，封推官。

李应时。以子懋芳贵，封知县。

周文典。以子郛贵，封知县。

谢庆。以子天眷贵，赠文林郎。

马云龙。以子文卿贵，封御史。

孝义

易楚诚。吉水人。洪武间，父游贵阳，岁久，老且病，楚诚侍养不倦。父尝盛夏思冰，楚诚泣天致恳，已而，大雨雹。又尝病疡，医欲得兔髓和药，楚诚求之野，偶有群鹰攫一狡兔，争食之，持归付医，疾旋瘥。有司欲上其事，固辞曰："此非吾诚所致，偶相遇耳。不愿以是得名。"事遂寝。乡人至今称之。

汪胜宗。贵州卫人。早孤，家贫，事母至孝，母卒，负土成坟，庐于墓侧，昼夜哀号，乡里称之，巡按御史叶蓁[1]题旌。

朱璥。贵州卫人。嗜学能书，早丧母，事父以孝闻。父尝剧疾，璥尝粪以验甘苦。及父卒，刻木为像，事之如生。有司从其事闻。

段达。前卫人。父病痺挛，起居饮食皆达亲视之。夜寝榻下，闻謦欬转侧，即起扶持，日则负出外庭，招乡长相与谈笑，且具饮食以为欢。如此者二十余年。及父卒，哀毁逾礼，时人呼为"段孝子"云。

陆绪。前卫人。事亲弗懈，亲卒，庐于墓侧，以孝闻。

王轼。贵州卫人。与弟辙友爱深笃，同居七十年，终始无间，一门化之。

刘继宗。贵州卫指挥。早孤，事母至孝，卒，哀毁几绝，武职例无三年丧，独

---

① 叶蓁：原作"叶泰"，嘉靖《贵州通志》同，因贵州巡按御史无叶泰，只有叶蓁，因据弘治《贵州图经新志》及《黔记》改。

宗开倖守制，衰绖三年。既葬，奉神主于中堂，晨昏定省如事生。有司请于抚按，匾其门曰“孝子”，年七十余卒。

陈钝。前卫人，生员。天性纯笃，事亲孝。嫡母足疾，艰于行动，钝旦夕负以起居，劳瘁甚至。母卒，哀毁逾礼，将葬，天雨连旬，钝仰天号泣，果获晴明，葬毕复雨，人以为孝所感。未几，卒。正德间，有司以其事闻。

黄瑾。前卫人。与弟瑜处，至老无私藏，朝夕相敬如宾。

龙见。金筑司人。府学生，居省城。弟龙起夏月落于河，将溺，见闻之，不暇改衣，赴水救之，起得生而见竟溺矣。有司以其事闻。

万历《丁酉志》共孝义十人

贞节

陈氏。千户夏圮妻。圮丧，陈年尚幼，哀毁如礼。葬毕，窃整衣冠，闭门自缢。有司旌之。

孔氏。小旗陈通妻。通正统末以御寇被害。孔年二十二[①]，累欲求死不可得，乃毁容屏饰，侍养孀姑，终营葬祭，抚遗孤详[②]成立。贞操洁行，始终一致。弘治初，巡按御史包裕以其实闻。

陈氏。郡人徐资妻。正统间，都清苗叛，资从征力战，为贼所杀。陈恸绝复苏，乃坚志守节，抚教遗孤。节登第，历巡抚，封恭人，寿八十终，合葬资冢。佥宪周孟中题其冈曰“忠节”，御史王鉴之为记。

李氏。都指挥洛宣妻。宣征麓川战殁，时李年二十，有二子，经在襁褓，守志不二。抚经成人，亲携赴京袭职，每教经以忠孝大节，且以清苦自励。经卒，李又抚其孙忠，以绍厥绪。时人贤之。

袁氏。舍人龚璟妻。五载而璟丧，袁哀毁，死誓不嫁，抚孤俨成立。孀居七十五年，人无间言，事闻旌表。

刘氏。指挥刘芳之女，名慧芳[③]。未字时，母病，割股为羹以进，母疾随痊。后适千户朱宣，年方二十三。朱丧，抚孤守节，誓无他志。抚按旌之。

李氏。生员刘增妻。增丧时，李年二十八，抚孤成立，守节五十余年。嘉靖间，有司以事闻。

商氏。庠生范序妻。序丧，商年二十七[④]，守节抚三孤，皆至成立。孀居四十年，内外无异议，抚按屡有旌奖。

---

① 二十二：原文误作“一十二”，据嘉靖《贵州通志》改。
② 详：嘉靖《贵州通志》作“祥”，当是。
③ 慧芳：《黔记》同。弘治《贵州图经新志》作“惠贞”。
④ 二十七：原文误作“一十七”，据嘉靖《贵州通志》改。

王氏。生员汤车妻。车丧，王年十八，抚遗腹子，绩纺以养舅姑，终始无议。抚按立碑以表之。

龙氏。长官程鉴妻。鉴丧，龙年二十，抚育庶子昊以承父官。孀居四十余年，内外略无间言。

方氏。长官龙升翱妻。翱丧，方年十九，抚遗腹子究承父爵。四十余年，人无异议。

任氏。年十八，适军黄镇。甫六载，镇亡，遗子闰二岁，甘苦守节，为闰娶郝氏，生子桂。甫二岁，闰举于乡，会试，卒于京，郝年二十一，与姑相依为命，抚桂成立，世称“一门双节”。嘉靖四十一年，巡按御史巫继贤旌之。

胡氏。卫人潘凤鸣妻。鸣故，胡年二十二，奉姑育子，子故抚孙，孀居五十年终。巡按巫继咸表之。

朱氏。庠生林之桂妻。桂卒，朱年二十四，守节奉姑，训子成名。嘉靖三十五年，巡按王绍元题旌。

顾氏。生员蔡加言妻，参议顾坚女。年二十一，言卒，遗孤甫周岁，以死自誓，励志守节。抚子日乾举于乡，以寿终。巡按陈效题旌。

越氏。指挥应袭洛献书妻。书卒，氏年方十七，遂毁容号恸，抚夫弟承宗，始终一节。巡按陈效题旌。

蔡氏。庠生薛廷珠妻。珠丧，氏年二十七，自矢靡它，甘贫苦节，日惟纺绩以奉其姑，抚子彦卿中式，以成夫志。万历二十二年，巡按薛继茂题旌。

陈氏。庠生罗纹妻。纹逝，陈年二十八，誓不再醮，节操如水，抚子弘谟中式。巡按薛继茂题旌。

越氏。指挥应袭李端妻，泸州守越英女。端故，无子，年二十七，不践外庭。端殡，氏预以名刻于墓碑，期与合冢。年八十，清操如一日，抚按闻而贤之，给米二石。巡按薛继茂题旌。

周氏。千户陈易妻。嘉靖间，易奉采木，被木压故，周年二十三，抚幼子尚策苦守，里人称为“忠节之门”。

朱氏。王可爱妻。夫丧，氏二十四，青年赤贫，苦节抚孤，见六十五岁。

张氏。守备刘镗妻。镗故，张年二十四，守节教子，皓首益坚。

李氏。舍人杨继臣妻。臣故，李年二十六，安贫抚孤，终始一节。

廖氏。军余刘尚和妻。和故，廖年二十五，甘贫孝姑，坚节教子，六十七岁，人无间言。

葛氏。廪生徐天祥妻。祥卒，葛哀几绝，殡尽礼。年二十七，矢志抚孤。孀居四十余载，苦节，见重乡评。

周氏以下六名见议备题。

万历《丁酉志》共贞节二十五人

隐逸

王璘。贵州卫人，号樵隐。性耿介，博通经史，善于诗词，隐居不仕，取予一介不苟。开家塾以教郡中子弟，余五十年，从者甚众。材官名将，往往出其门。所著有《樵隐杂稿》，藏于家。

朱宪。前卫人。修身隐居，不求闻达。正统间，以贤良举，不就。蜀献王闻其贤，招致于国，未几，辞归。

汪成。前卫人。能文工诗，敛华弗炫，为乡闾所重，有《讷庵诗》五卷藏于家。

顾璇。贵州卫人。能诗文，善绘事，潜德弗耀，一时缙绅名公多礼敬之。巡抚都御史孔镛常往造其家，为作《东楼记》，见《艺文》。

王佐。前卫人。谨厚笃实，博学好礼，尤工于诗，不愿仕进，与郡中贤达者为诗会唱酬。曾纂修《贵州旧志》，有诗文传于世。

越梁。本府人。少游庠校，不乐仕进，隐于槐亭，有鹿门德公之风焉。一时贤达结社，称槐亭先生。又仁术济世，活人不责报。年八十，纯然赤子也。后曾孙八、九人登科，人谓阴德之报。

迁谪

孔文。先圣后裔。洪武初，以知府戍贵州。卒，子孙遂居于此。按察使冯成能匾其门曰“阙里分潢”。

陈迪。云间人。工诗文。洪武初，谪戍贵州。境内佳山水，多经品题，而碑碣纪载亦多其笔，流传至今。

伍建。上虞人。洪武初，登进士第，慷慨有大志，以言事谪贵阳。工诗文，所著有《木庵诗集》。

杨僎。临安人。嘉靖间，以给事中谪布政司添注理问。

刘养直。内江人。嘉靖间，以给事中谪布政司添注照磨。

王学孔。安福人。嘉靖间，以给事中谪都司经历。

石元麟。永昌人。万历中，以华州知州谪都司经历。

流寓

宋

冉琎。播州人。与弟璞俱有文武材，隐居蛮中。尝同游贵阳，睹山川险易，若有所营，时人莫识，以为景纯之流。后仗策谒余玠，为画城钓鱼山之策，人始知其异。

本朝

杨祥。泰州人。宣德间，以父参议杨廉卒，葬三柯林，遂居焉。

仙释

南宗。长沙沙门。尘网蚤脱，悉志禅宗。洪武间，游脚至贵阳，募建大兴寺，推演内教，感化者多，示寂茶毗，得舍利焉。

彻空。蜀僧。正统间来住潮音寺，机锋警[1]敏，诗亦清峻。后复之蜀，称寂示偈，唯以振宗风为要。

林春。钱塘人。父文中，永乐时以高道征[2]，寻坐谪戍贵阳，卒。春性赋敏捷，才长身伟，敕遣受业于真人周思德，尽得其醮水祷祈之法，而行之以诚，多所感召。卒年九十二。子宣，有才行，书法遒劲，隐居以终。

拜经和尚。名兴宗，大理人，住持永祥寺。诵法华经，每字一拜，一木板籍，岁久，木为之穿。四十年未尝下山，其戒行端谨类此。镇守太监郑忠重之，为建寺，请额曰“永祥”。年七十，自刻卒期，鸣鼓告众僧逝。

碎尘。云游僧，卓锡青岩谷精寨观音庵以居，确守戒律，不妄接人，诗律古淡，有世外之风。

亭馆

忠爱堂、协恭堂。俱府治内，隆庆四年，知府李濮建。

思补堂。万历十年，知府周一经建。

谯楼。城内北，即元故城。成化间，太监郑忠重建，高五十尺，周五十步，俯瞰一郡。置壶漏钟鼓，以节晨昏。尚书白圭记。

圆通阁。永祥寺内，成化间太监郑忠建。

我对亭。永祥寺后。

驻节亭。郡北一里。

迎翠亭。北门外里许。嘉靖七年建，中植竹林花卉，四时交翠。

风嬉堂。巡抚赵钎诗：“一片瓦砾场，俄见烟霞满。从前几多年，风月无人管。”“扶起水中石，宛如渔父立。月明风露寒，夜夜鱼龙泣。”“源从何处来，深广且盈亩。欲分大华莲，种作如舡藕。”“偶移竹成径，行看花乱红。共惊城市里，得与武陵通。”

来喜亭。

扶摇阁。城内南。

---

① 警：原文误作“惊”，据《黔记》及嘉靖《贵州通志》改。

② 征：原文误作“彻”，据弘治《贵州图经新志》改。

浮光亭。城内。
迎恩亭。城南，原名爱山堂。
真趣亭。永祥寺后。
空中楼阁。东山上。万历十九年，巡抚萧彦建。
系鼎台。渔矶园，嘉靖间建。
后乐园。
栖云亭。
小鲁亭。
东楼。治城内东，隐士顾璇建，都御史孔镛《记》。
何陋亭。定番州治后，知府汪藻建。
留讲亭。为巡抚萧公彦建，内有去思碑。
渔矶书院。巡按王绍元为郡人马廷锡讲学建，内有主静堂、栖云精舍。

坊市

泮官坊。府学前。
黔南首郡坊、汉夷率服坊。俱府前。
与国咸休坊、世禄坊。俱为夏国公顾成建。
西南名将坊。北门内，为总兵石邦宪建。
永奠封疆坊。都察院左。
都宪坊、方岳坊、绣衣坊。南门内，俱为徐节建。
西南重镇坊。南门霁虹桥上。
骢马绣衣坊。丰济仓前，为御史顾坚建。
柱史坊。城中，为御史王惟孝建。
绣衣坊。北门外，为御史钟程建。
翰林坊。城中，为翰林赵惟垣、孙裒建。
都御史坊。监军道左，为诰封都御史刘恒建。
督抚三省坊。丰济仓左，为都御史刘秉仁建。
金台侍御坊。察院前，为诰封御史许奇、巡按直隶御史许一德建。
崇褒上寿坊。府右，为封巡抚刘恒建。
内外秉宪坊。都察院前，为副使许一德建。
大勋卿坊。都察院右，为都御史刘秉仁建。
豸史坊。
进士坊。贵宁道右，为都御史徐节建。

进士坊。为布政秦颙建。
进士坊。为俞玑建。
进士坊。北门外，为汤㝷建。
进士坊。为黎逊建。
进士坊。大兴寺前，为朱壁建。
历科进士坊。忠烈庙左，为张谏等建。
应期四彦坊。南门内，为蒋宗鲁等建。
癸丑进士坊。庚戌坊左。
己未进士坊。仓前。
辛未进士坊。谯楼左，为许一德等建。
庚辰进士坊。大兴寺左，为邵以仁等建。
斗宿腾辉坊。察院前，为丙子举人建。
汇征才杰坊。察院前，为辛卯举人建。
文明嘉会坊。贡院左，为丁酉举人建。
庚子举人坊。谯楼前。
群鸑翔霄坊。城内，为癸卯举人建。
登崇俊良坊。为丙午举人建。
曲江春色坊。城南，为己酉举人建。
武胄英华坊、文林辉美坊。俱城隍庙左右，举人刘顺时建。
鱼龙春浪坊。总府前，为己卯举人建。
戊午科坊。宣慰司前。
甲元启运坊。总府右，为举人许一德建。
龙飞元试坊。大兴寺前，为举人胡允平等建。
元科得士坊。谯楼左。
乡贡进士坊。谯楼左。
三春鲤化坊。察院前，为举人邓云龙等建。
明时登俊坊。察院前。
特命抡才坊。小十字街。
历科武进士坊。都司前。
贵阳藩屏坊。定番州治前。
贞节坊二。俱州城内，一为胡骥妻陈氏建，一为舍人龚璟妻袁氏建。
四牌坊市。布政司左。
三牌坊市。丰济仓右。
谯楼街市。城内北。

马朋街市。城南门外。

十字街市。北门外。

小十字街市。城东。

洪边巷口市。北门外。

凤鸣桥市。北门外。

寺观

大兴寺。城中。元至正间庐陵商人彭如玉建。洪武二十年，长沙府游僧南宗重建。先年遵奉敕谕，颁有《大藏经典》，通共六千三百五十卷，以玉碗金佛镇之，见存。以千字为号，或十卷或一二三卷，皆漆函、绫縠、牙签云。巡抚孔镛诗："千尺危楼齐日月，百年古殿锁云烟。老禅独坐三生石，游客谁参一指禅。"

永祥寺。城内西南隅，旧名朝音。成化间，镇守太监郑忠重建，并请敕赐今额。巡抚叶相诗："楼台百级青天近，禾黍千村紫障迷。"

大道观。治城中。元至正间建，旧名崇真，洪武间重修，改今名。先年颁有藏经万余卷。

东山寺。东山上，嘉靖间建。

玉皇诸宫。东山顶。

玄圣宫。南门外。

玄帝观。北门月城上。万历间，巡抚王缉建。

弘福寺。东城外。

西山寺。定番州西。

万寿寺。金筑司。

国泰寺。小程司。

罗永寺。金筑司，又名螺涌。

水府阁。在霁虹桥首，为溺水者多，乃建。

文昌阁。东门月城内，万历二十四年建。

迎恩寺。南关外，万历二十三年建。

古迹

将台。治城西狮子山。洪武初，总兵官傅友德筑台于上以阅武，遗址尚存，景云"狮峰将台"，即此。

藏甲岩。城内西南隅，永祥寺下，俗名鬼王洞。汉王志英武过人而貌陋，军中呼为"鬼头"，官至校尉。从诸葛武侯征南，擒雍恺，过此，藏盔甲以镇服百蛮。故老相传云，尝有人秉烛入洞，盔甲俨然岩壁，欲取之，辄有蝙蝠如鸦，扑灭其火，岩中啾啾有声，惧而出。景云“潜甲遗踪”，即此。

废定远府。府治南二百二十里。元置，领桑州等十州，朝宗[1]等十一县。

废南宁州。定番州二十里。宋置，为羁縻州。

废古筑县。金筑安抚司南一百里。元置，隶金筑府，俗名古羊县。

仙人足迹石。卧龙司境内。

丘墓

义友十墓。城北。故老云，至元末，贵阳有义士十人，结义保障乡里，既卒，列葬于此。今十冢累累然，惜其名不传。

孔知府墓。名文，先圣后裔。洪武初，以知府谪戍贵州。卒，葬于普定街后，子孙守墓居焉。

杨参议墓。名廉，宣德间任。卒，葬于三柯林，被军人何祈窃葬，守墓七代孙文彬于万历二年泣诉提学副使吴国伦，治祈以法，还其冢，为墓碣记之。

徐公墓。城南二里，详见《忠节风记》。

祥异

景泰辛未，大饥。

成化丁未，察院蔬圃种丝瓜，有并蒂而双实者，有联实而同蒂者，有司以其事闻。

弘治丙辰五月，大水，遵德坊撑舟济人。

甲子四月，雷雨大作，取市人等秤不平者击之。

正德戊寅夏，大水，霁虹桥圮。

嘉靖丙申闰十二月三日，北门火，延燎三街，毁至千室及牌坊。

己亥四月十二日，风吼如雷，雨雹，坊牌、林木倾倒折拨。

壬辰，大有年。

丁酉秋八月，龙见。

丁未八月，旱，殒霜三日，百物尽杀，大疫。明年戊申，饥，斗米银四钱，道殣相望。

庚戌，洪边宣慰宅前二里，旧有莲一池，不发者三十余年。是年，忽蔓生满地，花实富丽。

癸丑，大有年。

① 朝宗：原文作“朝筑宗”，衍“筑”字，据弘治《贵州图经新志》改。

庚申十月，大霜。布政司衙舍瓦片上类多凝为花朵枝叶之形，经日不化。

辛酉，三春无雨，至四月初一始雨，漂没居民，耒耜方兴。

隆庆壬申六月，龙井水变色五、六日，越数日，天大雨。萝杂子遍城郭，藩司垣外尤多。

万历丁丑九月，彗星见于西方。

甲申三月十五日午未时，有物黑色，杂于云中，飞扬迅速。李树结匾豆，北方园圃尤多。

乙酉六月二十九日，贵州卫卖糕堡任人[①]杜鹤龄，年一十六岁，洗面自照，头插白旗。至三十日，往马场耨豆。午时，雷震死，衣服俱破，脊有爪痕。

戊寅，人民病疫者甚众。

壬辰三月，大风雹，损房折树。

癸巳年二月初一，风雹大作，破屋拔树。

纪兵

正德三年，金石司土酋石承宠与弟石承玺、石方显等纠贼劫乱。时卧龙司久叛，贼首王阿伦、邓先、难清等召致泗城州王彪诸叛贼，啸聚三千余人，大肆猖獗。至八年，王阿伦称为平地王，难清称为江告王，承玺等各号领兵将军，伪造铜印一颗，刻阳平将印，传榜称乱。后都御史陈天祥、巡按御史邝约等檄兵巡守备等官，率兵设法擒剿，地方遂平。

嘉靖十九年，金石司土酋石显高作乱，官军平之。

嘉靖二十七年，罗番司蛮龙受祖叛，官军平之。

嘉靖三十一年，金筑司谷精寨贼首阿季等叛，官军平之。

---

① 任人：《黔记》作“住人”。当是。

第四章　贵州卫

沿革

皇明洪武四年建，隶四川行都司。十四年，改隶贵州都司，领左、右、中、前、后五所。

户口

万历二十五年查报，城、屯、铺官军实在二千三百一十六户，五千三百九十七丁口。

土田

《旧志》：水陆田地四万四千八百六十九亩九分。万历九年新丈共三万六千八百六十九亩零。十二年，水灾除豁一千二百五十七亩八分零。今实在三万五千六百一十一亩八分零。屯田二万七千一百四十三亩零。科田八千四百六十八亩零。

贡赋

屯科粮，旧额五千一百九十三石八斗六升。万历九年，新丈共五千四百九十二石二斗零。十五年，复丈除豁虚粮六十七石八斗五升六合六勺九抄一撮六圭一粒九粟，续增四石五斗四升零。二十五年，实在共五千[①]四百二十九石四斗四升六合三勺三抄零。屯粮四千九百七十六石三升一合六勺。科粮四百五十三石四斗二升四合七勺三抄八撮八圭八粒一粟。

样田粮一百一十三石五斗八升四合。

徭役

万历二十五年，条鞭、岁用、上中下丁差并屯粮、地租银通共八百二十二两五钱七分。

---

① 五千：原文误作“五十”，据《黔记》改。

公署

卫治。省城内都司右，洪武四年建。

经历司。卫二门外左。

镇抚司。贡院后左。

左千户所。卫前，嘉靖十五年，因建贡院，改建于此。

右千户所。卫治右。

中千户所。卫治左。

前千户所。卫治二门外左。

后千户所。镇抚司前。

俱因建贡院改置此。

马政所。前卫镇抚司左。

秩祀

马祖祠。马政所内，万历十年建。

表贤祠。城南三里新添关内，为副使吴倬建。倬捐赎金七百三十五两买置水田八分，递年收租三百七十四秤，贮站仓，给助各军。去后，站人立庙以祀，于前田内每年拨米花四十秤并地租银七钱办祭。

兵防

额颁铜牌六面。

原额旗军五千七百四名，万历二十五年查存二千九百一十一名。军器十万二千四百四十一件，万历二十五年查存六万六千七十二件。操马一百八匹，万历二十五年查存五十四。

关口哨。总甲一名。小甲一名，哨兵二十名。

牛路口哨。哨兵四名。

北关哨。哨兵三名。

乾沟哨。哨长一名，哨兵三十名。

邮传

贵州站。军共三百三十名。

皇华铺、小箐铺、阿江铺、龙洞铺、佯铺。各铺司兵不等。

惠政

贵州站仓。本站军余旧无粮饷，副使吴倬区画银两，置买水田，收米分给各军。站人感其德，立祠祀之。

营房。四关并教场俱备。

义冢园。真武堂右，乡官陈治安置。

漏泽园。一在东门外里许，一在西门外二里。

职官

掌印指挥一员，管屯指挥一员，管操指挥一员，捕盗指挥二员，经历司经历一员，镇抚一员，左、右、中、前、后五所各掌印千户一员，佥书管操千户一员，所镇抚一员，管军屯百户十员，贵州站百户一员。

指挥使

梁兴。直隶定远县人。洪武年从军，十七年，男忠功升小旗。成化八年，三世孙昱以功历升常德卫挥使。弘治七年，四世孙勋功升都指挥佥事。嘉靖十六年，六世孙天麒以父勋与族人讦告事调本卫。二十九年，升都清守备，三十三年，升本省都司佥书。八世孙朝翰驳勘未袭，沿九世孙之栋袭。

白朵儿只。辽阳山后人。洪武年编充总旗。永乐八年，三世孙玉以功历升指挥使，宣德十年调本卫。成化十六年，四世孙纲升都指挥佥事，十九年间立功，弘治七年复前职。沿璋袭。

署指挥使

马成。直隶仪真人。充先锋，洪武九年功升百户。二十六年，男俊调本卫。成化四年，五世孙聪以先世功，历升署指挥使。沿逢乐袭。

指挥同知

杨得。湖广六安人。甲辰年归附，授镇抚。洪武四年，功升正千户，调本卫。景泰五年，四世孙璟功升指挥佥事。正德七年，六世孙淮功升指挥使。十年，升本省都指挥佥事。嘉靖七年，七世孙均袭指挥同知。三十五年，云程袭，升普安守备。四十年，升都指挥佥事。沿师震袭。

刘兴。旧名韩兴，河南固始县人。洪武五年，充银牌先锋，功升燕山左护卫都指挥。男旺功升绍兴卫指挥佥事。三世孙荣功升都指挥同知，留守贵州，赐姓为刘。四世孙刘铎调本卫，升指挥使。七世孙御功升都指挥佥事。八世孙应武袭授指挥同知。九世孙之良升守备。沿岳袭。

苏寿。湖广武昌人。洪武十一年，充小旗。三十五年，三世孙保以功历升指挥同知，永乐二十二年，升本省都指挥佥事。四世孙济袭指挥同知，调本卫。嘉靖六年，七世孙继祖问为民。隆庆二年，八世孙九野复职，历升云南都司佥书。沿民悦袭。

王晓。旧名高泼儿，直隶合肥人。洪武年，以功历升指挥佥事。二十一年，为事充金齿卫军。二十五年复职，调本卫。正德七年，五世孙纪功升指挥。七世孙祚袭指挥同知，沿国臣袭。

夏三儿。直隶当涂人。洪武二年，充小旗，十七年，男清以父功升百户。弘治十八年，六世孙忠以先世功历升指挥同知，沿应龙袭。

署指挥同知

杨胜。直隶定远人。甲午年归附。洪武四年，三世孙益以先世功授指挥佥事，二十二年，为事充普定卫军，二十五年复职，调本卫。成化二年，五世孙诩功升署指挥使。弘治七年，六世孙增功升都指挥佥事。嘉靖二十六年，七世孙凤鸣役占军伴，降三级，辨复指挥同知。隆庆五年，问立功，长男未袭，中武会，升云南中军，犯罪典刑，沿弟威降署指挥同知，升本省中军，历升参将。沿大材袭。

指挥佥事

张林。河南确山人。吴元年除百户。洪武二十一年调本卫。弘治七年，五世孙瑄以先世功，历升指挥佥事。正德十一年，六世孙钧升指挥同知。嘉靖五年，七世孙淳勘降指挥佥事，八世孙瑜立功，绝，沿佩袭。

刘旺。直隶上元人。洪武四年除百户。三十五年，男福以功历升本卫指挥佥事。正德六年，五世孙印功升指挥同知，八年，为冒功充军。沿定民袭指挥佥事。

周正隆。直隶当涂人。辛丑年充小旗。洪武十五年，升本卫总旗。正德七年，五世孙全以先世功历升指挥同知。嘉靖元年，降指挥佥事。沿维新袭。

曹旺。直隶莱安人。壬寅年升百户。洪武十七年，以功历升指挥佥事。二十二年调本卫。正统七年，三世孙晟功升指挥使。弘治七年，六世孙寔功升都指挥佥事。嘉靖十六年，八世孙继祖降指挥同知，绝。沿继先降指挥佥事。沿天麒袭。

张兴。直隶巢县人。壬寅年总旗。洪武十一年，功升本卫千户。正统十二年，三世孙震以先世功历升指挥佥事。沿承袭袭。

田畴。直隶大长人。洪武六年升小旗。二十二年，功升本卫千户。弘治十八年，五世孙积功升指挥佥事。隆庆三年，六世孙篚升铜仁守备。沿一龙袭。

管文光。直隶庐州人。乙巳年升百户。洪武四年，以功历升指挥佥事。十八年，升都指挥佥事。二十二年，因让镇抚上坐，问临安卫军。二十五年复职，调本卫。永乐元年，功升指挥使。三世孙荣降指挥佥事。嘉靖十年，七世孙雄升迤西守备，十九年，以安保揭黄奉勘，复职。沿应爵袭。

刘成。河南开封人。洪武元年，除百户，调本卫。成化十六年，三世孙懋以先世功历升指挥佥事。隆庆四年，七世孙守爵历升游击。沿效祖袭。

署指挥佥事

朱原。江西乐平人。洪武间升百户。二十年，男调本卫。正德十年，六世孙衣以先世功历升指挥同知。嘉靖十五年，七世孙文升普安守备，历升都指挥使。沿永寰袭，降署指挥佥事，历升永道守备。

李伴儿。河南嵩县人。洪武十五年升总旗。成化二年，三世孙果以先世功历升署指挥佥事。嘉靖三十年，七世孙长荣以父过降调本卫副千户，隆庆五年，中武会，升指挥佥事，万历七年，升守备，绝，弟长实袭，故。

杨兴。直隶巢县人。洪武元年选千户。十八年，男仪调本卫。正统四年，三世孙恺功升指挥佥事。成化元年，五世孙芳功升指挥使，历升都指挥佥事。嘉靖十三年，六世孙仁历升都督佥事。沿祖禹袭，降指挥佥事。

许得名。直隶泗州人。乙未年从军。洪武九年，调贵州卫左所，充总旗。正统、景泰间，三世孙亮功升署正千户。成化、弘治间，四世孙宣升指挥佥事。嘉靖二十六年，七世孙修德部误革为正千户。万历十七年，八世孙敔所辨复袭署指挥佥事。

第五章 贵州前卫

沿革

皇明洪武二十八年建，隶贵州都司，领左、右、中、前、后五所。

户口

嘉靖间，城、屯、铺官军二千九百六十四户，六千二百三十七丁口。万历十三年，报增共二千九百八十八户，八千四百七十七丁口。

土田

《旧志》水陆田地三万七千五十六亩零。万历九年，新丈报增共三万八千四百二十三亩零。屯田三万三千二百一十三亩零。科田五千二百一十亩零。

贡赋

屯科粮，旧额五千四百八十六石五斗九升。万历九年清丈共五千五百二十三石五升零，续增三石九斗六升零。二十五年，实在共五千五百二十七石二升零。屯粮五千二百四十石二斗七升零。科粮二百八十六石七斗五升零。

万历十二年，增乌当堡官田谷价银一十六两六钱三分。

样田粮一百三十六石一斗五升零。

徭役

万历二十五年，条鞭、岁用、丁差并屯粮、地租通共八百四十二两五钱四分零。

公署

卫治。省城内西。洪武二十六年，建治城中。景泰五年，改建布政司于其地，乃迁建于此。

经历司。卫堂左。

镇抚司。城中，去卫百步许。
左、右、中、前千户所。卫治左。
后千户所。卫治右。

兵防

额颁铜牌一面。
旗军。原额六千九百零五名，查存二千四百三十九名。
军器。原额九万四千七百一十三件，查存三万二千七百三十六件。
操马。原额一百匹，查存四十九匹。
响水关哨。头目一名，小甲二名，散兵一十八名。
阿江头哨。头目一名，小甲三名，散兵三十七名。
以上二哨共百户一员。
凉水井哨。军兵二十名。
平哨。头目一名，小甲三名，哨兵二十六名。
湾子哨。总甲一名，小甲一名，哨兵三十名。
以上三哨共百户一员。
野鸡坝哨。头目一名，小甲二名，哨兵三十五名。
黑石头哨。军兵二十名。
黑山哨。募兵二十名。
以上三哨共百户一员。
黎元坎哨。募兵二十名。
黑土坡哨。募兵二十名。
以上二哨共千户一员。
杨柳太平哨。猡兵二十三名。
长坡哨。防兵一十七名。
永安哨。猡兵二十名。
以上三哨共千户一员。
鹁鸽箐头哨。甲兵二十名。
黑石头哨。目兵二十三名。
中哨。甲兵二十名。
以上三哨共百户一员。
二里小哨。百户一员，甲兵十名。
石柱山哨。募兵九名。

沙子坡哨。甲兵一十三名。

凤凰山哨。甲兵三十名。

三角塘哨。募兵二十一名。

以上四哨共百户一员。

梅子溪哨。百户一员，募兵二十名。

职官

掌印指挥一员，管屯指挥一员，管操指挥一员，捕盗指挥一员，经历司经历一员，镇抚一员，左、右、中、前、后五所各掌印千户一员，佥书管操千户一员，所镇抚一员。

指挥使

莽哥卜花。水三万户人。永乐初朝见，授千户，历升都督同知。宣德四年，男撒满答失里袭都督佥事。正统十年，取赴京，奉旨改名李忠。景泰元年，三世孙缙调贵州都指挥使。弘治三年，四世孙勋降本卫指挥使，历升都指挥佥事。沿时荣袭。

唐贞。湖广衡山人。洪武年从军，男俊功升小旗，调本卫。正德七年，四世孙以先世功历升本卫指挥使、四川行都司佥书。嘉靖十四年，五世孙凤以例加授指挥使。沿世雍袭，升普安守备。

李顺。直隶定远人。洪武十五年，升指挥佥事，调本卫。景泰六年，五世孙伟历升都指挥佥事。正德六年，六世孙宗佑升四川松潘参将，故，珏袭指挥使，问立功，万历七年复职，绝。侄环袭。

张显。直隶丹徒人。丙午年充先锋，洪武十八年，历任指挥佥事，调本卫。正统八年，三世孙任升指挥使，历升右军都督佥事。成化二年，四世孙骥升都指挥佥事。沿世卿袭。

王溥。直隶无为人。甲辰年，以功历升指挥佥事。洪武二十五年，男昌调本卫。宣德八年，三世孙辂升本都司佥书。天顺八年，四世孙統以辂功升指挥使。弘治七年，五世孙璋升本都司佥书。正德八年，揖袭，升都司佥书。嘉靖十九年，七世孙廷光升云南都司佥书。沿人龙袭。

姚正二。直隶高邮人。充小旗。洪武三十五年，男整功升指挥使。正统三年，三世孙贵问立功复职，历升都督佥事。景泰四年，降贵州都指挥佥事，成化元年，升都指挥同知。沿绍唐袭。

洛成。直隶武邑人。从军，洪武二十五年，男荣充小旗。永乐元年，历升指挥使、贵州都指挥同知。正统六年，三世孙宣历升贵州都指挥同知。天顺六年，四世孙经以父功升贵州都指挥同知。弘治七年，五世孙忠历升清浪参将。正德十四年，六世孙文以父功升都指挥佥事。沿献图袭。

叶忠。直隶丽水人。甲辰年从军。洪武二十一年，升百户，调本卫。天顺二年，四世孙盛以先世功历升指挥同知。景泰七年，八世孙昙袭，历升指挥使、都指挥同知。沿天培袭。

指挥同知

王添兴。直隶丹徒人。洪武年从军，充小旗。三十五年，男贵功升指挥佥事。宣德八年，三世孙胜调本卫。正统六年，功升指挥使。弘治十八年，五世孙麟功升都指挥佥事。嘉靖十五年，六世孙元禄历升湖广行都司佥书。沿之屏袭。

李成。直隶山阳人。戊戌年充总旗。洪武四年，历升贵州卫千户。二十五年，男宣功升指挥佥事。弘治五年，五世孙淮升都指挥同知。嘉靖二年，七世孙宋降指挥同知，升云南洱海守备，绝。万历二年，次房侄华春袭。

王文。直隶砀山人。丙午年充小旗。洪武元年升百户。二十年，男斌以父功授本卫指挥佥事，升指挥使。三世孙纶袭指挥佥事。天顺八年，五世孙锐功升指挥同知。成化八年，六世孙湘以父功升指挥使。七世孙行仁袭，降指挥同知，绝。弟行恩袭。

李旺。山东济阳人。洪武年从军，以功历升指挥佥事。宣德五年，男忠升贵州都指挥佥事。景泰五年，三世孙顺功升指挥使，署都指挥佥事。弘治七年，四世孙堂升都指挥佥事。十四年，为事充南丹卫军。沿赞见告保送袭。

李实。直隶合肥人。洪武年从军。二十四年，历升本卫副千户。弘治七年，五世孙佐以先世功历升指挥同知。十八年，六世孙祖以父功升指挥使、贵州都指挥佥事。嘉靖二十四年，七世孙明升都清守备，问立功。沿维盛袭。

李成。湖广襄阳人。从军，洪武三十二年，升小旗。永乐元年，历升指挥同知。宣德六年，男荣调本卫。天顺八年，三世孙海升指挥使。嘉靖二十六年，七世孙殷降指挥同知。沿栋材袭。

杨兴。直隶盱眙人。充伴当。洪武八年，功升百户，调本卫。成化十五年，四世孙雄历升指挥佥事。弘治六年，五世孙武功升指挥同知，弟秀降指挥佥事。正德八年，功升指挥使。七世孙忠降指挥佥事。勉袭指挥使。八世孙恕降指挥同知。沿奕声优给袭。

指挥佥事

葛瑶。直隶寿州人。从军，洪武四年，功升本卫百户。成化十六年，四世孙崇以先世功升指挥佥事。沿守仁袭。

张经。直隶孝友人。洪武三十三年，以功历升指挥佥事。宣德六年，调本卫。沿云鹏袭。

邵礼文。直隶盱眙人。洪武二十二年，三世孙华功升百户。宣德五年，四世孙真以先世功升千户，调本卫正千户。正统六年，五世孙瑜升指挥佥事。沿崇义袭。

李得。直隶苗谷村人。洪武年从军。永乐十五年，男才历升本卫正千户。弘治七年，四世孙全功升指挥佥事。沿廷栋袭。

徐原。直隶望江人。从军，洪武四年，功升正千户。永乐三年，男旺以父功授指挥佥事，洪熙元年调本卫。正统八年，三世孙纲为事充金齿卫军。成化二十八年，六世孙世远历升贵州署都指挥佥事。沿登阶袭。

薛大。山后车河川人。从军，洪武三十三年，功升小旗。宣德六年，升本卫副千户。正德七年，五世孙兰升指挥同知。嘉靖五年，六世孙璋降指挥佥事。四十年，八世孙近宸历升四川都司都指挥。沿绍宣袭。

冯才。湖广江夏人。充镇抚，洪武二十年，功升本卫千户。正统四年，男晟升指挥佥事。天顺八年，三世孙俊升指挥同知，六世孙应文降指挥佥事。沿国恩袭。

丁遇。直隶合肥人。充百户，洪武十五年，男能调本卫。嘉靖九年，六世孙桧升指挥佥事。沿继祖袭。

谢椿。直隶歙县人。洪武初，以民兵奉调征南，二十四年，功升本卫指挥同知。男瑛降袭指挥佥事。八世孙钦历升云南都司，九世孙崇爵历升临元、曲靖参将。沿升阶袭。

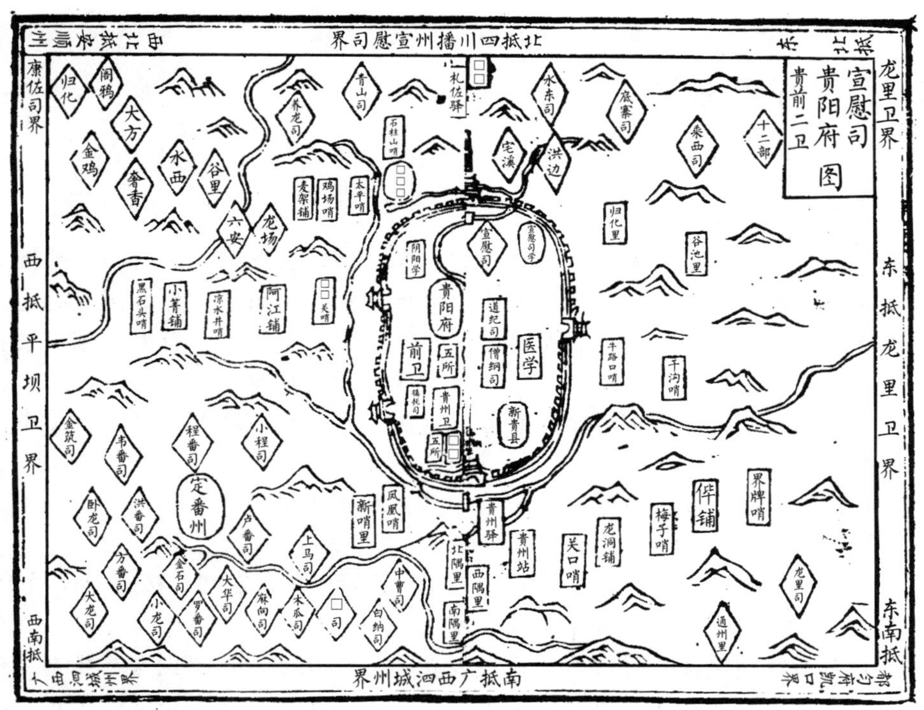

图 5　宣慰司、贵阳府、贵前二卫图

贵州通志卷四

第六章　宣慰使司

沿革

《禹贡》、秦、汉与府同。蜀汉建兴三年，诸葛武侯南征，时牂牁帅济火积粮通道以迎。武侯表封为罗甸国王，厥后相沿，诸夷杂处，其部落有七。曰卢鹿蛮者，即今罗罗也音相近而讹如回鹘，为回回之类。俗尚鬼，号正祭者为鬼主今犹谓之罗鬼。居普里即今普定。数出兵侵牂牁地。

唐元和八年，上表请尽归牂牁地。开成元年，鬼主阿珮内属。会昌中，封为罗甸王。

五代唐天成二年，罗甸王普露靖率其九部落入贡。

晋天福五年，附于楚。

宋仍为罗甸国。开宝间，拆置大万谷落总管府。嘉定间，移府于今司治。绍兴三年，广西邕州置司提举市马于罗甸。

元初为罗施鬼国，寻改罗甸军民安抚司。至元十六年，以李德辉奏，更罗甸为顺元军民安抚司，隶八番等处军民宣慰司都元帅府。至元二十年，添置亦奚不薛总管府于司治北。二十四年，复添置顺元路，并贵州于司治内，以统降附。按《元史》：至元二十年，四川行省讨平九溪十八洞，以其酋长赴阙。定其地之可以设官者，与其人之可以入官者，大处为州，小处为县，并立总管府，听顺元路宣慰司节制，遂置州十二，长官司二十四，县十七。二十六年，隶湖广省。二十八年，隶四川省。二十九年，改隶云南省。

皇明洪武初，罢八番顺元等处军民宣慰司都元帅府并宣抚、安抚司、顺元路、贵州，置贵州宣抚司。六年，升贵州宣慰使司，俱隶四川布政司。永乐十一年，置贵州等处承宣布政使司，宣慰使司隶焉遂为定制。领长官司十。正统四年，又以贵州卫所领长官司十三隶之。成化十一年，置程番府，以长官司十三隶府。隆庆三年，改设贵阳府，复以贵竹司隶府。今宣慰安氏亲领夷罗民四十八部谓部长曰头目。宣慰宋氏亲领夷汉民十二部谓部长曰马头。同知安氏亲领夷罗民一部，谓部长曰头目。共领长官司九。

青山长官司。城西北三十三里。元置青山远地等处蛮夷军民长官司，本朝洪武五年改今司。

龙里长官司。城东五十里。元为龙里县，隶大龙番应天府安抚司龙里州，寻改龙里等处蛮夷军民长官司，分合龙等处地亦置长官司。洪武五年，合置今司。

札佐长官司。城北八十里。元为札佐落邦等处蛮夷军民长官司，洪武五年改置。

底寨长官司。城北一百里，元为底寨等处蛮夷长官司，洪武五年改置。

养龙长官司。城北二百二十里。元为养龙坑宿征等处蛮夷军民长官司，洪武五年改置。

中曹蛮夷长官司。城南三十里。元为白纳县阿牟寨地，后改中曹白纳长官司，洪武五年改置。

白纳长官司。城南七十里。元为白纳县，后改中曹白纳长官司，已，复以茶山之地益之，改茶山白纳等处蛮夷军民长官司。洪武初归附，中曹已置司，而白纳之地失于奏报，宣慰司以头目周可敌领其地。永乐四年，始置今司，遂以可敌为长官。

水东长官司。城北三里。元为水东蛮夷军民长官司，寻改水东长官司。永乐元年，以水东犵猪蛮夷军民长官司省入，置今司。

乖西蛮夷长官司。城东一百五十里。元为乖西雍真葛蛮等处蛮夷军民长官司。永乐元年改置。

形胜

东阻五溪，西距盘江。《一统志》。山经水纬，内藩楚蜀，外控蛮荒，为西南巨镇。《旧志》。南抵百粤，北极巴岷[①]，千里山川，险阻厄塞。王训《兴学序》。

洪边八景

翠屏旭日。巡按王子沂诗："云锦当空九叠张，金鸡拂树叫扶桑。沧浪水动群阴伏，黄道天开万象光。松散晓烟晴露影[②]，花含宿雾暖生香。梧桐正在朝阳地，伫听和鸣有凤凰。"

绣岭晴霞。王子沂诗："早看阳谷日初升，岭表霞光渐次明。闪色只疑丝染就，回文却讶锦裁成。探奇不必寻丹穴，览胜何须到赤城。应有仙家深处住，几人曾去问长生？"

---

① 巴岷：原文误作"巴泯"，据弘治《贵州图经新志》及《黔记》改。

② 晴露影：嘉靖《贵州通志》及《黔记》同，弘治《贵州图经新志》作"晴漏影"。

北庄绮陌。王子沂诗："北庄风景竟如何？四境惟春觉最多。花锦蝶晴翻玉拍，柳丝莺暖掷金梭。行厨雅称传醽醁，步障无烦斗绮罗。谁道边陲无胜概，却劳骢马一来过。"

南谷琼林。王子沂诗："何地幽深百亩宽。南山山下最堪观。早梅破白春千树，雪竹埋青玉万竿。流水小桥云气湿，晓风疏雨鸟声寒。我来极欲穷殊览，几度经行驻马看。"

环溪素月。王子沂诗："清夜嫦娥下广寒，环溪偏称把杯看。流光隐约[1]移冰鉴，静影分明洗玉盘。冷泌[2]蟾宫秋寂寂，香沉桂树[3]露漙漙。就中有客神仙骨，直欲吹笙驾紫鸾。"

鉴沼清风。王子沂诗："数亩园池镜样平，时时喜有好风生。触翻荷露流香远，吹散扬花落水轻。行挹顿忘三伏热，坐乘最喜一心清。当年渔父如曾到，不特沧浪可濯缨。"

马陇灵源。王子沂诗："一泓清水出山根，坎上[4]流行觉有神。不是渊泉通瀚海，定应地脉接天津。当年岂独能滋物，值旱其如得济人。自是朝宗意无尽，常随化雨净边城。"

螺岩飞瀑。王子沂诗："螺岩瀑布亦奇哉，付与诗人仔细裁！织锦机丝千尺展，玉龙鳞甲半空来。喜看长夏飞晴雪，怪听平时吼夜雷。欲拟匡庐题绝句，愧予老乏谪仙材！"

疆域司治附省

东抵新添卫界，一百里。南抵金筑安抚司界，一百二十里。西抵四川乌撒军民府界，九百五里。北抵四川播州宣慰司界，一百六十里。东南抵新添卫界，一百一十里。西南抵安顺州界，一百六十里。东北抵四川草塘安抚司界，二百九十里。西北抵四川永宁宣抚司界。七百里。

山川

骊珠山。城北五里。

翠屏山。城北八里洪边。景"翠屏旭日"，即此。

石人山。北三十里。水西大道，山顶有巨石，拱立如人。

---

① 隐约：嘉靖《贵州通志》作"影约"。

② 冷泌：嘉靖《贵州通志》作"冷沁"。

③ 桂树：嘉靖《贵州通志》作"柱树"。

④ 坎上：嘉靖《贵州通志》作"坎止"，当是。

三脚山。北三十里。三山攒立如鼎足。

木阁箐山。西北五十里。延袤百余里，林木蓊蔚，中有道，通水西、毕节。王文成诗："瘦马支离缘绝壁，连峰窈窕入层云。山村树暝惊鸦阵，涧道雪深逢鹿群。冻合衡茅炊火断，望迷孤戍暮笳闻。正思讲席诸贤在，绛蜡清醅坐夜分。"[①]"荒村灯夕偶逢晴，野烧峰头处处明。内苑但知鳌作岭，九门空说火为城。天应为我开奇观，地有兹山不世情。却恐炎威被松柏，休教玉石遂同赪。"[②]

簸箕山。在青岩堡侧。山半有圆迹如箕。

鲁郎山。北八十里，地名乖西，一名书案山。前元逸士鲁姓者读书于此。今对此山居者，多知诗书礼义，岂鲁郎之遗风欤？

石门山。东六十里。二石对峙如门。

交椅山。南五里。

砍马山。西二里，俗名砍马冲[③]山。

髑髅山。东北四里。《一统志》以为石洞山，山势嶙峋而中虚，旁有窦通人行。

白崖山。北二里。兔场官道经其下。

唐帽山。东一里。形如唐帽。

南望山。北一百里。崇峰大箐，岚气昼冥，为郡之镇。

清水山。东二百里，清水江旁。

玛瑙山。西二百五十里。峰峦逶迤，林木叠翠，水西宣慰安氏宅居其山麓。

化石山。南八里许。一石突起，望之似人，俗传昔有老妪于上栖止，遂化为石。

阴阳山。在乖西司。山色四时青翠。虽甚晴，微有云翳即雨；甚雨，山顶晴霁即晴，故名。

风洞山。白纳司。有洞，风度其中，訇然有声如雷，故名。

绣岭。北八里，洪边右。

梯岭。南五里。石级如梯，中曹司路经其上。

仙迹石。北四十里，地名牛矢屯。上有人足迹，踵趾宛然，旁有亭曰仙迹，今废。

望夫石。北八十里，地名谷顶坝，大羊场之右。俗传昔有人出征，其妇朝夕立望，遂化为石，至今形如妇人襁负孩童。

犀牛石。西一里。

白龙洞。西北十五里。岩石玲珑，入数十丈，乃假烛导入，半里许，有水泠泠，莫究其源，驾竹桥于上，可并行。又深入，有钟乳数株，大如楹，扣之，戛然如钟，诚奇境也。

---

① 此诗《王文成公全书》题作"木阁道中雪"。

② 此诗《王文成公全书》题作"元夕木阁山火"。

③ 砍马冲：原文误作"砍马中"，据嘉靖《贵州通志》及弘治《贵州图经新志》改。

朝阳洞。西八十里，废谷龙长官司侧。其中容数百人，悬岩滴乳，千态万状，极其巧怪，间有青绿敷于岩，殊为奇绝。

观音洞。在新添关东。

三仙洞。东四十里，地名蓊若堡。中有三石座并列，旁有石盆，仰盛岩溜，相传为玉女洗头盆。

阳明洞。在龙场驿。

乌江。北二百里。湍流汹涌，乃贵播之界。北岸有乌江关。

清水江。东一百五十里。其水甚清冽，岸峰壁立，崎岖难行，乖西、巴乡诸部苗猪倚此为险。景泰三年，南和侯方瑛将兵济此，平其两岸，以为坦途，至今苗猪夺气，不复有所恃[①]矣。

落折水。阁鸦、归化二驿界，有渡。

四方河。西南五里，流入南明河。

济番河。西南三十里，俗名花犵猪河。八番路所经，成化初，宣慰宋昂垒石为桥其上。

陆广河。陆广驿下。提学吴国伦诗："人家半徙蛟龙窟，驿署孤悬虎豹宫。"

鸭池河。西北一百五十里。

龙潭。木阁箐山中，深不可测，土人相传有灵物居焉。凡遇旱，祷雨皆应。

洗马潭。北八十里，地名大乖西。俗传诸葛武侯南征时，于此洗马，故名。

芳杜洲。南明河中。广百步，可以种植，土人赁种以输官租。

泽溪。城北。源出枯髅山，流贯郡城。安氏宅居其浒。

西溪。在奢香驿。

沙溪。北二百里。

长丰堰。卧牛山南。溉田甚广。

莲花塘。一在城南，一在城北。

北龙井。

南龙井。城南莲花塘上。冬温夏凉，味甘。

双水井。斗岩山下。

凉水井。南六里。

温泉。北九十里，地名杨郎坝。其始出可以熟物，渐远乃可浴焉。郡人钟震诗："草漫平原景物奇，溶溶玉液漾方池。花香熏灼玻璃暖，恍若杨妃赐浴时。"

神应泉。北一百二十里，地名巴乡。泉初无水，傍有二石，汲者至，击其石数声，则涓涓流出，随汲器大小，既足，复缩不流。继汲者至亦然，世所罕有，莫测其故。

---

① 恃：嘉靖《贵州通志》同，弘治《贵州图经新志》作"蚌"，当误。

潮泉。在龙场驿侧。水盈缩日三。

瀑布泉。龙场驿侧。自山顶飞流而下，亦奇观也。

济行泉。在新添关坡。源出高连山穴，行者至此，俱得济渴，故名。

九十九泉。城西二十里，地名高寨。泉出山顶，凡九十九穴。

养龙坑。在养龙司两山之间。泓渟奫深，灵物藏其下。当春初和畅，夷人立柳坑畔，择牝马之贞者系之。已而，云雾晦冥，类有物蜿蜒与马交，其产必龙驹。洪武四年，伪夏明升降，献良马十，其一白者乃得之于此。首高九尺，长丈余，不可控御。诏祀马祖，然后敕典牧者囊沙四百斤，压而乘之，行苑中，久渐驯习。后将行夕月之礼于清凉山，乘之如蹑云，一尘弗惊，赐名“飞越峰”，且命绘形藏焉。翰林学士宋濂为之赞，见《艺文》。

风俗

悃朴少华，至道尤易。《旧志》：“本司隶籍人民，多来自中州，风声气习，一如中华。”文教丕振，四礼多用朱氏，向意诗书，人才济济辈出。风气和平，土壤饶沃，冬不祁寒，夏无盛暑。不喜争讼，乐于恬退。小民畏法，以恬退不争为贤。集场贸易，贸易以十二支所肖为场，附郭兔、猴、鼠、马四场。土著诸夷，种类不同，俗尚各异。曰罗罗者，即古乌蛮，亦有文字，类蒙古书。土司奉上行，易土字，示其民。人深目长身，黎面白齿，男子不冠，魋髻去须，女披发短裙，俱戴笠荷毡，佩刀箭羊皮，腰束一韦索，名饥饱索。得食，以器盛之，众环坐地上，操一木杓，从长至少，传递取食。信巫，尊为鬼师。病则以羊革裹之，汗出即愈。其贵者死，则集千人，披甲胄，驰马若战，以锦缎、毡衣裹死者尸，焚于野，招魂而葬之，名曰火葬。张盖其上。其期会交贷，无书契，用木刻，重信约，尚盟誓。凡有反侧，剁牛抚谕，分领片肉，不敢复背约。曰宋家者，其始中州裔，久居边徼，而衣冠俗尚颇同华人，男女有别，授受不亲，其于亲长，亦知孝友。曰蔡家，与宋家杂处，风俗亦颇相类，故二氏为世婚。曰仲家，多楼居，好衣青衣，男子戴汉人冠帽。妇女以青布一方裹头，着细褶青裙，多至二十余幅，腹下系五彩挑绣，方幅如绶，仍以青衣袭之。其语言嗢咿。居丧，食鱼虾，而禁鸟兽之肉。婚嫁则男女聚饮，歌唱相悦者，然后论姿色妍媸，索牛马多寡为聘礼。疾病不服药，惟祭鬼而已。卜用茅或铜钱、鸡骨。通汉人文字，以十一月为岁首。曰龙家，绾髻，白布束之，妇人亦绾髻，皆以白布为衣。亦用汉人文字。以七月七日祭先祖，甚敬。曰曾竹龙家，其俗与龙家同，但妇人以布作冠，形如马蹬，加于髻上，以金木或骨角为长簪焉。曰红犵狫，男子旧不着冠，今渐作汉人之服饰，语言侏僑，妇人以毛布染红作裙，无襞积，谓之桶裙。曰花犵狫，俗同红犵狫，但裙用五色，故云“花犵狫”。曰东苗，男髽髻，着短衣，色尚浅蓝，首以织花布条束发。妇着花裳，无袖，惟遮覆前后而已，裙亦浅兰色，细褶，仅蔽其膝。其俗婚娶，男女相聚歌舞，名为“跳月”。情意相悦者为婚，初不较其财，逮至一年，方遣人责之，虽死亦不置。曰西苗者，俗同东苗。曰紫江苗者，性犷恶好杀，饮食粗秽，余俗与东、西苗同。

户口

嘉靖年间，官民二千一百四十五户，一万二千九百四十二丁口。万历十三年，三千七百零二户，三万五千二百四十九丁口。二十五年，报存三千二百九十四户，三万一千三十三丁口。本司官目下一千六百六十三户，一万七千九十丁口。水东司七百七十六户，五千五十五丁口。龙里司一百九十二户，二千三百八十四丁口。底寨司一百零六户，一千七十九丁口。乖西司一百一十八户，一千一百八十二丁口。养龙司八十七户，一千二十八丁口。青山司五十四户，八百八十九丁口。札佐司五十六户，七百八十九丁口。白纳司一百三十九户，八百七丁口。中曹司一百零三户，七百三十丁口。

土田

《旧志》田无顷亩。万历八年，新丈田地三十四万九千六百四十四亩零，二十五年，报增三十四万九千六百四十九亩零。本司官目下三十万九千七百四十八亩零。水东司一万五千五百三十亩零。龙里司三千八百五十二亩零。底寨司二千九百九十九亩零。乖西司三千二百二十一亩。养龙司二千五百七亩零。青山司四千四百三十亩零。札佐司二千六百一十八亩零。白纳司三千二百一十七亩零。中曹司一千五百一十七亩零。

方产①

硃砂，水硍，铅，毡，马，茶，铁，菖蒲生石上，寸九节，兰，香稻，匾桃大者如饼，味甘，异于他产，前胡苗初生可食，俗名罗鬼菜，黄桃实巨如拳，色黄味甘，双萼莲、芝草、漆乖西司出。

贡赋

宣慰安疆臣员下，岁贡骟马四匹，又贺万寿圣节骟马四匹，三年一贡，朝觐骟马三十匹。

宣慰宋承恩员下，岁贡贺万寿圣节骟马二匹。

---

① 原文自注：按《旧志》，有谷龙水硍厂，税银四十两，见今停革。

水东等九长官司，每三年一贡，朝觐马九匹。

岁解本色茶芽一十一斤二两四钱二分五厘。

夏税，莜麦旧额三十二石九斗一升零，今减去贵竹司六石九斗五升属贵阳府外，额该二十五石九斗六升零。十二马头麦三石三斗三升零。龙里司莜麦四石八斗三升零。底寨司麦三石。养龙司麦二石五斗。青山司莜六石。扎佐司莜麦六石三斗。

秋粮，旧额八千五百四十六石六斗六升零。万历八年，新丈额该八千一百五十五石七斗五升零。二十五年，报增八千二百七石三斗六升零。本司官目下六千八百六十一石一斗六升零。水东司四百六十六石九斗二升零。龙里司一百五十石。底寨司七十三石六斗五升。乖西司一百六十一石。养龙司六十五石。青山司一百二十三石三斗八升零。札佐司六十八石五斗零。白纳司一百六十五石八斗四升零。中曹司七十一石九斗零。

课程、商税、门摊钞共四万一千九百四十一贯三百九十文。

税课局税银三十八两四分。

徭役

万历二十五年，条鞭、银差、力差、公费三项共银三千四百一十七两九分零。水东司四百六十五两四钱五分九厘。龙里司七百一十二两八钱二分零。白纳司一百八十九两九钱六分零。中曹司二百三十四两六钱九分零。青山司一百六十七两九钱九分。札佐司八十六两四分零。底寨司一百两六钱三分零。养龙司八十九两二钱四分零。乖西司二百五十四两九钱二分七厘。十二马头一千一百一十五两三钱一分零。额有表笺、贡马、茶芽、应朝、祭祀、乡饮、迎春、考试、鹿鸣宴、举贡坊牌、盘缠，各衙门柴薪、马夫、油烛、柴炭什物，心红纸札、刑具，门禁、库皂、斋夫工食，各驿供馆、马价、铺陈诸费，俱于前银内派支。

公署

宣慰司。省城内北，洪武五年建，成化间重建。

经历司。堂左。

水东司治。城北泽溪，安宣慰寓宅左。洪武十五年建。

中曹司治。城南三十里，洪武五年建。

乖西司治。城东一百五十里，永乐元年建。

青山司治。城西北三十三里。

龙里司治。城东五十里。

札佐司治。城北八十里。

底寨司治。城北一百里。

养龙司治。城北二百二十里。

俱洪武年建。

白纳司治。城南七十里，永乐四年建。

陆广河巡检司。城北一百二十里。

沙溪巡检司。城北二百里。

黄沙渡巡检司。城北一百四十里。

丰济仓。城内南，洪武年间建。

税课局。城北，成化间建。

学校

宣慰司儒学。治城内东。元初建于今都司北，为顺元路儒学。皇庆间，改建于今都察院左。本朝洪武间拓城，都指挥马烨、教授芒文缜等迁建于此，成、弘间渐次增拓，有记。

明伦堂。文庙后。

志道、据德、依仁、游艺四斋。堂前左右。

教授、训导廨二。堂右。

敬一亭。明伦堂后。中立御制《敬一箴》，傍立视、听、言、动、心五箴碑刻。

尊经阁。敬一亭后。

博文、约礼二斋。阁前左右。

礼门。

儒学门。

先师庙。明伦堂前。

东、西两庑。

戟门。

泮池。戟门前。

棂星门。

启圣祠。明伦堂左。

名宦祠。启圣祠左。

乡贤祠。名宦祠前。

祭器。铜爵一百八十只，正统间副使李睿、教授王训置。铜云罍爵六，铜牺尊一，铜象尊一，铜水壶五，铜登十一，铜鉶五，铜簠簋共二十四，成化间郡人知府易贵置。铜香炉、花瓶、烛檠一副，锡器六十五件，弘治间宣慰宋然置。

乐器。成化间布政使萧俨奏御制大成雅乐一部及六佾之乐，麾幡二、柷一、敔

一、琴六、瑟二、铜钟十六、石磬十六、埙二、篪二、箫六、凤箫二、笙六、笛四、搏拊鼓二、应鼓二、引舞旌节二、籥六十四、翟六十四。按察使钱钺增置乐舞生衣、冠、带、履，凡二百六十四件。

学田。洪武二十六年，都指挥程暹等置买，计八分，共七百零六丘。一分八十八丘，米花二百五十秤。佃户薛贵每年认春秋二祭羊各一腔，帛各一段，祭需各一付。今系薛凤承领。一分七十五丘，米花二百二十秤。佃户尤敬每年认春秋二祭猪一口，帛一段，祭需一付。今系尤真承领。一分六十丘，米花一百八十秤。佃户廖胜祖每年认春秋二祭羊各一腔，帛各一段，祭需一付。今系廖政承领。一分一百一十丘，米花三百七十秤。佃户钱子实每年认春秋二祭猪各一口，帛各一段，祭需一付。今系马壁、马道廉承领。一分五十一丘，米花四百一十秤。佃户刘庆源每年认春秋二祭猪各一口，帛各一段，祭需各一付。今系周勤承领。一分九十二丘，米花二百一十五秤。佃户刘道深每年认秋祭猪一口，帛一段，祭需一付。今系刘超承领。一分一百五十三丘，米花七百八十二秤。佃户刘文德今分四十丘，米花二百二十秤，每年认春秋二祭猪一口，帛一段，祭需一付，系汤继贤承领；三十二丘，米花二百一十二秤，每年认秋祭猪一口，帛一段，祭需一付，系朱刚承领；三十八丘，米花一百八十秤，每年认秋祭猪一口，帛一段，祭需一付，系周道兴承领。四十三丘，米花一百七十秤，每年认春祭猪一口，帛一段，祭需一付，系刘弼承领。一分七十七丘，比众田稍薄，米花三百三十秤。佃户孙牛儿每年认春秋二祭猪各一口，帛各一段，祭需各一付。今系晏吉承领。以上俱嘉靖四年清查，立石备载，派认祭祀猪、羊、斤、秤、馔、帛等项各数目，碑刻见存本学，其各田坐落地名、四至，详见《旧志》。

公用田。一分在摆陀堡。递年纳九成银一两六钱。一分在新添关。递年纳糙米二石三斗，黄豆三斗。俱嘉靖间详给本学纸札之用。

宾兴田。一分在圣泉水。递年纳米花三十秤。白银一百两。先年，巡按徐文华给发贵、前二卫，借与殷实大户，每月每两息三分，岁该息银三十六两，遇闰加三两。以上俱给该学贡生赴京盘缠。

射圃。儒学东，弘治间，巡抚都御史钱钺建。嘉靖间，都御史徐问重建，名其堂曰观德。

社学。一在顾府坡下，一在柔远门外，俱嘉靖间建。一在大方，万历十九年，宣慰安国亨建。

龙岗书院。治城北七十里龙场驿内，正德间王文成守仁建。都御史刘大直诗："梦寐先生几十春，龙场遗像谒兹晨。百年过化居夷地，万里来游报国身。道在山川随应接，功存社稷自经纶。芳尘欲步惭无伎，仕学工夫只日新。"

关梁

蔡家关。城西北五里。

宣泽桥。城北洪边巷，宣慰安贵荣、宋然建。

洪济桥。洪边二里，俗名土桥，郡人谢鼎建。

龙洞桥。城南十里，龙洞河下。

济番桥。城南花犵狫河，宣慰宋昂建。

鱼梁桥。城东十里许，嘉靖间建。

鸦关桥。城北八里鸦关下。

麦架桥。城北三十里，宣慰安观建。

李五桥。城西北三十五里，宣慰安贵荣建。

龙场桥。城北五十里，龙场驿左。

蜈蚣桥。城北九十五里，宣慰安国亨建。

陆广河渡。城北一百二十里。

落折水渡。城北三百五十里。

黄沙渡。城北一百二十里，陆广驿前。

沙溪渡。城北二百里。

兵防

坐镇卧这织金。旧设守备，万历二十一年裁革。选委指挥一员坐镇，防兵二十名。

马鞍山。指挥一员坐镇，防守犭羊狼，千户一员，队兵五十名。

陆广。指挥一员坐镇，防兵二十名。

的都。指挥一员坐镇，防兵二十名。

比那永楪。百户一员防守，防兵一十六名。

巴香。万历十三年设，有官兵坐镇，二十三年裁革。今令宣慰司土舍召兵自耕防御。

鸡场哨。罗兵三十三名，耕食防守。

黄花哨。罗兵四十名，耕食防守。

旧有鸡扒坎、古隆、乌驴、大雾坡、青岗林、撒皮、枫香、化杂、黄泥、猪场等十哨，万历二十一年裁革。

邮传

贵州驿。洪武五年，建于城北门外。万历二十二年，改为贵阳府学，迁驿南门外。

威清驿。城西北四十里。
龙里驿。城东五十里。
平坝驿。城西北九十里。
札佐驿。城北五十里。
底寨驿。城北八十里。
渭河驿。城北一百里。
养龙坑驿。城北一百里。
俱洪武间建。
龙场驿。城西北七十里。
陆广驿。城西北一百二十里。
谷里驿。城西北一百七十五里。
水西驿。城西北二百一十里。
奢香驿。城西北二百六十里。
金鸡驿。城西北三百二十里。
阁鸦驿。城西北三百七十里。
归化驿。城西北三百九十里。
毕节驿。城西北四百三十里。
各驿马馆：
贵州驿。马银五百七十两，馆银四百三十二两，铺陈十二副。
威清驿。马银五百九十六两零，馆银一百八十两，铺陈十五副。
龙里驿。马银九百二十四两零，馆银三十六两零，铺陈二十副。
以上派各寨司供应。
平坝驿。系金筑司供应。
龙场等十三驿。俱系安宣慰各头自办。
铺。共二十五处。

职官

宣慰使二员，同知一员，俱土官。经历司经历一员，都事一员，儒学教授一员，训导一员，税课局大使一员，丰济、毕节、龙里等三仓各大使一员。各副使裁革。

水东、青山、中曹、白纳、底寨、养龙、乖西等七司各正长官一员，副长官一员。龙里、札佐等二司各正长官一员。九司各吏目一员。的澄河、沙溪、黄沙渡等三巡检司各巡检一员。陆广河巡检裁革，陆广驿带管。

贵州、威清、平坝、龙里、龙场、陆广、谷里、水西、奢香、金鸡、阁鸦、归化、毕节、札佐、底寨、养龙坑等十六驿，各驿丞一员。渭河驿丞裁革。

宣慰使

霭翠。土官。元为四川行中书省左丞兼顺元宣慰使。皇明洪武初归附。五年，授怀远将军，世袭宣慰使。霭翠故，弟安的袭。十四年，授亚中大夫，其后遂以安为姓。的故，弟安卜葩袭。永乐二年，授怀远将军。卜葩老，子安纳洪袭，故。子彬揖幼，从父安中借职，故。彬揖亦故，从父安聚袭，故，并绝。从子安陇富袭。陇富故，子观袭，故，子贵荣袭，寻致仕。子安佐袭，故，贵荣复任。正德间，加授布政司右参政土职。贵荣故，孙万钟袭，被贼杀，故。该弟万镒袭，故，子仁幼，弟万铨袭，寻奏还仁袭，故。子国亨幼，万铨仍摄事，寻还国亨袭。隆庆二年，以擅兵仇杀，奏革冠带。万历九年勘复，二十一年故，子疆臣袭。

宋钦。直隶真定府人。前元宣命镇国上将军。洪武四年，开设贵州宣慰司。五年，授怀远将军、宣慰使。九年，子诚袭，征剿乖西有功，授亚中大夫。传五世孙然，故绝。从子仁袭，亦绝，弟储袭。传八世孙天爵，故绝。以族叔镐袭，因患目无嗣，从子德隆袭，故绝。弟德懋、德贤俱幼。嘉靖三十八年，以族兄一清代管地方。万历二年，还德懋袭，绝。十年，德贤袭，故，子承恩袭。

同知

沙溪。土人。洪武四年归附，开设宣慰司，授沙溪世袭同知。沙传子安壁，壁传子安武。武子安瑛幼，弟安美立借袭，老，还瑛袭。瑛传子安宁，无嗣，从子安邦袭，无嗣。弟安约袭，传子安靖，无嗣。弟安方袭，无嗣。弟安继恩袭。传子安然，然传子安守贞，无嗣。该弟安国孝，未袭，故。男安文未袭，亦故。男永忠听袭，亦故，今缺。

水东长官司

正长官向四。土人。洪武四年，征南有功，授土官。永乐元年，开设水东司。二年，授本司长官。六世孙权龙绝，弟有疾，男承祖袭。

副长官胡文英。土人。充把事，节次调征有功，授副长官。男祥袭，绝，弟勇袭。至五代孙继残疾，弟俊袭。沿希尧袭。

龙里长官司

正长官何有善。土人。洪武四年任长官。三世孙海故，绝，弟袭。沿天与袭。

中曹长官司

正长官谢石宝。土人。洪武五年归附，授长官。六世孙恩故绝。族侄乾袭，故，男孝儿幼，次房芳借袭。沿廷龙袭。

副长官刘礼宾。土人。洪武四年归附，授副长官。男荣故绝，弟俊袭。沿龙应袭。

白纳长官司

正长官周可敬。土人。洪武四年归附。永乐四年，开设本司，授正长官。至五世孙森故绝，次房弟贤袭。沿如唐袭。

副长官赵仲祖。土人。洪武八年充把事，永乐五年授副长官。至四世孙权袭，故，绝，次房弟桓袭。沿邦泰应袭。

青山长官司

正长官蔡札。土人。洪武间归附，调征有功，授长官。传至堂，有疾，将印信付土舍刘儒署管，寻告上司，准给堂管理。沿正洪袭。

副长官刘士真。土人。洪武十八年，男了恭充把事。三十六年，调征洋水等处有功，升本司副长官，沿世隆袭。

底寨长官司

正长官蔡永昌。土人。洪武四年任长官，沿继芳袭。

副长官梅忠。直隶凤阳府人。洪武八年调征云南，授副长官。沿杰袭。

养龙长官司

正长官蔡普化。土人。洪武五年任正长官。沿应司袭。

副长官谢文直。洪武十年充把事，永乐五年授副长官。沿世卿袭。

乖西长官司

正长官杨文真。土人。洪武二十八年，招抚生苗有功。永乐元年，授正长官。沿环袭。

副长官刘海。水西土人。充把事，洪武三十四年，男得秀调征洋水等处有功。永乐三年，升副长官。沿宗直应袭。

札佐长官司

正长官宋文忠。土人。洪武五年授正长官。至三世孙志纲故绝，次房智袭。沿礼袭。

司学教授

陈梅。云南人。

曹铉。永川人。
陈翰诜。福建人。
罗兰。四川人。
李应奇。云南人。
陈仕。湖广人。
安贞吉。云南人。
冉文华。思南人。
唐继先。东安人。
冉顺智。四川人。
熊梦祥。镇远人。
刘惟哲。曲靖人。

训导

赵轩。思南人。
李仁。清平人。
潘存忠。云南人。
黄明秀。云南人。
贺时叙。四川人。
宋良用。普安人。
邹琠。思南人。
唐景象。平溪人。
杨大材。云南人。
段大俸。云南人。
刘怀望。思州人。

科贡

进士

正统壬戌科：秦颙。官至布政。
天顺丁丑科：黎逊。官至知府。
钟宸。官至主事。
景泰甲戌科：易贵。官至知府。
成化壬辰科：徐节。官至都御史。
俞巩。官至主事。

甲辰科：朱璧。官至都察院经历。
弘治己未科：詹恩。官至寺副。
正德辛巳科：汤尋。官至知府。
嘉靖丁未科：刘秉仁。官至都御史。
庚戌科：陈治安。官至主事。
己未科：汪若泮。官至评事。
辛未科：许一德。官至副使。

举人

宣德壬子：薛璠。官至北京右府经历。
乙卯：彭城。官至教谕。
王训。官至教授。
秦颙。中正统壬戌进士。
正统戊午：汪懋。官至教谕。
詹英。官至教谕。
辛酉：谢机。官至知县。
越淳。官至训导。
甲子：胡升。官至知县。
茹皓。官至州同。
叶茂。官至知县。
陈昌。官至知县。
丁卯：周询。官至教谕。
易贵。中景泰甲戌进士。
朱昺。官至训导。
景泰庚午：王木。官至知州。
张胤。官至训导。
黎逊。中天顺丁丑进士。
张举。官至同知。
钟宸。天顺丁丑进士。
癸酉：汪济。官至知县。
丙子：王宗扬。官至训导。
天顺己卯：汪澜。官至知州。
徐节。中成化壬辰进士。
壬午：陈翊。官至知县。
胡骥。

成化乙酉：谢经。官至助教。
陆纪。官至训导。
陈经。官至助教。
曹霖。官至伴读。
戊子：周谦。官至推官。
朱佐。官至训导。
范冠。官至南国子监博士。
辛卯：蒋哲。官至知县。
俞玑[1]。中成化壬辰进士。
齐洪。官至训导。
甲午：陈润。官至判官。
曹隐。官至教谕。
朱绶。官至国子监学正。
林润。官至知州。
丁酉：朱璧。中甲辰进士。
周颂。官至训导。
庚子：杨樊。官至知县。
汪汉。官至知县。
汪霖。官至知县。
熊玺。官至知县。
萧謨。官至知州。
路义。官至知县。
癸卯：章钺。官至学正。
平纲。官至知县。
罗玉。官至学正。
王韶。官至提学。
陈玑。官至知县。
丙午：孟震。官至教授。
袁清。官至学正。
杨敞。官至训导。
陈辅。官至学正。
周相。

① 俞玑：原作“俞机”，本书他处、嘉靖《贵州通志》、《黔记》均作“俞玑”，据改。

弘治己酉：王勉。官至训导。
郑华。官至训导。
周鸾。官至知县。
壬子：尤善。官至知县。
汪度。
张宇。
易綋。官至教谕。
张本。官至训导。
吴夔。官至训导。
马和。官至知县。
杨琮。官至训导。
乙卯：詹恩。中己未进士。
程度。
李升。官至知州。
袁栗。
郑鸾。官至通判。
章锦。官至训导。
袁檠。
戊午：蒋相。
黄甲。官至知县。
杨桧。官至知县。
李夔。官至知州。
辛酉：朱全。官至教谕。
周凤鸣。官至知县。
李相。官至教授。
吴皋。官至教谕。
甲子：刘昆。官至教授。
越英。官至知州。
钟声。官至教谕。
正德丁卯：张嵩。官至推官。
党贤。
范府。官至同知。
余翔。官至教谕。

庚午：越溱。官至知县。
李辅。官至知州。
卢洲。官至知县。
癸酉：叶梧。官至知县。
俞通。官至教谕。
邹木。官至教谕。
丙子：汤冔。中辛巳进士。
陈文学。官至知州。
张学。官至知县。
霍文。官至知县。
李彬。官至知州。
罗弼。官至知县。
杨凤。官至教授。
己卯：王惟孝。官至御史。
汪庆。官至知县。
李端。官至知县。
马实。
汤训。官至同知。
王节。官至伴读。
张厚。官至知县。
沈继芳。官至知县。
嘉靖壬午：茹宁。官至知县。
杨振文。官至同知。
顾坚。官至参议。
黄润。
茹夔。官至教谕。
乙酉：佘柜。官至知县。
刘恒。官至同知。
俞崇科。
卢湘。官至知县。
俞崇魁。官至纪善。
戊子：刘翀。官至教谕。
胡然。官至知县。
赵瑜。官至知县。

李暘。官至知县。
韩立。官至知县。
刘天宠。官至知县。
周鲁。官至知府。
辛卯：叶履谦。官至同知。
杨文焕。官至知县。
王惟忠。官至知县。
周广。官至知州。
梅复初。官至知县。
许奇。官至同知。
刘绶。官至知县。
甲午：张文渊。官至长史。
王钺。官至教谕。
白桂。官至知县。
丁酉：黎宇。官至知县。
王珮。官至知州。
潘维岳。官至知州。
张友仁。官至知县。
庚子：马廷锡。官至知县。
陈序。官至通判。
越民望。官至知县。
张文焕。官至教谕。
癸卯：苟谦光。官至知县。
陈松。官至知县。
刘秉仁。中丁未进士。
茹子嘉。官至郎中。
沈昌言。官至知县。
张拱极。官至知县。
董惟爱。
王敬。官至知县。
丙午：越民表。官至长史。
赵宇。官至教谕。
王梦说。官至通判。

戴冕。官至府同知。
朱芳。
郑文藻。官至知县。
己酉：越民牧。官至知州。
金永坚。官至通判。
雷应龙。
崔翰。官至知县。
胡乘。官至知县。
陈治安。中庚戌进士。
徐大魁。官至郎中。
壬子：吴淮。官至郎中。
张勃。官至同知。
越民范。官至同知。
刘秉礼。官至同知。
蔡云吉。官至知县。
沈嘉言。官至知州。
李显扬。官至知州。
乙卯：佘奕。官至教授。
汪若泮。中己未进士。
卢整。官至副使。
任懋官。官至知县。
马文标。官至知州。
汤克肖。官至知县。
王敬宾。官至通判。
杨以宁。官至知县。
孙一龙。官至教谕。
顾埙。官至知县。
越民乐。官至知县。
林大亨。官至同知。
陈善道。官至知州。
汤克俊。官至知州。
白采。官至知州。
戊午：莫期尹。官至知县。
刘汝楫。官至长史。

李洲。官至知县。
越民瞻。官至知县。
阮绎如。官至知县。
章凤韶。官至知州。
宫良臣。官至知县。
刘守恒。官至通判。
黎一龙。官至知县。
杨其宁。官至知县。
周世用。官至教授。
李绍显。官至知县。
辛酉：许崇德。官至知县。
李蒙亨。官至知府。
赵宜。官至知县。
郑大本。官至知县。
陆宗渊。官至郎中。
甲子：许一德。中辛未进士。
王廷爵。官至通判。
曹维高。官至提举。
周文化。官至同知。
程绍颐。官至知县。
阮纯如。官至知府。
唐之夔。官至知县。
施体乾。
毛彬。官至知府。
越民化。官至知县。
李养栋。官至长史。
李佳实。官至知县。
张士衢。官至通判。
郑文灿。官至知县。
隆庆丁卯：胡允平。官至知州。
叶自新。官至知州。
张惇。官至知州。
沈奎灿。官至知州。
徐文荐。官至知县。

卢燿。官至通判。
庚午：陆宗龙。官至知州。
赵时雍。官至知州。
曹仲贤。官至教谕。
杨之宁。任通判。
蔡日乾。官至知县。
徐嘉龙。官至通判。
张仕通。官至知县。
万历癸酉：李承露。官至知州。
刘学易。官至知州。
李晴。官至知县。
李逢盛。官至知县。
朱良臣。官至教谕。
丙子：刘顺时。官至知县。
曹育贤。任知州。
己卯：马称良。官至知县。
吴国俊。官至知州。
壬午：任谟。任知县。
袁国翰。任学正。
金待取。任司务。
强九龄。官至知州。
任天瑞。任知县。
乙酉：罗弘谟。任教谕。
王三朋。官至教谕。
刘元清。任通判。
强光先。
戊子：梁廷翰。官至教谕。
刘应善。
汤师项。任博士。
李国栋。任学正。
马明卿。任知县。
邓林桂。任知县。
辛卯：章志尹。

甲午：王宪臣。
周国彦。
马藩锡。
黄桂华。
王尊德。
丁酉：彭允寿。
马彦鳌。
杨春芳。
姚显唐。

岁贡

永乐：徐瑢。

景泰：萧景、邹暹、汤济、李琮、吴迪、谢纲。

天顺：曹旻、姜海、孙达、徐绍、王敏、杨祥、俞亮、尤杰。

成化：袁铨、孙廉、越熙雍、包清、欧玉、刘晟、茹宽、龙海、党源、罗冲、周贤、欧阳英、李纯、张铨、黄福、向庠、汤润、曹纲、蒋华、郭兴祖、周昊、刘信、荣珍。

弘治：张泰、金銮、汤载、桂苑、尤可、马淳、张俸、周玺、易绍、黄录、黎诚、李鉴、王杲、汤儒、王汉、杨镛、汤轸、马昺、李遵、易绥、苟瑚、田纯。

正德：徐通、周松、平端、周升、龙霖、彭海、马质、曹銮、陈銮、汤轲、刘樵、高冈、何骥、曹源、李森、李宝。

嘉靖：李朝阳、何兰、刘鹏、张明、俞淮、张爵、胡溱、王相、赵凤、张黄钟、汪盘、何鉴、邓毅、张介、徐翀、汤表、李遇阳、张宰、马廷玉、沈清、汤绥、陈璞、李宪、吴默、雷应时、李松、邓文华、吴民皞、汪朝远、汤晨、余学、葛章、周南、马天麒、梁崇学、王赐恩、阮云汉、俞润恩、周凤翥、汤建中、马阳、吴铠、李朴、汤然、李遂、李迁、张良能、王聘之、周邦彦、唐朝凤、徐衡、汤克仁。

隆庆：越应奎、易炫、李达、钟朝宾、何彬、汤嘉庆。

万历：林允升、孙枝扬、张其蕴、刘应爵、王大用、马希龙、赵时显、汤立贤、董汉、李敷春、梁以栋、周文谟、张云路、王纳贤、彭时淳、徐文彩、越应春、王元佐、张九德、周郃选贡。曹维章、封良弼、汤克睿、谢三顾、刘世元选贡。

名宦

宋

宋景阳。今宣慰宋氏始祖，详见《省会志》。

胡舜陟。绍兴七年，以待制帅邕州领市罗甸马事，招徕有方，夷人归之，终岁获马四千二百匹，诏褒赏之。

元

也速答儿。都元帅纽磷之子，智勇类其父，为四川西道宣慰加都元帅。至元时，罗氏鬼国亦奚不薛叛，诏以四川兵会云南、江南兵讨之。至会灵关，亦奚不薛遣先锋阿麻、阿豆等将数万众迎敌。也速答儿驰入其军，挟阿麻、阿豆出，斩之。亦奚不薛惧，率所部五万户降。

斡罗思。至元二十六年，置八番罗甸宣慰司，首以斡罗思为宣慰使，进嘉议大夫。时诸蛮叛服不常，斡罗思讨平之，乃立安抚司以守焉。二十八年，平杨都要，进等中奉大夫，锡虎符。后官至四川行省平章政事。卒，赠光禄大夫、益国公。

移剌四奴。蒙古人，至大间为万户。湖广省乖西带蛮阿马等入寇，遣移剌四奴及调思、播土兵并力讨捕。枢密院以移剌四奴备知事势缓急，地里要害，乞听其便益调遣，制曰："可"。已而寇平。足称斯举。

何成禄。皇庆中，为顺元路儒学教授，富文学，饬容止，训迪诚恳，郡中文美，勃然以兴。又尝迁建学舍，而以故址创书院，勤于所事如此。

乞住。至顺初，为八番顺元宣慰使，有惠政，而武略亦过人。尝命将兵讨云南，武功茂著。

那海。至顺间，任云南行省都事。忠勤，辞令敻出，等夷乌蒙土官禄余叛，省遣那海奉诏往谕，禄余拒不受。俄而，贼大至，那海因与力战。及晚，乌撒兵入顺元境，左丞帖木儿不花御贼，那海复就阵宣诏招之，遂遇害。

冯士启。为八番顺元府经历，裨赞帅幄，多良谋，时人贤之。后官至礼部尚书。

完泽。至正间，任八番顺元宣慰使都元帅，奉宣德意，怀柔远人，境内康乂。今都司乃其所建之帅府也。

范汇。至正间，任宣慰副使，奉宣德意，而文学政事闻于当时，郡中纪载，多其手翰。

廖志贤。至正间，任教授，启迪多方，号称善教。

本朝

郑彦文。蔚州人，任元为万户。入蜀，居彭城，因家焉。平蜀，率土官首先归附，授贵州宣慰。招集民夷，卓有善政。洪武六年，调潼川知州。未几，仍改宣慰，从征云南。后有功，升工部右侍郎。

芒文缜。临川人。任国子监学正。洪武二十六年，开建贵州宣慰司儒学，以文缜为教授，训诲有方，人始知学，两典文衡，为时所重。

方琴。潼川州人。正德间任儒学训导。性耿介，博学工诗。与郡人汤昣、王佐为诗会唱酬。二人一日请次冯海粟《梅花百咏》，且戏约不逾五日，琴如期而诗成，皆妥帖豪宕。侍御胡琼面试《菊有黄花赋》，亦援笔立就，胡击节称赏，谓其真得唐人体制。未几，拂衣去，士大夫至今贤之。

万历《丁酉志》共名宦十五人

乡贤

汉

济火。为牂牁帅，一名济济火。善抚其众，时闻诸葛武侯南征，通道积粮以迎。武侯大悦，遂命为先锋，赞武侯以平西南夷，擒孟获。及归，克普里犵狫民所与争雄者，拓其境土。武侯以昭烈命封为罗甸王，即今安氏之远祖也。

唐

赵国珍。牂牁酋长赵君道裔也。天宝中战有功，阁罗凤叛，宰相杨国忠兼岭南节度使，以国珍有方略，授黔中都督。征南诏，护五溪十余年。天下方乱，而此区独宁。任终工部尚书。

阿珮。开成元年，为罗甸鬼主，率土内属。会昌中，封为罗甸王，世袭爵。

五代

宋朝化。为牂牁、清州八郡刺史。使唐，贡方物，仪矩中度，时人贤之。

普露。为昆明大鬼主、罗甸国王。当乱世，知慕中国，率其九部落，各遣入贡。

宋

普贵。济火裔，一名宇归。五代末为罗甸国王。宋太祖开宝中招降西南夷，以诏书谕普贵曰："予以义正邦，华夏蛮貊，罔不率服。惟尔贵州，远在要荒，先王之制，要服者来贡，荒服者来享。不贡，有攻伐之兵，征讨之典。予往年为扶播南杨氏之弱，劳我王师，罪人斯得，想亦闻之。有司因请进兵尔土，惩问不贡。予曰：远人不服，则修文德以来之。穷兵黩武，予所不忍。寻乃班师。近得尔父子状，知欲向化，乃布兹文告之。尔若挈土来庭，爵土人民，世守如旧，予不食言。故兹制旨，想宜知悉。"普贵遂纳土归顺，仍赐王爵，以镇一方。

宋万明。景阳七世孙。性端重，有勇略，荫授总管。乾道丙戌，西南蛮乱，左卫将军王益与万明讨平之，加经略安抚都总管。

宋永高。万明曾孙，亦以荫拜官。嘉定庚午，诏永高招抚南夷，以功升贵州经略安抚、镇南都总管。

元

阿画。一名阿拂，普贵之后。至大元年，授武略将军、顺元等处军民宣抚使，袭带原降虎符。泰定间，赐名帖木儿卜花，升中奉大夫、护国侍卫亲军都指挥、八番沿边宣慰使。至顺元年，加授资善大夫、云南行省左丞。后以征伐有功，授昭勇大将军，佩三珠虎符、顺元八番等处军民宣慰使，加龙虎大将军，封顺元郡罗甸侯。卒，赠济国公。

宋阿重。永高之玄孙也。九龄而孤，部族分散，及长，即以先业为己任。世祖至元十二年，西蜀、南诏平，阿重仗剑来归，燕赏优渥，拜同知、安抚使，寻迁武略将军、安抚使。大德辛丑，转明威将军、同知、顺元安抚使，佩三珠金虎符，俾于贵州置顺元等处宣抚司，始革大万谷乐总管府。甲辰，其叔隆济结诸蛮为乱，阿重弃家朝京，陈其事宜。命湖广、河南、四川三省守臣刘二拔都会云南省兵讨之，久而未平。阿重躬提所部，直捣其阵，擒以献阙，升怀远大将军、顺元等处军民宣慰使，寻加昭毅大将军、靖江路总管，佩三珠金虎符、荣禄大夫、平章政事、柱国、顺元侯。疾卒，赠贵国公，谥忠宣。

本朝

霭翠。阿画之后。有牧民才，仕元为四川等处行中书省左丞兼顺元等处宣慰使。洪武初归附，授怀远将军，世袭宣慰使。其妻奢香者，霭翠没后，其下欲挟之为乱，奢香不从，朝廷知之，谕使入见。奢香乃偕其子妇奢助赴京，太祖嘉其诚，命中官引入内宫见后。与语，赐珠冠、钗花、金带并彩缎，筵宴，诰封贤德夫人，归。

宋钦。阿重孙，旧名蒙古歹。元时以平寇保境功，授招勇将军、八番顺元等处宣慰使、都元帅，加镇国大将军、兼四川等处行中书省参知政事。洪武初，同霭翠归附，赠今名，授怀远将军，世袭宣慰使。有善政。其妻刘氏，洪武间因地方初附，民物凋瘁。累岁逋赋，而有司催科，不少假贷，民不堪命。刘氏赴京以其情闻，免之。命宴于谨身殿，赐珠冠、金带、彩缎、白金、楮镪。时奢香为帅臣所挫，其下欲动，上命刘氏召之，香遂因刘赴京纳款，地方以安，进封夫人，以寿卒。

宋诚。钦之子，洪武十年，嗣宣慰使，赐三品冠服。十五年入朝，太祖嘉其忠诚谨慎，授亚中大夫，亲御宸翰制诏文予之，曰："黔中之地，诸夷杂处，汉姓同居，御其方者，非德足以化顽，勇足以捍侮，则官守不宜。况历代命世守者，必初从之义笃，竭忠勤之不辞，方膺是任。如或不然，曷能居其地，驭其民？尔诚之父，当朕命将西南，经理斯土，首以义从，固膺是任，永保世禄。今命尔袭父前勋，当抚恤诸夷，选廉御侮，以安是方，则于尔嘉！”

宋斌。永乐间守职，恬澹而寡默，政尚清静，号淡斋，卒于官。民至今称慕之。

宋昂。袭贵州宣慰使。好学攻文，守廉持俭，爱民礼士，惟日不足。苗有弄兵者，昂必自咎于政，不加诛责，以故政治旁洽，边鄙辑和。又多收致经史，以崇文教。时人称其循良如文翁焉。

宋昱。宣慰昂弟。性颖敏，恬静多学，诗格清丽，操行雅饰，所著有《联芳文集》。

王训。贵州卫人。博学知兵，诗文雄伟，年十八，上《保边政要》八策，宣朝嘉纳之。宣德乙卯中式。正统间，以都督吴亮荐，授儒学训导。教法严整，文化聿兴，足以绵蕞后来，蓍龟多士。郡学制度草创，训与副使李睿极力营建，与中州等。正统十三年，麓川思仁发叛，尚书王骥摠师讨之，辟训佐助，卒获渠魁。十四年，苗猺攻围新添、平越等卫，尚书侯琎亦辟训赞画，不阅月，围顿解，论功升教授。训强仕[①]，时当道累列荐，皆引避，晚以子官推封武略将军，卒年八十。有《寓庵文集》三十卷，并《孙子注解》传于世。《旧志》列《名官》，今改正。

越升。博学能文，尤长于诗。以经明行修举，授播州宣慰司儒学训导。

秦颙。历官布政。履正奉公，旬宣不怠，谦牧之德，尤为乡邦所重。

詹英。资性颖敏，豪迈不羁。为教谕，执师道，条约肃然。时用兵麓川，英画策以闻，且劾主司之过。英庙以英有识，俾赞军事。辞不就，士论高之。

俞巩。明敏多学，忠厚慎密，居官廉洁有为，惜大用未究卒。

易贵。幼聪悟出群，长而性通朗刚正，淹贯载籍。宦辙所至，崇学校，恤民隐，遇事明而能断，不怵于势利，有古循良风。归田，杜门校书十余年，卒。所著有《竹泉文集》十五卷 、《诗经直指》十五卷。

徐节。官至山西巡抚，廉能公谨，令誉四达。正德间，为逆瑾所忌，遂致仕归，家无余赀，天下想闻其清节。后瑾诛，屡征不起。卒年八十有六。嘉靖元年，纂修《武庙实录》，有司以其事闻，赐以谕祭。所著有《蝉噪》等集，传于世。

汪澜。官嘉定知州。事继母孝，处异弟友。族人有流落夷方者，冒险以收还之，且为之立业，略无吝色，一时乡邦观化。

孟震。谦厚和平，操持严整。两典文衡，六任教职，皆有贤声。浙之士夫有《六学先生传》，以颂美之。

杨桧。德性淳谨，行谊端方。中式后，因亲老不忍违养，亲没始仕。庶母遗幼弟四，皆抚成立，尽以赀产分之。及知新宁县事，值流贼破残之余，多方招抚安集，

① 强仕：嘉靖《贵州通志》及《黔记》同，弘治《贵州图经新志》作“强士”，当是。

士民怀德。解组之日，行李萧然。家居训子，不入公门，年八十余卒。《新宁志》入《名宦》。

越英。性刚方正直，无戏言惰行。从叔宦湖南，家口流落，英间关尽归之。年已二十八，发愤读书。七年，中云南乡试，任泸州知州。好善嫉恶，守正不阿。弃官归，教子孙，济族人之贫乏，劝乡党以勤俭。卒年八十余，泸人在贵州者相率为文以祭。

范府。少颖敏出群，年二十领乡荐，以亲老，就巴县教，诸士多所造就。时巡抚林见素有事蓝鄢，征至军门赞画，奇之。寻升知遂宁县事，历重庆同知，所至有声。年未四十，致政归，与郡中父老结诗社为乐，年六十余卒，乡人贤之。

刘恒。任府同知。谦恭正直，在任时，以母老乞归，部民保留弗获，为立遗爱碑，以识去思。家居四十余年，屡举宾饮，时论推重。

顾坚。任参议。行己刚正，历官著冰檗之声，里居绝请谒之履，卓然有先民遗风。

许奇。任府同知。端凝仁厚，宦游滇蜀，以循良称。至孝继母，抚孤侄，睦族赈贫，人咸称为长者。

刘秉仁。历任巡抚，持正不阿，为权奸所沮，疏归终养，以孝著闻。优游泉石，居然有儒素风，议者惜其设施未竟云。

吴淮。任郎中。性行廉介，居官有慈爱之称，贻后垂清白之誉。为一时月旦所重。

越民表。任长史。性耿介，时辽庶人不法，直言见忤，即拂衣归。居家孝友，人无间言。所著有《阅书评识》四卷。

马廷锡。任知县，洗冤涤弊，甫二载，即解组归，与蒋道林、孙淮海诸公讲明性命之学，其旨以静养为主。又建义田以赡亲族，行己洁然无议。所著有《渔矶集》《警愚录》。提学沈思充准入乡贤，有“理学升堂”“清恬励世”之褒。

万历《丁酉志》共乡贤三十五人

恩典

刘恒。府同知。以子秉仁贵，封都御史。

许奇。府同知。以子一德贵，封御史。

杨廉。以子振文贵，封知县。

卢洲。以子整贵，历赠知府。

李时咏。以子蒙亨贵，封寺副。

沈清。以子奎灿贵，赠国子监助教。

杨春育。以子秉钺贵，封国子监博士，晋封知府。

周颜。以子鲁贵，赠知县。

汤轸。训导。以子㝷贵，封主事。

顾应祯。以子坚贵，封知县。

吴铉。以子国俊贵，封知县。

曹宗舜。以子育贤贵，赠知县。

李显春。以子养栋贵，封知州。

叶奉。以子自新贵，封知县。

万历《丁酉志》恩典十四人

孝义

李彬。本司人。性慈煦，急人难如饥渴。尝谓济人之术莫善于医，遂精之。景泰初，郡中大疫，彬日煮药数斛，贮以大壶，令子弟分携，赴闾陌疗之，全活者众，时称为阴骘先生，后以寿终。

马端。本司人。善事母，母偶疾，思鲤为脍，端旁求之。至南隍，忽一鲤跃出潦中，持归供母，病遂愈，人以为孝感所至。景泰间，东苗悖逆，端又捐赀输粟百石，以给军饷。成化间，奉敕旌异。

周升。本司人。成化间，其父为宣慰司耆老，入处翁郎克渡地方夷情，因中岚瘴。时升方弱冠，亟往视之，病几绝，升刲股为羹进之，乃苏。夷人见之，皆为感叹，事因以平。

万历《丁酉志》共孝义三人

贞节

张氏。举人越淳妻。年二十七，淳丧，无子，痛毁几绝，以死自誓。孀居二十年，卒，葬附夫侧。有并蒂梅实生冢上，士林多歌咏之。

陈氏。举人胡骥妻。年十四适骥，二十七而骥丧，誓死守节，终身不二。抚孤成立，辛苦万状。有司以其事闻。

范氏。郡人詹恩妻。恩丧时，范年二十，矢志守节，终始一致。有司请于抚按旌之。

谢氏。民刘冕妻。冕丧，谢年十九，誓死不嫁，孀居五十余年。嘉靖间，有司以其事闻，表其门曰“贞节”。

张氏。庠生王纳谏妻。年二十五，谏卒，张苦节自誓，抚二子成立，至亲不接，门间不步。巡按马呈图以其事闻。

杨氏。知县杨文焕女，生员潘汝明妻。明故，氏年十九，妙龄不夭，惨无血胤，力女红以事姑，抚犹子以承嗣，始终冰操，见年六十七岁。万历二十二年，巡按薛继茂题旌。

李氏。生员韩弘庶妻。庶卒，李年二十，家极贫乏，子尚髫幼，断发毁容，甘心苦节。万历二十二年题旌。

万历《丁酉志》共贞节七人

迁谪

王守仁。正德间，以主事谪龙场驿驿丞。于驿畔创小庵，终日默坐其中，时集夷人化诲之，诸夷乐从，乃为构屋三间处之，匾曰“何陋轩”。时宣慰安贵荣者，雄长一方，多骄骜状。先生每遗书讽谕，示以祸福忠义，贵荣凛凛，奉法惟谨。黔诸生无远近，皆裹粮从之。督学使席书延至文明书院训多士，居恒相与讲论，常至夜分。先生妙悟宗旨，倡明良知之学，上接孔孟之传。因此地进德良多，迄今肖象祠祀，无远近，无夷汉，莫不尸祝。详见《艺文志》。

流寓

廖驹。字致远，顺昌人。宣德间谪贵阳，有诗名，宣慰使宋斌延教诸子。有《强恕斋诗集》若干卷行于世。

仙释

刘明德。本司人。少遇异人，授以火雷秘法，呼召风雷，奔走神鬼，戒行清厉，尤为时重。后端坐而卒，时人以为尸解。

亭馆

宾阳堂、何陋轩、君子亭、玩易窝。俱龙冈书院，正德间王守仁建。

忠顺堂。城北二里，宣慰安贵荣建。

世禄堂。城北，宣慰宋斌建。

无边风月楼。城北八里，文士昱建。郡人顾璇诗：“风满帘栊月满楼，无边风月入怀幽。九天仙籁清听耳，万里蟾光豁望眸。琴韵乍来松影动，窗纱先透桂英稠。几回把玩浑无寐，十二栏干独倚周。”

读书台。城北二里许白岩山半，郡人王训归时所筑。台下垒石，作院凿池，杂植花卉，有琴案棋枰，皆假石为之。常与客游咏于此，今废。

万卷楼。城北，郡人易贵建以藏书。

会景亭。洪边山上，宣慰宋斌建。

贞松亭。治城南，宣慰宋斌建。

折柳亭。城西二里。

万松亭。城北八里，洪边松山上。

坊市

安阜坊。司前左。

通和坊。司前右。

泮宫坊、育英才坊、弘文教坊。俱学前。

旌义坊。北门外，宋宣慰宅前。

贞节坊。泽溪前，为民人刘冕妻谢氏立。

参政坊。城北二里，安宣慰宅前。

兔场市。北门外一里。

猴场市。南门外一里。

寺观

通化寺。城北八里，成化间，宣慰宋然建。陈文学诗："天花疑傍昙花落，柏子频移衲子烧。晨磬声随松雨度，午茶香引桂风飘。"

龙泉寺。城北八十里，地名大乖西。元大德辛丑，安抚使苟彬建，名曰云泉寺。以其地有三泉，俗呼三台井。成化间，宣慰宋然更今名。

永安寺。城北一里，宅溪宣慰前。

弥陀寺。城北八十里，地名杨郎。

兴教寺。札佐司治北一里。

崇真阁。城北一里，宅溪道旁。

水月庵。城北三十里，乌当江中。

崇圣观。城北八里，天顺间，宣慰宋昂建。都御史孔镛诗："贵阳佳景说洪边，云满青天水满田。持节偶来巡视处，清风万道散狼烟。""肩舆十里到洪边，绿水青山别有天。道士不知何处去？空留一榻傍云眠。"

水口寺。城北一里泽溪前。

回龙寺。城北八十里。

万寿寺。乖西司，土官杨寰建。

古迹

废大万谷落总管府。城北一百二十里，宋开宝八年建。加定间移建于郡城内。

废乖西军民府。城北一百里，地名大乖西，皇庆元年建。以土官阿马知府事，佩金符。

废洪边州。城北八里，至元间建，隶八番罗甸宣慰司。

废龙章州。城北二十里，元置，俗讹为陇上。

废大罗州。城南二十里，元置，俗讹名大罗街。

废瓮蓬县。城北四十里，元置。今为瓮蓬堡。

废小罗县。治城南，元置，寻废，俗名尔溪街。

废白纳县。白纳司西八里，曰躬峨寨，元置，寻改中曹白纳长官司。

废鸭水县。城北一百六十里鸭池河，元置。

以上州县隶顺元路。

废骨龙等处长官司。城北六十里，元置。

废陆广等处长官司。城北一百五十里，元置。

废底窝紫江等处长官司。城东北一百五十里，元置。

废曾竹等处长官司。城西北八十里，元置。大德七年，顺元同知宣抚事阿重尝为曾竹蛮夷长官，以其叔父宋隆济结诸蛮为乱，弃家朝京师，陈其事宜，深入乌撒、乌蒙，至于水东，招谕木楼苗猺，生获隆济以献。

以上土官俱隶八番[①]顺元宣慰司。

石田。城南二十五里。相传昔有隐士，习黄白冲举之事甚笃。忽有道士从假牛畊石田种玉，隐士与之，方耕，隐士妻来牵牛，道士怒，遂舍之。至今石上耕治之迹犹存。

水西故城。城西北二百五十里，本朝初筑，垒门尚存。

仙人篱。城北八十里高崖之上，故老传云昔有黄冠结屋其上，今篱尚存，历岁不腐。

丘墓

贵国宋忠宣公墓。城北一百二十里，地名祖蒙。公名阿重，元大德间平宋隆济有功，卒葬于此。

何宣慰墓。城东一里。亡其名，前元时为八番顺元宣慰使，有善政，卒葬于此。

纪兵

洪武十年，苗獠围乖西，顾成引兵捕之。贼迎战，成督捕军奋击，大败贼众，生擒五人，斩首九十六级。

洪武二十一年，乖西、扒古、谷荣、金刚等寨诸苗作叛，顾成率平越诸卫官军征之，斩首三百六十级，俘贼魁谷岂文等九十人，男女二百三十名口。

---

① 八番：原文误为“大番”，据本书他处改。

洪武二十九年，水西诸蛮酋居宗等不供赋役，敕谕顾成率贵州军马征之。[①]

景泰二年，本司东苗等寨贼攻省城，官军平之。

正德二年，宣慰宋然酗酒掊尅，部落怨之，乖西、巴香、清水江、万溪一带苗贼阿贾、阿札等叛，围洪边。时然与安氏有隙，不相救援，且潜助贼势。参将洛忠分哨进兵剿平之。

① 以上三段部分字迹模糊，据嘉靖《贵州通志》补，不一一出校。

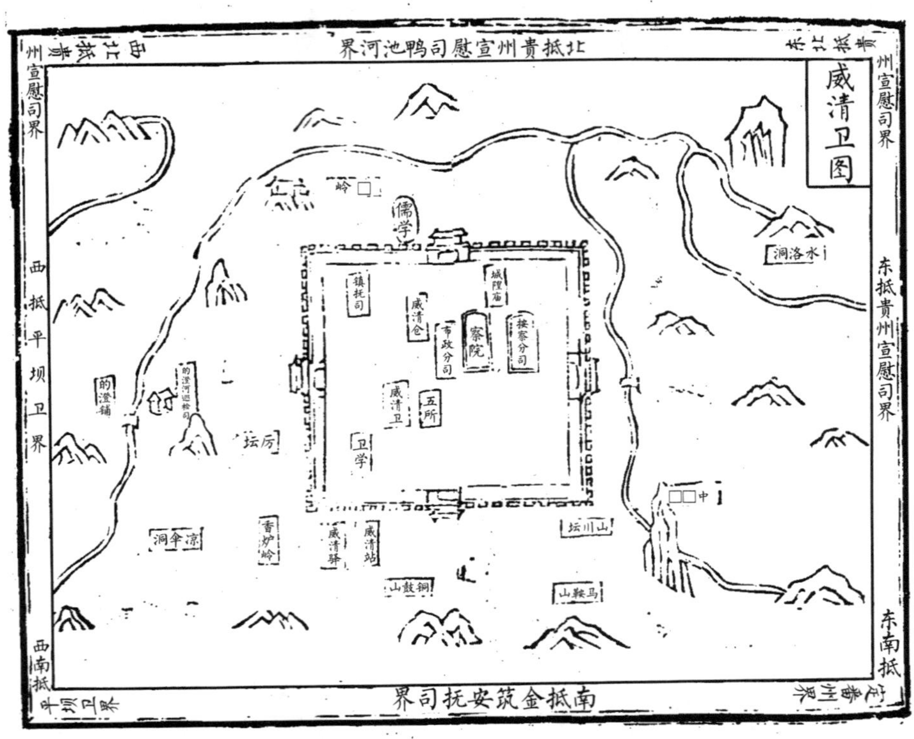
威清卫图
北抵贵州宣慰司鸭池河界
南抵金筑安抚司界
东抵贵州宣慰司界
西抵平坝卫界
儒学
镇抚司
城隍庙
威清仓
布政分司
察院
按察分司
威清卫
五所
卫学
洞洛水
坛厉
涼伞洞
香炉岭
威清驿
威清站
山川坛
铜鼓山
马鞍山
的澄铺

图 6 威清卫图

贵州通志卷五

第七章 威清卫

沿革

《禹贡》梁州西南境，秦为黔中郡，汉为牂牁郡，唐宋为罗甸国地，元为八番罗甸宣慰司地。

皇明洪武初属贵州宣慰司，二十一年，置威清站，隶贵州卫。二十三年，始置威清卫指挥使司，隶贵州都指挥使司，领千户所五。

郡名

清远、逖澄以河名。

形胜

群山襟带，周道逶迤。逖澄西扼，炉岭北蟠。山险峻而周维，水清冽而激溅。俱《旧志》。

威清八景

鞍山跨雪。

笔峰高耸。王佐诗："铦峰如笔倚穹苍，犹带当年翰墨香。云敛晚天琼管碧，霜寒秋草兔毫黄。生花不入长庚梦，扫素空思逸少狂。"

凉伞仙洞。

的澄夜雨。

平桥远望。

井泉秋月。

玩略小堂。

蜜蜂晓烟。

疆域

东抵贵州宣慰司界，二十里。西抵平坝卫界，三十五里。南抵金筑安抚司界，八十里。北抵宣慰司鸭池河界，九十里。东南抵定番州界，一百一十里。东北抵贵州宣慰司界，一百三十里。西南抵平坝卫界，四十里。西北抵贵州宣慰司界。一百里。[①]

山川

马鞍山。城东南，腰有白石，景云“鞍山跨雪”，即此。

笔山。城东，景云“笔峰高耸”，即此。

铜鼓山。城南二十里。山半有洞，阴雨闻中有声。

蜜蜂山。城西北五里，顶有洞，每晨岚雾如烟。景云“蜜峰晓烟”，即此。

香炉岭。城西。近建祠于上，更名玉冠山。

耸翠峰。城东十里石官堡。近建祠于上。

凉伞洞。城西南一里，有悬石如伞。副使焦希程更名云龙洞，云南巡按李本固改华盖洞，景云“凉伞仙洞”，即此。

扁洞。城西南。洞口扁窄，内渐宽广。深入，一小溪潺潺截流，溪旁石乳盘屈如龙蛇，上有窍通明。

曹本洞。城南一里。明敞如堂，中一石，击之锵然有音。

的澄河。城西八里。原出普定九溪坝，流经本卫，入洞，伏流十里，至青山复出。景云“的澄夜雨”，即此。

级波塘。城西南二十里。塘拥涧泉，日凡三溢则浊，逾时乃清，溉田甚广。

涌泉井。城西南门外。景云“泉井秋月”即此。

龙井。城北。深数十仞。

风俗

人性谲诈嗜讼，《旧志》：“卫戍军士皆湖广人，诈而好讼。”务本逐末者相半。《旧志》：“居田野以耕织为业，处市廛以商贩为生。”

户口

屯、城、站、铺官军六千三十五户，一万三千七百五十八丁口。

---

① 本段部分字迹模糊，据嘉靖《贵州通志》补，不一一出校。

土田

《旧志》：水陆田地四万一千三百五十亩一分五厘。万历九年新丈实在二万三百二十九亩。屯田一万六千五百九十一亩零。科田三千七百三十八亩。

方产

蜜、蜡、油、紫草、杉、栗。

贡赋

屯科粮。旧额五千三百五十七石八斗一升零。万历九年，新丈五千三百五十八石六斗八升零，续增一十石一斗四升。二十五年，实在五千三百六十八石八斗四升零。屯粮五千一百六十六石六斗八升零。科粮二百二石一斗六升零。

课程。《旧志》征税银一十六两，今报征三十六两一钱，遇闰加三两，垫席银一十五两五钱。

徭役

万历二十五年，条鞭、岁用、丁差、屯田粮银通共五百六十一两七钱三分五厘。

城池

卫城。洪武二十六年，指挥焦琴建，甃石，门四：东曰安阜，南曰振武，西曰长宁，北曰安远。城楼四，转角楼一，周七百五十七丈。拦马墙原以土筑，万历十三年，兵备副使郑秉厚议以石易之。砌月城四座，修建铺舍二十九间，每所兵马司一间，四围有池。

公署

卫治。城南，洪武二十七年建。

经历司，卫镇抚，左、右、中、前、后五所。俱卫治左右。

威清仓。城内。

演武厅。站外。

的澄河巡检司。城内五里，永乐间建。

行治

察院。城中。

布政分司。城内十字街。
按察分司。城东。

学校

儒学。旧在城东北，宣德八年建。嘉靖三十三年，改建西南。万历十八年，改建北城外。

明伦堂
崇德、广业二斋
训道廨。尚在城旧学，未迁。
敬一亭。俱在旧学内，未迁。
先师庙。
东、西两庑。
戟门。
棂星门。
启圣祠。
祭器。旧无。万历二十五年，训导伯翰周捐斋膳银呈详提学道行委经历何琏修置。
射圃。文庙后山左，万历十八年建。
学田。一分的澄河南[1]。
社学。五千户所各一。

秩祀

山川坛。城西。
社稷坛。城东。
厉坛。城西。
城隍庙。城内。
旗纛庙。城西北。
关王庙。城南。
灵官庙。城内，指挥焦琴建。

关梁

的澄关。城西八里。路通滇南，设巡检，隶宣慰司。

① 的澄河南：《黔记》作“的澄河桥边，岁纳谷壹石，本学公用”。

北门桥。城内。

的澄桥。城西八里。

平桥。城东一里。景云“平桥远望”，即此。

新桥。城西南十里。

鸡场桥。城西南八里。

兵防

额颁铜牌九面。

旗军。原额五千一百名，查存一千八百一十五名。

军器。原额七万九千四百三十二件，查存六万四千二百六十四件。

操马。原额一百五十匹，查存四十八匹。年[①]兵备道郑秉厚议革三十五匹，每匹征银二两，解布政司贮库。

平夷哨。募兵十八名。

尖山民哨。募兵十三名。

关家哨。军兵二十七名。

五岔岭哨。募兵二十名。

马场哨。军兵二十五名。

平桥哨。募兵十五名。

乾塘哨。募兵十五名。

碗口哨。军兵二十六名。

俞家哨。军兵二十六名。

长凹哨。军兵二十六名。

芦荻哨。军兵二十六名。

黑泥哨。军兵二十五名。

永靖哨。军兵十五名。

曾家哨。军兵四十名。

六寨哨。军兵十五名。

以上十五哨，各防御官一员。

站军三百六十名。万历九年，奉例查革一百二十名，止存二百四十名，今二百九十四名。

的澄巡检司。弓兵十名。

---

① 年：当为“万历□□年”。郑秉厚万历十年（1582）任副使。

邮传

威清驿。城南，洪武十七年，都督马烨建，隶宣慰司。马馆铺陈银，俱见《贵阳府宣慰司志》。

威清站。城南，洪武间建。

倒树铺，在城铺，六寨铺，的澄铺，阿冬铺，镇夷铺。各铺司兵不等。

惠政

养济院。治东南，指挥高节建。

职官

掌印指挥一员，管屯指挥一员，管操指挥一员，捕盗指挥一员，经历司经历一员，镇抚一员，五千户所各掌印千户一员，管操千户一员，所镇抚一员，管屯百户十员，威清站百户一员，儒学教授一员裁革。训导一员。

指挥使

张润驴。直隶大兴县人，洪武三年从军。十七年，男文补役，功升指挥同知。宣德六年，三世孙贵调本卫，升都指挥佥事。成化三年，四世孙晟升都指挥佥事。弘治十八年，五世孙泰历升迤西参将。嘉靖四年，六世孙铉升铜仁守备。沿国屏，任指挥使。

苏□□。山东武定州人，从军。洪武七年，男时补役，功历升指挥使。正统四年，三世孙显调本卫。沿民安袭。

指挥同知

涂□□。四川涪州人。洪武二十一年，功升副千户，调本卫。弘治五年，四世孙杰升指挥同知，沿显祖袭。

刘德。河南鹿邑县人。洪武元年，功升百户，调本卫。天顺二年，三世孙聃升指挥佥事。弘治七年，四世孙几升指挥同知。沿化龙袭。

王才。直隶巢县人。洪武四年，功升百户。正统六年，三世孙迪升指挥佥事，调本卫。弘治七年，四世孙辅升指挥同知。沿尚仁袭。

魏二甫。直隶三河县人。洪武二十一年，男兴功历升指挥同知。宣德三年，三世孙暹调本卫。天顺八年，四世孙政升指挥使。弘治六年，五世孙纲升都指挥同知。沿国袭指挥同知。

杨遵。直隶合肥县人。吴元年，功升指挥佥事，调本卫。天顺八年，四世孙渊升指挥同知。七世孙煜袭，升铜仁守备。沿应雷袭。

署指挥同知

张兴。直隶定远县人，洪武元年，功升指挥佥事，调本卫。天顺五年，四世孙正升指挥同知。沿世国袭。

指挥佥事

刘福。直隶定远县人，吴元年授百户。洪武二十年，升副千户。永乐二年，男达升指挥佥事，调本卫。沿世爵袭。

陈保。直隶含山县人，洪武元年，功升百户，调本卫。正德七年，五世孙立升指挥佥事。沿嘉猷降袭正千户。

王成。河南西华县人，洪武元年从军。三十三年，三世孙敬功升正千户，调本卫。嘉靖四年，七世孙勋升指挥佥事。沿家相袭。

秦伍。山西广宁县人，洪武三年从军。二十年，男原补役，功升正千户，调本卫。正德十年，六世孙鸿升指挥佥事。沿国柱袭。

朱禧。直隶合肥县人，洪武三年，功升副千户，调本卫。正统四年，四世孙暹升正千户。弘治十八年，五世孙昭升指挥佥事。沿嘉臣袭。

张雄。直隶句容县人，洪武二十二年，功升百户。二十四年，男真调本卫。天顺八年，四世孙文昌升副千户。弘治十八年，五世孙略升指挥佥事。沿九德袭。

焦琼。直隶凤阳县人，洪武元年，授卫镇抚。十三年，男琴功升指挥佥事，调本卫。天顺二年，五世孙广升指挥同知。沿大成袭，降指挥佥事。

柳施兴。湖广公安县人，洪武三年，升百户，调本卫。正德七年，五世孙文升指挥佥事。沿盛阳袭。

训导

张惟远。通海县人。

宋景星。马湖府人。

杨启东。都匀卫人。

陈藻。彭溪县人。

周祐。定番州人。

张珊。思州府人。

王惟中。乌撒卫人。

朱之翰。黎平府人。

伯翰周。曲靖卫人。

科贡

进士

举人

正德庚午：陈　章。官至知县。

嘉靖乙酉：高　登。官至郎中。

　　甲午：陈　学。官至知县。

　　戊午：彭克忠。官至知县。

万历丙子：杨应霈。任主事。

岁贡

齐文政、蒋容、陈钟、汤志道、马海、贺昌、王信、朱璇、刘济、张锦、张论、师志、钱庆、刘珏、吴滨、李经、曾昂、高谦、汤鉴、廖文、沈諰、吕仁、陈弼、涂达、游显宗、易洪、汤相、沈信、焦珍、李相、翁山、朱绍、杨銮、徐相、朱环、魏廉、陈才、佘鸿、陈德然、程彩。

嘉靖：易相、张议、陈表、陈侃、刘镗、陈廷相、宋州、李贵、湛廷章、钱万良、廖继宗、许时经、丘岳、曹一鹏、汤珍、宋祈、黄荣宪、张魁、焦学、蒋文炳、廖继贤、靳态、胡传。

隆庆：张凤翱、曾梧、黄廷瓒、曹一贯。

万历：高瑞、杨耀、高珩、高玓、高珽、蒋文焕、高璠、杨兴祖、蒋汝能、高尚志、黄殿、张君禄、吕翘、沈应期、张国光、孙中式、曹明弼、周梦弼。

名宦

杨启元。栾城人，本道副使。刚毅有为，政教兼举，擒获贼犯阿夜，地方安堵，改建学宫堂坊，士民胥赖。

张贵。正统间指挥同知。有胆略，累从征讨，多树勋庸。正统十四年，苗寇围城，贵与指挥贾镛分率精锐，出其不意，败之，贼奔溃，不再犯。教授杨懋以将才荐，升都指挥。

张晟。成化间指挥同知。多读书，尚气节，尤长于诗。后以征南功升都指挥佥事，出守都匀推佥，阃政皆有可称。

刘翀。正统间百户。谋略出众，为人所服。从征麓川，冲冒矢石，出入敌阵，奋不顾身，卒斩渠魁老丑。累官至指挥佥事。

张琳。四川人，正统间训导。初置卫学，训诲有方，士沐其教者甚多。

罗鼎。益阳县人，弘治间，以贵州宣慰司学训导署本卫学事。勤于启迪，弦诵一振，又以庙学倾败，乃捐俸给迁焉。

张惟远。云南人，本学训导。训士有科条，济贫以斋膳，士林重之。

万历《丁酉志》名宦共七人

乡贤

杨遵。本卫指挥佥事。创城池，立堡戍，有功于卫。洪熙元年卒，差行人吕让谕祭。

杨鸾。卫人，四川云阳知县。器度宏雅，莅政循良。乞休四十余年，公门绝迹。卫之仕宦多出其门。

万历《丁酉志》乡贤共二人

恩典

高旅。以子登贵，赠郎中。

万历《丁酉志》恩典一人

孝义

曹一鹏。生员。事二亲定省不违礼，母卒，一鹏哀毁几绝。后继母疾，鹏汤药必亲。抚按以孝匾其门。

万历《丁酉志》孝义一人

贞节

蒋氏。蔡俊妻。俊丧，蒋年二十，誓不再适。抚遗腹子琳，躬勤纺织，清苦坚持，守节二十三年。事闻，旌表。

张氏。魏政妻。政征永宁，死于王事。张哀毁几绝，时年二十五，以贞白自守，抚二子纲、纪，纪以功升都指挥，里中称守节教子之贤。

李氏。生员易铠妻。铠丧时，李年尚少，抚遗腹子成立。孀居苦节，内外无间言。事闻，命立坊旌表。

陈氏。生员林玉妻。以勤俭相夫业儒，玉丧，陈年二十，无子，事舅姑，誓不再醮，逾六十年。抚按旌表。

郎氏。卫人沈琇妻。丧于寇，郎年二十，誓死守节，抚孤成立，终身无玷。抚按旌表。

沈氏。生员曾松妻。松丧，沈年二十三，守节，抚遗腹子守谦成立。巡按巫继贤题旌。

李氏。舍人杨鹈妻。鹈丧，李年二十七，鹈兄逐嫁，誓死不从。辟纑燃膏，课二子炯、炫成立。巡按傅顺孙题旌。

万历《丁酉志》贞节共七人

亭馆

振武楼。即城南门楼。上置更筹，以警晨昏。

水心亭。城西二里老马河。中有积石，郡人高瑚建亭于上。

坊市

太和坊。

淳化坊。南门外，景泰间建立。今废。

贞节坊二。在南门内。一为节妇沈氏、一为节妇李氏建。今废。

站市。

驿前市。

寺观

崇宁寺。城内西，宣德六年，僧白云建。正统六年，都指挥佥事张贵重修。

观音寺。城南，弘治五年建。

玄真观。城内西，永乐二年建。

三清阁。城东。

玉皇阁。城西一里云龙洞，郡人高登建。

东岳庙。城东，万历二十年建。

三元殿。城西，万历二十四年建。

古迹

铜鼓山。治西四十五里。相传诸葛亮征南，于此获铜鼓，因名。

玩略堂。城内，指挥刘世爵祖厅。相传建文帝经宿，书此匾赠之。景云“玩略小堂”，即此。

丘墓

指挥佥事杨遵墓。站后，洪熙元年葬，赐有谕祭碑文。

祥异

嘉靖丙辰九月初五夜，大雹。

癸亥三月初一日，东方地大震。

隆庆壬申，二乳虎入儒学园内，擒之。

万历丁丑，群虎出没城郭站铺，害三百余人。

丙戌九月，大雹毁稼。

纪兵

万历四年，宣慰安国亨与安智构兵，智庄民阿夜等乘隙劫掠，卫人患之。守备周子德领兵计擒首恶，余党尽散。

内隐逸、迁谪、流寓、仙释无入。

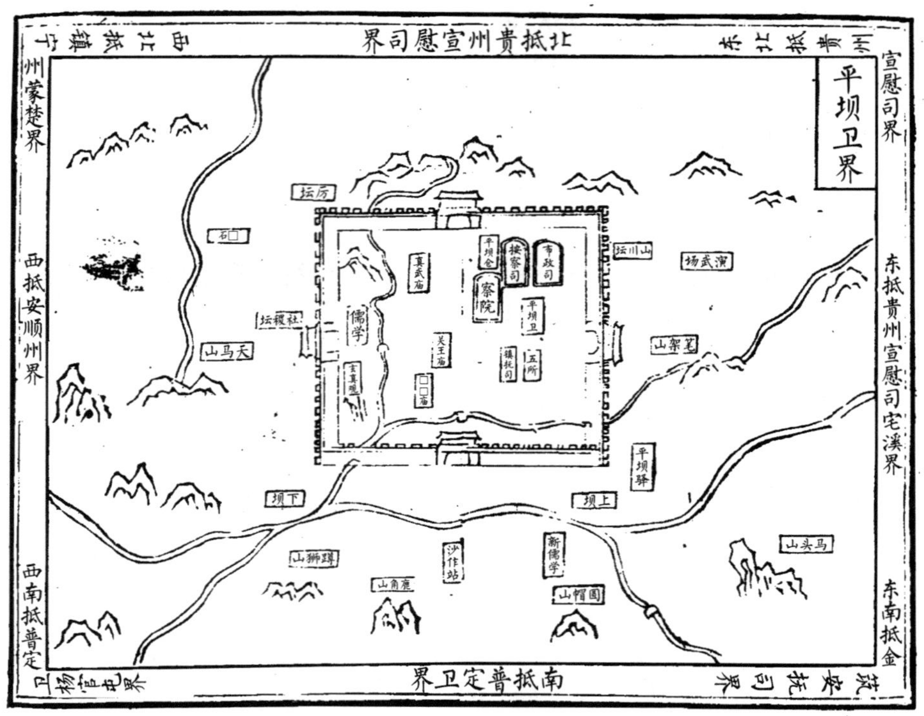
北抵贵州宣慰司界
西北抵镇宁州蒙楚界
东北抵贵州宣慰司界
平坝卫界
西抵安顺州界
东抵贵州宣慰司宅溪界
西南抵普定卫杨官屯界
南抵普定卫界
东南抵金筑安抚司界
厉坛
山川坛
演武场
社稷坛
天马山
笔架山
儒学
真武庙
平坝仓
按察司
布政司
察院
平坝卫
关王庙
镇抚司
五所
平坝驿
下坝
上坝
踞狮山
鹿角山
沙作站
新儒学
圆帽山
马头山

图 7　平坝卫图

第八章　平坝卫

沿革

《禹贡》梁州西南境，秦置黔中郡，以其地属之。汉、唐、宋俱为罗甸国地。元为金筑府地。皇明洪武二十三年，始置平坝卫指挥使司，隶贵州都司，领千户所五。

郡名

大畴、平原、平城。俱古名。

形胜

负崇冈，临沃壤，地当冲要。城压平原，山拥村墟，水环郊垌，四野田畴弥望。《旧志》。

平坝四景

龙窝清署。尚书伍文定诗："异代遐荒皆古穴，明时官道即龙窝。青山壁立云峰亘，绿树烟深鸟迹多。润浃石田连日雨，欢腾村郭远秋禾。滥竽推毂专征伐，预喜和风入凯歌。"

仙洞胜游。举人陈宪诗："巍峨古洞巧天成，绝顶烟云彩色纷。频入顿忘浮世态，登临自觉远风尘。"

珠泉喜客。

洛阳跃鱼。

疆域

东抵贵州宣慰宅溪界，五里。南抵普定卫界，六十里。西抵安顺州界，三十五里。北抵贵州宣慰司界，十五里。东南抵金筑安抚司界，四十里。西南抵普定卫杨官屯界，十五里。西北抵镇宁州十二营安抚司蒙楚界，二十里。东北抵贵州宣慰司界。十五里。

山川

观音山。城内西南隅，古建观音寺，因名。绝顶有洞，夏月凉气袭人。

天马山。城西一里。

团山。城内南，不甚高而形圆。御史丁养浩诗："人家半出层霄上，野戍平临夕照中。"

笔架山。城南三里。

圆帽山。城南一里。

蹲狮山。城南八里，又名狮子山。

鹿角山。城南十五里，石峰笋耸如鹿角，故名。

马头山。城东南十五里。

包五岩。城南一里。

袈裟岩。城南五里。削壁千仞，如穿袈裟。

南仙洞。古名南蛇洞，乡进士陈宪改今名。石壁高十余丈，入洞二十余步，地势宽平，折而西，深潭隐隐，神气逼人。历磴而上，窗开明照如室，佳景可游。

车头河。城南十里。水势盘旋百折，渔舟往来其间。

洛阳河。城东十五里。河中一洞，四时有鱼跃出，渔者张网其上。原有税，近日诉免，鱼亦不跃。

麻绵河[①]。城南二十里。

东溪。城东。源出东北。

上坝。城东南。

下坝。城西南。

圣泉。城西半里。焚楮钱祷神，水即出。

喜客泉。城南十里，古名珍珠泉。鼓吹喧闹，水珠大涌。副使焦希程谓客至而泉喜，因更今名，建亭于上，记见《艺文》。

龙泉洞。城南十五里。消长如潮汐，灌田十余里。

龙井。城东南一里。居民遇旱，猪狗魇之，风雨随至。

风俗

服舍俭朴，《旧志》："卫俗淳质，不尚侈靡，服无锦绮，室用茅茨，颇有古风。"俗信巫鬼，好禳祷。君子善居室，小人勤耕稼。《新志》。

户口

嘉靖间，城屯官军、杂役一千六百一十七户，六千六十六丁口。万历二

① 麻绵河：嘉靖《贵州通志》与弘治《贵州图经新志》同本书。但弘治《贵州图经新志》谓其在卫城南四十里。《黔记》作"麻线河"。

十五年，增至八千九百九十四丁口。

土田

旧志水陆田地三万六千一百一十二亩。万历九年，新丈实在二万一千八百四十一亩零。屯田一万八千八百六亩零，科田三千一十五亩五分零。

方产

蜜、蜡、棕护衣、樱桃、黄鹂。

贡赋

旧额粮五千一百二十五石七斗。万历九年，新丈实在五千一百三十石八斗五升零。屯粮四千九百六十八石。科粮一百六十二石四斗零，外增四斗五升零。

课程，旧志岁征商税银一十二两，今征一十两二钱。

徭役

万历二十五年，条鞭、岁用、上中下丁差粮银通共五百二十一两二钱三分。

城池

卫城。洪武二十三年建。甃石，门四：东曰开泰、南曰丰润、西曰雄边、北曰武安，各有楼。城铺四十二，水关二，周七百八十丈。

公署

卫治。城内西北隅，洪武二十三年建。

经历司、镇抚司。俱卫治内。

左、右、中、前、后五所。俱卫治左右。

平坝仓。城内，永乐间建，名永丰，隶本卫。正统十四年，改名平坝仓。

行治

察院。城内西隅。

布政分司。城内西。

按察分司。城内北。副使沈庠诗：“遍历殊方身万里，坐深寒夜鼓三更。”

学校

儒学。城内西，宣德八年建，寻徙稍北。弘治十年，都指挥张泰、指挥刘文复迁于故址。嘉靖二十九年，巡按张雨迁建沙作站中关。万历二十二年，改东门外。

明伦堂。文庙后。

进德、修业二斋。堂左右。

儒学门。

敬一亭。

先师庙。学前。

东、西两庑，戟门，棂星门。

启圣祠。明伦堂后。

名宦祠、乡贤祠。俱戟门右。

祭田。十亩，城东南濠下。每岁收租，以供春秋二祭用。

学田。一分在城内，共收租四石。万历十三年，奉院道培修学左风水，指挥路可由捐俸银八两三钱，买民田一分培修，今空隙。

地。城内西隅学基一所，空隙。沙作站中学基二所：一所乙山辛向，空隙；一所巽山乾向，召军人住，岁纳地租银九钱。学中公用。黄乡官舍园一所，空隙。

射圃。城内西，察院后。

社学。一城内东，一南街，一西街，一北街，二关外，提学徐樾建。

秩祀

社稷坛。城内一里。

山川坛。城东一里。

厉坛。治北一里。

城隍庙。城东一里。

旗纛庙。治后。

关梁

滴水关。城南三十里，龙窝铺右，又名杨家关。

谢家桥。城内南街。

青云桥。城东门外，原名东溪，新迁学宫对之，更今名。

南门桥。南关外。

通南桥。城南二里。

大水桥。城北一里，教场左。

三元桥。学前，顶有园石，因名。
纱帽桥。学堤水口，形似纱帽，因名。
郁家桥。沙作站中。
馆驿桥。沙作站下，关外。

兵防

额颁铜牌十面
旗军。原额五千六百名，查存二千一百一十六名。
军器。原额六万四千三百五十二件，查存六万三千八百七十二件。
操马。原额一百七十七匹，查存六十匹。
镇夷哨。哨长一名，总甲一名，散兵二十三名。
龙湾哨。哨军二十四名。
哱啰哨。哨军二十五名。
乾塘哨。哨军二十五名。
高坡哨。哨军十八名。
望城哨。哨军十八名。
寒坡哨。哨军十五名。
珪山哨。哨军二十名。
以上各哨防守官各一员。
苗哨。土兵领田耕食防守。

邮传

平坝驿。城东南，永乐中建，隶宣慰司。马馆、铺陈俱金筑司额办。数见该司下。
沙作站。城东。
在城铺、界首铺、沙作铺、龙窝铺、饭陇铺。各司兵不等。

惠政

养济院。城北小街。

职官

掌印指挥一员，管屯指挥一员，管操指挥一员，捕盗指挥一员，经历司经历一员，镇抚一员。五所各掌印千户一员，管操千户各一员，所镇抚一员，管军屯印百户各十员，管站百户一员，儒学教授一员裁革。训导一员。

指挥使

路得。直隶全椒县人，洪武二年，功升百户。二十五年，调本卫。永乐十三年，三世孙垣功升正千户。景泰五年，四世孙升升指挥同知。弘治七年，五世孙颙升指挥使。沿允中袭。

金朝兴。直隶巢县人，洪武三年，功升都督，封宣德侯。十八年，男镇降指挥使，调本卫。正统十四年，四世孙桂升都指挥佥事。弘治四年，六世孙声升都指挥佥事。沿凤鸣袭。

指挥同知

张捷。直隶寿州人，洪武元年，功升指挥佥事。二十九年，男懋调本卫。正统七年，三世孙能升指挥使。嘉靖十五年，七世孙迁袭，降指挥同知。沿天麒袭。

指挥佥事

韩旺。直隶定远县人，从军，授千户。洪武七年，三世孙礼功升指挥佥事。二十三年调本卫。正统四年，五世孙政升指挥同知。嘉靖三十一年，十世孙国臣袭指挥佥事。沿胤琦袭。

朱岩。直隶合肥县人。吴元年，升百户。洪武三年，功升指挥佥事。二十五年，调本卫。宣德八年，三世孙胜勾军违限，充军。正统十四年，遇例还职。沿润身袭。

陈贵。直隶六安州人，洪武元年，功升正千户。正统四年，三世孙广调本卫，升指挥佥事，沿明弼袭。

黄义。直隶定远县人，乙巳年升小旗。洪武八年，功升副千户。二十一年，调本卫。正统六年，四世孙伦升正千户。成化十年，五世孙政升指挥佥事。沿映袍优给。

署指挥佥事

李兴。直隶良乡县人，洪武三十三年，功升副千户。正统七年，男铭升正千户，调本卫。正德十年，四世孙实升署指挥佥事。沿祚应袭。

儒学训导

万历：

杨一元。马湖人。

高璠。威清人。

常经。毕节人。

刘慎。云南人。

李先初。思南人。

科贡

进士

举人

景泰庚午：卫兰。官至通判。
成化辛卯：金荣
　　丙午：赵伦
弘治己酉：张清
嘉靖庚子：陈宪
　　壬子：黄堂。任知县。
万历丙子：黄宇。任府同知。
　　丁酉：刘民爱

岁贡

张昂、张洪、张颐、刘英、路显、朱璇、潘镇、欧炳、张顿、钱戈、童壁、张顺、廖历、李森、卫绣、徐相、谢秉秀、何韶、冯鳞、徐艾容、何本贤、卫国武、何本洋、张腾霄、冯辂、卫国宾、何鸾、黄铉、卜纯、李朝、邹宝、谭章、刘环、王举。

嘉靖：徐和、张文明、谢鲁、金书、宋君瑞、张兴翼、王凤鸣、谢甲、□应唐。

隆庆：常仪、黄良卿、刘宪章、李邦彦、胡南。

万历：张俸、李应元、蒋朝凤、刘瑞、胡嘉祥、邵邦奇、黄裳、赵启元、曾自治、何春然、谭天爵。

名宦

金桂。庐州人，正统间指挥使。正大刚果，军政修明。

何瑛。河南人，景泰间指挥使，廉慎公勤，材谋出众。城池、廨宇、祠庙、道途，修治一新。

万历《丁酉志》名宦二[①]人

① 二：原文误作“一”，据前文改。

乡贤

卫兰。卫人。明敏廉洁，善谈兵，好论文，听者忘倦。

万历《丁酉志》乡贤一人

恩典

黄再德。以子宇贵，赠同知。

万历《丁酉志》恩典一人

贞节

陈氏。千户梁武妻。武丧，陈年二十七，居丧过哀，安葬如礼，誓不再嫁。成化七年，有司以其事闻，命给米养之。

朱氏。卫人刘纲妻。纲丧，朱年二十余，誓不再嫁。有司以其事闻，命给米养之。

万历《丁酉志》贞节共二人

仙释

曾志坚。楚人，有道术。天顺间，以诖误系械京师，值大暑，朝廷命祈雪，以皇城为限。夜半，上觉寒，开豹房视之，飘飘遍地。次日，命中官出验城外，略无雪迹，因免死，改戍本卫。木石幻妄，符至即除，呼霆祷雨，刻期必应。终日闭门诵经。一日，召其徒曰："谨守吾法。"遂坐而逝。

亭馆

钟鼓楼。十字街。

雄边楼。卫西门。

开泰楼。卫东门。

坊市

吾道南来坊、斯文中振坊。学前，俱巡按毛在题。

通滇坊。卫南。

迎恩坊。南门外二里。

飞黄坊。为举人张清建。

经魁坊。为举人卫兰建。

亚元坊。为举人黄堂建。

接虹坊。卫西。
高跃龙门坊。为举人赵伦建。
龙场市。
狗场市。

寺观

永福寺。城南观音山下。
玄真观。城西。
列峰寺。饭陇铺侧。
真武庙。一在城中，一在沙作站。
东岳庙。治东小街。
汉寿亭侯祠。一在城东，一在城北。
灵官祠。一在城南，一在城西北隅，一在十字街北。
马王祠。城西街。

祥异

嘉靖四十二年二月十九日，火自南门起，延烧西北五所衙门。

纪兵

景泰二年，水西永侧夷民破关攻卫城，时顺风纵火，贼众遂溃。

内孝义、隐逸、迁谪、流寓、古迹、丘墓无入。

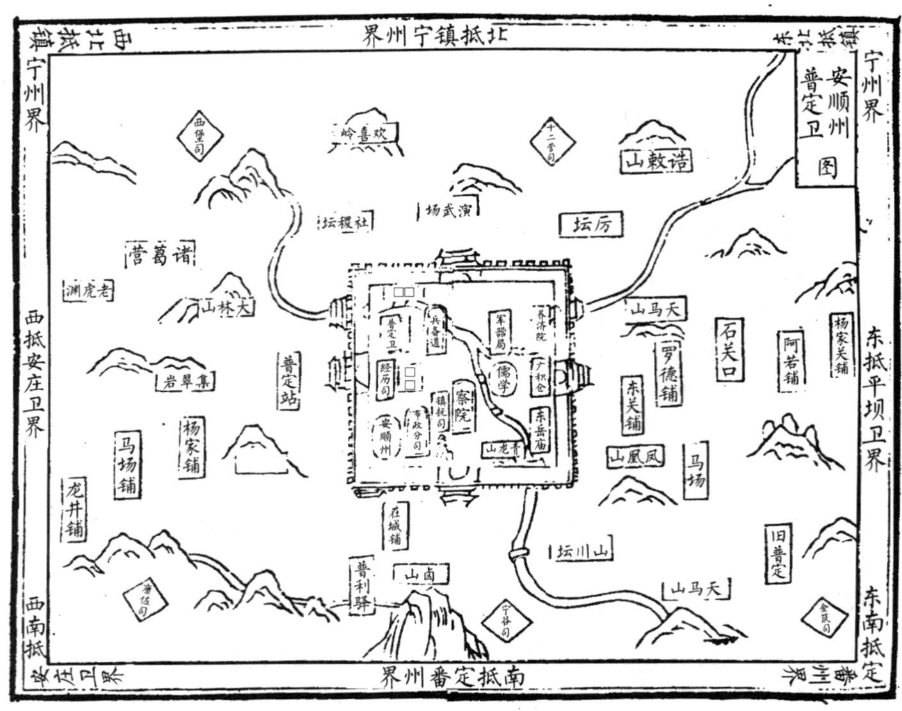

图 8 安顺州、普定卫图

贵州通志卷六

第九章 安顺州

沿革

《禹贡》梁州外境，唐为罗甸国地，宋为普里部，元置习安州，属普定府，隶云南省。

皇明洪武十六年，改安顺州，隶普定府。十八年，府废，改属普定卫，隶四川都司，寻改隶贵州都司。正统三年，设流官，改隶贵州布政司，领寨十二，长官司二。

宁谷长官司。州西南二十五里，元为寨，本朝洪武十九年置长官司，领二十九寨。

西堡长官司。州西北九十里，元为寨，本朝洪武十九年置长官司，领四寨。

郡名

习安、普川。俱元名。

形胜景胜见《卫志》

西南冲剧，夷汉襟喉。《旧志》：“连贵州，抵普安，通金筑，据水西。”土厚水深，川潆峰列。《旧志》。辐辏逶迤，扼塞强固。边鄙之都会，滇黔之要区也。

疆域

东抵平坝卫界，六十里。西抵安庄卫界，四十里。南抵定番州界，六十里。北抵镇宁州界，三十里。东南抵定番州界，六十里。西北抵镇宁州界，三十里。西南抵安庄卫界，四十里。东北抵镇宁州界。三十里。

山川

旧坡山。州西北。两峰相对，中有石关。

岩孔山。州东四十五里。高峰平广，可坐万人。

新坡山。州西北，长五里。

马首山。州东南四十里。

红土坡。州西南三里。土色如朱。

黑土坡。州西南一十里。其色如墨。

宁谷司

马鞍山。司西十一里。

乾海子。司东南。水泛甚阔，与云南旱潦彼此相反，或其地脉更迭盈缩，故灵异如此。

清水井。司东南三十里。

西堡司

浪伏山。司治后，元置习安州于下。

伐木山。司西。

白石崖。去司五十里。崖高顶平，泉四时不竭，一径攀援而上，蛮人常恃为梗。成化间，官军破之。

楚由洞。司东南五十里。山高数仞，迤逦三百里，洞在山畔，深广百里。

播老鸦洞。去司六十里。山势险峻，洞深不可测。

谷陇河。司前。流合乌江。

风俗

种类杂糅，习尚异宜。详《旧志》。瓮樽吸饮，以为宾主。《旧志》云："宁谷司部多罗鬼，会饮不用杯酌，置糟于瓮，以藤吸之。"披毡积薪，以治婚丧。《旧志》："男女以毡为礼，人死，积薪焚之。"负险立寨，悍犷之风渐革。详《旧志》。

户口

嘉靖间官民八千二百七十户，二万五千二百二十七丁口。万历二十五年报存二千八百九十八户，一万八千八百九十丁口。本州六百一十七户，七千一百八十六丁口。宁谷司五百七十二户，六千九百七十六丁口。西堡司一千七百九户，三千七百二十八丁口。

土田

《旧志》田无顷亩。万历九年，新丈民田共八万三百九十二亩二分七厘六毫，十二年除豁一百九十三亩三分零，二十五年报存八万一百九十八亩零。五起十三枝寨一万七千六百三十六亩六分零。宁谷长官司二万六千三百五十三亩五分零。西堡长官司二万六千二百八亩七分零。

方产

漆、蜡、紫英石、红花、草果、草薢、西瓜、梨。

贡赋

秋粮，旧额五千三百三十六石八斗七合六勺。万历九年，新丈报存五千二百四十七石八斗七合六勺，十二年除豁水灾永免粮一十二石四斗二升，又征起科米五石六斗，庄租谷四百九十二石六斗，科粮一石二斗八升三合，二十五年增至五千七百三十四石八斗七升零。五起十三枝寨一千七百七十六石五斗八合。宁谷长官司二千二百三十六石三斗六升二合六勺。西堡长官司一千七百二十二石。

徭役

万历二十五年，条鞭、银差、力差、公费三项共银二千二百七十八两二钱七分零。十三枝六百一十二两一钱二分零。土同知一千二百二十六两三钱九分零。宁谷司二百四十二两三分零。西堡司一百九十七两七钱二分零。

城池同普定卫城

公署

州治。洪武十五年，建于地名八十一寨。正统间，改土设流，建治在普定卫西南隅。弘治间，知州李腾芳重建。

广积仓。城内东北。

宁谷司治。州西南。

西堡司治。州西北。

学校见普定卫

社学。一在旧州，一在二铺，一在马官屯，俱知州张应庆建。

秩祀

社稷坛。州北。

山川坛。州东。

厉祭坛。州北。

城隍庙。州左。

关梁

碧波桥。旧州治东二里。

宁谷桥。旧州治西十里。

索桥。西堡司南。水急，土人系藤为桥。

邮传

普利驿。城南门外。

协济马馆。本驿供馆银三百一十九两八钱。铺陈银八十两七钱三分零，马银一千二百一两二钱。派该：土同知九百六两五钱三分零。五起十三枝四百三十两六钱六分零。宁谷司二百一两三钱三分零。慕役司三两二钱。康佐司六十两。

惠政

养济院。在城内东北。正统间建，嘉靖三十五年重修。

漏泽园。有五，在城、东、南、西、北门外。

职官

知州一员，判官一员，吏目一员，土同知一员，宁谷司长官一员，西堡司正长官一员，副长官一员，二司吏目各一员，普利驿驿丞一员，广积仓大使一员。

知州

嘉靖：

王道。云南人。

雷世檀。云南人。

曹鹗。云南人。

廖东。崇阳人。

杜朝凤。三元人。

容学周。广西人。

刘寿棋。云南人。

林世清。广东人。
隆庆：
王廷佐。通海人。
万历：
张九功。保山人。
杨春熙。云南人。
朱昆。云南人。
马伯瞻。秀水人。
翟时雨。云南人。
杨资元。蒙自人。
陈三乐。福建人。
张值中。陕西人。
黎可耕。广西人。
张应庆。四川人。

判官

万历：
朱献箴。湖广人。
李桂。江西人。
姚玙。福建人。
余荫。湖广人。
殷尚宾。四川人。
毛一贯。江西人。
刘诰。云南人。

州土同知

阿窝。本寨长，洪武十四年归附。十八年，功授本州土州判，故绝。侄宇袭，永乐元年，功升土同知。十八年，男张宠功升土知州。男承祖袭，绝。成化十三年，侄杰仍土同知，沿鹤翔袭。

宁谷长官司

正长官顾兴仁。本司人，丙申年从军。十四年，男其佑征南，留守普定卫。十八年，功升本司副长官。正统元年，三世孙雄功升本司正长官。六世孙勋故绝，次房纲袭。七世孙邦宁为事监故。嘉靖三十八年，八世孙东鲁承袭，故绝。今同堂邦宪管理。

西堡长官司

正长官卜却。洪武二十四年从军，有功，暂充本司长官。二十五年，奉勘合升本司正长官。永乐二年，次子密登故绝。宣德八年，嫡孙建袭。沿九世孙沙正年幼，堂叔贵袭授。

副长官温伯寿。洪武四年归附，有功。十九年，选充普定试副长官。二十年实授。传五世孙廷玉，被杀，故绝。弟延瑞袭。至八世孙正阳绝，弟东阳袭。

科贡同普定卫

名宦

彭鬣。洪武十六年州同知。创制行政，卓有条理，吏民悦服。

刘肇。景泰中知州。宅心惠爱，治事端谨。秩满，部民争送盈道。

夏祈。知州。梗介有守，处事公平。

李腾芳。知州。爱人下士，政务修举。西堡夷民生拗，自洪武以来不供粮差，腾芳慑之以威，怀之以德，始就约束，一如编民。

万历《丁酉志》共名宦四人

乡贤

阿窝。洪武十四年率众归附，授本州土通判。安集人民，时称能吏。

顾直佑。永乐间，以才干荐任宁谷司副长官。政令不苟，民人信服。

温伯寿。普定府人。洪武初，以才干授西堡司副长官。招抚夷民，谕以威德，强横不顺者，皆纳款输诚，时称其能。

万历《丁酉志》共乡贤三人

贞节

萧氏。生员汪大宽妻。宽卒，萧年二十六，苦节甘贫，事姑尽孝，孀居五十余年，志同金石。已经题旌。

隐逸

娄广。宋参知政事机五代孙。雅素好德，耽嗜经史，尤长《春秋》，善于训诂，卫人登科者多出其门。当贡，推让者三，甘老布衣，隐大林山，辑景泰以下《志稿》。

流寓

张伯裕[①]。山东诸城人，洪武间，举贤良方正，授陕西潼关知县。因梗直不阿，奉法守己，谪安顺州吏目，遂家焉。

仙释

悦禅。杭州人，云游住圆通寺。有戒行，善化诲愚迷，人多礼之。年九十余，景泰元年五月终，四年二月出殡，启龛视之，颜色如生，人皆称异。

亭馆

观风亭。治西。

坊市

承流宣化坊。治前，知州张应庆重修。
纶音褒宠坊。原奉旨为土同知张朝觐建。
上达奇观坊。飞翠阁南。王国臣建。
超然远览坊。塔峰前，御史毛在题。
万壑云烟坊。塔峰前，御史赵大佑题。
南国名山坊。圆通寺内，知州张应庆建。
南市。
北市。

寺观

开元寺。
观音寺。
圆通寺。

古迹

废习安州。城西南隅。
废普定县
赵府判德政碑。治东十五里。

---

① 裕：原缺，据《黔记》补。

祥异

隆庆壬申，旧州蜡寨生红莲一池。

万历丙申五月五日子时，风雨大作，山崩河决。坝阳、黑则、洛河地方，田土尽数冲坏，街民房屋淹没不可胜数。

纪兵

洪武十五年，吴复击破西堡、阿驴等寨，城水西，守之。西堡之破，顾成有力焉。成统赣州卫官军从征，斩首八百级，生擒一百六十人，获马六十六匹。二十六年，西堡阿得寨蛮反，顾成率兵讨之。

隆庆间，阿六枝管下坝阳苗夷者念、计王、黄暴等乱，总兵官刘显讨之。

内恩典、孝义、迁谪、丘墓无入。

第十章 普定卫

沿革

《禹贡》梁州外境，秦置黔中郡，以其地属之。汉为牂牁蛮地。晋为兴古郡地。唐为罗甸国地，罗鬼犵狫可刷苗所居，号普里部。宋因之。元初内附，置普定县，隶普安路，寻改普定府，隶云南行省，领安顺、永宁、镇宁、习安四州。大德七年，改普定路，隶曲靖宣慰司，寻属湖广行省。

皇明洪武十四年，复置普定府，领州三，长官司六，属四川布政司。筑城于今城东二十里，寻增置普定卫，徙今城。十八年，废府，以州司附于卫。二十五年，改置普定卫军民指挥使司，仍属四川。正统三年，割所领三州、六长官司，隶贵州布政司，而本卫改属贵州都司，领千户所五。

郡名

罗甸、普里。俱汉名。

普川。《一统志》。

普利。

形胜险胜见《州志》

普定八景

龙洞飞虹。参政刘寅[①]诗："普城山水郁青葱，东关一洞羌玲珑。太初未判气混沌，伊谁雕凿其形容？千态万状莫可象，变幻奇巧昭神工。下有百尺潭，上有千仞峰。峰高时出云，潭静藏蛟龙。一朝遇旱沛霖雨，三农满慰心融融。"

凤献朝阳

环峰拱翠。郡人娄睿诗："层峦叠嶂绕楼台，浓绿浮光四面开。日暮天空遥送目，秀连金碧接三台。"

带水潆澜。郡人赵侃诗："双引虬龙窟，潆纡漾绿漪。九桥烟雨合，万户景云垂。"

东潭印月。郡人赵浦诗："宝鉴悬秋水，清虚满翠林。禅关风景寂，端坐见青天。"

---

① 参政刘寅：《黔记》同，但《黔记》、嘉靖《贵州通志》及本书记载刘寅官职，均谓其为右参议。

西墅绯桃。郡人胡绣诗："春满桃园万树花，绯容绝胜武陵霞。游人歌舞知多少？金谷风流未足夸！"

文峰夕照。

圣泉漱玉。郡人娄广诗："玉穴源来远，潜通太液池。天琛不爱宝，消长见庖羲。"

疆域

东抵平坝卫界，六十里。西抵安庄卫界，四十五里。南抵金筑安抚司界，二百二十里。北抵宣慰司界，二百七十里。东南抵金筑安抚司界，一百八十里。西南抵广西泗城州界，七百六十里。东北抵贵州宣慰司水西界，一百里。西北抵普安州界。四百里。

山川

东胜山。城东。

西秀山。城西。提学吴国伦更名石蓬峰。

马鞍山。城东。

旗山。城东南。峻拔如帜。

印山。城西一里。

大林山。城西三里。

小林山。城西三里。

龙井山。城西一里。

唐帽山。城西三里。

挦翠山。城东北五里。

玄贞山。城西十五里。一径逶迤达巅，建阁于上，匾曰玄贞境。

欢喜岭。城北二里。洪武中，蛮贼攻城，镇远侯顾成追杀，大胜于此，故名。

砚石。儒学右。平坦方正，周二十余丈。

龙潭洞。城东北五里。危峰雄崎，洞广潭深，祷雨辄应，去洞十余丈，有天生桥，巡按魏洪冕立石坊，曰"龙泉石径"。提学蔡云程诗："混沌何年破，空明万古悬。"

清虚洞。城东南三里。

九溪河。城东南四十里。溪流九曲，故名。

大井。城南。

进士坊井。城南。

马场井。城东二里，灌田甚多。

侯家井。城西北隅，石隙泉出。

双眼井。城内东北隅，二石隙出泉。

圣泉。城南五里。泉自山麓流出，消长不一，居人置石塔于中以验之。

枪凿井。城西十里。传云诸葛驻兵于此，以枪凿之，其泉涌出，因名。

永济泉。城西北二里。水涌成溪，泓深清冽，城中井竭，人多汲之，因名。

龙泉。城西一里。

永济砥。计二十。兵宪王璧创，起东西水关，以次而南，每砥以一字命名，曰：云、雨、龙、行、处、文、章、风、动、时、混、涵、九、里、润、灵、秀、万、年、期。

风俗

汉夷异俗《一统志》，尚义重文《旧志》。诗书礼乐，不减中州。《科举题名记》。物产富庶。《重修儒学记》。

户口

嘉靖间官军六千六十户，二万四百丁口。万历二十五年报存一千二十五户，二千八百三十七丁口。

土田

《旧志》：水陆田地七万六千七百二十四亩。万历九年，新丈实在四万六千八百八十五亩七分六厘。屯田三万一千九百六十二亩。科田一万四千九百三十三亩七分六厘。

贡赋

屯科粮旧额七千六百九石一斗六升零。万历九年新丈七千七百五十九石二斗二升，续增一石二斗三升。二十五年实在七千七百六十石四斗五升零。屯粮六千九百六十石八斗。科粮七百九十九石六斗五升零。

课程，岁征猪税银五十一两七钱四分。

徭役

万历二十五年，条鞭、岁用、丁差、田租、灰瓦等项共银一千五十两一钱一分零。

城池

卫城。洪武五年，安陆侯吴复建，甃石，门四：东曰朝天，南曰永安、西曰怀远、北曰镇夷。门各有楼，水关三，城铺五十五，周一千四百丈。

公署

兵备道。卫治北，弘治八年，副使周凤建。嘉靖三十一年，副便廖天明增拓。

卫治。城西，洪武十五年建。

经历司。治左，洪武二十五年建。

镇抚司。治左。

左、右、中、前、后五所。治前街，俱洪武十五年建。

行治

察院。卫治南，洪武间建。

布政分司。卫治南，嘉靖十年，参议柴经建。

税课局署。城外东街，隶镇宁州。

学校

儒学。城内东北，宣德八年建。嘉靖二十六年，巡按王绍元重建。

明伦堂。文庙右。

崇德、广业二斋。堂前左右。

教授廨。乡贤祠右。

训导廨。明伦堂右。

礼门、儒学门。俱副使陈赞修。

敬一亭。明伦堂后，嘉靖十年建。

先师庙。明伦堂左，宣德八年，参议李睿建。正统元年及二年，佥事屈伸重建。嘉靖三十一年，御史董威、宿应麟，提学谢东山重修。

东、西两庑。

戟门。

棂星门。

泮池。

启圣祠。文庙后。

名宦祠、乡贤祠。俱礼门右。

学田。坐落地名三科树，每年租谷七石七斗。

射圃。今改为教授宅。
社学。一在城东大街，一在关王庙左，一在南门外月城下，一在北门内，一在东关。
书院。棂星门前左。

秩祀

社稷坛。卫西北二里。
山川坛。卫东二里。
厉坛。卫北一里。
城隍庙。卫南，洪武间建。
旗纛庙。卫后。
焦公祠。卫南大街，嘉靖三十六年，卫人为兵宪焦希程建。
院道生祠。南门内，万历二十四年，为御史薛继茂、兵宪余一龙、易以巽建。

关梁

罗仙关。城东十里。
杨家关。城东三十里。
老虎关。城西二十里。
牛蹄关。城西五里。
大屯关。城西十五里。
通灵桥、通津桥。俱城内东。
小河桥。城内北。
东岳桥。城内东。
双溪桥。城内东北。
水关桥。城内西北。
俱洪武间建。
局门桥。城内东北，宣德间建。
西津桥。卫治西。
南津桥。城南十五里。
清水桥。城东二十里。
穿心堡桥。城东二十五里。
五里桥。城东五里。

兵防

额颁符验二道，铜牌十二面。

旗军。原额六千九百零五名，查存二千四百三十九名。

军器。原额九万四千七百一十三件，查存三万二千七百三十六件。

操马。原额一百匹，查存四十九匹。

杨家关哨。军兵三十名。

石关口哨。军兵二十五名。

集翠崖哨。军兵二十五名。

杨花关哨。军兵二十名。

四哨各百户一员。

山京哨。指挥一员，军兵一百名。

猪场坝哨。百户一员，军兵三十名。

白石岩哨。百户一员，军兵二十名。

永靖哨。百户一员，平坝军兵十五名，本卫军兵五名。

蒙沮哨。百户一员，军兵五名，民兵四十五名。

归华营。百户一员，平坝军兵五名，本卫五名。

坐镇坝阳。隆庆四年设。守备一员，把总二员，千总八员，哨总一员，队长九名，红兵二百三十一名。

邮传

普定站。城西一里，洪武二十一年建，站军一百一十九名。

普定铺、罗德铺、阿若铺、杨家桥铺，马场铺、龙井铺。各铺司兵不等。

惠政

预备仓。城西，普定站内。

职官

掌印指挥一员，管屯指挥一员，管操指挥一员，捕盗指挥一员，经历司经历一员，镇抚司镇抚一员；五千户所各掌印千户一员，各管操千户一员，所镇抚一员，管军屯印百户十员；普定站管站百户一员，儒学教授一员，训导一员。

指挥使

王杰。直隶含山县人。洪武二年，功升副千户。三十年，男忠功升指挥使。宣德六年，三世孙斌调本卫，升迤西守备。沿嘉宠袭。

王用。江西都昌县人。洪武元年，功升副千户。十七年，男葆调本卫，功升指挥佥事。正统六年，三世孙铭功升指挥同知。九年，四世孙泰以父功升指挥使。正德元年，五世孙伦为事降正千户。六世孙镇仍袭指挥使。嘉靖四十三年，八世孙元爵升中军。沿三锡袭。

王付二。直隶无为州人。洪武二十年，男礼功升副千户。正统四年，三世孙瑄调本卫。弘治六年，四世孙良功升正千户。十八年，五世孙雄功升指挥使。沿体乾袭。

庄成。山东莒州人。洪武元年，功升指挥使。景泰元年，四世孙荣升都指挥使，以守备不设，充南丹卫军。嘉靖三年，六世孙高仍袭指挥使，调本卫，沿立袭。

郭保。山西五台县人。洪武九年，功升正千户。孙斌宣德六年调本卫，升指挥同知，弟贵功升指挥使，至参将。沿振先袭。

指挥同知

蒋原。湖广道州人，洪武元年，男彦通功升指挥同知。正统四年，三世孙荣调本卫。成化十六年，四世孙祚升指挥使。沿国勋降袭。

丁曩哥台。高丽本国人，前元甘肃省右丞。洪武间，附宋国公下，功升指挥佥事，调本卫。子庸功升指挥同知。沿大任袭。

指挥佥事

黄忠。直隶滁州人。洪武二年，功升正千户。二十五年，男铺调本卫。正统七年，三世孙鼎升指挥佥事。沿崇正袭。

李进。直隶定远县人。洪武十七年，功升指挥佥事。二十四年，充都匀卫军，复职，调本卫。天顺二年，四世孙瓛功升指挥使。嘉靖十一年，七世孙应芳升指挥佥事。沿元春袭。

马闰。直隶合肥县人。洪武元年，功升百户，调本卫。正统七年，三世孙仲□升指挥佥事。成化二年，四世孙友仁以父功袭署指挥使。弘治十四年，五世孙武为事降正千户。十二年，六世孙玺袭原职。嘉靖三十四年，七世孙恩袭指挥佥事。沿朝卿袭。

许忠。直隶全椒县人，充先锋，洪武元年，功升副千户，调本卫。正统七年，男祯升正千户。景泰五年，四世孙恒升指挥使。嘉靖三十四年，八世孙鉴降指挥佥事。沿应春袭。

殷雄。直隶扬州府人。吴元年，功升指挥佥事。三十四年，男贵调本卫。沿尚贤袭。

杜泰。直隶保安州人，洪武十六年，男得成升正千户。永乐十五年，三世孙友调本卫。天顺八年，六世孙俊升指挥佥事。沿思召袭。

王宏。直隶合肥县人。洪武元年，功升正千户。二十年，男辅调本卫。成化二年，四世孙昱升署指挥佥事。嘉靖元年，七世孙贤升右参将。沿嘉武袭。

范昌。直隶凤阳府人。洪武五年，功升百户。二十六年，男玉功升副千户，调本卫。景泰元年，三世孙琬功升指挥同知。嘉靖十七年，七世孙武降指挥佥事。沿宏袭。

王端。直隶和州人。充万户侯下军，功升指挥佥事。子冕调本卫。沿汝麟袭。

章遇。直隶定远县人。洪武元年，功升百户。二十一年，调本卫。景泰五年，四世孙宗功升署指挥佥事。弘治六年，六世孙麟奉例授指挥佥事。嘉靖十五年，七世孙银袭署指挥佥事。沿达袭。

教授

简重。番禺人。

官诰。蒙化人。

杨森。普安人。

文奎。衡州人。

万历：

林树。新会人。

王一民。石阡人。

邵华翰。普安人。

傅如峰。婺川人。

杨以德。剑川人。

李孝思

陈训。庐山人。

赵元祯

陈仰。铜梁人。

训导

蒋清。沅州人。

罗伯嵩。礶县人。

李佑。四川人。

何机。太和人。

何伯通。通西人。

程守经。马湖人。

宋昂。阿定人。

龚俨。太平人。

应期。安南人。
胡梁。新宁人。
梁瓒。易林人。
杜显才。阿迷人。
万历：
杨廷铠。阆中人。
张访。通海人。
杨翰。临安人。
陈淑。安庄人。
杨正位。镇远人。
宋节。清浪人。
岩如华。姚安人。
金待价。前卫人。

科贡

进士

天顺甲戌科：赵侃。官至通政。
弘治己未科：汪大章。官至参议。
正德丙戌科：梅月。官至知府。
嘉靖己未科：梅惟和。官至御史。

举人

正统辛酉：景清。官训导。
丁卯：汪祚。官至知州。
景泰庚午：赵侃。中甲戌进士。
张清。
邓源。官至教授。
潘愈。官教谕。
癸酉：薛善。官至教授。
沈庆。官训导。
天顺己卯：许钟。官至知县。
壬午：张铨。官教谕。
成化乙酉：汪钟。官至知府。

戊子：娄庆。官至知府。
杨玉。官训导。
辛卯：娄纪。官教谕。
胡洧。官至知县。
吴玘。
牟宗海。官至知县。
吴宣。官至知县。
甲午：汪汉。官至学正。
胡泰。官至知县。
赵谷。官至知县。
丁酉：张骥。官教谕。
庚子：娄绣。官教谕。
娄睿。官至运同。
癸卯：许贤。官至知县。
冯俊。官至长史。
金坚。官至知县。
江海。官至教授。
丙午：谢琇。官至知县。
薛鉴。官至推官。
弘治己酉：夏祚。官至知县。
韩钰。官至推官。
壬子：陈聪。官至知县。
薛澜。
薛潮。官至知州。
乙卯：汪大章。中乙未进士。
李淮。官至长史。
胡淮。官至知县。
戊午：郭伦。官至学正。
袁祥。官至学正。
潘时。官至知府。
金伦。官至教授。
康俸。官训导。
辛酉：胡绣。官至知县。
罗伦。官至学正。

汪大量。官至知县。
潘志高。官至知县。
甲午：汪润。官至推官。
正德丁卯：冯睿。官至学正。
周良佐。官至知县。
庚午：侯山。官教谕。
程辂。官同知。
癸酉：汪大宜。官至知县。
薛洲。官至知县。
孙枝。官至知县。
冯恩。官至知县。
丙子：汪大有。官至知县。
潘瑞。官至参议。
汪汝含。官至知县。
洪廷瑞。
方恩。官至知县。
己卯：张廷凤。官至教授。
梅月。中丙戌进士。
嘉靖壬午：李良辅。官至通判。
景銮。官至知县。
洪廷玉。官至知县。
乙酉：薛大梁。官至知州。
戊子：胡科。官至知县。
潘大武。官至知州。
辛卯：赵鸣凤。官至知县。
甲午：冯文明。官至同知。
马应麒。
薛大栋。官至通判。
丁酉：李文弼。官至知州。
刘志美。官至通判。
项文纪。官至知县。
庚子：潘鎏。官至知县。
胡东俊。官至知县。
孙棠。官至知县。

癸卯：李良。
杨以廉。
萧大鳌。官至知县。
黄宪。任云南学正。中式，官至知县。
丙午：鲍文弼。官至知府。
己酉：鲍国臣。官至推官。
张腾汉。官教谕。
董恕。官教谕。
壬子：郁周。官至知县。
黄芳。官教谕。
乙卯：梅惟和。中己未进士。
李良翰。官至府同。
张邦臣。官至治中。
戊午：薛卫。官至府同。
辛酉：吴世登。官至知县。
孙世传。官至知县。
俞绍文。官至知县。
管世元。官教谕。
甲子：程国用。官至知县。
隆庆丁卯：刘秉商。官任郎中。
庚午：马斯藏。官至知县。
万历癸酉：张九苞。
梅惟诗。官至知县。
孙杰。任府同。
洪镗。任知县。
顾信。
董以道。任知县。
丙子：安其善。任府判。
娄九成。官至知县。
薛凤章。
胡国屏。任府同。
己卯：李先芳。任知州。
顾天胤。任知县。
胡奉明。任知县。
壬午：霍奎。官至长史。

辛卯：雷志举。任教谕。
支持礼。任教谕。
甲午：蒋国良。
娄拱北。
丁酉：叶可行。

岁贡

成化：董恭、李肃、李源、景哲、周显、邹恂、曹缙、金牖、徐卿、程经、程琇、王水吉、谢杰、史鉴、王忠、陈宽、李鼐、薛祐、萧镇。

弘治：张轩、张桀、潘文、张铠、尹清、李政、刘玉、薛纮、张纲、萧立、陈魁、邓文。

正德：邵贽、杨诚、萧梅、景云、徐晟、管玺、俞珍、俞藻、蒋有、温轸、牟坚、杨凤仪、李滨、李节、侯弼、王琇、毛相、姚镒、杜璁、詹鉴、顾机。

嘉靖：陆宾、韩文光、黄宪、程能、徐鉴、刘应奎、马星、陆观、叶继、薛大楹、冯润、丁铭、项冕、秦文、俞伦、汪大智、姚志良、刘贤、王鼎、马勋、胡曰珍、孙显、徐复祯、侯志刚、赵璋、张云汉、张蕙、郭廷珂、詹天爵、潘大和、李楷、薛大桂、阮大纶、谢世通、蒋鹄。

隆庆：徐仲义、顾樟、郭廷臣、娄焕。

万历：彦廷珍、杨应祯、马斯才、赵时叙、洪寿宜、李敷、项文绣、王衮、刘秉周、薛世培、梅惟台、潘大益、沈赞、潘文作、李大芳、鲍芷、鲍萱、王道盛、蒋文蔚、沈汝登、牟廷鷯、徐敏学、王家臣、薛世垅、张大翱、张国臣。

武会

万历丙戌：阮仕奇。

名宦

元

赵将士。普定总管府通判。立学安边，政平颂理，夷人畏服，树德政碑诵之。

本朝

吴复。庐州人。洪武初，以安陆侯充副将，克复普定，遂留镇焉。信赏必罚，蛮夷畏服，创置城署，为时能臣。

顾成。扬州江都人。性严毅，有武略，洪武初，以指挥佥事克复普定，留任本卫，攻击怀徕，屡著殊勋，历升镇远侯。

张信。陕西凤翔人。洪武中指挥佥事，孝友寅恭，以礼下士，精通战略，功封隆平侯。

顾勇。成之子。善智略，有威武，累官都指挥佥事，正统间守备普定，兵民畏服。寻征麓川，殒于锋镝，忠勇无双。

顾兴祖。成之孙。莅政严明，百废修举。成卒，袭镇远侯爵。

万历《丁酉志》共名宦六人

乡贤

元

容苴。大德中授普定知府。时蛇节、宋隆济等作乱，苴率众御之。苴卒[①]，其妻适姑，复宣力戎行。遂改府为路，而以适姑为总管，佩虎符。

本朝

王铭。指挥同知。骁勇善骑射，正统中征麓川，殒于阵。朝廷嘉其忠，进子泰官一级。

王斌。指挥使。廉介公平，莅卫政三十余年，终始一节。

郭贵。指挥同知。机敏有能，守备普定等处，累功升都督，充参将，镇守贵州迤西地方，桴鼓不惊，寻终于镇。

陶英。百户。从征广西、麓川、东苗、草塘四十余处，累功升指挥使。后调征山都掌，出哨遇伏，力战死，赠都指挥。

赵侃。忠谨鲠直，授吏科给事中，累升都给事中，时政得失，军民利害，屡行章疏，率见举行。升通政司右通政，兼掌五军诰命，终于官，朝廷赐以谕祭。

汪钟。任知府。居官谨严，力辨冤狱，弭盗赈荒，致政，进阶一级。乡人重之。

胡淮。在任爱民造士，捐俸筑城，归家教子，睦族助邻。《嵋峨志》入《名宦》。

汪大章。幼称奇童，二十联登科甲，历官廉介，不阿附逆瑾，所经宦处，皆入祠祀。

李淮。性孝行饬，任两京国博，升崇府长史，文章德教，俱有可称，七疏乞归，士林雅重。

薛潮。历任司铎、司刑、州邑长，皆有声，虽燕居，正襟危坐，不为权贵所挠。

潘时。初为盐运，升广西太平知府。行检端方，官多惠政。归田索居，座书“不愧屋漏”。

---

① 卒：原文作“率”，据嘉靖《贵州通志》、弘治《贵州图经新志》及《黔记》改。

韩钰。持身方正廉平。乞休，囊箧萧然。归田，足迹不履公门。

潘瑞。初授四川成都训导，提大益书院，历升垫江、云阳知县，两地政绩卓异，升工部主事。命督建宫庙，直忤权势，系狱，寻复职，工竣，升本司员外郎中，寻升四川佥事、云南参议，两省称藩臬之表云。居乡孝友，祖业尽逊诸伯季。纂修《卫志》，士林归重。三十四年详允入祀。

潘鎏。初授保山知县，治政有声，外史张含有《保民歌颂》，解元张九渊有《去思碑记》。旋升莒州，以疾告休，归日，莒人自以车马丁力远送千里，不忍舍去。居乡，孝友著闻，信义推重。

蒋有。任曲靖府判，革积弊，遗有程规，当道屡旌异材。继升镇南知州，居官清慎，弭盗安民，卓有声闻。以疾归政，囊无余蓄，重义轻财，尤笃孝让。

汪大有。赋质纯朴，问学渊源，居官清慎。以疾乞休，纂修《卫志》，是非不爽。著有《陶陶亭集》《宋元品藻纪略》。

潘大武。任资阳知县，有《去思碑》，升赵州知州，《志》入《名宦》。历曲靖同知，卓有树立。致仕，晋阶四品。居乡正直，言动可法，损祖业以让昆弟，讲《乡约》以联族人。

万历《丁酉志》共乡贤十八人

恩典

顾统。以子兴祖贵，封夏国公。

赵华。以子侃贵，赠给事中。

汪祚。以子钟贵，赠府同知。

汪汉。以子大华贵，赠锦衣卫经历。

李鼎。以子淮贵，赠长史。

潘睿。以子时贵，赠督军都事。

娄庆。以子睿贵，赠同知。

潘禄。以子瑞贵，赠员外郎。

梅纪。以子月贵，赠员外郎。

薛潮。知州。以子大梁贵，赠奉直大夫。

程璠。以子辂贵，赠知县。

刘应璧。以子秉商贵，封学正。

胡文耀。以子国屏贵，赠知州。

万历《丁酉志》恩典共十三人

孝义

汪恕。徽州黟县学生。洪武初，兄胜祖征南，留守普定，殁于戍。檄恕补役，年甫十七，惟一姊，已适人。延至家，拜嘱曰："弟当行戍，老母在堂，无他兄弟，幸有先人田亩，愿姊耕以养吾母终余年。弟幸不死，报德未晚也！"乃应役。数年，告归省母，及还普定，而母讣闻，哀恸顿绝，久之乃苏。结草为庐，寝苫枕块，朝夕哭临，三年盐酪不入口，骨如柴立，隆冬盛寒，单衰徒跣，终身哀慕，言及亲，辄泣如初丧，郡人呼为"汪孝子"。

倪勋。暨弟倪然、倪烈、倪羔、倪熊五人同爨，永不分居。勤俭营生，竭力事母，其妻各守夫训。孝友著闻，察院陈旌之。

万历《丁酉志》共孝义二人

贞节

黄氏。青宛人王二妻。随夫戍普定，行至夷陵，夫死于虎。黄年二十四，携幼子间关至卫，誓死守节。有司以闻，命下旌表。

裴氏。王召保妻。随保戍普定，保丧，裴年二十，哀痛尽礼。舅姑死，竭力营葬，抚遗腹子，终始如一。有司以闻，命下旌表。

邹氏。昆山人邹思明女。洪武初，思明戍普定，邹甫五岁，随母居乡间。长，适同里人吴文荣，乃奉母，历万里至卫，省其父。未几，父调征当行，文荣请代之往，已而，亡于阵。邹年二十一岁，感夫之义，哀毁几绝。父母勉谕之，誓死守节。孀居四十七年，未尝亡哀。

景氏。马彪妻。彪卒，景年二十二，子伟甫五月，誓死不二，舅姑莫能夺，孀居二十余年。事闻，甫核实，而景卒。

叶氏。百户陈玘妻。年二十，子二，长甫六岁，次月余。玘随师征讨，劳苦成疾，归而益剧，语人曰："吾死无憾，但恐妻不能守，弃子他适！"妇曰："汝勤王事而致疾，天必眷佑。设死，我必不独生！"未几，玘丧，叶哀毁尽礼，偃卧自刎，血渍枕席。举家惶怖，付之以药。妇曰："我必死矣，但抚我幼子，以立陈氏！"遂绝。

顾氏。指挥时仁妻。适仁未一年，仁丧，守节不嫁。奏闻旌表。

康氏。生员詹淇妻。淇卒，孀居二十余年，绩纺养姑，勤俭教子，姑卒，殡葬竭力为之。抚按旌表。

程氏。卫人马应龙妻。适未三年，夫卒，程誓死不嫁。时方二十三岁，遗腹一月，生子马卿，孀居四十二年，孝养孀姑，足不履庭。卫举当道旌表。

蒋氏。卫人叶立妻。立故，年方二十七岁，家道贫寒，誓死不嫁，孀居六十余年。已蒙旌表。

张氏。生员詹斗妻。斗亡，张年二十四，家贫甚，誓不更适，纺织养姑，苦节六十余年。事闻旌表。

丁氏。军人宋名臣妻。臣故，丁年二十四，甘贫守志，孀居三十六年，万历二十二年，巡按薛题旌。

张氏。举人薛凤章妻。章故，年方二十二，绝食从死。有祖姑多方劝谕，七日方食，剪发垢面，虽至亲亦罕相见。巡按薛奖励。

万历《丁酉志》共贞节十二人

隐逸

孙铎。洛阳人，博极经史，尤善训诂，卫士多所造就，尝葺《卫志稿》。

迁谪

许堪。洪武初，举贤良方正，除河南道御史。因言事，谪戍本卫马场铺，起用，至镇远卒。

流寓

陈迪。云间人。于洪武中从戍普定卫，旷达不羁，长于诗文。

王观。嘉兴县人。谪戍普定，开塾教授，一时才俊，多出其门。

冯侃。嘉定州人。从戍普定。能文善书，得颜柳诸公之妙。

孙铎。学博经史，尤善训诂，屡辞征辟。尝典卫学，训迪勤恳，士以科第进者多出其门。巡按御史沈衡辟署贵州宣慰司学，自制诗文送之，著有《普定卫志》一卷。

亭馆

文昌楼。学左，万历六年建。

朝天楼。即卫东门楼。

镇夷楼。即卫北门楼。

千佛阁。圆通寺内。

依辰楼。城中谯楼。嘉靖年间，兵宪焦希程建。

皇华亭。东关。

柳色亭。西关。

坊市

迎恩坊。城东。

永安坊。城南。
怀远坊。城西。
镇夷坊。城北。
经文纬武坊、继往开来坊。儒学左右。
寅宾坊。城西。
成功坊。城东。
藩秀坊。城南。
威远坊。城北。
崇勋坊。城北。
世禄坊。城南。
咸熙坊。城南。
澄清坊。城南。
儒林坊。城东儒学前。
贞烈坊二。一城南，为安陆侯吴复淑人杨氏建。一城内西，为旌表黄氏建。
贞节坊。城内，为旌表裴氏建。
鸣阳坊。城南，为举人许钟建。
进士坊。城南，为赵侃建。
文英武秀坊。为举人娄敬建。
步蟾坊。
丛桂坊。为举人娄绣等建。
世及登科坊。为举人潘时建。
步青云坊。为举人方恩建。
彩凤鸣阳坊。为举人景鸾建。
科第传芳坊。为举人薛潮建。
锦衣坊。城内。
科第重光坊。为举人汪大量建。
登科坊。为举人潘大武建。
洊沐纶恩坊。为工部员外郎潘瑞建。
通政坊。为赵侃建。
恩光坊。为举人薛鉴建。
邦家之光坊。为举人薛秀建。
鹏飞云霄坊。为举人夏祚建。
进士坊。为汪大章建。

科贡双荣坊。为举人李淮建。
进士坊。城南，为梅月建。
司空坊。为工部主事潘瑞建。
亚元坊。城北，为举人潘壂建。
肃边坊。兵备道左。
奕世科第坊。为举人薛大栋建。
宪台坊。察院门外。
亚魁坊。为举人程国用建。
群英鸣瑞坊。为举人张九苞等建。
瑞世三麟坊。为举人李先芳建。
十字街市。
局前街市。
马场市。
牛场市。

寺观

永丰寺。城六十里。
大安寺。城西。
石佛寺。城东。
法海寺。城东。
观音阁。城西。
圆通寺。城南，洪武十八年建。
崇真观。城内，洪武二十年建。
水星观。城北外，万历元年，兵宪林澄源建，以御火灾。
关王庙。城内北，永乐间建。
龙泉庙。城西，嘉靖间建。
二郎庙。城东，洪武间建。
马皇庙。卫西南。
晏公庙。城西，洪武间建。
岳王庙。卫东。
七圣庙。卫南，永乐间建。
总管庙。卫东，永乐间建。
萧公庙。卫东。

龙王庙。卫北。
真武庙。卫治南关外。
文昌祠二。一在卫东北小街。一在西关外。
魁神祠。文庙左。

古迹

观星台。学后仓右一小坡，其形如台。相传诸葛于此观星。
诸葛营。城西十里。相传诸葛亮尝驻兵于此。营垒尚存。

丘墓

镇远侯顾公墓。在城东四十里。
通政赵公墓。有谕祭碑文。

祥异

洪武初，有二水，一名滚塘寨，一名斗蛙池。居人夜闻水声搏激，既而，其响益大。开户视之，喷面波涛，竞不可逼，坐以待旦，其二水一涸一溢，以为水斗云。

成化甲午，大火，延烧五百余家，死者三十余人，毁坊牌者四、东城楼一。

嘉靖辛卯十一月二十九日，地震。

戊申，大旱。

壬子二月初七日午时，烈风雷雨，推折牌坊，压伤贸易者数人。

丁巳，兵备道内有化石树。兵宪焦希程记曰："道内台上有假山，山间有树，不知其名，由根而干，盘结成石，其枝旁出者悉化焉。窥其中，则犹有木也，其叶上达，袅袅日茂，翠色可爱。问于卫人。皆不能知谕之，弗信，折旁枝以示之，始骇异焉。於戏，奇哉！《白孔六帖》载回纥康干事，断松投河，三年化为石。夫待以三年，出自回纥，安知果有无哉？即有之，则以木化石，斯已矣。岂如吾树为石，生生不已哉！是则邦家之祥，当有柱石廊庙者出乎其间，遗大投艰，弼成悠久无疆之治而同其休，余窃有望焉！因识其岁月云。"

隆庆丁卯二月十七日，大火五日，连烧居民五千余家，死者六十余人，毁及坊庙。

万历壬午五月，大水入城，近河人家淹没数尺，南方田禾荞麦菽黍，涝去甚多。

甲申三月初五日夜，大冰雹，屋瓦尽碎，秧苗尽杀，树木尽败，禽鸟死者无数。

丁亥四月，西关文昌阁门首悬一乳豚，两头一身，两尾八足，人皆异之。

纪兵

洪武十年，安禄侯吴复以杨文击破普定阿买寨。二十四年，傅友德以蓝玉、沐英由辰沅趋贵州，攻普定，擒土酋安瓒，罗鬼、苗蛮、犵狫，闻风皆降。

内仙释无入。

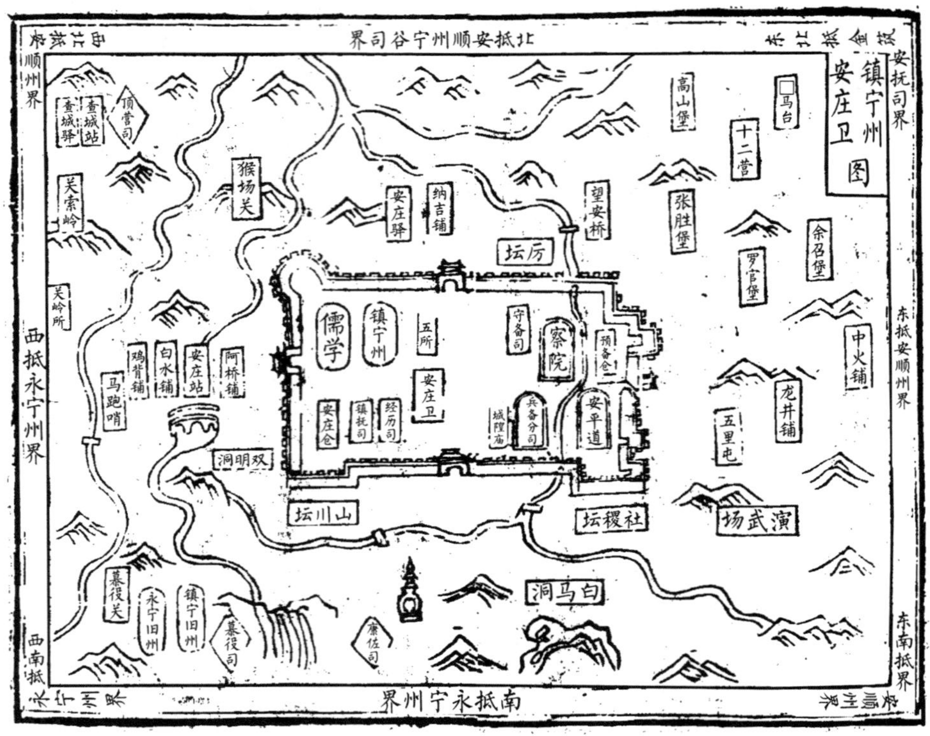
北抵安顺州谷宁司界
镇宁州
安庄卫
图
高山堡
马台
十二营
张胜堡
余召堡
罗官堡
望安桥
纳吉铺
安庄驿
猴场关
顶营司
查城站
查城驿
关索岭
关岭所
厉坛
儒学
镇宁州
五所
守备司
察院
预备仓
安庄卫
安庄仓
镇抚司
经历司
城隍庙
兵备分司
安平道
鸡背铺
白水铺
安庄站
阿桥铺
马跑哨
双明洞
山川坛
社稷坛
演武场
中火铺
龙井铺
五里屯
白马洞
慕役关
永宁旧州
镇宁旧州
慕役司
康佐司
西抵永宁州界
东抵安顺州界
西南抵永宁州界
东南抵界
南抵永宁州界
安抚司界
顺州界

图 9　镇宁州、安庄卫图

贵州通志卷七

第十一章　镇宁州

沿革

《禹贡》梁州西南境，汉、唐、宋为牂牁郡罗甸国地，号普东部。元于罗黎寨置和弘州，寻改镇宁州，隶云南普定路。大德间，改属曲靖宣慰司，隶湖广。

皇明洪武十六年，仍于罗黎寨置州，属普定府，寻废，改属四川普定卫。正统三年，仍置州，改属贵州布政司，领寨六、长官司二。嘉靖十二年，改迁州治于安庄卫城。

十二营长官司。州北三十里，元为十二营寨。本朝洪武十九年置本司，领二十九寨，隶普定府，寻隶普定卫。正统二年改今属。

康佐长官司。州东四十里，元为康佐寨。本朝洪武十九年置本司，领四寨，隶普定府，寻隶普定卫。正统二年改今属。

郡名

普东。宋名。

罗夷、和弘。俱元名。夷语讹为火烘。

形胜

岗岭崔嵬，河溪环绕。《一统志》。金城独镇百蛮，天堑足雄诸部。《续志》。

镇宁八景

龙山春晚。侍郎萧伯辰诗："山势蜿蜒几伏潜，石棱头角自纤纤。云横松柏迷苍鬣，风挟藤萝奋紫髯。林壑传音黄鸟并，乌云散影碧霞兼。绮罗富贵春如海，长伴将军昼卷帘。"

虎崖秋色。萧伯辰诗："重镇雄兵控百蛮，西崖虎踞抱重关。烟华凝碧晴光莹，霜气横空曙色寒。坠叶潇潇红胜锦，前峰霭霭翠于鬟。金城安妥边风息，闲卷湘帘次第看。”

虹桥水帘。萧伯辰诗：“长虹倒影入清涟，一幅虾须掩洞天。月挂银钩依绝壁，风传玉珮度平川。冰娟隐映鲛人室，云母虚明龙女筵。三伏暑蒸飞不到，时看白雨溅苍烟。”

云楼晴霭。萧伯辰诗：“南城卜地建高楼，拂曙犹看宿霭浮。五色祥光荣槛外，四山佳气入檐头。旌旗日转晴偏丽，帘幙风微暖欲流。自蹑丹梯闲眺望，此身浑拟在瀛洲。”

云洞石竹。萧伯辰诗：“紫霭深封古洞天，阴阴苍雪覆琼田。琅玕暝戛金罣细，钟乳低垂玉箸圆。子晋每招丹凤舞，初平能起白羊眠。龙枝九节宜扶老，欲采瑶英进御筵。”

峰亭环翠。萧伯辰诗：“幽亭危构北城隈，面面奇峰入望来。翡翠千重含雨润，芙蓉万朵倚天开。岚光曙拥青油幕，黛色晴浮白玉杯。恰与环滁同胜概，元戎览秀获趋陪。”

西山夕岚。萧伯辰诗：“误疑作雨随龙去，或讶如云伴鹤还。飒飒天风吹不散，长如积黛拥千鬟。”

龙泉月鉴。萧伯辰诗：“鲛人停杼纹绮澹，龙女悬珠素影圆。欲取清辉重有俟，起成霖雨遍春田。”

疆域

东抵安顺州界，七十里。南抵永宁州界，三十里。西抵永宁州界，五十里。北抵安顺州宁谷司界，二十里。东南抵安顺州界，七十里。西南抵永宁州界，三十五里。东北抵金筑安抚司界，一百里。西北抵安顺州界。五十里。

山川

火烘坡。古名和弘，在旧州治北。山石高陟，其气燥煐，虽隆冬登之，亦汗出沾背。

既济泉。旧州治东。其地极热，而此水独凉。

十二营司

猫儿山。在司治西北三里。

马鞍山。司东三十里，形如马鞍。

公具河。司东北四十里，旁有公具寨，故名。灌溉田亩，居民利之。

阿破河。司北五十里，以寨得名。土人以索为桥，于上度之。

龙潭。司西。水色深黑，祈雨常应。

凉水井。司北一里。其水极清凉，冬夏不竭。

康佐司

猓山洞。司北七里。广七丈，深莫测，旁有猓山寨，因名。

风俗

夷汉杂居，风俗各异。《一统志》。茹毛饮血，日久渐更。务学力耕，颇循汉礼。《续志》。

户口

嘉靖间官民杂役一万五千二百零一户，二万五千五百七十八丁口。万历二十五年，报存一千五百九十四户，一万四千八十八丁口。火烘哨六百户，三千四十六丁口。十二营司四百一十八户，三千一百三丁口。康佐司一千五百七十六户，七千九百三十九丁口。

土田

《旧志》：田无顷亩。万历九年新丈实在五万一千四百五十九亩零。火烘哨七千九百二十一亩四分零。十二营长官司三万八千二百八十五亩七分零。康佐司五千二百五十二亩八分零。

方产

漆、蜡、紫英石、红花、草果、萞蔴、梨、伞、降真香、甘蔗。

贡赋

秋粮，旧额二千五百六十一石五斗零，万历九年新丈续增六十石，二十五年实在二千六百二十一石五斗零，外开垦科粮三石一斗零。火烘哨五百五十四石五斗。十二营司一千七百一石九斗四升零，外开垦科粮三石一斗零。康佐司三百六十五石六升。

课程，旧额商税银一十一两零，万历二十五年增至三十二两四钱零。

徭役

万历二十五年条鞭、银力、公费等银二千一百四十两三钱九分。十二营司一千七百三十六两八钱六分六厘。康佐司一百一十六两。火烘哨二百八十七两五钱二分四厘。

城池即安庄卫城

公署

州治。旧在火烘哨，洪武十六年建。嘉靖十一年，巡按御史郭弘化题改于安庄卫，知州张邦珠建。

税课局。普定卫城内，洪武十六年建。正统二年，改属本州。

十二营司治、康佐司治。俱洪武十九年建。地里见《沿革》。

学校见安庄卫。万历二十四年，提学沈思充议允以安庄卫学政属本州提调。

秩祀

社稷坛。州治南。

山川坛。州治东。

厉坛。州北，洪武间建。

城隍庙。州治东。

关梁

天生桥。十二营司东北四十里。

索渡桥。十二营司北五十里阿破河上。河水湍急，土人以藤为索，系于两岸以渡。

白水桥。在白水河上。

邮传

安庄驿。原名叠水驿，离安庄城三十里。万历二十二年，因于关岭所添设关山岭驿，将叠水驿移城内，改今名。

关山岭驿。万历二十二年添设。

协济各驿马馆

安庄驿。供馆银一百九十四两二钱五分，马银一千三百九十一两五钱，铺银二十两九钱九分零。

普利驿。马银六十两。
派该：
十二营司。一千四百二十五两二钱六分。
康佐司。六十两。
火烘司。一百八十一两四钱八分零。

惠政

预备仓。州治东。

职官

知州一员，吏目一员，税课局大使一员，安庄驿驿丞一员，十二营、康佐二司各正长官一员，各安抚副土官一员，各吏目一员。

知州

李谏。合州人。
游大学。大理人。
纪经纶。临安人。
唐际会。赣州人。
骆惟俨。莆田人。
杨守仁。建水人。
刘寿祺。曲靖人。
陈良器。新建人。
万历：
严守约。顺德人。
游逢。丰城人。
李先庚。邓州人。
董学孔。蒙自人。
赵瑜。临安人。
詹天伦。绵竹人。
刘上。来阳人。
李应麟。当阳人。

十二营长官司

正长官陇阿住。本司营长。洪武十九年，功升本司正长官，沿袭至时康，故绝。隆庆四年，以长女陇氏护印。

安抚萧杰。湖广云梦县人。洪武七年，功授本司试副长官。正统三年，三世孙碗功升安抚，七世孙选袭十二营司副土官。沿至萧芳袭。

康佐长官司

正长官薛福寿。江西赣县人。洪武十九年，功授本司正长官。沿袭至鳌，故。应该麟继袭。

安抚于成。山东宁海州人。洪武十五年，功升本司长官，沿三世孙鉴功升安抚。五世孙驻为恶，监故，绝，侄安插管理地方。

名宧

赵贵。洪武十六年，任州同知，抚摩有方，因俗成政，民乐趋事，无后期者。本州创建，多贵之力。

黄琳。知州。以身率人，部落向慕。

萧显。山海人，兵科给事中，以言事出知本州。政尚宽平，工草书，政暇，与缙绅游览吟咏。寻升衢①州府同知，迁福建兵备副使。

万历《丁酉志》共名宧三人

乡贤

萧杰。洪武初十二营长官，子惠部落，境内康义。

薛福寿。康佐长官，安集流散，抚字困穷，民始复业。

于成。康佐副长官。时州民困于征赋，逋窜者多，田亩荒废，成多方招徕，俾复生理，民咸戴之。

万历《丁酉志》共乡贤三人

恩典

朱训。以子官贵，封知州。

朱廷表。以子国正贵，封通制。

万历《丁酉志》共恩典二人

孝义

李瑄。忠实乐善，与弟玉友爱，庭无间言。子姓法之，三世同居。

万历《丁酉志》孝义一人

① 衢：原文不清，据《黔记》补。

贞节

杨氏。十二营焚人杨太女。洪武十四年，天兵南征，安陆侯吴复时留镇普定，闻杨聪慧有志操，以礼聘之。十六年，侯薨，杨哀毁几绝。翌日，沐浴更衣，于灵几后自缢而死。事闻，赠贞烈淑人，树坊其家。

《万历丁酉志》贞节一人

迁谪

刘天麒。桂林人，正德初，以主事建言谪安庄驿丞。博学多才，生徒从者甚众，郡人至今颂之。

寺观

金鸣寺。十二营司境内。

龙王庙。十二营司东一里龙潭侧。

文昌祠。马场市，万历十二年建。

古迹

普定故城。十二营司东南二十里。洪武十四年，大军克平普定府，暂立此城以守御之。十五年，征南将军傅友德迁于今卫治，故城遗址尚存。

内兵防、科贡、隐逸、流寓、仙释、亭馆、坊市、丘墓、祥异、纪兵无入。

第十二章　安庄卫

沿革

《禹贡》梁州西南境，秦为黔中郡地，汉为牂牁郡地，晋为兴古郡地，唐宋为罗甸国地，元为永宁、镇宁二州地，属普定路。皇明洪武十四年，置纳吉堡。二十二年，改置安庄卫指挥使司，隶贵州都司。领千户所五，守御所一。

关索岭守御千户所。城南五十里。洪武二十二年，置关索岭、鸡公背二堡，寻并鸡公背入关索岭。二十五年改为所。

郡名

纳吉。元名。

形胜景胜见《州志》

危峰列峙，急濑萦回。万山为之屏翰，两山据其左右。《旧志》："白林、白崖诸山环绕卫治，盘江、乌泥二江引带东南。"

疆域

东抵永宁州界，一百九十里。西抵安顺州西堡司界，一百二十里。南抵安南卫界，一百四十里。北抵贵州宣慰司界，三百里。东南抵永宁州界，一百五十里。西南抵安南卫界，一百二十里。东北抵定番州界，二百里。西北抵旧镇宁州界。二十里。

山川

青龙山。城南。连峰叠巘，形如龙。教授黄阁诗："群峰起伏郁巍峨，佳气晴来满薜萝。天设龙蟠悬石壁，人从鸟道度山河. 云根晓色光相荡，树影溪声兴亦多。我欲登临探禹穴，风光还得几回过？"

环翠山。城北。林木苍翠，有列峰寺，又有列峰亭，基址尚在。黄阁诗："高岑层上[①]草菲菲，中有幽亭绕翠微。烟火万家青嶂合，枫林几处白云飞。探奇穿径侵

① 层上：《黔记》作"叠叠"。

苔藓，酌月吟风曳石衣。为问老僧求丹诀[1]，城头芳景日依依。”

龟山。城西南五里。

白虎山。城南，与青龙山对峙。

笔架山。城东一里。

白崖山。城西三里，山势起伏连络。

东坡山。城东三里，高插霄汉三十余里。

狮子崖。城南三里。

玉京山。城东一里，上建阁。

螺山。城西三十里。下有大河，每风雨交作，毒蛇猛兽并出，上建有飞云阁镇之。

慈母山。俗名背儿崖，西三里，形如母负子状。

仙人洞。城西五里，极深广。

白马洞。城南三里，内有白石如马。

双明洞。旧名紫云洞，提学副使徐樾更今名。御史马呈图诗：“大小石珠悬象数，短长崖乳吐华晶。频来羽客同登眺，喜有双双琴鹤清”。

巢云洞。城北二十里，晓峰庵左。内有石台，台下有泉，四时不竭。

乌泥江。城南一百里，南流入广西田州。

杨吉河。城南十五里，有桥。

白水河。城南三十里。悬岩飞瀑，直下数十仞为河。

贺家溪。城北。源出东坡山，东南流绕城中出，溉田甚广。

宴乐池。城北青龙山下。

荻芦池。城北六十里，周围八里许。中有一岛，上建有石华表。

黄井。城北。郡人于此造纸。

常兆井。学前。

起龙井。城西万安桥下。相传雷雨交作，有龙跃起而去，遂成井焉。

龙井。城北十里。澄沏深广，石壁上有古镌字，模糊莫辨。

石泉。城西三里。源出石窦中，灌田数十亩。

丰泉。城西三里，白崖山下，浸灌甚广。

清泉。城西三里，白崖山左。中产异蟹，或赤或紫。林木蓊郁。

浦泉。城西三里。清泉之下流，合碧溪，入白水河。

马跑泉。城南四十里，关索岭庙之左。世传关索领兵至此，无水，马跑于石上，泉涌而出。兵赖以济。伍文定诗：“将军纵有回澜力，物论应归济世贤。”

---

① 为问老僧求丹诀：《黔记》作“试与老僧分榻坐”。

风俗

人性淳朴，地杂百夷。旧治环城百里，皆苗巢穴。其俗勤俭。《旧志》：“以耕织为业，家颇饶裕。”尚儒重信。《旧志》：“人知读书重信。”

户口

万历二十五年，屯、城、站、铺、哨、堡官军七千八百七十三户，四万八千八百五十七丁口。

土田

《旧志》：水陆田地七万二千一百九十三亩。万历九年新丈报存二万二千六十六亩零。屯田一万八千六百六十二亩。科田三千四百四亩零。

贡赋

屯科粮。旧额六千六百八十六石二斗零。万历九年新丈共六千六百九十四石一斗四升零，续增五十六石二斗七升零。二十五年实在共六千七百五十石四斗一升零。屯粮六千五百一十二石。科粮二百三十八石四斗一升零。

徭役

万历二十五年条鞭，岁用，上、中、下丁差，屯田银，通共六百二十三两五钱二分。关岭所条鞭，岁用，上、中、下丁差银，通共二十两六钱。

城池

卫城。洪武二十五年[①]，指挥陆秉建。甃以石，门四：东曰朝阳，南曰永清，西曰镇夷，北曰迎恩。周七百八十丈。

关索岭千户所城。洪武二十五年建，甃以石，门三：东曰仁和，南曰昭德，西曰隆福。

公署

卫治。城中南，洪武二十二年，指挥陆秉建。

经历司，镇抚司，左、右、中、前、后五所。俱治左右。

---

① 二十五年：嘉靖《贵州通志》同，弘治《贵州图经新志》、《黔记》均作“二十二年”。

关岭守御千户所。城南五十里，洪武二十二年建。
关索岭仓。所城内，弘治初置。
白水堡。安庄站西。
北口堡。城南五十五里。
南口堡。查城站西。
俱洪武间建。
安庄仓。城东，洪武二十二年建。隶布政司。

行治

察院。城东，正统间建。
安平道。城东南，正统九年，佥事屈伸建。
兵备分司。城南，成化八年建。
守备署。察院后。旧为永宁州治，今改州于安南卫。万历八年，守备杨云程详建。

学校

儒学。城内东北隅。正统八年，建于治东。九年，佥事屈伸、指挥陆京移建。成化、弘治间，指挥黄京、千户丁正、镇抚吴晟相继重修。

明伦堂。文庙后。
进德、修德二斋[1]。堂前左右。
儒学门。
先师庙。明伦堂前，正统九年建。成化间，指挥陆卿、陶英、李维相继重修。
东、西两庑。
戟门。
棂星门。
泮池。
启圣祠。明伦堂左。
乡贤名宦祠。明伦堂左。
书院。列峰寺内。

秩祀

社稷坛。城西门外。

---

① 进德、修德二斋：嘉靖《贵州通志》作“志道、据德二斋”。

山川坛。城南一里。
厉坛。城北门外。
城隍庙。治内。
旗纛庙。治北，演武场内。
关王庙。一治南，一查城站内。

关梁

西关。治城西。
老虎关。城东二十五里。
凌云桥。泮池右。
太平桥。治北。
锡庆桥。治西。
周殷桥。城南八里。
通云桥。城南二十五里，关索岭下。
普安桥。关岭所南。
万安桥、通济桥。俱治南。

兵防

额颁铜牌七面。
旗军。原额五千五百九十九名，查存一千六百五十六名。
军器。原额四万二百四十六件，查存烧毁铁二千八百七十斤。
操马。原额一百七十六匹，查存五十匹。
守备普安。守备一员，领兵千户一员，军兵二百名。
坐镇查城。指挥一员，操兵五十。
查城分司后山、阿里坡、马安桥三哨。各土兵十五名。
大山哨。百户一员，军兵三十名。
白马哨。哨兵二十名。
周英哨。哨兵二十名。
龙潭哨。哨兵十八名。
滑石哨。哨兵十七名。
鸡背哨。哨兵二十名。
大亚哨。哨兵二十名。
阿邦哨。哨兵二十名。

马跑哨。哨兵二十名。
安平哨。哨兵二十名。
固庙哨。哨兵二十名。
小箐哨。哨兵二十名。
永宁哨。哨兵二十名。
安笼哨。哨兵十名。
棚椒哨。哨兵八名。
象鼻哨。哨兵十名。

邮传

安庄站。城南二十里，军兵四百一十八名。
查城站。城西八十里，军三百三十四名。
关岭站。万历二十二年建。

惠政

预备仓。卫治左右，今废。
养济院。卫治东。

职官

掌印指挥一员，管屯指挥一员，管操指挥一员，捕盗指挥一员，经历司经历一员，镇抚司镇抚一员，五千户所各掌印千户一员，管操千户各一员，所镇抚各一员，管军屯印百户各十员。

安庄、白水、查城三站管站百户各一员，南口、北口二堡管堡百户各一员。

关索岭守御所掌印千户一员，管操千户一员，吏目一员。

儒学教授一员，训导一员。

指挥使

张玉。直隶六安州人。洪武三十二年，功升正千户。宣德六年，调本卫。正统五年，男永升指挥同知。成化五年，三世孙雄功升指挥使，沿绍龄袭。

陆达。直隶五河县人。洪武元年，功升指挥佥事，调本卫。十八年，男秉升指挥使。成化十六年，五世孙卿升都指挥佥事。沿韬袭。

署指挥使

田大。直隶蓟州人。洪武元年，功升指挥佥事，调本卫。正统二年，男春升指挥同知。弘治九年，五世孙思升署指挥使。沿应文袭。

指挥同知

陈清。直隶乐县人。洪武三年，功升指挥同知。十七年，男亮失机，充云南金齿卫军，次男文袭。三十年，调本卫。弘治八年，六世孙御升指挥使，为事发威清站立功。嘉靖七年，七世孙贤降指挥同知。沿周礼袭。

指挥佥事

夏大。直隶江都县人。洪武元年，功升小旗。二十一年，男观音保功升正千户，调本卫。正统五年，四世孙荣升指挥佥事。沿从寅袭。

戴海。直隶临淮县人。洪武二年，功升副千户。二十三年，调本卫。天顺八年，四世孙能升正千户。正德十年，五世孙冠功升指挥使。嘉靖十年，六世孙贤降指挥佥事。沿有文袭。

倪忠。直隶合肥县人。洪武二年，功升正千户。二十三年，男贵调本卫。弘治八年，五世孙锐升指挥佥事。沿绍汤袭。

赵雄。直隶江都县人。洪武二年，功升百户。三十五年，三世孙斌功升指挥佥事，调本卫。宣德五年，四世孙昶升指挥同知。正德十年，六世孙胜以父功升指挥使。孙仪袭，降指挥佥事。沿国忠袭。

陶春。直隶舒城县人。洪武元年，功升百户。三十一年，男铭调本卫。正统七年，四世孙智功升指挥同知。弘治十年，五世孙英功升都指挥佥事。沿世略袭。

赵四。山后宜兴州人。洪武二年，功升小旗，男敬升正千户，调本卫。天顺八年，三世孙恕功升指挥佥事。沿应朝袭。

吴胜。直隶淮宁县人。洪武元年，功升百户。二十五年，男忠调本卫。正统四年，三世孙宗功升正千户。天顺八年，四世孙瀚功升指挥佥事。弘治七年，五世孙英功升指挥同知。嘉靖三十六年，七世孙国用降指挥佥事。沿体仁袭。

李驴儿。山东胜县人。洪武十六年，男整功升指挥佥事。永乐十五年，三世孙原调本卫。沿□□□。

吴麟。直隶寿州人。吴元年，先伯祖琮功升镇抚。洪武十八年，麟调本卫。弘治十八年，五世孙晟功升指挥佥事。沿民爱袭。

韩秀三。直隶桐城县人。洪武三十一年，男礼功升正千户。景泰元年，三世孙成功升指挥佥事，调本卫。沿国宝袭。

周渊。直隶临淮县人。洪武元年，功升指挥佥事。三十三年，三世孙瑛调本卫。沿相袭。

教授

刘大本。云南人。
苏芝。云南人。
丁伯昂。湖广人。
李钟俊。云南人。
万历：
何吉。湖广人。
张燮。云南人。
王梦卿。云南人。
曾守唯。福建人。
林得著。合浦人。
欧鹤鸣。广东人。
刘宗周。云南人。
黄阁。福建人。
郭翔云。临安人。

训导

杨贤。云南人。
李崇爵。四川人。
盖楠。毕节人。
谢朝元。婺川人。
万历：
尤春。云南人。
康其邦。清浪人。
王烺。清平人。
龙楠。云南人。
孙世极。清平人。
越应春。贵阳人。
赵万明。乌撒人。

科贡

进士

举人

天顺壬午：卢祯。

成化乙酉：张宏。官训导。
辛卯：萧济。官至知县。
甲午：范珍。官至知县。
丙午：胡裕。官至知县。
弘治乙卯：吴钺。官训导。
戊午：丁时。官至知县。
甲子：谈济。官教谕。
嘉靖壬午：胡宝。官至同知。
熊旂。官至知县。
乙酉：李大经。官至知州。
戊子：朱官。官至同知。
甲午：黄爵。官至推官。
胡嵩。官至同知。
丁酉：陈嘉略。官至知县。
胡资。官至知县。
癸卯：熊旓。官至同知。
张云翼。官至知州。
丙午：李淑胤。
乙酉：伍咸。官至知县。
壬子：周希韶。官至知县。
乙卯：张辉南。官至知州。
戊午：伍维垣。
甲子：马希武。官至知县。
陈纪。官至知府。
陈汴。官至长史。
隆庆丁卯：伍维翰。官至知州。
吴之城。官至知县。
庚午：朱国正。官至知州。
万历丙子：陈泮。任知县。
甲午：伍维新。
熊问俗。

岁贡

顾珍、金浩、胡清、舒仁、王祯、施鉴、王经、龙仁、熊麟、赵彦良、李世魁、谈辅、卜敞、张麟、胡潮、龚志、李玘、韩鉴、陈恩、李钧、周文正、熊彪、蔡玺、余训、伍铨、熊骥、蔡缙、张珙、程彦淳、叶蕙、舒玘、龚卿、李鉴、张继宗、龚逊、朱相、熊大伦、胡祚、徐英、熊杲、胡赞、陈表、陈嘉谟、龚相、陈才、张宿、龚敬、胡贲、李继明、来卿爵、余秉衡、吴山、朱卿、马应祥、何臣、向儒、蔡贤、范紞、朱大韶、朱朝远、吴珂、雷坤、蔡永涫、熊旆、朱裔、胡峤、陈国桢、张乔松。

隆庆：钟世奇、李淳胤、左珑、程宗圣、胡葑。

万历：萧栋、杨大纯、宋维新、周希孟、陈淑、吴郁、黄周南、陈沛、陈洋、胡嵱。

武会

万历丙戌：鲁仲礼。

名宦

陆秉。凤阳人。宁国卫指挥佥事，洪武二十三年，奉命领军开建安庄卫，留守。秉武略政事俱备，军民怀服，辟屯田九万五十余亩，升贵州都指挥，寻朝京，卒。事闻，赐葬开封。

萧伯辰。清江人。洪武二十八年，卫经历。学优才赡，政绩大著。寻升兵部侍郎。

李斌。凤阳人。指挥佥事，简练有方，屏翰以立，在任二十年，上下宜之。

周节。临淮人。指挥佥事。持重有为，尤善骑射。

李新。茂川人。训导。讲明理学，表率诸生，捐俸赈贫，九年任满，诸生留为矜式，遂附籍永宁，举入祠祀。

万历《丁酉志》共名宦五人

乡贤

陆京。卫人。官云南都指挥同知。刚直孝友，好学能诗。

陆正。京子。文才武略，时辈推重，累官云南都指挥同知。政令严明，部任敬畏。

陆卿。明敏好学，承父职，以功升贵州都指挥佥事。政誉洋溢，巡抚吴诚荐守临安，累征夷寇，升都指挥同知。

胡裕。官知州。时御寇安民，大有功德；归家清苦，乡评重之。

张维宗。赋性颖敏，勤学不倦。历任教职，倡明正学，严课程，归家教训，成就甚多。

陈表。资县主簿。刚介持身，勤廉莅事，以年老致壮，绝迹公门。

朱卿。居家仁让，处事和平，涪州称名师云。

伍咸。峡江教谕，捐俸修学，分膳周贫。升南川知县，改泮庠，新城郭，士民建立生祠，举入名宦。

朱官。少年立学，至孝，母老归致，乡评推重。且制祭器于文庙，置义田于家塾，每多义举。

陈嘉略①。孝友忠直，授睢宁知县，筑城平盗，多有异政，亲老归养，训子著书，修学建桥，乡人称之。

万历《丁酉志》共乡贤十人

贞节

沈氏。李晟妻。晟丧，沈年十八，孀居，抚遗腹子元成立，以功升指挥。元死，孙宗生始一月，沈又鞠育袭元职。

易氏。张御妻。御丧，易年十九，抚子经袭祖职。有欲更其志者，易执刃以死誓。有司旌之。

殷氏。朱训妻。训丧，殷年二十七，子官方三岁，兄悯其穷，欲令他适，殷以死自誓，年九十卒。后子官任同知，受诰封，人谓贞节之报。

黄氏。指挥倪鸾妻。鸾丧，黄年二十六，抚子袭职，孀居四十年，有司累奖。

濮氏。关岭所军人王骥母，二十一丧夫，遗腹生骥，守节七十余年。

淡氏。席珣妻。年二十，殉殁，抚子守节，五十余年无议。

陈氏。生员张英妻。幼年生子云翼，未期月，英殁，家贫无措，陈勤苦百端，甘贫教子，翼登嘉靖癸卯乡试，节蒙旌奖。

雷氏。生员何宝妻。年十九，宝殁，家贫苦，善事继姑，抚养二子成学。节蒙旌奖。

赵氏。倪学妻。学故，氏年二十，子斗甫七岁，极贫，抚子以存嗣。斗故，遗孙世德四岁，贫愈甚。世德复故，仍抚所遗三岁曾孙垄成立。孀居七十年，抚三代之孤，万历二十二年，巡按薛继茂题旌。

万历《丁酉志》共贞节九人

隐逸

朱相。负性耿介，有清节，应贡不仕，屡举大宾。

陈嘉瑞。淳朴孝友，吟咏林泉，不求仕进，卫士荐入乡贤。

① 陈嘉略：原文误作“陈喜略”，据本章“科贡”、嘉靖《贵州通志》及《黔记》卷三十、卷四十七改。

仙释

无名僧。永乐间，游脚白水堡观音寺，言貌谨厚，用砖叠塔于寺后，坐其中，与千户丁昱等约曰："吾入塔，尔以砖灰固塔门，明年今日，闻塔内有声，始启之。"如其言，僧果危坐自如，异香馥郁，容貌愉怿，众咸异之。后不知所往，塔尚存。

亭馆

瞻云楼。卫治东，洪武二十二年，指挥陆秉建①。
朝阳楼。城东。
永清楼。城西。
紫霄楼。治南。
列峰亭。治北，列峰寺内。
仰止亭。马跑泉上。

坊市

儒林坊。儒学右。
澄清坊。察院前。
麟经首选坊。为举人卢祯建。
步云坊。为举人张宏建。
登云坊。为举人胡裕建。
鸣凤坊。为举人范箴建。
蜚英坊。为举人萧济建。
文英武秀坊。为举人吴钺建。
青云得路坊。为举人方明建。
登瀛坊。为举人谈济建。
一方巨镇坊。关索庙左。
演艺坊。北门外。
显扬坊。西门外。

寺观

列峰寺。治北，陆秉建。
紫霄观。治南。

---

① 陆秉：原文误作"徐秉"，据嘉靖《贵州通志》及弘治《贵州图经新志》改。

高真观。治东。

玄天宫。治北。

东岳庙。治中。

昭灵庙。治东。

通灵庙、五显庙。俱治西。

紫云庵。双明洞侧。

晓峰庵。城北二十五里。

灵官祠。城西二十五里螺山上。

观音寺。白水堡西。

三教堂。北口堡内。

三圣庙。白水堡内。

关索庙。卫南四十里。昔关索领兵征南至此，有神应，后人遂立祠于山巅祀之。大学士夏言诗："云岭[①]千重拥翠螺。将军祠庙郁嵯峨。金戈铁马何年事，玉玺朱函此地过。西望险如秦道路，南征只[②]为汉山河。艰难远适悲游子，感激[③]临风发浩歌。"

文昌祠。玉京山上。

关索行祠。城南关外。

祥异

成化丙申，旱。

正德辛未，旱。

嘉靖丙戌，火。先期，有白蝴蝶如落叶，自东北蔽空而来，飞向西南去。方三日，至四日午时，大风，火起，延燎东北二城楼、仓、社学、驿，及城中东门外人居千余家，死者七人。火息，蝴蝶复飞还东北，去卫城二十里，堆积而死。

丙午，火，疫。

辛亥，大火。

壬子，有虫食禾，形如蚊[④]而小，飞则如烟，落水尽赤，禾著之，皆黑萎而槁。

又卫城东南九十里木各屯山半，有二石，各高丈许，阔八九尺，一在山前，一在山后，宛若一石劈开者。嘉靖二年，一夕，忽大风雨，山后石移至

① 云岭：原文作"云领"，误，据《夏桂洲先生文集》、嘉靖《贵州通志》及《黔记》改。

② 只：嘉靖《贵州通志》及《黔记》同，《夏桂洲先生文集》作"苦"。

③ 感激：嘉靖《贵州通志》及《黔记》同，《夏桂洲先生文集》作"慷慨"。

④ 蚊：原文误作"蛟"，嘉靖《贵州通志》及《黔记》改。

山前，相向仅百步；次年，忽一夕风雨如前，移石相合焉。

万历甲戌四月，雹大如鸡子。

己卯三月，有白蝶成群自东北飞来，父老云即嘉靖五年之变，卫人皆惊。次日午时，火起城西，延烧三百余家，北门城楼俱遭煨烬。

纪兵

洪武十五年，蛮兵攻安庄卫，顾成击破之，于东北门杀贼四十九人。贼攻北门，复出战，杀贼八百七十二人，生擒十九人，贼遁。成后复征阿咱寨，斩贼四十人。进击傍土蛮贼，复斩首五十四颗。及围鹿角当硬寨，追杀慕役蛮贼无算。

景泰二年，西堡夷獠作乱，围城，被害极惨，官军克平之。

弘治十四年，黄草坝兵乱，官军大溃，死伤相枕，脱者复没于盘江，经过吕方伯遇害。后大兵四集，分哨平之。

内恩典、孝义、迁谪、古迹、丘墓无入。

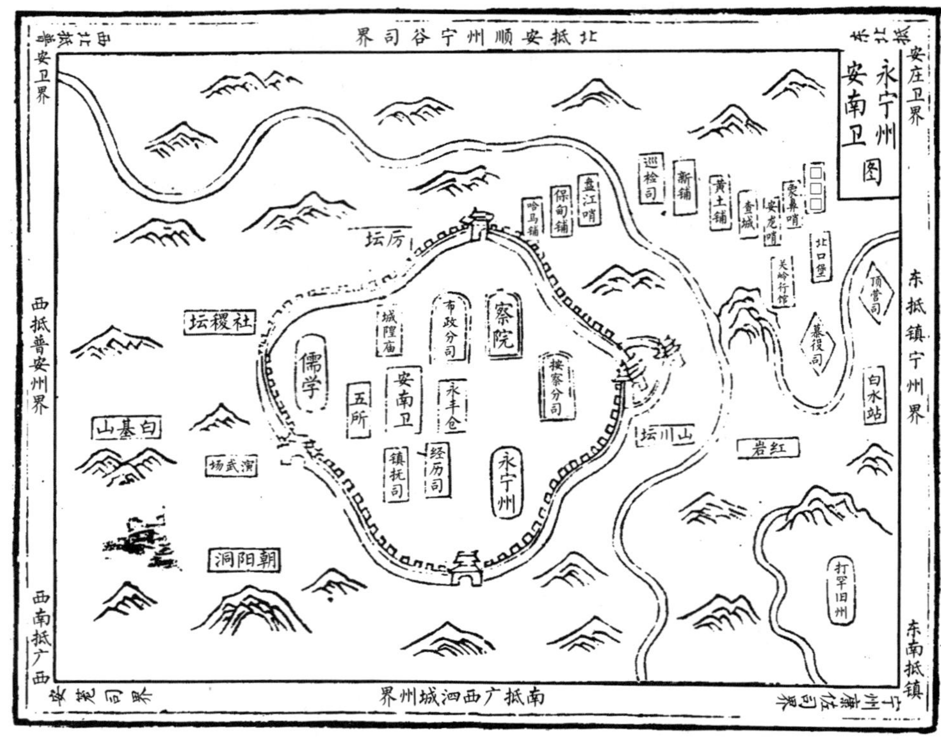
永宁州
安南卫图
北抵安顺州宁谷司界
南抵广西泗城州界
西抵普安州界
东抵镇宁州界
坛厉
坛稷社
山基白
场武演
洞阳朝
儒学
城隍庙
布政分司
察院
按察分司
五所
安南卫
永丰仓
镇抚司
经历司
永宁州
哈马铺
保甸铺
盘江哨
巡检司
新铺
黄土铺
查城
安龙哨
北口堡
关岭行馆
顶营司
慕役司
白水站
坛川山
岩红
打罕旧州

图 10　永宁州、安南卫图

贵州通志卷八

第十三章　永宁州

沿革

《禹贡》梁州西南境。汉唐为黔中、牂牁地，乌蛮、侬人、犵狫所居。元置永宁州，初为达安，夷名打罕，隶云南普定府。大德七年，改府为普定路军民总管府，隶曲靖宣慰司，州亦隶焉。寻改属湖广省。至正间，为广西泗城州所并。

皇明洪武十四年，普定府土酋同知安瓒不恭，命颖川侯傅友德讨之，寨长叶桂新等率众款附。十六年，仍置永宁州，隶普定府。十八年，府废，改隶普定卫军民指挥使司，隶贵州都司。正统二年，隶贵州布政司，领寨六，长官司二。

顶营长官司。元为寨。本朝洪武四年，置本司，隶普定府。十六年，改今属。

慕役长官司。元为寨。本朝洪武四年，置本司，隶普定府。十六年，改今属。

郡名

永宁。元名。

达安。古名，夷语讹为打罕。

形胜景胜见《卫志》

山川险阻，林箐蓊郁。阻以重山，环以层崖。俱《一统志》。南距泗城，北接水西，盘江之险犹襟带然。

疆域

东抵镇宁州界，二十五里。西抵普安州界，一百九十里。南抵广西泗城州界，二百六十里。北抵安顺州宁谷司界，三十里。东南抵镇宁州康佐长官司界，一百三十里。西南抵广西安笼长官司界，三百六十里。东北抵安庄卫界，一百五十里。西北抵普安卫界。一百九十里。

山川

红崖山。治西北八十里。壁立万仞，山畔有洞，广深数十丈，居民间闻洞中有铜鼓声。或崖上红花如火，是年必有瘴疠。世传武侯驻兵之所，夷人每一年或三年一祭，牲用乌牛白马，则岁稔。

打罕坡。古名达安，旧州北十里。路道经其上，凡十里，崎岖甚。

盘江。城东四十里。源出乌撒，经曲靖西，由七星关下，入安南境，合诸小溪北转而东南，至慕役司乌泥江，通广西泗城州右江，至番禺入南海。《三国志》载，诸葛孔明南征至盘山，即此。夏秋暴雨，水气红绿色，人触之即病瘴。过渡处，两山陡夹，水势汹涌，往来患之。万历十一年，当道会议建木桥，十三年成，未十年坏。今仍用舟楫，近奉巡抚江东之有建桥议，见《经略》。

慕役司

安笼箐山。司北五十里。山峦相接，林木蓊密，周四十里，官道经其中，险阻难行。

象鼻岭。司西北四十里，滇南道经其上，险峻难登。提学吴国伦诗：“山形如象鼻，涧道拟蚕丛。筏渡千崖底，车旋万石中。短亭微上月，鸣瀑远生风。白发悲行险，乾坤一转蓬。”

白水河。司西北三十里，驿道之侧。水自高崖下注，长数十丈，飞沫如雨，凡二三里。盖黔中瀑布第一奇观。

郎公河。司东南三十里。流急，不能为桥，设舟以济往来。

顶营司

鸡公背坡。司东三十里，形如鸡背，与关索岭对峙。

关索岭。司北。势极高峻，周回三十余里，岭畔有马跑泉。

箭眉山。去司一百里，地名陆堡。高大，周四十余里，河萦其下，巅有两峰，峰半一谷，宽平可耕凿，土气多燠，蔬果四时不乏。土著仲家居之。

风俗

夷民杂居，俗尚各异。刻木示信，犹存古风。兴行力田，渐洗蛮陋。

慕役司。土官袭荫后。或部民保奏其妻授职事，冠带如男子，民亦信服之。白猓猡喜食生脍，酿大麦荑稗为酒，不篘，以筒吸饮之。

顶营司。曰龙家者，男子尚白，以黑帕抹额，婚嫁有夫妇礼，服食器用与本州汉人同。

户口

嘉靖间官民二千三百六十九户，一万九十六丁口，万历二十五年增至三千一十九户，一万二千五百八十丁口。打罕哨八百八十七户，四千三百八十七丁口。顶营长官司一千一百三十七户，三千四百九十六丁口。慕役长官司九百九十五户，四千六百九十七丁口。

土田

旧志山坡险平不一，原无亩数。万历九年新丈实在民田三万六千四百一十六亩八分。打罕寨一万二千八百六亩零。顶营长官司一万二千八百五十六亩零。慕役长官司一万七百五十三亩零。

方产

波罗蜜、余甘子、虎皮楠、枫木。

贡赋

秋粮，旧额二千二百九十四石四斗六升一合五勺。万历九年新丈如额，十九年起科粮五石，通共二千二百九十九石四斗六升一合五勺。顶营司七百二十五石。打罕等寨八百二十一石六斗九升五合。慕役司七百五十二石七斗六升六合五勺。

徭役

万历二十五年，条鞭、银差、力差、公费三项，共银一千四百二两五钱零。顶营司四百二十八两一钱二分零。慕役司六百一十二两六钱四分零。打罕哨三百六十一两七钱七分零。

城池同安南卫城

公署

州治。初建于打罕寨。宣德间，改建于关岭所。嘉靖十一年，巡按御史郭弘化题改于安庄卫。万历四年，兵备杨启元议安南无有司节制，题请改建于安南卫，城制始定。

征粮行馆。关岭所，知州赵文祯建。

永丰仓。卫右，万历五年建。

顶营司治。州南。

慕役司治。州西一百七十里。

盘江巡检司治。在黄土坡，今迁州治东四十里[①]，盘江桥下，万历十一年建。

学校见《安南卫志》

万历二十四年，提学沈思充详允以安南卫学政属本州提调。

秩祀

社稷坛。州治南。

山川坛。州治南。

厉坛。州治东。

城隍庙。州治左。

关梁

盘江关

乌鸣关。洪武中置，有戍兵。

白虹桥。慕役司西北三十里白水河上，洪武间，都督王成奉敕建。

南云桥。顶营司西三十里。

者马桥。州西六十里。

盘江渡。顶营司西。杨慎诗："保甸坡前不可留，盘江渡头惟一舟。驱鼋役鹊无灵术，谁是寻源博望侯？"

兵防

马跑哨、阿邦哨、固廓哨、安平哨、阿里哨、沙营哨、黄毛哨、查城后哨、马安哨、顶营哨、慕役哨、阿由哨、黄土坡哨。各哨兵不等，俱系顶营、慕役、沙营、阿果等处粮民防御。

---

① 州治东四十里：原作"州治东西十里"。"西"当为"四"之误。据上文《山川》部分："盘江，城东四十里。"《黔记》卷八"山水志"："城东四十里有盘江，源出乌撒。"据改。

邮传

查城驿。卫治南八十里。

协济各驿马馆

查城驿。供馆银一百四十两四钱，马银七百二两，铺陈银一十四两。
关索岭驿。供馆银二十两，马价银七十八两。
派该：
打罕哨。一百八十五两九钱七分八厘。
顶营司。三百二两五钱七分八厘。
慕役司。四百六十五两八钱四分四厘。

惠政

预备仓。
养济院。

职官

知州一员，吏目一员，查城驿驿丞一员，永丰仓大使一员，顶营、慕役二长官司各正副长官一员，各吏目一员，盘江巡检司巡检一员，添注土巡检一员。

知州

洪武：
张融。
陈应期。上元人。
陈佐。江西人。
叶泰。荆州人。
漆登。高安人。
唐金。晋宁人。
段丝锦
吴敦本。浮梁人。
万历：
薛希周。四川人。
赵文祯。马平人。

杨象乾。太和人。

邹子先。宜黄人。

徐世隆。昆明人。

陶希皋。姚安人。

郭良楫

蒋时櫄

张问明。长子人。

顶营长官司

正长官阿光。本寨民。洪武四年归附，充寨长，有功。三十一年，升本司正长官，传三世孙瑜、兴、衍，俱故绝。景泰五年，弟伟袭。沿罗承宗袭。

副长官程仕。湖广府城县人，充明氏千户。洪武四年归附，拨贵州卫。屡征有功，十九年，升授本司副长官。传三世孙茂，未袭，故绝。弟敬袭，沿至祖武。

慕役长官司

正长官阿夷。本寨民，充寨长。洪武十四年，归附，有功。十九年，升授本司正长官。传三世孙礼福海年幼，族叔邓借袭，邓谋杀福海，故绝。弟晟承袭。至七世孙天宠袭，绝，弟天秩袭。

副长官杜仲仁。六合县人。丁酉年归附，从军。洪武四年，拨贵州守御。十八年，升授本司副长官，沿永康袭。

盘江河土巡检李阿当。充土官适恭下把事。正统三年，四世孙莳有功，升本司土巡检。沿至应麒。

名宦

张融。洪武六年，任本州同知。创立法度，建州治，抚绥有方，人皆悦服。

叶泰。宣德间知州。莅政恺悌，夷民畏服。

陈佐。正统间知州。沉静端谨，庶事修举。

段丝锦。嘉靖间知州。廉干有为，夷民信服。

吴敦本。隆庆间知州。节爱有声，至今称之。

乡贤

杜仲仁。普定府人。洪武初，以荐任慕役司副长官。招怀安集之政，为夷民所仰。

程士贵。本州人。洪武初，荐任顶营司长官。保民靖边，政绩大著。

韩钰。正德间，任浙江湖州府推官，居官屡腾荐剡，解组推重乡评。

流寓

韩鹏。河南嵩县人。宣德间，任安顺州同知，赴京进表回，无力还乡，遂家焉。

畅通。河南唐县人。弘治年间，任本州吏目，因疾致仕，落籍本州。

李新。四川茂州人。嘉靖间，任安庄卫学训导，九年任满，士夫留为本处师模，遂入籍。

亭馆

虚受堂。州治内，知州邹子先建，为迎宾馆。

清涟亭。分司前。

川上亭。白水河上。

坊市

登云坊。学前，知州陶希皋为武懋功、张志皋建。

兔场市。黄土坡。

寺观

永兴寺。

关索庙。顶营司治内。

五显庙、关王庙。俱慕役司治内。

古迹

诸葛营。一在红崖山，一在盘江山。世传武侯南征，屯兵于此，今耕民尚获箭镞之类。

马跑泉。关索岭畔。索，羽之子，从丞相南征，开道路过此，渴甚，忽所乘马跑地，泉倏涌出。

祥异

嘉靖丙戌四月，地震，夕苏屯等山崩，压官田，损坏民舍。

癸巳，民家[1]生一男，两头四足。

万历戊寅，火查城站及坐镇公署。

---

① 民家：《黔记》作“永宁民家”。

辛巳，慕役司龙见。

癸未六月，庆云见于州之西南。七月，龙翔于州之西北十五里。

纪兵

成化三年丁亥，打罕州土同知韦阿礼叛，抢劫进贡马匹，杀伤官军，时即奏闻，调广西泗城州土舍岑善忠领军剿平之。

万历十年壬午，顶、慕二司构兵，持久不寝，镇巡衙门檄州卫领兵攻散之。

第十四章　安南卫

沿革

《禹贡》梁州西南境。秦为黔中郡地。汉为牂牁郡地。蜀汉及晋俱为兴古郡地。唐为牂牁国地。宋为罗甸国地。元为普安路，隶云南行省。

皇明洪武十七年，置尾洒驿，属普安军民府。二十年，置尾洒递运所。二十一年，置尾洒站及尾洒堡。二十三年，置安南卫指挥使司，隶贵州都司。设卫治于江西坡。二十五年，迁于尾洒堡，即今治，领千户所五。

郡名

尾洒。

形胜

盘江界其东，乌鸣扼其南。《一统志》。玉枕比寒峒之奇，朝阳映迟日之丽。《续志》。

安南八景

尾洒晴烟。主事杨彝诗："复岭重冈气郁葱，非烟非雾散瑶空。苍苍晓色鸿蒙里，淡淡晴光紫翠中。瑞彩双飞金鸑鷟，天花几朵玉芙蓉。身依南斗瞻亲舍，夐隔乡关百万重。"

鸦关积雪。

西坡夕照。

古洞泉香。杨彝诗："石乳渊澄溅齿香，洞门深护翠琳琅。云浮寒碧晴犹雨，露滴空青冷欲霜。蟾吐夜光窥玉鉴，鹤鸣清籁奏金商。试茶取水阴崖底，坐爱将军大树凉。"

盘江晓渡。

清涟云影。

悬崖瀑布。杨彝诗："银汉飞泉万丈悬，玉虹晴贯白云边。水帘常洒无云雨，朱箔虚明不夜天。雁荡看秋劳梦思，庐山览秀有诗篇。复瞻奇胜南荒外，雅兴何如李谪仙。"

紫棠晓霁[①]。杨彝诗："紫棠[②]小雨过山椒。日脚荧荧[③]转树腰。暝色渐随青霭重，晴光欲敛绛霓[④]消。冒烟[⑤]归去秋田牧，隔水行歌晚径樵。林下旌旗来小队，将军出射暮云雕。"

疆域

东抵安庄卫界，一百六十里。西抵普安州界，一百六十里。南抵广西安笼长官司界，一百六十里。北抵普安州界，二百五十里。东南抵广西泗城州界，一百九十里。西南抵安南千户所界，一百二十里。东北抵普安州界，三十里。西北抵普安州界。五十里。

山川

飞凤山。城南二里。

独秀山。城东一里。

玉枕山。城南一里。

白基山。城西三十三里。嵯峨峭壁，相传上有异物，隐见不常。

龙翔山。城东北五里。山顶有泉，四时不竭，祷雨辄应。

盘江山。城东三十七里。石路盘曲，陟降险峻。

江西坡。城南三十里。洪武中，初置卫于此。

白石岩。城西南五十里。悬岩峭壁，飞泉瀑布。

清源洞。城东一十三里官道旁。洞中有清泉，岩石奇怪，暑月行人憩焉，乡士夫及过客多所题泳。景云"古洞泉香"，即此。

瀑石岩。城东三十里。有泉自岩洞泻入深潭，遇旱祷祈辄应。

朝阳洞。城西南一里。中产异石，又有泉从石隙流出，澄澈如练。石壁刻有古诗云："岩前花发春正浓，柳如黄金来暖风。柔丝拦路挽不断，怕有俗子相交通。当年老叟围棋处，犹有穷猿挂高树。花谢花开春又春，几载避秦不归去。紫芝瑶草变苍苔，碧桃红树成蒿莱。市朝迁转居人易，兴亡两事俱哀哉！我向洞中访陈迹，神仙遗石莹如璧。持得归来售市人，售遍市人俱不识。"

江西坡河。南流入盘江。

---

① 晓霁：《黔记》同，《黔诗纪略》作"晚照"，当是。《黔诗纪略》题下有小字注："棠一作塘"。

② 紫棠：《黔记》同，《黔诗纪略》作"紫塘"。

③ 荧荧：《黔记》同，《黔诗纪略》作"斜低"。

④ 绛霓：《黔记》同，《黔诗纪略》作"绛烟"。

⑤ 冒烟：《黔记》同，《黔诗纪略》作"穿云"。

者卜河。城东南四十里。
阿黑河。城东南十五里。
尾洒井。城南门内，水清而甘。
双清井。城内西北。二井相连，水极清洁，下汇为双清塘。
永澄泉。城东北一里。
白麓泉。城南一里。
清涟池。卫治南。深广有源，经历黄相开，砌石甃亭，有记。
飞瀑泉。白石岩下。

风俗

土俗犹存桴鼓，流寓浸有华风。俭陋质朴，勤于耕稼。《一统志》。

户口

嘉靖间，屯、城、站、铺官军二千四百八十六户，六千八百九十二丁口。万历二十五年，增至三千四百八十六户，七千八百九十六丁口。

土田

旧志，水陆田地三万四千六百七十亩九分。万历九年新丈实在二万五千六百三十七亩二分零。屯田一万六千二百零六亩。科田九千四百三十一亩二分四厘。

贡赋

屯科粮旧额五千八百五十石。万历九年新丈五千八百八十四石五斗七升零，续增一石六斗零。二十五年实在五千八百八十六石一斗零。屯粮五千三百八十石。科粮五百六石一斗七升零。

课程。岁征场税四十三两二钱。

徭役

万历二十五年，条鞭、岁用、丁差、屯粮、余田、祭田银，通共五百二十九两三分零。

城池

卫城。洪武二十五年，指挥梁海建，甃以石，门四：东曰迎祥，南曰振武，西曰永通，北曰长宁。楼如之。城铺三十六，周七百四十三丈。

公署

卫治。洪武二十五年建。

经历司，镇抚司，左、右、中、前、后五所。俱治内。

尾洒堡。附卫。

演武厅。教场内。

盘江哨署。嘉靖四十一年建。

行治

布政分司。城北。

按察分司。城东。

学校

儒学。城内，宣德八年建。

明伦堂。文庙后。

进德、修业二斋。堂前左右。

敬一亭。明伦堂后。

教授、训导廨二。明伦堂后。

礼门。

义路门。

儒学门。

先师庙。明伦堂前。

东、西两庑。

戟门。

棂星门。

泮池。万历十年，知州郭子先甃以石。

启圣祠。文庙左。

乡贤祠。提学蒋信创建于启圣祠左。

名宦祠。启圣祠左。

社学。一卫治前，一城东门外，一南门外，俱万历二十二年御史薛继茂建。

秩祀

社稷坛。城南门外。

山川坛。城南二里。

厉坛。城北门外。

城隍庙。城内中。

旗纛庙。旧卫治后，今改建演武厅后。

关梁

乌鸣关。城南二里。

江西坡桥。城西三十里，洪武十五年建。

盘江桥。城东三十里，为滇贵通津，巡抚严清、舒应龙，巡按傅顺孙、毛在先后协谋，于万历十年建木桥，上覆以屋，未及十年而坏，今仍用舟渡。

兵防

额颁铜牌十面。

旗军。原额五千六百名，查存一千二百零一名。

军器。原额二万一千一百六十三件，查存九千一百一十三件。

操马。原额一百二十五匹，查存五十匹。

盘江哨。哨军二十五名。

新哨。军一十五名。

永平哨。军十一名。

梅子哨。军二十五名。

安笼哨。兵二十五名。

以上守哨百户一员。

黄茅哨。兵十六名。

阿黑哨。兵六名。

马场哨。万历二十二年内设，坐镇指挥一员，队长一员，募兵二十三名。

尾洒堡。军兵四百四十八名。

邮传

尾洒站。军二百三十六名。

尾洒镇、哈马章铺、乌鸣铺、矏茄铺、牛场铺、泥纳铺、芭蕉铺、新兴铺、革剌铺、板榜铺。各司兵不等。

惠政

预备仓。卫治前，嘉靖五年毁，今改卫治外。

养济院。卫治前。

职官

掌印指挥一员，管屯指挥一员，管操指挥一员，捕盗指挥一员，经历一员，镇抚一员，五千户所各掌印千户一员，管操千户一员，所镇抚一员，管军屯百户十员，尾洒站百户一员，尾洒堡百户一员，儒学教授一员，训导一员。

指挥使

吴忠。直隶宛平县人。洪武十九年，功升指挥使。宣德六年，男海调本卫。沿光荣袭。

梁海。直隶怀宁州人。洪武元年，功升指挥同知。二十三年，调本卫。正统元年，三世孙通功升指挥使，沿世荣袭。

指挥同知

张兴。河南汝阳县人。从军，洪武元年，功升副千户。二十三年，调本卫。正统七年，男隆指挥佥事。弘治七年，三世孙统功升指挥同知。沿鸿袭。

寻达。直隶定远县人。从军，洪武元年，功升指挥佥事。十五年，调本卫。成化四年，五世孙成功升指挥同知。沿天祚袭。

署指挥同知

萧三。直隶迁安县人。洪武二十年从军。三十三年，男斌以功升指挥佥事。正德六年，四世孙律功升指挥同知。沿中降署指挥同知。

指挥佥事

王华。湖广长沙县人。从军，洪武元年，功升百户。二十三年，男成调本卫。天顺三年，五世孙俊功升正千户。成化十六年，六世孙瑄功升指挥佥事。沿民哲袭。

林荣。山东益州人。从军，洪武元年，功升百户。二十三年，男整调本卫。天顺五年，二世孙敞功升副千户。正统八年，四世孙远功升指挥佥事。沿国材袭。

李俊。直隶徐州人。从军，洪武二十年，功升副千户。二十四年，调本卫。天顺八年，四世孙宣功升指挥佥事，沿启元袭。

牟大直。直隶江都县人。从军，洪武三十二年，功升副千户。三十五年，男源功升正千户。弘治十五年，四世孙钺功升指挥佥事，调本卫。沿良策袭。

陶义。直隶徐州人。从军，洪武元年，功升百户。十八年，男功升正千户。二十三年，调本卫。天顺二年，四世孙琏功升指挥佥事。沿汝夔袭。

胡海。直隶武进县人。从军，洪武五年，功升百户。二十五年，调本卫。景泰六年，四世孙宁功升指挥佥事。沿来朝袭。

高九。直隶兴和路人。从军，洪武六年，男斌功升副千户，改姓康。宣德三年，调本卫。天顺八年，三世孙泰功升正千户。六年，四世孙政功升指挥佥事。沿启宗袭。

徐伏三。直隶如皋县人，从军。洪武二十四年，男九功升小旗，调本卫。宣德六年，三世孙兴功升百户。成化十五年，四世孙旻功升正千户。弘治六年，五世孙雄功升指挥佥事。沿有光袭。

王真。湖广荆门州人。从军，洪武元年，功升百户。二十三年，调本卫。成化十六年，五世孙文功升正千户。正德八年，六世孙相功升指挥佥事。沿绍義袭。

教授

正德：

杜纯。西充人。

嘉靖：

戚本渊。浪中人。

左祐。当阳人。

章文。马平人。

徐仁。曲靖人。

耿晟。归化人。

李继武。平越卫人。

陈轩问。澄江人。

王世昊。揭阳人。

杨桂。达州人。

万历：

张凤翼。楚雄人。

胡渊。临川人。

李逢明。云南人。

孙嗣兴。南海人。

李继芳。昆阳人。

训导

成化：

谭震。清浪人。

李省。州林人。
弘治：
何允恭。苍溪人。
孙宗。通海人。
正德：
龚震。新津人。
岑九皋。名山人。
嘉靖：
林芳。广东人。
董林。蒙化人。
屠显忠。都匀人。
吴紞。澄江人。
王羽翼。临州人。
陈琏。鹤庆人。
邓椟。南部人。
谢衮。楚雄人。
张仕英。乌撒人。
隆庆：
韩文炳。普定人。
万历：
黄应春。龙里人。
徐宗傅。名山人。
王道行。临安人。
郑邦彦。铜仁人。
江鳞。定番州人。
封良弼。宣慰司人。

科贡

进士

举人

正德丁卯：张浚。官至推官。
丙子：武志高。

嘉靖辛卯：梁森。官至知县。

石盘。官至知县。

丙午：杨培。

黄珊。

己酉：杨佐。

乙卯：杨阶。官至同知。

隆庆丁卯：武懋功。官至知县。

庚午：张志皋。官至知州。

万历乙酉：王克昌。

戊子：包德胤

岁贡

弘治：郭贤、陶唐、陈芳、武威、孔瀚、林瀚文。

正德：宋文玉、萧彦植、邹仲武、闻学、唐廷宣、石仲德、宋元、陈琼、刘文远、王廷瑞、陈文俊。

嘉靖：杨相、陈琇、吴纶、穆林、刘天祐、陈举、林秀、石金、陈鉴、陆俸、应期、陈章、顾麟、宋文奎、宋文壁、席聘、宋良、陈珙、陆嵩、周洪、张志尹、阮逊、潘鸾。

隆庆：舒松、方相、徐鸿儒。

万历：陈玙、卜相、邓璋、陈奇、王弘化、王嘉贤、阮志、武修文、梁汝谦、包一贯、赵秉智、梁汝翼、陈皋谟、邓珮、席真吉、应良臣、潘子谟、陈显祖、徐元孝、石国柱、陈益谟、王光启、刘梦龙、李应元、张四科选贡。

名宦

梁海。洪武二十一年，领军开创安南卫。二十七年，既迁卫治，城垒公署皆草创未备，梁谋度规画，以次葺之。劝督有方，士卒不知其劳，城治一新，军民至今赖之。

吴庸。清修雅饰，器宇宏远。官至都指挥，既致仕，复起征都匀、清平叛寇，矍铄领兵，数捷，赐俸赡之终身。

洛忠。贵州前卫指挥使，守备威清等卫。米鲁之变，忠彻夜巡城，卒赖以全。

杜纯。南充人。正德间任教授。学问渊宏，规模严肃，士气丕振，当道延至书院教习诸士，所著有《三试集》。

万历《丁酉志》名宦共四人

乡贤

张浚。魁伟沉毅，举动光明，任福州府推官。骨鲠有才，民皆颂德。以改调，遂不复任。捐金助贫，绝迹公门。士论重之。

万历《丁酉志》乡贤一人

恩典

杨仁。以子相贵，封知县。

张书。以子志皋贵，封知县。

万历《丁酉志》恩典二人

孝义

姚余。洪武间镇抚，果毅有膂力。时安南寇乱，西平侯经过，以余清道，行至盘江，与贼遇，遂奋勇追之，戮三人，贼急，并力，余因遇害。西平侯以其事闻，命有司给米布恤其家，仍遣官致祭焉。

万历《丁酉志》孝义一人

贞节

唐氏。何俊妻。俊丧，唐方少艾，父母舅姑俱欲更其志，唐曰："人之所以异于禽兽者，以其有节义耳。吾宁死不再事人！"守节三十年，皎然无瑕。

王氏。指挥梁冠妻。冠卒，王年十七，无子，甘贫纺织，孝养舅姑。或怜其少，劝令再适，以死自誓，守节四十余年，清操始终一致。嘉靖间抚按旌之。

宋氏。指挥萧律妻。律卒，誓不再嫁，抚孤子丛承荫。未几，丛卒，宋甘贫移居墓前，备尝诸艰，抚育孤孙时中承袭。年八十有九。御史蔡廷臣旌之。

杨氏。年十六，归百户李遵，谏夫被逐，依母居一十二年，夫悔悟，复迎归，仅二载，生子栋。夫卒，杨纺绩度日，抚栋承袭。年逾七十，始终一致，巡按御史杨允中旌之。

万历《丁酉志》贞节四人

亭馆

谯楼、迎祥楼。俱卫治南，洪武二十七年建。越升诗："峰峦环合绕山城，突兀高楼耸太清。雅称桓伊来弄笛，好教子晋坐吹笙。"

坊市

咸熙坊、永安坊、宁远坊、治政坊。俱卫治前。
数仞宫墙坊。学前，御史马呈图建。
亚元坊。为举人杨培建。
迎恩坊。东门外。
边隅重地坊。卫治南。
奠绥方域坊。城隍庙前。
太和元气坊。学大街，巡按马呈图建。
鸣凤坊。为举人张浚建。
南市。
东市。

寺观

南峰寺。卫治关中。
玄灵观。治东一里。
高真观。城南一里，玉枕山上。
玉皇阁。南峰寺后山。
龙神庙。治南鹅关。
关王庙。治南门外。
川主庙。治东关外。
水星庙。治前。卫有火灾，建此庙以镇之。

古迹

卫旧城。南三十里江西坡。

祥异

嘉靖癸丑，指挥吴琦家紫牡丹盛开，中有一茎二花并蒂，香色异常。
庚申，虎患。
万历甲申，庆云现，二龙升腾于西南。

纪兵

景泰元年庚午，安南卫夷人鄢卜班以妖术惑众，攻围城池，官军讨之，获班始宁。

弘治十四年，普安州土酋妇米鲁、夷人阿保内相争夺，攻围城池、屯堡，大被杀掳。镇巡调集官军征之，结营于盘江坡，布政间公钲因遇害，掳去太监杨友，官军死者数千人。大兵四集，讨平之。

内科贡、隐逸、迁谪、流寓、仙释、丘墓无入。

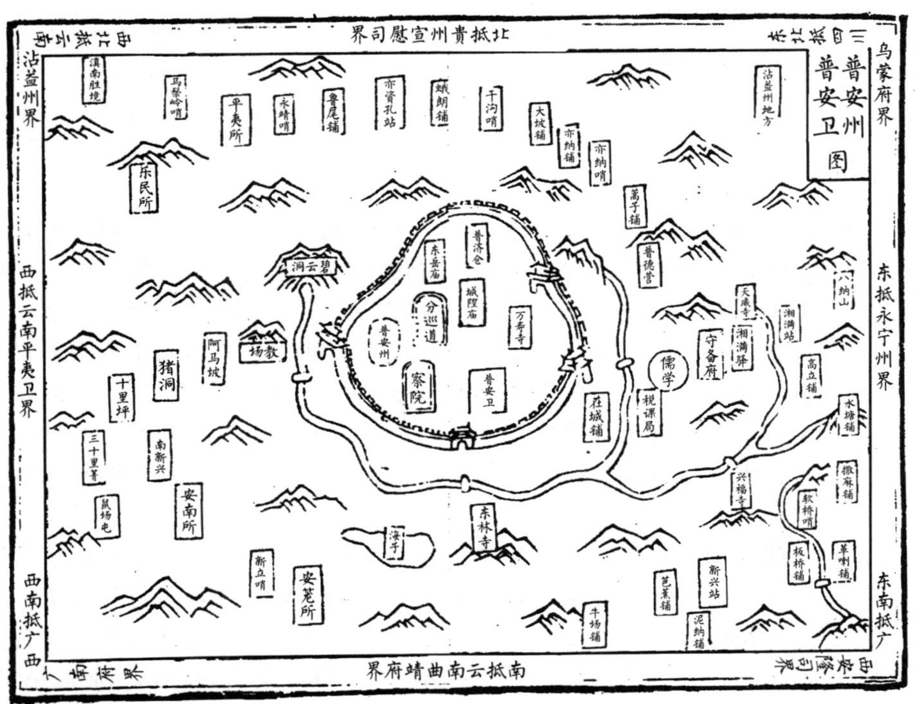
北抵贵州宣慰司界
南抵云南曲靖府界
普安州普安卫图
东抵永宁州界
西抵云南平夷卫界
普安州
普安卫
察院
分巡道
城隍庙
东岳庙
普济仓
万寿寺
儒学
守备府
东林寺
安南所
安笼所
乐民所
平夷所

图 11　普安州、普安卫图

贵州通志卷九

第十五章　普安州

沿革

《禹贡》梁州之域。秦为黔中地。汉为牂牁郡地。蜀汉、魏、晋俱为兴古郡地，隋属牂州。唐武德中置西平州，贞观中改为盘州，领附唐、平夷、盘水三县，隶戎州都督府。蒙氏时为南诏东鄙，东爨乌蛮居之，号于矢部，或作榆市部。其后爨酋阿宋更号齐弥部，复为于矢部。元延祐四年内附，置于矢部万户府，寻改为普山府，至元间改置普安路，领和龙、八纳、习旧、普定四部，隶云南省。寻改为普安安抚司，后复为普安路，领和龙、八纳、习旧三千户所，镇宁、永宁、习安三州，普定、永山、石梁、罗山四县，隶曲靖等处宣慰司。

皇明洪武十四年克服，十六年初置普安军民府，以土酋那邦妻适恭为知府，佐以流官。适恭卒，以子普旦为知府。二十二年，普旦与越州阿资、本府马乃等连兵叛命，袭陷普安府。二十二年，天兵讨平。罢普安府，置普安军民指挥使司领其地，移治今城，隶云南都司，寻改隶贵州都司。永乐元年，置普安安抚司，以土酋慈长为安抚，隶普安卫。十三年，慈长谋为不轨，改安抚司为普安州，初设流，隶贵州布政司，领罗罗夷民十二部，号十二营，名其部长曰营长。

郡名

兴古。蜀汉名。

盘州。唐名。

于矢。一作榆市。

齐弥。晋名。

普山。元名。

形胜

据险立城，控夷蛮之襟喉，为大邦之藩屏。云、贵、川、广之交。俱《一统志》。外控六诏，内扞三藩。《新志》。分水岭峙其西，盘江河界其东，雄镇三藩，利通四省。

普安十景

文笔插天。知州胡桐诗："佐禹治东方，文明壮大荒。管城金辟地，即墨古风疆[①]。云景呈笺巧，银河洗砚凉。五星辉紫极，丽藻焕天章。"

碧云春洞。提学吴国伦诗："何意盘江外，乾坤更一丘。却令骢马使，蚤为碧云留。煮石颜堪驻，巢松迹故幽。种瓜成五色，不忝邵平侯"

云梯凌汉。胡桐诗："鸟道入南中，岧峣上碧空。步怜千级险，身逐五云东。绝顶遥承露，凌虚好御风。葡萄牵瀑布，疑泛斗牛宫。"

黉池印月。胡桐诗："月吸黉池影，清光射凤台。一泓涵贝阙，三殿倒蓬莱。玉练牵风动，银莲照水开。广寒秋霁近，香送桂花来"。

唐帽笼云。胡桐诗："帽岭郁嵯峨，轻云罩碧螺。御香浮紫殿，寒雪罨貂罗。博带清流满，宫袍绿树多。近天依北斗，万古镇牂牁。"

霞山叠翠。胡桐诗："山翠积芳华，双石映晚霞。火龙青玉案，丹凤碧桃花。锦瑟灵妃跡，天台玉女家。俗尘留滞久，聊此饭胡麻。"

春堤翠柳。胡桐诗："堤柳舞宫腰，流云梯短桥。小桃和锦浪，啼鸟杂青箫。叶老黄金变，花开碧玉飘。春游非送别，不取最长条"。

秋穑黄云。胡桐诗："白露三秋节，黄云万亩天。午风翻逆浪，斜日俯晴川。野妇炊村酿，农人积社钱。两歧惭德政，持此颂丰年"。

万山晴雪。胡桐诗："云敛日东移，乾坤万汇熙。银屏开翠叠，蜡树伴青枝。律转消寒栗，风清洗乱丝。郢歌惟白云，下里未开诗。"

兴福晓钟。胡桐诗："古刹近山城，钟声拂曙鸣。竹房残月冷，珠树晓风清，客破乡关梦，农嗟妇子耕。老僧云伴卧，不问夜窗明。"

疆域

东抵永宁州界，一百九十里。南抵云南曲靖府界，一百八十里。西抵云南平夷卫界，一百里。北抵贵州宣慰司界，二百五十里。东南抵广西安隆长官司界，五百四十里。西北抵云南沾益州界，二百一十里。西南抵广西广南府界，五百四十里。东北抵四川乌蒙府界。二百三十里。

① 风疆：《黔记》作"封疆"，当是。

山川

番纳牟山。治西。为州镇，驿道由之，又名云南坡。景云“云梯凌汉”，即此。

八部山。东三十里。九峰摩空，一泉奔注，旧普安在其下。

石象山。西南六十里。形如象。

八纳山。东北七十里，高二十里，上[①]有平顶，旁连小石百余。泉声树色，常与烟岚掩映，人迹罕到。土俗相传以为土酋益智藏其祖宗魂筒于崖穴间，子孙十年一次登山祭之。每登必椎牛羊，持刀弩，鼓噪往焉。

广午山。州北九十里。林木郁茂，下有小溪，流入山穴。

笔架山。治东。形如笔架。景云“文笔插天”，即此。

香罗山。治西二百里。平夷千户所居其上。

杨那山。东南一百五十里。安南所在其下。

夹牛山。南一百里。乐民所在其上。

新盘山。东七十里。新兴所在其上。

党壁山。西南一百里。平旷可容数百家，四时风气清凉。

罗磨塔山。北一百八十里。四面峭壁，上有寨，惟一径可达。

盘江山。东一百八十里。安南、安庄分界。

营盘山。治西。学宫在其阳。相传武侯南征过此，结营于上。

贵人捧诰山。治东。学面山。

得都山。治东。又名白崖。

和合山。番纳牟山右。形如双髻，独高群山。郡人望气以卜阴晴。

目前山。治北三里。有石洞，水出其中，下汇沙河，入三一溪。

雄镇山。城内。一名卧牛山。形如飞凤。

白基山。东一百二十里官道旁。上有峭壁可爱。

尾洒山。东一百六十里。安南卫在其阳，高耸众山。俗云尾洒者，华言水下也。

格孤山。东南四百五十里。

碧云洞。治南三里。旧名水洞。外狭内旷，悬崖怪石，状极奇巧。景云“碧云春洞”即此。

天桥洞。乐民所城西。有石如桥。谢瑜诗：“幽洞小有天，灵波去无地。”

新石洞。治南。中多怪石。

拖长江。治东七十里。源出沙陀石崖中，下通盘江河。

盘江。源自普畅寨，经州境东北，下流合乌泥江。见《一统志》。

---

① 上：原文作“土”，不通，据《黔记》改。

南板桥河。治东南八里。上接大水塘，入盘江。

者卜河。东南一百八十里。源出杨那山下，流入盘江。

龙潭。治南五十里。石穴深不可测，祷雨多应。

三一溪。治东。水源有三：一出沙河庄，一出目前山，一出云南坡。三流相遇，合为溪。

深溪。东南一百二十里。源出木家寨，流经黄草坝，入乌泥江。郡人杨彝有诗，见《艺文》。

磨溪。东南一百九十里。出乱山中，通乌泥江。

响水。治南五十里。声闻数里，水入石洞。

以冲海子。安南所城南。周围三里许，深不可测，旁有石门，海子之水注而入焉。

大水塘。南三十里。四时不涸。

普济泉。城西门内。清甘可爱。

温泉二。一在州治东南八十里，一在乐民城西。水温冬夏皆可浴。

洗心泉。城中东岳庙左。御史傅顺孙名。

风俗

士业诗书，农勤稼穑。尚文重信，甲第云仍。《旧志》："郡城军民，多自中州迁戍，士事诗书，农勤稼穑，尚文重信，尤胜他郡。"夷性倔强。《旧志》："土酋号十二营长，部落皆罗罗、仲家、犵狫、僰人，语言不相谙，常以僰人为通事译之。性多悍戾倔强，好斗。服饰、居处、婚丧、嗜好，皆与宣慰司罗罗同。"累世为婚。《旧志》："夷人种类不一，世为婚姻。妇见舅姑不拜，以木器进盥漱手为礼，与酒则立饮，近颇渐染华俗。"摘髭裹髻。《旧志》："僰人、罗罗，摘去髭须，妇人束发于顶为髻，仍以慢毡竹笠髻加于上，出遇官长，则除笠悬之臂以为敬。男女皆着青衣，男子以青布裹头。"

户口

嘉靖间官民杂役三千一百四十一户，四万五千三十八丁口。万历二十五年，增至三千一百八十五户，报存三万六千八百二十八丁口。

土田

《旧志》：田地随山开垦，难以计亩。万历九年新丈实在民田地三万四千八百零五亩零。木椅营三千三百一十四亩。黄草坝营三万一千四百九十一亩。

方产

硃砂、水硍、铁、雄黄、紫粉、鸡稯、橙、漆、香蕈、苗瓜、酥油、乳线、柑榄、七里香。

贡赋

夏税，麦粮旧额二百三十二石七斗五升，每石折[①]征银三钱，共折银六十九两八钱二分五厘，解布政司。狗场营五十石。归顺营二十五石。木樗营二十五石。楼下营二十石。鼠场营二十四石五斗。鲊希黑营二十石二斗五升。鸡场营二十石。卜容营三十石。普陌营一十石。毛政营八石。

秋粮，旧额三千一百六十七石八斗一升九合二勺七抄。万历九年新丈实在三千一百六十七石八斗一升九合二勺二抄，外场一十三石，共三千一百八十石八斗一升九合二勺二抄。折轻赍不等，共银一千五百七十九两四钱零。黄草坝七百零七石。归顺营三百三十九石。木樗营三百零八石。鼠场营一百三十五石一斗六升零。鲊希黑营二百一十七石五斗。鸡场营一百二十七石。马乃营三十二石。普陌营一百石。毛正营九十六石。五锁营二十三石五斗。大头河车四四十七石。寿长里一十六石六斗九升四合零。木溪里一十二石五斗四升七合。双河里七石零二升。安南卫军舍代纳四十四石四斗三升。以上每石折银五钱。狗场营二百四十石九斗五升四合零。卜容营一百二十二石。以上每石折银四钱五分。楼下营三百七十九两。每石折银四钱二分。善德营实米一百石。轻赍一百二十六石零一升二合五勺。每石折银六钱四分。

课程，《旧志》岁征商税钞二万二千八百零九贯文。今改征银三十一两三钱零。

徭役

万历二十五年条鞭、银差、力差、公费三项，共实编银三千九百六十五两五钱五分三厘。州属十二营各摊派不等。

城池同普安卫

公署

州治。旧治在营盘山左。万历十四年，知州刘承范条议，以郭外不便，呈详抚按会题，以城内守备司相易。凿山拓地，创建公署。

---

① 折：原文误作“拆”，不通，据《黔记》改。下一“折”同，不另出校。

州判衙、吏目衙。州治左右。俱万历十四年迁建。

阴阳学、医学。俱万历十四年改建。

税课局。治北。

普济仓。城西门内。仓廒五间，一间收民粮。本州修。一间收军粮，普安卫修。

行治

察院。州城东门内。

分司。州治左。

守备署。旧州治改建。

学校

儒学。治西。洪武十三年建，永乐十五年迁建。

明伦堂。

崇德、广业二斋。嘉靖二十五年，巡按御史萧端蒙增修。

儒学门。

先师庙。永乐十五年建。正统八年，副使李睿修。

东、西两庑。

戟门。

棂星门。万历十六年，巡按赵士登重修。

敬一亭。嘉靖十年建。

启圣祠。殿左，嘉靖十年建。

名宦祠、乡贤祠。俱堂右。

尊经阁。

社学。三所：一在州城北外崇山营；一在州治大门外，知州徐世国建；本州善德等营各一所，俱提学副使徐樾建。

学田。一分东山。系乡官巡抚蒋宗鲁置买，每年纳租五石，公用。一分三板桥。原系宾兴公用，荒芜已久。万历二十三年，学正许瑞麟申请提学道沈思充招佃开垦，纳租二十石，永以修理学宫。

宾兴银。苗银二百两。弘治元年佥事吴倬、正德三年提学毛科前后发学。纹银二百两。嘉靖三十四年都御史高翀发学。以上每年放贷取息。余租每年纹银二十一两。牛租银不等。上四项俱为师生科举、贡监赴京盘缠。

秩祀

社稷坛。治西南一里。

山川坛。治南一里。
城隍庙。州治西。永乐间建。
厉坛。治西一里。
傅公祠。湘满驿后。万历十□年[①]，巡抚刘庠建，祠傅公添锡，有祭田。

关梁

芭蕉关。治东八十里。
安笼箐关。治南二百四十里。
分水岭。治西一百一十里。
倒木关。治南四十里。
云南坡。万历七年，云南巡抚王疑捐银三百两修砌平垣。
惠政桥。北门外。
临清桥。北郭。
善应桥。南郭。
澄源桥。北郭。
南小板桥。治南八里。弘治间义官刘华建。
三一桥。东凌寺前。
软桥。治东四十五里。
三板桥。治东六十里。
盘江渡。治东二百里。
深溪河渡。治东南一百二十五里。
通济桥。城西北一里。万历六年建。

兵防同普安卫

邮传

湘满驿。治北。
亦资孔驿。治西六十里。
新兴驿。治东七十里。
尾洒驿。治东一百六十里。

协济各驿马馆

湘满驿。供馆银一百八十两，铺陈银二十二两六钱六分零，马银五百四十九两六钱。

---

① 万历十□年：《黔记》作："正德十六年建，祀傅公添锡，云南府人，公葬于湘满驿后，有碑记、祭田。万历十一年重修。"

亦资孔驿。供馆银一百八十两，铺陈银一十七两六钱六分零，马银七百七十八两五钱。

新兴驿。供馆银四十八两，铺陈银一十七两六钱六分零，马银四百二十二两四钱。

尾洒驿。供馆银一百四十九两，铺陈银一十七两六钱六分零，马银五百二十八两六钱。

以上俱派本州属黄草坝等十二营。

在城铺、高励[①]铺、水塘铺、撒麻铺、荞子[②]铺、亦纳铺、大坡铺、娥郎[③]铺、亦资孔铺、鲁尾铺，各司兵不等。

惠政

预备仓。治内。

养济院。治内。知州苏兆印建。

职官

知州一员，判官一员，土判官一员，即旧安抚司。永乐十三年以不法伏辜，降判官。吏目一员，儒学学正一员，训导一员，新兴驿驿丞一员，湘满驿驿丞一员，亦资孔驿驿丞一员，尾洒驿驿丞一员，税课局大使一员，普济仓大使一员。

知州

永乐：

邓伯成。

宣德：

陶文静。万安人。

张豫。华亭人。

简沛。吉水人。

袁宁。新化人。

万均。富顺人。

吴德崇。丰城人。

钱纶。山阴人。

---

① 高励：《黔记》作“高厉”。弘治《贵州图经新志》与嘉靖《贵州通志》均作“高丽”。

② 荞子：《黔记》、弘治《贵州图经新志》与嘉靖《贵州通志》均作“蒿子”。

③ 娥郎：与弘治《贵州图经新志》嘉靖《贵州通志》同，《黔记》作“鹅螂”。

曹珙。祈阳人。
杨宪。阿弥人。
黄琏。济阳人。
胡杲。垫江人。
梁贵。江西人。
刘良佐。马平人。
朱易。新州人。
陈翔。湖广人。
正德：
黄雄。程县人。
沈天麒。山阳人。
徐琦。常德人。
何思。道州人。
萧凤来。太和人。
张玺。横江人。
江校。婺源人。
徐世用。宿州人。
高廷愉。乐清人。
黄砻。新会人。
韩绍。
变绍奕[①]。广东人。
李东华。南昌人。
胡桐。昆明人。
施继述。昆明人。
苏兆印。南海人。
万历：
赖万玙。永安人。
樊芝。永昌人。
刘承范。监利人。
郑国仕。潮州人。
李仲文。太和人。
龙时跃。恭城人。

① 变绍奕：《黔记》作“韩绍奕”。

土判官

金龙。元时，任普安军民总管府怀远大将军，升曲靖宣慰使。男普旦幼，妻适恭，洪武十四年归附，接济大将军粮饷，令招抚人民，开普安军民府。十六年，授女知府世袭。普旦袭，故绝。亲弟者昌袭。三十二年，改授贵宁安抚，昌男慈长袭。永乐元年，改普安安抚。十四年，改置普安州，四世孙隆本袭本州土判官。九年，升同知。景泰元年，擒斩贼首，接济粮饷，升镇远府通判，仍管本州同知事。男隆寿于七年袭本州判官，故绝。弟畅袭，故，男礼袭，故绝。弟宁袭，至渊故，未袭。沿土舍文治。

学正

傅守仪。

何本。

刘继周。

曾贤。湖广人。

谭纯。晋宁人。

胡佑。桂东人。

郑应章。永定人。

朱孔昭。永宁人。

蒋珊。广南人。

刘瑞。平坝人。

丁大谟。楚雄人。

蒋贵。广西人。

许瑞麟。石屏人。

杨应第。剑州人。

训导

张仪。本州人。

李时。昆明人。

马环。福清人。

杨润。邓川人。

杨祚。苍梧人。

张忠。星子人。

张信。泸州人。

赵璇。太和人。

赵大霖。路南人。
刘魁。思南人。
宋诰。丹陵人。
苏璋。宾川人。
缪文明。乌撒人。
熊宗道。石阡人。
江坦。江津人。
黄鹤。平夷人。
陆启荣。乌撒人。
洪寿宜。普定人。
刘世英。平溪人。
李兴桐。偏桥人。
赵执中。师宗人。

科贡

进士

嘉靖戊戌科：蒋宗鲁。官至都御史。
乙丑科：邵元哲。官至参政。
李良臣。官至参政。
蒋思孝。官至副使。
万历丁丑科：沈存仁。官至知府。
庚辰科：邵以仁。任副使。
癸未科：何汝岱。任郎中。
己丑科：蒋杰。历任知府。
戊戌科：董绍舒。

举人

宣德己酉：刘瑄。官任教谕。
壬子：王玺。官至训导。
乙卯：赵珂。
章善。
正统戊午：盛裕。
钱昂

景泰庚午：张仪。官至教授。
癸酉：司马璋。官至通判。
丙子：姜胜。官至通判。
高景。
天顺壬午：王麟。官至教谕。
成化戊子：刘清。官至知县。
蒋淳。官至推官。
辛卯：穆胜。遥授判官。
甲午：杨铭。官至知县。
丁酉：宫铨。官至知县。
王俨。官至同知。
廖允恭。
癸卯：殷鼎。官至教授。
丙子：司马学。官至知县。
朱绘。
弘治己酉：刘琳。官至知县。
壬子：王用贤。
乙卯：张瓒。
戊午：马钺。
汪茂。官至训导。
辛卯：王用臣。官至知县。
甲子：赵以敬。官至郎中。
范盛。
正德丁卯：洪毅。
王天爵。官至推官。
唐彝。官至同知。
庚午：沈尚经。官至员外。
癸酉：殷辙。官至知县。
董嘉谟。官至知县。
丙子：邵华谱。官至同知。
乙卯：潘臻。官至知县。
嘉靖壬午：何清。官至知州。
蒋廷壁[1]。官至通判。

① 蒋廷壁：《黔记》作“蒋廷璧”。

乙酉：吴鸿儒。官至同知。
戊子：陈汉章。
汪槐。官至知县。
辛卯：司马杰。
丁酉：蒋宗鲁。中戊戌进士。
张鹤年。官至同知。
潘静深。官至待诏。
庚子：董宗夔。官至教授。
癸卯：邵元善。官至佥事。
己酉：孙科。官至同知。
王绍先。官至知县。
壬子：邵元高。官至同知。
胡汝器。官至知县。
乙卯：邵元哲。中乙丑进士。
金液。官至同知。
戊午：吴师朱。官至同知。
辛酉：吴师张。官至知县。
何天相。官至知县。
蒋思忠。官至知县。
蒋思孝。中乙丑进士。
甲子：李良臣。中乙丑进士。
隆庆丁卯：蒋行可。官至知县。
戴廷元。任知县。
陈时范。任同知。
唐维翰。任同知。
徐民万。任知县。
王奉先。任通判。
庚午：陈时言。任知县。
胡梦豸。任推官。
何汝质。任同知。
沈存仁。中丁丑进士。
潘凤梧。
万历癸酉：邵以道。任通判。
邵以仁。中庚辰进士。

丙子：孙思述。任同知。
杨念祖。
王嘉宾。任知州。
己卯：吴大韶。任知州。
壬午：邵元亨。任知县。
孙思继。任知县。
何汝岱。中癸未进士。
郁德据。任知县。
叶联芳。任知县。
乙酉：邵以默。
蒋楷。任教谕。
戊子：蒋杰。中己丑进士。
辛卯：何学诗。任学正。
甘霖。任教授。
殷建中。任学正。
甲午：周仕国。
尤拔俊。
盛德明。
戴应豸。
刘洵龙。
丁酉：杨荷春。
董绍舒。中戊戌进士。

岁贡

宣德：张禄、聂俊、洪海、黎昱。

正统：张政、王瑛。

景泰：杨敏、花绮、陆琎、杜荣。

天顺：张俨。

成化：王珪、董瓒、杨俊、王绶、吕昂、刘宇、花馥、金虎、黎瑄、史庠、李成、司马庠、洪能、张举、洪广。

弘治：聂琛、周恺、李敬、陆英、叶英、张凤、殷富、朱英、姜钊、张钊、刘容、刘珣、赵裕、杨华、何沾泽、史全。

正德：杨彬、何沾沛、张轨、杨翼之、周密、张奎、叶宗儒、吴绍贤、杨珩、万善、汪泰、王绶、司马公韡、吴达、华恩、张宦。

嘉靖：王宗学、王邦镇、蒋壁、李佑、金釜、钱云、杨森、张时举、沈恩、郁纪、刘传、周诰、朱轮、吴守纪、吴鸿序、吴守绅、杨辅之、陈俊、杨大用、张瓒、叶文盛、汤弼、张仲良、李时、戴纬、吴师周、常绪、石仲义、罗仕英、万绍武、徐瑞、李山、陈济、吴府、张凤鸣、邵元吉、唐维垣、龚士杰、郁德纯、邵华翰、张凤仪、杨祖福、张应龙、戴廷恩、郁德峻。

隆庆：吴师鲁、吴师程、孙略、牟高。

万历：杨文灿、陈朝玺、杨世重、宋良用、游廷相、董承爵、查子化、邓思圣、唐虞臣、殷宗尹、张思聪、耿文高、金贲冕、陶于礼、邵以岱、尤拔俊、徐鹤龄、王大梁、蒋梧、刘兆龙。

名宦

王威。许国公志之子。洪武间，以荫授安陆侯，左迁安南卫指挥使。二十五年，调守普安。令严政宽，事和而集，筑城建署，有综理之才。

不帖杰。安南所副千户。骁勇多谋，尝[1]以计破贼，及擒其渠魁，边境用谧。

杨芳。贵州卫人。守备威清。米鲁之变，有保障功。

华升。广德侯华高玄孙。任指挥使，掌篆三十余年，威德兼著，军民悦服。寻升云南都司都指挥。

陶文靖。宣德八年知州。长于裁决抚字，遐迩交誉。

王徽。成化初给事中，以言事左迁判官，克修厥职，民夷向化。弘治间，荐起山西参议，未久，引年去。

徐世用。知州。刚直不挠，锄强抑恶。夷酋安巩固久不归顺，世用以德化之，稽首遵约束，不复恣横。

张澜。判官。才优政善，雅重斯文。去之日，民感思之。

袁宁。宣德间知州。慈惠质朴，清慎廉介，解诸夷数十年之争。以被诬[2]去，民至今称之。

黄雄。进士，正德间知州。清廉不苟，每下营，裹粮自给，弊窦尽革，实心爱民。

陈忠。指挥。骁勇过人，训练有法。正德间从征麓川，身先士卒，攻击旧大硬寨，奋不顾身，殁于锋镝。事闻，门祭入祠。

万历《丁酉志》名宦共十一人

---

① 尝：原文误作“当”，据嘉靖《贵州通志》改。

② 诬：原文不清，据《黔记》补。

乡贤

元

益智。普山土酋。有权略，善驭众。延祐四年归款，授怀远大将军、曲靖宣慰使，掌普安路总管府事，终于官。

那邦。益智孙。袭祖职，功升云南行省参知政事，仍领普安路事。元季兵乱，保障境内，民以宁谧。其妻适恭，本朝命为知府。

本朝

史铨。苦志笃学，为文以义理为先，不事浮藻，历任教职，俱有成绩。归田以先辈自居，后生小子见之肃然起敬。

司马璋。历官清白，居家勤俭，耿介自守，有古人风。

蒋廷璧。孝友端方，忠信笃敬，生平足不履非礼之地，口不及非义之言，耻谈人过。

孙科。历官三任，甘贫孝母，久暂不渝。巡抚王静以檄褒之，有“一介不污”之语。

邵华谱。笃学清操，超然不群。于人如释商人之诬盗，发妒妇之鸩夫，皆其功在仕途，有可纪者。

蒋宗鲁。孝友忠信，司牧秉宪，毁淫祠，崇正道，发奸伏，抑豪强，有包孝肃之风焉。至其功成勇退，辞禄养亲，又士林所推重者。

沈济。生员。志向高明，养乡邻之穷独，殡朋友之亲丧，出积赈贫，置田睦族。

万历《丁酉志》乡贤共九人

恩典

赵仪。以子以敬贵，赠员外郎。

沈永华。以子尚经贵，赠同知。

邵升。以子华谱贵，赠员外郎。

何裕。以子清贵，赠知县。

蒋廷璧。以子宗鲁贵，封主事。

李时。以子良臣贵，赠监察御史。

邵华谱。以子元哲贵，加赠参政大夫。

沈洙。以子存仁贵，赠郎中。

王仕恩。以子嘉宾贵，封知县。

吴师邵。以子大韶贵，赠知县。

蒋廷赋。以子杰贵，封主事。

万历《丁酉志》恩典共十一人

孝义

盛全。军士。家贫母病，乃诣庙祷神，刳腹取肝，死而复苏，持归，和羹进母。众闻，走视之，庙壁间书“盛全为母”四字，盖恐死后累及他人也。有司嘉其孝，给医药以治，母子俱获全。

车辅。新兴站百户。弘治间米鲁乱，乃率兵死拒，后贼万余，逼辅归顺。辅手刃七贼，被箭而死。是日，天晦，人皆谓辅之灵气也。提学毛科为之传，见《艺文》。

柳之文。守备。有勇略，为时所称。时铜苗弗靖，抚按檄取领兵进哨，贼来劫掠，众皆惊溃，文仗剑言曰：“彼独非命，何乃畏之，敢有先逃者斩！”后贼大至，文手刃数贼，四无援兵，竟亡于阵。未几，贼首龙许保就擒，鞫之，贼曰：“石参将不要钱，柳守备不怕死，吾是以就擒耳！”总督、抚、按议，于铜仁立祠以祀之。

洪遇。本州僰民。事祖母、孀母极孝。虽以贫寒奔走衣食，而供养必求饱暖，荞粟精者养母，粗者自给，一菜蔬亦必先进，节蒙院道给匾奖励。

支美琼。生员。古貌古心，操持严肃。孝事继母，友爱异弟，无戏言惰行，遇乡族辄以道义劝勉，不匿遗金，殡葬姑母，诚义士也。督学凌琯以“喻义”表其门。

万历《丁酉志》孝义共五人

贞节

范氏。应袭舍人柳升妻。升未仕，疾丧。子甫一岁，及长，教以诗书，勉以忠孝，终身人无非言。年七十卒。子承袭后，功升都指挥。孙之文死于王事，人称为忠孝之家。

岳氏。军士石有才妻。才丧，年二十五，遗孤一十岁，患聋跛疾，岳纺绩抚育。父母相继疾亡，能以礼祭葬。巡按御史赵大佑[①]、提学副使蒋信题旌。

蒋氏。卫人王铎妻。铎丧于米鲁，蒋年二十四岁，痛哭丧明，自誓不再适人，寿六十四卒。王璜诗：“一自从军丧藁砧，弦歌不鼓凤凰琴。有怀烈女同青史，无复孤儿寄羽林。兰草芳香南国远，萱花憔悴北堂深。柏舟欲泛盘江堺，卷席收帆定惨心。”

汪氏。沈尚纶妻。夫卒，汪年二十四，遗孤洙甫生一十三日。矢心立节，坚白自持，寿八十二岁终。子洙妇陈氏。洙卒，氏年二十一，遗孤存仁甫三岁，克绍姑贞，抚孤守节四十七年，毫无暇议。万历十二年，巡抚刘庠、巡按傅顺孙题旌。

万历《丁酉志》贞节共四人

① 赵大佑：原文误作“赵夫佑”，据《黔记》及本书他处改。

隐逸

朱绘。举人。隐逸不仕，训诲乡人，士之以德行称者多出其门。州守徐琦上其行于当道，檄州奖之。

迁谪

王徽。南京锦衣卫人。成化初，以刑科给事中谪任普安判官。

流寓

杨彝。余姚人。洪武中，为长泰县主簿，其子坐谪，携家戍普安。彝弃官伏阙，献诗自陈，诗曰："臣本山中一布衣，三年从宦在京畿。功名有志嗟何晚，妻子无依望不归。日照九重恩不报，月明千里泪频挥。丹心一点随云气，长绕黄金阙下飞。"太祖览之大悦，特升吏都考功司主事，还其从戍妻孥。复以引年去官，就养普安州。著有《万松集》于家。

沈勖。高邮人，号懒樵。洪武中从戍普安州，通经史，能诗文，所著有《迂思遗稿》。

汪溥。澧州人。性颖悟，刚直，博学能文，不为禄仕。从父戍普安，开家塾以教郡之子弟，出其门者多伟器焉。

仙释

孙宁。号湛然子，姑苏人，谪居本州。素性恬淡，精通玄理，谒武当，得妙术。尝诵经于玉皇阁，夜静，有祥光现。年七十，忽一日沐浴，衣冠端坐而逝，郡人异之。

僧性良。本州人。生而奇秀，戒行笃实，开创兴福寺，谈经析理，其徒多从之。景泰间，有芝生于堂，色如青玉，兵备王公徽作《灵芝赋》以纪其异。年八十四，忽一日，更衣兀坐，若睡而卒，人见骑白马，由西岭去，时谓之尸解云。

亭馆

谯楼。治前。

天风亭。治西北。

通明阁。武安王庙。

太清殿。关王庙后。

坊市

振肃坊。察院。

崇礼坊。南郭。
云程步武坊。北郭。
科甲联芳坊。十字街。
中和坊。北门。
清泰坊。北门。
宣化坊。州治街。
教民坊。州治左。
德配天地坊。学门左。
道冠古今坊。学门右。
江汉秋阳坊。文庙左。
金声玉振坊。文庙右。万历二十四年，乡官知府蒋杰建。
进士坊二。一南郭，一卫治前。
奎璧腾辉坊。南郭。
丰乐坊。城北门外。
都宪坊。北门外。嘉靖四十二年建。
贞节坊。十字街。
父子进士坊。惠政桥前。
三进士坊。十字街。
恩纶重锡坊。南关。
一门双节坊。北门内。
鸣凤坊。北门内。
科第坊。城北郭。
柱史坊。北郭。
云水奇观坊。碧云洞前。
狗场市。治东十五里。
龙场市。治前。

寺观

大威寺。治南。北为习仪之所。
兴福寺。治东，捧诰山下。
东陵寺。治东，笔架山下。
永丰寺。新兴驿左。
普照寺。新兴站北关外。

清隐寺。亦资孔驿左。
玉真观。安笼所，玉泉山下。
西陵庵。城南，普济泉左。
玄坛庙。城西云南坡，嘉靖三十九年建。
水星观。营盘山儒学右，嘉靖三十九年建。
玉阳祠。玉阳洞崖上。嘉靖三十八年建。
东岳庙。普济泉右。万历十二年建。
玉皇阁二。一在旧普安，嘉靖十年建。一在海子铺，万历十一年建。
文昌阁二。一在南关，玄真观前，万历八年建。一在兴福寺前，万历十二年建。
观音阁。大威寺左。隆庆六年建。
三清阁。水星观前，万历元年建。
开元阁。东陵寺后，隆庆元年建。
土主庙。儒学左。
五显庙。治西北隅。
灵官庙。善应桥东。
五官庙。
武安王庙。城外十字街东。
真武庙。城北门左。

古迹

废附唐县。治南一百里，即今黄草坝。
废平夷县。治西一百二十里，今为云南平夷卫治。
废盘水县。治西一百里香罗山。
普安旧治。东三十里，即今撒麻铺。
废石梁县。
废罗山县。治西一百里香罗山。
征西营基。治北五里许。相传国朝大将军傅友德征南，结营于此。

丘墓

傅公墓。名添锡，云南府人。正德间葬于湘满驿后，有碑记。

祥异

永乐丙申冬，大雷电。

成化丙申，旱。

弘治辛酉，兵荒。罹米鲁之变也。

嘉靖壬午，大有。

戊子，旱。

庚寅，水。

丁酉，龙见于郊。

丙午，大疫。

嘉靖甲子三月，雨雹，大如鸡子，深三尺许，方三十里。

乙酉，龙起于红豆冲，空中闻有笙歌声。时山崩水溢，漂民居五十余家。

隆庆庚午，大有。

万历癸酉二月，火自惠政桥起，至儒学右止，延烧五百八十三家。六月六日，五色云现儒学前。

乙亥，大有。

丙子正月，龙现唐帽山。

乙酉七月，龙现天马山。

纪兵

洪武二十四年辛未，傅友德以蓝玉、沐英由辰沅趋贵州普安，下之。友德遂留兵守普安，而帅师循格孤山之南，以攻乌撒。

弘治十一年戊午，普安州营长福佑营夷妇米鲁、福佑叛乱。按米鲁以妾弑夫，隆礼以子弑父，阿保及其鲊莫、阿歹以部落杀其主，内相争夺，酿成大祸，村栅为之破者一百三十余区，民庶死者五百余人。攻屯窥邑，猖獗日甚，于时镇巡调集官军征之，立营保甸铺侧，兵未及发，营为贼所劫，布政闾钲遇害，掳太监杨友，官军死者不可胜纪。为梗十有三年，流毒三百余里。后大兵四集，分哨平之。

万历六年戊寅，泗城州叛恶王倖纠合粮露等劫掠本州鲁沟地方，院道檄知州苏兆印、守备郭科领兵擒之。

九年辛巳，鸡场营长纠党谋杀土官土舍，隆池地方骚动，院道檄知州赖万玙计擒枭示。

第十六章 普安卫

沿革

皇明洪武二十年，天兵讨平土酋普旦之乱，罢普安府，置普安军民指挥使司，移治今城，隶云南都司，寻改隶贵州都司。领内千户所七，外守御千户所四。

户口

嘉靖间官军二千九百五十六户，六千九百九十八丁口。万历二十五年，户如旧，丁增至一万一千八百丁口。

土田

《旧志》：水陆田七万八千四百四十四亩。万历九年新丈五万二千一百五十八亩零，十二年续丈一千五百一十三亩零，二十五年共存五万三千六百七十亩零。屯田二万九千五百四十一亩[①]零。科田二万四千一百二十九亩零。

贡赋

夏税。小麦一石六斗零五合。平夷所军人帅谅名下纳。

屯科秋粮，旧额一万一千四百八十石六斗七升零。万历九年新丈一万二千二百七十四石三斗八升零，十二年续增科粮四十四石六斗，二十五年共增至一万二千三百八十六石九斗八升零。屯粮一万一千二十八石，科粮[②]六十八石。秋粮一千二百[③]九十石九斗八升零。

课程。银七十二两。安南、安笼二所场税，每季各该银九两。

徭役

万历二十五年，条鞭、岁用、上中下丁差、屯租等银，通共九百六十三

---

① 五百四十一亩：原书作“百十四亩”，因与总数不合，据《黔记》改。
② 科粮：原文误作“屯粮”，据《黔记》及本书体例改。
③ 二百：原书误作“一百”，因与总数不合，据《黔记》改。

两三钱七分零。本卫六百四十七两二钱三分零。外所：安南一百三两九钱零，乐民四十三两九钱五分，安笼一百一十八两二分，平夷五十两二钱六分零。

城池

卫城。洪武二十二年，指挥郑珍据牟纳山札立土城。二十五年，指挥王威甃以石，门四：东曰熙和，南曰广居，西曰崇仁，北曰怀德。城楼四，城铺二十八所，周一千一百丈，高二丈三尺。

平夷所城。千户刘成等创于香罗山，门四，周一里零。

乐民所城。百户戴容等创于夹牛岭，总一门，周一里。

安南所城。千户不帖杰等创于杨那山，门二，周二里。

安笼所城。千户李贵等设于安笼箐口，门四，周一里零。

新兴站城。指挥戴英、张云鹏建，门二，周二里。

按：四所城俱洪武二十二年征南建站，城系弘治十八年建。

公署

卫治。城东门内，洪武二十二年建，万历二十年重修。

经历司。治左。

镇抚司。治后。

左、右、中、前、后、中左、中右七所。俱治内左右。

平夷所治。西二百里。

安南所治。东一百五十里。

乐民所治。南一百里。

安笼所治。南三百里。

新兴堡治。东七十里。建置年月同卫治。

秩祀

城隍庙。卫治卧牛山。

旗纛庙。卫治后。

兵防

额颁符验三道，铜牌十面。

旗军。原额一万三千七百七十七名，查存九百一十三名。

军器。原额六万四千六百六十一件，查存六万三千二百六十七件。

操马。原额一百二十五匹，查存八十二匹。

亦纳哨、乾沟哨、永清哨。各防御官一员，各军兵二十名。

马鬃岭哨。防御官一员，军兵十五名。

邮传

湘满站。军七十名。

新兴站。军一百五十三名。

亦资孔站。军二百四十名。

亦资孔递运所。洪武十年设。

职官

掌印指挥一员，管屯指挥一员，管操指挥一员，捕盗指挥一员，协捕指挥一员，经历一员，镇抚二员。左、右、中、前、后、中左、中右七所各掌印千户一员，管操千户一员，所镇抚二员，管军屯掌印百户十员，平夷、乐民、安南、安笼四所守御千户各一员，湘满、新兴、亦资孔站、所、堡带管百户各一员。

指挥使

王荣。四川南部县人。洪武七年从军，功历升副千户。景泰元年，男让升指挥使。嘉靖二十四年，之臣调本卫。沿万年袭。

黄胜。直隶武进县人。洪武元年从军，功升指挥使。永乐二年，男贵调本卫，升都指挥佥事。弘治二年，四世孙堂袭指挥使。沿韬袭。

柳忠。四川泸州人。洪武七年从军，功升指挥佥事。三十五年调本卫。永乐七年，男镇袭，降副千户。成化元年，四世孙俊升千户。正德六年，六世孙廷用功升指挥同知、铜仁守备。嘉靖十五年，七世孙之文升铜仁守备。沿光明袭，加升指挥使。

指挥同知

张保。直隶临淮县人，从军。洪武十二年，男荣历升指挥同知。永乐四年，调本卫。沿国纪袭。

陈旺。直隶徐州人，从军。洪武六年，男都保功升指挥佥事。永乐十四年，调本卫。弘治六年，五世孙淮功升指挥同知。沿世文袭。

指挥佥事

刘来兴。直隶江都县人。洪武三十年从军，功升副千户。洪熙元年，男能以父功升指挥同知。宣德元年，调本卫。天顺八年，二世孙芳升指挥使、普安守备。成化四年，四世孙武降指挥佥事。嘉靖十八年，五世孙采升四川总兵。沿化龙袭。

于龙。直隶凤阳县人。洪武元年，以功历升指挥佥事。二十二年，调本卫。成化二年，五世孙纪升指挥同知。沿朝俊降袭。

戴政。直隶寿州人，授镇抚。洪武八年，功升千户所镇抚。二十三年，男佐为事发松盘军。二十五年复职，调本卫。天顺八年，四世孙洪功升正千户。弘治七年，五世孙成功升指挥同知。嘉靖三十四年，六世孙经降指挥佥事。沿守禄袭。

陈德。四川华阳县人。洪武二年，功升实授百户。二十年，调本卫。天顺三年，五世孙礼升正千户。弘治七年，六世孙铨升指挥佥事。正德八年，七世孙宪升指挥使。沿朝璋降袭。

蒋二。直隶盱眙县人。洪武元年升小旗。三十三年，男得玉功升正千户。宣德十年，三世孙荣调本卫。弘治十四年，四世孙权升指挥佥事。沿世恩袭。

蒋明。直隶凤阳县人。洪武元年，功升副千户。二十一年，男原调本卫。成化九年，四世孙珍以瑛功升指挥佥事。沿洪渊袭。

苏兴。直隶定远县人。洪武二年，男铨功升指挥佥事。成化十二年，七世孙通升指挥同知。嘉靖十三年，八世孙汉袭指挥佥事，调本卫。沿学宾袭。

李僧。河南固始县人。洪武八年，功历升百户。永乐二年，男学隆升正千户。正统四年，调本卫。弘治七年，四世孙仁升指挥佥事。沿承露袭。

孙杰。山东临海县人。洪武三年，功升副千户。二十二年，男翱调本卫。正统七年，四世孙镛升正千户。弘治十八年，六世孙继勋升指挥佥事。沿克萧袭。

张胜祖。直隶合肥县人。洪武三年，功升正千户。二十三年，男本调本卫。景泰五年，三世孙政以父功历升指挥佥事。沿元贞袭。

任得谅。直隶丰闰县人。洪武二十二年，男敬功升正千户。弘治六年，三世孙礼升指挥佥事，调本卫。沿仲美袭。

宁得。山东益都县人。洪武十二年，功升百户。二十一年，调本卫。正统七年，男广升副千户。天顺八年，三世孙纲以父功升正千户。弘治十八年，五世孙昂升指挥佥事。沿冕袭。

内郡名、形胜、山川、风俗、方产、学校、关梁、惠政、科目、名宦、乡贤、恩典、孝义、贞节、隐逸、迁谪、流寓、仙释、亭馆、坊市、寺观、古迹、丘墓、祥异、纪兵，见《普安州志》。

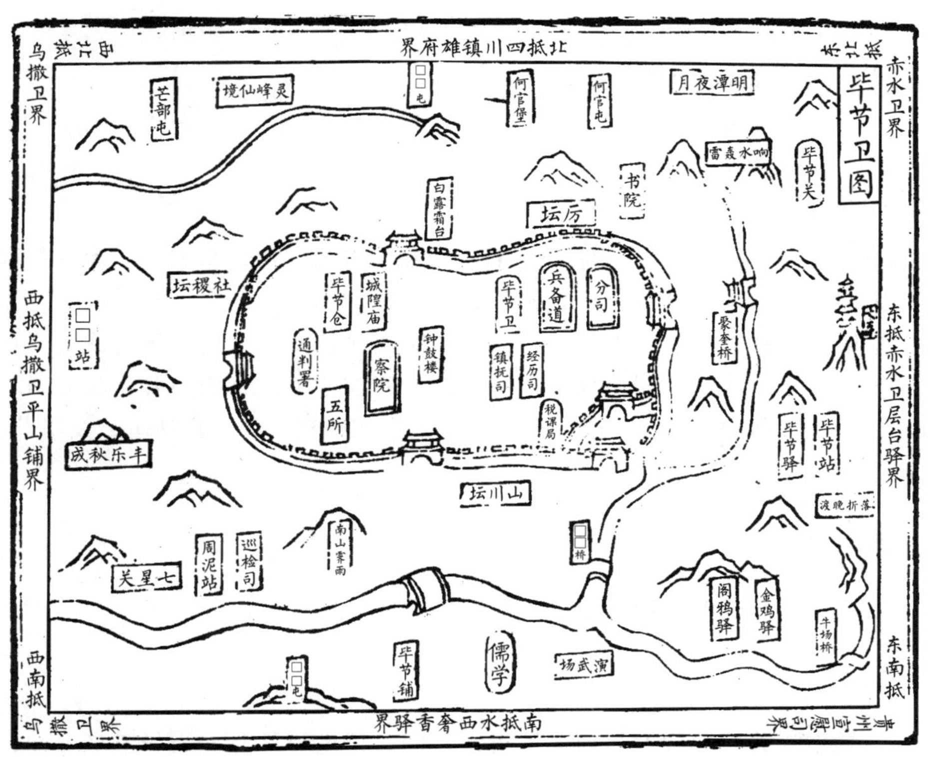
北抵四川镇雄府界
西北抵乌撒卫界
东北抵赤水卫界
毕节卫图
芒部屯
灵峰仙境
何官堡
何官屯
明潭夜月
响水轰雷
毕节关
白露霜台
书院
厉坛
社稷坛
毕节仓
城隍庙
兵备道
分司
毕节卫
通判署
察院
钟鼓楼
镇抚司
经历司
税课局
五所
聚奎桥
东抵赤水卫层台驿界
丰乐秋成
山川坛
毕节驿
毕节站
落折晚渡
西抵乌撒卫平山铺界
七星关
周泥站
巡检司
阁鸦驿
金鸡驿
牛场桥
东南抵
儒学
演武场
毕节铺
西南抵乌撒卫界
南抵水西奢香驿界
贵州宣慰司界

图 12 毕节卫图

贵州通志卷十

第十七章　毕节卫

沿革

《禹贡》梁州西南境。秦属黔中郡。汉属牂牁郡。唐乌蛮居之，为罗甸国地。宋因之。元为八番顺元等处军民宣慰司地。

皇明洪武初归附。十五年，总兵官、颖川侯傅友德征南，置乌蒙卫于乌蒙府境内。十六年，班师至此，以地宽广，四控皆夷，路当冲要，又因毕节驿名，乃奏缴乌蒙卫印信，改建毕节卫，隶贵州都司。领千户所五，及毕节、周泥站二。

郡名

毕川。以响水河自东北绕治之南，因名。

形胜

东抵木稀关，西带七星河，落折萦其南，镇山障其北。当华夏之要冲，为滇岷之通道。东连赤水，西接乌撒。俱《一统志》。控制夷罗，屏蔽云贵。《旧志》。

毕节十二景

灵峰仙境。教授白经诗："风停松杪鸣玄鹤，雨霁坛前卧老龙。"教授孙隐诗："经路无踪瑶草合，石盘有字翠苔封。"佥事方万策诗："幽郁灵峰古洞天，薜萝锁尽翠微巅。江干隐见晶光出，石窍参差滴乳悬。带雨苍松龙欲起，笼烟丹灶鹤初旋。三山何处凝眸望，曾似樵人得见年。"

笔峰参天。佥事黄镇诗："峭拔双峰迥不群，分明卓笔上干云。"

响水轰雷。白经诗："洪源百折自山隈，怒泻危湍触石来。雪浪喧豗天鼓震，云涛霹雳海门开。潺潺直透鱼龙穴，滚滚疑翻滟滪堆。好屹中流坚砥柱，狂澜顿使一时回。”方万策诗：“为问山灵何所激，黔中未尽帝王州。”

龙潭印月。都指挥林晟诗：“一泓秋水漾晴波，五夜寒光向此过。老蚌吐胎明海宇，玉蟾分影照山河。澄澄藻镜涵丹桂，湛湛瑶池冶素娥。坐久不知风露冷，晚凉吟处水腥多。”

梁台晓雾。白经诗：“地老天荒遗旧址，础残碑断锁新苔。禽声时作笙箫响，花样春为锦绣裁。”

丰乐秋成。林晟诗：“野老杖藜山径里，牧童吹笛晚风前。要知击壤声中趣，社酒新刍乐醉眠。”

南山霁雨。孙隐诗：“峰呈黛色来楼外，溜泻琴声到枕边。”白经诗：“崖前影挂虹收雨，林畔声喧鸟弄晴。”

东壁朝霞。林晟诗：“瑞气远笼青障碧，祥光高映赤城红。”

梵利福泉。林晟诗：“最爱临流清可处，烦襟一洗绝纤埃。”白经诗：“碧影倒涵云上下，玉声频漱水西东。”

落折晚渡。林晟诗：“回首西山薄雾妆，一江寒碧自东流。歌翻桃叶扁舟晚，雪点芦花古渡秋。两岸暝烟生草树，半轮夕日[1]下林丘。济川倘得徒杠手，来往行人遂远游。”方万策诗：“薄暮斜阳旅思寒，自怜旌节度江干。峰迎玉浪层层白，岸匝霜枫袅袅丹。有客问津林杪路，何人击楫水中滩。济川自是商家事，倚棹遥将箕尾看。”

雉叠层关。方万策歌：“山如峡兮石如碣，石巅树古冰崖折。井冽泉寒雨雪霏，雄关百雉峰之缺。万仞巍峨人迹稀，独临缥渺看奇绝。白云夹道护旌车，朔风吹衣剪旧襫。北望青山飞鸟外，一片霭黛狐兔穴。曩时伐鼓下榆关，边土羽书飞不辍。诏书数道天兵下，大将再呼夷虏灭。一自置长易郡名，封豕长蛇心浙浙。太平万古树高标，汉代奇勋日月挈。”

翠屏旭日。

疆域

东抵赤水卫层台驿界，六十里。南抵水西奢香驿界，二百二十里。西抵乌撒卫平山铺界，一百里。北抵四川镇雄府界，八十里。东南抵宣慰司水西驿界，二百八十里。西南抵乌撒卫界，二百四十九里。西北抵乌撒罗星渡界，二百三十里。东北抵赤水卫界。二百六十里。

① 夕日：《黔记》作“夕照”。

山川

南雾山。城南二里。景云“南山雾雨”，即此。

东壁山。城东二里。景云“东壁朝霞”，即此。

木稀山。城东四十里。设有关隘。

翠屏山。城西九十里。景云“翠屏旭日”，即此。

青螺山。城东里许。新学枕之。兵巡黄常植松建阁其上。

北镇山。城北一里。卫治枕此。

七星山。城西九十里。

脱颖峰。城北二里，一名“笔峰”。景云“笔峰参天”，即此。

灵峰。城北五里。一名“云峰”。景云“灵峰仙境”。林晟诗：“灵峰秀异即蓬莱，苍翠玲珑似剪裁。红树白云围药灶，琪花瑶草锁丹台。采芝人向松间去，骑鹤仙从海上来。际此悠然忘世虑，绝胜刘阮到天台。”

崧山。城东二里。兵备黄镆塔其上，为学宫文峰。

丰乐原。城西十里。平原沃野。景云“丰乐秋成”，即此。

鼍音洞。一名响鼓洞。城南五十里。

贾沽洞。城北三里。宽平明朗，先有隐者居之。

石笋山。城北五里。孤峰特立如笋。

响水河。城东北。联三源为一，瀑声如雷。景云“响水轰雷”，即此。

落折河。城南八十里。景云“落折晚渡”，即此。

威镇河。城东十里。有石桥。

南加河。城南十里。源自清水塘，流入落折水。

归化河。城南三十里。流入水西界。

七星关河。城西九十里。两岸壁立，旧铸铁锁系渡，后更浮船。嘉靖年间，造桥以济。

龙潭。城东三里。有灵物居之，遇旱祷雨多应。景云“龙潭夜月”，即此。

泽井。城东。天顺八年，林晟所凿。

福井。治东，普慧寺前。景云“梵刹福泉”，即此。

惠泉。治东五里。

风俗

境多乌罗，狡悍趋利，斗狠健讼。《旧志》。中州徙居者冠婚丧祭，不混夷俗。《一统志》。人多勤俭，文风武略可观。

户口

嘉靖间，城、屯、站、铺官军二千八百八十五户，六千六百四十一丁口。

万历二十五年报存官军客民二千四百三十七户，四千一百三十二丁口。

土田

《旧志》水陆田地六万四千八亩零。万历九年新丈实在四万四千六百四十亩零。屯田二万二千四百六十七亩零。科田二万二千一百七十三亩零。

方产

红椒、红毡、沙糖。

贡赋

屯科粮，旧额五千八十二石三斗四升。万历九年新丈实在五千二百七十九石九斗五升零。屯粮四千一百六十三石。科粮一千一百一十六石九斗五升零。

徭役

万历二十五年，条鞭、岁用、上中下丁差，通共六百三十六两一钱五分。

城池

卫城。洪武十六年，颖川侯傅友德委指挥汤昭为排栅。至二十年，命指挥李英、李隆统领官军筑建，甃以石，门五：东曰振文，南曰镇南，西曰西定，北曰拱北，东南曰通津。门各有楼，城铺三十二，周六里八十步。嘉靖七年，兵备韩士英因芒部之变，于通津门外加建月城，凿池其中，因河引水，以便民用。万历六年，兵备黄镆增筑石堤，以障河泛。

七星关城。洪武十五年，颖川侯傅友德筑城，分后千户所官一员，军二百户守之。永乐十五年，甃以石，围四百四十五丈，门二：南曰武宁，北曰大安。

周泥站城。嘉靖八年，遇芒部之变，兵备副使韩士英量地创筑。

公署

兵巡道。东门右。嘉靖二年建。专敕备兵，自舒表始，题名见《省会志》。

通判署。城南。万历三年题设，以贵阳府通判驻镇，自高珍始，题名见《首属志》。

卫治。城西，嘉靖十五年灾，兵备施昱改迁南门内。四十三年，兵备蒋春生复迁于城西。万历十年，兵备胡宥捐俸买地，建立城东北。

经历司、镇抚司。俱旧治西。

左、右、中、前、后五所。分司前。

演武厅。治南二里。

行治

察院。城南。

布政分司。察院右。

学校

儒学。旧在卫治左，正德三年，都指挥唐谏建。隆庆六年，兵备沈闻迁于东门外。万历十八年，兵备陈性学迁于南门外虎踞山前。

明伦堂。文庙后。

诚明、敬义二斋。堂左右。

教授、训导廨二。学内。

仪门。

儒学门。

先师庙。明伦堂前。

东、西两庑。

戟门。

棂星门。

泮池。

启圣祠、名宦祠、乡贤祠。俱学内。

祭器。香炉九，烛台十六，铏十六，登五，簠四十二，簋四十二，牺、象罇各一，爵一百，酒罇一，勺一，盆一。以上俱锡。笾豆、祝版，全。大铜炉一副，乡官高如嵩置。

乐器。钟一，鼓一，小钟十六，石磬十六，搏拊鼓二，柷、敔各一，琴一，瑟二，籥笛三十六，麾幡二，节二，舞衣三十七，冠三十六。

学田。一分本学前，纳谷三石。一分东门，今拨换新学基址。一分西门外，纳谷一十四石七斗。一分威镇铺后，纳谷四石五斗。一分丰乐铺，纳谷二石五斗。一分周泥站，纳谷四石。

地。一十一亩三分。每亩征银五分，共五钱六分五厘。

店。三十间。每年共征银一十二两九钱。

以上田、地、店房，俱万历五年兵备佥事黄镆置。

书院。系旧儒学，万历十八年，兵备陈性学改建。

秩祀

社稷坛。城西一里。
山川坛。城南一里。
厉坛。城北一里。
城隍庙。治内北。
旗纛庙。治后。
英济庙。城内东。祀寿亭侯。
武侯祠。七星关城外，御史毛在建。

关梁

北镇关。城北二里。佥事黄镆建。
善欲关。卫南五里。
猡猡关。西北二十里。
老鸦关。卫西三十里。
落折关。卫南八十里。
七星关。卫治西九十里。
济川桥。治东。
永清桥。城内东。
通津桥。城西南一里。
聚奎桥。城东二里。
北镇桥。城北三里。
阜安桥。城南五里。久圮，佥事胡宥捐资修建。
威镇桥。城东十里。
七星桥。七星关下。

兵防

额颁符验二道，铜牌五面。
旗军。原额五千五百六十七名，查存一千二百十一名。
军器。原额十一万一千四百三十八件，查存八万三百四十一件。
操马。原额一百二十二匹，查存一百一十五匹。
长冲哨。防御百户一员，军兵五十名。
木稀哨。防御百户一员，军兵四十名。
木竹哨。防御百户一员，军兵四十名。

邮传

毕节驿。城东南一里。隶宣慰司。

毕节站。城东一里。

周泥站。城西八十里。

二站共站军六百二十五名。

丰乐铺、长冲铺、鸦关铺、云山铺、撒刺居铺、周泥铺、虎岭铺、平山铺、野马铺、乌平铺、威镇铺、迎宾铺、木稀铺、头铺、二铺、归化铺。每铺军兵十一名，俱洪武间颖川侯奏设。①

惠政

预备仓。卫治后一，毕节站一，五所各一。

养济院。卫治东。

惠民药局。卫治东。

漏泽园。旧东关外。计三所。

职官

掌印指挥一员，管屯指挥一员，管操指挥一员，捕盗指挥一员，经历司经历一员，镇抚司镇抚一员，五千户所各掌印千户一员，管操千户一员，所镇抚一员，管军屯印百户十员，儒学教授一员，训导一员，毕节站管站百户一员，七星关千户所守御千户一员。

指挥使

唐英。泰州人。洪武元年，功升指挥使。宣德三年，三世孙统调本卫。弘治十八年，五世孙学功升都指挥佥事。沿嘉麟袭。

指挥同知

主得胜。寿州人。从军，洪武十三年，男大有功升指挥同知。宣德六年，四世孙正调本卫。成化十一年，六世孙用役使军伴，降指挥佥事。正德十年，八世孙勋仍袭指挥同知。沿槐袭。

---

① 毕节卫之铺明代四史区别颇大，本段所载铺与《黔记》同，弘治《贵州图经新志》仅记六铺："曰毕节，曰南加，曰那章，曰乡云，曰落浙水，曰青岗，凡六铺。"嘉靖《贵州通志》记十铺："曰丰乐，曰长冲，曰鸦关，曰云山，曰撒刺居，曰周泥，曰虎岭，曰平山，曰野马，曰乌牛。"

裴得。寿州人。洪武元年，功升指挥佥事，调本卫。永乐十四年，四世孙兴功升指挥同知。天顺二年，六世孙端升指挥使。嘉靖三年，七世孙胤仍袭指挥同知。沿文卿袭。

左友。赣榆县人。洪武十六年，男锁儿功升总旗。宣德二年，三世孙兴升副千户，调本卫。正统七年，四世孙亮升正千户。弘治九年，五世孙正升指挥使。嘉靖十九年，七世孙翰降指挥同知。沿世华袭。

陈德。泰州人。从军，功升副千户。洪武十四年，男良升指挥佥事，调本卫。正统七年，四世孙预升指挥同知。成化五年，五世孙熊升指挥使。六年，六世孙儒降指挥同知。沿尧袭。

指挥佥事

王两十一。山后保安县人。洪武元年，功升副千户。永乐元年，孙亮以父功升指挥佥事。永乐十五年，调本卫。沿良臣袭。

李汉臣。宛平县人。从军。洪武三十年，男整功升正千户。永乐十五年，调本卫。正统三年，三世孙斌升指挥佥事。沿文韬袭。

李绎。合肥人。从军，洪武元年，功升副千户，二十三年，拨守本卫。成化五年，男瑄升指挥佥事。沿宗献袭。

朱福。山阳人。洪武七年，功历升副千户，调本卫。正德七年，四世孙蕃升指挥佥事。沿绶袭。

教授

孙隐。永嘉人。

李宣。汉川人。

程珙。闽县人。

廖斌。吉水人。

毛仍。江山人。

白经。长宁人。

杜崇仁。

夏昶。

嘉靖：

谢廷沛

蔡潮。将乐人。

周世用。宣慰司人。

喻柯。永宁人。

万历：
曹廷鹄。宣尉司人。
陈由我。江西人。
李杲。思南人。
张俸。平坝人。
潘璧。永宁人。
周激。安县人。
熊肩吾。富顺人。
徐之祯。永川人。
张阃。南溪人。

训导

苟义。南陪人。
王瓘。泸州人。
黎敦。夹江人。
张恂。归善人。
嘉靖：
陈松。
黄仕仁。云南人。
杨凌霄。
席勤。
万历：
张时政。乌撒人。
杜文经。湖广人。
赵惟畿。云南人。
陈昶。云南人。
田嘉颖。临安人。
陈三重。石屏人。
吴仰周。都匀人。

科贡

进士

举人

正统丁卯：蒋琇。官训导。

景泰庚午：吴琛。官训导。

癸酉：胡山。

王镛。官训导。

丙子：汪琮。官至学正。

陈益。官至知县。

天顺己卯：阮宁。

成化乙酉：王麒。官至知县。

戊子：彭翊。官训导。

沈璠。官至知州。

辛卯：王麟。

甲午：王钧。官训导。

龚谏。官至学正。

丁酉：王蕃。官至知县。

正德丁卯：李藻。官训导。

杨徽。

庚午：马运。官至教授。

嘉靖丙子：熊世英。官至知县。

万历丙子：高如嵩。官至知州。

韩秉彝。官至知县。

辛卯：罗士儒。任学正。

岁贡

成化：刘祺、王泰、孙祐、史振、李宽、尹仪、束浩、李晟、贾晟、万玉、孙琳、赵泰、刘鸾、赵儒、高珍、潘滋。

弘治：成器、汪廓、安通、万冕、夏赈、李岩、夏玺、王轩、汪廉、郑普、安仁、高昂、李东阳。

正德：王贤、聂泰、韩琼、王拱、蔡辅、阎宾、李霨、王晓、阮焘、程霄、成蕃、丘铭。

嘉靖：朱藻、戴冠、王佑、朱兰、陈琚、柳营、李冠、罗绍良、谢月、谢绶、臧仪、李华、沈藻、李衢、韩楫、沈禘、阮浩、杨迪吉、王效义、糜樾、陈嘉言、成士凤、彭基、戴功辅、阮益、盖楠、龙巽、成士麟、张揆、程天章、严文学、宋贤、陈嘉宾、聂朝举。

隆庆：糜淳、李复初、沈裕、唐世征、王用中。

万历：宋之宣、王爱民、方策、袁武、吴启元、杨璋、盖汝弼、成可久、徐绍尧、熊一麟、常经、高如岳、王得仁、谢天宠、史垂教选贡。熊运昌、盖汝言。

名宦

傅友德。洪武十四年，以颖川侯总兵平乌蒙禄肇，功成，建毕节，筑七星关，威惠垂于不朽。余见《省会志》。

汤昭。洪武间，以指挥从征西南，卫治、城池、道路，皆其修建。

孙隐。正统间教授。敦庞树范，慷慨敢言。

万历《丁酉志》名宦共三人

乡贤

唐谏。指挥。才力过人，兵政克举，以所居第建学，后征麓川战殁，朝廷命有司致祭，加其子官一级。

唐正。谏之子。以父死国事，加授都指挥佥事。慷慨敢为，卓有父风。

林晟。读书好士。官都指挥，以子罪连坐罢官，优游林泉，寄傲诗酒，年八十余卒。所著有《墨庄诗集》。

万历《丁酉志》乡贤共三人

恩典

高廷美。以子如嵩贵，封知县。

万历《丁酉志》恩典一人

孝义

蔡氏。林晟母。有志行，发廪赈贫。正统末，苗夷普奴叛，围城。官军皆调征平越，晟亦守备贵州，城中无一可恃。蔡散家资，募精兵，并其僮仆，登城拒守，凡三月，寇无所得，解去。蔡率众蹑之，寇大溃。时称女将军云。

万历《丁酉志》孝义一人

贞节

阎氏。生员李麟妻。年十九丧夫，断发自誓，守节四十余年。嘉靖二十七年旌表。

徐氏。生员罗琛妻。琛丧，徐年二十三，子云方十日，遂以死自誓，纺绩抚子，守节四十余年，嘉靖二十七年旌表。

万历《丁酉志》贞节共二人

流寓

元

乔坚。顺庆路判官，侨居毕节，多所题咏。

亭馆

谯楼。指挥李兴建。
水城楼。通津门外。
角楼。治东南。
魁星阁。巡按张大谟建。
迎恩亭。治西里余。

坊市

宾阳坊。城东门内。
崇明坊。城南门内。
秩成坊。城西门内。
控朔坊。城北门内。
义勇武安坊。英济庙前。
贞度肃僚坊。察院前。
风清南服坊、声振西陲坊。兵道前左右。
蛟腾春浪坊、鹏起秋风坊。学前左右。
储才拔俊坊。学前。
西镇文英坊。历科题名。
登云坊。为举人熊世英立。
广惠坊。城隍庙前。
文英武秀坊。为高如嵩、韩秉彝建。
鸣世文英坊、筹边武帅坊。俱万历十年佥事胡宥建立。
康衢市。
东关市。
南关市。

寺观

普慧寺。城东一里。正统间赐额。

灵峰寺。城西十里。

开化寺。城东一十五里。

般若寺。城东五十里。

涌泉寺。通津门外。

玉皇庙。在清水塘。

崇真观。治南一里。

大梅庵。城西一十五里。

即心庵。城东北十里。

东庵。治东隅。

西庵。治西隅。

天台寺。城南十里，名中华山，常有毫光见。

三官庙。城东。

东岳庙。治内西。

四圣庙。东关。

三圣庙。东关。

惠济庙。治外东一里，有龙潭。

五显庙。城内。

五龙庙。城外南三里。

旌忠庙。卫东三里。

龙王庙。旌忠庙后。

五岳祠。税课局左。

文昌祠。旧在聚奎桥，今改建书院后。

古迹

梁王台。城东北二里。元梁王出镇云南所筑。景云“梁台晓雾”即此。

武侯碑。城北一百二十里，地名上坝。相传诸葛武侯南征时所立，岁久，磨灭不可读。

七星营。城西九十里。诸葛武侯于此祭七星旗，址尚存。

关索镇。武侯南征，还，留关索守其地。

丘墓

蔡氏墓。城南五十里。守备林晟母。佥事李叔谊记。

陆氏墓。城东。参议胡拱辰记。

祥异

嘉靖甲子，三月，地大震。

隆庆辛未，雷震东门。

万历庚辰，乌平铺大水泛涨，淹没人民。五月，大水涌至东门，漂没关厢居民房屋。

甲午，虎入郭内居民陈诗家，上床作人睡状，伤六七人，乃就毙。

纪兵

洪武二十一年，陈桓奉诏率师自永宁抵毕节，度道里远近，夹道树栅为营。每营军二万，刊其道傍林木榛莽，有水田处，分布耕种，以为久远之计，且与沐西平相为声援，毕节遂为重镇。

嘉靖六年，芒部夷贼普奴、沙保等攻围毕节城，都指挥李宗祐射毙数贼，贼乃聚薪焚东门。参议杨仪、佥事龚亨与宗祐计，以城门作隙，用佛郎机击之，连击数贼，始退。

内隐逸、迁谪、仙释无入。

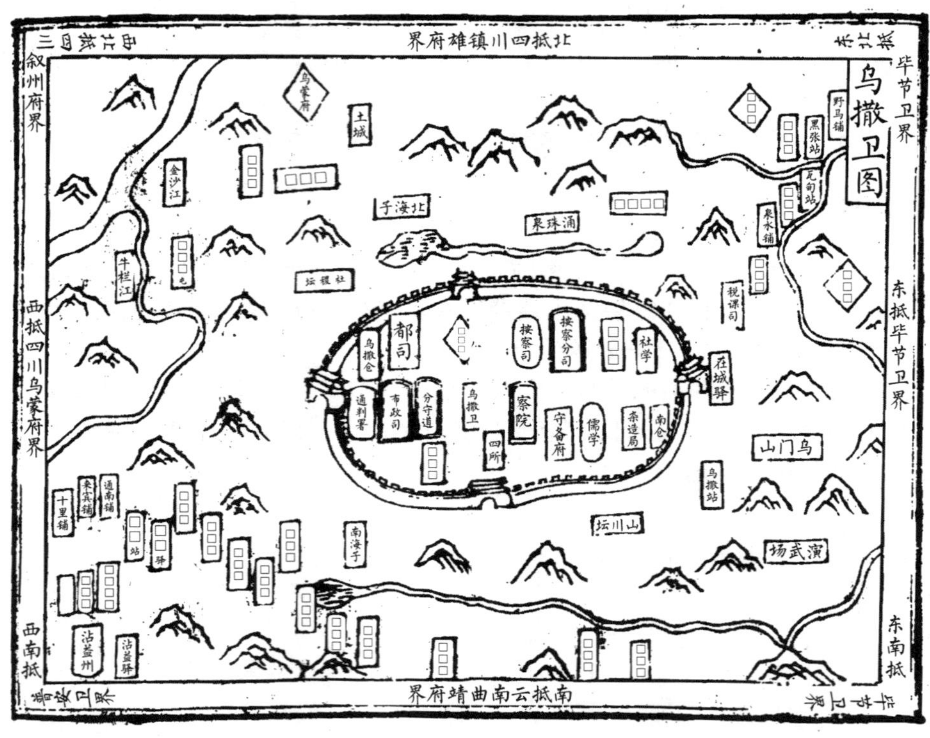
北抵四川镇雄府界
叙州府界
毕节卫界
乌撒卫图
乌蒙府
土城
金沙江
牛栏江
北海子
涌珠泉
社稷坛
野马铺
黑张站
瓦甸站
泉水铺
税课司
西抵四川乌蒙府界
东抵毕节卫界
乌撒仓
都司
按察司
按察分司
社学
在城驿
通判署
市政司
分守道
乌撒卫
察院
四所
守备府
儒学
杂造局
南仓
乌门山
乌撒站
山川坛
演武场
南海子
十里铺
来宾铺
通南铺
沾益州
沾益驿
西南抵
东南抵
南抵云南曲靖府界

图 13　乌撒卫图

第十八章　乌撒卫

沿革

《禹贡》梁州西南境。旧名巴凡兀姑，后名巴的甸。自昔乌蛮居之，晋属朱提郡。唐乌蛮曰乌些者居此。至阿蒙，始得巴甸。其东西又有芒部今为镇雄府、阿晟二部，皆为他酋所据。宋乌些之后曰析怒者，始并其地，号乌撒部，元至元中始内附，置乌撒路招讨司，寻为军民总管府。

皇明洪武初，改为乌撒军民府。十五年，增置乌撒卫，隶云南都司。永乐十二年，改属贵州都司，领千户所五。内左、右、中、前四所。外沾益州后一所。

郡名

巴凡、巴明。汉名。

沙越、越章。夷名。

乌桓。宋名。

形胜

前临可渡，后倚乌门《一统志》。岗阜盘旋《旧志》，山崖险厄《一统志》。襟带二湖《一统志》，平连海甸《旧志》。羊肠小径，十倍蜀道《一统志》。

乌城十景

帝台春眺。知州张效诗："矗矗东山插碧空，玄都宫殿倚高峰。柔风鼓动回元气，迟日熏蒸点化工。李白桃红杯酒外，天光云影画图中。登临极目浑无碍，一览乌城万户封。"

梵宇晨钟。知县路云衢诗："万山欲曙露华浓，鲸吼蒲牢出梵宫。松动撞醒栖鹤梦，江明惊起钓鱼翁。一联征雁冲残月，几处清猿啸晚风。敲罢僧寒关未启，藤烟萝露色溟蒙。"

陆海黄云。

夕阳青嶂。

珠泉玉液。

笔架天排。知县陈式诗："山排笔架独巍然，脱颖三峰指日边。林木垂藤阴共覆，野花芳草色相连。千年不见霜毫乏，百里遥瞻象管悬。自是群山高漠北，常钟坤秀产多贤。”

方池印月。知州张效诗：“混混源头活水流，湛灵澄澈暮烟收。循环三五天机运，上下亏盈月影浮。遥忆嫦娥沉宝镜，浪疑鱼叟试金钩。神龙吸取腾云汉，霖雨苍生遍九州。”

双坝流虹。

北坪市集。知县管寿诗：“马足车尘入望赊，趁虚人冗类蜂衙。渐看夷变俱成夏，须信人生自有涯。沃野草肥戎马秣，市楼风软酒帘斜。韬戎今喜从文教，眼底车书混一家。”

驼关秋色。陈式诗：“石磴崎岖路渺茫，盈眸秋色最堪伤。尘途霜重留人迹，山迳风严断客肠。关口晴云随去旆，道傍官柳促行装。骊驹歌罢重回首，咫尺相逢各一方。”

疆域

东抵毕节卫界，一百五十四里。西抵四川乌蒙府界，一百里。南抵云南曲靖府界，二百三十七里。北抵四川镇雄府界，二百里。东南抵毕节卫界，五百七里。西南抵普定卫界，二百五十里。东北抵毕节卫界，三百九十里。西北抵四川叙州府界。六百五十里。

山川

大隐山。城东三里。

乌门山。城东北百四十里。两山相对如门。

南山。城南四里。

龙山。城南九十里。蜿蜒起伏如龙形状，官道经其上。提学谢东山《道平口号》：“烧起林分画墨，渠添水弄青苹。石罅桃花笑客，茅檐燕子冲人。”“巢穴环居九姓，犬牙控驭二藩。峡外乾坤锦里，烟中鸡犬桃源。”“水去千岩漏泄，云兴万壑平铺。买犊人犹带剑，观风我亦悬孤。”“一路松梢鸣籁，千峰脚底生云。导马乌蛮逐队，舞雩童子成群。”

凤岭山。城北二里。雄伟峥嵘，状如飞凤。

火龙山。城西半里。卫多火灾，立庙镇之。

翠屏山。城东北二十里。秀拔如屏。元何弘仕诗：“俗山如俗人，过眼不相揖。据鞍无好诗，羁愁拍胸臆。行行见翠屏，景意两相适。烟萝幕青黛，山崖产苍壁。云霞油然生，杉桧森以立。鸣禽递清响，飞泉散珠急。我疑有幽人，相傍岩居密。朝餐紫霞英，暮啖香松实。”

笔架山。城东南二十里。景云“笔架天排”，即此。

双霞洞。城北五里。守备李文龙新开。

云溪洞。在黑张站。洞可容百人，李文龙镌石佛于壁。

朝旸洞。城北十五里。

悬石洞。城北十五里。有门可入，上悬石奇峭棱层，五色可爱，中有清泉，冬温夏凉。

披云岩。在普德归站。兵备黄明良题其额曰“披云岩”，御史蔡廷臣题曰“凌虚台”，建亭其上。

千丈崖。可渡河北岸。嶙峋巇嵲，如列障屏，实黔滇相接一奇观也。上刻曰“山高水长”。

南海子。环城东南而西，广袤百里，中可耕。

北海子。城西北二里。源出东山之龙泉，筑二坝，集水以壮城隍。

盘江。城西一百五十里。源出乌撒。

七渡河。城西三十里。旋绕山间，当津渡者七处。

可渡河。城南九十五里。

九十九水。城西南一百五十里。

龙泉。城东山下。泉涌乍清乍浊，或云灵物潜焉。

涌珠泉。城北一里。清泉喷泡如珠，四时不绝。景云“珠泉玉液”，即此。

龙潭湾泉。城东南八十里。群山之中，其深莫测。岁旱，郡人祷雨于此。

桃花溪。在普德归站。由可渡桥迤西而入河。

风俗

人性强悍，衣冠礼乐，不殊中土。《旧志》。风气刚劲，《旧志》：“风气刚劲多寒，故粳稻难艺，惟种菽莜稷麦。”俗尚勤俭《旧志》，牧羊为产。《旧志》：“土人多牧胡羊，岁两取毛以为毡。”

户口

万历二十五年，屯、城、站、铺官军实在三千五百五十一户，八千五百五十五丁口。

土田

水陆田地，旧额八万四千九百三十八亩。万历九年新丈增至九万五百六十亩零。屯田八万二千九亩。科田八千五百五十一亩零。

方产

毡、漆、羊毛、茯苓、半夏、荆三棱、松子、柑、鹦鹉。

贡赋

屯科粮，旧额六千八百四十九石二斗零。万历九年，新丈增至六千九百八十石四斗九升零。屯粮六千五百五十五石二斗。科粮四百二十五石二斗九升零。

徭役

万历二十五年，条鞭、岁用、丁差通共八百四十两三钱五分。

城池

卫城。洪武十五年，征南将军傅友德建土城。二十四年，景川侯曹震委都指挥马烨，甃以石，门四：东曰迎恩，南曰宁远，西曰镇夷，北曰拱辰。门各有楼。高一丈二尺，周一千零九十丈五尺。万历十二年重修。

后所城。在云南沾益州，去卫治二百四十里。旧系土城，嘉靖三十四年奏议云贵合修，易以砖石。

公署

卫治。城内。洪武十五年建。

经历司、镇抚司。俱卫内。

左、右、中、前所。卫前东西。

后所。去城二百四十里。嘉靖间重建。

乌撒仓。城中。洪武间建。

守备府。旧在学右，万历十年改建于左。

行治

察院。卫左。嘉靖三十四年，巡按陈效古建。

分守道。卫右。旧为兵备道，万历六年改修。

布政分司。城中。永乐间建。

按察分司。城内西，宣德间建。

都司分司。城西南隅，正统间建。

通判署。分守道左。

学校

儒学。城内。正统八年建。万历十年，迁于城隍庙。十八年，迁复旧地。

明伦堂。

进德、修业二斋。堂左右。

教授廨。进德斋后。

训导廨。修业斋后。

敬一亭。庙左。

先师庙。

东、西两庑。

戟门。

棂星门。

启圣祠。明伦堂后。

名宦祠、乡贤祠。俱庙右。

祭器。铜爵一百二十，郡人知州张效置，余俱毁，不备。

学田。二十五亩。一分黑张站，岁纳米五石。一分野马川，岁纳米三石四斗。一分五亩，西屯，岁纳米二石五斗。

地。一段上坝。一段下坝。正德十一年，巡按御史邝约批准开垦，共一百六十二亩，每亩纳银二钱五分。一段簸箕湾，每年纳莜三石。一段回回营下坝，每年纳荞租九成银六两，以供春秋二祭。

店。三间，城东关。每月纳租一钱。

秩祀

社稷坛。城北。

山川坛。城南。

厉坛。城西。

城隍庙。卫治东。

旗纛庙。卫治后。

关王庙。卫治内北。

关梁

石驼关。城东。景云“驼关秋色”，即此。

老鸦关。城东三里。

分水岭关。城西一百五十里。

可渡桥。城南九十里。

石河大桥。城西十五里。

六道桥。城东南四里。

通济桥。城东南一里。

兵防

额颁符验二道，铜牌八面。

旗军。原额六千一百八十九名，查存一千四百四十八名。

军器。原额二十三万一千一百一十二件，查存二十万六千二百九十四件。

操马。原额一百二十三匹，查存一百二十三匹。

坐镇迤西。守备一员，领兵百户一员，军兵二百名。

平山哨。佥军余兵二十四名。

天生桥哨。佥军余兵二十名。

杨桥湾哨。佥军余兵十八名。

大栗哨。佥军余兵十八名。

吴家哨。佥军兵二十三名。

分水岭哨。佥军兵二十四名。

乾海哨。佥军兵一十五名。

马鞍哨。佥军兵十五名。

邮传

乌撒驿。城东南下关一里。洪武中建，隶四川乌撒府。

乌撒站。城南一里。

瓦甸站。城东八十里。

黑张站。城东一百四十里。

倘塘站。城南一百四十里。

普德归站。城南八十里。

沾益站。城南二百二十五里。

以上六站，俱洪武中颖川侯傅友德建，共军五百二十五名。

乾海子铺、腰站铺、箐头铺、可渡河铺、箐底铺、云关铺、倘塘铺、通南铺、来宾铺、十里铺、沾益铺、在城铺、二铺、泉水铺、青石铺、旧瓦甸铺、赤冈铺、水塘铺。各司兵不等。

惠政

预备仓。卫治左。
养济院。卫治东。
漏泽园。有三，守备李文龙置。

职官

掌印指挥一员，管屯指挥一员，管操指挥一员，捕盗指挥一员，经历一员，镇抚一员。五千户所各掌印千户一员，管操千户一员，所镇抚一员，管军屯印百户十员。

儒学教授一员，训导一员。

乌撒、沾益、倘塘、黑张、周泥、瓦甸、普德归等站各管站百户一员。

指挥使

杨荣。直隶东光县人。洪武三十五年，任副千户。男信，宣德六年升指挥佥事，调本卫。三世孙武，成化十一年升指挥使。沿嵩袭。

陈佑。湖广黄冈县人。洪武十八年，任指挥佥事，调本卫。四世孙祯升贵州都指挥同知。五世孙灏，天顺八年升贵州都指挥佥事。九世孙于前升都清守备。沿益昌袭。

指挥同知

李旺。直隶安东县人。洪武三十四年，功升指挥同知。三世孙福，天顺五年升指挥使，调本卫。四世孙璘，成化七年袭指挥同知。七世孙文龙，嘉靖二十九年袭，升福建都司佥事。

祖整。山后人。洪武三十五年，任千户。男贵，正统二年升指挥佥事，调本卫。三世孙永，成化二年升指挥同知。沿述尧袭。

赵原吉。直隶寿州人。洪武元年，升总旗。男铭，二十五年升指挥佥事，调本卫。三世孙颙，永乐四年升指挥同知。沿应龙袭。

孟举。石首县人。洪武六年任千户。男宾，永乐三年升指挥同知，调本卫。沿希孔袭。

李成。直隶沛县人。洪武十八年升总旗。男仙童，二十三年升正千户。三世孙贵，三十五年升指挥佥事，调本卫。四世孙雄，宣德九年升指挥同知。沿国忠袭。

指挥佥事

王谅。河南阳武县人。洪武三十年，任指挥佥事，调本卫。沿嘉麟袭。

卯失喇。陕西开城县人。洪武十九年，升副千户。五世孙璇，成化四年升指挥佥事，调本卫。沿有光袭。

陈喜。直隶如皋县人。洪武三十五年，功升正千户。男旺，永乐十七年升指挥佥事，调本卫。沿时政袭。

曹荣。直隶和州人。洪武元年，功升正千户。三世孙启，永乐八年升指挥同知，调本卫。四世孙勋，成化二年升指挥。五世孙恩，弘治七年降指挥佥事。沿应麟袭。

陈真。直隶太和县人。洪武元年升百户。三世孙伦，正统七年升指挥佥事，调本卫。四世孙辅，成化十三年升指挥同知。五世孙武，弘治十六年升贵州都指挥。六世孙谟，嘉靖十五年袭署指挥佥事。沿永昌袭。

管成。直隶凤阳县人。洪武十一年，任指挥佥事，调本卫。四世孙立，景泰四年升都指挥。沿宗宁袭。

孔显。直隶临壁县人。洪武十七年升正千户。六世孙怀，弘治九年升指挥佥事，调本卫。沿思成袭。

于通。和州人。洪武三十年升总旗。男忠，永乐十三年升正千户，调本卫。三世孙成，景泰二年升指挥佥事，沿钦袭。

教授[①]

万历：

廖廷贵。云南人。

罗辑。江西人。

阮云汉。宣慰司人。

唐维坦。普安人。

刘宗尧。四川人。

张应龙。普安人。

张大让。蕲州人。

训导

万历：

陶文昌。四川人。

李箱。兴隆人。

刘世文。湖广人。

---

① 教授：原文误作“学授”，据弘治《贵州图经新志》及嘉靖《贵州通志》改，二书载杨琮为“天顺三年举人，任河南彰德府学教授”。

谷中虚。云南人。
詹尚义。湖广人。
余光。永宁人。
刘三省。赤水人。
万伟。铜仁人。

科贡

进士

天顺壬辰科：李珉。官至御史。
嘉靖戊戌科：缪文龙。官至参政。

举人

景泰癸酉：李芳。官至知县。
丙子：张扆。
天顺己卯：耿惠。
杨琮。官至教授。
壬午：李珉。壬辰进士。
成化乙酉：赵琦。官学正。
癸卯：陈赞。官至通判。
丙午：李铣。
弘治壬子：易辉。官至少卿。
乙卯：张翱。官训导。
范鼎。官训导。
戊午：张翀。官至纪善。
辛酉：管寿。官至知县。
张効。官至知县。
朱瑛。官教谕。
甲子：姚震。官至知州。
正德丁卯：陆怀。官训导。
庚午：缪良玉。官至知县。
徐世华。官至同知。
癸酉：路宏。官至知县。
嘉靖乙酉：姚大濩。官至知县。

戊子：丁文锈。

张勑。官至知县。

辛卯：缪文龙。戊戌进士。

丁酉：蒲仲良。官至通判。

姚大英。官至知州。

庚子：路云衢。官至知县。

张效。官至知州。

周于德。官至通判。

癸卯：赵尧臣。

壬子：丁文华。官至同知。

戊午：辛存仁。官至副使。

万历壬午：王显节。任通判。

马性和。任知县。

甲午：丁时用。

岁贡

赵钺、殷瑾、陈芳、陈以文、荣膺、戚顺、李宽、李荣、陈啍、李恂、鲍理、杨瑾、萧荣、陈杰、张翱、赵冕、徐完、张禄、陈序、王凤、鲍珍、朱绘、吴文宥、李金、戚宪、熊文绣、蒋轮、徐芝、张勗、张鹏、薛钦、赵遵、张勤、陈式、王文诰、许鹏、韩存元、赵选、张助、苏民、谢廷沛、王鹗、余鳌、毛仲伦、陈良选、祖世奇、史略、袁洁、姚大夏、王仕贤、缪文英、赵本朝、王选。

嘉靖：张士贤、谢廷举、房拱极、陈大有、张时正、陈计、张士英、马崇德、张士美。

隆庆：陈讲、周凤鸣、陆启云、王用龙、胡胜祖。

万历：苏时雨、蒋大鹤、管中豹、谢尚言、张士廉、王惟中、姚之典、邹近鲁、苏嘉禾、袁瑞荣、陈朝疏。

武会

名宦

蔡礼。和州人。永乐间，以贵州前卫指挥掌卫事，宣布恩威，申明教化，军民信服。缮治城治，修葺公署，人咸思之。

赵颙。寿州人。正统间任指挥。才气刚勇，善抚士卒。从征麓川上江，奋勇战死，朝廷遣祭，以表其忠。

万历《丁酉志》名宦共二人

乡贤

丁文华。历仕广元、犍为、蠡州、成都，皆有政声，所在有祠。

易辉。任兴府伴读，日侍世宗，辅导有方。及世宗入继大统，留守宫禁，寻升太仆少卿。

缪文龙。河南御史，升云南副使。悯云贵军士，粮饷攸加；詟府司夷酋，威严并济。万历五年崇祀。

姚大英。任忠州知州。守官清介，暮夜却金，持己端严，乡闾颂德。万历十四年，详允崇祀。

万历《丁酉志》乡贤共四人

恩典

缪良玉。以子文龙贵，封御史。

辛爵。以子存仁贵，封副使。

丁显。以子文华贵，封知州。

王廷光。以子显节贵，封知县。

万历《丁酉志》恩典共四人

孝义

赵启、赵哲。兄弟友爱甚笃。其父年老，命启承袭指挥使爵，二子逊让，终身不袭，乡人义之。

姚之典。庠生。父殁于任，扶榇步行，泛舟漂水，数里不溺，庐墓两经虎患不伤，可谓至诚格神明、孚异类者。

薛贤。景泰三年，贤与盛福、周瑄、邵瑾、张宣、郑暹奉勘合，各出备麦豆，价值一百两，义助军饷，钦赐敕书一道旌奖，免其差。

万历《丁酉志》孝义共三人

贞节

吴氏。吴惟允女。聘军士李贞，未嫁。贞调戍金齿，竟亡不返。父母改嫁之，女曰："吾为李氏聘，即李妇也！"誓不他适，引刀割发，守节五十九年。题旌。

杨氏。生员陆廷富妻。富丧，杨年二十四，誓不他适，孀居五十四年，洁然无玷。题旌。

万历《丁酉志》贞节共二人

隐逸

潘子安。性颖敏，诗文清丽，尝游滇蜀，多所著作，累荐不就。所著有《清啸集》，传于世。

吴颂。与弟吴预博学能文，隐居不仕，教授子弟，信从者众。

迁谪

章纶。浙江人。辛未进士，嘉靖五年，任山西佥事，因大狱谪戍于卫。十六年，恩宥回籍。孤介不群，士论重之。纶《自咏诗》曰："懒性题诗竟未多，老人真趣在山阿。飞来脱迹笼中鸟，看破浮名水上波。遭蹶自知驽力竭，投荒谁谓豸冠峨。商岩汉席何人到，书卷壶觞好放歌。"

亭馆

平政楼。即卫城南门，洪武间建，上置更筹，以节晨昏。

南桥公馆。卫南。

坊市

风厉坊。分司左。

观风肃纪坊。察院右。

甲科岁荐坊。治前。

麟经魁选坊。为举人姚震建。

鸣世登科坊。为举人姚大濩、大英建。

桥梓联芳坊。为举人张翀、张劾建。

鸣凤登科坊。为举人张劾、张勬建。

御史坊。为缪文龙建。

解元坊。为蒲仲良建。

敕封御史坊。为缪良玉建。

贞节坊。为节妇杨氏建。

双桂联芳坊。为举人丁文绣、文华建。

风宪坊。为副使辛存仁建。

褒宠坊。为诰封副使辛爵立。

文英武秀坊。为戊子科文武举辛存仁、李文龙建。

联芳上第坊。为举人王显节等建。

上关市。

下关市。

四牌楼市。

鼠、马二场市。

寺观

能仁寺。卫治东门。洪武二十年建。杨升庵诗："百年身世苦辛行，九日登临感慨生。鸿雁来传滇海信，茱萸偏动蜀山情。空庭露白群鸦散，古木霜寒[①]独鹤惊。尊酒相思摇落地，江湖不隔梦归程。"

观音寺。卫东一里。

真武观。卫北一里。

龙泉寺。卫治东北凤岭山上。孙继鲁诗："陆海秋增色，云山翠列屏。赤松餐坠露，黄石炼修龄。草木摇新落，龙泉发旧硎。登高如历井，鹏徙论南溟。"

仁寿寺。城南八十里。

东陵寺。普德归站。

三圣寺。城北一里。

水月寺。城外三里。

萧、晏二公庙。卫治北凤岭山。

寿亭侯祠。治南一里。

五显祠。卫治西。

三官庙。南关外。

古迹

插枪崖。瓦甸站北三里。诸葛亮征南，从将关索插枪于上。

龙抓石。城西五里。青石数丈，上有一孔，龙抓迹三条。

祥异

正德丁卯，前所军人陈伏保妻，一乳生三男子。

① 霜寒：《黔记》作"霜黄"。

嘉靖壬子，正月，白日阴霾。三月，雷电风雹大作，海水泛滥。

隆庆壬申，前所军人戴正五家水牛，一乳生二犊。

万历丙子，三月，雷震东门楼。

乙未年，夏，大水，淹没稼穑无算。迄秋，雨海交会，至九月终方涸。夏秋百姓无收。

八月二十六日，大霜，西门地震。

纪兵

洪武二十四年辛未，傅友德以蓝玉、沐英由辰沅趋贵州，攻普安，既下之后，遂帅师循格孤山之南以攻乌撒。

太祖高皇帝敕曰："东川芒部，夷种虽异，而其始皆出于罗罗，厥后子孙繁衍，各立疆埸，乃异其名曰东川、乌蒙、乌撒、芒部、禄肇、水西。无事则互起争端，有事则相为救援。若唐阁罗凤之居大理，唐兵追捕，道经芒部诸境，外称归顺，内实捏诈，聚众积兵，据险设伏。唐将不备，遂堕其计，以致丧师几二十万。皆将帅过信无谋故也。近称东川诸蛮不叛者，号为循良，固未可逆诈，然须防闲，严整师旅，使不得肆其奸谋，然后贼可破也。"

又曰："今令诸夷报送东川蛮人，恐此令既出，蛮人诡谋亦从此生。假将此辈，名为侦伺我军。当愈加严慎，不可托以心腹。盖蛮夷平日夫妇无伦，乱如群犬，虽父子不相保，其言岂可信乎？今欲降服之，其地山势险峻，道路崎岖，林箐深远，其人猿猱无异，大军一至，窜入林薮，猝难获捕。宜且驻兵屯种，待以岁月，然后可图也。"

万历二十五年二月，乌撒府夷目阿备，拥兵入城，杀掳土府。在城诸夷劈故土妇陇氏棺，取其尸去。

内流寓、仙释、丘墓无入。

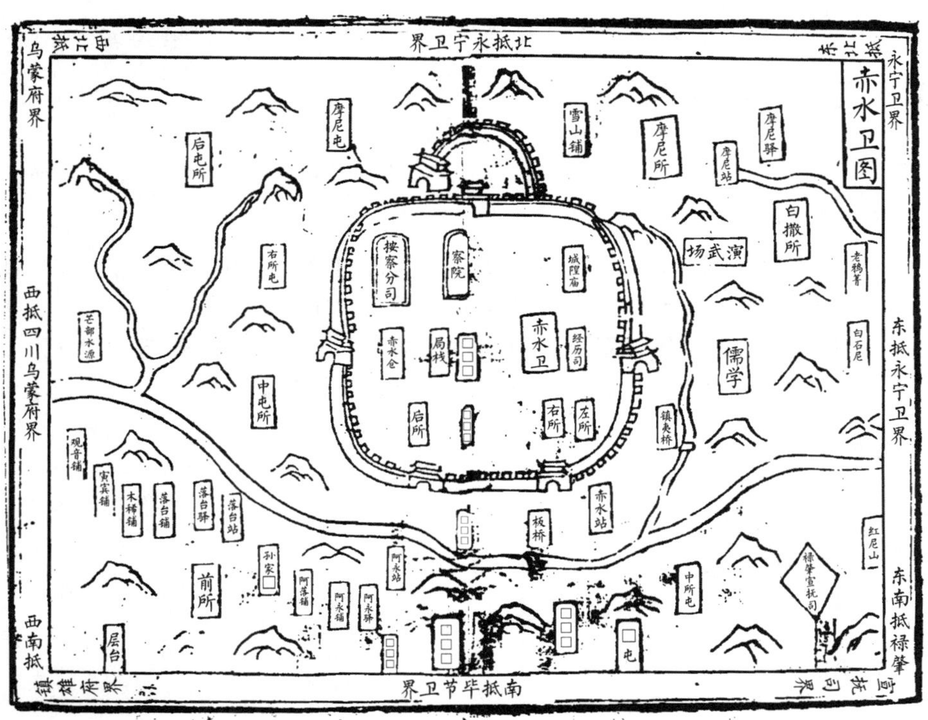
北抵永宁卫界
赤水卫图
永宁卫界
乌蒙府界
西抵四川乌蒙府界
东抵永宁卫界
西南抵
镇雄府界
南抵毕节卫界
东南抵禄肇宣抚司界
摩尼屯
雪山铺
摩尼所
摩尼驿
摩尼站
后屯所
白撒所
演武场
按察分司
察院
城隍庙
右所屯
老鸦箐
芒部水源
赤水仓
局栈
赤水卫
经历司
儒学
白石尼
中屯所
后所
右所
左所
镇夷桥
观音铺
木稀铺
落台铺
落台驿
落台站
赤水站
板桥
红尼山
前所
阿永站
阿落铺
阿永铺
阿永驿
中所屯
禄肇宣抚司
层台
屯

图 14 赤水卫图

贵州通志卷十一

第十九章　赤水卫

沿革

《禹贡》梁州西南境，秦为蜀郡地，汉为益州地，晋为李特所有，宋、周、隋皆为夷地，唐为蔺州地，宋为疆州地，元属永宁路。

皇明洪武二十二年，置赤水卫指挥使司，隶贵州都司，领千户所八。在城左、右、中、后四所。在外前所、摩泥、白撒、阿落密四所。

郡名

赤江。以水名。

雪峰。以山名。

禄肇。元名。

形胜

依雪山以为城，控赤水以为池。笔峰拱其前，雪山障其后。四山环峙，一水贯流。俱《旧志》。与夷僚杂居。当滇贵孔道。

疆域

东抵永宁卫界，七十里。南抵毕节卫界，一百一十五里。西抵四川乌蒙府界，四十里。北抵永宁卫界，六十里。东南抵禄肇宣抚司界，五十里。西南抵镇雄府界，七十里。东北抵永宁卫界，九十里。西北抵乌蒙府界。一百六十里。

山川

雪山。城北二十里。巉岩高峻，亘数十里，方冬积雪，春暮始消，雪山关在其上。副使王炳然诗："石磴盘盘上，峰幔历历间。浮云横岫出，人影接天还。"

东山。城东。近建学于上。

石窦岭。城南。与雪山对峙。

猿窝山。城东南。山势险阻，猿猱窟宅。

东陵山。城东。水石幽森。

香炉山。城西。峰峦突峙，宛如香炉。

落幔山。城北二十里。高出群山，如悬幔然。

聚星洞。

赤水河。城南。一名赤虺河。源出芒部，经红土川，东流入川江，每雨涨，水色深赤，故名。河当云贵驿道，始以舟渡，近为浮桥。提学吴国伦诗：“万里赤虺河，山深毒雾多。遥疑驱象马，直欲捣岷峨。筏趁飞流下，樯穿怒石过。劝郎今莫渡，不止为风波。”

杉木河。城东南五十二里。夷人伐杉木由此河出。

一碗水。城东四十五里，水出石隙，渟泓仅如一碗，虽夏月，群饮不竭。

瀑雪泉。即龙溪之流，飞注赤水河。

龙溪。城北二十二里。

风俗

讼简盗稀。《旧志》：“官军皆中州人，俗尚敦厚”。生计萧条。《旧志》：“箐深土瘠，刀耕火种。”中州礼俗。《一统志》：“语言清楚，筵席尚洁，衣冠常效中州”。环境皆夷。有黑罗罗，俗与水西同。

户口

嘉靖间，城、屯、站、铺官军五千六百一十五户，三万三千六百八十二丁口。万历二十五年报存二千一百零七户，四千一百二十一丁口。

土田

旧额水陆田地五万七千二百八十八亩。万历九年，新丈报增六万六千三百五十八亩，十二年复丈增七百八十七亩，二十五年增至六万七千一百五十六亩零。屯田五万四千二百七十六亩。科田一万二千八百八十亩。

方产

胶枣、红椒、西瓜、槐角、九香虫、兔。

贡赋

屯科粮，旧额五千七百三石零。万历九年新丈报增五千七百九十五石零，十二年复丈增并续报九十石二斗九升，二十五年共增至五千八百八十五石零。屯粮五千一百二十八石三斗。科粮七百五十六石九斗零。

徭役

万历二十五年条鞭、岁用、丁差银通共五百一两八钱四分。

城池

卫城。洪武二十二年，都指挥马烨建，石门五：曰东、曰南、曰西、曰北，及小南门。门各有楼，周七百四丈五尺。

前所城。石门二，周一里二百步。

白撒所城。石门二，周一里二百八十步。

摩尼所城。石门四，周一里二百步。

阿所城。石门四，周一里二百步。

公署

卫治。洪武二十五年建。

经历司、镇抚司。俱卫内。

左、中、右、后四所。卫前东西。

前所。卫南一百里，即层台故址。

白撒所。卫东南七十里。

摩尼所。卫北四十五里。

阿落密所。卫南四十里。

演武厅。城外东山上。

赤水仓。城内，隶布政司。

行治

察院。城内北。

按察分司。城内。

学校

儒学。旧在卫城西，正统五年建。隆庆六年，兵备佥事沈闻改迁城东。万历十年，兵备佥事胡宥徙于卫站。

明伦堂。文庙后。

博文、约礼二斋

儒学门。

先师庙。

东、西两庑。

戟门。

棂星门。

启圣祠。庙前。

射圃。

社学。

秩祀

社稷坛。卫治南一里许。

山川坛。卫治东一里许。

厉坛。卫治北。

城隍庙。卫治西南隅，洪武年建。

旗纛庙。卫治后，洪武年建。

关王庙。卫城北，永乐年建。

关梁

雪山关。城北十里。

木稀关。城西南七十里。

赤水河关。城南一里。

浮桥。城南，正统间建。万历十二年，御史毛在造船，联络如桥，水泛，拆卸撑渡，行不病涉。

板桥。卫治西南五十里。

新济桥。阿永站，天顺辛巳年造。

兵防

额颁符验一道，铜牌一十二面。

旗军。原额七千四百六十八名，查存一千八十八名。

军器。原额九万八千九百九十五件，查存三万一千五百三十七件。

操马。原额一百四匹，查存一百四匹。

梅子哨。军兵五名，余丁十九名。

雪山哨。军兵四名，余丁一十六名。

石关哨。军兵八名，余丁十九名。

以上二哨，各防御百户一员。

板桥哨。军兵十五名，余丁五名。

大木哨。军兵二名，余丁十七名。

撒毛哨。军兵二十名。

邮传

赤水驿。城南关。

阿永驿。城南六十里。

层台驿。城西南一百二十里。

摩尼驿。城北六十里。

以上四驿，隶四川永宁宣抚司。

赤水站。城东南。

落台站。城南一百里。

阿永站。城南四十里。

摩尼站。城北四十里。

以上四站，俱洪武四年颖川侯置。

赤水铺、清水铺、阿永铺、阿落密铺、层台铺、木落铺[1]、板桥铺、寅宾铺。各司兵不等。

惠政

预备仓。赤水仓内。

养济院。北门街。

职官

掌印指挥一员，管屯指挥一员，管操指挥一员，捕盗指挥一员，经历司经历一员，镇抚一员。内四所各掌印千户一员，管操千户一员，管军伍印百户各十员，儒学训导一员，赤水站管站百户一员。外四所各掌印千户一员，

① 木落铺：《黔记》无此铺。弘治《贵州图经新志》、嘉靖《贵州通志》均作“木稀”。嘉靖《贵州通志》另多一威镇铺，弘治《贵州图经新志》多威镇、毕节二铺，

管操千户一员，阿永站、摩尼站、落台站各管站百户一员。

指挥使

王忠。湖广江夏人。甲辰授百户。洪武十五年，男轸功升指挥同知。宣德六年，三世孙杰调本卫。成化十六年，四世孙谦升指挥使。沿梦弼袭。

崔人美。直隶山后人。洪武三十四年，三世孙能功升指挥同知。正统四年，四世孙升升指挥使。正统十四年，弟旻升都指挥佥事。弘治七年，五世孙铎升都指挥使。沿寿胤优给。

许忠。河南许州人。洪武元年从军。二十二年，男政功升指挥使。宣德八年，三世孙庆调本卫。成化五年，四世孙昂升都指挥佥事。沿维垣袭指挥使。

指挥同知

丁刚。直隶怀远人。洪武二年，以功历升副千户。二十年，男祥以功历升指挥佥事，为事充都匀卫军，复职，调本卫。弘治六年，五世孙桂功升指挥同知。沿伦武袭。

指挥佥事

张祺。直隶合肥人。洪武二年，功升指挥佥事。二十二年，男翼为事降正千户，调本卫。弘治七年，五世孙济升指挥佥事。沿云翱袭。

陈景。锦衣卫人。洪武二十一年，功升正千户。天顺八年，三世孙纲历升指挥使，调本卫。成化十五年，四世孙瓒因父诰命以正千户加升指挥同知。嘉靖六年，六世孙润袭，升指挥佥事。沿以忠袭。

王得。直隶萧县人。从军。洪武四年，男贵以功历升正千户，调本卫。正德十年，五世孙钺功升指挥佥事。沿朝屏袭。

训导

万历：

黎献。辰州人。

李继美。平越人。

王得民。清浪人。

祝诚。昆明人。

胡尉。安庄人。

颜整。曲靖人。

杨世名。平越人。

姚唐臣。楚雄人。

科贡

进士

正统己未科：张谏。官至府尹。
天顺辛未科：陈迪。官至御史。
　　甲辰科：朱谦。官至佥事。
成化壬辰科：茅铉。

举人

宣德壬子：张谏。己未进士。
正统辛酉：饶驸。官训导。
　　　　　王让。官至知县。
景泰辛酉：杭全。官至知县。
　　　　　陈迪。天顺辛未进士。
　　丙子：朱谦。甲辰进士。
　　　　　陈义。官至知州。
　　　　　王恕。官至知州。
天顺己卯：倪钺。
　　　　　茅铉。进士。
　　壬午：沈琮。官至知县。
　　己酉：徐谏。官至知县。
　　戊子：冯篪。官训导。
　　　　　党洪。
　　辛卯：吴文佐。官至知县。
　　　　　文达。
　　　　　杨让。官至知县。
　　甲午：马经。官至通判。
　　　　　陈表。官至知县。
　　　　　叶渊。官教谕。
　　　　　翁谏。官至知县。
　　庚子：徐纪。官教谕。
　　　　　张憓。官至通判。
　　　　　路玺。官至理问。
　　癸卯：刘恺。官至都事。
　　丙午：文轨。官教谕。
　　　　　赵俸。教谕。

弘治己酉：韦瑛。官至知县。
己卯：叶夔。官至提举。
辛酉：沈冕。官至纪善。
甲子：徐珪。官至知县。
庚子：周鼎。官至通判。
癸酉：吴会。官至知府。
嘉靖壬午：陈赓。官至伴读。
欧纂。官至知县。
乙酉：韦时雍。官教谕。
癸卯：赵恕。官至知县。
万历辛卯：潘龙。
王三聘。
丁云鹤。中广西乡试。

岁贡

任让、潘明、陈连、陈琰、李诠、陈昱、单钊、王锐、陈智、杭瑛、翁诠、何文、党绅、黄铎、陈希贤、王钺、吴琼、胡瑛、史琳、王澜、陈淳、欧简、王铭、陈襄、汪经纬、文旦、王玺、陈寰、徐奕、吴暐、卢谕、黄表、姚浙、吴习、陈维赞、李朝阳、瞿尚义、龚应宸、叶宗茂、胡奎、张位、夏霶、刘珮、韦时雨、陈献、吴乔、李洲、唐祚、龚应龙、高弟、潘文、刘亶、丁仪、王访。

嘉靖：徐之相、徐寅、曹汲、周相、龚应唐、刘慈、黄梅、石国盘。

隆庆：韦汍、卢朝栋、徐国朝、韦文。

万历：胡纳川、吴道东、许恕、刘萃、刘三省、丁云鹤、何一龙、王国贤、王来聘。

名宦

丁祥。正统间指挥佥事。心志和平，练达政务，治卫事五十余年，老稚咸颂其德。

李瑞。天顺间指挥。宽裕有容，久参卫政，上下服其廉。

王谦。成化间指挥。公正有为，军士咸服。修葺卫治学校，百废毕举。时宣慰安氏与安抚奢氏弄兵，谦谕以祸福，遂解。事亲尤以孝闻。

万历历《丁酉志》名宦共三人

乡贤

张伯安。卫人。读书好义，以孝友清俭为时所重。

张谏。伯安子。富文学，有才思。任监察御史，风裁凛然，廉能著闻，累官顺天府尹。卒，赐谕祭。

陈迪。任监察御史。侃侃立朝，弹劾不避权要，寻卒于官。

朱谦。以御史任佥事。宪度贞肃，人不敢犯。居乡，益励名节。

万历《丁酉志》乡贤共四人

恩典

张伯安。以子谏贵，封监察御史。

万历《丁酉志》恩典一人

孝义

张朝、王之屏。俱指挥。嘉靖三十六年，奉委采木，不避艰险。水涨，有大木停阁滩湾，朝与之屏先身入水，掀拔大木，溺死，院道目击，以殁于王事题请钦葬。今从祀永宁王公祠。

万历《丁酉志》孝义共二人

贞节

欧氏。生员陈琢妻。琢丧，欧年二十，家贫无子，守节，勤女工以供其姑。事闻，抚按旌表，免一丁侍养。

章氏。军人聂贵妻。贵从征交趾，行时，嘱章善事其母。又曰："设吾不幸，尔勿再适。"后贵果卒于阵。章守节纺绩以奉姑，操志益坚。景泰三年事闻，旌表。

万历《丁酉志》贞节共二人

隐逸

吴济。学行俱优，为一时推重。正统年，卫学缺官，巡按包公委署学事，凡五年，克尽厥职，士类悦服。

陈价。合州人。都御史，以边事谪居。谦谨和易，士论高之。《铜梁志》称其"诗文流丽典雅，为一时推重"。

亭馆

宣威楼。城北门，洪武间建。监察御史王鉴之诗："城上高楼百尺悬，城中新爨万家烟。白崖西去开罗甸，赤水东来入蜀川。岭树重云千里月，夕阳孤箐数声鹃。花明柳媚春如锦，仿佛江南别样天。"

坊市

升天衢坊。学右。为举人王恕建。
凌云坊。为举人周鼎建。
文英坊。为举人徐谏建。
乡会题名坊。为举人赵恕建。
崇真坊。卫站玄帝庙前。
襟山带水坊。卫南五十里板桥屯。万历十二年，巡按毛在建。
赤江正气坊。为节妇潘氏建。
丹山起凤坊、赤水腾蛟坊。儒学左右，兵备胡宥建。
神明保障坊。城隍庙前。巡按御史毛在建。
连湾市。卫城南门外。

寺观

观音寺。治东北隅。
高真观。治东门外。
玉皇阁。城东。
文昌阁。卫治东。
五显庙。学后。
三官庙。卫治南一里许。
五龙庙。文昌阁后。
五圣庙。卫城南外。
晏公庙。卫治南。
忠义庙。卫治西南二十里清水江。

古迹

废层台卫。治城东南一百里。
平阳侯营。治城北六十里。

丘墓

都司张祥墓。四川行都司都指挥佥事。正统己巳，贵州诸夷叛，祥奉命率所部来救，至赤水大捷。寇患少宁，驻兵守之，会霖雨水溢，贼乘间来攻，势甚盛，祥曰："事急矣，吾属当为国死。"至清水铺，与其仆马伏先、张牢等皆力战死。卫人立忠义祠祀之。

内流寓、仙释、祥异、纪兵无人。

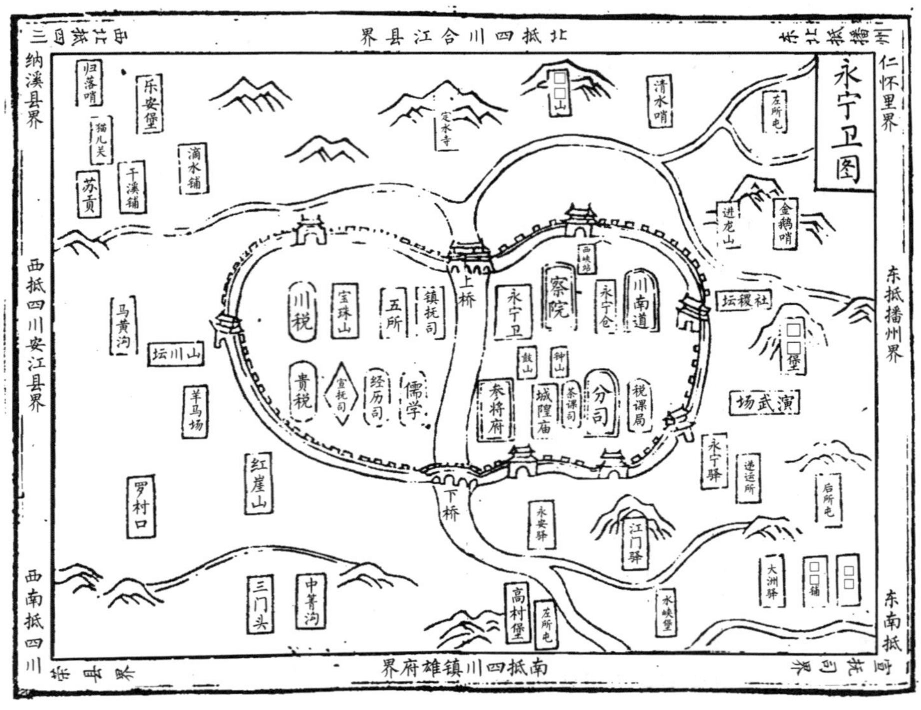

永宁卫图
北抵四川合江县界
南抵四川镇雄府界
东抵播州界
西抵四川安江县界
仁怀里界
纳溪县界
西南抵四川
东南抵
清水哨
左所屯
归落哨
乐安堡
滴水铺
苏贡
干溪铺
定水寺
进龙山
金鹅哨
马黄沟
坛川山
羊马场
川税
宝珠山
五所
镇抚司
永宁卫
察院
永宁仓
川南道
贵税
宣抚司
经历司
儒学
参将府
城隍庙
茶课司
分司
税课局
上桥
下桥
社稷坛
演武场
永宁驿
递运所
后所屯
红崖山
罗村口
永安驿
江门驿
三门头
中箐沟
高村堡
左所屯
水峡堡
大洲驿

图 15 永宁卫图

第二十章　永宁卫

沿革

《禹贡》梁州南境。秦为蜀郡地。汉为益州地。晋为李特所有。宋及周隋俱为夷地。唐置蔺州。五代为江安、合江二县地。宋乾德中刘光义平蜀，因之，寻置永宁路。元中统元年，改永宁路总管府，隶四川行省，领筠连州及腾川县，元统元年，改为永宁镇边都元帅军民宣抚司。

皇明洪武四年，改为永宁长官司，寻复置永宁宣抚司，仍隶四川，其治在马口渔漕溪，距城西八十里。五年，曹国公李文忠迁于今治，为永宁卫指挥使司，隶贵州都司，领千户所五。

郡名

蔺州。唐名。

永宁。宋名。

定川、界首。卫为蜀贵分界，故名。

形胜

环城皆山，叠翠如屏。马口崖镇其北，渔漕溪横其南。俱《一统志》。西引三渝，南控六诏。《旧志》。邦域险固，关塞严密。东连贵播，西接叙泸，南距芒部，北抵合江。水陆交通，蜀黔分界。

定川十景

红崖霁雪。修撰杨慎诗："界首飞泉瀑练悬，红崖迥与绛霄连。"

漫岭晴云。

桃圃春风。教授陈时雨诗："绝似看花仙观里，胜如移棹武陵中。"

桐林夜雨。

宝刹晨钟。陈时雨诗："残月小窗僧出定，西风古道客趋程。"

铁炉晚渡。陈时雨诗："有客问津来此夕，何人击楫慨当年。"

东渚鱼浮。陈时雨诗："杨柳绿阴闲出没，桃花新水任浮沉。"

西湖月涌。

定水通津。陈时雨诗："轻帆挂起竿头日，柔橹摇开水面天。"

入滇古道。

疆域

东抵四川播州宣慰司界。二百五十里。西抵四川江安县小岩门界，二百五十里。南抵四川镇雄府小箐口界，四百里。北抵四川合江县九枝乡界，一百六十里。东南抵宣抚司界，二百里。西南抵四川荣县界，一百二十五里。东北抵播州仁怀里界，一百五十里。西北抵四川纳溪县界。三百二十里。

山川

西珠山。城内西南。山形圆莹如珠。

海漫山。卫治。延袤八十里，如海水之汗漫。景云"漫岭晴云"，即此。

青龙山。城南二里。其形如龙。

红崖山。城东北十里。多赤石，如列锦屏。景云"红崖霁雪"，即此。

木案山。城东南五十里。上有林木，下平如案。

乌降山。城西北五十里。林木翁翳。

疋绢山。城西北六十里，山顶瀑布飞流，宛如疋绢。

鋈珠山。在城内。形圆如珠。

宝真山。西门外二里。

天马山。城东门外。

钟山、鼓山。二山俱在城内。上置钟鼓楼。

文笔山。城东。

龙洞。城西一百里。元大德间敕赐乌龙洞。遇旱，祈雨有应。

鱼洞。滩高二丈许，春夏鱼多上跃。

永宁河。城西南。一名水东，一名界首。源有三，合流于卫城南，绕东北至纳溪，入川江。滩石险恶，昔不通舟。洪武二十四年，景川侯曹震役夫凿之，舟楫之利兴焉。杨慎《杂咏》："永宁河水接川河，今古渔商竟几过？试看江门来往岸，石头篙眼剧蜂窝。"

通江溪。源出贵州界，流经九姓长官司，入永宁宣抚司。

甘溪。城南十里。

铜鼓溪。城西北六十里。

灵湫泉。城西五十里。山洞深二丈许，泉水四时不竭，祷雨即应。

渔漕溪。城西南八十里。

双井。城南四十五里。

天生池。城西北六十里。四面山绕，水积于中，不假穿凿，故名。

风俗

习俗鄙陋，性格野朴。不事商贾，惟务农桑。俱《一统志》。颇称富庶，崇尚礼义，向慕儒雅。《旧志》:“境即蜀壤，河通舟楫，故居人颇称富庶。往往有登科第荣显者。”婚丧悉遵典礼。《新志》。

户口

嘉靖间屯、城、站、铺官军六千七百八十九户，一万五千二百四十七丁口。万历二十五年报存二千五户，三千八十七丁口。

土田

《旧志》:水陆田地五万三千三百九十一亩零。万历九年新丈增至六万六百八十四亩零。屯田五万三千二百九十亩零。科田七千三百九十四亩零。

方产

巴豆、栀子、胶枣。

贡赋

屯科粮。旧额七千九十五石九斗零。万历九年新丈七千五十七石三斗零，续增一百七十石零。万历二十五年增至七千二百二十七石三斗零。屯粮六千七百七十七石零。科粮四百五十石三斗零。

徭役

万历二十五年，条鞭、岁用、丁差并地租银，通共六百一十七两三钱。

城池

卫城。洪武四年，指挥杨广建，甃以石，门七：东曰宾阳、曰观澜，西曰承恩、曰聚宝，南曰弘化，北曰武成、曰康乐，门各有楼，周一千三百四十四丈有奇。

公署

卫治。洪武四年，曹国公李文忠同指挥杨仁创建，即丁让镇边元帅府旧基。

经历司。卫东。

镇抚司。卫东南。

左、右、中、前、后五所。俱洪武八年建。

永宁仓。卫城中。旧隶四川。万历元年，巡按御史杨允中题准改隶本卫。

四川永宁宣抚司治。洪武四年，宣抚禄肇以总管府旧址改建，永乐九年，同知戴亮重修。

经历司。

阴阳学。

医学。

税课局。

界首茶课司。

行治

察院。永宁仓西。万历七年建。

贵宁道分司。卫城内。

川南道。卫城内。宣抚司建。

学校

儒学。治西南。隶四川宣抚司，初止民生。正统八年，贵州设卫，以军生附之。其科贡，民生隶川，军生隶贵。嘉靖二十三年，提学谢东山议呈两院具题军民科贡俱属贵州。

明伦堂。先师庙后。

先师庙。明伦堂左。

东、西两庑。

戟门。

棂星门。

泮池。

启圣祠。

乡贤祠。

名宦祠。

学田。一分卫东洪崖，一分卫北渡口，一分马岭铺，一分巴焦洞，共种八石五斗。

社学。一仓右，一东门外。万历七年建。

秩祀

社稷坛。城南一里。

山川坛。城南一里。
厉坛。城北一里。
城隍庙。城南。
旗纛庙。卫治后。

关梁

箐口关。安笼箐东。
渔浮关。卫东三里。
镇远关。城西。
青冈关。城西。
猫儿关。卫西五十里。
梯口关。卫北五十里。
大关坎口。卫北一百里。
江门关。卫西五十里。
雪山关。卫南一百里。
木稀关。卫东南四百里。
三块石关。卫西北六十里。
据胜桥。卫东南[①]隅。一名上桥。
飞虹桥。卫东北。一名下桥。洪武间，景川侯曹震建。
通济桥。卫东南。景泰间，佥事张淑建。
宋江桥。卫西北一百里。水自九姓司流出。
高桥。高桥铺。
俱景川侯曹震建。
永济桥。城北门外。
振肃桥。卫分司左。
通湖桥。城西门外。
镇远桥。镇远关内。
通川桥。镇远关外。
龙虎桥。城东。
铁炉桥。城北门外。
茶仓渡。馆驿下。
定川渡。城南门外。

① 东南：原文误为“东西”，据弘治《贵州图经新志》改。

渡口渡。卫西北十二里。
宋江渡。卫西北九十里。
黄角渡。观澜门外。

兵防

额颁符验二道，铜牌一十二面。

原额旗军五千九百四十三名，军器一十一万九千二百六十三件，操马七十七匹。

坐镇迤西。参将一员，领兵百户二员，游兵四百名。

归乐哨、安乐哨。二哨防御百户共一员，佥军各三十名。

清水哨。防御百户一员，佥军二十名。

金鹅哨。防御百户一员，佥军二十名。

得用堡。防御百户一员，佥军二十名。

高村堡。卫西二里。万历十年建立。

邮传

永宁驿。城南。洪武八年建。

永宁站。

司门铺、甘溪铺、滴水铺、乐安铺、双井铺、普市铺、新添铺、碗水铺、摩泥铺、雪山铺。各司兵不等。

惠政

养贤仓。明伦堂后。收贮义谷，以济贫生婚丧。

预备仓。城南门外。

养济院。城东门外。

漏泽园。一大东门外，一小东门外，一南门外，一西门外。

职官

掌印指挥一员，管屯指挥一员，管操指挥一员，捕盗指挥一员，经历一员，镇抚一员，五千户所各掌印千户一员，管操千户一员，所镇抚一员，管军屯印百户十员，永宁站管站百户一员，永宁铺管铺百户一员，附四川永宁宣抚司儒学教授一员，训导三员，永宁仓大使一员。

指挥使

桑林。平昌人。洪武五年，功升指挥佥事。永乐十年，升指挥使。天顺八年，男盛升都指挥。弘治八年，三世孙本升都指挥。正德七年，四世孙凤升都指挥。沿百萌袭。

侯岩。凤阳人。洪武十年，功升副千户。绝。侄礼接袭，调本卫，功升指挥佥事，阵亡。子英铨功升指挥使。三世孙守升都指挥。沿爵袭。

指挥同知

李再兴。密云县人。洪武十年，功升副千户，阵亡；兄谏袭，升指挥佥事。子翔功升指挥同知。沿应庚袭。

李福。江夏人。永乐十年，功升指挥佥事，寻升指挥同知。沿袭。

安兴。六安人。洪武十年，功升云南副千户。三世孙义调本卫，升指挥佥事。五世孙祥功升指挥使，弟禄降署指挥同知。沿民怀袭。

指挥佥事

邹显。汉川县人。洪武八年，功升本卫副千户。永乐七年，男政功升正千户。正统六年，三世孙海升指挥佥事。五世孙至道升普安守备。

孙胜。凤阳人。洪武十一年，功升副千户。天顺八年，四世孙源升正千户。弘治七年，五世孙瀚升指挥佥事。七世孙世泰升都指挥。

何源。凤阳人。洪武三年，功升庆阳卫副千户，男昭升洛阳中护卫、指挥佥事。洪熙五年，三世孙瑸调本卫。宣德七年，升指挥同知。正统八年，升指挥使。天顺六年，升都指挥。沿世显袭佥事。

石敬。江浦人。洪武十五年，功升指挥同知。至五世孙维瞻袭指挥佥事。

吴宝。武陵人。吴元年，功升广西都指挥同知，调本卫指挥佥事。三世孙璧绝，弟珍袭。正统八年，升指挥同知。六世孙垣袭佥事。

徐处安。舒城人。吴元年，升海宁正千户。洪武十五年，功升濠梁左卫指挥佥事，调本卫。四世孙勋升都指挥。沿守宗袭。

陈原。汀州人。洪武二十五年，功升本卫实授百户。宣德八年，男永定升副千户，阵亡。弘治十三年，四世孙鼎升指挥佥事，寻升指挥同知。六世孙应麒袭指挥佥事。沿隆接袭。

丘贵。寿州人。洪武二十一年，功升本卫百户。四世孙嵩功升副千户。五世孙永中中成化丁酉乡试。六世孙宏袭，升正千户。寻升指挥佥事。沿八世孙岱袭。

教授

刘采、张时雨、李宾、李远、张尧弼、赵山、张爱仲、周懋、何思、吴歆、何万卷、方鹤、向达万县人。

训导

王拱东、陈谏、张时绣、邵尧章、唐琮、宋君瑞、薛万钦、杨金鉴、蔡孔新、李瑄、吴似、向玳、刘世臣、张贤、向前、梁汝为、王宾礼、张国贤、车星、王纳谏、杨诏、陈尧学、王怀德定远人、韦启蒙赤水人。

科贡

进士

正统乙丑[①]科：王敞。官至布政。
天顺丁丑科：彭杲[②]。
正德甲戌科：周昺。官至知府。
嘉靖壬辰科：赵维垣。官至布政。
辛丑科：闻贤。官至推官。
万历癸未科：沈权。官至御史。

举人

永乐辛卯：刘宏。官至知县。
丁酉：魏贞。官至知县。
癸卯：胡文谅。官至知县。
正统辛酉：王敞。乙丑科进士。
甲子：丘春。官至知县。
丁卯：邵昱。官至知府。
谢富。官至通判。
景泰庚午：彭杲。丁丑进士。
癸酉：余玺。官至通判。
丁寿。官教授。
李仁。官至教谕。
天顺壬午：杨淳。官至经历。

① 乙丑：原文误作“丁丑”，据《黔记》改。下文“举人”栏同，不另出校。
② 彭杲：原本作“彭果”，据嘉靖《贵州通志》《黔记》及本书下文改。

朱溥。官至知县。
成化己酉：孙昭。
戊子：谢礼。
陆源。
甲午：朱广。官至知州。
李蕃。官至学正。
丁酉：王训。官至知县。
陶辅。官训导。
陶金。
丘永。官至长史。
癸卯：文冕。
骆宽。
弘治己酉：蔡林。官至知州。
陶心。官至参议。
壬子：周昺。中正德甲戌科进士。
范章。
乙卯：丁世用。官至知县。
张仁。官至学正。
戊午：杨世麟。
张荣显。官至知县。
周本昂。官训导。
辛酉：陶泉。官至知县。
樊珍。
甲子：陈谟。官至同知。
王宥。官教谕。
洪恩。官至知县。
正德丁卯：罗廷俊。官至知县。
蔡仁。官至知县。
庚午：张宥。官至知县。
王心。官至知县。
赵远。官至同知。
熊敦。官至知州。
癸酉：周昆。官至同知。
张荣爵。官至知县。

丙子：谷瑞。官至知县。
周间。官至知州。
王瑞。官至知县。
丁相。官至同知。
己卯：丁楫。官至知州。
陈儒。官至知县。
杨鹤龄。官至知县。
李季。
嘉靖壬午：文袍。
乙酉：陆嵩。
张以恭。
陶璞。官知县。
熊应征。官至同知。
辛卯：冯璇。官至知县。
张朝元。
蔡邦佐。
陶登。官至知县。
滕鹗。官至知县。
赵维垣。壬辰进士。
甲午：谢宠。官至知县。
罗褷。官至知府。
石宝。官至知县。
丁酉：闻贤。辛丑进士。
胡志学。官至知县。
桑育贤。官至知县。
雷鸣阳。官至知县。
庚子：谢表。官至知县。
陈以道。官至知县。
陈以庄。官至知县。
丙午：陶淳。官教谕。
万象。官至通判。
闻实。官至知府。
陶约。
冯璠。

李栋。官至知县。
己酉：吴哲。官至参政。
沈梅。官至运同。
壬子：杨岳。官至通判。
赵维屏。官至知县。
戊午：桑橘初。官至知府。
范辛。官教谕。
桑荆初。官至知府。
甲子：白加采。官至理问。
隆庆丁卯：冯世龙。官至知县。
罗应台。官至同知。
杨汝楠。官至知县。
庚午：沈桥。官至运同。
蔡于周。官至知县。
闻道立。官至员外。
李春和。
周于用。官至知州。
万历癸酉：葛宪。任知县。
丙子：沈权。中癸未进士。
壬午：丁汝彦。任知县。
乙酉：罗应云。任知县。
李忠臣。任知县。
戊子：张一恭。任知州。
罗应晓。任教谕。
陈大经。任知县。
辛卯：周文明。
甲午：罗应孙。
曾孔学。
丁酉：石雷。

岁贡

张文郁、王贤、卢贤、李源、宋铭、王整、张本、杨清、罗晟、戚祚、黄敏、赵明善、湖海、兰茂、罗迪、祁风鸣、毕有诚、牟贵、罗信善、罗信、张政、先进、罗思德、孙荣、叶鉴、马清、陈彦宗、王弼、雍琼、何钺、傅元昌、余伟、叶守贞、闵辂、邵敬、黄庆云、姚福、张麟、王洪、冯浩、熊安、白朝宗、文懋、杨宏、沈澜、宋轰、陆瑀、蒋瑄、苏启、陈衍、庄正、樊俊、毕凤鸣、周廷俊、雍熙和、李祥、萧鉴、周廷佐、张辅、杜俊、郭胜、宋广、陆良、张禄、曾仲仁、王佐、陶成、文奎、张珣、卞贤、赵逵、陆辉、陆鸿、姚章、熊达、桑梁、贾凤、张经、雷显、方朝东、王贡、骆驯、邹孟怀、文堂、张晓、曾钦、郑宗智、张文佐、曾镇、赵卿、黄仪、杨仁、宋佾、宋奎、李一清、张密、骆驭、何德、丁世昌、罗廷价、宋友仁、杨清、郭忠、谢昱、曾光、熊应实、潘文通、夏凤池、师辅、杨承裕、周邦赡、王才、谷旸、杨承佑、张孚、闻孚、闻应龙、杨通、杨实。

嘉靖：陶镕、梁京、杨世伟、李孚佑、胡裕、沈从佐、熊应宣、朱孔昭、胡闻阳。

隆庆：白受采、沈权、张廉、谢聘、张一谋。

万历：宋汝澜、丁自立、潘璧、余光、沈桂、何乔、陶升、曾鲁、达荣、张远柔、杜良璧、陈一言、罗袍。

名宦

宋

刘光义。乾德间平蜀，以威德著。请置永宁路以控羿罗之夷，边鄙获宁。

本朝

李文忠。洪武中，拜曹国公，征永宁，筑城建卫，以靖远夷，边人至今思之。

曹震。洪武中，以景川侯征南夷，凿永宁河以通舟楫，世赖其利。

杨广。洪武中，以指挥从征永宁禄肇，智勇为时帅所重。今永宁城皆其所筑。

吴珍。正统间任指挥佥事。兵政茂著。寻征麓川，身先士卒，鼓噪入阵，擒四象以归。升指挥同知。景泰间，羿獠啸聚犯城，珍募精锐，躬率出击，斩俘甚众，城赖以全。

安琦。天顺间，任指挥同知。善抚士卒。六年，大坝山都掌叛，远迩绎骚，几至失守。琦率锐卒巡逻要害截杀，贼势顿挫，都掌称为虎将。寻随总兵官李安进讨，命琦先探虚实，入危险，至落卜茹遇贼，琦马陷于泥中，犹挽弓射杀七、八贼，以援兵不至，被害。卫人至今悼之。

桑盛。指挥，敏于政事，握符，蔚有时誉。天顺间，大坝山都掌叛，总兵官李瑾讨之，盛率偏将以从，累画进止方略，瑾用其言，大捷，功升都指挥佥事，守备永宁等四卫。卒于官。

柯文显。孝感人，成化间，任宣抚司训导，动遵礼法，虽燕处无不衣冠。一时人物，多所造就。

何卿。成都人，升参将。嘉靖间因芒部叛，卿来镇，恩威并著，遂平芒夷。礼贤敬老，泽及枯骨，在镇四年，升松潘总兵，既去，人犹思慕。

万历《丁酉志》名宦共九人

乡贤

李福。永乐间，以本卫骑卒从征交趾，以智勇生擒渠寇黎澄，槛送中军，论功超升交州右卫指挥佥事，赐以文绮、宝钞、金带、冠服。

王敞。性颖才捷，扬历中外，多政声。

陶心。少秀颖，弱冠领乡荐，任兵部员外郎。正德间，驾欲南狩，心率同列上章留之。忤旨，罚跪三日，笞数十，几毙。后升云南参议。

雷鸣阳。蚤年失怙，笃孝事母，居丧庐墓，感甘露降宅，有记。后官浙杭郡丞。卒于官，杭人为之罢市。缙绅挽章云："累筹海寇输忠悃，一战淮阳夺锦褰。"

桑育贤。知巫山县。孝根天性，因母忧，哀毁遘疾，还家，遂终养不仕。乡党至今钦服。

闻道立。任户部员外郎，卒于官。孝亲周族，公举入祀。

万历《丁酉志》乡贤共六人

恩典

王斌。以子敞贵，赠郎中。

陶公远。以子心贵，赠员外郎。

周廷杰。以子曷贵，赠郎中。

赵全。以子远贵，赠通判。

闻钺。以子实贵，赠评事。

沈鲤。以子梅贵，封怀远将军。

吴玉。以子哲贵，赠右参政。

桑育贤。以子荆初贵，赠郎中。

闻克明。以子道立贵，赠主事。

罗褷。以子应台贵，封奉政大夫。

万历《丁酉志》恩典共十人

孝义

王璠。幼孤，事母至孝。母疾，苦志学医，遂精其业，母疾愈，寿九十，璠亦七十余。母卒，哀毁逾礼。又能友爱其弟。嘉靖间，抚按赐以冠带，表门。

陈永定。百户，膂力过人，善于骑射。宣德八年，调征松播有功，升千户。正德间，领军征思仁发[①]，奋勇截杀，遇害。乡人惜之。

刘氏。郡人万象妻。先是，象以禄资置买田，种八石五斗，欲为捐资报本之意。象卒，刘承夫志，将前田捐入学中，永作义田。院道刻石，匾其门曰“旌义”。

万历《丁酉志》孝义共三[②]人

贞节

封氏。闵焕文妻。焕丧，封年二十一，丧葬尽礼，誓不再醮，以养舅姑。孀居三十年，洁然无玷。

杨氏。伏文贵妻。贵征交趾，死于阵，杨年二十二，子成方二岁，孀居誓不适人。成长，亦以征贵州叛夷战殁，其妇毕氏亦守节不嫁。天顺间，有司以“妇姑全节”题旌。

谢氏。卫人张贵妻。贵丧，谢年二十四，其母欲更嫁之，谢守节矢志靡它，年六十六。

马氏。指挥侯英妻。侯丧，马年二十，誓死守节，抚遗腹子宇以袭夫职，始终无玷，年六十卒。

胡氏。舍人孙贤妻。贤卒，胡哀毁，矢志守节四十余年。

邹氏。镇抚雷震妻。震丧，邹年二十五，守节，始终一致，年七十余。

沈氏。雷霖妻。霖丧，沈年二十，守节不二，孀居四十年，卫人称为“雷门双节”。

梁氏。夏时妻。时丧，梁年二十四，子礼甫二岁，梁抚育成立，守节四十余年。当道匾曰“贞节”。

张氏。土同知王凤麟妻。年二十四，麟卒，誓不再醮，子宠甫四岁，孀居五十余年无玷。嘉靖间题旌。

陈氏。进士闻贤继室。贤故。陈年二十四，朝夕哀毁，誓不二夫，抚前妻遗孤克承，不啻己出，治家严肃，足迹不履庭除，守节三十余年无玷。万历间题旌。

樊氏。生员闻克明妻。适明甫八载，明丧，子道立尚在襁褓。樊事姑尽[③]孝，抚道立成名，节孝两全。万历间题旌。

《万历丁酉志》贞节共十一人

隐逸

谢武。性纯厚，多读书。少业医，游青城山，遇异人授以医诀，活人甚多。年

---

① 发：原缺，据嘉靖《贵州通志》补。

② 三源文误作“二”。

③ 尽：原文误作“书”。

七十四，无疾卒。自号忭庵居士，颇有著作。《述怀诗》曰："仰止羲农七十年，自甘庸抽守林泉。低低草舍堪容膝，矮矮藩篱不过肩。瓶里有醪留客饮，窗前无事枕书眠。有人问我延年术，只在胸中一寸天。"

谢礼。武之子。资禀谦厚，淹贯经史，笃于孝友，乡评素重。中成化戊子乡试，亲老不仕，养志衡茅，卒年七十三。有诗曰："不向红尘觅利名，水云深处独关情。一壶天地沧洲阔，千驷膏梁柳絮轻。门掩落花春昼永，鸟啼修竹午风清。有时堂上承诗礼，笑着班衣戏月明。"

仙释

雪轩。赵州人。云游宣抚司，创立梦缘庵，坐山十四年，戒行诚实。后礼部差锦衣卫舍人萧兴访取赴京，不知所终。

亭馆

钟楼。卫治内西山上，洪武间建。

鼓楼。卫治内北，洪武间建。

坊市

振肃坊。分司左。

杨武坊。卫治前。

育英坊。学右。

威远坊。

五马坊。为知州邵昱立。

文英武秀坊。为举人朱溥立。

一林丹桂坊。为举人陶辅、陶金、陶心、陶泉、陶璞、陶登建立。

夏官坊。为兵部郎中陶心立。

秋官坊。为刑部郎中周冕立。

青云飞步坊。为举人谢礼建。

进土坊。为周冕立。

进士坊。为赵维垣立。

折桂坊。为举人樊珍立。

翰林坊。为赵维垣立。

进士坊。为闻贤立。

兄弟联芳坊。为桑荆初、橘初立。

世科坊。为杨鹤龄、如柟立。

贞节坊。三，为进士闻贤妻陈氏、土同知王宠母张氏、主事闻道立母樊氏建立。

天官郎署坊。为司务沈梅立。

瀛洲联步坊。飞虹桥西。为近科举人立。

父子世美坊。为参政吴哲立。

父子地官坊。为户部员外郎闻道立。

世荷天恩坊。为参将苏民望立。

史馆蜚声坊。为御史沈权立。

西关市。小西门外。

西门市

北门市

仓前市

司前市

东门市

东关市

寺观

万寿寺。城西。永乐间建。

崇福寺。一名定水寺。卫治南门外，二水合流，寺居于中。洪武间建。郡人陶心诗："方外曾闻别有家，寒藤古木入云赊。钟乳未成丹灶药，月团先试竹炉茶。"

蕙莲寺。一名永弘庵，城西南十里，宣德间建。陶心诗："竹密萝深一径过，松坛晴护白云多。风清石润弦鸣瑟，露重岩花锦制蓑。玄鹤侣怜形共瘦，青山应笑鬓双皤。浮生为问同袍客，廊庙江湖意若何？"

观音庵。城河崖瓦窑坝上，永乐间建。

普化庵。卫治南六十里落卜堡山上，永乐间建。

梦缘庵。城北十里红崖麓，洪武间建。

宝峰庵。城西十五里唐帽山上，永乐间建。

文昌宫。卫治宝真山上，洪武间建。

永福庵。城东。

玉皇观。卫东北。

川主庙。卫治西。

五龙庙。卫治西门。

东岳庙。有三：一西门外，一江门峡，一天生池河崖。

关王庙。宣抚司后。

五显庙。儒学左。

萧公庙。西门外。

晏公庙。西门外。

王公祠。卫治分司左。万历九年，贵州抚按为参议王重光建。湖广巡抚王之垣遣使买置祭田，事迹详见《省志》。

古迹

永宁旧城。卫治西八十里渔漕溪，地即元永宁路旧址。

旧蔺州。卫治东一百八十里。唐元和初置。有碑，即唐朝坝，今剥落。

米和城。卫治八十里。有大田，常无水旱，米谷成熟，故名。

关索石。卫治南二十里大道旁。故老云，昔关索南征，恶此石截道，以戈椎击之，石破为二，一留道旁，一飞堕道东，因名落石，刀痕宛然。

丘墓

元

仙婆墓。乌降山下。故老相传，昔有老妪，名满道，笃于道行，善知休咎，人多就决焉。后卒葬此。

祥异

嘉靖己丑，大疫，死者甚众，总兵何钦命军士掩埋之。

万历甲申冬，火沿烧晏公庙，邻民房屋尽焚，惟庙独存。

万历丙戌，大有。

万历庚寅，春夏饥。

万历癸巳，春夏大旱，至六月初六日，陡起风雨，震雷击碎西门右边楼阁。

纪兵

景泰元年庚午，永宁宣抚司羿蛮作乱，啸聚攻城。指挥吴珍募兵数百，出城奋击，斩首数千，贼众大溃，平之。

天顺元年甲申，宣抚司大坝都掌反，永宁卫指挥桑盛、宣抚奢贵遣人间道请兵。成化元年乙酉，上命大司马程恭、总兵李瑾帅师讨之。至成化四年戊子始平，遂设太平长官司。

正德十四年，芒部蛮夷叛，啸聚攻屯。十六年，守备邵鉴奏请添设参将镇守。嘉靖元年，授参将何卿来镇。三年，始进兵征芒，至四年平之，卿升总兵去。六年，芒夷复叛，仍取卿征之，八年始平。

内迁谪、流寓无入。

北抵永宁卫界
普市所
合江县界
江安县界
龙泉洞
落古羿
落洞溪
落拐屯
木寨山
羿落叶
察院
按察司
西抵毕节卫界
滴水屯
新添铺
东抵永宁宣抚司界
落安堡
双井哨
城隍庙
普市所
镇抚司
石关哨
天台山
落叶屯
普市站
普市驿
老虎关
大屯
四屯
落旺屯
汉章屯
南抵摩泥所界

图 16　普市所图

第二十一章　普市所

沿革

《禹贡》梁州南境。汉属益州。唐元和元年置蔺州。宋乾德三年州废。元为永宁路地。皇明洪武四年克服，以其地属四川永宁宣抚司。二十二年，复以其地当滇贵要冲，置普市守御千户所，隶贵州都司。

郡名

蔺州。唐名。

普市。山名，夷民为市于此，故名。

形胜

四山围绕，峻险如壁。《一统志》。崇山僻地，修竹茂林。《旧志》。

疆域

东抵永宁宣抚司界，四十里。南抵摩泥千户所界，二十里。西抵毕节卫界，二百里。北抵永宁卫界，四十里。东南抵白撒所界，三十里。东北抵四川合江县界，三百八十里。西南抵毕节卫界，二百里。西北抵四川江安县界。三百里。

山川

木案山。所东二里。洪武二十二年，普定候始设本所于山下。举人李升诗："三里孤城鼓角严，绕城青拥万山尖。鸟音晴碎巧娱耳，草色春深乱入帘。"

秀林山。所南二里。竹木蔚然森秀，故名。

锦屏山。所北。

龙泉涧。所东六里。源出山谷，流至所南，潜入洞，复出落窝溪。遇旱祷雨辄应。

落窝溪。东七里。

古井。巡按毛在有记。

风俗

不务农桑，专事贸易。《一统志》。习俗颇淳。《旧志》。

户口

嘉靖间城、屯、站、铺官军四百九十三户，一千三百八十九丁口。万历二十五年，报存六十一户，一百五十五丁口。

土田

《旧志》："水陆田地五千七百四十七亩七分，万历九年新丈报存三千五百三十七亩零。屯田二千六百二十八亩零。科田九百九亩零。"

贡赋

屯科粮，旧额八百七十二石六斗零。万历九年新丈八百七十二石六斗，续增八斗五升零，二十五年增至八百七十三石五斗零。屯粮八百二十四石。科粮四十九石五斗零。

徭役

万历二十五年，条鞭、岁用、丁差、田租、帮助银，通共一百零七两一钱三分。

城池

所城。洪武二十五年建，甃以石，门二，城铺十，周三百八十二丈。

公署

所治。城内东南隅，洪武二十二年建。
镇抚司。

行治

察院。城西。巡按陈克宅诗："九月秋将晚，边陲草木黄。旅怀千里迥，客梦五更长。赤水空山月，白崖满路霜。回头瞻望处，却忆是咸阳。"
按察分司。城内西，正统间建。

秩祀

城隍庙。所治内东。
旗纛庙。所治后，洪武间建。

关梁

猫儿关。先年，夷贼据险于此，镇守参将募兵防守。后宣抚奢禄剿平落洪叛蛮，至今无虞。

后山桥。治西二十五里。

兵防

旗军。原额一千四百二十名，查存八十四名。

军器。原额一万二千三百件，查存四千三百零四件。

操马。原额二十四匹，查存一十四匹。

铁头哨、归乐哨。俱本所摘拨食粮军兵防守。

邮传

普市驿。城南三里，洪武间建。

普市站。城南。

职官

掌印千户一员，管操千户一员，捕盗千户一员，普市站管站百户一员。吏目一员。

名宦

唐

高崇文。元和初，领兵平定，诸夷归顺，因置蔺州以统之。

本朝

杨成。洪武间，以副千户建置所城，开辟道路。

万历《丁酉志》名宦共二人

乡贤

杨山。千户所人。才力有为，武备克举。修缮城垒，以严保障，边隅赖之。

万历《丁酉志》乡贤一人

贞节

杨氏。举人李栋妻。栋无子，有母。栋故，杨氏守霜孝姑。题旌。

万历《丁酉志》贞节一人

亭馆

保和楼。所城东门楼，永乐间建。
钟鼓楼。

寺观

普化寺。城西南八十里，永乐间建。
观音寺。城西北，隆庆间建。
玉皇观。城西北，嘉靖间建。

祥异

万历己卯，群虎聚集，昼伏道旁，商樵被害甚众。

内学校、惠政、科贡、恩典、孝义、隐逸、迁谪、流寓、仙释、坊市、古迹、丘墓、纪兵无入。

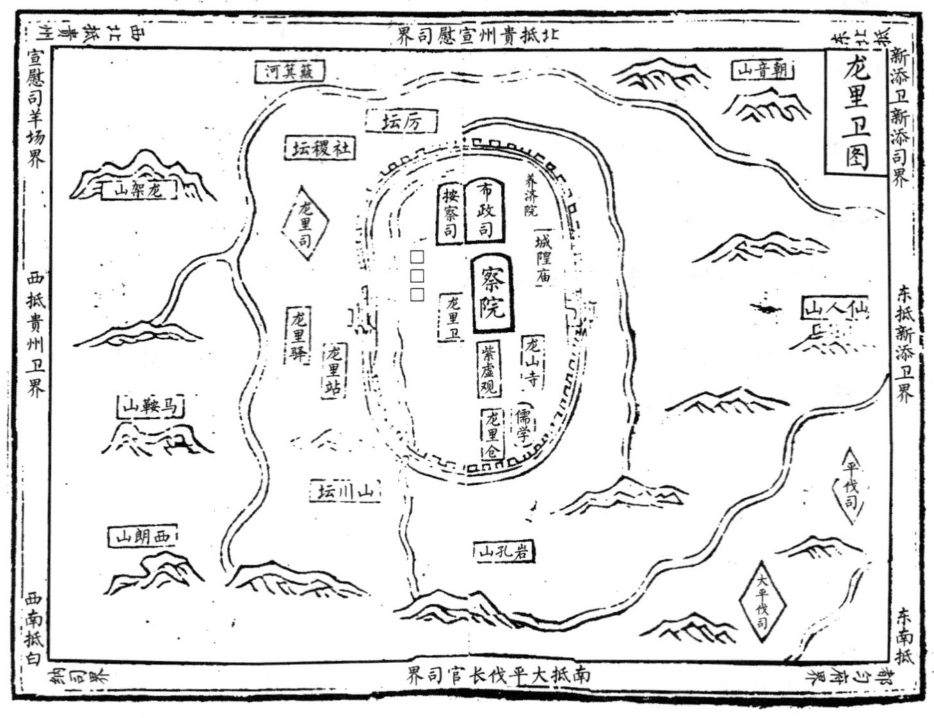
北抵贵州宣慰司界
南抵大平伐长官司界
西抵贵州卫界
东抵新添卫界
宣慰司羊场界
新添卫新添司界
西南抵白纳司界
东南抵都匀府界
龙里卫图
篾箕河
历坛
社稷坛
龙架山
龙里司
朝音山
布政司
按察司
养济院
城隍庙
察院
龙里卫
龙里驿
龙里站
紫虚观
龙山寺
龙里仓
儒学
仙人山
马鞍山
山川坛
西朗山
岩孔山
平伐司
大平伐司

图 17　龙里卫图

贵州通志卷十二

第二十二章　龙里卫

沿革

《禹贡》梁州南境。秦为黔中郡。汉为西南夷地。唐宋俱为罗甸国地。元初置龙里州，隶八番罗甸宣慰司，大德元年，改置平伐等处蛮夷军民长官司，隶亦溪不薛[①]千户所，寻改隶新添葛蛮安抚司。

皇明洪武四年，开设贵州宣慰使司，置龙里驿。十九年，增置龙里站，属贵州卫。二十三年，置龙里卫指挥使司，隶贵州都司，领平伐、大平伐、小平伐、把平四长官司。二十九年，改龙里卫军民指挥使司，割所领小平伐、把平二长官司隶新添卫，迁卫治于城中。永乐十一年，始隶贵州都指挥使司。万历十九年，割平伐司隶新贵县。领千户所五，长官司一。

大平伐长官司。卫南八十里。元属葛蛮安抚司。本朝洪武十九年置，属贵州卫。二十八年改本属。

郡名

云从、龙里。俱元名。

龙架。山名。卫治在其下，因名。

形胜

襟山带水。《一统志》。据胜称雄。当滇楚往来之要冲，控诸夷出入之喉舌。《卫志》。

龙里八景

龙山叠翠。前人诗："雨余翡翠香犹湿，日映芙蓉翠欲流。"

播水拖蓝。

紫虚仙帐。

---

① 薛：原文误作"薛"，据《黔记》及本书他处改。

岩孔灵泉。

东池夜月。

西沼薰风。

水桥春涨。

陇耸秋云。

疆域

东抵新添卫界，三十里。南抵白纳长官司界，六十里。西抵贵州卫界，二十六里。北抵贵州宣慰司界，二十里。东南抵都匀府界，一百九十里。东北抵新添卫新添司界，六十里。西北抵贵州宣慰司羊场界，五十里。西南抵白纳长官司界。八十里。

山川

龙架山。城南一里，为卫之镇。景云“龙山叠翠”，即此。

马鞍山。城西一里。

回龙山。城西南一里。

长冲山。城西四十里。苗贼出没，成化间置哨堡守之。

潮音山。站中。

紫虚山。城东。上有紫虚观，因名。景云“紫虚仙帐”，即此。

纸局坝。城东。

窑坝。城北。

仙人石。城东。

崖孔留云洞。城南一里。中悬二石乳，扣之，一如钟音，一如鼓音，景云“岩孔灵泉”，即此。

原溪。一名圣泉，又名水冲，城西四里。

簸箕河。城北四里。

呼应泉。城南九十里。俗名叫泉，百呼百应。[①]

大平伐司

冗刀山。司治西。峰峦高耸，壮如列屏。

瓮首河。东南二十里。

风俗

土瘠人稀，俗尚俭朴。《一统志》。习俗淳古，不事浮靡。《旧志》：“卫人多

① 此段多字模糊，据《黔记》补，不一一出校。

楚、越、吴、闽之裔。”土著夷民，种类不同，俗尚亦异。曰东苗：性戆而厉，男子科头赤脚，妇人盘髻长簪，衣用土锦，无襟，当服中作孔，以首纳而服之，别作两袖。杂缀海肥、铜铃，缘青白珠为饰。春月以木为神，召集男女，祭用牛酒，曰“木马鬼老”，坐饮马傍，未婚男女，俱盛饰衣服，吹笙唱歌，旋马跳舞，谓之“跳月”。婚嫁以马牛为财礼，及娶归，男家父母杀鸡占卜以纳之。曰西苗：男子椎髻，上插白鸡毛，白布短衣，男女以蜡画布衣，首饰海肥、青白小珠。婚娶亦跳月。买牯牛善触者，召亲戚，击铜鼓，斗牛于野，已而，杀牛以祭鬼，与众食之，以牛角授子孙，曰某祖、其父食牛凡几，以夸富厚焉。

户口

万历二十五年，屯、城、站、铺官军实在一千一百一十六户，五千二百四十五丁。大平伐司七十九户，一千八百三十六丁口。

土田

旧额水陆田地六万三千一百四十七亩。万历九年新丈报存二万一百五十七亩八分零。屯田一万八千二百四十四亩。科田一千九百一十三亩八分零。

大平伐司民田，《旧志》无亩，万历九年新丈实在四千三百八十五亩。

方产

茶、铁、丁木、梨木、黄心木。

贡赋

本卫辖大平伐司，原与平伐司额三年共贡马一匹。今平伐司改隶新贵县，本司止该半匹。

屯科粮，旧额四千三百三石四斗零。万历九年新丈增科粮二石四斗零，二十五年增至四千三百五石八斗零。屯粮四千二百二十八石。科粮七十七石八斗零。

秋粮，卫属土司旧额六百七十九石五斗。万历十九年除平伐司改入新贵县，推过二百四十一石。二十五年报存四百三十八石五斗。

徭役

万历二十五年，条鞭、岁用、丁差、屯田、祭田、猪税、场税、地租银，通共三十八两九钱六分二厘零。

卫辖土司每年实编银力二差，通共四十五两六钱。大平伐司三十八两四钱。宣慰司龙里司，认纳七两二钱。

城池

卫城。洪武二十三年，指挥戴钦建石门四：东曰朝阳，南曰通化，西曰威远，北曰镇靖。城楼五，城铺一十，周五百三十八丈。

公署

卫治。城中。
经历司。卫厅右。
镇抚司。城内西。
左、右、中、前、后五所。俱卫前。俱洪武二十三年建。
大平伐长官司治。卫城南八十里。洪武十九年建。

行治

察院。治西。旧为按察分司，万历元年迁建于此。
布政分司。城东南，永乐间建。成化二年，指挥贾武修。

学校

儒学。宣德八年，副使李睿建于卫西。嘉靖三十一年，巡按董威、副使赵之屏迁建于卫左所地。万历八年，改建于卫南仓山。二十一年，通学生员呈准，院、司、道、府各捐金改建于卫治前。二十四年，驻镇推官李珏捐俸修。

明伦堂。文庙右。
居仁、由义二斋。堂前左右。
仪门。
儒学门。
先师庙。明伦堂左。
东、西两庑。
戟门。
棂星门。
启圣祠。未建。
乡贤祠。
名宦祠。

祭器。锡爵五十，训导杨缙置。铜炉瓶一、锡爵三十六，乡官谭起凤置。今损失不齐。

学田。一分将旧学基开垦，每年纳米花二十七秤。一分乡官王表置，每年纳米花二十八秤。一分指挥洪文焕置，每年纳米花二十七秤。一分卫人周君、蔡葵置，每年米花四十秤。并供祭祀之用。

社学。分司右。万历三年建。

秩祀

社稷坛。城北一里。

山川坛。城南一[1]里。

厉坛。城北一里。

城隍庙。城东。洪武间贾禄建。成化二年贾武、嘉靖甲子王寰重修。

旗纛庙。城后。洪武二十四年建，今废。

关梁

陇耸关。城东二十里。景云“陇耸秋云”，即此。

东关。去城一里。

长冲关。城西一十七里。

黎儿关。城西二十里。

永通关。城西五里。

西关。去城一里。

永通桥。城西三里。永乐间指挥贾禄建。

广济桥。城西南五里。正统间指挥储斌建，有记。

播箕大桥。卫城北。乡官王表倡建。景云“水桥春涨”，即此。

兵防

额颁铜牌五面。

旗军，原额五千六百名，万历二十五年查存一千二百一十二名。

军器，原额一十四万一千六百二十件，查存八千八百一十八件。

操马，原额操马一百二十六匹，查存五十匹。

西关哨。目兵十八名。

① 一：原缺，据嘉靖《贵州通志》补。

水桥哨。目兵二十名。
高寨哨。目兵二十五名。
沙子哨。目兵二十名。
青岗哨。目兵二十名。
大冲哨。目兵二十名。
冷冲哨。目兵二十名。
长冲哨。目兵二十二名。
太平哨。目兵二十二名。
斗蓬山哨。目兵十八名。
平蛮哨。民兵二十五名。
黎儿关哨。哨官一[1]员，兵二十名。
东关哨。目兵十五名。
烂桥哨。目兵十五名。
郑下哨。目兵十五名。
黄泥哨。目兵十七名。
麻子哨。目兵十五名。
灶门关哨。哨兵八名。
定水哨。目兵二十名。
龙头哨。目兵十七名。
镇夷哨。目兵二十名。
陇耸大哨。目兵二十名。
陇耸新哨。目兵二十名。
烟墩哨。哨兵十名。

邮传

龙里驿。城外西。洪武间建，隶贵州宣慰司。马馆、铺陈银俱见《贵阳府·宣慰司志》。

龙里站。原额站军三百一十五名，今实在二百零六名。

在城铺、高寨铺、谷觉铺、麻子铺、陇耸铺。各兵不等。

惠政

预备仓。城内南。

---

① 一：原缺，据《黔记》补。

养济院。城内北。

职官

掌印指挥一员，管屯指挥一员，管操指挥一员，捕盗指挥二员，经历司经历一员，卫镇抚一员，五所掌印千户各一员，管操千户一员，管军屯印百户十员，所镇抚一员，龙里站管站百户一员，儒学训导一员，大平伐司副长官一员，吏目一员。

指挥使

徐忠。直隶赣榆县人。洪武年间，功升指挥使，历辽东都指挥佥事。宣德六年，子徽调本卫指挥使。沿藩袭。

李信。直隶宿州人。吴元年，功升正千户。洪武二十五年，子谦功升指挥佥事。正统元年，四世孙镛调本卫。弘治七年，五世孙珍功升指挥同知。正德十六年，六世孙臻功升指挥使，历都指挥佥事。嘉靖十二年，七世孙载春为事革职，十九年复职，沿永忠袭。

王良。直隶寿州人，充总管。洪武元年，功升正千户。二十五年，子宝功升指挥佥事。二十八年，为事充军。三十一年，复职，调本卫。正统六年，四世孙铎功升指挥同知。天顺八年，六世孙瑄功升指挥使。弘治十八年，七世孙颛功升都指挥佥事。沿首臣袭。

王玺。直隶临淮人，充总管。洪武十七年，功升指挥同知。天顺五年，功升指挥使。八年，升都指挥佥事。成化十五年，四世孙廉升都指挥佥事。正德七年，六世孙木升都指挥佥事。沿兴国袭。

指挥同知

陈三。直隶常州人，小旗。永乐十二年，子荣以先世功历升指挥佥事。宣德六年调本卫。弘治七年，四世孙珍功升指挥同知。沿效章袭。

庞伴儿。河南新安县人。洪武元年从军，功升百户。永乐三年，三世孙弘旺功历升指挥同知。宣德六年调本卫。沿世熙袭。

贾掣。直隶寿州人。洪武元年从军，授副千户。十一年，子禄功升指挥佥事。十六年，为事充军云南，有功复职，调本卫指挥佥事。正统三年，功升指挥同知。沿尚义袭。

指挥佥事

陈保。直隶当涂县人。洪武元年从军。三十三年，子义功升佥事。宣德六年，调新添卫。成化六年，四世孙通功升指挥同知，调本卫。嘉靖十五年，六世孙俸为事充安南卫军，至仁降指挥佥事。沿文璧袭。

李原。直隶宣城县人。洪武元年从军，功升百户。子清调平越卫。三十四年，三世孙发以父功升副千户，调本卫。弘治七年，七世孙绅以世功升指挥佥事。正德七年，功升指挥同知，至华降指挥佥事。沿遇期袭。

陈纲。直隶合肥县人。洪武初年从军，十六年升总旗，历升副千户，调本卫。正德八年，六世孙杰功升指挥佥事。沿万言袭。

训导

张友禄。大理人。

赵弘毅。楚雄人。

李遂。贵阳人。

王制。普定人。

侯胤爵。平夷人。

张登。大理人。

万历：

杨缙。潞南人。

王宗璧。鹤庆人。

陈国瑚。偏桥人。

查子化。普安人。

王道隆。

龙奋渊。定番人。

李时发。贵阳人。

大平伐司副长官宋隆豆。土人。洪武七年，委招服本司蛮夷及抚东苗，蒙颍国公札付拟充试副长官。二十年降印，开设衙门。子成承袭，二十六年，拨赴龙里卫管辖，奉勘合，实授副长官。沿皞袭。

科贡

进士

举人

成化甲午：谭珪。官至知县。

弘治己酉：徐锪。官至府同知。

嘉靖壬子：张礼

辛酉：陆仁。

张祺。

甲子：谭起凤。

万历癸酉：戴天言。

岁贡

刘绶、王銮、戴璘、宗源、王汉、王道源、冯祯、叶盛、王相、颜洪、刘永、罗金、俞鉴、李旻、戴礼、冯辕、叶景善、黄孟卿、黄钟、叶凤、黄璇、俞恩、陆贤、陈悦、徐涛、王惠、厉经、徐自龙、管祥、谢朝恩、辅乾、王希佐、刘武、门俊、王表、叶羡、王瑚、刘用、沈庠、徐榛、张绶、戴瀛、伍富、张贤、陈仁、陆科、洪钧、王相、孙缟、丘瀚、李相。

嘉靖：王炳、李惟荩、曾唯、龙胜、叶腾霄、张良卿、张良相、孙朝相。

隆庆：黄诏、谭楫、张朝举、黄应春、韦堂。

万历：叶应朝、刘绍禹、陈世杰、孙淑胤、彭载鸾、黄如桂、陆儒、孙一登、甘棠召、常有光、王体仁、刘报国。

名宦

王玺。洪武二十三年指挥佥事。忠直刚勇，为时所重。

邓清。清平卫人。儒学训导。卓有师范，士论韪之。

万历《丁酉志》名宦共二人

乡贤

元

保郎。平伐人。宋末，边寇蜂起，疆土骚动，保郎聚集民兵，保障村寨，功授安抚使，有惠政。

本朝

贾武。成化间指挥。练达有为，兵政克举。

王信。指挥佥事。英烈骁勇，随镇远侯顾兴祖剿平广西柳州马平县，阵亡。郡人立祠奉祀。

万历《丁酉志》乡贤共三人

贞节

谭氏。卫人王淮妻。青年丧夫，甘贫守孤，白首一节。当道旌之。

黄氏。卫人夏时妻。苦节励俗，当道屡奖。

魏氏。卫人甘礼妻。清操不玷，当道屡奖。

戴氏。戴陟女，八岁，陈世杰聘，年幼未归。杰娶妾生子，氏矢不嫁，侍奉父母，始终克尽孝道，察院薛继茂题旌。

万历《丁酉志》贞节共四人

隐逸

俞举。卫人。读书博洽，志甘恬静，年登八十，屡举乡饮不出。乡评重之。

迁谪

胡价。湖广宜城县人，刑部右侍郎。万历十二年戍本卫。

亭馆

鼓楼。城东南。永乐七年建，今废。

南楼。城南。即通化门楼。

竹石山房。龙山寺内。

槐阁。侍郎胡价诗："云山入望还千嶂，花鸟关情足四时。"

坊市

弘文坊。正街。

威武坊。正街。

安宁坊。城南。

折桂坊。成化间为举人谭珪立。

跃龙门坊。弘治间为举人徐鏓立。

狗场市。大平伐司。

蛇场市。城东。

马场市。大平伐司。

寺观

龙山寺。城东。洪武三十一年贯禄建。

紫虚观。城东南。永乐七年贯禄建。

文昌祠。文庙东。因改学，建于站内潮音山。

三圣祠。城北。

古迹

冗刀山古营。大平伐司西南八里。《元志》称土人保郎宋末时聚兵于此。

废龙里州。城西。元置，隶八番罗甸宣慰司。

废龙里县。城东南五十里。元置，隶龙里州，寻省入平伐司。

废陇耸古平伐长官司。城东十里。元隶新添葛蛮安抚司。

纪兵

嘉靖三十四年，长坡山苗乱，剿平之。

四十四年，龙山、偏坡、摆龙、罗容、蜡利、瓮蓬诸苗凭险拥众，劫夺卫印，杀伤官军。总兵石邦宪剿之，生擒利等，余党悉解。

万历七年，站所余军毛丑保等争差，集众阻塞官道，参将张奇峰擒丑保等八名正罪。

内恩典、孝义、流寓、仙释、丘墓、祥异无入。

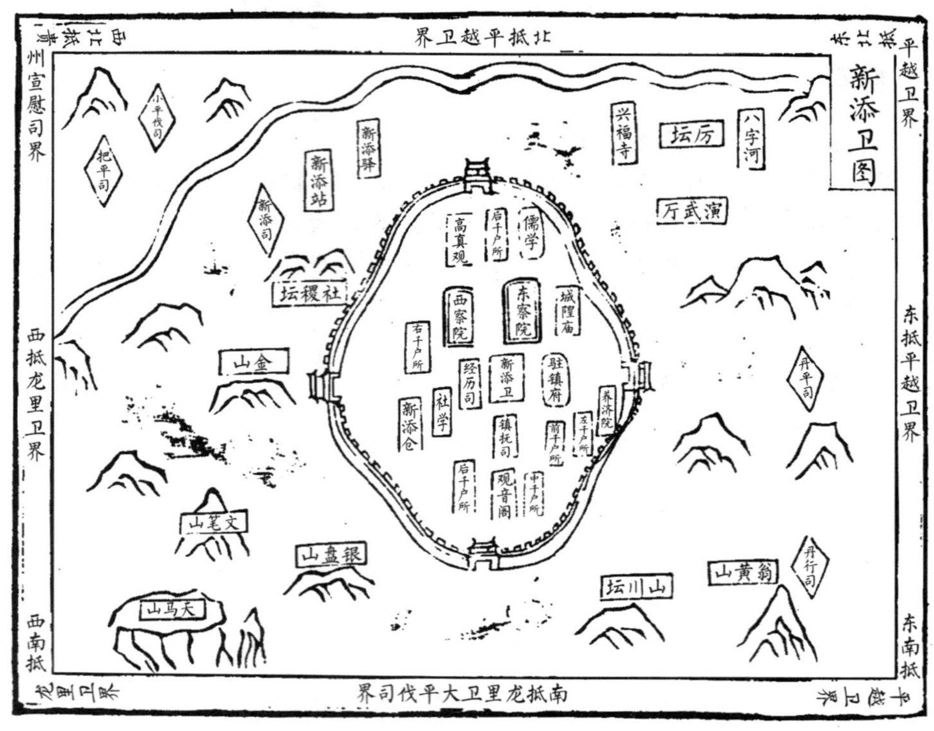

北抵平越卫界
新添卫图
兴福寺
厉坛
八字河
演武厅
新添驿
新添站
新添司
把平司
小平伐司
社稷坛
高真观
儒学
西察院
东察院
城隍庙
右千户所
经历司
新添卫
驻镇府
社学
新添仓
镇抚司
养济院
后千户所
观音阁
中千户所
金山
文笔山
银盘山
天马山
山川坛
翁黄山
丹平司
丹行司
西抵龙里卫界
东抵平越卫界
南抵龙里卫大平伐司界

图 18　新添卫图

第二十三章 新添卫

沿革

《禹贡》梁州南境。秦为黔中郡地。汉唐无考。宋为麦新地，嘉泰初，土官宋永高克服其地，以子宋胜守之，乃改麦新为新添。元置新添葛蛮安抚司，大德元年，授铁券一道，领长官司一百二十、县一，隶湖广行省，寻改隶云南行省。

皇明洪武四年，置新添长官司。二十二年，增置新添千户所，隶贵州卫。其明年，升为卫，为新添军民指挥使司，领长官司三：曰新添、曰丹平、曰丹行；又以龙里卫之属曰小平伐、曰把平二长官司来附，隶贵州都司。领千户所五、长官司五。

新添长官司。附郭。

小平伐长官司。西五十里。元为雍真等处蛮夷长官司。大德初，改平伐等处兼雍真蛮夷长官司，属顺元路。本朝洪武十五年，改为小平伐长官司，属贵州卫。二十八年，改属龙里卫。二十九年改今属。

把平寨长官司。南六十里。元置，属顺元路。本朝洪武十五年，改属贵州卫。二十八年，改属龙里卫。二十九年改今属。

丹平长官司。西南三百里。元置丹平等处蛮夷长官司，属广西南丹州，后废。本朝洪武三十年，改丹平长官司，及改今属，寻省。永乐元年复置。

丹行长官司。西南三百里。元置丹行等处蛮夷长官司，属南宁州，寻废。本朝洪武三十年，改丹行长官司，及改今属，寻省。永乐元年复置。

郡名

麦新。宋名。

葛蛮。元名。

形胜

四山排戟，一水萦纡。东界平越，西接龙里。俱《一统志》。右通云贵，左达湖湘，南抵广西，北邻蜀界。《旧志》。

新添六景

宝山灵雾。郡人丘东昌诗：“为霖正欲沾千界，作雾何期蔽九霄。信有龙蟠从变幻，真堪豹隐远烦嚣。”

瓮渡横虹。

乾溪夜月。

沙井甘泉。

福寺晨钟。郡人孙天民诗：“声从西域诸天发，响彻南柯大梦惊。”

谷定飞涛。

疆域

东抵平越卫界，十五里谷忙关。南抵龙里卫大平伐司界，九十里。西抵龙里卫界，三十里新安铺。北抵平越卫界，六十里。东南抵平越卫界，一百里。西南抵龙里卫界，一百二十里。东北抵平越卫界，九十里。西北抵贵州宣慰司界。八十里。

山川

银盘山。城西二里。形圆色白。

金星山。城西半里。一名席帽山。

天马山。城南十里。

文笔山。城南，与天马山对峙学宫。郡人何自然诗：“文峰上应图书府，马岳常嘶闻塞风。”

象鼻山。城北一里。

杨宝山。城北十里。高峻薄天，景云“宝山灵雾”，即此。

老人峰。城东七里。

东山。城东十里。

谷定山。城北十里。悬岩斗壁，瀑布分流，冬夏不涸，景云“谷定飞涛”，即此。

松牌山。城南十五里。山色苍翠如黛。

海马洞。西五里，相传洞中有物如龙，与牝马交，多产名驹。

八字河。城东二里。水自远涧发源，与西流合，中大石触激，分流如八字。

瓮城河。城西二十里。源发自平伐，视诸水独大。景云“瓮渡横虹”，即此。

乾溪河。城西十里。景云“乾溪夜月”，即此。

大笼河。去城六十里。

洛白龙潭。城北十里。深浔莫测。相传每年有气上腾，在水则丰，在山则歉。

麦新溪。城西。

莲花池。猴场。与贵州莲花池花开互为盛衰。

虾蟆塘。城北二十里。旱祷多应。

沙井。城内大街。泉味甘冽，景云“沙井甘泉”，即此。

小平伐司

谷阳山。司治东一里。

把平司

摆笼山。司治东二十里。

翁黄河。司治北十五里。

罗鸭溪。司治南。

丹行司

藤茶河。司治东南。

丹平司

睹虎山。司治西十里。

甲港河。司治东十五里。

风俗

俗尚俭朴。《一统志》。讼寡盗息。《旧志》。旧人善俗。《旧志》:“附郭曰旧人，迁自中州，多读书尚礼。”男女有别。《旧志》。

土夷异俗。曰土人者，属新添司附郭，土官与卫人间通婚姻，岁时礼节渐染华风。曰苗人者，属小平伐司。男人被草衣，短裙；妇女穿长桶裙，绾髻。语言莫晓，出入执枪，祭鬼杀犬，男妇围土炉，死以木槽瘗。曰犵狫者，属把平司。服饰丑恶，绾髻，出负标刀，婚嫁用猪羊，棺用长木桶，葬多路旁。曰蛮人者，属丹平、丹行二司，性犷戾，出入带刀弩，男子草蓑衣，妇女被花短裙，以渔猎为生，丑、戌日为场，十月朔日为节，杀牛祭鬼为乐，葬亦杀牛歌舞。

户口

嘉靖间，城、屯、站、铺官军二千三百五十七户，二万一千九百七十七丁口。万历二十五年增至二千六百六十七户，减存四千四百七十八丁口。民户，万历二十五年实在一千一百二十二户，五千一百五十七丁口。

新添司七百三十户，二千六百六十八丁口。丹行司六十六户，五百九十五丁口。丹平司四十七户，四百四十三丁口。把平司九十四户，九百五十六丁口。小平伐司一百八十五户，九百九十五丁口。

土田

水陆田地旧额二万六千八百八十五亩三分。万历九年丈报共一万四千六百二十四亩零，十二年水灾除豁一百一十四亩七分零，二十五年报存一万四千五百九亩六分零。屯田一万一千五百九十七亩零。科田二千九百一十二亩三分零。

民田。九千四百四十一亩四分零，十二年水灾除豁七十三亩五分零，二十五年报存九千三百六十七亩零。新添司四千七百九十九亩。小平伐司一千八百二十五亩零。把平司八百二十三亩。丹平司一千三百三十三亩。丹行司六百亩。

方产

茶、葛布，俱丹平司出。姜、梅、菖蒲、刺竹。卫境出。

贡赋

新添、小平伐二长官司三年各贡马一匹，每匹价银十两。

屯科粮，旧额二千六百四十七石一斗九升。万历九年丈增二千七百八十一石四斗六升零，十二年水灾除豁七石六斗五升零，二十五年报存二千七百七十三石八斗零。屯粮二千六百一十八石。科粮一百五十五石八斗零。

秋粮，旧额九百三十七石五斗零。万历九年新丈九百三十七石五斗零，十二年水灾除豁七石二斗五升零，二十五年报存九百三十石三斗一升零。新添司四百七十三石四斗九升零。小平伐司一百八十二石五斗二升。把平司八十一石三斗。丹平司一百三十三石。丹行司六十石。

徭役

万历二十五年，条鞭、岁用、丁差、田租等银共一百零九两七钱五分零。

卫辖各土司，每年实编银、力二差共一百三十二两二钱三分零。新添司七十四两三钱。丹平司一两。丹行司三十六两五钱。小平伐司八两一钱。把平司一十二两三钱三分七厘。

城池

卫城。正统初年，指挥孙礼建。门四：东曰熙春，西曰延秋，南曰武阳，北曰肃远，周一千丈有奇，系土城。万历十二年，驻镇推官胡考崇、指挥陈尚仁议呈参政赵睿，转详抚按舒应龙、毛在，会题甃以石，覆以串楼。

公署

驻镇府。卫治东。万历六年，所军与站军鼓噪，巡抚何起鸣议移都匀刑厅镇焉，自推官刘启鹏始，题名见《都匀府志》。二十四年，提学沈思充议行提调本卫学校。

卫治。洪武二十三年，指挥戴钦建。隆庆五年，掌印指挥钱守正呈详副使李凤、抚按阮文中、郑国仕重建。

经历司。卫治左，久废。万历二十二年，经历潘汝资详允重建。

镇抚司。卫治右。

左、右、中、前、后五所。洪武间建，卫治左右，今废。

新添司治。附郭。

小平司治、把平司治、丹平司治、丹行司治。俱洪武间建，地理见《沿革》。

新添仓。城西。景泰三年建，隶布政司。

演武厅。北门外里许。旧在南门，弘治十五年迁此。

行治

察院。东院，万历二十一年，以旧布政司改建。西院，弘治十三年建。

学校

儒学。旧在卫西。宣德八年，副使李睿建。成化十八年，指挥陈琳、训导周凤改建今址。嘉靖三十一年，副使赵之屏重修。

明伦堂。文庙后。

博文、约礼二斋。堂左、右。

敬一亭。明伦堂后。

道义门。

儒学门。

先师庙。明伦堂前。

东西两庑、戟门、泮池、棂星门。俱万历二十四年推官李珏重建。

启圣祠。敬一亭左。

名宦祠、乡贤祠。俱儒学内。

学田。一分同保坝。乡官朱俨置，租五石。一分指挥石道行置，在蜡沙，租十石，久荒。一分乡官李讲置，城内东，租十石。一分万历二十三年驻镇推官李珏置，小平伐司，租三石。

社学。一仓左，万历十四年建。一卫左街，万历二十四年，推官李珏捐俸倡建。

秩祀

社稷坛。西二里。

山川坛。南十里。

厉坛。北二里。

城隍庙。治东。洪武二十三年建，万历十年重修。

旗纛庙。治北。洪武二十五年建。

关王庙。治北。洪武三十五年建。

关梁

东关。

谷忙关。东十五里。

西关。

瓮城关。西二十五里。

瓮侣桥。卫东北。

麦新桥。城北。洪武间建。

西河桥。城西。弘治二年，指挥史韬建，今废。

西门桥。西金山下。嘉靖间，指挥丘润建。

惠政桥。西二十五里，即瓮城桥。弘治六年，都御史邓廷瓒檄宣慰安贵荣建，都御史钱钺记。

兵防

额颁铜牌十面。原额旗军五千九百九十名，官旗二十名。万历二十五查存八百八十八名，屯种二百二十四名，防守铜仁五十名、石阡五十名、丹平十名。原额操马一百匹。万历二十三年，察院薛继茂裁减五十匹。原额军器一十二万七千八百零七件。万历二十五年查存五千件。

旧桥哨。兵八名。

望城哨、滴水哨、马桑冲哨、空洞哨。以上兵各十名。

乾溪哨。兵十一名。

毛良海哨。兵十一名。

官田哨、凤凰哨、母猪洞哨、桐子哨、瓮城哨、湾哨、冲口哨、龙井哨。以上兵各十名。

沙子哨、太平哨。以上兵十一名、官兵十名、防御各哨百户共五员。

崩土哨。兵十一名。

平山哨。兵十名。

银矿哨。兵十一名。

双桥哨。兵十六名。

东苗哨。兵十五名。

谷忙旧哨。兵十名。

新哨。兵十名。

岩哨。兵十二名。

以上守哨百户共三员。

邮传

新添驿。洪武间建，北门外。

协济马馆。供馆银三百五十两零九钱六分，铺陈银七十四两，马银一千三百三十一两一钱。派该：新添司九百八十一两六钱六分。把平司十八两五钱。小平司二百零四两三钱七分。新贵平伐乡三百三十二两八钱七分。龙里大平伐司二百一十八两四钱。

新添站。北门外。洪武间建。原额正军三百二十二名，逃亡一百九十八名，实存一百二十四名。嘉靖三十一年，奏杠抬与五所军二八分差，勒石卫门。

在城总铺，乾溪铺，瓮城铺，新安铺，万历二十四年推官李珏重建中火厅。谷定铺，各铺司兵不等。

惠政

预备仓。卫治西南。新添仓同贮备赈稻谷，岁一指挥董之。

养济院。卫东。成化七年建，指挥钱效忠重修。

漏泽园。一所城北三里。经历陈□置。一所西北关。推官李珏置。

社仓。旧一所，万历十年，乡官朱之臣、李讲、孙天民、姚世熙、赵时腾、黄中孚修建。新一所，社学左。万历二十四年，驻镇官李珏倡建，捐俸籴义谷三十石贮仓。本年，提学沈思充发助贫士义谷六十石并贮。

义冢。一处听城站贫家葬，周围二十丈。一处听往来客死者葬，周围二十丈。一处给站徒夫葬，周围二十丈。一处给罪人葬，周围二十丈。

职官

掌印指挥一员，管屯指挥一员，管操指挥一员，捕盗指挥二员，经历司经历一员，镇抚司镇抚一员，五所掌印千户各一员，管操千户各一员，管操屯印百户十员。儒学教授一员，训导一员，新添站百户一员，新添仓大使一员，新添等五土司各长官一员，各吏目一员。丹平司，万历九年裁革。

指挥使

陈得辛。直隶新城人，从军。洪武十年，男忠以功历升指挥佥事。永乐十五年，调本卫，升指挥同知。四世孙琳，弘治七年升指挥使。治尧年袭。

史鉴。直隶凤阳人。洪武元年，功升指挥佥事。二十五年，男富调本卫，升指挥同知。四世孙昂功升指挥使。五世孙韬升贵州都指挥佥事。六世孙勇，以父功升都指挥佥事，升迤西守备。沿文瑞袭。

王全。直隶赣榆县人，从军。洪武三十二年，男黑斯升百户。二十四年，三世孙回见以父功升正千户。永乐元年，赞升指挥同知。十四年，四世孙纲调本卫。正统七年，六世孙玺升都指挥同知。沿家卿袭指挥使。

胡真。直隶定远县人。洪武十一年，男海历升副千户。二十九年，三世孙忠升指挥佥事，调本卫。七世孙顺升指挥使。沿维屏袭。

孙成甫。直隶蔡家村人，洪武三十二年，男政功升正千户。永乐三年，孙彬功升指挥佥事。宣德六年，三世孙礼调本卫指挥使，升贵州都指挥佥事。沿学吕袭。

指挥同知

王山。浙江富阳县人。洪武二十四年升百户。永乐八年，男海升指挥佥事。宣德六年，三世孙观调本卫。景泰三年，四世孙通功升都督佥事。弘治十八年，弟运袭指挥佥事，升指挥使。六世孙栋降指挥同知。沿有道袭。

刘德。直隶山阳县人。从军。洪武三十三年，男功升指挥佥事，调本卫。弘治十八年，六世孙通功升指挥同知。沿承尧应袭。

指挥佥事

周贞。直隶仪真县人。洪武十一年，功升总旗。二十九年，三世孙恭升本卫百户。正统七年，四世孙功升副千户，调本卫。成化十年，五世孙腨历升指挥佥事。沿尚卿袭。

钱礼。直隶当涂县人，从军，功升百户。洪武十三年，男保授镇抚。正统七年，三世孙安历升正千户。天顺八年，四世孙宗武升指挥佥事。弘治十八年，五世孙轸升指挥同知。嘉靖二十九年，八世孙守正降调本卫指挥佥事。沿效忠袭。

潘文彬。湖广华容县人，充总旗。景泰五年，三世孙思成升副千户。成化十六年，四世孙瑛升指挥佥事。十八年，五世孙胜升指挥使，调本卫。嘉靖十六年，六世孙继祖降指挥佥事，升都清守备。沿应鳌袭。

卫官受。直隶江阴县人，从军。洪武三十三年，男诚功升副千户。宣德六年，调本卫。弘治七年，五世孙宣升正千户。正统七年，六世孙俊功升指挥。沿其邦应袭。

路才。直隶合肥县人。洪武三年，功升百户。宣德六年，男亨功升副千户。调本卫。正统四年，三世孙康功升正千户。弘治七年，五世孙雄功升指挥佥事。沿秉忠袭。

何纯。直隶清流县人。洪武四年，功升副千户。永乐三年，男源调本卫。景泰三年，三世孙祯功升正千户。正德七年，五世孙通功升指挥佥事。嘉靖二十六年，七世孙自然历升扬州参将。沿文灿袭。

马二。直隶栾州人。从军。洪武三年，男诚历升正千户，调本卫。弘治七年，五世孙晟功升指挥佥事。沿腾云袭。

马良。直隶滁州人。洪武二年，功升百户。三十二年，男能功升副千户，为事充普定卫军，复职，调本卫。弘治六年，五世孙胜功升正千户。正德七年，六世孙经功升指挥同知。七世孙兆林降指挥佥事。沿腾高袭。

马云。湖广江陵县人。洪武四年，功升百户。正统四年，三世孙彪功升副千户。天顺八年，四世孙赞升正千户，调本卫。弘治七年，五世孙能功升指挥佥事。正德七年，六世孙昂功升指挥同知，七世孙骥降指挥佥事。沿镇国袭。

儒学教授

陈吉。四川人。

史策。云南人。

钱玉。四川人。

王明。四川人。

高迁。云南人。

叶延溥。福建人。

高魁。四川人。

郭倪。四川人。

赵旦。四川人。

傅如宾。贵州人。

杨世桂。四川人。

夏诰。云南人。

袁薰。云南人。

包良臣。云南人。

陈星。广西人。

蒙朝陟。广西人。

冯永登。江西人。

黄琏。广东人。

陆儒。龙里人。

训导

赵璧。

周凤。

钱景晖。云南人。

邓世贵。云南人。

李时俊。四川人。

刘景凤。云南人。

缪方。云南人。

杨拱宸。广西人。

苏时雨。云南人。

徐进道。云南人。

李正芳。云南人。

朱裔。贵州人。

陈明礼。云南人。

吴朝。云南人。

周文深。贵州人。

吴应举。贵州人。

赵启元。贵州人。

汤克化。贵州人。

张九叙。云南人。

新添司正官宋亦麟。直隶定州人，世袭葛蛮宣抚使，洪武四年归附。五世孙仁贵授承直郎，世袭本司正长官，至七世孙爵故绝。嘉靖二十九年，次房八世孙略袭。沿至维城。

小平伐司正长官宋清贵。任元朝雍真等处蛮夷司长官。四世孙季文凭牌面缴讫。洪武五年，卫司将次房五世孙斌保授承直郎，世袭本司正长官。七世孙旺故绝。正统三年，弟昭袭。至九世孙雄，弘治九年，保送弟亶袭。沿至国臣。

把平司正长官萧贞。土人。将原领印信缴明，蒙给榜文一道，抚治本处夷民。洪武五年，开设把平长官司，男任成除本司长官。四世孙镇与弟锦俱绝。景泰三年，保送三房弟锐袭。沿至良弼。

丹行司正长官罗光盖。任前元丹行等处安抚，传三世孙海。洪武二十九年，投属新添卫。三十年，授本司正长官。三十四年，革去印信。永乐元年，仍钦给印。五年，江西逃民王宗善投海，令管党井等处，被伊杀占通州。宣德三年，投属程番、韦番司，传七世孙永清，故，男继祖年幼，将亲叔永从护印，仍被王通秀杀占西平五十八寨，复名通州，夤缘冠带，节次申奏未结。后继祖出幼接管，至十世孙奇故绝。万历元年，行令三房八世孙继袖护管，奉本卫申详宪管理。沿意袭。

丹平司正长官莫要武。系元都总管，传四世孙谷送，洪武十七年，随征有功。二十七年，将元朝印信送缴，蒙钦颁铜印一颗。三十四年，裁革本司官印。永乐元年复旧。十三年，男辛未袭，被苗杀死。男让承袭，故绝。成化五年，二房容袭。男思海被贼老包等害，孙清年幼，将叔思名冠带，权管地方。弘治十六年，清出幼承袭。正德十四年，被贼莫拦等纠兵杀占。嘉靖二十六年承恩袭。至载均故绝，印信无人护管，行卫查勘，该承诰护管。沿袭载纲。

科贡

进士

嘉靖庚戌科：姚世熙。官至太仆寺正卿。

万历戊戌科：丘禾实。

举人

弘治辛酉：吴鲸。官至知县。

甲子：吴鲲。

正德丙子：徐敷政。官至推官。

己卯：向廷信。

嘉靖丙子：朱宪。官至同知。

丙午：姚世熙。庚戌进士。

己酉：马为麟。

壬子：李讲。官至知县。

张世美。官至知州。

甲子：赵时腾。官至同知。

丁卯：赵时凤。官至同知。

丘东昌。官至知州。

孙天民。官至知县。

万历癸酉：姚允升。官至佥事。

史说。任知州。

丙子：姚之贤。

钱效节。任同知。

己卯：姚允迪。官至知县。

潘应期。官至知县。

王之谟。任知州。

壬午：潘应相。任教谕。

王之翰。任通判。

乙酉：汪士鲁。

陈信。任知县。

陈尧天。任知县。

戊子：朱运弘。任教谕。

辛卯：丘禾实。中戊戌进士。

甲午：丘东岱。

岁贡

卢祥、王纶、文彦镐、王诰、陈爵、张淳、向智、佘原、王杰、吴纲、王佺、王伟、林凤、柳应宿、张任、徐镛、张梁、路任、向进、王钰、杨遵、宣杰、胡端、宋珠、赵相、谢士龙、王俸、史功、朱俨、史载泽、付逻、陈思厚、胡举、王活、王仕贵、时通、史载贤、王干、胡崇化、徐梦麟、王道成、王暹、李诏、雷应、杨珂、马为麟、宋应鸾、姚世雍、吴政举、刘坤、王登、陈文绰、王展。

嘉靖：丘湖、王志学、汪鳌、刘鹏举、宣尚贤、陈恩惠、王道通、胡崇言。

隆庆：余麟、潘继芳、杨启东、徐行、吴之举。

万历：胡崇信、石珠、黄中理、朱之臣、张凤起、徐冲、王道望、雷时泽、王道隆、史谱、陈符、柳元阳、史谣、周廷屏、李楚材选贡、王僎、卫儒。

武会

嘉靖丁未：何自然。

万历丙戌：张云翼。

名宦

孙礼。正统间任指挥使。勤于政理，创建学校，为时推重。

史昂。任指挥使。练达政治，军民悦服。

严胜。任指挥同知。才干威望出群，每巡征，屯营处夜闻虎鸣，去则不然，人以“严老虎”称之。

陈忠。素有谋略，累讨交趾、松潘等处，有功，升指挥同知。善造神枪火炮，正统间，苗贼攻城，父子坚垒死守，卒赖所造枪炮等器，贼乃退。

王璧。镇抚。洪武初调本卫，草昧之初，百度未备，凡城垣、公署、仓廒一切规制，皆其所经画者。

史韬。以从征陈蒙烂土功，升都指挥，弘治十四年，调征普安盘江河，殁于阵。

丘润。指挥佥事。刚直公廉，文武兼资。为捕官，道不拾遗。掌印，修理学宫，焕然一新。荐升都指挥。《贵阳图考八议》皆其手笔。

何自然。指挥佥事。聪明闲雅，尤长于诗，有古儒将风。荐升都指挥，历扬州、金、台、严等处参将，所至有能名。

杨世桂。教授。古貌古心，有学有守。却贽恤贫，刻书造士，至今犹传诵焉。

万历《丁酉志》名宦九人

乡贤

宋

宋胜。嘉定中，授右武大夫、沿边溪洞经略使。

元

宋朝美。胜曾孙。父捉巴，蛮都总管。朝美累官新添葛蛮安抚司。

本朝

王通。春容简重，累著军功，自指挥历升都督佥事，镇守清浪、都匀，辟土地以置郡县。即而引年勇退，士论高之。

文彦镐。知威远县，弭盗安民，政声大著。坐事去官，部民为之号泣遮道。

姚璋。封副使。幼业儒，长以养亲故弃之，教子成名。谦慎自持，卓有古风。

徐敷政。任成都推官。博学粹行，莅官清慎，居乡恭谨，尤好汲引后进，多所造就云。

朱俨。令伊阳，好士爱民。邑当龙飞大狩之冲，极力支持。钦奖治行天下第一。

史载泽。任武隆知县。居家孝友笃至，入任廉勤懋著。自丞而令，由壮而老，始终一节。

万历《丁酉志》共乡贤八人

恩典

姚璋。以子世熙贵，封按察副使。

赵滇。以子时凤贵，赠知州。

丘瑚。学正。以子东昌贵，封知县。

万历《丁酉志》恩典共三人

孝义

后廷科。站军。幼不知学，事母闵氏甚孝。母病，跪祷城隍祠，自暮达旦。及母死，居丧三年，不入私室。既葬，庐墓三月。万历二十四年，察院杨宏科行奖，推官李珏匾其门曰："庶人之孝"。

胡氏。卫人孙天民妻。家贫。彻夜纺绩，以供甘旨。翁性严，姑性洁，事之两得其欢。及从夫宦游，遇美食辄泣，不举匕箸，遂尔长斋诵佛，以祷亲寿，至卒乃已。

万历《丁酉志》孝义二人

贞节

吴氏。舍人王达妻。年十九寡，敬事舅姑，坚持妇节，四十余年，贞白益励。

王氏。指挥冯斯良母。孀守冰玉，终始无议。巡按郜光先、王时举、蔡廷臣奖之。

王氏。舍余陈椿妻。孀居六十余年，节凛冰霜。巡按郜光先、王时举旌之。

徐氏。举人马为麟妻。夫亡，二十六岁，家贫无子，誓不再适，至六十四岁终。抚按刘庠、付顺孙、毛在奖之。

万历《丁酉志》贞节共四人

隐逸

黄凤。卫人。为诸生，高等将贡，以母老辞谢，家居侍养。且精于医卜，称仁术、神术，屡见重于当道，然未尝轻身干谒。

迁谪

张元。三原人，正德间，以给事中谪新添驿驿丞。

陈邦敷。三原人，嘉靖间，以御史谪新添驿驿丞。

亭馆

肃远楼。卫治北。即北门城楼。

问农亭。北门外。

省耕亭。西门外。

望气亭。北五里。

占星亭。西四里。

以上四亭，俱万历二十四年推官李珏建。

坊市

泮宫坊。儒学右。

腾蛟坊。儒学左。

起凤坊。儒学右。

广化坊。北门内。

进士坊。十字街北。

太仆正卿坊。十字街东。

俱为姚世熙立。

双凤联翔坊。十字街西。为赵时凤、时腾立。

登瀛坊。十字街南。为张世美立。

经元坊。卫前。为李讲立。

腾凤坊。站外西关。为徐敷政立。

民安物阜坊。城隍庙前。

元戎坊。卫中。为王通立。

早市。四牌楼，十字街。

晚市。关厢站中。

寺观

兴福寺。卫北门外。永乐三年建。景云“福寺晨钟”，即此。

真武观。卫北门内。洪武中建。

金山寺。卫西门外半里。

观音阁。卫南门内。

宝山寺。卫北十五里高山之上。近有僧白云募建千佛殿于寺后左一里许，四山环绕盘拱，真一方胜概。

五显庙。一在城北，一在卫治前，一在站。

王公庙。仓左侧。祀镇抚王璧。

古迹

废瓮城都桑长官司。西南二十里。元置，隶[1]葛蛮安抚司，今废。

---

① 隶：原缺，据嘉靖《贵州通志》补。

凤凰石。西二十里。文彩羽翼肖凤形，相传有异人顾曰："此凤凰化也。其人文之征乎？"

仙人迹。西十里挂榜河畔。印石上，长一尺许，深二寸，五指宛然。

铜鼓岩。在猴场内。铜鼓二，常有红鳞蛇蟠其上，将大雨时，辄声闻数里。

祥异

嘉靖丙申五月，大水、饥疫。庚子，龙挂。

万历甲申五月，大水，山崩桥圮，荡析庐舍，漂压田亩。巡抚舒应龙、巡按毛在会题蠲租豁差，民赖以苏。

癸巳八月朔，地震异常。

乙未十二月，北门城楼灾。

丙甲二月朔，火站中，延毁房舍百余。

纪兵

隆庆六年，万历三年，节被叛恶莫渼纠兵杀占丹平司治，巡抚都御史蔡文、罗瑶发兵剿平之。

万历二十五年，正月，高寨强贼王道友等纠合苗夷连两次入城，劫掠乡官姚、赵二家，巡抚江东之行守巡副使詹启东、佥事梁铨督守备中军等官率兵剿平之。

内流寓、仙释、丘墓无入。

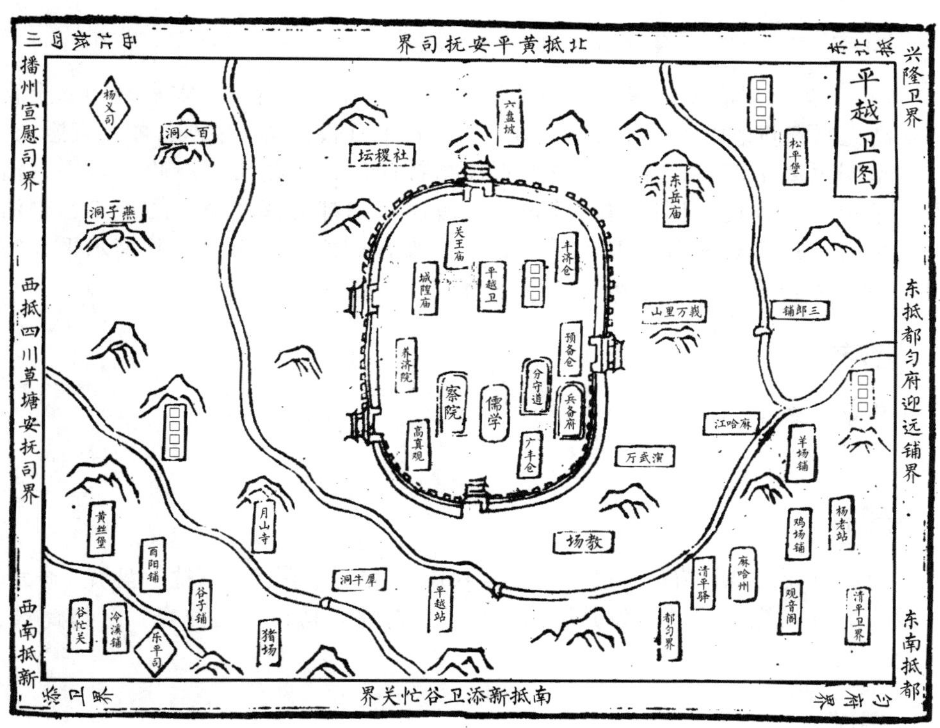

图 19 平越卫图

第二十四章　平越卫

沿革

《禹贡》梁州南境。秦为黔中郡地。汉、唐为蛮夷所据。宋嘉泰初，土官宋永高克服麦新地内附，号黎峨里等寨。元置平月长官司，隶八番顺元宣慰司。

皇明洪武十四年，始置平越卫军民指挥使司，领杨义、麻哈、乐平、清平、平定五长官司，属四川布政司，寻改属贵州都指挥使司。二十年，割清平、平定二长官司属清平卫。弘治七年，改麻哈长官司为州，并割乐平长官司，俱隶都匀府。领长官司一，千户所五。

郡名

黎峨。宋名。

平月。元名

形胜

边方冲要之地，苗蛮丛蕞之墟。《一统志》。北距三百涝，东枕七盘坡。旧志。马鬃岭扼其喉襟，羊场河设其险阻。旧志。南临天马，北负群峰，东起叠翠，西涌清泉。

疆域

东抵都匀府迎远铺界，一百一十里。南抵新添卫谷忙关界，五十里。西抵四川草塘安抚司界，一百二十里。北抵黄平安抚司界，一百二十里。东南抵都匀府界，九十里。西南抵新添卫界，七十里。东北抵兴隆卫界，一百二十里。西北抵四川播州宣慰司界。一百五十里。

山川

文笔山。城东南五里。秀峻壁立，三江会其下。

叠翠山。城东南三里。群峰排拱，三江所会。

笔峰山。城南三里。高耸如卓笔然。

石关口山。城东南二里。两崖如门，官道经其中。

月山。卫南一里。麓有月山寺。

笔架山。城南五里。

天马山。城南五里。

滃霾山。城北六十里。山高林深，霾雾滃郁。

七盘坡。城南五里。官道经其上，转折凡七。

倒马坡。城西南五里。官道所经，骑者多困其隘。

穿崖。城东八十里。崖孔穿透，广容千人。

福泉山。城内西隅。上建楼观，下临曲水。

峨万里山。一名峨嵘山。城东。巍峨延袤，绝顶有泉。

三龙戏珠山。城东。

百人洞。一名穿洞。城西十里。清泉涌出，洞广可容百人。

犀牛洞。城南高真观下。洞有石犀牛。正德间，观内有钟，夜与牛斗，声如雷吼，次早视之，存有水草。

燕子洞。城西三里。深邃，燕集于中。

地松河。城东北十五里，城名松屯。

羊场河。城南十里。横截驿道，弘治间建石梁，匾曰“通济桥”。

麻哈江。城东南五里。江水清深，潆城而去。参将杨钦诗：“云移戍阁山衣补，水落蛮溪石发梳。”

清水江。城西四十里。源出贵州宣慰司界，流入新添司界，雄视诸溪。

三江口。城东南七里。

冷溪。城西南四十五里。

广济泉。城内东隅。源分峨万里山下。弘治八年，参将赵胜因城中乏水，凿为阴渠，引水入城为井，覆以屋。

杨义司

杉木箐山。司治西五十里。峰峦峻险。

十里溪。司治西八十里。

风俗

俗尚威武，渐知礼义。《一统志》。汉夷殊俗。旧志：“卫多中州缙绅之裔，崇文尚礼，不失其旧。杨义司土民皆苗、猪、仲家，性狠好斗，迩来衣服、言语如华人。”

户口

万历二十五年，官军民实在三千一百五户，二万一千九百七十九丁口。杨义司男妇九千一百二十九丁口。

土田

旧志：水陆田地三万七千五百三十二亩九分零。万历九年新丈一万七千四百四十六亩零。十二年复丈，除豁八百六亩五分零，二十五年报存一万六千六百三十九亩四分零。屯田一万六千四百九十五亩五分零。科田一百四十三亩九分零。

旧志：民田无顷亩。万历九年新丈二万九千五百九亩二分零，十二年复丈出六千二百五十六亩六分零,二十五年增至三万五千七百六十五亩八分零。高平牌二千二百九十九亩三分零。杨义司三万三千四百六十六亩四分零。

方产

厚朴、枳壳、陈皮、黄连、芝麻、纸、紫竹、柑。

贡赋

屯科粮,旧额二千九百八十三石二斗。万历九年新丈二千七百六石一斗，除豁水灾并改附民粮四十一石九斗五升，二十五年报存二千六百六十四石一斗一升零。屯粮二千六百五十八石三斗九升零。科粮五石七斗九升零。

秋粮,旧额七百八十石六斗零。万历九年新丈七百八十六石九斗三升零,又科粮增入民粮三十石一斗五升零，二十五年增至八百一十七石八升零。高坪牌一百五十六石三斗二升。杨义司六百六十石七斗六升零。

课程,《旧志》商税门摊钞改收银六十四两八钱。

徭役

万历二十五年，条鞭、岁用、丁差、口食、余租等银，通共五百三十六两九钱三分零。

卫属土司每年实编银、力二差并公费，通共七百六十九两五钱一分。

城池

卫城。洪武四年，指挥李福建为土城。三十四年，改甃以石，门四：曰东、曰西、曰南、曰北。门各有楼。串楼一千五百四十间，城铺四十五，周一千四百丈。

水城。城西。正统未，苗寇围城，人马渴死甚众。成化间，指挥张能奏允建。

公署

分守新镇道。万历六年，分守参议刘世赏建。

卫治。洪武十四年建。

经历司。治内。

镇抚司。城中。洪武二十一年建，副使赵之屏修。

左、右、中、前、后五所。散置卫治外。洪武间建。

杨义司治。城东二十里。洪武间建。

税课局。卫西。俱洪武间建。

广丰仓。卫城南。指挥端聚建。

行治

察院。城内，儒学右。

按察司。城内西南。弘治年间建。

兵备道。城内南。成化间，副使方中建。嘉靖辛亥，赵之屏修。

分司公署。久圮。万历二十五年，副使詹启东捐锾，行推官李珏重建。

学校

儒学。城内西南。宣德八年，参议李睿建。成化二年，迁建察院左。万历十二年，改建东南仓基内。十九年，复迁察院左旧基之上。

明伦堂。文庙后。

□□　□□二斋。

儒学门。

敬一亭。明伦堂后。

先师庙。明伦堂前。

东、西两庑。

戟门。

棂星门。

启圣祠。

名宦祠。

乡贤祠。

学田。一分计旗屯一十七亩，每年纳租银一两二钱供祭。一分牛场堡谷郎坝二十七亩，每年纳租银八两四钱，内除六钱作随田粮，余七两八钱作月考供给之费。[①]

塘。一在犀牛口，一在牛场寺山下。

社学。察院西。

---

① 本段原文多不清，据《黔记》补，不一一出校。

石壁书院。敬一亭后。嘉靖七年，佥事朱佩建。
中峰书院。卫治内。嘉靖十三年，谪驿丞陈邦敷建。

秩祀

社稷坛。城西一里。
山川坛。城南二里。
厉坛。城北二里。
城隍庙。城内。洪武二十年建。
旗纛庙。卫治后。
关王庙。卫治北。

关梁

武胜关。城南二里。
谷芒关。城南四十五里。
七星关。城北五里。
梅岭关。城东四十里。
羊肠关。城东南二十里。
通远桥。城东。永乐间建。
太平桥。城南三里。
五里桥。城东五里。成化间建。
通济桥。城东五里。弘治四年，副使吴倬建，佥事周孟中记。
酉阳桥。上下三座，万历二十四年，驻镇推官李珏建。
黄系桥。在猡猡哨。万历二十五年，守巡道詹启东、梁铨，推官李珏建。

兵防

额颁符验一道，铜牌一十二面。
旗军。原额七千一十七名，查存二百六十六名。
军器。原额六万四千九十五件，查存一万一千九十一件。
操马。原额一百一十六匹，查存五十匹。
头桥哨。防兵十九名。
武胜哨。军兵一十五名。
胜龙哨。募兵八名，官军一名。
龙兴哨。防兵一十五名。

吉安哨。募兵七名，官军一名。
营盘哨。募兵四名，官军五名。
黑泥哨。防兵一十五名。
永靖哨。募兵五名，官军五名。
长冲哨。防兵一十五名。
大桥哨。防兵一十五名。
平阳哨。募兵五名，官军四名。
清水哨。军兵一十五名。
蜂螗哨。募兵八名，官军一名。
西山哨。防兵一十七名。
得胜哨。防兵二十名。
马场哨。官军十名。
阿丑哨。募兵八名。
殷家哨。军兵十八名。
观音哨。募兵八名。官军一名。
猡罗哨。防兵二十名。
龙场哨。防兵十名。
月西哨。募兵九名，官军四名。
水井哨。募兵八名，官军一名。
安邦哨。军兵十九名。
疆界哨。募兵六名，官军四名。
五里哨。军兵十三名。
平安哨。官军十名。
麻塘哨。募兵四名，官军六名。
太平哨。军兵十三名。
沙子哨。军兵十三名。
黄泥哨。募兵四名，官军七名。
河西哨。募兵八名。官军四名。
杨老哨。军兵二十名。
靖安哨。募兵五名，官军五名。
白泥哨。军兵十九名。
抚化哨。募兵十名，官军三名。
荆竹哨。募兵一十四名。
界牌哨。军兵二十名。

邮传

平越驿。卫城南。洪武间建。

协济各驿马馆

平越驿。供馆银一百九十八两五钱，马银二百两，铺陈银一十三两三钱三分零。

清平驿。供馆银二十八两，铺陈银一十二两，马银三百七十六两。

派该：

高平牌。一百七十四两五钱。

杨义司。六百五十三两三钱三分零。

平越站。军四十六名。

杨老站。军一百零六名。

黄丝站。军五十名。

城南铺、谷子铺、酉阳铺、播文铺、冷溪铺、三郎铺、羊场铺、杨老铺、狗场铺、板桥铺、虎场铺、毕拨铺、蛇场铺、高枧铺、文德铺、平定铺、五里铺。各铺司兵不等。

惠政

预备仓。卫左。成化间建，今废。

养济院。卫治西。洪武间建。

职官

掌印指挥一员，管屯指挥一员，管操指挥一员，捕盗指挥一员，经历司经历一员，镇抚司镇抚一员。五千户所各掌印千户一员，管操千户一员，所镇抚一员，管军屯印百户十员。平越站管站百户一员，黄丝堡管堡百户一员，杨老站管站千户一员，儒学教授一员，训导一员。平越驿驿丞一员，税课局大使一员。杨义长官司正长官一员，吏目一员。

指挥使

郭仕中。山后人。洪武三年从军。二十三年，男斌功升副千户。永乐十五年，调本卫正千户。景泰三年，三世孙清功升指挥佥事。弘治六年，四世孙璘功升指挥使。沿维藩袭。

张聚。长葛人。洪武元年，功升小旗。二十五年，男振功升指挥佥事。宣德六年，三世孙林调本卫。正统十四年，四世孙能功升指挥使。弘治七年，五世孙文功升都指挥佥事。沿四维袭。

王成。齐东县人。洪武二年从军。三十二年，三世孙雄功升小旗，历升指挥使。宣德六年，四世孙俊调本卫。沿一麟袭。

指挥同知

王胜。滁州人，洪武元年从军，升百户。二十二年，男善功升指挥佥事。永乐五年，三世孙骥以父功升指挥同知，调本卫。沿之臣袭。

戴成。寿州人。洪武二年，授所镇抚。十六年，男信调本卫。成化二年，四世孙胜功升指挥佥事。弘治七年，五世孙铨功升指挥同知。沿周冕袭。

林斌。定远县人。洪武元年，功升副千户。景泰三年，四世孙清以先世功升指挥同知。五年，功升指挥使。成化元年，失机，充本卫军，蒙宥，降指挥同知。沿起凤袭。

安胜。定远县人。洪武初年从军。二十一年，男添保升总旗。成化十三年，七世孙泰调本卫，功升副千户。嘉靖三十五年，八世孙大朝功升指挥同知，历升都督佥事。沿臣良优给。

指挥佥事

王成。六安州人。洪武元年，功升副千户。二十年，男先功升指挥佥事，调本卫。嘉靖四年，七世孙濂侵欺稻谷，充乌撒卫军。沿朝泰奉例袭。

赵奎。定远县人。洪武元年，功升百户。七年，男瑛调本卫。正统六年，三世孙雄功升指挥佥事。景泰元年，功升指挥同知。至弘道降指挥佥事。沿纯忠袭。

丘道童。泰兴县人。前元枢院断事，洪武二十二年，授所镇抚，调本卫。正德六年，四世孙汉以先世功升指挥佥事。沿宗夔袭。

周成。盱眙县人。洪武元年，功升百户。十六年，男礼调本卫。正德六年，七世孙勋以先世功升指挥佥事。沿孝思袭。

奚成。江阴县人。吴元年从军，升总旗。洪武十四年，调本卫，功升指挥佥事。沿国柱袭。

贾旺。合肥县人。洪武元年充总旗。十七年，功升指挥佥事。三十年，男谦调本卫。沿安国袭。

李山。定远县人。前元甲午从军，充先锋。吴元年，升指挥同知。七年，因周千户隐藏玉碗，降指挥佥事。二十五年，男福调本卫。沿养元袭。

署指挥佥事

刘聚。确山县人。洪武元年，功升指挥佥事。十三年，男义授散骑舍人，袭正千户。十四年，调本卫。宣德九年，四世孙璇功升署指挥佥事。沿之屏袭。

张福。江都县人。洪武元年，功升百户。十三年，调本卫。正德十四年，四世孙勇功升署指挥佥事。沿鹏翼袭。

齐整。开州人。洪武二年，充总旗，功升百户。二十七年，调本卫。天顺八年，三世孙胜功升署指挥佥事。沿治国袭。

杨义司副长官金阿金。土人。洪武十四年归附。十五年，功升副长官。二十一年，开设本司，六世孙鳌奏请诰命一道，封父洪及鳌俱忠显校尉。男符故绝。嘉靖二十六年，弟承袭，故绝。三房六世孙凤承袭。因老无子，保侄笏袭，未任。男世忠幼，暂令叔篆权管。万历五年，世忠承袭。

教授

万历：

马驭。高县人。

魏杰。泸州人。

马同轨。南部人。

叶汝楠。普安人。

杨收。云南人。

杨邦彦。南宁人。

狄炯。兴隆人。

符三接。思南人。

刘天益。辰溪人。

训导

万历：

黄正中。华阳人。

张应龙。安南人。

刘瑞。平坝人。

杨兴祖。威清人。

丁良时。马隆人。

陈周道。镇远人。

科贡

进士

正统戊辰科：黄绂。官至尚书。

成化己丑科：杨遵。官至参议。

举人

成化辛卯：赵广。官至知州。
庚子：李云。
杨时荣。
丙午：黄彬。
弘治甲子：周经。官至知县。
正德丁卯：叶庭。官至知县。
庚子：王爵。官至知县。
己卯：徐相。官至知县。
壬午：王遵。官至知县。
嘉靖己酉：徐文灿。官至府同知。
杨寰。官至府同知。
周与庆。官至府同知。
万历辛卯：赵培。
李炯。

岁贡

钱宏、徐聪、杨铠、傅信、姚杰、杨凯、丘政[①]、陈璇、陈俊、王杲、王赞、项津、萧海、钱满、杨相、徐纹、杨时春、彭辉、李霁、杨文、徐清、陈宾、姚惠、袁凤、赵衍、傅纨、张暄、王志勇、萧济、徐鉴、范钦、贾振、钱山、曹序、李敩、兰继魁、徐濂、刘祥、马章、周绶、刘奇、鲁绣、彭遵、彭选、唐轩、徐柯、刘士充、张佐、李继武、朱纬、王道、戴相。

嘉靖：刘继尧、刘尌、缪镗、王师禹、戎府、戴培、李尊、李学书、戴思。

隆庆：刘士林、杨世用、李学诗。

万历：吴确、姜遇春、杨世名、金竽、冷向春、杨诏、徐文烺、彭文、傅现、杨世禄、刘继召、王谟、夏国翰、冷廷、金世美选贡、李学谦、张灿、戎翠。

名宦

王先。洪武间指挥佥事。智勇谋略，蛮夷畏服。

毛胜。宣德间指挥使。智勇超迈，边方以宁。天顺间功进爵南宁伯。

---

① 丘政：原为“兵政”，据嘉靖《贵州通志》改。

郭英。正统间贵州参将，镇平越。威法兼行，诸夷畏服，非警急不废诗书，时称儒将。

李山。国初从征，累著战功，为宜兴卫指挥同知，后以事降调本卫指挥佥事，寻卒于官。赐谕祭，优恤其家。

刘璇。都指挥。清慎老练，好儒能诗，所著有《竹亭退隐》《琅玕百咏》二集。

王珩。弘治间训导。行修学富，改儒学，置祭器，启迪有方，士论至今称之。

黄琮。正德间儒学教授。行古学优。

万历《丁酉志》共名宦七人

乡贤

张信。居家孝友，莅官忠勤，好礼下士，为时所重。功封隆平侯，梗直刚方，立身正大。

黄绂。立身正大，历官南京户部尚书。举入省学祠祀。

杨文。任东乡知县，流贼劫掠，文多方筹划，卒擒首恶。寻升汉州知州，历官一十八载，囊无余赀。

万历《丁酉志》共乡贤三人

恩典

杨中。以子通贵，封奉议大夫。

万历《丁酉志》共恩典一人

孝义

徐胜。禔身正家，动遵典礼，百口同居者五世。洪武初，有司以恩例赐羊酒奖劝，具实以闻。

彭文。贡生。通州学训，母存不违定省，母亡庐墓三年。副使赵之屏赐田数亩，褒以诗。

丘本厚。军人。隆庆间，安庄卫贡生钟士奇赴京，宿丘店，遗金三十两，丘收贮，钟寻至，一一交还。后钟选清平学训，申明当道，匾曰“义士还金”。

王志雄。赋性惠慈，称贷赈济，焚其券文。院道匾其门曰“尚义”。

杨时椿。岁贡。大邑县训导，在任思母，弃官归养。母疾，衣不解带者三月不已。

李时用。庠生。七岁失怙，母抚成立，应贡，不忍远离。甘贫奉养，母卒，一遵家礼，内外称孝无间。

周与庆。举人。父卒，甫半岁，母叶氏抚育成立。伶仃极苦，训徒侍养。及历任，母疾，衣不解带者月余。寻升任，弃官归养。垂老犹然孺慕。

万历《丁酉志》共孝义七人

贞节

徐氏。军人李庸妻。正统十四年，庸与贼战，亡，徐年二十五，子三岁。都指挥赵信欲夺其志，以配卫卒，徐以死自誓。守节四十余年。

廖氏。军人周清妻。清丧，廖年二十七，无子。姑老家贫，纺绩终养，坚志守节，莹然无瑕。

丘氏。军人蹇玉妻。玉丧，丘年二十二，遗孩方七月。抚孤守节，终身不改。嘉靖间题旌。

周氏。监生徐科妻。科卒，周年二十四，子甫一岁。周矢心守节，辛苦备尝，三十余年清操无玷。万历三年奖表。

杨氏。戎衣妻。衣卒，子翠在襁褓，家贫，杨绩纺守孀，抚翠成立。万历四年举奖。

姜氏。生员刘士恒妻。恒卒，姜年二十二，竭力奉姑，甘贫抚子，青年守志，白首无瑕。万历十一年题旌。

万历《丁酉志》共贞节六人

隐逸

盛仲芳。卫人。德行诗文，一时称重，隐居自守，所著有《独斋集》。

张懋英。卫人。性孝工书，博学能文，与金声、盛仲芳齐名，时号“三隐士”。

杨中。卫人。宽厚笃实，隐居，以医济人，卒年九十一岁。

流寓

金声。姑苏人。成化间谪戍平越，以文行见称于时。

仙释

张三丰。不知何许人。洪武间，寓高真观，与指挥张信善，指城南月山寺右地，曰：“葬此，后必封侯世禄！”信从之，后果以功封隆平侯。奉命修武当山，偶遇三丰，接谈，少顷，忽然不知所往。尝自叙曰：“幼年慕道，长岁求玄。识至人之奥旨，悟义理之深玄，识取梦中之梦，钩深玄上之玄。自从见了娘生面，笑指蓬莱在目前。”又诗云：“少年立志道心坚，跳出樊笼出水莲。散尽锦云空似洗，一轮明月挂长天。”

亭馆

威武搂。卫南。

福泉楼。卫西。

俱正德间建。

礼斗亭。高真观内。仙人张三丰礼斗于此。副使赵之屏诗："老我百年还海岳，梦君几夜到蓬莱。"知府魏文相诗。"云散玉泉龙已化，风清松谷鹤重来。大还岁月浑无恙，沧谢乾坤任劫灰。"

坊市

尚书坊。城南。

都宪坊。城南。

俱为尚书黄绂建。

郧国公坊。城南。为隆平侯建。

登云坊。城南。为举人叶庭建。

雄飞万里坊。城东。为举人周经建。

肃清坊。城南。

观风坊。城南。

云贵通衢坊。城东。

贞节坊。城南。为节妇徐氏建。

叠翠坊。城东。守备刘招桂建。

三凤冲霄坊。为举人杨寰等建。

东关市。

卫前市。

南关市。

猪场市。城南。

龙场市。城北一里。

寺观

月山寺。城南二里。洪武间建。

镇宁寺。城西七十里。

观音寺。城南。成化间建。

五云寺。城北四十里。

回龙寺。城北八十里。一望平川，去二里许，叠障层峦，一崖穿过如城门，因名“穿崖”，后改今名。

高真观。城南福泉山上。洪武间建。层台突起，下控曲江。后有张仙浴澡池，因名福泉楼，戊申年重建。刘良贵诗：“石乱溪中水，天空郭外山。檐高飞鸟倦，洞古伏犀间。”

凝[1]真观。杨义司东南七里。

回头阁。杨义司三十里，地名嶰隆村。

二郎庙。城东南。弘治间修建。

祠山庙。城东。成化间建。

灵官庙。城外北。

马皇庙。城北。

东岳庙。城东二里。隆庆四年，总兵安大朝建。

文昌祠。旧在学右，嘉靖间改建城南。

古迹

废三陂地蓬等处长官司。城南三十里地蓬铺。元置，隶[2]新添葛蛮安抚司，今废。

汉诸葛屯营。地名马场山。遗锅一口于山中，半入土内，人不能取。

王嶰囤。四围险峻，上宽平，先年贼兵据之，蓝总兵征克。

丘墓

隆平侯张信母墓。城南。

南宁伯毛胜祖墓。城北。

尚书黄绂祖墓。城东。

祥异

成化庚子，旱。

正统己巳，兵凶。

正德甲戌，大火。

嘉靖丙午，大疫。

己酉三月望日，羊场坝大石长三丈余，白日翻身，声如雷吼。

---

① 凝：原文作“疑”，据《黔记》改。

② 隶：原缺，据嘉靖《贵州通志》补。

癸丑三月十二日夜，高坪寨殒落三星，如石。

万历十二年五月，大水，漂没田土。

纪兵

洪武十四年，麻哈苗蛮杨正孟乱，征南将军傅友德讨平之。

正统四年，苗贼金台以土官科削，大肆猖獗，时攻本卫。城兵粮大匮，尚书王骥拯救之，卫赖以保全。

正统十四年，四川后洞黑苗伪号划平王，与草塘苗贼龙惟保等相继而起，首陷平越，杀伤官军，大肆侵掠，黄平、石阡、思南等处俱罹其害。至景泰癸酉，其变始平。

万历十二年，宣慰安国享差目把统兵千余，占夺卫辖王嶰地方。巡抚舒应龙、巡按毛在、巡道洪邦光、守道王思民谕以法，乃解散。

内迁谪无入。

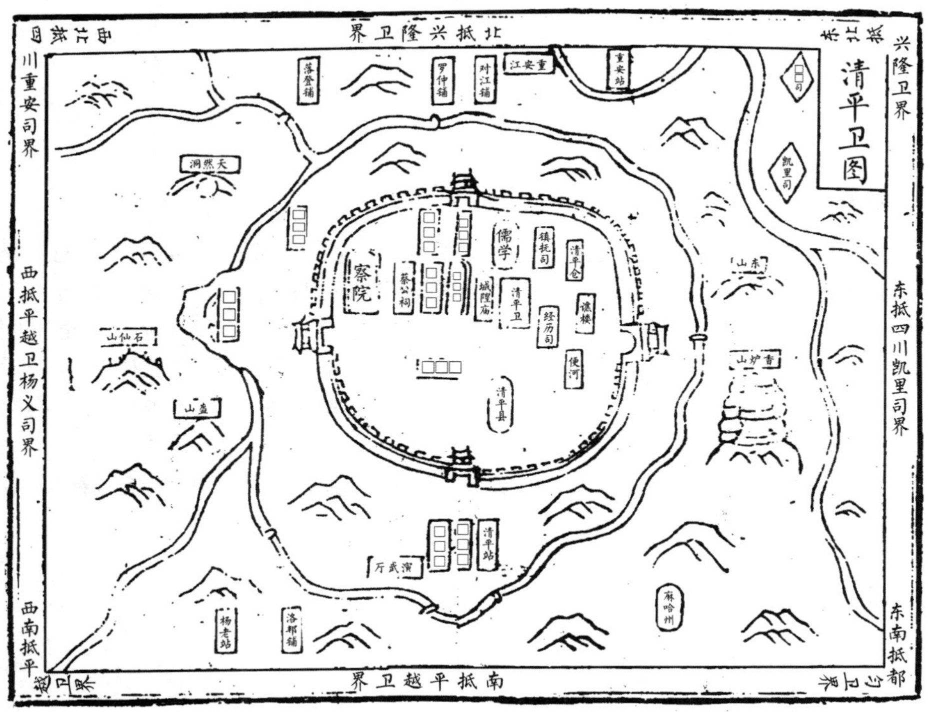

图 20 清平卫图

贵州通志卷十三

第二十五章　清平卫

沿革

《禹贡》梁州南裔。秦属黔中郡。历代多为夷酋所据。元为麻峡县地。皇明洪武十四年，置清平堡。二十三年，改清平卫指挥使司，隶贵州都司。二十四年，迁卫治于清平堡之北，领清平、平定长官司二，千户所六。正统间增属安抚司一。弘治八年，改清平长官司为清平县，建治于本卫中，改平定长官司属麻哈州，俱隶都匀府。嘉靖十三年，题请中左所防守香炉山，仍隶本卫。

凯里安抚司。治东四十五里。元属四川播州。本朝洪武间，杨氏兄弟争杀，至正统间割置，改属贵州，隶本卫。

郡名

仙山。以山得名。

形胜

众山环拱，二水交流。东抵丹章，西连平越。俱《一统志》。秀峰列戟，戍垒屯云。旧志。

疆域

东抵四川重安司界，南抵平越卫界，俱六十里。西抵平越卫杨义司界，二十里。北抵兴隆卫界，六十里。东南抵都匀卫界，一百二十五里。西南抵平越卫界，东北抵兴隆卫界，西北抵四川重安司界。俱六十里。

山川

东山。城东二里。绝顶有盘石，平坦可坐数十人。

盔山。城西三里。形如盔。

万潮山。城南四里。

葛贡山。城西五里。

马鞍山。城东五里。

双乳山。城北六里。

石仙山。城南三里。上有三石人如围棋状。

罗仲山。城北二十里。

望城山。城东二十五里。

香炉山。城东三十里。盘旋三重，壁立万仞，形如香炉。苗蛮据险为乱，正统十四年，总督王骥克平之。正统十二年复叛，参议蔡潮克平之。嘉靖十三年，题请以中左所官军防守。知府顾尧年诗："炉山一望雄千仞，此是西南第一峰。丑虏凭陵曾恃险，书生谈笑谩成功。"

小华山。城东。上有清泉庵，今废。

天榜山。城东北二十里。

笔架山。城东二十里。

观音坡。城北二十里。

龙王坡。城南四里。上有龙王庙，祷雨辄应。

王家坡。城东二里。

木级坡。城南五里。两木交生，丛密幽暗，苗夷常出劫其间。

天然洞。城北七里，即小空洞，嘉靖十五年，指挥石邦宪新开。提学吴国伦诗："奇峰倒作万莲开，洞里阴晴只浪猜。罔象不惊龙正卧，寒湫夜夜吐风雷。"

云溪洞。城北十五里，即大空洞。吴国伦诗："云溪溪上碧云流，有客乘云当入舟。石穴空明无一象，旋池瑶草饭青牛"。

太极洞。天然洞左。

山江河。城东五十里。

便河。城内东。正德八年，都指挥司勋捐俸疏凿方井，径一丈，引城外溪水入之，以防不虞。

舟溪江。城东八十里。

东门溪。

西门溪。

勇胜溪。城南。

凯旋溪。城北。

济生池。城内西。正统十四年，苗贼围城，凡十四月，军民赖此以济。

葛贡莲塘。城西北五里。

皮井。城西。水清味甜，冬温夏凉。

大井。城西。

杉木井。城东南。

通灵井。治东，近便河。

风俗

语平讼寡。旧志："卫人皆自江南迁者，言语平顺，尚礼鲜讼"。力田务本。旧志："卫人与夷民杂处，敦质务本，男以耕读为业，女以纺绩为务，鲜商贾技艺之习。"

户口

嘉靖间，城、屯、站、铺官军八百九十七户，二千一百八十四丁口。万历二十五年报存七百五十六户，报增二千三百七十丁口。

土田

旧志：水陆田地一万九千七百八亩一分。万历九年新丈实在七千二百七十九亩。屯田六千五十六亩零。科田一百五十亩零。凯里安抚司民田一千七十一亩零。

方产

紫草、紫檀木、榛、林檎、何首乌、仙茅。

贡赋

屯科秋粮，旧额二千六百零八石。万历九年新丈二千六百九十五石七斗零。续增二十二石六斗零，二十五年共增至二千七百一十八石三斗零。屯粮二千六百四十五石四斗零。科粮一十石八斗零。凯里司秋粮六十二石一斗四升零。

徭役

万历二十五年，条鞭、岁用、丁差、余租、帮解等银，通共一百六十四两五钱五分零。

城池

卫城。洪武二十三年，指挥司铎建，周围六百六十三丈，串楼六百六十三间，岁久倾圮。万历三年，被贼入城劫掠三次。万历四年，巡抚罗瑶檄各司道会议，动支官银五千三百余两，委参将侯之胄修建，内外包石，上竖串楼六百余间，城门楼四座。

公署

卫治。城内东，洪武二十四年建。嘉靖三十五年，掌印指挥金诏修葺。

经历司。卫治左。

镇抚司。卫治前。

左、右、中、前、后五所。治内。

中左千户所。正德间，苗据香炉山为乱，后剿平，因迁本所于上防御。

清平县治。原在卫城北，系清平长官司治，正统间建。弘治八年，改为县治。万历二十年，知县杨明礼改迁卫城东。二十二年，知县魏自强复迁卫城南。

清平仓。城东，隶布政司。

凯里安抚司治。东四十五里。

行治

察院。卫治西。

按察司。卫治西。

学校

儒学。卫治西北。正统八年，指挥使石宣建。正德十三年，参议蔡潮拓地改建。

明伦堂。文庙后。

博文、约礼二斋。堂前左右。

儒学门。

敬一亭。启圣祠后。

先师庙。明伦堂前。

东、西两庑。

戟门。

棂星门。

启圣祠。明伦堂后。

名宦祠、乡贤祠。俱学左，万历七年，提学副使凌琯建。

祭田。一分密西寨。租米六十五秤四十斤。嘉靖十三年，巡按王杏置。一分中寨。租米一百手。正德七年，乡官孙瀚置。一分上五堡。租米五十手。嘉靖年间，本卫百户宋晟置。一分皮溪屯。生员李大壮置，久荒。一分中华堡。租米二十一秤。

嘉靖间，舍人郭彦置。一分罗言寨。租米六十秤。一分尾把寨。租米二十六秤。一分落平堡。租米五十手。以上三分俱乡官孙应鳌置。

塘。二口，俱在洛邦铺前。每年纳藁鱼五十斤供祭。本卫舍人郑禄置。

秩祀

社稷坛。城北。

山川坛。城南。

厉坛。城东。

俱去一里。

旗纛庙。卫左。

关王庙。城南。

武侯祠。城中。

蔡公祠。城西。祀参议蔡潮。

关梁

鸡场关。卫南二十里。

罗仲关。卫北二十里。

宗伯桥。城北。万历四年，乡官孙应鳌建，参将侯之胄匾曰“宗伯桥”。

勇胜桥。城南五里。万历十二年清平知县王仿建。

报捷桥。治西一里。

凯旋桥。治北五里。

兵防

额颁符验二道，铜牌十面。

旗军，原额九千八百三名，香炉山兵变及逃亡故绝，止存屯操共三百六名，防守炉山七十九名，较初未及十一。万历五年，军门严清题请召募一百二名。万历十年，察院傅顺孙召募二百名。

军器，原额一十七万七千二百四十二件，查存六千二十件。

操马，原额一百五十四匹，查存四十匹。

防守城池。勇兵四十名。万历二十三年，知县魏自强呈请召募。

清道营。兵四十名。分守道詹启东呈请召募防御。

炉草哨。哨兵十三名。

浑水哨。哨兵十四名。

五里哨。哨兵十三名。
滴水哨。哨兵十三名。
龙场哨。哨兵十三名。
大塘哨。哨兵十二名。
护城哨。哨兵九名。
永靖哨。哨兵十三名。
永安哨。哨兵十四名。
平蛮哨。哨兵十三名。
箐口哨。哨兵十四名。
观音哨。哨兵十五名。

邮传

清平驿。城南一里。洪武十三年建，为翁霾驿，隶四川黄平安抚司。十九年，改清平驿，隶清平县。马馆、铺陈银俱见《都匀府志》。

清平站。正军五十名，余丁二十五名。

在城铺、洛邦铺、蜡梅铺、杨老铺、洛登铺，各司兵不等。

惠政

预备仓。城东谯楼左。
养济院。卫治北。

职官

掌印指挥一员，管屯指挥一员，管操指挥一员，捕盗指挥一员，经历司经历一员，镇抚司镇抚一员。五千户所各掌印千户一员，管操千户一员，所镇抚一员，管军屯印百户十员。清平站管站百户一员，清平堡管堡百户一员久废。儒学教授一员，训导一员，清平驿驿丞一员，凯里安抚司安抚一员。

指挥使

石玉。山东寿光县人。洪武二年，功升百户。三十三年，子荣升指挥使。永乐元年调本卫。嘉靖二十二年，七世孙邦宪历升右都督，子岳以父功袭都指挥佥事。沿极袭。

金三。直隶桐城县人。洪武三十二年，功升正千户。永乐元年，子辂升指挥同知。宣德六年，三世孙义调本卫。弘治六年，五世孙俊升指挥使。十四年，六世孙章功升右参将。沿符袭。

司绘。河南汝阳县人，千户。洪武九年，功升指挥佥事。二十五年，子铎调本卫。正统四年，三世孙济升指挥同知。成化四年，四世孙拱升指挥使。弘治六年，五世孙勋功升都指挥佥事。沿瑜袭。

署指挥使

李荣。直隶徐州人，从军。洪武三十四年，三世孙成以先世功升正千户。永乐五年，调本卫。正统五年，四世孙全升指挥佥事。成化十四年，其五世孙颖升署指挥使。沿友桂袭。

指挥同知

王贵。浙江嵊县人。洪武九年，子敏从军，功升正千户。宣德六年，调本卫。正统六年，三世孙聚袭都指挥佥事。成化八年，四世孙溱升都指挥同知。正德六年，五世孙恒升都指挥佥事。沿汝玉袭。

王得。直隶合肥县人，从军。洪武十年，子良以父功升正千户。二十三年，三世孙毅调本卫。景泰二年，四世孙瀚升指挥使。成化十六年，五世孙楷升指挥同知。弘治十八年，六世孙言升都指挥佥事。沿宗儒袭。

邵聚。山东济宁州人。洪武元年，充小旗。洪武十四年，功升指挥佥事。景泰四年，三世孙广升指挥使。弘治十年，五世孙鉴调本卫。正德七年，升都指挥佥事。嘉靖十二年，六世孙继宗降指挥同知。沿元爵袭。

曹成。直隶武邑县人。洪武三十二年，功升指挥同知。宣德六年，子贤调本卫。沿凤鸣袭。

吕得。河南杞县人。洪武十三年，功升指挥同知。成化元年，四世孙升调本卫。弘治十八年，五世孙英升指挥使。沿大纹降袭。

指挥佥事

王志。直隶临淮县人，从军。洪武元年，功升陆安侯。二十三年，子威改袭指挥使。三十四年，弟域任指挥佥事。永乐二十一年，三世孙俨调本卫，升署指挥同知。嘉靖二十二年，七世孙申降指挥佥事。沿栋袭。

曹良。直隶临淮县人。洪武二年，功升指挥佥事，为事充军云南。二十五年还职，调赴本卫。沿训袭。

王兴。湖广公安县人。洪武四年，充小旗。九年，功升百户。二十四年，子添调本卫。正统八年，三世孙暹升副千户。天顺八年，四世孙雄升正千户。弘治六年，五世孙辅升指挥佥事。沿朝宠袭。

孙华。直隶如皋县人。洪武十四年，到卫充小旗。二十九年，功升副千户。景泰元年，四世孙钦升正千户。景泰四年，升指挥佥事。沿兆藩袭。

杨荣。洪武三十五年，至应天府，功升浙江金乡卫左所正千户。永乐十五年，调本卫后所正千户。正统六年，二世孙清功升指挥佥事。沿继爵袭。

周良。直隶定远县人，授镇抚。洪武四年，子英袭，故绝。次子杰继袭。二十五年，调本卫。三十年，除世袭百户，沿礼及冕功升千户。冕子勋功升指挥同知。沿宗尧降袭。

教授

万历：

周启东。江西人。

刘汝敬。万安人。

黎文辉。宜春人。

李犹龙。定远人。

程鹏。雅州人。

李可守。长宁人。

王选。桂林人。

宣武。嘉定人。

训导

万历：

钟世奇。安庄人。

李格。卢溪人。

游相。石阡人。

白尚文。昆明人。

吴嘉龙。都匀人。

曹维章。贵阳人。

凯里安抚司安抚杨端。前代宣慰，本朝孙友授宣抚，隶四川。友与弟爱忿争，奏勘发阆中县，冠带闲住。正统三年，凯里民保友回司。又施秉、麻哈、杨义、偏桥等司题准友男弘冠带，故绝，将弟张管理凯里安抚司事，改隶贵州。沿袭至燧。万历二十四年，燧欲刃其弟炳并屠部中，督抚下所司正燧罪。

科贡

进士

嘉靖戊戌：王炯。官至府同知。

丁未：李佑。官至都御史。
孙裒。官至御史。
癸丑：孙应鳌。官至工部尚书。
隆庆辛未：李大晋。官至府同知。
万历丁丑：孙世祯。官至副使。

举人

正统辛酉：钱润。官至府同知。
成化丁酉：孙潮。官至府同知。
庚子：孙贤。官训导。
乙卯：李绶。官教授。
戊子：孔元。官至知县。
甲子：孙厚。
孙立。官至长史。
正德丁酉：莫清。官至知县。
庚午：孙重。官至知县。
周贤。官至知县。
癸酉：王木。官至佥事。
侯问。官至行大仆少卿。
蒋良。官至长史。
丙子：孙仝。官至府同知。
己卯：杨寿。官至知县。
冯灿。官至知县。
嘉靖壬午：唐尧臣。官至知县。
陈汶。官至知县。
乙酉：郑尚经。官至长史。
王桥。官教谕。
戊子：李夔。官至员外。
刘凤。官至知县。
辛卯：孙衣。官至知府。
王朴。官至知州。
甲午：李佐。官至知州。
邓璋。官教谕。
丁酉：莫侔。官至知县。

王烔。戊戌进士。
庚子：孙褒。官至通判。
李佑。丁未进士。
癸卯：王念祖。官至知县。
冯选。官至府同知。
孙裒。丁未进士。
丙午：孙应鳌。解元。癸丑进士。
孙继武。官至知县。
邓学。官至知府。
己酉：汪大韶。官至知州。
壬子：顾尧辅。官至知县。
刘璧。官至知县。
乙卯：顾尧年。官至知州。
戊午：孙应鹏。官至通判。
王炼。官至知县。
辛酉：李维祐。官至知府。
李大晋。辛未进士。
孙旁。官至通判。
王培。
隆庆丁卯：孔宗海。任知府。
庚午：王墀。任通判。
万历癸酉：顾闵。任知州。
孙应轸。任知州。
孙世祯。丁丑进士。
丙子：顾为麟。任府同知。
孙应扬。任知县。
己卯：邓云龙。官至知县。
壬午：王塾。任知县。
顾一麟。任知县。
戊子：李俶。任教谕。
甲午：李大元[①]。
丁酉：程志。

---

① 大元：原文不清，据《黔记》补。

汪良。
王锳。
孔之学。

岁贡

侯庆、白玺、孟恢、孙洁、钱清、刘鉴、邹淮、李纯、汪远、张文、陆贵、顾渊、顾昂、高翰、王漳、顾源、冯贵、欧斌、孟埙、杨富、司钦、郑胜、顾焕、张翱、李印、顾渼、顾桓、司本、郑坤、李蕃、石金、扶铎、单凤、王信、龙济、孙介、王相、王瑄、张刚、石辅、俞荫、莫隐、孙衮、张翀、管清、张举、陈崇厚、孙铎、王世贤、孙继武、莫伦、汪汉、李从商、李萃、周懋、金廷瓒。

嘉靖：李仁、孔钺、李俸、周制、冯希恒、孟应祯、赵杲、宋治。

隆庆：孙豪、司民康、顾闵中癸酉举人、孙继魁、杨泰、张瑚。

万历：蒋世魁、孙亭、王烺、莫汝学、王习祖、石嵩、李大朋、孙世极、方完、王从祖、杨国华、王台、孙应雷、王朝立、王锳选贡，中丁酉举人、孙应鲲、王鉴祖。

名宦

司铎。河南人。洪武二十四年开设卫治，任指挥佥事。创置公署，筑建城垒，以能闻。

石宣。寿光县人。任指挥使，捐地建学，兴贤育才，读书好礼，廉公有威，兵民咸服。事嫡母贯，生母韦，以孝称。官至都指挥佥事。

万历《丁酉志》共名宦二名

乡贤

王聚。自千户累升贵州都指挥佥事。刚方谋略，为时所重。掌都司事凡十五年，政令凛然，边防以宁。

何振。千户。才艺忠勇，志存报国。正统间，香炉山苗叛，振亲至其巢，晓以逆顺，苗执之，寻畏而纵归。

孙瀚。任府同知。孝友纯厚，端直严毅。万历间举入祠祀。

王章。天性孝友，事兄如事父。授清苑令，有惠政，民歌思之。时刘瑾奉使至，章不拜，瑾庭斥之。即日弃官归，行李萧然。

孟杲。宋吉国公之八世孙也。任副千户，忠毅自负。正统末，以先锋御寇，力战而死。

侯问。任行太仆卿，负俊才，胸襟磊落，德行政事，人咸称之。

孙重。谦抑简默，以俭质自任，不言公事，耻闻人过。

王木。赋性严毅，制行端庄，为名御史。

李纯。任教谕。孝友温恭，笃志力学，捐俸赡族，抚育遗孤，不事华靡，有古君子风。历官三庠，以身立教，去任既久，人犹思之。保康、洪雅二学，俱祀名宦，见县志。

孙应鳌。历任礼部右侍郎，管国子监祭酒事。颖悟夙成，深造自得。初闻蒋信倡明理学，晤论于桃冈。三日，默悟审几慎独合一求仁之旨。学术纯正，识见高明。任瀚以近世豪杰称之。历谏垣、藩臬开府，勋猷并懋。万历丙子，上幸学，鳌进讲《无逸》、□□章，被宠赉甚渥。旋以亲老乞归。台省抚按交章荐举，起南京工部尚书，未任卒。两台萧彦、赵士登，督学伍让为请谥于朝。蜀故有大儒祠，祀宋明诸儒宦于蜀、产于蜀者，近增祀赵大洲、胡庐山与鳌，称三先生。此足以观其概矣。

李佑。历任广东巡抚。光明正直，孝友温恭。事亲承颜顺志，人无间言，居丧哀毁几绝，事长兄如父，抚庶弟如子，遇亲族之贫者，极力资助。身虽贵显，徒步里中，布衣蔬食，卓然先民之轨焉。至于督采川贵御木，两省均蒙节省。抚粤时，屡剿平海寇，万历十六年申请入祀。

邵鉴。见《省志》。

石邦宪。见《省志》。

万历《丁酉志》共乡贤十三人

恩典

孙重。以子褒贵，赠御史。

孙继武。以子世祯贵，赠知府。

李夔。以子佑贵，封都御史。

侯庆。以子问贵，封知州。

孙衣。以子应鳌贵，封都御史。

李从夏。以子维祐贵，封助教。

王漳。以子木贵，封御史。

顾尧学。以子为麟贵，封知县。

邓宣。以子学贵，封知州。

顾尚智。以子闵贵，封知县。

万历《丁酉志》恩典共十人

孝义

李源。性至孝。父病，源尝粪甘苦，以占吉凶。父愈，人称其孝感。官至都指挥佥事。

金章。少孤，善事母。母病，气绝逾日，章呼号吁天，请以身代，母复苏。

吕大综。性纯笃。父病危急，药必亲尝，衣不解带，夜必焚香祝天，服食溺器，咸以身亲之。万历二十四年，提学沈思充奖之。

万历《丁酉志》共孝义三人

贞节

赵氏。漆大亨妻。亨卒，赵年二十，无子，自缢以殉。本卫以事闻，抚按旌表。

李氏。都指挥石宣妻。宣丧，李年二十四，守志不移，始终无玷。寿七十三卒。

白氏。千户王雄妻。雄丧，白年二十，子辅方一岁，誓不再嫁，育抚成人，以袭父职。年六十六卒。

郭氏。千户王保妻。保丧，郭年二十八，无子。母族屡欲夺志，郭以死自誓。纺绩度日，贫苦百状，不变其守。众咸称之。

王氏。周德妻。德丧，王年二十九，抚遗腹子鼎成立，清操苦节，人无间言。姑莫氏性严急，王顺之得其欢心，乡人称其节孝。提学徐秉正奖之。

杨氏。生员赵仁妻。仁丧，杨年二十三，子杲甫三岁。杨誓死不嫁，教子成立。抚院屡奖。

王氏。生员孙方妻。方丧，王年二十九，无子，守节不玷，内外称贤。万历十三年，巡按毛在题旌。

卓氏。旗军严茂妻。茂故，卓年二十一，子半岁，誓不嫁，甘心守节，抚孤成立。万历十三年，巡按毛在题旌。

杨氏。通判孙应鹏妻。鹏故，杨年二十二，誓不再醮，每日闭门焚香静坐，自称“未亡人”。提学沈思充优奖。

万历《丁酉志》共贞节九人

隐逸

陈楷。修身慎行，能文章，工吟咏。开馆受徒，多所造就。

王铨。博学隐居，终身养母。

周纲。博学工文，隐居自适，时称“南坡先生”。

迁谪

王宗载。湖广京山人，壬戌进士。以左佥都御史谪戍。

亭馆

谯楼。治左。正统间指挥石宣建。后毁，旬日，虎患顿作，白昼入城，人罹其害。嘉靖二十五年，指挥王世臣重建，虎患始息。又毁，虎患复作。万历元年，经历易文相及士夫重建。

坊市

腾蛟起凤坊。学门。

澄清坊。分司前。

桥门擢秀坊。为张渼建，久废。

御史坊。为王木建。

解元坊。为孙应鳌建。

冬官坊。为侯问建。

秋官坊。为李夔建。

龙门一跃坊。为莫清建，久废。

奕传科弟坊。即青云接武，为孙瀚建。

解元坊、都宪坊。俱为李佑建。

尚书坊。为孙应鳌建。

清朝谏议房。为工科给事中孙世祯建。

解元坊。为邓云龙建。

元戎坊。为总兵石邦宪建。

十字街市。城中。

南关市。城南门外。

龙场市。卫东北外三十里。

羊场市。城北外十五里。

寺观

胜寿寺。治西，指挥王聚建，万历九年。孙应鳌诗："空城存古寺，寂寞已无僧。独有横经客，时分供佛灯。淡云盘老桂，寒日隐荒藤。斟酌谈时事，相看百感增。"[①]

玄真观。治北，天顺七年，指挥石宣建。今改紫霞宫。

回龙观。城南，改名广福观。孙应鳌诗："竹柏浮阴森，云霞吐光耀。奇哉神

---

① 此诗《黔诗纪略》题为"访五山胜寿禅林"。

云[1]区，玄扃入深峭。孤标脱尘鞅，来往时舒啸。野兴布清赏，前期洽高调。窔然虚白生，风止齐虚窍。复命在知常，达始惟观妙。偶坐已忘言，遐致即壶峤。”[2]

清泉庵。治西，弘治八年建。

观音阁。广福观左，万历二十四年建。

玉皇阁。广福观后。

李王庙。卫治中。

晏公庙。城南。

文昌祠。学左。

龙王庙。治南四里，龙王山下。

马王庙。城南。

灵符庙。城南。

古迹

废恭溪望城崖岭等处长官司。治东南三十五里。原隶葛蛮安抚司，今为望城堡。

丘墓

工部尚书孙应鳌墓。谕葬卫城南一里，给事中陈尚象志铭。

总兵都督石邦宪墓。谕葬卫城北三里，尚书孙应鳌墓志铭。

祥异

正统己巳，荒。

天顺己卯，城楼灾，延至公署。

弘治癸丑，大水。甲寅，大疫。

正德戊辰，大有年。癸酉，虎患。丙子，兵荒。

嘉靖壬午，大有年。丙申，虎阵。己亥，殒霜杀稼。庚子，荒。丙午，大疫。己酉春，芝草生。

隆庆己巳，瑞竹生。辛未，飞虎见。

万历己卯，大有。丁亥，大荒。己未冬，雷雹交作。

纪兵

正德十一年丙子，香炉山苗恃险叛乱，声势危急，城池几陷，参议蔡潮剿平之。

---

① 神云:《黔诗纪略》作“坤灵”。

② 此诗《黔诗纪略》题为“广福观偶坐”。

万历乙酉年，者牙叛苗猖乱，劫掠官道，烧杀屯堡，掘冢抛尸，屠戮甚惨。时两院委参将张奇峰讨平之，改立宣威营。

万历二十四年，养蛊寨众苗结党肆恶，官道、乡村俱被其害，行劫都清道卷扛、总兵府差包，临城杀伤官军，掠掳樵采，抛荒耕种。本年正月内，有恶苗四人假妆汉人，投宿店家，欲为内应，当即拿获，红兵吴文广死之。具申两院，委王参将往讨平之。

内流寓、仙释无人。

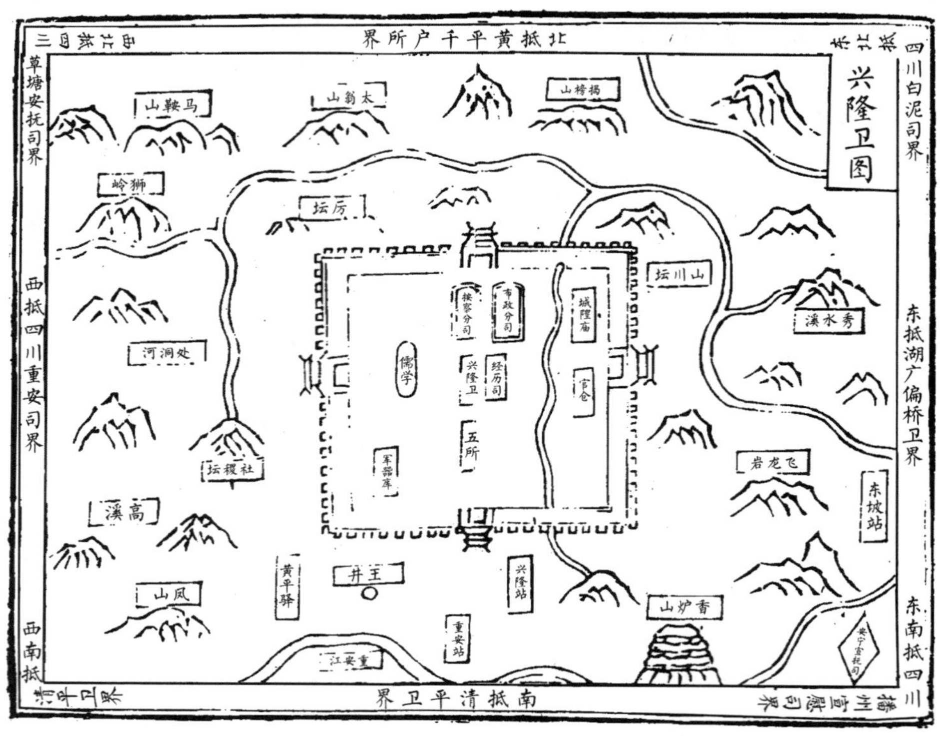
北抵黄平千户所界
兴隆卫图
草塘安抚司界
四川白泥司界
马鞍山
太翁山
狮岭
厉坛
山川坛
秀水溪
西抵四川重安司界
东抵湖广偏桥卫界
按察分司
布政分司
城隍庙
儒学
兴隆卫
经历司
官仓
五所
军器库
社稷坛
飞龙岩
高溪
东坡站
黄平驿
王井
兴隆站
香炉山
凤山
重安站
重安江
南抵清平卫界

图 21　兴隆卫图

第二十六章　兴隆卫

沿革

《禹贡》梁州南境。秦置黔中郡，以其地属之。汉唐皆为牂牁蛮地。宋为黄平府地，号狼洞。元因之。皇明洪武八年，以其地隶四川播州重安长官司。二十二年，颖国公傅友德征南，以地当西南要害，始置兴隆卫，隶贵州都指挥使司，领千户所五。

郡名

狼洞。宋名。

龙渊。卫城北龙岩山下有渊，相传有灵物居此，时出为云雨。故郡以兴龙名，今改“龙”为“隆”。

形胜

东连镇远，西距龙骨，北通锦播，南抵清平。俱《旧志》。立一军之保障，控三省之边幅。《旧志》。

兴隆八景

东坡仙岛。郡人周瑛诗：“水泛碧桃流涧壑，烟笼绿柳锁汀洲。”

榜山凝秀。

周瑛诗：“前临泮水千寻碧，下瞰江流一派清”。

云岩挂瀑。巡抚邓廷瓒诗：“偶从古刹寻遗踪，乱峰削立摩苍穹。幻出南海释迦景，移来西筑兜率宫。过客题诗刻湘竹，老僧入定巢云松。门前流水更清澈，仙源似与银河通。”

玉峡飞虹。

安江晚渡。主事夏言诗：“重安江色清可怜，江头下马渡江船。黄茅野屋淡秋日，粉堞山城愁暮烟。朱旗邮兵走相报，绣衣使者来行边。故人经年不见面，何得万里同樽前。”

龙潭灵异。周瑛诗：“吞吐烟霞岩穴里，倒悬星斗石桥边。”

带水环流。周瑛诗：“源发东山贯北河，回云如带湛晴波[1]。浪花喷雪寒光满，

---

① 晴波：《黔记》作“清波”。

芹藻浮烟秀气多。清比沧浪应彻底，绕流泮沼自盈科。睹澜喜识朝宗势，不独时听孺子歌。”

炉山烟雨。

疆域

东抵湖广偏桥卫界，三十里。南抵清平卫界，三十五里。西抵四川重安长官司界，三十里。北抵黄平千户所界，一十五里。东南抵四川播州宣慰司界，一百里。西南抵清平卫界，六十里。东北抵四川白泥长官司界，一百里。西北抵四川草塘安抚司界。一百二十里。

山川

香炉山。城南十五里。峭拔高耸，形如香炉。天顺间，夷獠为恶，屯聚于此，天兵破之，今不敢据。景云“炉山烟雨”，即此。

太翁山。城北二十里。雄重端正。

马鞍山。与太翁山对岸，岩石奇巧，傍小山如马鞍然。

揭榜山。城北一里，山形如榜，景云“榜山凝秀”，即此。

重安江。城南三十里。源出苗境，两山夹岸，水深莫测，当滇贵驿道，维舟以渡。景云“安江晚渡”，即此。

处洞河。城西十里。源出苗境，东流经处洞至卫城，合兴隆河入镇远镇阳江。

龙洞。城北一里，一名狼洞。山石崭然，水色深碧，四时不竭。故老云昔有龙居其中，每雷雨则蜿蜒飞出。景云“龙潭灵异”，即此。

高溪。城西南。傍有高溪屯。

秀水溪。城东三十五里，东坡堡下。

王井。城西南。洪武间，岷王之国经此，无水，命凿于驿后，得泉，清冽而味美，迨今不竭。因名王井。

四方井。城内上水关东。源出石隙，味胜他井。

飞云崖。城东三十里。景云“云岩挂瀑”，即此。

风俗

务本力农，《旧志》：“卫人与附近夷民，皆不事商贩，惟以力田为生。土沃力勤，岁无匮乏。”礼义渐兴。《旧志》：“成化间，经历李文祥革去淫祀，遏绝浮屠。后郡人周瑛崇尚《朱氏家礼》，冠婚丧祭悉遵举行，俗多观化。”

户口

嘉靖间，城、屯、站、堡官军一千九十四户，三千九百一十五丁口。万历二十五年，报存一千五十六户，一千八百二十丁口。

土田

旧额水陆田地四万九千九十七亩。万历九年新丈报存一万七百一十一亩七分零。屯田九千三百七十四亩零。科田一千三百三十七亩零。

方产

茶、铁、丁木、梨木、黄心木、栀子花。

贡赋

屯科粮，旧额三千二百二十二石四斗零。万历九年新丈增三千三百一十七石八斗九升，续增一石五斗四升。二十五年，通共增至三千三百一十九石四斗三升零。屯粮三千二百四十六石三斗四升零。科粮七十三石九升零。

徭役

万历二十五年，条鞭、岁用、银差、余租等银共四百二十四两八钱零。

城池

卫城。洪武二十六年，颖国公傅友德建，指挥佥事张龙修。甃以石，门四：东曰丰润，南曰镇安，西曰宣威，北曰昭化。门各有楼，城铺二十六，串楼二百三十间，周围五百三十丈。

公署

卫治。城内西，洪武二十二年，颖国公傅友德建。永乐三年，指挥佥事萧琳重修。
经历司。治内。
镇抚司。治左。
左、右、中、前、后五所。
重安巡检司。西南二十五里。隶四川黄平安抚司。

行治

察院。城内。

布政分司。城内东南。

按察分司。城内西北。

学校

儒学。卫治东。宣德九年，副使李睿、指挥常智建。弘治二年，指挥狄俊、经历李文祥改建于城南。嘉靖七年，巡按御史陈讲迁于城西。二十六年，巡按御史萧端蒙改复初建旧址。万历六年，巡按御史马呈图、提学副使李学一改建于卫右。

明伦堂。文庙后。

遵文、约礼二斋。儒学门。

敬一亭。明伦堂后。

先师庙。明伦堂前。

东、西两庑。

戟门。

棂星门。

启圣祠。

名宦祠。

乡贤祠。

射圃。嘉靖二十年改迁儒学，以其地为分司。

秩祀

社稷坛。卫南。

山川坛。卫北。

厉坛。卫北。

城隍庙。卫东。

旗纛庙。卫后。

关梁

大石关。卫北。

重安关。卫南三十里。

永宁桥。城北，宣德间建。弘治间，经历李文祥重修。

云泉桥。城南。

永安桥。城东十里。

通济桥。城东十里，嘉靖间建。

重安渡。城南二十里。

兵防

额颁符验二道，铜牌十面。

旗军。原额七千一百三十七名，查存一千二十三名。

军器。原额二万二千二百四十五件，今查烧毁无存。

操马。原额一百十五匹，查存五十匹。

冷水哨。兵十五名。

灯草坪哨。召兵十五名。

石头哨。军兵十二名，召兵三十名。

榔木[①]哨。召兵二十五名。

杨柳哨。总旗一名，小旗一名，军兵二十四名，召兵十六名。

小哨。召兵十四名。

长冲哨。旗甲一名，卫兵十五名。

邮传

黄平驿。城南，隶四川黄平安抚司。

兴隆站。城南。

东坡站。东二十五里。

重安站。南三十里。

兴隆铺、黄猴铺、周洞铺、对江铺、罗仲铺、寨垣铺、东坡铺、长冲铺、太翁铺、黄平铺。各司兵不等。

惠政

预备仓。一重安堡，一兴隆站，一东坡堡，一重安哨，一长岭屯。

养济院。卫治东，成化间建。

职官

掌印指挥一员，管屯指挥一员，管操指挥一员，捕盗指挥一员，经历一员，镇抚一员；左、右、中、前、后所掌印千户各一员，管操千户一员，所镇抚一员，管军屯印百户各十员；兴隆、东坡二站管站百户各一员，重安堡

① 榔木：二字原缺，据《黔记》补。

管堡百户一员。儒学教授一员，训导一员。

指挥使

权禄。直隶任丘县人。吴元年充小旗。洪武十八年，男信功升都指挥佥事。宣德四年，三世孙安袭指挥使，调本卫。正德十一年，六世孙继武历升都指挥同知，沿柄袭。

常佛保。直隶寿州人。洪武初从军。十六年，男驴子升小旗。永乐三年，三世孙得功升指挥同知。宣德六年，四世孙智调本卫。升都指挥同知。沿守贵袭。

指挥同知

李毅。河南隶州人。洪武二年，升正千户。二十年，男荣以父功升都指挥佥事，降正千户。永乐九年，三世孙文袭指挥佥事，调本卫。正统六年，弟盾升都指挥同知。景泰四年，弟信升指挥使。弘治十五年，四世孙政降指挥同知。沿弘化袭。

狄胜。直隶扬州人。洪武元年，充总旗，功升副千户，调本卫。正统六年，三世孙瑶升指挥佥事。成化十五年，四世孙俊升指挥使。弘治十五年，五世孙昂降指挥佥事。正德十二年，六世孙世远升指挥同知。沿理袭。

指挥佥事

张仕杰。直隶山阳县人。丙午年除正千户。洪武二十二年，男宏调本卫。景泰四年，孙源功升指挥佥事。正德七年，七世孙斌都清守备。嘉靖十九年，八世孙时举升都指挥佥事。沿维袭。

解通。直隶巢县人。丙申年授总管。洪武五年，孙一功升副千户，调本卫。正统七年，六世孙清升指挥同知。弘治三年，八世孙明升指挥使。嘉靖二十四年，九世孙元降指挥佥事。沿延龄袭。

钟亮。直隶广德州人。从军。洪武五年，男授功升副千户，调本卫。正统八年，三世孙洪升指挥佥事。正德八年，五世孙鼎升指挥同知。沿英降袭。

高贵。直隶巢县人。吴元年，授权百户。洪武十年，功升指挥佥事，调本卫。沿位袭。

胡质。直隶安陆州人。丙午年授百户。洪武十年，功升指挥佥事，调本卫。景泰四年，四世孙昭升指挥同知。弘治十八年，五世孙纲升指挥使。六世孙廉降指挥佥事。沿忠袭。

曹胜。直隶滁州人。洪武初，功升百户。二十一年，三世孙义升副千户，调本卫。正统七年，四世孙崇升指挥同知。弘治六年，六世孙武升指挥使。七世孙松降佥事。沿臣良袭。

俞川。直隶和州人。丙午年授百户。洪武元年，功升指挥佥事。二十五年，子海调本卫。沿顺袭。

周兴。直隶滁州人。洪武初，功升指挥佥事。一十二年，调本卫。永乐十四年，男功升指挥同知。景泰三年，三世孙黼袭指挥佥事。沿誉袭。

赵成。直隶滁州人。洪武三十五年，功升正千户，子庸功升指挥佥事，调本卫。沿清袭。

张瑀。直隶徐州人。正统间功升指挥佥事。

教授

莫鲁。广西人。

曹纪。叙南人。

张立。云南人。

张文佐。永宁人。

刘朝。大竹人。

郭文晤。莆田人。

沈清。贵州人。

濮瀛。昆明人。

简敷政。大足人。

谢鹏。欧宁人。

莫惟学。灵川人。

吴鐅。九溪人。

万历：

周嵩。嵩明人。

谢尚。鄖阳人。

赵秉智。安南人。

黄嘉宾。铜仁人。

唐宗尧。平溪人。

杨廷佩。沅江人。

时表。楚雄人。

赵必光。赵州人。

谭镐。祁阳人。

训导

余珍。江津人。

闻善。英山人。
彭纲。桂阳人。
李楫。峨眉人。
左高。四川人。
杨训。云南人。
刘榶。涪州人。
周凤歧。安宁人。
马朝弼。昆明人。
黄德邵。九溪人。
吉希皋。镇南人。
张良能。贵州人。
万历：
包渊。临安人。
余良翰。思州人。
胡崇仁。巴县人。
梁以栋。贵州人。
吴科。永昌人。
王应明。石阡人。
刘世禄。通海人。
卫道宁。平坝人。

科贡

进士

景泰甲戌科：周瑛。官至布政。

举人

景泰庚午：周瑛。甲戌进士。
成化戊子：朱玉。
罗璇。官至判官。
弘治己酉：周希黔。官至知县。
己卯：李斐。
辛酉：周希谦。官至教谕。
正德癸酉：周竽。官至通判。

己卯：周笈。官至知县。
嘉靖丁酉：狄应期。官至知州。
己酉：周良卿。官至学正。
壬子：张文灿。
辛酉：朱应旌。官至同知。
张仕勋。官至知县。
甲子：胡崧。官至同知。
万历己卯：余懋学。任同知。
甲午：张时熙。

岁贡

狄瑄、向廷奎、李茂、陈晟、周鉴、尤洪、张昂、郑旭、张甫、谢蕃、唐鉴、郭政、解纪、戚勋、金瑛、李杰、萧昺、狄蒿、金仲仁、朱芳、吴璘、李美、周符、韩旸、郭廉、周镐、张元吉、白宽、韩魁、曹宽、李嵩、李聪、李简、郑卿、金鲤、朱玑、周簪、唐武、盛才、周璇、李隆先、狄应爵、狄应朝、唐朝、余美、张文美、周武卿、周笏、周竿、金镐、郭文魁、郭文华、王登、张瑛。

嘉靖：沈翾、张琦、狄应辰、李箱、狄巡、唐时卿、周一卿、周直卿。

隆庆：朱应旂、张时学、狄荐贤、张仕旂、李为霖。

万历：张以功、王国宁、解宾、周凤鸣、周使卿、周朝宦、狄伟、狄炯、李缄、陈笺、张佐、狄应穆。

名宦

胡质。陆安人。洪武二十二年征南，留守本卫指挥。筑城建公署，开屯田，抚士卒。功绩至今不泯。

萧琳。永乐初指挥，以廉推举掌卫事。勤慎有为，重修卫城及公署，人不告劳，卫人至今思之。

权安。正统间指挥。性俭素，勤于政理，御属吏严而不苛，为时名将。

李文祥。麻城人。弘治初，以兵部主事迁本卫经历，刚介有为，且富文学。寻卒，人共惜之。

狄俊。成化间任指挥同知。持己廉介，驭众以宽。修学校，开学田，劳而不扰，廉而不淤。入祠祀。

周鉴。正统间任本卫千户。有勇有谋，有为有守，出粟守将陷之城，临阵破登埤之贼，武功表著，恩信素孚。入祠祀。

万历《丁酉志》名宦共六人

乡贤

常智。宣德间任指挥同知。桓毅果勇，直德不回。修创学宫，营缮城垒，厥绩最著。

周瑛。性疏敏，多才学，扬历中外，德政洋溢。退休林泉，清节益励，捐赀修建卫学。所纂有《兴隆卫志》二卷。

周武卿。任教授。造谊高明，践履笃实。阐正学，淑人心。铸铜器以供祭祀，让祖居以睦弟兄。亲老乞休，纯然尽孝。万历四年入祀。

万历《丁酉志》乡贤共三人

孝义

朱芳。幼聘赵晟女，寻以疸伤目，及通礼欲娶，女家辞之再三。芳曰："吾不娶，若将安归？"竟娶之。人以宋刘廷式拟之。子玑当贡，陪贡衰且老，遂令让之。

万历《丁酉志》孝义一人

贞节

王氏。百户吴滃妻。滃丧，王二十二，姑怜其少，欲改嫁。王请养姑，誓不再醮，守节四十余年。弘治六年事闻，旌表。

张氏。举人朱玉妻。玉丧，张年二十一，素有贤德。及玉丧后，张哭三日，绝而复苏，乃慨然曰："妇人从一而终，吾夫既殁，吾何生为！"遂具衰绖，自缢而死。

郭氏。本卫千户兰诲妻。诲赴京袭荫，途卒。郭年二十，家贫守节，绝无瑕玷。年六十六卒。

周氏。都指挥权继武妻。武征香炉山阵亡，周年二十五，甘贫守节。隆庆二年题旌。

李氏。生员狄应龙妻。龙丧，李年二十，欲同夫死，以亲戚劝谕乃止，遂甘心守节，孝孀姑，抚幼子。五十年清操不二。院道表扬。

万历《丁酉志》贞节共五人

迁谪

李文祥。详见《名宦》。

刘息。承天人，进士，以边事戍本卫。

仙释

广能。正统间卓锡月潭寺，戒行不玷。禅诵勤苦，堂昼诵经，有虎入寺，僧行惊走，能不为动，虎登堂见能，遂去。或问曰："师有道乎？"能曰："华严力也，吾有何道。"因戒众隐其事。岁己巳，苗夷寇兴隆，且欲劫寺，众僧皆逃避，请能行。曰："吾辛勤结构此寺，誓同存亡！"独守不去。已而，寇至，欲杀能。能曰："幸戮吾于外，毋污此佛地！"贼义而释之，且戒同暴毋毁寺，寺赖以全。寇退，众问之。亦曰："华严力也。"详见寺碑。

亭馆

云泉阁。城治中。

南楼。卫治南。郡人周瑛诗："百尺危楼倚碧霄，登临佳景值春朝。桃花点点飞红雨，柳树依依锁画桥。一水护田烟浪绕，四山耸翠雪痕消。远听牧笛兼渔唱，尽是康衢击壤谣"。

月潭公馆。月潭寺左。

坊市

方伯坊。为周瑛建。

儒林坊。学前。

腾蛟坊。学左。

起凤坊。学右。

魁科坊。为周瑛建。

进士坊。为周瑛建。

麟魁坊。为周希黔建。

魁元坊。为周希谦建。

登科坊。为李斐建。

文英坊。为罗璇建。

世科坊。为周竽建。

鹗荐坊。为举人黄敏建。

经魁坊。为举人朱应旌建。

大夫坊。为举人胡崧建。

南关市。

北关市。

寺观

善化寺。卫治南门外，洪武间建。又名观音寺。
月潭寺。治东三十里飞云岩侧，正统八年，指挥常智建。
观音阁。北关外。
玉皇阁。城内。
玄真观。城南。
寿亭侯庙。卫东。
文昌祠。学内。

祥异

嘉靖戊子，大旱，民饥。
庚寅，烈风雷雹击人。
甲午，大水，山崩桥圮，荡析民居。
庚子，大饥。
甲辰，地震。
丙午，大疫。
隆庆庚午，二月，有大星殒，声如雷，光如电。
辛未，恒雨，大饥。
万历元年，五月，大雪雹。
己卯，九月，地大动。
庚辰，八月二十二日四鼓，庆云见西方。
壬午，岁大熟。
庚寅辛卯，复熟。
甲午，大饥。虎出噬人，乙未，噬人以百余计。

纪兵

正统十四年，夷寇攻围卫城月余，几陷。

内恩典、隐逸、流寓、古迹、丘墓无人。

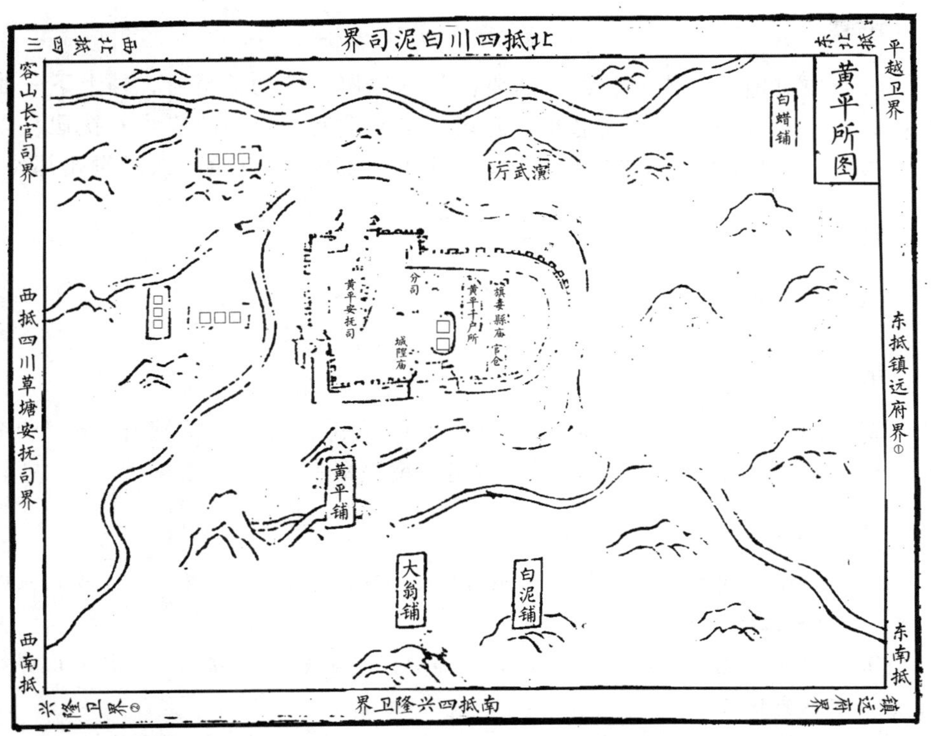

① 东抵镇远府界：原缺，据正文补。

② 西南抵兴隆卫界：原图不清，据嘉靖《贵州通志》补。

图 22　黄平所图

第二十七章 黄平所

沿革

古西南夷地，汉属牂牁郡，唐属播州乐源郡。宋为黄平府，领上下三曲二长官司，隶叙州。元改隶播州宣慰司。皇明洪武八年，改府为安抚司，以地皆夷獠，多叛，添置黄平所以守御之，隶四川都司。十五年，改隶贵州都司。

郡名

黄平。宋名。

形胜

葛浪洞为之蔽，马鬃岭为之关。《旧志》。大山深谷，斗壁巉岩。元《黄平府志》。重冈叠拥，二水环流。西连僰道，南极牂牁。《一统志》。

黄平八景

宜娘营垒。同知高任重诗："阿娘何代此专征，百世英威尚有名。试向山人咨往事，萧萧瓦砾是遗城。"

宝寺晓钟。高任重诗："草树藏云古佛堂，鲸音清晓[1]彻诸方。山僧未谙敲钟诀[2]，一百八声随短长。"

梯子巅岩。高任重诗："登登路上翠微间，此地曾当虎豹关。倒影桑田疑欲堕，山光树色古今闲。"

马鞍峻岭。

沙州鹭集。高任重诗："溪水潆洄敞岸沙，飞飞白鸟影交加。"

翁播龙潭。高往重诗："灵物蜿蜒蟠处深，兴云作雾尚阴阴。风云一自武陵去，潭水沉沉自古今。"

两岔鱼歌。

白岩仙洞。高任重诗："白云常锁洞门阴，丹灶烟清岁月深。仙子不来灵液在，冬能作雪夏为霖。"

---

① 清晓：《黔记》作"清晚"。

② 诀：原文作"訣"，据《黔记》改。

疆域

东抵镇远府界，五十里。南抵兴隆卫界，三十里。西抵四川草塘安抚司界，五十里。北抵四川白泥长官司界，六十里。东南抵镇远府界，五十里。东北抵平越卫界，六十里。西南抵兴隆卫界，五十里。西北抵四川容山长官司界。六十里。

山川

铜钉山。城南五里。雄据峭拔，为诸山冠。

宜娘山。城南五里。相传宋有宜娘者，营兵其上。景云“宜娘营垒”，即此。

西岩山。城西。

琴坡山。城北六里。山形如琴。

马鬃岭。城东四十里。景云“马鞍峻岭”，即此。

葛浪洞。城西。

西门河。城西北。泓深潆洄，自北而东，入镇阳江。

梅子洞。城东。

算水。城西。

东溪。城北。流入西门河。

风俗

力于耕稼，旧志：“环所平原沃壤，人多力于耕稼，衣食颇足。敦尚诗礼，而附城诸夷亦渐化焉。”颇多争讼。旧志：“守御之卒悍戾，故多争讼。”

户口

嘉靖间，城、屯官军五百四十七户，一千四百六十七丁口。万历二十五年报存三百零五户，五百三十丁口。

土田

《旧志》：水陆田地一万二十三亩。万历九年新丈实在七千九百三十二亩。屯田七千七百八十三亩零。科田一百四十九亩零。

贡赋

屯科粮。二千五百八石。万历九年新丈二千五百一十七石八斗，续增八斗。二十五年增至二千五百一十八石六斗。屯粮二千五百九石九斗零。科粮八石七斗八升零。

徭役

万历二十五年，条鞭、岁用、银差、屯粮银共二百七十二两九钱三分零。

城池

所城。洪武二十五年建，甃以石，门三：东曰从政，西曰通远，北曰武胜。门各有楼，串楼一千三百间，周九里三分一十八步。

公署

所治。洪武八年建。

镇抚司。城内。

驻镇通判署。城中。嘉靖四十五年，因草塘司争官构兵，并播州等司粮马逋欠，移四川重庆府通判一员驻镇。

行治

按察分司。城内。宣德间建，成化间重修。

学校

儒学。《旧志》：城外。嘉靖间，总兵石邦宪迁于城南。万历五年，通判朱昆迁于城内西北。

明伦堂、东西书馆、仪门。俱朱昆创建。

先师庙。本所原未设学，止存其庙，春秋祭祀。

启圣祠。

学田。一分学前，递年收租修理。一分城内，递年收租供祭。

塘一口。

社学。城西南，通判朱昆建。

秩祀

社稷坛。所治北。

山川坛。所治西。

厉坛。治西。
城隍庙。所治南。
旗纛庙。所治后。

关梁

马鬃岭关。东四十里。
烂泥关。
深沟关。北十五里。
永济桥。城北外，通判朱昆建。

兵防

旗军，原额一千一百零九名，查存三百八十九名。
军器，原额二万五千三十九件，查存八百五十件。
操马，原额二十七匹，今查如数。
七里哨。小旗一名，军兵二十三名。
深沟哨。募兵二十五名。
烂泥关哨。募兵二十五名。

职官

掌印千户一员，管操千户一员，捕监千户一员，吏目一员。

指挥同知

郭德。临淮县人。洪武二年，功升副千户。宣德四年，三世孙镛调本所，升正千户。嘉靖四十年，七世孙继升指挥同知。沿应鳌袭。

指挥佥事

朱荣。蕲州人，从军。洪武十五年，男得生充总旗。宣德六年，三世孙暹调本所，功升指挥佥事。正德八年，五世孙玺升指挥同知。沿衣降袭。

名宦

张朝。洪武八年，初设所治，以朝有才智，自贵州卫千户改黄平所，军政修举，蛮夷畏服。
朱暹。正统间，以贵州前卫指挥掌本所事，令肃政平，兵夷按堵。

万历《丁酉志》名宦共二人

迁谪

陈溱。湖广蒲圻人。天顺间，以户部主事谪居，能诗文，多所著作。

亭馆

保障楼。即所城南门楼，洪武间建。

坊市

龙场市。西门外。
牛场市。北门外。

寺观

宝相寺。治东二里，元至元年建。景云“宝寺晚钟”，即此。
福智院。治内西，宣德间建。
普陀庵。治内。
文昌祠。治西，通判朱昆建。

古迹

宜娘垒。城北三里。

祥异

隆庆丁卯，七月，大雹伤稼。
万历己卯，九月，地震。

内邮传、惠政、科贡、乡贤、恩典、孝义、贞节、隐逸、流寓、仙释、纪兵无人。

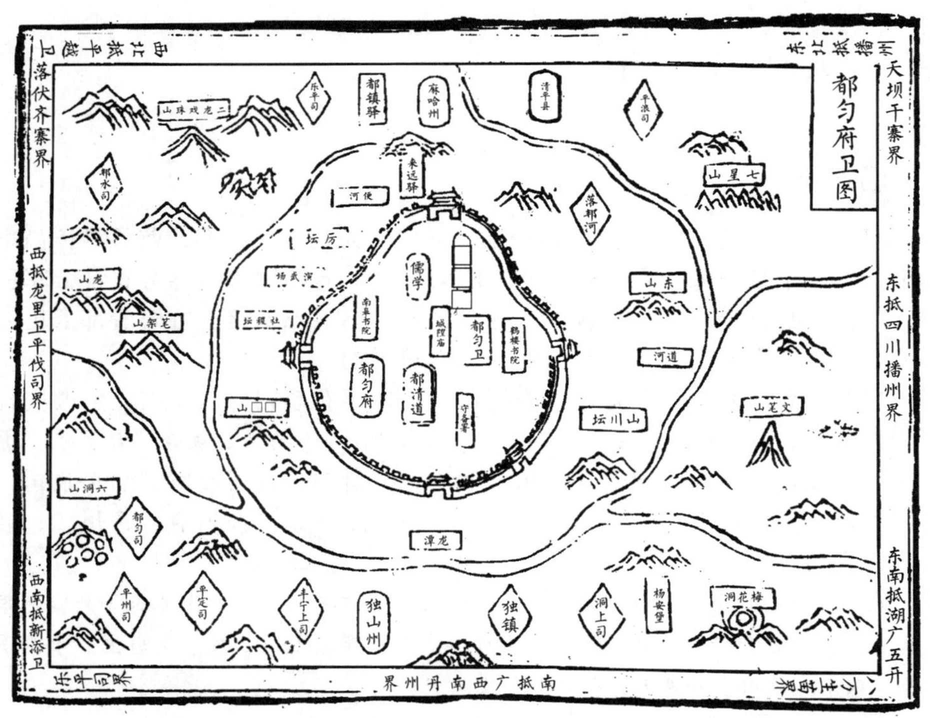
都匀府卫图
西北抵平越卫落伏齐寨界
东北抵播州天坝干寨界
西抵龙里卫平伐司界
东抵四川播州界
西南抵新添卫乐平司界
东南抵湖广五开万生苗界
南抵广西南丹州界
二龙戏珠山
乐平司
都镇驿
麻哈州
清平县
平浪司
七星山
邦水司
来远驿
落邦河
演武场
龙山
社稷坛
儒学
南皋书院
城隍庙
都匀卫
鹤楼书院
东山
都匀府
都清道
守备署
山川坛
文笔山
六洞山
都匀司
龙潭
平州司
平定司
丰宁上司
独山州
独镇
洞上司
杨安堡
梅花洞

图 23　都匀府、卫图

贵州通志卷十四

第二十八章 都匀府

沿革

《禹贡》梁州境。汉、唐为黔中地。五代晋天福五年，都云酋长尹怀昌率其十二部附于楚。宋为羁縻合江州、陈蒙州地。元初因之，寻分置都云军民府，领都云县；定云府，领合江、陈蒙二州，俱隶思明路。寻合置都云定云等处安抚司，隶云南行省，领州四、长官司十七。

皇明洪武十六年，仍置都云安抚司，隶四川布政司。二十三年，改安抚司为都匀卫，以“云”之为物，变化不一，取“均匀”为义，改今“匀”字。仍隶四川布政司，领长官司七。永乐十七年，割所领长官司改属贵州布政司，卫属贵州都司，寻复以长官司还属卫。弘治六年，添设都匀府。领州二、县一、长官司八。

都匀长官司。附郭。唐为羁縻州都云地，宋置都云县，元改上都云等处蛮夷军民长官司，隶都云定云等处安抚司。本朝洪武十六年置本司，改隶都匀卫。永乐十七年，改隶布政司，寻隶卫。弘治七年改属府。

邦水长官司。府西二十里。元置中都云板水等处蛮夷军民长官司，隶都云定云等处安抚司。本朝洪武二十三年，改隶都匀卫。永乐十七年，改隶布政司，寻隶卫。弘治七年改属府。

平浪长官司。府西五十里。元为都云洞蛮夷军民长官司，隶都云定云等处宣抚司。本朝洪武十六年置本司，隶都匀卫。永乐十七年，改隶布政司，寻隶卫。弘治七年改属府。

平州六洞长官司。府西南一百五十里。元为都云定云安抚司地，寻置六洞柔远等处蛮夷军民长官司。洪武二十三年置本司，隶都匀卫。永乐十五年，改隶布政司，寻隶卫。弘治七年改属府。

麻哈州。府北六十里。元为麻峡县，新添葛蛮等处安抚司，寻废，改麻哈长官司，隶平越卫。本朝弘治八年，改麻哈州，隶本府，领长官司二。

乐平长官司。州西四十里。元为狭狫寨。本朝为乐平长官司，隶平越卫。弘治八年，改属本州。

平定长官司。州北一百里。本朝洪武二十三年置，隶平越卫。二十三年，改隶清平卫。弘治八年，改属州。

独山州。府南一百里。元置独山蛮夷军民长官司，隶新添葛蛮安抚司。本朝洪武二十三年，改九名九姓独山长官司，隶都匀卫。永乐十七年，隶布政司，寻属卫。弘治八年，置独山州，隶本府，移治于前元都镇马乃等处长官司故址。领长官司二。

烂土长官司。州东一百一十里。宋置合江、陈蒙二州，为羁縻州。元改隶思明路定云府，合置陈蒙蛮夷军民长官司，隶番民总管府。本朝洪武二十三年，改合江陈蒙烂土长官司，隶都匀卫。永乐十七年，改隶布政司。弘治八年，改属州。

丰宁长官司。州南一百二十里。元为都云定云安抚司地。本朝洪武二十八年，改丰宁长官司，隶都匀卫。永乐十七年，改隶布政司。弘治八年，改属州。

清平县。府北一百三十里，与清平卫同城。本朝洪武二十二年，置清平长官司，隶平越卫。二十三年，改隶清平卫。弘治八年，改设清平县，隶本府。

郡名

都云。晋名。

竹寨。元名。

麻峡。元时麻哈州名。

形胜

壤僻而险，众山环绕，一水萦流。《一统志》。东距播州，西连龙里，北通平越，南抵南丹。千峰万壑，而府卫居其中焉。《一统志》。扼桂象之喉，引川播之腋。横岗虎伏，小涧龙回。四塞为依，孤城自卫。广以西之唇齿，黔以南之藩篱。

云中八景

东山晓日。郡人陈尚象诗：“名山雄峙郡城东，结构巍巍倚碧空。万户共瞻天表近，千家初睹火轮红。光浮绣岭金铺[①]色，暖遍青郊锦作丛。佳丽夜郎推独胜，居然尘世即瑶宫。”

西峰霁雨。陈尚象诗：“群峰面面各争奇，疑是王维画里移。日丽山光常隐见，雨余树色半参差。樵歌牧唱闲来往，洞古云深自岁时。老我登临筋力倦，漫将佳景一题诗。”

---

① 铺：原文不清，据《黔记》补。

南楼夜月。陈尚象诗："南楼胜概本奇观，醉倚阑干共月看。素影浮空天地阔，清光入座主宾欢。夜深箫管闻何处？兴到瑶琴饮自弹。携手咏归无限意，何论庾亮昔盘桓。"郡人王廷杨诗："独上层楼百尺巍，广寒清逼思依依。香风远袭霓裳舞，皓彩斜穿玉栋辉。笛韶谩听云外落，诗成常咏月中归。堪怜好景无穷趣，一啸凭虚兴欲飞。"

北岭朝霞。陈尚象诗："晓从天北望长安，缥渺烟霞入大观。瑞蔼七星如绮绚，祥凝五色似虹盘。赤城紫翠应重见，绣壁光芒好共看。中有仙人炼丹处，探奇吾欲跨青鸾。"

龙潭春涨。陈尚象诗："万派清流聚碧渊，神龙曾向此中眠。春潮带雨翻桃浪，旭日涵江喷玉涎。转盼汪洋疑巨壑，须臾润泽兆丰年。银河咫尺非难到，拟泛仙槎问夙缘。"[①]王廷杨诗："雨带雷深过碧潭，潭心一夜涨春泉。云联雾气笼山顶，浪滚桃花喷玉钱。窟奥谩疑神禹凿，涎深还起蛰龙眠。临流且莫穷源尾，旱祷功资大有年。"

道院晴辉。陈尚象诗："深院丛林一径开，扪萝直上最高台。种桃道士空陈迹，采药仙人几度来？殿阁烟消凝翠霭，峰头碧落净尘埃。赏心旧是瀛州侣，倾倒斜阳未欲回。"

梵钟晚韵。陈尚象诗："谁开宝刹五云中，诵罢南华度晚钟。点点撞残山外月，声声敲断竹间风。迷途梦破还须觅，苦海头回即是空。莲社远公衣钵在，可能锡杖一相逢？"

西池菡萏。陈尚象诗："芙渠谁向此中栽？分得华山绝顶来。嫩蕊晓随清露放，函香时傍午风推。朱颜忽讶瑶池出，翠盖惊从阆苑回。作赋已知惭茂叔，但摇兰浆醉金杯。"

麻哈州。玉屏当其北，天马耸于南。

独山州。四际平旷，孤[②]峰屹立。《新志》。

清平县。见《清平卫志》。

疆域

东抵四川播州宣慰司界，二百二十里。西抵龙里卫平伐司界，一百一十里。南抵广西南丹州界，二百三十里。北抵平越卫界，六十里。东南抵湖广五开八万生苗界，二百里。西南抵新添卫丹平司界，三百二十里。东北抵播州天坝干寨界，二百二十里。西北抵平越卫界。一百里。

麻哈州。东抵平定司界，南抵平定司黑苗界，西抵都匀卫长坡哨界，北抵平越卫板桥铺界。

---

① 本诗原文多有不清，据《黔记》补，不一一出校。

② 孤：原误作"弧"，据《黔记》及嘉靖《贵州通志》改。

独山州。东抵烂土司界，南抵丰宁下司界，西至平州司界，北至都匀卫黄梁堡界。

清平县。东至凯里司界，南至平定司界，西至杨义司界，北至重安司界。

山川

笔架山。城西北一里。三峰高耸，形如笔架。

东山。城东。

龙山。城西五里。即府治宾山，壁立万仞。主事张翀诗："九日龙山顶，峰高天上游。扪萝飞绝壁，促席宴危楼。紫气昆仑雾，黄花贵竹秋。苍茫猿啸外，海岱一腔收。"进士邹元标诗："曲径排云上，层崖插碧空。古木环青霭，烟霞乱石丛。磨碑拭古偈，翻经一叩钟。昙摩今何在？偓佺竟不逢。真有逍遥趣，泠然欲御风。"

养牛山。府西北一十里。

文笔山。府东南五里。

七星山。府北七里。

小孤山。府西二里。

旗山。城西南二里。

梦遇山。城北三里。

二龙戏珠山。治西北五十里。两山如龙形，中有园山如珠。

仙人洞二。一城南二里，一城北三里。

三道河。府东二里。

长河。府北。源自城东北三里，西水合流南去，经湖广黔阳，可通舟楫。

便河。兵宪李公霖因苗贼围城，起北门历西南一带，环城浚为便河，引水围绕，阻绝诸苗入城之路，百余年来劫掠之患始息。嗣后鞠为园圃，河遂湮塞。迩来劫印狱，劫士夫，戮官军，祸实胎此。今遗迹因在也。有其举之，诸夷虽狡，能飞渡而入乎？

龙潭。府南一里。众水汇聚。

双井。府东。

胡公堰。府北一里。本卫指挥胡纲筑，引水灌城西诸田。

都匀司

凤凰山。司前。

都匀河。司南。

马尾河。司南。独山平州等司大路经此。

平浪司

鸡冠山。司东。

凯阳山。司西南。

雄黄洞。司西北二十里。

麦冲河。司东南。

凯口九龙洞。司东三十里。内有石龙露鳞鬣，蜿蜒如生。

平州司

六洞山。司西南七十里。

平州河。司南。水中有洲，土人贸易于此。

邦水司

箐口山。司西南二十五里。

板水塘。司前。水极清冽。

一碗水。箐口。绝顶有泉，仅容一碗。

麻哈州

玉屏山。州北一里。

天马山。州南二里。

铜鼓山。州西十里。有树状如圆鼓，山麓有水，日凡三溢。

平孔山。平定司南三十里。

摆递河。州南。

乐平溪。乐平司前。

独山州

镇夷山。州南。

独山。州南二十里。

行郎山。丰宁司南八十里。山峻路险，土人用梯以登。山有蛮民三百余家，山半有泉。

丙王山。烂土司，高数百丈。

母鱼河。州南二十里。

梅花洞。烂土司东南三十里。岩水喷泻如梅花状。

风俗

人重廉耻。《旧志》："郡人皆自中州迁调，习俗男女有别。"勇于战斗。《一统志》："郡当诸蛮巢穴，屡有攻劫，故郡人习射骑，而勇于战斗。"治丧不用浮屠。《旧志》："郡人有丧，皆供佛饭僧。兵备阴子淑训谕，至今通用《朱子家礼》。"地多岚瘴。丰宁、烂土等处，夏秋之交，草木畅茂，禾稼扬花时，有岚瘴。各司民种类不同，俗尚亦异。曰羊猹苗者，属都匀司。性狡猾，通汉语，婚姻以牛布为聘，死则杀牛祭鬼，近颇知衣冠习礼。曰狭狫者，属邦水司。俗与汉同，姻以牛聘。曰紫疆苗者，属乐平司。男女绾髻，有双结者。性类犬羊，重财轻命。与人有私忿，世代欲复。勇于战斗，虽死无悔。杀牛招饮，每生啖之[①]。曰九名九姓苗，属独山州，近广西南丹。以布为货，用十一月朔日为节，椎牛祭鬼，大集男女，死丧杀牛祭鬼而葬。曰仲家者，属丰宁司。不通汉语，结绳为记，科头跣足，笼鸡贸易，架楼而居，器用与犬豕同，婚姻用牛马，丧击铜鼓举哀。曰短裙苗者，属烂土司。男女着花衣短裙，绾髻，插木簪，好争斗，男女十五六跳月为配，至生产方讲婚礼，饮食以竹筐盛，死不殡，置之山洞。曰犵狫者，属清平县。性恶，科头跣足，颇通汉语。衣楮皮，妇人服短衣。婚姻以牛为聘，交易刻木为契。竹器盛食，牛角饮酒，亦听官府约束，十一月朔日为节。

户口[②]

嘉靖间九千二百一十九户，二万四千六百一十八丁口。万历二十五年，增至一万三千七百七十四户，四万四十一丁口。都匀司八百三十八户，一千七百四十一丁口。邦水司五百八十二户，七百五十四丁口。平浪司一千四百七十八户，二千二百一十四丁口。平州司一千一百五十一户，二千四百二十四丁口。清平县一百九十六户，二千二百一十六丁口。麻哈州一千六百一十九户，二千三百七十二丁口。乐平司八百三十八户，一千一百九十八丁口。平定司五百七十一户，一千一百五十九丁口。独山州一千四十八户，一千八百六十二丁口。丰宁司六百八十户，一千二百五十一丁口。烂土司六百六十二户，一千二百六十一丁口。夭漂夭坝四千一百一十一户，二万一千五百八十九丁口。

土田

《旧志》：田无顷亩。万历九年新丈共五万八千六百五十七亩零，十二年水灾除豁一百四十七亩一分七厘，二十五年报存五万八千五百一十亩零。都匀司八千六百三亩零。邦水司二千八百四十九亩零。平浪司五千一百六十亩零。平州司六千六百五十亩。麻哈州六千六百八十亩零。平定司二千六百三十五亩。乐平司五千六十七亩零。独山州七千六百四十二亩。丰宁司四千五百亩。烂土司四千三百九十亩。清平县四千三百三十一亩零。

---

① 每生啖之：原文误作“每生炎啖之”，衍“炎”字，据《黔记》卷五十九改。

② 户口部分原书多有不清之处，皆据《黔记》补，不一一出校。

方产[①]

芝麻、檀木、紫竹、海棠、方竹、厚朴、枳壳、铅锡、雄磺、三七、黄连、紫草。

贡赋

万历七年，苗坪、夭漂二寨生苗乔贡等向化，每年进贡马六匹，共折银二十四两。

秋粮，旧额四千九百二十五石七升。万历九年新丈共五千三十八石四斗一升八合，复征裁革官俸粮一百二十石。十二年除水灾永免粮九石二斗八升九合五勺，又除夭漂、苗坪改纳苗粮三十六石九斗四升八合。二十五年，增至五千一百一十二石一斗八升五勺，外苗粮三十六石九斗四升八合。都匀司八百四十七石。邦水司二百七十九石五斗。平浪司五百一十六石。平州司六百六十五石。清平县二百一十八石六斗七升。麻哈州三百五十石。平定司二百六十三石。乐平司三百一十九石八斗零。独山州七百六十四石二斗。夭漂苗坪归附改纳苗粮三十六石九斗四升零。丰宁司四百五十石。烂土司四百三十九石。

课程，旧额门摊商税银八十五两三钱二分零。万历二十五年报存六两八钱。

徭役

万历二十五年，条鞭、银差、力差、公费三项共银六千三百一十八两五钱五分二厘。都匀司九百六十七两六钱六分零。独山州八百七两五分零。丰宁司四百八十二两八钱三分零。烂土司一百八十七两五钱六分零。麻哈州七百七十二两三钱八分零。乐平司三百二十八两八钱一分零。平定司四百一两七钱八分零。清平县二百四十七两八分零。邦水司五百五十七两九钱二分零。平州司八百[②]三十九两一钱一分零。平浪司九百二十六两三钱一分零。

城池同卫

府城。洪武二十七年，平羌将军何福建为土城，后指挥黄镛改甃以石，门五，楼如之，城铺三十八，敌楼九，周一千七十二丈。万历八年，兵备参政苏愚重砌内城三百三十丈，外城一百余丈，腰墙一百九十丈，大楼六座，墩楼六座，串房三百

① 原文自注：按铅矿在东冲等处，实府卫治城来脉，官府学校生灵系焉。今已奉院道封闭，愿世守此禁可也。

② 八百：原文误作“八两”，据《黔记》改。

二十间。门名：东曰迎恩，南曰阜民，西曰归化，小西曰太平，北曰拱辰。

麻哈州城。旧砌石墙，万历十年，知州陈汝和外筑土墙一重，以御盗贼。万历十八年，知州胡友禄详允改甃以石，门四：东曰旸谷，西曰玉几，南曰庆云，北曰来凤。

独山州城。弘治间建。土城。

清平县城。同清平卫。

公署

兵备道。城东。成化间，兵备方中建。弘治间，副使阴子淑增建。

府治。城西北隅。弘治七年，知府凌文献、推官舒维纲建。

经历司。府治内右。

阴阳学。府右。

医学。府左。

都匀仓。城东。

都匀司治。府南。

邦水司治。府西。

平浪司治。府西。

俱弘治十七年建。

平州司治。府西南。

行治

察院。治城内东。

麻哈州治。府北。

乐平司治。州北。

平定司治。州东北。

都清守备署。州城内。

独山州治。府南。

烂土司治。州东。

丰宁司治。州南。

俱洪武八年建。

清平县治。清平卫城内。弘治间建。

学校

儒学。府治内东。宣德八年，副使李睿、都指挥陈原建。成化六年，副使吴立修。弘治十年，副使阴子淑重修。

明伦堂。

进德、修业二斋。

儒学门。

敬一亭。

先师庙。学内。

东、西两庑。

戟门。

棂星门。

启圣祠、名宦祠、乡贤祠。俱学内。

学田。一分在木表，副使刘瓒置。每年上租谷七十石二斗，内除二十三石三斗完纳本田秋粮差银，剩四十六石九斗，给递年贡生盘缠之用。一分在邦水司，知府段孟贤置。每年上租谷一十二石，内除一石五斗作本田粮差，剩一十石五斗。一分在瓮引。每年征租谷七石。一分在高基。每年征租谷三石八斗。徐表一分二石。马安山下纸札田十二石。邹文田五石三斗。

射圃。学右。

社学二。一治北，一麻哈州。

武学。关王庙左。万历十三年，巡抚舒应龙建。

鹤楼书院。城东。嘉靖间，郡人为主事张翀建。

南皋书院。儒学右。万历甲午，提学徐秉正为进士邹元标建，都御史江东之记。

书院田。二十八亩，在傅德寨。万历丁酉，军门江东之批允知府王珽申详，为修院课士之资。本府续置十二亩。

秩祀

社稷坛。城西一里。

山川坛。城东。

厉坛。城北。

城隍庙。城东北隅，永乐间建。

张公祠。即读书堂。万历十三年，提学吴尧弼详允抚按改祠，祀张公翀。

关梁

平定关。城北十五里。

威镇关。城南四十里，今改为栗谷堡。

靖盗关。城北二十里。

石屏关。城西十里。林箐蒙密，通平伐，刚肘夷贼出没为患，近年挖冢劫城，路皆由此。知府杨德全议设哨守。二十三年，知府王珽相度箐峡立关，设兵防御，最为雄据，所当世守之者。

阿坑关。独山州北三十里。

鸡公关。州南四十里。

坛子窑关。州南四十里。

黑石关。丰宁司。

迎恩桥。城北一里。

来远桥。城北二里。

平定桥。城北二十里。

谪仙桥。龙山上。进士邹元标诗："盘石清溪上，滴滴山涧鸣。盘谷逶且邃，山泉流且清。酌此杯中饮，欣然得我情。坐觉尘踪远，还令世虑轻。欲构留云窝，时来濯我缨。"

永定桥。城南门外。

惠民桥。麻哈州南五里。万历二十三年，署州教授黄琏创建，有记。

马尾渡。城东四十里。

云津渡。城西半里。

兵防

标兵营。军兵一百名。

南哨。红兵三十名。

北哨。军兵三十名。

西营。红兵四十名。

老军关营。红兵五十一名。

一碗水哨。百户一员，夷兵二十四名。

观音堂哨。哨兵二十四名。

土地堂哨。哨兵二十四名。

马路哨。百户一员，哨兵一十三名。

黄土哨。官一员，哨兵一十三名。

平蛮哨。百户一员，哨兵一十二名。

靖边哨。百户一员，屯军二十名。

归化哨。百户一员，兵十九名。

冷水哨。官一员，哨兵三十三名。

石猫哨。百户一员，哨兵一十八名。

慢坡哨。防兵一十五名。

虎场哨。兵一十六名。

虫蚁哨。防兵三十名。

靖盗哨。官一员，夷兵一十八名。

倒塘哨。苗兵十三名。

峰牌哨。百户一员，屯军二十名。

防御乐平司。百户一员，军兵六十名。

防御雄磺厂。百户一员，屯军十名。

防御凯口。千户一员，屯军八名。

瓮袍寨。百户一员，防军十名。

杨安、乐乍、琵琶三堡。义兵一百名。

烂塘哨。百户一员，民兵十五名。

平定哨。兵十五名。

瓮袍哨。民兵三十家。万历十二年，因通答口干、者牙要路，兵备副使洪邦光详建。

麻哈州

守备都清。守备一员。

宣威营。万历十二年剿平者牙题设，今都清守备兼把总事。千总一员，蒙兵五百名。

关口哨。防兵十五名。

冷水哨。防兵一十名。

三角哨。防兵十五名。

平田哨。防兵十名。

板桥哨。防兵十五名。

西哨。宣威营红兵八十名，土兵三十三名。

独山州

靖夷哨。健步一名，防兵十四名。

鸡公关哨。健步一名，防兵十四名。

邮传

来远驿。城东隅。

都镇驿。麻哈州城内。

清平驿。清平卫西。

协济各驿马馆

清平驿。供馆银二百六十六两，铺陈银三十一两八钱六分一厘。马银二千七百九十六两伍钱。

来远驿。供馆银二百二十四两，铺陈银九两一钱六厘，马银二百五十两。

平越驿。供馆银九十五两五钱，铺陈银四两六钱六分六厘，马银一百一十两。

都镇驿。供馆七十三两六钱，铺陈银八两，马银四百二十五两。

派该：

都匀司。六百八十两五钱。

独山州。六百二十一两六钱六分六厘。

丰宁司。三百六十六两四钱四分。

烂土司。九十二两六钱六分六厘。

麻哈州。六百四十六两六钱六分六厘。

乐平司。一百七十六两一钱六分六厘。

平定司。二百七十八两九钱三分。

平州司。五百六两六钱。

平浪司。六百一十九两六钱六分六厘。

邦水司。二百三两八钱三分三厘。

清平县。一百一两一钱。

在城铺、摆铺、箐口铺、摆隆铺、碗水铺、小苗铺、摆芒铺、翁受铺、葛里铺、虎场铺、蛇场铺、谷郎铺、谷定铺。各司兵不等。①

惠政

养济院。府治南。

独山州

养济院

麻哈州

存留仓。州堂左，万历十三年，知州陈汝和建。

---

① 所记铺数《黔记》同，弘治《贵州图经新志》与嘉靖《贵州通志》均仅十铺。摆隆：《黔记》作“摆龙”。小苗：弘治《贵州图经新志》与嘉靖《贵州通志》均作“小寨”。摆芒：弘治《贵州图经新志》与嘉靖《贵州通志》均作“摆忙”。葛里：弘治《贵州图经新志》与嘉靖《贵州通志》均作“葛哩”。

职官

知府一员，推官一员，经历司经历一员，儒学教授一员，训导一员，都匀司正长官一员，副长官一员，平州司正长官一员，平浪司、邦水司各副长官一员，四司各吏目一员。独山州知州一员，土同知一员，吏目一员，烂土、丰宁二司各副长官一员，吏目一员。麻哈州知州一员，土同知一员，抚苗判官一员，吏目一员，乐平司副长官一员，平定司正长官一员，二司各吏目一员，来远、都镇二驿各驿丞一员。清平县知县一员，典史一员。

知府

凌文献。遂安人。
杜礼。丰城人。
黎澄。四川人。
黄英。临桂人。
刘铨。德州人。
张熹。嘉兴人。
李禾。云南人。
黄希英。莆田人。
王公大。闽县人。
张廷俊。鄞县人。
倪鹗。泾县人。
牟泰。巴县人。
张淮。顺德人。
王尚用。安福人。
林鸣燮。揭阳人。
曾承恩。延平人。
陈钦。莆田人。
毛集。掖县人。
林敦复。莆田人。
冀国。卫辉人。
张士麟。内江人。
薛绍。荆州人。
沈志言。缙云人。
陆柬。祥符人。

万历：
段孟贤。湖口人。
梁柟。南海人。
萧怡韶。荆州人。
姜奇方。监利人。
杨德全。晋宁人。
王珽。宜山人。

推官万历六年，移驻镇新添卫，自刘起鹏始

舒维纲
苗朝阳
胡校。贵池人。
师大魁。云梦人。
唐邦俊。兰溪人。
万历：
戴廷宪。辰州人。
杜克仁。浪穹人。
刘起鹏。太和人。
胡考崇。辰州人。
郭讷。益阳人。
唐元。崇宁人。
李珏。楚雄人。

教授

万历：
马玹。兵州人。
刘简。铜仁人。
沈栻。通州人。
达荣。永宁人。
汤克化。贵州人。

训导

万历：
侯希稷。平溪人。

邵华翰。普安人。

王正远。婺川人。

杨通明。铜仁人。

都匀长官司

正长官吴赖。洪武十四年，授本司副长官。永乐二十年，男琮袭。景泰三年，三世孙震功升正长官。沿袭至楠。

副长官王普院。洪武八年，男普团冠带管事。十六年，三世孙阿保升副长官。沿袭至国聘。

邦水长官司

副长官吴湖。洪武十九年，男尚通署本司试长官。三世孙旺授副长官。沿袭至伯宗。

平浪长官司

副长官王应铭。洪武十九年，充都保。二十二年，功升本司副长官。沿袭至世麟。

平州六洞长官司

正长官杨平麻。洪武十九年，充头目。三十年，男公贯功授副长官。景泰四年，孙迪功升正长官，沿袭至治安。万历六年四月内，治安擒获妖贼金云峰，题请加授四品服色。

麻哈州知州

从龙。安陆人。

杨英。太和人。

杨东。

韦相。

李一中。江西人。

唐佐。桂林人。

杨敏。云南人。

周希桂。江西人。

万历：

万铣。临安人。

陈汝和。云南人。

胥达。眉州人。

胡友禄。东乡人。

曹启益。广东人。

苏九河。晋宁人。

土同知宋子孝。定州人。元任新添安抚司副使。洪武十九年，四世孙礼功授散毛司副长官。二十一年，调掌麻哈长官司印。弘治七年，六世孙钺改授麻哈州土同知。九世孙儒不法，万历九年，题准随都匀府原衔办事。沿至人龙。

乐平长官司

副长官宋仁德。新添司土官，洪武二十四年，改授本司。沿袭至拱极。

平定长官司

正长官吴忠。洪武十五年，除留守中卫千户。十八年，改邦水司试长官。二十年，调本司正长官。沿袭至允熙。

独山州知州

陈玘。蕲州人。

郭玺。潭源人。

雷汝佐。

蔡福。直隶人。

狄中。浙江人。

文诚。合州人。

李廷价。云南人。

叶松。大理人。

姚本。直隶人。

林汝贵。广东人。

雷学皋。云南人。

吴誉闻。顺德人。

欧阳辉。湖广人。

陈嘉言。湖广人。

李巡。铜梁人。

杜存。叙州人。

林致礼。南宁人。

徐延绶。上饶人。进士。

土同知蒙阿佑。土人。洪武三十年，授副长官。弘治五年，五世孙政改授本州土同知。沿袭至天眷。

烂土长官司

副长官张筠。湖广均州人。洪武二十四年，功授本司副长官。沿袭至应麒。

丰宁长官司

副长官杨万八。本司土民。洪武二十三年，男原德保除本司副长官。沿袭至碧珊。

冠带土舍杨和。系万八三世孙，实授冠带。沿袭至镇邦。

清平县知县

龚焕。四川人。
王文通。山东人。
李时秀。直隶人。
周铸。昆山人。
张铎。当阳人。
赵禧。河阳人。
苏亨。绥宁人。
戴铭。江西人。
窦宽。咸宁人。
冯泰。遂宁人。
施铨。昆明人。
罗文。枣阳人。
刘让。天台人。
刘举。
刘昂。
彭信。
马介。
吴相。
周谥。
吕钥。云南人。
王川。蓝田人。
何伟。武昌人。

李太和。象州人。
李霖。武宣人。
刘缙。邓州人。
莫庸。恭城人。
胡宗耀。乐至人。
梅滨。江西人。
刘凤岐。陕西人。
杨度。南充人。
陆逊。云南人。
万历：
王仿。武陵人。
李春先。犍为人。
杨明礼。云南人。
魏自强。晋宁人。

科贡

进士

隆庆辛未科：宋儒。
万历庚辰科：陈尚象。任给事中。

举人

正统甲子：金溥。官至教谕。
丁卯：袁伟。
成化癸卯：钟祥。官至知州。
正德庚子：周冕。官至知县。
癸酉：屠嶅。
丙子：房坚。官至学正。
嘉靖壬午：李尧佐。官至知县。
乙酉：屠显达。官至训导。
戊子：徐玑。官至提举。
辛卯：华山。
甲午：金文。官至知县。
丁酉：陆天衢。官至审理正。

己酉：宋儒。辛未进士。
乙卯：王廷扬。官至提举。
陆书。官至审理。
戊午：吴嘉麟。官至知州。
吴嘉凤。官至知县。
辛酉：费从朴。官至知县。
甲子：徐应轸。
万历丙子：钟国芝。任知县。
己卯：陈尚象。庚辰进士。
余显凤。任教谕。
壬午：吴铤。
乙酉：钟大章。任知县。
戊子：张应奎。任教谕。
陆从龙。
辛卯：黄一桂。任教谕。
甲午：黄思正。
丁酉：艾友芝。

岁贡

刘让、钱金、杨愚、刘华、陈恭、刘全、雷杲、李盛、贺纯、步聪、胡广、屠琰、杨纲、司紘、刘聪、屠峦、华纲、张仑、张达、雷轰、邓璘、陆章、温璧、张聚、李玉、周全、王环、李宾、宋允成、杨义、杜源、贺通、潘育清、马宽、文璧、陆显、吴时中、钟岳、王绣、王鸾、杨贡、郭璋、徐显、刘文耀、胡用、吴时宜、张羽、王政、叶澄、王端、郁美、雷时行、费尚经、陆宪、以澄、朱邦彦、张世文、司揖、屠显爵、屠显忠。

嘉靖：李塘、屠显谟、杨缘、杨宗文、江宁、刘文焕、张廷琮、胡申、付科、张完、王尚忠、平继先、全学、宋环、屠峤、付谷、房美轮、谈经、钟峦、杨琦、许廷辅、李钦、王仲卿、江文庠、杨任、朱之臣、袁景萸、司抚、娄拱阳、刘朝宗、丘嵩、司推、杨启东、江麋、王用章、王宗周。

隆庆：徐冠、钟大护、张廷奇、许廷瓒、宋效才、徐绍勋、宋仟。

万历：鲁学、郁学诗、吴九皋、尹之训、艾世美、胡来聘、李宗尧、司朝言、全天明、全天彝、全天和、徐应斗、吴嘉夔、宋伯、张应治、桂忠、吴仰周、钟国华、徐敦仁、吴嘉龙、黄一凤、周思孝、司朝举、骆自安、宋伊、钟一凤。

武会

嘉靖丁未：卜刚。

名宦

刘瓒。副使，会川人。置义田，资科贡之费；张威令，慑负固之苗。

刘望之。副使，内江人。严武备，苗夷服不杀之威；修学校，士类荷钧陶之益。

何福。洪武间，以平羌将军讨平都云，开建官司，筑城戍军，功著边徼。

黄庸。洪武间，任卫指挥同知，号令政事，边人称其能。

陈原。定远人。永乐间都指挥使。伟丰仪，富材气，善谋能决，民夷率服。正统末，苗寇围城，原罄产赈济，城赖以全。

凌文献。知府。初创府学，度地鸠材，规制大备。

丁实。合肥人。卫指挥使，以功升都指挥同知。成化初，征落卜茹，死于锋镝，朝廷嘉之，以孙晖为都指挥佥事。

屠升。仪真人。卫指挥使，读《尚书》，有武略，以功升都指挥佥事。子玺嗣职，亦有诗名。

许衍。吉水人。成化间卫学训导，有学行，勤于诲人，在任十五年，致仕。

杜礼。弘治间知府。廉明仁恕，兴学化夷，不烦有司，平叛贼，有功于地方。

李广居。宜宾人。成化间教授。学问渊源，勤于训诲。本府《易》学，由广居传授。

万历《丁酉志》共名宦十一人

乡贤

晋

尹怀昌。以雄杰为都匀首长，天福五年，率其属十二部附于楚。

本朝

雷杲。任知县。貌古心纯，博览群籍。丞黔阳，令浪穹，两地俱立生祠。居乡以礼自恃，尤士林所推重云。

屠峦。任知县。廉介不阿，初尹江夏，因忤刘瑾，调芦山，省刑均徭，兴学赈饥，善政种种。时天全招讨高继恩等合围攻城，峦守御有方，城赖不陷，立遗爱祠祀之。且居家孝友，人无间言。

万历《丁酉志》共乡贤三人

恩典

吴从周。以子嘉麟贵，赠推官。

钟国用。以子大护贵，赠主簿。

钟岳。以子国芝贵，赠知县。

陈大宾。以子尚象贵，赠中书舍人。

万历《丁酉志》恩典共四[①]人

孝义

屠总。卫人。多学尚礼，幼娶徐氏，生子方一岁，妻卒，总不再娶，年八十一终。兵备副使阴子淑旌。

万历《丁酉志》孝义一人

贞节

马氏。指挥陈昱妻，封恭人。夫病将危，马具命妇冠服诣祠堂，曰："夫妇之道，生同室，死同穴。今夫将死，妾复何依！"又泣拜其姑，亦以此言。及夫卒，遂入室自缢。事闻，旌表。

包氏。军人刘进妻。进溺水，包往求其尸，负归[②]，谓邻妇曰："吾年二十二，无子，岂能再事人乎？"遂自缢。时副使吴立嘉其贞烈，合葬之，具以事闻，旌表。

秦氏。百户石珍妻。珍上京袭职，卒。秦年二十，誓守妇节，养姑至孝，年七十四卒，始终无玷。乡邻白于当道，具闻旌表。

王氏。生员屠班妻。班丧，王年二十，抚遗腹子，终身无玷。有司以事闻。

赵氏。军人郭秀妻。秀溺水死。赵亦奔水，见者救之。既归，悲号不已，仍自缢焉。

刘氏。指挥桂世卿妻。年二十九，夫卒，氏矢志守节，誓不再适，抚子承袭。见年八十五岁，节有优奖。

乜功。夷人老功妻。万历二十三年，往田归，道遇贼，逼行，不从，以刃胁之，延颈受害。事闻，院道褒葬之。

万历《丁酉志》贞节共七人

迁谪

陆灿。苏州人。嘉靖间，以给事中谪都镇驿驿丞，所著有《三泉文集》行于贵。

---

① 四：原误为"二"。

② 归：原文误作"妇"，据《黔记》改。

张翀。马平人。嘉靖间，任刑部主事，疏论严嵩纳贿误国，谪戍都匀。匀士构读书堂从讲。隆庆丁卯召还，历升刑部侍郎，乞骸骨归，寻卒。

邹元标。吉水人。万历丁丑进士，疏劾张居正不奔父丧，忤旨廷杖，戍都匀。至则修张公读书堂，日与匀士讲授其间。癸未召还，授吏科给事中。复以言事忤旨，改南曹，寻改铨部。丙戌予告。庚寅，再起铨部。寻奉旨改南。

冯时泰。山海人。万历庚辰进士，任辽东广宁道兵备参议。甲午，以边事被诬，南北台省交章论救，奉旨戍都匀。寻改永平卫，濒行卒。

流寓

廖驹。闽人。宣德初，从戍都匀卫。以诗名于时，累荐不就，号强恕先生。

仙释

石三泉。三清观道士。踪迹诡异，独居无侣，双鹤来巢，久而不去，时人神之，后不知所终。

亭馆

谯楼[①]。城内东山上。

问月楼。张公祠内。

读书堂。鹤楼书院内。

天地正气堂。南皋书院内，提学副使徐秉正建。

坊市

万世宗师坊。文庙前。

振纲饬纪坊、安汉怀夷坊。兵道前左右，佥事梁铨建。

攀龙附凤坊、继往开来坊。儒学左右。

西南屏翰坊。府治前。

贞烈坊。治东。为陈昱妻马氏建。

进士坊。为陈尚象建。

紫薇天宠坊。治西。为赠中书舍人陈大宾立。

折桂坊。为举人袁伟立。

---

① 谯楼：原误作“樵楼”，据嘉靖《贵州通志》改。嘉靖《贵州通志》载：“谯楼，在府治内东山上。弘治二十年，副使阴子淑以是楼有鼓无钟，乃移观音寺钟悬于上，晨昏钟鼓之制如备。”

登科坊。为举人金溥立。

贵省易元坊。为举人钟祥立。

学正坊。为国学正房坚立。

青琐侍臣坊。府治前左，为给事中陈尚象立。

龙场市。府治北十里。

虎场市。麦冲堡。

羊场市。平浪司。

新场市。独山南二里。

鸡场市。州治南二里。

寺观

观音寺。城中。洪武间，指挥黄镛建。永乐间，都指挥陈原修。

藏经楼。观音寺后。万历二十三年建。

高真观。城东北。提学郑旻诗："山光隐见入高楼，携手相将到上头。缥缈鸾笙连碧落，参差桂影接丹丘。百年胜地霞生彩，九转真铨火正流。对月传觞承沆瀣，凌云终共伯昏游。"副使张守中诗："月里同登庾亮楼，德星光聚碧山头。孤云缥缈横深谷，曲水盘旋抱古丘。坐久不妨玄露湿，杯欢还共紫霞流。子真旧是瀛洲侣，不学卢敖汗漫游"。

玄帝观。龙山上。嘉靖间主事张翀建，置田租三石，为本观香火。

水府观。城北三里梦遇山。郡人王重道建。

关公庙。城北隅。

清源庙。城东山麓。洪武间建，今移旧堡。

古祥庙。城北隅。今废。

五显庙。城左后街。洪武间建。

文昌祠。旧在学后，今改城东。

古迹

废合江州。府治东南二百五十里。宋置，元废。

废陈蒙州。府治东南一百里。宋置，元废。

废定云府。府东一百五十里。

废麻峡县。麻哈州南。

废都云县。都匀司四十里。

俱元置。

废都云洞长官司。都匀司东。元置，隶新添葛蛮安抚司，弘治六年废。
废都云桑麻独力等处长官司。府治西二百里。元置[1]。
废都镇麻乃等处长官司。府治北七十里。元置。

祥异

弘治甲寅，大雨，凤凰山崩。
甲子，大疫。
正德辛未九月，地震。
甲戌，蝗。
乙亥，饥。
嘉靖壬午，卫治火。
丁亥，大荒。
戊子，预备仓火，焚稻谷五百石。
己丑八月，大水，城湮山崩。
壬子元日，雷鸣雨电。
丁巳，龙场堡雷雨大作，潘姓偶有一升入于坛内。
乙丑，地震有声。
丙寅七月，地震。
万历甲申二月内，有雨伞一把，张而飞，自城外天北入城南，后至西，落于观音寺任家，其家连丧三人。
五月二十九日夜，雷雨交作，大水冲坏渡船堡石桥、乐平司田地。
丙申三月内，大雨雹。本年夏麦、秋禾成熟。

纪兵

宣德三年，平浪司贼罗富长乱，守备督兵大破之。

正统十四年，烂土司及凯口苗王阿鲁、唐瓮、于把珠叛，攻围本卫，统兵官田礼率官军扑灭之。

弘治四年，烂土司酋乜富架、重恶龙等十二人乱，大肆猖獗。巡按御史冯玘以事闻，命下都御史邓廷瓒、镇远侯顾溥、总兵官王通调川、湖、云、贵、广西五省兵平之。

正德元年，凯口贼酋王阿向与王仲武争职，据囤大叛。十一年，都御史曹祥、巡按李显、总兵李昂调永、保、酉、平土军数万征之，未克。嘉靖十

① 此段原有多字不清，据《黔记》补，不一一出校。

二年，巡抚陈克宅、总兵杨仁请调本省官军，并宣慰司猡兵五万，克之。更囤为灭苗镇，拨官军防守。七月，残贼杨免、王杏等复叛，夜袭杀官军，夺其囤，参将李宗祐率军救援，与贼对敌，我军失利，宗祐被掳。巡抚汪珊、巡按倪嵩请旨，仍调贵州宣慰司兵克服，凯地始安。

嘉靖六年，平定司贼王阿滕乱，都指挥周吉擒之。

十年，都匀司岩埋[①]苗大乱，兵备张庠征兵破之。

十一年，丰宁司土酋杨桓筑城叛，庠复举兵大破之。

嘉靖十三年，独山州土舍蒙钺弑其父蒙政，曾兵备、柴参议请兵诛钺，仍立其嫡袭政职。

三十六年，麻哈州土同知宋珠贪占地方，诱贼王三等乱。都御史高冲、总兵石邦宪调集军兵平之。

三十七年，都匀司苗头阿章等不纳粮马，流毒杀人。都御史高冲檄兵备项廷吉调土官蒙继武、杨进兵剿平之。

四十一年，平州司土舍杨柯争杨进雄官印叛，都御史赵钍、总兵石邦宪调兵征剿，寻抚。至四十五年，巡抚陈洪濛奏请檄行副使祁清、推官胡校、守备薛近宸、指挥杨一方，擒斩杨柯父子首级解献，地方始宁。

四十四年，平浪司土舍王世麒谋占凯口，钦定地方都御史吴维岳行兵备祁清调六洞兵平之。

隆庆六年，平浪司苗头靠仰等不纳粮马，劫杀屯寨。都御史蔡文檄兵备刘行素、知府陆柬、指挥杨一方，调土舍蒙天眷兵剿平之。

万历六年，妖贼金云峰谋为不轨，潜入平州司，土官杨治安擒获。都御史何起鸣题请典刑，加治安四品服。

二十四年，平定司都保王华与随府办事土舍吴惟正争杀，华献地水西，借猡兵千余，蹂践羊场牌地方。复借王汝林、王保为羽翼，纠合养古诸寨强贼，劫掠官道，流毒商旅，窥伺清平等处。巡抚林乔相、巡按杨宏科，行副使张斗、郭廷良、知府王珽、参将王鸣鹤督蒙天眷土兵于瓮里围之，华授首，事平。

① 岩埋：原作“岩梅”，本书他处、嘉靖《贵州通志》及《黔记》均作“岩埋”，故改。

第二十九章　都匀卫同都匀府城

沿革

元都云定云安抚司，隶云南。皇明洪武二十二年改建，隶四川。永乐间隶贵州都司。领千户所五。

户口

万历二十五年，官军一千三百一十二户，二万一千一百一十三丁口。

土田

旧志：水陆田地三万三千五百七十亩。万历九年，新丈报存二万七千一百五十五亩。屯田二万三千五百八十九亩零。科田三千五百六十六亩零。

贡赋

屯科粮。旧额三千二百一十九石七斗八升零。万历九年，新丈三千二百四十二石七斗九升零，续增一十三石四斗九升零。二十五年，增至二千二百五十六石二斗八升零。屯粮三千五十六石。科粮二百八石三斗八升零。

徭役

万历二十五年，条鞭、岁用、丁差、余租等很通共五百一十六两二钱零。

公署

卫治。府治西南隅，即前元都云安抚司。洪武二十二年，指挥黄镛建。
左、右、中、前、后五所。俱城西。
经历司。卫治左。
镇抚司。卫治右。

秩祀

旗纛庙。卫治东。

兵防

额颁铜牌十面。

旗军。原额六千六百七十四名，查存九百六十名。

军器。原额二千六百六十三件，查存一千一百五十件。

操马。原额一百三十匹，查存七十五匹。

职官

掌印指挥一员，管屯指挥一员，管操指挥一员，捕盗指挥一员，经历司经历一员，镇抚司镇抚一员；五千户所各掌印千户一员，管操千户一员，所镇抚一员，管军屯印百户十员。

指挥使

司景。直隶通州人。洪武三十三年，功升副千户。景泰元年，三世祖整升都指挥同知。成化十五年，四世孙继先调本卫，升署指挥使。沿纯男优给。

萧兴望。直隶寿州人。洪武年从军。十五年，男文功历升都指挥使。天顺二年，五世孙英失机，充都匀卫军。成化二年，奉例降二级复职，就彼差操。沿至仪凤袭。

张德林。直隶泗州人。从军。洪武三年，男义功升指挥同知。宣德三年，三世孙忠调本卫。弘治六年，六世孙嵩升都匀卫指挥使，沿体仁袭。

杨义。直隶定远县人。洪武二年，升小旗。五年，升实授百户。二十三年，调都匀卫右所百户。三世孙泰升指挥同知。四世孙聚升指挥使。六世孙一方升四川守备，升云南都司。九世孙威袭，阵亡，绝。弟试沿袭。

周俊。直隶江都人。乙未年，功升济州卫正千户。洪武三十五年，齐眉山阵亡。永乐元年，以阵亡功升男都指挥同知。宣德六年，调都匀卫原职。三世孙福、四世孙洪继袭。五世孙吉袭，弘治十八年，功升指挥使，升都指挥佥事。八世孙系远袭。

孛良苔。陕西开城县土同知。洪武四年，功升副千户。二十六年，男罗帖木儿调本卫。正统四年，三世孙孟任升正千户。成化十六年，五世孙原升指挥同知。正德七年，六世孙凤升指挥使。沿至济邦袭。

丁绶。直隶六安州人。洪武十六年，授横海卫百户。二十一年，征云南龙海，调兴州卫百户。二十三年，升本卫副千户。三十三年，升本卫指挥佥事，又升密云卫指挥同知、指挥使。孙英袭，故，无子，弟让袭。永乐二十年，调都匀卫。次男寔袭本卫指挥佥事、都指挥同知，阵亡。长孙煇加袭都指挥佥事，故绝。桓袭指挥使。沿明袭，以事充军。该男应鳌袭。

齐安。直隶寿州人。洪武年间，节征有功，升永平卫指挥使。男贤袭，故绝。沿至应科袭。

指挥同知

徐顺。直隶宛平县。洪武三十二年，功升燕山卫小旗，历升六安卫实授指挥佥事。宣德六年，调都刁卫原职。孙杰，成化七年升指挥同知。三世孙效节历升清浪参将。沿至允爵袭。

赵德。河南项城县人。癸卯年充小旗。洪武元年，功升都指挥佥事。正统四年，三世孙琳升指挥同知。天顺八年，四世孙通升指挥佥事。成化十三年，五世孙俊调本卫，升都指挥佥事。嘉靖二十九年，八世孙应麒袭指挥同知。至大用袭。

屠兴。直隶真县人。洪武五年，功升指挥佥事。三十一年，男豫调本卫。正统三年，三世孙震升指挥同知。沿高袭。

指挥佥事

陈庆。直隶定远县人。洪武十八年，功升大河卫实授指挥佥事。二十五年，调本卫原职。长男昱袭，绝，次男景疾。侄孙原借袭，以功升都指挥使，镇守都匀等卫城池。相沿借袭未还，至尚爵复告，保赴部，蒙部查出原系庆侄孙，□堂止授尚爵，祖超另立百户。沿朝用袭其祖职指挥佥事，查取庆嫡长子孙，沿景孙时康优给。

娄昭。浙江临海县人。洪武四年充小旗，功升副千户。景泰元年，男宽升指挥佥事，调本卫。沿联璧袭。

胡贵。直隶苏州人。洪武年从军。永乐十五年，男春功升正千户，调本卫。正德八年，五世孙瑄升指挥佥事。沿至应宗袭。

桂关。直隶寿州人。洪武间从军，男成功升正千户。宣德六年，三世孙林调本卫。天顺八年，四世孙清升指挥佥事。沿本枝优给。

樊华。直隶临淮县人。吴元年，归顺从军。洪武二年，征进迤金山益梅河，功升正千户。男昱袭。永乐元年，征进北沟河，功升指挥佥事。男寿袭，调湖广荆州。三世渊袭，升湖广支江巴顺守备，调都匀卫前职。四世孙瑞袭。沿至尚元袭。

樊元。河南归德州人。洪武三年，功升副千户。十三年，男恺幼，将弟欲借袭，调本卫。天顺八年，三世孙鼎升正千户。正德七年，五世孙勋升指挥佥事。沿维垣袭。

纪兵

洪武癸酉年，镇远侯顾成引兵攻克都匀卫丰宁长官司，乱首铁梁等平。

三十年丙子，顾成、程暹率兵攻破都匀合江州陈蒙烂土[①]长官司所属不

① 陈蒙烂土：原作“陈蒙土”，缺一“烂”字，据嘉靖《贵州通志》补。

纳粮差诸苗，斩首一千四百三十三级，生擒一百四十七人，男女一千八十三口。

三十一年丁丑，顾成统兵讨破平州六洞长官司苗坡、羡塘、光金、蒙台蛮酋。

宣德二年己酉，都匀平浪司苗贼付榜乱，都督萧受、指挥陈原平之。

正统十四年，都匀等七长官司贼首把聂等蜂聚弄兵，逼城南北。本卫官军寡弱不敌，都指挥陈原招集荔波县民兵千余，丰宁、烂土二长官司兵百余，坚壁以守，出家储粮五百石有奇饷兵。已，官军食缺，又倾囊给之。拒战凡十阅月。后尚书王骥、参戎李友督兵解围，平之。

弘治六年癸丑，都匀司黄土坡苗夷王和、王阿仇叛，兵备阴子淑调卫兵平之。

万历十二年，乐平司叛苗乐礼生挟土官宋廷瓒夙仇纠众，流毒甚惨。兵备洪邦光、知府梁楠以兵剿之。指挥娄联璧、杨威等计擒首恶乐礼生，始平。

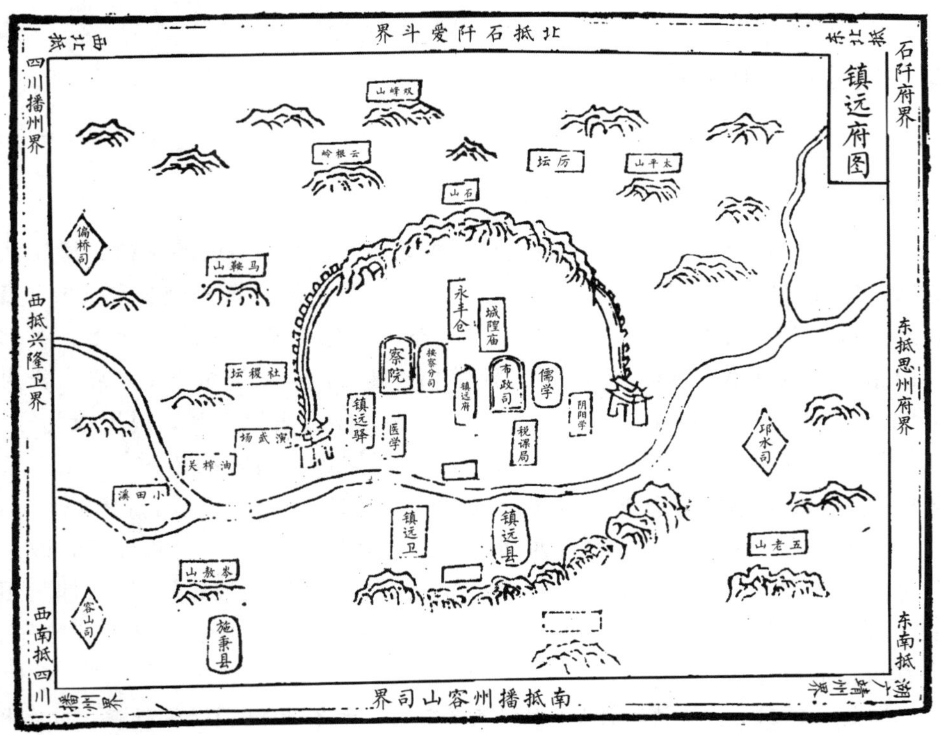
北抵石阡爱斗界
镇远府图
石阡府界
四川播州界
双峰山
云根岭
厉坛
太平山
石山
偏桥司
马鞍山
永丰仓
城隍庙
察院
按察分司
镇远府
布政司
儒学
阴阳学
社稷坛
镇远驿
医学
演武场
税课局
油榨关
小田溪
西抵兴隆卫界
东抵思州府界
邛水司
镇远卫
镇远县
五老山
岑敎山
容山司
施秉县
西南抵四川播州界
东南抵湖广靖州界
南抵播州容山司界

图 24　镇远府图

贵州通志卷十五

第三十章 镇远府

沿革

《禹贡》荆梁之境。旧为竖眼大田溪洞。《一统志》。秦属黔中郡，汉属武陵郡，隋属清江郡。唐武德元年，以其地当牂牁之冲，置婺州置州始此。贞观八年改思州思州名始此。天宝中改宁夷郡，后陷于蕃。宋大观元年，蕃部长田祐恭原为王民，朝廷为建州，领婺川今属思南府、邛水今属本府、安夷今镇远县三县。宣和四年废，仍属黔中。绍兴二年，复置思州，以田氏为守。德祐元年，元取江陵，田氏降。见《通鉴》。置镇远沿边溪洞招讨使司，镇远名始此。寻改为军民总管府，以田氏为总管，治镇远中河山。思州分治始此。

皇明[①]兴，伐伪汉，进师临西南夷，总管诣军门送款。洪武五年，改总管府为镇远州，隶湖广。永乐十一年，废思州、思南二宣慰司，以故地为镇远等府，隶贵州。正统三年，镇远州吏目胡焘建言：官多民扰，乞府州省一，诏省州存府。今领县二、长官司二。

镇远县。附郭。本镇远金容金达蛮夷长官司，古思州地。宋大观元年，田氏内附，始置安夷县，寻废。见马氏《舆地考》。德祐元年，田氏降元，改镇安县。至正二年，复为安夷县。后又改为镇远溪洞金容金达等处蛮夷军民长官司，隶思州军民宣抚司。本朝初归附，洪武五年，改为镇远金容金达蛮夷长官司，隶镇远州。正统三年，省州存府，隶本府。弘治十一年，长官何伦以罪革职，改县设流。附郭，编户二里。

施秉县。府西南六十里。古思州地。宋大观元年，田氏内附。元至元二年，建前江等处军民长官司，隶思州军民宣抚司。本朝初归附，洪武五年，改施秉蛮夷长官司，隶思州宣慰使司。永乐十年，本司长官杨政麒从宣慰使田琛起兵相攻，官废。正统九年改为县，设流官，隶本府。编户一里。

---

① 皇明：二字原无，根据本书行文惯例及《黔记》补。

邛水一十五洞蛮夷长官司。府东八十里，古思州地。宋大观元年，田氏内附，始置邛水县，寻废。德祐元年，田氏降元，改安宁县。至元二十年，复为邛水县。本朝初归附，洪武五年，置团罗、得民、晓隘、陂带、邛水五长官司，隶思州宣慰司。二十五年，省团罗等四长官司入邛水。永乐十一年，革宣慰司。改隶府。编户二里。

偏桥长官司。府西六十里，古思州地。宋大观元年，田氏内附。元至元二十年，始建偏桥洞蛮夷军民长官司，隶思州军民宣抚司。本朝初归附，洪武五年，改偏桥长官司，隶思南宣慰司镇远州。正统三年，改隶本府。编户一里。

郡名

潕溪。汉名。

宁夷。唐名。

安夷。宋名。

大田，镇安，安定，永安。俱元名

形胜

溪河旋绕，山岩森列。《一统志》。白崖东枕，碧峰西峙。《旧志》。崇冈复岭，城堡罗环，长江大河，舟楫通利，辰沅以此为上游，云贵以此为门户，商贾辐辏，物货富饶，亦徼外一都会也。《府志》。

镇远县。冈阜重复，江河盘曲。东据马场坡，西扼石崖门。

施秉县。南屏苗穴，北障民居。比屋枕戈，编氓坐剑。

邛水长官司。一十五洞平分，三十三屯并列。

偏桥长官司。前阻重江，后枕巨麓。

镇阳十六景

石屏巨镇。知府程爀诗："屏石立中天，丈夫端然坐。霄汉不多高，尘土焉足涴？众山尔具瞻，百卉尔负荷。师尹是何人？千古周诗播。"

平冒先声。程爀诗："万山森剑戟，此地坦而平。号令云中寨，将军细柳营。寒飔悲鼓角，晓日耀干旌。见说岩前犵，闻笳自震惊。"

黑石樵歌。程爀诗："黑石落穷崖，峻增乱溪浒。独有执柯人，忘却登山苦。朝出弄胡笙，暮归敲石鼓。风清一肩息，黄童和诸父。"

燕窝渔唱。程爀诗："西域鹫峰寺，南溪燕子窝。桃花肥细鳜，绵竹插回涡。断续风前笛，披离雨后蓑。数声江上曲，明月正斜过。"

香炉烟霭。钱永成诗："绝顶南来势更雄，峨峨不与众峰同。天生巨鼎青撑汉，日炷微熏细袅风。福地漫形千古胜，博山明擅几分浓。行人莫作寻常看，曾向天边伴衮龙。"

味井清泉。程爀诗："寒泉流玉液，独此味偏醇。湛湛天边月，涓涓瓮里春。何年开石髓，是处透云根[①]。一脉休言细，能沾万姓唇。"

笔岫晴岚。程爀诗："倚空开叠嶂，有笔数峰间。旸谷瞰将出，崖巅色已殷。文光征仕进，瑞气霭区寰。却与青霄近，紫云时往还。"

龙池夜月。钱永成诗："混沌谁开半亩宽，妖蟆灵物共盘桓。白莲影落冰壶净，丹桂香浮玉镜寒。一片清光涵石甃，十分秋色倚阑干。由来澈底知无比，赠与黄堂太守看。"

镇江晚渡。程爀诗："江上烟凝合，林间鸟息飞。立沙人语乱，到岸橹声微。相见堡中月，永安楼下扉。月初门半掩，行人归未归？。"

分岭春耕。程爀诗："春水四山足，春田一望平。短蓑便细雨，缟袂饷朝烹。日暮鼓声急，原深布谷鸣。朱幡风习习，自觉马蹄轻。"

二仙拱北。程爀诗："北阙云程远，西关峭壁奇。怪来以石并，俨尔二仙仪。鹤驾瞻枫陛，云裳列羽旗。风霜恒不变，万寿祝丹犀。"

五老宾南。

玄冈九曲。程爀诗："龙门河九曲，镇阳九曲冈。前江流滚滚，背郭露瀼瀼。雨霁云根湿，春深石髓长。新祠天一胜，永见祝融藏。"

铁壁三关。

紫阳古洞。程爀诗："紫阳新安山，书院东岩洞。文笔前峰奇，砚池溪水共。云影入几窗，风声和弦诵。政暇一登临，心目自豪纵。"

诸葛新祠。程爀诗："旧祠埋碧藓，新祠厂通衢。俎豆崇夷徼，鸿名照《汉书》，纶巾遗象古，静学小轩舒。纵步龙冈上，茅亭亦草庐。"

疆域

东抵思州府界，一百二十里。西抵兴隆卫界，一百二十里。南抵播州容山长官司界，六十里。北抵石阡受斗地界，一百八十里。东南抵湖广靖州界，四百二十里。东北抵石阡府界，二百里。西南抵四川播州界，一百五十里。西北抵四川播州界。一百四十里。

镇远县。东至秋溪，沅州地界；西至乾溪，偏桥地界；南至苗妒，邛水地界；北至池龙、受斗，石阡地界。

---

① 云根：《黔记》作"坤根"。

施秉县。东抵江至粤，镇远地界；西抵塘珠，偏桥地界；南抵景洞，生苗地界；北抵黄家冲，镇远地界。

山川

石屏山。山高百丈，如屏，为府之镇。

观音山。城东十里。名观音崖。

笔架山。有二：一在府东南五里，一在邛水司东南。景云“笔岫晴岚”，即此。

大平山。城东二十五里。上有小池如斗，祷雨即应。

五老山。镇远卫城中。五峰伛偻相联续。景云“五老宾南”，即此。

吉祥山。城西半里。临江，状如燕窝，上建福寺。景云“燕窝渔唱”，即此。

中河山。城东半里。两水夹流，山处其中，俗呼为香炉崖。景云“香炉烟霭”，即此。

石崖山。有二：一在县城后，一在卫城后。皆为苗夷所由，昔人于此筑岩门以守之。

双峰山。府西三里，双峰插天，水绕山麓，演武场在其下。景云“平冒先声”，即此。

二仙山。府城西油榨关上。二峰突立，其状若人。景云“二仙拱北”，即此。

铁山。府治东北三里。山皆铁色。景云“铁壁三关”，即此。

狮子山。城西四里。

西峡诸山。府城涌溪西至偏桥坡，崖势如楼台鼓角，岩石若银墙铁壁，有飞瀑数处挂崖石下，状若清绡薄雾。世所称异水奇山，莫过于此。

思邛山。治城东南八十里，旧思邛县东。

都来山。城东南九十里，思邛县东，接锦州常丰县。

都坡山。治东南九十里，思邛县东，接锦州洛浦县。

鼓楼坡。府城南二十里。冈阜重复如鼓楼。

太和洞。中河山南，玄妙观后。昔有道士李道坚修养于此。

北洞。中河山之北，今改为镇岩洞。嘉靖元年，知府黄堂肖朱晦翁像于内，名曰紫阳书院。

大洞。府城东五里，分水岭北。知府程爀改为凌玄洞，即俗名七间屋。中书丁玑诗：“野日春正暝，山云午犹湿。布谷不停声，人人荷锄立。”“蓝桡泛江水，江水绿于苔。日日斜阳里，行人自往来。”“空崖苍翠间，平洼自相逗。有时石上眠，云来触衣袖。”“潭静山同色，云寒鸟不飞。微茫湮溆[①]际，独见钓舡归。”

---

① 湮溆：《黔记》作“烟溆”。

凤凰石。西峡下。临江，岩石下悬如凤形。

石柱。有二：一在府西十里。有双白石临江并立。高数十丈，屹然如柱。一在偏桥司。

镇夷石。治城东八里。形如方柜，横卧道左。参议蔡潮改名落星岩。景云“黑石樵歌”，即此。

石崖。铁山溪有巨石第一湾，如屋，广五丈。

镇阳江。即㵲水，在府城南，一名镇南江。受黄平、兴隆诸水，过郡，东流三百里入沅水。又名㵲溪，五溪之一也。

长潭。府城东一里。

松溪。府城西北一里。

龙羊井。府城东，宛溪之源。昔人见双羊在井旁，就之，跃入井。

龙池。治城北一里许。

味井。府治西。水味甘美。

瀑布泉。有二：一在玄妙观，一在西山峡。

伏泉。玄妙观南五里。泉水穿崖而出，清甘异味。

观音井。吉祥寺后。

香井。治东六十里。水味香如兰蕙。

云根五窍泉。油榨关崖下。自半崖三窦并出，知府程爀凿石为池，盖亭覆之。昔人联句云：“一瓢可济行人渴，百级应怜油榨高。”

平宁陂。府西六十三里。岁时灌田甚多。

镇远县

观音岩。县西十里。岩高数十丈，屹立江上。有洞，可操舟而入，洞半有窍如窗，上有石象如佛，故名。

铁溪。县东三里，铁山之下。南流入㵲水。中产异蟹及小鱼，味佳。

宛溪。县东十五里。

焦溪。县东十里。

梅溪。县东五十里。

秋溪。县东一百三十里。

牙溪。县治西五里。

小由溪。县治十里。

勇溪。县西十里。犵狫所据险，多隘口。

白水溪。县西三十里。自盘石奔流入江，清白如冰。

施秉县

岑嶅山。县北。元末时，有陈元帅屯兵于此，营垒尚存。土人呼高山为“岑”，而“嶅”则小山多石者，见《尔雅》。

癞头坡。县北十五里。军民会哨于此。

巴施山。县北二十五里。其山园耸插天，状如卓笔。

洪江。县南。

秉溪。县西南。北流入洪江。

响泉。县内。泉声触石如雷，冬夏不涸，灌溉甚广。

邛水司

马首山。司治南一里。其山东昂西伏，势如马首。长官邓章屯聚兵保民于此。

金朝山。司治西十五里。

巴邦山。司治西二十里。四山陡壁，土人常于此避兵。

邛水。司前，即思邛水。源出夷地，东流入洪江。

圣婆井。司治东南八里岑楼山上。俗云：昔有一妇，领五男来争地。方行至岑楼，渴甚，以手柱竹杖卓地，祝云：“我得地，水当随杖而出！”果得水。又以竹植地，祝云：“我得地，竹当成林！”果成林。时挥涕竹上，今雾雨竹有液如涕。又土人拾得一裙，呼为圣婆裙，一十二幅，长五尺二寸，每与苗战，即揭以为帜，苗见帜辄败去。盖苗畏鬼，故败。

偏桥司

凤凰山。司治北三里许。

漏日崖。司治东半里。高数十丈，有窍通明，朝夕日出俱漏光。

张果老岩。司治西五里。崖石黑中有白纹，如人跷足形，乡人呼为“张果老。”

马鞍山。司治东二十里。两峰相并，远望之如马鞍。

瓮蓬洞。司治东十五里。江水经此洞而出，洞为厄口三处。相传汉诸葛亮南征时，欲漕长沙以西粟，凿此，竟以扼塞而止。成化间，参将彭伦、安顺等亦常凿之。舟楫过此，如入瓮中，不见天日。其水自芙蓉洞至瓮蓬洞，长不满百尺，高百余丈，加以两岩积石，易为崩溃，是以旋凿旋塞。

杉木河。司治北。源出播州，东流入潕水。地产杉木，浮出于此。

黄平河。司治西。源出黄平，东流入潕水。

飞泉。司治东北一里。泉自岩顶飞下。

风俗

习俗质野，服用俭约。《一统志》。风气渐开，人文丕振，尚信知礼。《旧志》："附郭土著之民，纯厚尚信，读书知礼。"游宦者安之。《旧志》："四时无瘴疠，游宦者安之。"岁时端阳竞渡。府临河水，舟楫便利。居人先期置造龙舟，绘画首尾，集众搬演剧戏，以箬叶裹米为粽，弃水中，拽舡争先，得渡者是岁作事俱利。余与贵阳府同。

镇远县。苗俗有事，则用行头媒讲，以其能言语者讲断是非。凡讲事时皆用筹以记之，每举一筹，则曰某事云云，其人不服，则弃之；又举一筹，则曰某事云云，其人服，则收之，令其赔偿。大概苗易生衅，多由媒讲，宜痛革之。

施秉县。思播流裔，地狭民贫，衣冠礼仪，悉效中土。男事耕读，女务织纺，多从朴素。土人九月祀五显神，远近邻人咸集，吹匏笙，连袂宛转，足顿地以为乐，至暮而还。第僻在一隅，岁苦苗患。

偏桥司。苗人俱以苗为姓，尚青衣，亦黑蛮之种也。居远者，服饰丑恶，务农为本。近水者，不畏艰险。婚礼以跳月成配，死丧则杀牛祭鬼，击鼓歌唱。

邛水司。土人性刚悍，好斗战，出入不离刀弩。衣服婚丧略同镇远县之俗。每二年杀牛，一祭先祖，聚邻境寨峒男女会饮，尽醉而散。

户口

嘉靖间官民八百七十二户，八千六百五十七丁口。万历二十五年，增至八百七十四户，报存八千五百二十六丁口。镇远县三百二十六户，二千四百九十七丁口。施秉县一百五十五户，一千五百七丁口。邛水司二百四十八户，二千九百七十六丁口。偏桥司一百四十五户，一千五百四十六丁口。

土田

《旧志》：田八千六十四亩六分零。万历九年新丈增二万七千五百八十二亩零。十二年覆丈，除豁二百三十三亩零，二十五年，增至三万七千五十九亩零。镇远县二万一千八百三十亩零。施秉县五百九十亩零。邛水司二千四百九十六亩零。偏桥司一万二千一百四十一亩零。

方产

芳竹、竹鸡、海棠、芙蓉、石榴、柑、绵竹。

贡赋

偏桥司每年额贡黄蜡一十二斤十二两。

秋粮，旧额八百七石六斗七升零。万历九年新丈照额。十二年水灾除豁二石七斗八升零。二十五年报存八百四石八斗八升零，外增开垦科粮五斗三升零。镇远县二百五十一石三斗八升，外增科粮五斗三升零。施秉县六十石六斗九升。邛水司二百四十九石六斗九升零。偏桥司二百四十三石一斗一升零。

商税门摊钞共二万四千六百五十四贯五十八文。

税课局额解税银一十七两八钱七分。

徭役

万历二十五年，条鞭、银差、力差、公费三项共银三千四百三十六两五钱三分零。镇远县一千四百二十三两一钱六分零。施秉县五百四两六钱一分零。邛水司一千七十四两四钱四分零。偏桥司四百三十四两三钱二分零。

城池

府城。嘉靖三十年，兵备赵之屏、知府程爀建，门三：东曰铁山，南曰永安，西曰定西。城楼三，周四十五丈，池即镇阳江。

镇远县城。万历十八年，知县邹瑞创筑土城。

施秉县城。嘉靖四十三年，参议徐敦、知府袁成能建，北、西、东为门三。

公署

府治。宣德元年，知府颜泽建。

经历司。治左。

司狱司。治右。

永丰仓。治东北。正统四年建。

税课局。治东。成化间知府徐虔建。

镇远县治。弘治十一年废长官司改建。知县孙宁修。

施秉县治。正统九年，以蛮夷司治改建，正统末苗毁。景泰中，以治迫苗，退岑麓囤以居。天顺三年，知县李圭就囤据险立署。成化四年，知县寇敬移建囤下。

偏桥长官司治。中寨凤凰山下。嘉靖二十年，通判杨薰建。

邛水长官司治。荡洞。嘉靖二十九年，通判杨薰建。

行治

都察院。卫城内。嘉靖二十八年，巡抚都御史李义壮建。

察院。府西。嘉靖二十四年改建。

布政分司。府西。正统六年建。

按察分司。府东。嘉靖元年，兵备刘瓒、知府罗凤建。

学校

儒学。府东。永乐十一年建。弘治十三年，徙于西。嘉靖二十四年，知府任佐迁复旧址。

明伦堂。文庙后。

进德、修业二斋。堂前左右。

儒学门。

先师庙。明伦堂前。

东、西两庑。

戟门。

棂星门。

启圣祠。明伦堂后，嘉靖间建。

乡贤祠。戟门左。

名宦祠。戟门右。

俱万历十一年知府刘淑龙[①]建。

紫阳书院。治东。万历五年，提学凌琯檄府建，祀朱文公。十三年，巡按毛在重修。

社学。一府前，知府毛栋建。一镇远县前，知县赵儒建。

兴文书院。施秉县治右，知县张月建，祀朱文公。万历二十四年，署县理问杨之翰改书院，祀先师，移文公于东庑。

秩祀

社稷坛。城西三里。

山川坛。城东一里，中河山上。永乐十五年建。

厉坛。城东三里。

城隍庙。旧在县右。万历十三年，知府刘淑龙移府右旧学射圃。

关梁

东关。府东。

北津关。府治北。

---

① 刘淑龙：本章职官部分同，关梁部分作“刘叔龙”。《黔记》卷二十九《守令表》作“刘叔龙”。卷十二“群祀志”作“刘淑龙”。

镇西关。府西北。
复古关。府东三里。
思南坡关。府西三里。
油榨关。府西十里。
望云关。府西二十里。
九曲关。府西二十里。
焦溪关。府东三十里。
溜沙关。金蓬洞。去府四十里。
瓮蓬关。府西五十里。
梅溪关。府东六十里。
烂泥关。在江右长坡，去府七十里。
清浪关。府东七十五里。
紫冈关。府西北八十里。
老鹰关。都素界，去府九十里。
凯料关。石阡界，去府九十里。
铁山关。在铁山溪。
永安桥。一府前，一卫城东。
焦溪桥。府东三十里。万历二十四年，知县赵儒建。
下坪桥。卫东九十里。
知政桥。施秉县前。知县张纲建，理问杨之翰修。
迎恩桥。东关。
迎仙桥。玄妙观前。
永安渡。府前。
焦溪渡。即焦溪桥。
下坪渡。即下坪桥。
沙湾渡。万历十一年，知县刘叔龙设。

兵防

邛水哨。哨兵三十名。
青洞哨。哨兵四十名。
圳洞哨。哨兵四十名。
施秉后山哨。防御官一员，兵六十名。
巴团哨。防御官一员，兵九十名。

焦源、响水二哨。哨兵四十名。

大塘哨。防御官一员，兵二百名。

塘头哨。哨兵五十名。

从化哨。哨兵五十名。

邮传

镇远驿。府西。洪武二十五年改设。

偏桥驿。府西六十里。洪武二十六年设。

清浪驿。府东九十里。洪武二十五年设。

协济各驿马馆

镇远驿。供馆银二百六十三两二钱二分，马银二千五百三十七两，铺陈银二十二两七钱四分四厘五毫。

清浪驿。供馆银三百六十七两七钱五分，马银二千三百二十二两四钱。铺陈银一十六两七钱三分。

偏桥驿。供馆银二百七十九两三钱，马银二千三百一十四两九钱五分，铺陈银一十八两四分六厘五毫。

派该：

镇远县。六百九十两七钱三厘。

偏桥司。八十五两七钱三分三厘。

思南府印江县。七百六十三两六钱。

婺川县。六百三十六两六钱四分。

水德司。八百九十一两六分。

蛮夷司。八百四十八两八分。

沿河司。三百九十两七钱。

朗溪司。二百四十两八钱五分。

石阡府石阡司。八百八十两。

苗民司。二百六十四两。

铜仁府铜仁司。七百七十四两四钱二分。

省溪司。六百八十二两九钱二分八厘。

提溪司。五百一十两八钱六分二厘。

平头司。九十两一分五厘。

乌罗司。三百九十二两六钱五分。

府前铺、司前铺、县前二铺、白羊铺、碗溪铺、焦溪铺、小溪铺、梅溪铺、瓮头铺、白虫铺、新庄铺、黄母铺、金莲铺、白塘铺、黄家冲铺、竹坪铺、溜沙铺[①]。各司兵不等。

惠政

养济院。玄妙观前。

施秉县预备仓。

偏桥司存济仓。

职官

知府一员，土同知一员，土通判一员，土推官一员，先俱系流官，正统间改。经历一员，照磨一员嘉靖间裁革，儒学教授一员裁革，训导一员，税课局大使一员，阴阳学正术一员，医学正科一员。镇远县知县一员，典史一员。施秉县知县一员。偏桥司正长官一员，左副长官一员，右副长官一员。邛水长官司正长官一员，副长官一员，土百户一员，二司各吏目一员，镇远、偏桥、清浪三驿各驿丞一员。

知府

永乐：

颜泽。江阴人。

宣德：

张英。扬州人。

刘善。泰安人。

刘政。黄冈人。

邓恭。通城人。

毛凤。嘉定人。

陈寔。武冈人。

成化：

王叙。临分[②]人。

胡靖。南城人。

沈黻。华亭人。

沈熊。归安人。

---

① 溜沙铺：《黔记》同，弘治《贵州图经新志》与嘉靖《贵州通志》无此铺。

② 临分：《黔记》与弘治《贵州图经新志》均作“临汾”。当是。

徐虔。揭阳人。
李暠。汝安人。
周瑛。莆田人。
毛太。均州人。
林表。莆田人。
戴仁。大理人。
杨简。余姚人。
正德：
刘武臣。宜宾人。
童器。永嘉人。
官伦。云衢人。
高公申。内江人。
罗凤。上元人。
何邦宪。大理人。
毕大经。河南人。
郭仕。泰和人。
黄希英。莆田人。
靳溏。通州人。
廖梯。莆田人。
严凤。归安人。
阴汝登。内江人。
韩克济。定海人。
嘉靖：
任佐。稷山人。
程爀。南昌人。
袁成能。闽县人。
熊爌。南昌人。
曾可耕。庐陵人。
杨守让。长沙人。
薛绍。江陵人。
陶守训。乐平人。
隆庆：
毛栋。吉水人。
万历：

王一麟。汉阳人。
刘淑龙。醴陵人。
忽鸣。莆城人。
蒋桐。锦衣人。
郭衢阶。富顺人。
阮宗道。大同人。
杨懋魁。闽县人。

土同知

何永寿。本府土官籍。元时为高丹洞长官司头目，男孟海功升本司正长官，四世孙九升改思南印江长官。洪武三十二年，因镇远州土知州戴子美绝，三十五年，思南宣慰田大雅见五世孙济节征有功，保升本州土知州。正统三年，改州为镇远府，将六世孙瑄为府土同知，累战有功，升从四品散官、朝列大夫。天顺三年，受诰命四道。沿守德袭。

土通判

杨绍先。任前代节度同知。洪武初，六世孙忠顺归附。五年，设镇远州，授州同知。宣德七年，十世孙素袭，绝。十一世孙瑄袭。正统三年，改州为镇远府，授本府通判。成化二年，杀贼阵亡，晋阶奉议大夫、本府同知。男复生年幼，三年，裕借袭。十七年，复生长成，袭。正德十二年，男蕃袭，绝。嘉靖十五年，弟薰袭，故，沿薰长男应东袭。

土推官

杨再华。土官籍。授前代思州军民宣抚司管军万户。男政朝授镇远军民安抚司佥事，功升本司副使。三世孙通全授金容金达军民长官司副长官，洪武初归附。永乐元年，升镇远州判官。正统三年，改州为府。十年，六世孙忠奏授镇远府推官。成化十三年，疾故。男钦故，男载春袭。春子启未袭，故，启男汝循绝嗣，弟通理袭。通理男光前未袭，故绝。通理弟通淮袭。

府学训导

嘉靖：
萧性和。泰和人。
陈昂。楚雄人。
赵璁。绵州人。
黄元宪。南海人。

李锡。弋阳人。
杨仕元。洪县人。
杨琼。云南人。
杨璋。太和人。
汤佐。泸州人。
杨于廷。昆阳人。
龚廷弼。云梦人。
姚廷鹏。辰州人。
刘向阳。
隆庆:
吴政举。新添人。
徐鸿儒。安南人。
叶腾霄。龙里人。
万历:
杨泰。清平人。
王用中。毕节人。
沈桂。永宁人。
王正海。婺川人。
李大晋。晋宁人。
杨绍曾。剑川人。

镇远县知县

嘉靖:
左贤。四川人。
孙宁。九江人。
刘芳。綦江人。
高冲。建昌人。
莫负。桂林人。
冯廷重。三原人。
姚文。高邮人。
叶松。大罗人。
廖邦清。北流人。
隆庆:
吴元卿。汉阳人。

赵铉。太和人。
钟伯节。曲靖人。
万历：
李子明。太和人。
张汝孝。绵州人。
邹瑞。临安人。
赵儒。赵州人。
袁尚纪。龙安人。

施秉县知县

王林。黄冈人。
杨昌胜。
罗绅。丰城人。
李珪。昆明人。
寇敬。汉州人。
杜美。阮陵[1]人。
王仪。河西人。
魏纪。万县人。
张纲。忠州人。
刘宇。均州人。
杨顺。顺义人。
蒋禄。上虞人。
杨显。进贤人。
朱滚。富阳人。
唐禄。扬州人。
刘瑀。六合人。
方祥。贵溪人。
杨玙。阴德人。
向光大。应山人。
陶诗。会稽人。
王诰。宝庆人。
滕壁。真定人。

① 阮陵：《黔记》作“沅陵人”。嘉靖《贵州通志》作“沅县人”。

张大文。澧州人。

沈科。大理人。

张世荣。云梦人。

嘉靖：

赵本。狄道人。

詹大同。大治[1]人。

隆庆：

莫惟学。灵川人。

潘龙。永昌人。

万历：

赵完珍。师宗人。

赵瑜。临安人。

张月。德兴人。

徐芳。大理人。

苏九河。晋宁人。

高如云。昆明人。

偏桥长官司

正长官安怀信。系土人。原任思南宣慰司镇远军民府同知。男德功升沿边溪洞总管。洪武元年归附。二年，改府为州，将德调偏桥长官。二十三年，三世孙永鉴袭。三十四年，功升思南千户所千户。永乐三年，四世孙行袭正长官。沿袭至镇云。

左副长官杨钱滩。系土人。授前代武略将军、思南军民宣抚管军千户。男文凤保袭偏桥军民长官司左副长官。正德十二年，六世孙宪袭。男福未袭，绝，弟沿袭，至应瑞。

右副长官杨通赛。系土人。任前代偏桥军民长官司右副长官。三世孙通诚随宣慰田大雅办事。永乐二十年，准袭本司副长官。正统十四年，六世孙忠阵亡，绝嗣。弟明袭。沿至鹏霄。

邛水长官司

正长官杨通称。系土人。任元时德明长官司长官。洪武二十五年革司，男光荣归并邛水司，改任正长官。永乐四年，三世孙昌盛袭，至中途病故。弟昌贵借袭，阵亡。十七年，昌盛男盛武出幼袭。至六世孙光春袭。绝，该弟光辉袭。

副长官袁诚。系本土官籍。洪武六年，授陂带里长官司副长官，绝。二十五年，

① 大治：《黔记》作“大冶”

革司，归并邛水长官司。三十三年，弟让袭，绝。弟谅男凯袭。至七世孙鳌绝。弟恩借袭，绝，次房八世孙新袭。沿至朝宪承袭。

土百户王思恭。系思州宣慰司头目，洪武二十五年功授土百户。永乐十一年革司。洪熙元年，三世孙升袭，送镇远府邛水司土百户。至八世孙廷钺故绝。龙弟廷裕及男朝俱未袭，沿至朝男必选承袭。

科贡

进士

成化丁未科：熊祥。官至佥事。
嘉靖甲辰科：钱嘉猷。官至知府。
万历庚辰科：郑国柱。官至郎中。

举人

正统甲子：时顺。官至知县。
景泰癸酉：何矼。官至州同。
天顺己卯：何磁。官至知县。
成化戊子：李懋。
辛卯：陈庆。
丁酉：欧升。
癸卯：熊祥。丁未进士。
弘治己酉：何天衢。官至知县。
何驯。官至知县。
戊午：杨载春。袭土推官。
正德庚午：熊宗吕。官至知县。
嘉靖癸卯：钱嘉猷。甲辰进士。
丙午：陈言。
己酉：许科。官至推官。
万朝用。官至通判。
戊子：黄若金。官至知州。
辛酉：郑淮。官至知州。
甲子：杨承勋。官至通判。
隆庆丁卯：梁栋。官至通判。
万历癸酉：钱继魁。

丙子：李廷祯。历任知县。

郑国柱。庚辰进士。

刘凤仪。任知县。

郑国才。

壬午：何云爀。历任通判。

钱懋德。

乙酉：熊梦祺。任教谕。

梁文灿。任教渝。

辛卯：尹郊。任学正。

高如斗。

丁酉：张应吾。

岁贡

宣德：杨全。

正统：蒋英、杨聪、石通、石辉、刘文、李才、刘缙、田渊、刘绅、钟武、罗贵忠、刘富、石忠、杨通、王祯。

景泰：潘文、潘举、陆和、杨琥、刘拱宸、王溶、曾俊。

成化：杨胜、杨琦、龙澄、杨珠、杨瑛、杨琼、杨升、黄宁、蔡玘、谢璇、杨刚、董华、陈远、程珍、陈暹、钱钺、吴鉴、雷音、刘忠、朱珍、史富、贾裕、许胜。

弘治：周谅、鲁显、杨杲、薛安、李裕、欧文德、杨鉴、郑瓛、王庆、杨遇时、杨彦祯、郑黼、张锐、钟振、黄胜、施恩、周诚、柴诚、施惠、韩斌、王廷玉、王淮、吴宁、周鉴、朱纯、张铠。

正德：吴乡、何天祥、杨翱、聂凤、潘孟质、蔡时荣、萧宗达、邵世臣、杨銮、杨轩、江通海、陈诲、钟岳、许承章、郑希周、史官、王文盛。

嘉靖：杨彦福、刘宪、周尚忠、杨秀美、许仪、熊宗周、苏恩、熊宗望、谢昌、杨秀钟、白赍、杨胜鹏、张胜遥、周宗旦、钱嘉猷、安昺、张鹄、黄科、施秀纬、程云汉、蔡时应、杨廷玉、高峦、杨启、杨玗、曾国荣、李沛、王文中、钱永成、郑继周、尹邦彦、杨胜毓、张起凤、许承训、钟鼎、张瑞、杨胜凤、尹民瞻、周埙、姜珙、柳国芳、张雁、金添禄、赵时亨、郑灏、张宇。

隆庆：杨衡、邵维垣、杨景山、田兰、钱大器、甘潑、钱宗学、周师文、田训武。

万历：荀世伟、涂翱、钱召祥、柳国藩、王虞、柳国华、李九山、杨正位、张应宿、熊梦祥、彭守仁、杨楫、周师闳、杨应彬、许可久、萧应元、许可仕、彭守约、陈周道、蔡云祥、万铠、李效梅。

名宦

颜泽。永乐十一年，初设府治，以泽为知府，勤政恤民，秩满，民保留复任。宣德元年，泽奏以谢家寨为府治，开设公署，建立学校，政绩居多。

张英。宣德间知府。清介有为，政事修举。

刘善。正统间知府。才优学赡，政教兼举。公暇，进诸生讲论经史，竟日不倦，多所造就。

黄鉴。宣德间通判。学识才干俱优，以礼义率民，风俗丕变。

王叙。成化间知府。事神恤民，两有善政。

沈熊。成化间知府。孜孜政理，尝迁学校，设府治。

徐虞。继前守沈熊，亦多美政。

李嵩。成化间知府。奉公守法，以忠谨称。

周瑛。成化间知府。富文学，勤政事。常拟本府前逼大河，后迫高山，参错广轮，丈不满百，每苗寇入境，自高临卑，势难固守，奏西迁三里，地名平冒。事虽未允，识者韪之。及议合府卫以却外夷，立城池以固门户，复城堡以保居民，分镇兵以守咽喉，复盐利以裕民财，节冗官以纾民力，皆康济一方之妙策，惜未见之施行。又尝编修本府志书，采摭最备。升四川布政司参政，转布政使。入理学名臣，奏疏见《经略》。

徐彰。永乐间府同知。政有遗爱，社稷诸坛，皆其所建。

刘武臣。正德间知府。爱民不扰，亲课诸生。军民为立生祠祀之。

程爋。南昌人。嘉靖间知府。治国如家，爱民如子。建城御灾，迁学育才。万历六年详允入祀。

万历《丁酉志》共名宦十二人

施秉县

李圭。天顺间知县。多才知，著抚绥，迁县治，居民安之。

刘宇。成化间知县。以能干称。

万历《丁酉志》共名宦二人

乡贤

元

杨绍先。至正间，以荐授本府同知，政声大著。

本朝

田仁智。元末为总管，团兵保境，人民以安。吴元年，举士内附，授思州宣慰使。

杨忠顺。元末为总管府同知。洪武初，以总管田仁智遣诣军门送款，时嘉其识。

何瑄。以荫授本府同知。沉毅刚果，熟知边事。正统末，苗叛，偾军杀将，道路梗塞，瑄领土兵游击之，寇难用平。累拜文绮之赐，以前功升从四品散官、朝列大夫，授诰命四道。

杨瑄。忠顺之后，以荫补本府通判，累著军功。成化三年，茅坪盗起，瑄力战死，事闻，赠奉议大夫、本府同知，赠宝钞、彩缎三表里，仍录一子入监。

杨载春。笃志好学，弘治间中云南乡试。袭祖土推官，屡征有功，嘉靖四年奉勘合。载春即中乡试，准原任加俸二级，授正六品职事，进阶文林郎，貤封父、母、妻。

万历《丁酉志》共乡贤六人

恩典

郑灏。以子国柱贵，赠员外。

万历《丁酉志》恩典一人

孝义

王儒。本府民，贫无立锥，事亲愉悦。母刘氏有疾，焚香祷祝，尝粪告医，母疾遂愈。院道旌之。

万历《丁酉志》孝义一人

贞节

汪氏。郡人何瑛妻。瑛丧，汪年十九，子骏幼，矢志独居，抚骏成立。里人上其实，诏旌之。

何氏。郡人杨昌文妻。文丧，何年十七，生子胜昭，何誓不再适，纺绩[①]以育其子，贫苦万状，终不二心。有司以其事闻。

刘氏。郡人罗溶妻。溶丧，刘方少年，家贫无赀，姑年高无他侍丁，刘辛苦奉

---

① 绩：原文误作“续”，据嘉靖《贵州通志》改。

养，数月，生遗腹子，抚成，乃力教以诗书。有司以其事闻。

钟氏。土舍杨铎妻，生子载芳。铎丧，钟年二十，矢志守节，后载芳亦丧，甘贫守孤孙振，享年七十余，卒。有司以事上，抚按旌之。

何氏。邛水长官杨政松妻。松丧，何年少守节，教子銮，年至七十余。抚按核实旌奖。

钱氏。土同知何承宗妻。宗丧，钱年二十五，绝嗣，守节。事闻，抚按旌之。

张氏。承差杨再翱妻。翱弃役访道，不回，张年二十六，苦节甘贫，事姑至孝，训子正位，领岁荐。万历二年，提学吴国伦奖。

杨氏。土同知何熙妻。熙丧，杨年二十八，无子，守节，屡遭大变，素志不移节。奉上司嘉奖。

苏氏。镇远卫解章妻。年二十三，孀居苦节，遗腹生子春芳，甘贫抚子六十六年，贞操无玷，寿九十余终。巡按薛继茂题旌。

万历《丁酉志》贞节共九人

迁谪

周琉。应城人，嘉靖间，以给事中左迁镇远县典史，历升昌平巡抚。

亭馆

显允堂、筹边堂。俱都察院内。嘉靖二十八年建。

同心堂。治城内。

六梧堂。府内。知府程爋建。

怀周堂。府内。罗凤建，怀前守周翠渠云。

德礼堂。同心堂后。

澄江阁。玄妙观前。

临清阁。中河洞前。

守望亭。西城上。

有斐亭。玄妙观竹园内。

岁寒亭。玄妙观石岩下。

演武亭。演武场内。

天一亭。九曲冈上。

三永碑亭。城西。

竹柏双贞堂。玄妙观内。

德馨楼。府治东。

永固通津楼。沙湾。
石崖书屋。府治后。
君子居、僦岘亭。俱罗凤建。

坊市

万世宗师坊。儒学前。知府程爋改建。
振扬风纪坊。察院南。
世科坊。为举人何天衢等建。
鲲鹏继化坊。为历科举人建。
攀龙坊。儒学左。
附凤坊。儒学右。
青云坊。儒学门内。
世牧坊。为通判杨薰建。
登云荣遇坊。为推官杨再春建。
桥梓腾芳坊。为举人熊祥、熊宗吕建。
天下第一流坊、卧龙冈坊。俱武侯祠前。
拔秀坊。为举人李懋建。
进士坊。为熊祥建。
科甲开先坊。为进士钱嘉猷立。
进士坊。为郑国柱建。
英灵坊。城隍庙前。
岱岳行祠坊。州街。
紫阳正学坊。中河洞。
烟霞万壑坊。凌玄洞。万历二十四年，知府杨懋魁建。
保爱坊。镇远县前。
迎恩坊。镇远驿前。嘉靖间建。
沙湾市。府东。
辰州市。桥口。
南京市、江西市、饶州市。俱治西街。
抚州市。驿前。
普定市。西关。
州街市。
东关市。县东。

寺观

文昌阁。儒学门左。副使叶明元建。

岱岳行祠。州街。

南岳行祠。铁山溪。有江楼一间。

汉寿亭侯祠。治城东关。嘉靖三十一年建。

水府祠。中河山岩上。嘉靖十九年建。

诸葛武侯祠。旧在偏桥司东二十里，地名高陂。嘉靖二十九年，知府程爀于本府州街择地立祠。

五显庙。州街。

吉祥寺。城西北。洪武十四年建。

北极宫。治城西关。

真武庙。治东。

玉虚观。治城南。

玄妙观。治城东。永乐间建。

飞山寺。平冒寨。如飞来之状。

凌云殿。治城东十里。万历十三年建。

迎仙宫。治城西五里油榨关。万历十三年建。

迎圣宫。施秉县北三十里。万历十二年，本寨有水患，漂没田庐，知县赵瑜立祠镇之。

平宁寺。偏桥司。

镇江寺。卫西关。

龙鳌洞天。治城东。

观音阁。治城东榜山下。

古迹

废思王县。府东南八十里，唐元和置。

废思邛县。府东九十里。唐贞观置。

废洛浦县。唐置。

废安定县、废永安县。俱元置。

废德珉蛮夷长官司。府治南。

废晓爱泸洞赤溪等处长官司。府治东。

废卑带洞大小田等处长官司。府东七十里。

三司俱元置。

古观音石像。府治东，观音岩上。

瓮蓬洞石刻。瓮蓬第一洞有巨石，立水中，刻云："在山形势已仁威，何必趋车占水湄。为汝碍舟呼匠者，少顷一刻即平夷。"旁刻云："都梁唐中立作"时"大德丁未四月"也。

元帅府故宅。中河山上。

元帅府废城。中河山半里。遗址见存。

废金容金达蛮夷长官司。府治东八十里。元置。

祥异

成化戊子，大水。

弘治己酉，永丰仓获一兽，纯黑如马，盖熊云。

庚辰，地震。

正德辛未，地复震。

嘉靖乙酉，大水。

甲午，大水。

丁酉四月，雪雹，如鸡卵。

乙巳，旱疫。

丁未，卫堂火灾。

庚戌，西街火灾。

丙寅，大水暴涨，漂没居民，崩塞田亩无算。

万历丁丑，火焚八百余家，府门、吏舍、狱牢尽毁。

壬午，春夏久不雨。五月朔，大雨如注，昼夜不止，诸山峡水辏合，涨丈余，漂民居、田禾无算。

癸巳，两街火，焚民舍百余家。是日，大雨如注。是岁先旱后火，此亦灾之异者。

纪兵

洪武三十年丙子，以顾成统兵剿捕镇远蛮贼溱部六洞。

正统十四年丙戌，镇远府茅坪诸处苗乱，时即剿平。

嘉靖四十年，容山司臻洞、景洞等苗叛，总兵石邦宪督兵讨之。十月，招抚来降，事平。

万历三年十月内，容山、老毛屯、巴蜡等寨苗复行劫掠，知县赵先珍同守备周应芝昼夜守御，申调汉土官兵数千，声言剿灭，苗惧，刻刀箭，出牛只，受降。

万历癸巳年冬，容山、大小二江苗聚，焚劫官民，府市震恐。知府阮宗道招兵剿捕，苗患始息。

万历二十二年春，邛水苗乱猖獗，巡抚林乔相、巡按薛继茂檄兵巡道朱熙洽、参将王鸣鹤汉土官兵三千相机抚剿，斩首一百五十级，诸苗闻风瓦解，自献渠魁老王，输牛纳降。

内隐逸、流宫、仙释、丘墓无入。

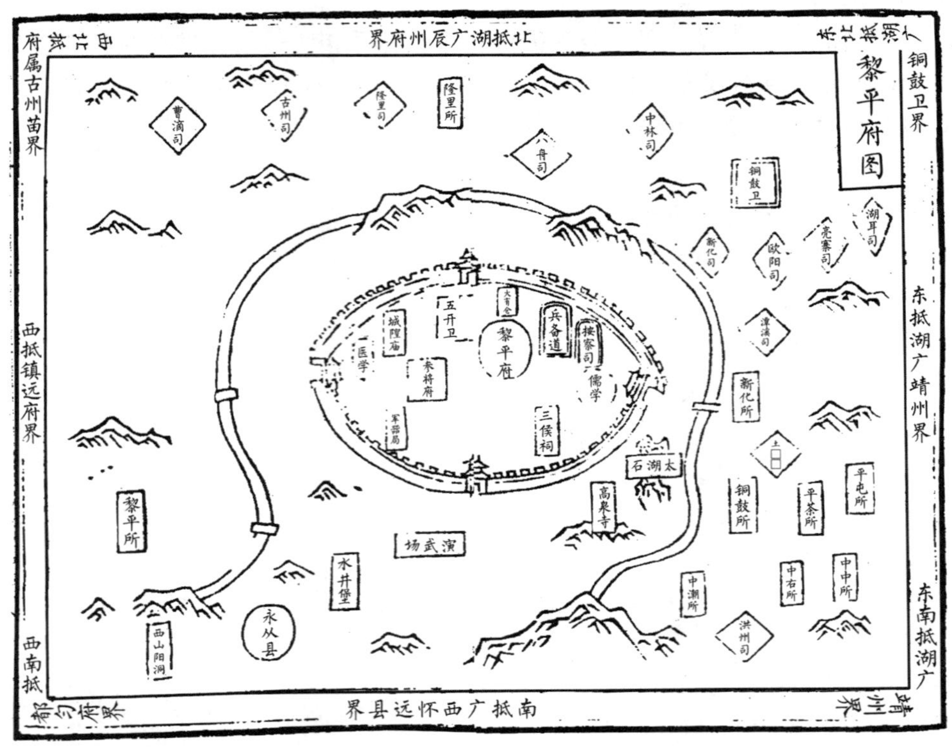
北抵湖广辰州府界
东北抵湖广
铜鼓卫界
黎平府图
西北抵
府属古州苗界
西抵镇远府界
东抵湖广靖州界
东南抵湖广
靖州界
西南抵
都匀府界
南抵广西怀远县界
曹滴司
古州司
隆里司
隆里所
八舟司
中林司
铜鼓卫
湖耳司
亮寨司
新化司
欧阳司
五开卫
兵备道
黎平府
城隍庙
医学
参将府
按察司
儒学
三侯祠
潭溪司
新化所
太湖石
高泉寺
铜鼓所
平茶所
平屯所
黎平所
演武场
水井堡
永从县
西山阳洞
中潮所
中右所
中中所
洪州司

图 25　黎平府图

第三十一章 黎平军民府

沿革

《禹贡》荆州西南裔，春秋属楚，秦属黔中郡，汉属武陵郡。唐以其地置播、叙二州，分十洞，隶江陵节度使。后周时，节度使周行逢卒，叙州刺史钟存志奔武阳，土酋杨正岩据十洞伪称徽、诚二州刺史。五代属楚，置诚州。宋太平兴国二年，酋长杨通蕴归款内附，遣弟通宝来贡，遂以通宝为诚州刺史[①]。诚州，今黎靖也。元至元中，设古州八万军民总管府，寻废，置上黎平军民长官司。黎平，今黎坪所也。郡名黎平以此。

皇明洪武五年，仍置蛮夷长官司十四，隶思州宣慰使司。十八年，设五开卫，隶湖广。永乐十一年，始置府。辖土司七：曰古州，曰曹滴洞，曰潭溪，曰八舟，曰洪州泊里，曰福禄永从，曰西山阳洞。以其七置新化府：曰湖耳，曰亮寨，曰欧阳，曰新化，曰龙里，曰中林验洞、曰赤溪湳洞，并隶贵州。宣德十年，省新化入黎平，遂领土司十四。正统七年，废福禄永从土司，置永从县。十二年，废西山阳洞土司，入于夷。万历九年，卫卒弄兵据城，湖广都御史陈省讨平之，请改黎平军民府。于是，府辖卫所，而黎平重矣。领县一、长官司十二。

永从县。府西南七十里。唐为溪洞福禄州，宋改福禄永从军民长官司，元因之，属思州安抚司。本朝洪武五年，属思州宣慰司。永乐十年，田氏罪废，建黎平府，司隶焉。正统六年，酋长李英死，族人争立。事闻，诏罢之，以其地为县，编户三里。

古州蛮夷长官司。府西北八十里。宋置州。元置古州八万蛮夷长官司，属都云安抚司。本朝改古州蛮夷长官司，属思州宣慰司。永乐十一年改今属，编户三里。

曹滴洞蛮夷长官司。府西一百里。宋为容江、巴黄长官司，元置曹滴洞蛮夷军民长官司，属思州安抚司。本朝并容江、巴黄长官司地方置曹滴洞蛮夷长官司，属思州宣慰司。永乐十一年改今属，编户六里。

潭溪蛮夷长官司。府东南三十里。宋置潭溪洞蛮夷军民长官司，元因之，属都云等处安抚司。本朝洪武五年，改潭溪蛮夷长官司，属思州宣慰司。永乐十一年改今属，编户三里。

八舟蛮夷长官司。府西北三十里。宋置八舟蛮夷军民长官司，属诚州，元因

---

① 刺史：原文误作“刺文”，据《黔记》等改。

之，属思州安抚司。本朝改八舟蛮夷长官司，属思州宣慰司。永乐十一年改今属，编户二里。

洪州泊里蛮夷长官司。府东南一百二十里。宋置洪州泊里等处军民长官司，属诚州，元因之，属思州安抚司。本朝改蛮夷长官司，属思州宣慰司。永乐十一年改今属，编户四里。

新化蛮夷长官司。府西北六十里。元置新化等处蛮夷军民长官司，属都云定云等处安抚司。本朝改新化蛮夷长官司，属思州宣慰司。永乐十一年置新化府，领新化以下七长官司。宣德十年改今属，编户十里。

湖耳蛮夷长官司。府北一百二十里。元置湖耳蛮夷军民长官司，属思州安抚司。本朝改今司，属思州宣慰司。永乐十一年改属新化府。宣德中改今属，编户一里。

亮寨蛮夷长官司。府东北九十里。元置亮寨等处军民长官司，属思州安抚司。本朝改亮寨蛮夷长官司，属思州宣慰司。永乐十一年改属新化府。宣德中改今属，编户一里。

欧阳蛮夷长官司。府东北七十里。元为欧阳洞，属思州婺川县，寻置欧阳蛮夷军民长官司。本朝改属思州宣慰司。永乐十一年属新化府。宣德十年改今属，编户一里。

中林验洞蛮夷长官司。府北七十里。元置中林验洞蛮夷军民长官司，属思州安抚司。本朝改置，属思州宣慰司。永乐十一年属新化府。宣德中改今属，编户一里。

龙里蛮夷长官司。府西南三十里。元置龙里军民长官司，属思州安抚司。本朝改龙里蛮夷长官司，属宣慰司。永乐十一年属新化府。宣德中改今属，编户一里。

赤溪湳洞蛮夷长官司。府西北二百六十里。元置赤溪湳洞等处军民长官司，属思州安抚司。本朝改今司，属宣慰司。永乐十一年属新化府。宣德中改今属，编户二里。

西山阳洞蛮夷长官司。东南一百六十里。古生苗之地。本朝永乐五年置，属思州宣慰司。永乐十一年改今属，编户三里。正统十四年，被广西生苗叛杀，司废。近年议复，详见《经略》。

郡名

诚州、徽州。俱唐名。

渠西。宋名，杨通宝子瑥作城，在渠河西，因名。

古州。元名。

形胜

牂牁、武溪之间，《方舆胜览》。据荆湖上流。南接广右，北抵洞庭，襟带湖湘，俱《旧志》。山势森绕《一统志》："东连靖州，西控生苗，南通交广，北连辰沅。"

疆域

东抵湖广靖州界，五十里。西抵镇远府界，五百里。南抵广西怀县界，三百里。北抵湖广辰州府沅州界，四百里。东南抵湖广靖州界，二百一十五里。东北抵湖广铜鼓卫界，一百一十里。西南抵都匀府界，三百六十里。西北抵府属古州苗界。三百里。

山川

锦屏山。城东三里。

笔架山。城南三里。与府相峙。

宝带山。其形若带，环绕郡城。

太平山。城东四十里。

巴龙山。城东南九十里。

龙见山。城东一百里。昔有龙见于此。

站坡山。城南四十里。其东太平山，山多灵异。尝有樵入洞，摘桃一颗，遂迷所归。及掷桃，乃得出。又有士子读书山中，午夜见七枝灯从空而下，盖不知其何神也。

太湖山。城东北五里。有桥，曰"长安桥"。群石屹立，苍然可挹，类太湖石，敛村之水经其北。

宝唐山。城西北一百二十里。

四寨山。城西南一百二十里。

摩天岭。城东八十里。其高摩天。

铜鼓岩。城东北一十里。洞内有石，叩之声如铜鼓。深三里，中有溪水，横流而下。

罗团洞。城东北十五里。洞门宽广，傍有石磴如床，可容二百余人。

福禄江。源出苗地，至府西境为古州江，东流至永从县，东南流合为福禄江，又东合大岩江为南江，流入广西柳州界。

新化江。源出府城西南三十里，北流为八舟江，又东北流为新化江，又西北合于清水江。

清水江。源出生苗地，东至赤溪两江口，合新化江。

敛村溪。城东六十里。

神鱼井。府城内育贤街。有巨鱼，求不可得。

潭溪司

铜关铁寨山。司东二十里。其山高峻，上颇平广，可容千人，三面据险，惟南可登。

磨盘山。司东四十里。上有石如磨，遇旱，摩之则雨。

石崖。铜鼓寨西一里。峙壁峭然，中可容二百余人。上有二石床。

八舟司

八舟山。司治南。上有石如人。又名仙人岩。

洪州司

陆倍山。司治北二十里。

都莫山。司治南十里。

龙洞。司治山下，洞内宽广，深一里许，旁有龙潭，祷雨辄应，西有莲花池。

洪州江。司治北。经龙见山下，合渠阳江。

潭洞江。司治南一里。

潭溪。司治南。

洒洞泉。洒洞山下，一名神泉。

曹滴司

银赖山。司治南一十里。

容江。司治西南。源出苗沙洞，入福禄江。

新化司

六叠山。司治十五里。盘回六叠至岭。

湖耳司

石流山。司东三十里。乱石如流，有泉甘洌，饮之可愈疾，变溪之源出焉。

白云崖。司治西五里。危石耸秀，傍山拱揖。时常有白云停住，故名。

响水洞。司治西八里。洞上有潭，旁有三石，屹立水中，响声不绝。岁旱，取其中水，祷雨有应。

郎江。源出湖耳山，见《方舆胜览》。

清泉。司治西。两石相见，中有泉穴，深不可测，祷雨即应。

西山阳洞司

大崖山。司治北，西有[1]高峰岭，西南有西山，东有大有山。

---

① 西有：原文误作“西府”，不通，据嘉靖《贵州通志》改。

小崖山。与大崖山相连。

风俗

衣冠习尚，一同华风。《方舆胜览》载："魏华父称其风土不恶，民俗亦淳，时稔岁丰则物贱如土。"其言鸩舌，其性凶顽。《一统志》。夷汉杂居，民俗不一。

永从县。曰峒蛮者，性多忌，喜杀。耕作必并偶出入。

曹滴洞司。曰土人者，出则男负竹笼，妇携壶浆同行，葬以鸡卵卜地，掷卵不破云吉地，葬之。

潭溪司。曰狎獚者，男女服饰少异汉人。亲姻丧葬，以犬赠为厚。

八舟司。曰犵狫者，性悍戾，不通汉语，叛服不一。男衣短衫，女穿桶裙。

亮寨司。曰峒人者，俗与潭溪同。

西山阳洞司。曰苗人者，去府几三百里。接连广西地界，苗有生熟及僮家之异，背服不常，皆以苗为姓。垢面、蓬头、跣足，言语莫晓，采薪为业。祀鬼。待客以犬为上，用十月朔日大节。

户口

嘉靖间，官民杂役三千六百六十五户，二万四千五百一十四丁口。万历二十五年增至三千七百七十三户，四万二千二百九十三丁口。永从县二百二十户，七千四十四丁口。古州司六百四十八户，四千二百一十三丁口。曹滴司六百六十二户，七千二百八十二丁口。潭溪司三百七十户。三千三百七十五丁口。八舟司一百二十二户，一千七百七十七丁口。洪州司四百四十一户，三千五百七十丁口。新化司一百五十一户，二千三百五十七丁口。湖耳司一百七十户，一千六百八十九丁口。亮寨司一百二十五户，二千一百七十四丁口。欧阳司一百二十户，二千六百四十四丁口。中林司一百四十四户，一千九百八十五丁口。龙里司一百四十四户，二千一百六十四丁口。赤溪司一百三十五户，九百五十六丁口。西山司二百二十一户，一千六十三丁口。

土田

旧志民田原无顷亩。万历九年新丈二万七千二百二十亩九分零。十二年覆丈出二千二百一十三亩九分零。二十五年增至二万九千四百三十四亩六分零。永从县三千七百九十九亩五分零。古州司二千六百八十亩。曹滴洞司三千七百七十八亩一分零。潭溪司四千四百三十八亩三分零。八舟司二千五十七亩七分零。洪州司四千四十七亩四分零。新化司一千二百四十九亩五分零。湖耳司五百一十二亩。亮寨司一千五百六十六亩九分零。欧阳司七百一十九亩三分零。中林验洞司七百二十二亩。龙里司三千六百五十亩零。赤溪司二百一十三亩七分。西山司。

方产

土锦、洞布、茯苓、枫香脂、官音柳、紫檀木、烟竹、实竹、野狗。

贡赋

秋粮，旧额二千五百六十一石九斗零。万历九年新丈续报六十七石，二十五年增至二千六百二十八石九斗零。永从县三百七十二石二升。古州司二百六十石。曹滴司三百六十三石八斗四升。潭溪司四百三十六石。八舟司一百九十八石一斗七升零。洪州司三百九十七石四斗。新化司一百一十七石五斗八升零。湖耳司四十五石。亮寨司一百四十九石四斗九升零。欧阳司六十三石四升零。中林司六十四石。龙里司一百三十五石四斗三升零。赤溪司二十石。西山司七石。

徭役

万历二十五年条鞭、银力、公费三项共银八百二十四两七钱零。永从县六十三两。潭溪司六十五两七钱。新化司六十四两三钱。欧阳司六十四两。亮寨司六十八两九分。湖耳司七十七两三钱。中林司六十四两九钱三分零。龙里司五十七两四钱。古州司七十二两九钱三分。曹滴司七十二两一钱。八舟司六十二两八钱三分零。洪州司六十三两。赤溪司二十九两一钱二分零。

城池

府城。洪武十九年，总兵周骥建，为土城。二十三年，指挥姜瞻改甃以石。门四：东曰迎恩，南曰阳和，西曰镇夷，北曰宁远。楼如之，串楼九百三十一间，周一千二百二十四丈，围以池。万历十五年重修，十九年工成，塞北门，以其楼为角楼，改门名为南阳、行春、长庚云。

永从县。无城。万历二十一年，知县包善议详修造土城，周围一百五十丈，城楼一座，敌楼二座。

公署

府治。永乐十一年间，建于城西。弘治八年，知府张纲始改五开仓场为之。嘉靖乙酉，知府祝寿重拓基址修焉。

经历司、照磨所、司狱司。俱府内。

大有仓。府署内东南。

永从县治。正统间建。

古州司治、曹滴司治、潭溪司治、八舟司治、洪州司治、新化司治、湖耳司治、亮寨司治、欧阳司治、中林司治、龙里司治、赤溪司治、西山阳洞司治。俱永乐十一年建。

行治

按察司。城东南隅。

兵备道。府后。

参将府。府治西。

学校

儒学。治东毓贤街。永乐十一年，改征虏将军周骥宅建，岁久倾圮。天顺七年，知府杨纬重建。

明伦堂。

居仁、由义二斋。

先师庙。学右。永乐十一年建。弘治间，知府张纲拓而新之。

东、西两庑。

戟门。

棂星门。万历十八年，知府袁表重修。

启圣祠。庙左。

书舍。四十二楹。万历十二年，知府高岳建。

社学。儒学前左。

永从县

儒学。府城南。隆庆间建。万历六年，巡抚都御史严清、巡按秦时吉题革。

秩祀

社稷坛。治西。

山川坛。治南一里。

厉坛。治北一里。

城隍庙。旧分府卫。嘉靖十八年，知府孙继鲁议其非，始合于一。旧志。

汉二侯祠。府南赤龙山之巅。祀汉丞相诸葛武侯亮、将军关寿亭侯羽。初惟祀武侯，嘉靖十九年，知府孙继鲁并祀。

元徐守祠。新化司东北二里许，所城之南。相传辰守徐公奉诏督催至小里，为贼所害，投尸于江。数日，溯流而浮。里人收葬之，建祠江干，神事焉，迄今祷者辄应。

关梁

陵溪关。治东九十里。

播杨关。治南一百五十里，属靖州。

武一桥、来远桥。俱府治中。

通远桥。府东十里。

五里桥。府东五里。

广兴桥、鼓楼桥、朝门桥。俱府治中。

天生桥。潭溪司南。

清平桥。湖耳司西南。

权寨渡。八舟旧司前。

清水渡。湖耳司。

漕平渡。曹滴司。

兵防①

风香堡。调铜鼓卫旗军五十一名。

纠坡堡。调铜鼓卫旗军四十四名。

罗团堡。调五开卫旗军四十四名。

宁溪堡。调五开卫旗军七十八名。

铁炉堡。调五开卫旗军八十一名。

独坡堡。调五开卫旗军一百名。

燕窠冲。府东十五里。山势险阱，潜藏苗贼，商贾往来，常被劫杀。万历二十年，知府高祚议详建堡于就近中潮所，拨军二十五名，五开卫选委千户一员督率，常川防御。

邮传

协济各驿马馆

平溪驿。马银二十二两五钱。

---

① 兵防部分多处模糊，据《黔记》补，不一一出校。

偏桥驿。马银二十二两五钱。

派该：

八舟司。一十九两四钱。

洪州司。一十九两一两。

赤溪司。六两五钱。

惠政

预备仓。治西。湖广巡抚吴琛建。

养济院。西门外。知府高岳建。

职官

知府一员、推官一员、经历一员、照磨一员、司狱一员、儒学教授一员、训导一员、阴阳学正术一员。

永从县知县一员、典史一员。古州、八舟、新化、中林、龙里、亮寨等六司各正长官一员。潭溪、洪州、湖耳、欧阳等四司各正长官一员、副长官一员。赤溪司正长官二员。以上十一司各吏目一员。

知府

永乐：

司祥。历城人。永乐十一年首任。

符济。邵武人。

吴璠。海阳人。

黄恭。上海人。

景泰：

萧守中。保昌人。

天顺：

齐礼。平凉人。

袁均哲。建昌人。

杨纬。大理人。

成化：

龚鼎。双流人。

张琎。安邑人。

张俊。安邑人。

杜亨。太和人。
刘铨。邵阳人。
袁盛。枣阳人。
弘治：
张纲。滁州人。
张恺。无锡人。
正德：
余贵。绵州人。
连纹。郑州人。
许庆。武进人。
吴远。歙县人。
嘉靖：
祝寿。历城人。
朱昭。平阳人。
王光济。商州人。
夏玉麟。常熟人。
孙继鲁。云南人。
林益。莆田人。
邓椿。建德人。
王璧。蔚州人。
林汝永。莆田人。
高瑞麟。南皮人。
张廷桂。浮梁人。
陈大章。夔州人。
刘汝顺。清江人。
隆庆：
黄景聘。
万历：
康一俊。莆田人。
吴守言。浮梁人。
李时。四川人。
徐罄。贵溪人。
张翼先。太和人。
王事圣。南康人。

高岳。蒲州人。
阎漳。蓬莱人。
袁表。闽县人。
高祚。峡江人。

推官

李震。
刘行政。华容人。
王勉学。
李瑢。
刘本。
秦世济。浙江人。
徐馨。咸宁人。
欧阳干。庐陵人。
王有桧。安福人。
邝璪。宜广人。
汪椿。南陵人。
冯天秩。故城人。
章极。永福人。
岑台。名山人。
王应壁。青州人。
张凤鸣。桂林人。
张一龙。乐平人。
马化龙。西安人。
万历：
滕垍。永昌人。
周大赉。临桂人。
祝惟敬。德兴人。
赵世芳。梓潼人。
郭继曾。晋江人。

教授

高震。四川人。
孔敬伯。新淦人。

钟复本。番禺人。
杨嵩。昆明人。
萃浩然。归安人。
留让。西安人。
刘信。泰和人。
阮喆。浙江人。
龙士行。泰和人。
刘祥。吉永人。

训导

杨崧。昆明人。
谭复彬。衡州人。
蒲庆。建水人。
邹春。丰城人。
易让。四川人。
鲜鲤。邛州人。
姚党。宜宾人。
王游。四川人。
郭侃。浙江人。
苏时。江西人。
王德兴
叶阜。大足人。
李敩。平越人。
程熙。柳州人。
顾麟。安南人。
钮廷珪。楚雄人。
赵显德。浪穹人。
李陶化。临安人。
丘嵩。都匀人。
赵时亨。镇远人。
万历：
林问。赵州人。
孙略。普安人。
宋之宣。毕节人。

潘世昌。保山人。
夏邦。洱海人。
孙中式。威清人。

永从县知县

正统：
张铎。当阳人。
赵禧。澂江人。
苏亨。绥宁人。
戴铭。江西人。
窦宽。咸宁人。
成化：
冯泰。遂宁人。
施铨。昆明人。
罗文。枣阳人。
弘治：
刘让。天台人。
刘举。广东人。
刘昂。湖广人。
彭信。湖广人。
马价。四川人。
正德：
吴相。河南人。
周谧。浙江人。
吕钥。云南人。
嘉靖：
王川。蓝田人。
何伟。武昌人。
李太和。象州人。
李霖。武川人。
刘缙。邛州人。
莫庸。恭城人。
胡宗耀。乐至人。
郭一元。临汾人。

宋桥。四川人。
陶金。新野人。
隆庆：
牛辉。大足人。
杨春熙。赵州人。
万历：
黄禄。全堂人。
陈常。富顺人。
石乔。湘潭人。
孙梦熊。滕县人。
包善。资县人。
龚一麐。营山人。

训导

朱之彦。云南人。
裴东鲁。荆州人。
龙腾霄。郧阳人。
徐宗传。四川人。此后裁革。

古州长官司

正长官杨秀茂。洪武初，功升本司正长官。男通万袭，故绝。三世孙正贤袭。沿至凤麟。

曹滴长官司

正长官杨都万。洪武初，功授本司正长官。三世孙官保拖欠钱粮，向部行思州府头目杨文智署管。后乡老杨才按等告保官保署司事，复为田地事，发归州充当水夫。三十五年，兵部查取土官儿男，乡老石得秀告保四世孙光秀承袭，复领铜印一颗。沿至惟清。

副长官杨金禄。洪武初，授本司副长官。至十世孙春茂故绝。应该弟春兰袭，亦绝。沿春葵土舍。

潭溪长官司

正长官石禾平。洪武初，男文汉功授本司正长官。四世孙贵德故绝，族弟贵听袭。沿至守龙袭。

副长官石满从。洪武初，功授本司副长官。四世孙仲真疾，男通礼幼，侄贵显借袭。通礼长成，仍袭前职。

八舟长官司

正长官吴金谷。洪武初，男添秀授本司正长官。三世孙原昌故绝。弟原成袭，故，男从义袭。沿至国臣。

洪州长官司

正长官李德玙。洪武初，功升正长官。三世孙显故绝。永乐十二年，次房孙荣袭。四世孙诚故绝。弟训袭。沿至润。

副长官林荣辅。洪武初，授副长官。七世孙棠故绝。嘉靖三十年，弟柯袭。

新化长官司

正长官欧阳万。洪武初，功升本司正长官。男孟太故绝，亲侄都钱袭。沿至鸣阳。

湖耳长官司

正长官杨再禄。洪武初，授正长官。子通受袭。至六世受保绝。族人杨堂管印。沿至通万。

副长官欧海万。原西关寨土官。永乐十二年，乡老杨秀茂等保举，男景辅改本司副长官。沿至朝奉。

亮寨长官司

正长官龙正忠。洪武初，功升本司正长官。男友仁故绝，侄志诚袭。沿至祖华。

欧阳长官司

正长官杨都统。洪武初归附，授正长官。子再仲袭，故绝，侄海均、孙正文俱绝。沿至守镇。

副长官吴茂贤。洪武初，功升本司副长官。

中林长官司

正长官杨胜贤。洪武初，功授本司正长官，故绝，弟秀通袭。七世孙铭故绝。侄孙承祖袭。沿至一龙。

龙里长官司

正长官杨光福。洪武初，功授正长官。子昌载、昌贵袭，故绝。十七年，四男昌盛袭。沿至武。

赤溪长官司

正长官吴世铭。前元任本司副长官。永乐八年，男尚先功升正长官。七世孙宗周故绝，族弟春袭。治至皋。

杨通谅。永乐十一年，功升本司正长官，沿袭至国威。今缺。

西山阳洞长官司

正长官韦方魁。正统中，獞人叛，遂纳印于府。其后稍聚，耕种自给。嘉靖己丑，韦文郁者自称方魁裔孙，求印治之，请于两台，未行。

科贡

进士

万历己丑科：龙起雷。官至评事。

举人

隆庆丁卯：王大臣。官至知县。
胡之相。
庚午：赵思谦。官至知县。
周大谟。官至参议。
万历癸酉：雷起春。官至知县。
张文光。官至知县。
蒋镇楚。官至知县。
己卯：萧承露。官至知县。
龙起渊。
壬午：薛扬。任知县。
乙酉：黄甲英。任教渝。
戊子：龙起雷。中己丑进士。
赵懋贤。
俞咨益。任知县。
黄甲选。
辛卯：梅友月
甲午：周九龄。
朱光宇。

丁酉：梁文炳。
江国选。
鲍登龙。

岁贡

成化：石彦祥、吴文海、杨元、田良、杨亨、石锦、龙潜、欧盛、张琦、吴裕、吴英、毛鉴、尹政、龙羽、周玉、李清、陈道、酆仪、彭汉、王绍、周忠。

弘治：尹仲和、张祯、廖志兴、董志海、高睿、赵成、董环、蒲观、史昊、尹进、周瑚、杨嵩、陈润、郑镛、杨桀、徐富、廖绥。

正德：杨英、金轩、王纶、黄满、蒲鼎、黄澄、高俊、宋桂华、宋秀清、王昆、邵暹、王锐、汪杰、曾祥。

嘉靖：徐文宿、林凤、侯宗元、汪朝宗、周华、高钥、俞仑、杨美、侯宗道、舒显富、宋秀松、何官、徐秀、朱辕、王讷、黄玹、高镗、何如贯、汪本洪、李勋、石禄、俞槃、任文、黄鎏、蒲茂、贾爵、石巘、李琦、张启参、陈伯纶、徐盛、潘应奎、王哲、李应、俞桀、谭相、王银、赵拱辰、吴廷官、薛仲、王世荣、刘鸾、周文清、曾益、陈镐、俞棠。

隆庆：胡天然、张四维、何志清、俞思义、沈相、方世矩、龙腾、周文深。

万历：周统、李朝阳、俞藻、朱文明、舒嘉兆、马道远、吴仲儒、倪天和、俞咨禹、何凤高、高仁、李尧咨、万玺、鲍希颜、俞梦蛟、吴大荣、吴仲像、倪天秩、胡莛、朱之翰、潘应荞、潘道诚、凌应奎。

名宦

五代・梁

杨再思。以左仆射为诚州刺史，有遗爱，民至今庙祀之。

本朝

黄恭。上海人。正统中知府。才优智敏，尚实政。时诸苗弗靖，恭募民兵，以征以守，境土用安。苗平之后，白骨堆野，恭皆为之瘗掩。景泰四年，加二品禄。九载满去，民不忍舍。

吴良。江夏侯。洪武五年，率宝庆指挥胡海等攻铜鼓、五开、潭溪、曹滴、腾浪、笃莫、洪州、古州等处蛮，诛首恶，抚余党，凡平峒寨二百余所，皆编户。自是蛮夷畏怀，奉法输税，地方得以安宁。

刘行政。华容人。景泰初推官。智勇过人。郡自正统末苗寇猖獗，攻劫城堡。政慨然以抚捕自任，提兵四出，亲冒锋刃，且深入贼窠，谕以顺逆祸福，不半载，远近畏威怀德，以安地方。

杨纬。大理人。天顺七年知府。建学校，增广生员，凡祀典、坛壝及仓库之类，悉皆修举。寻升山东参政。

袁盛。枣阳人。成化二十二年知府。治尚清静，政平讼简，论者谓其“治夷以不治，刑期于无刑”，人以为确言。

张纲。滁州人。弘治间知府。廉静自持，为政期于必行，然以爱民为主。去之日，吏民如失怙恃。

张恺。无锡人。弘治十三年知府。治在躬行，化导拊循，期用夏蛮夷。其于文事武备，裕如也。所著有《志夷杂咏》。

余桂。绵州人。正德二年知府。性果毅有为，多所兴革。亡何，调守黄州。

徐馨。咸宁人。正德十二年推官。谳狱佐郡，治绩烨然。

祝寿。历城人。正德中知府。刚正沉毅，禁令整齐，土司苗民，望而畏之。时府署自弘治初修建，年久倾圮，寿下令更新。规制大备，民不告劳，上闻以能。六年，迁云南参政。评者推黎平贤守第一云。

王光济。商州人。嘉靖十一年知府。廉正有为，庶务修举。

夏玉麟。常熟人，嘉靖十六年知府。才裕识敏。尝欲西通天辅，置驿以达贵州，南拓五开之地，辟府街，列十三司辖。未几，以内艰去，郡人惜之。

孙继鲁。云南人，嘉靖间知府，文学闳深，才识英迈，治郡三载，正法制，饬功令，拯弱锄强，罢里甲，省烦苛，清白之名著于海内。擢湖广提学副使。去之日，老幼攀车，莫不涕泗交下。有《去思碑》在靖州城南。

刘汝顺。清江人。万历初知府。奉职循理，民悦而安之。苗民初不知学，拔其秀者与衣巾，如弟子员，请于督学使者奖进之。是时，五开卫军纠众称款，跳梁日甚，逼顺不与居卫城，乃移靖州。密接[①]款军不法状，上两台，逮捕其渠魁王成等六人，调戍边，余党悉平。

胡宗政。松滋人。景泰初经历。有干济，多谋略。时西山獞苗互相仇杀，祸及平民，数年不解。政至，请行。遂冒险深入，为辨其曲直，谕以威德。至今獞苗相得，不敢扰边，皆其功也。

万历《丁酉志》名宦共十六人

① 密接：《黔记》作“密案”，当是。

乡贤

宋

杨通蕴。诚州人，才雄一时，众举为长，开宝中举州内附。

杨通宝。通蕴弟，美仪度，善辞令。开宝中送款京师，太宗命为诚州刺史。

杨蕴。通宝子。淳化元年，贡土锦、蜀马、犀角，求嗣父职，太宗以蕴得民心，许之。

万历《丁酉志》乡贤共三人

恩典

龙海。以子起雷贵，赠文林郎。

万历《丁酉志》恩典一人

孝义

陆氏。郡人张启参妻。善事翁姑，殷勤定省，久暂一致。嘉靖三十八年，详允两院赐孝妇匾旌奖之。

万历《丁酉志》孝义一人

贞节

高氏。戍卒卜寿妻。寿戍新化所，高从之，纺绩以居，寿卒，年二十九，遗言令其善事他人。高曰："妾从君跋涉酸楚，所不忍死者，君在耳。君殁，妾何用复所！"既葬寿，遂自缢。

姚氏。舍人詹华妻。姚父母俱逝，华赘，处其室，年二十五卒，无子。姚断荤酒，依兄子以居，终身守节焉。

李氏。百户唐英妻。英卒，时年二十，公姑早逝，生子冠甫六月，誓不二夫。孤苦冻饿，终无愠色。抚冠成立，袭父职。年五十二终。

袁氏。百户袁杰女，幼聘舍人王言。嘉靖五年，言方一十四岁，因父指挥王载侵粮脱逃，将言监追，年久产尽，遗书袁氏父母，令袁改嫁。袁誓死不听。至四十一年，恤刑郐郎中悯言久禁，怜袁矢志，暂放婚配，置匾奖曰："三楚遗烈"。甫三月，复收监。至隆庆三年，言在监病故，袁守节如初。巡按御史雷稽古查实，批云："王言代父追赃，系四十年无辜之禁；袁氏未婚苦节，守四十载有夫之寡。"具题免赃，立坊旌表，仍免二丁侍养终身。

汪氏。军人曹纪妻。纪丧，汪年二十，子方一岁，家贫甚。及服阕，姑讽以再适，汪誓死守节，纺绩事姑育子，历尝苦辛。年六十六卒。嘉靖三十八年，院道匾奖。

万历《丁酉志》贞节共五人

迁谪

宋

程敦厚。高宗朝侍讲。忤秦桧，谪渠阳，土人为作大观亭居之。亭在湖耳司境上东二十里。

流寓

唐

王昌龄。天宝中左迁为龙标尉。李白闻之，寄诗曰："杨花落尽子规啼，闻道龙标过五溪。我寄愁心与明月，随风直到夜郎西。"盖龙标居五溪上游，去夜郎不远，故云。昌龄《过泸溪别友》亦云："武陵溪口驻扁州，溪水随君向北流。行到荆门上三峡，莫将孤月对猿愁。"

亭馆

忠敬堂、绥远堂、思政阁。俱治内。

去思亭。南门外。嘉靖间，靖州参将周一德为知府孙继鲁建。中有《去思碑》，绘像于上。

大观亭。湖耳司东。土人为宋名贤程敦厚建。

坊市

毓贤坊、腾蛟坊、起凤坊。俱学前左右。

联魁坊。

三牌坊市。

四牌坊市。

寺观

观音寺。治西。

北极观。治东。

南泉庵。治东南。

玉皇阁。治东。

古迹

诸葛营。一在治东北三百里古州乐昌界，一在治北八十五里新化司界。相传以为武侯南征时立营于此。

废古州八万军民总管府。治北八里，欧阳司南。元置。

废新化府。新化司治西北。永乐十一年置。

废铜鼓长官司。废五开洞长官司。俱元置。

废上黎平长官司。

丘墓

宋

徐知府墓。新化司东南，详见祠祀。

祥异

嘉靖丙午七月，每夜一更时，野狗沿城吠，始只一二，后或十余，漫散遍城，直至府前，或白昼眠于城上。至丁未，合卫兴哗款，至潘老寨讲理杀死任恩人命事，杀二十五人。其吠始息。

壬子秋，有鸟似凤自南来，立于先师庙之上，人以为文明之兆。

乙卯，有一飞虎集于南门街徐林家佛事旙竿上，自后地方多事。

万历辛巳，城南刘黄旗家有猫生子，一身二头。水井街孩童获一麻雀三足。

万历辛卯三月十七日午时，忽暴风雷雨大作，府治二门右平地水涌三尺，有蛟腾去。既涸，视之，有洞如井，积水澄碧。知府袁表名之曰“腾井”。

纪兵

万历四年，洪州司长官李芮同男如金，被辖民李富争印制死，知府吴宗吉领指挥赵懋忠等率兵擒富，斩首解报。

万历六年，中林司土舍杨贵、杨栋、贾其众谋杀酋长杨相，寻勘问正法。

万历八年夏七月，五开卫军叛。五开，楚属也，其心未尝一日有黎平。当国初时，苗夷常内侵，四郊多垒，犹与府戮力御苗。孝庙以后，边境渐无事，军夷皆富，则猜嫉转甚，居常合众为款，借号曰“御苗”，诲其属陵轹府僚，亦不有监司矣。

嘉靖十七年，兵宪副使朱藻按部至五开，款军周泰等大噪，不果纳，纵火焚其司门。朱兵宪度不可制，亡走靖。于是款军杨杨谓计得也，夸张愈甚。

二十九年，军周宗、刘芳等挞守备路良于卫堂，纵火焚府门。三十九年，上黄、潘老寨夷与军相仇，知府张廷桂往勘，五开嗔不约会，使其众挞张知府，击碎其公座。四十二年，挞守备姚绍武。四十五年，挞守备魏麒。

王成、潘应星两人者，乡之罢恶倅也。素无赖，款军起，因相倚为奸。会新化所军与潭溪民争婚，众主诸军攻潭溪，遂启局库，出兵器，横行纵掠诸富室，无所惮。知府刘汝顺召问，诸军面侮之。

万历元年，汝顺赴贵州，城军惧其诉己也，阻不与出城。已而，率众逐之潭溪，又逐之靖。居亡何，迁去，始发其罪上两台。乃按逮王成、潘应星等六人，调戍边，款军稍戢。于是成、应星各案，问赃至二百余两，阅数年不肯出，则诉诸军分坐之。卫司捕辄乘间受为理，而啗其利，军忿不堪，复鼓噪起。

八年，六所军刘应、胡国瑞、卢国卿、周官、姚朝贵、刘高各率其党，号“六哗”。又传木刻，纠天甫、银赖诸苗贼为应援者凡五司，号曰“五哗”。刘应者，指挥刘璋户丁也。璋惧祸及已，阴使人刺杀应。胡国瑞等知之，噪起焚掠刘璋家，欲杀之，逼出银三百三十两偿刘应命，缚百户恕学仁，刈其发，砍其指，令自裁。一日中扑杀所憎陆继先等六十余人。是时，守备林维乔奉命移驻五开，国瑞谓众曰：“乌容彼处此为哉？吾曹且大不便！”悉焚其衣冠图籍，逐之万福山。始闭城门，建号称变矣。卫司捕向所挟取于军甚众，将甘心焉，焚其居舍，略家产，索偿牛酒、赎锾无算。

九年夏，右所军与中所军争摘豆叶，国瑞奋刃格杀彭玉、彭大武父子，及射中仆地者五人。苗尚万入城互市，因抽佩刀杀军一人，国瑞捉之，自临演武场宣令斩其首。于是铜鼓、靖州、中潮、龙里诸军皆响应猖獗，先后巡抚、兵宪屡檄下所司抚谕之，竟跳梁不解。是年，湖广巡抚陈省来代，始疏于朝，请讨之。其十二月，调诸路兵四千余人，军门自将，驻靖州，分遣守道参政贺邦泰、兵备佥事龙宗武、参将邓子龙各帅所部捣五开，传令献俘。国瑞盛服张盖，登城陴大呼曰：“若有精兵，吾固有坚城，欲令何献！”时卫司捕亦领一麾薄城，军怨之未已，磔其妾掷城下，曰：“今日犹能挟王成取吾财乎！”兵围城急，则诸军胁从者寝悔，稍稍解去。龙佥事觇知之，帅所部火攻其东门，诸军争救东门，遂分兵入北门，擒卢国卿、周官，及斩馘数十人，抚其胁从者弗治。胡国瑞奔西门亡去，寻获之于武冈，俱论死，遂平。

十二年八月，曹滴司冠带土舍杨天爵平日贪虐无忌，致失苗心。各苗乘隙聚众五百余人，攻杀土舍正妻与弟，掳掠大尽。抚按具题，令副总兵张奇峰率兵征剿，生擒五十余名，斩首六十余级，余凶定罪有差，事宁。

十七年夏六月，洪州司草坪寨苗民石纂禄拥其众五百人，杀死百户黄钟音，及死伤士卒三十余人，遂叛。

当国初时，苗始平，征蛮将军李某谓夷性吝而嗜杀，别为议困之，曰杀人者免死，其一头抵金三十有三两，而休苗民，著为令。乃其俗善仇仇，寻常相格杀，不愿理于官，数抵以百数。于是参将黄斌帅所部兵勘上，矮民悉听命，大有所要而返。斌扬扬自得也。兵次中中所，气方盛，闻草坪、天星二寨苗相仇杀不休，百户黄钟音进曰："此去草坪百里而遥，移军剿之便。"斌然之。于是，不约会于府，不请于监司，悉发所部兵趋草坪。

千户许赐跪泣谏曰："不可！明公虽绾兵符，宜听于监司。且草坪寨者，黎平府之编民也。不约而征之，府将谓何？"斌不听。

百户周之屏、武策贪功喜事，竞赞之，遂行。二日，抵草坪，兵次月团坡，与贼对垒。黄钟音传令，大叱曰："若所杀天星苗民一十有六命矣，其亟偿金五百有奇，兵当解！"贼对曰："歹有宿仇，自相杀，如犬咬犬，其谁诉于官乎！即偿金当谁受之？"盖心知斌冒取也，坚拒不肯与。钟音怒，大骂，遂举炮，引兵逼贼垒。贼佯走，兵逐之，石纂禄等麾五百众掩其后，遂创杀钟音及诸卒。斌大惧，亟引归。状闻，诸监司、两台皆切责曰："轻敌挫威，咎不在贼。如非训，何于是？"属府官善抚其民，令谳凶三人论死。而石纂禄竟亡去。久之，黄斌愈恧不自怿，数请兵复之，弗许。

吴大荣者，洪州苗贡生也，阴怀不轨，家畜死士三百人，并骁勇。斌知之，使人奉白金三百为大荣寿，原借兵以复草坪，大荣许之。约期悉发所养士，大荣躬亲督之，合黄斌所部兵，凡千人。攻草坪，焚其窠，发民窖藏，得数千金，大荣悉捆载以归，而自摄其众，将欲鼓余勇袭我军。黄斌觉，急奔还。大荣亦退。

内隐逸、仙释无入。

明代贵州史全四种整理点校文献集成

贵州省高校人文社科基地贵阳学院阳明学与黔学研究院黔学研究丛书

万历贵州通志

（下册）

［明］江东之　王耒贤　沈思充◎修

［明］许一德　陈尚象　刘汝辑　周文化◎等纂

赵平略　吴家宽◎点校

西南交通大学出版社

· 成都 ·

图书在版编目（CIP）数据

万历《贵州通志》. 下 /（明）江东之，（明）王耒贤，（明）沈思充修；（明）许一德等纂；赵平略，吴家宽点校. —成都：西南交通大学出版社，2021.1

（明代贵州史全四种整理点校文献集成）

ISBN 978-7-5643-7641-3

Ⅰ. ①万… Ⅱ. ①江… ②王… ③沈… ④许… ⑤赵… ⑥吴… Ⅲ. ①贵州－地方志－明代 Ⅳ. ①K297.3

中国版本图书馆 CIP 数据核字（2020）第 173572 号

目　录（下）

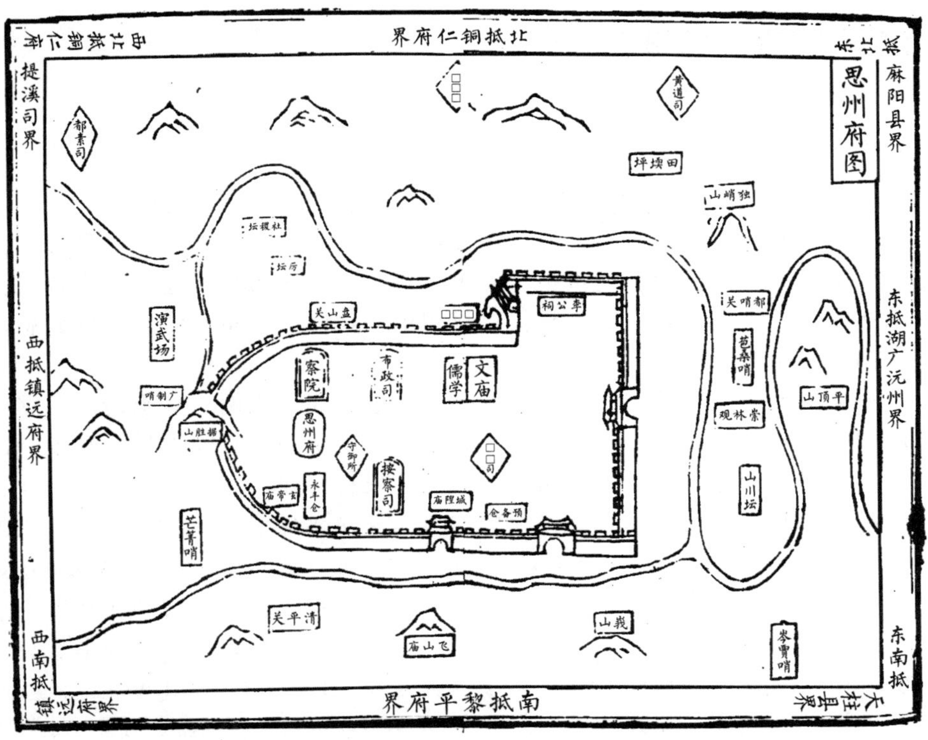
思州府图
北抵铜仁府界
南抵黎平府界
麻阳县界
东抵湖广沅州界
西抵镇远府界
提溪司界
西南抵镇远府界
东南抵天柱县界
演武场
文庙
儒学
思州府
山川坛

图 26 思州府图

贵州通志卷十六

第三十二章　思州府

沿革

《禹贡》荆梁二州之裔，春秋时属楚，秦属黔中郡，汉属武陵郡酉阳县，三国吴分置黔阳县，地隶焉。隋为清江郡，唐为思州宁夷郡丹川、丹阳二县地，宋为思州安夷县地。元世祖至元十二年，思州田氏降，置沿江安抚司，隶思州军民宣抚司。寻自龙泉坪徙宣抚司治于清江，称思州，而改称故思州为思南，隶湖广行省。

皇明吴元年，田氏归附。洪武五年，分置思州、思南二宣慰司，隶湖广布政司。永乐十一年，宣慰使田琛与思南宣慰使田宗鼎有隙弄兵，坐废，遂改思州宣慰司为思州府，隶贵州布政司。领长官司四。

都坪峨异溪蛮夷长官司。附郭[1]。元为台蓬若洞住溪等处蛮夷长官司，隶思州宣抚司。本朝洪武六年，改置都坪蛮夷长官司于都坪寨。二十五年，省入黄道溪长官司，隶思州宣慰司。永乐十一年，复置本司于洒溪，改今属。编户二里。

黄道溪长官司。治东北一百三十里。唐为丹阳县，宋因之。元为黄道溪野鸡坪等处军民长官司，隶思州宣抚司。本朝洪武五年，改置本司于茅坡寨。二十五年，以务程、龙敖、平岳、都坪四长官司省入，迁治于武陵坪，隶思州宣慰司。永乐十一年改今属。编户三里。

施溪长官司。治北二百二十里。唐为丹川县，宋因之。元置施溪等处长官司，隶都云定云宣抚司。本朝洪武元年，改置本司于丹坪寨，隶湖广沅州卫。六年，调属思州宣慰司。永乐十一年改今属。编户一里。

都素蛮夷长官司。治西九十里。原系田宣慰亲管地方。永乐十一年，布政使蒋廷瓒奏设本司于马口寨，为今属。编户一里。

郡名

清江。隋名。

---

① 郭：原文误作“廓”，本书多处均用“郭”，据改。

宁夷。唐名。

沿江。元名。

思旸。郡治面旸，因名。

形胜

重山环抱，两溪交潆。《旧志》。城廓再辟，保障足恃。巡按毛在记。东连沅靖，西抵涪渝，扼盘瓠之襟喉，作湖楚之唇齿。《一统志》。

思阳八景

龙观晓钟。

碧潭晚渡。

一山拥翠。知府张柱诗："迢迢一脉自偏桥，踊到思州峙丽谯。厚重奇形轻泰岳，嵯峨雄势眇云霄。翠摇古柏风生壑，绿泻幽篁雨压稍[①]。形胜古今人景仰，万山堆里耸孤标。"

二水拖蓝。张柱诗："二水源分南北陬，潺潺日夜泻芳洲。寒凝草色蓝拖带，清浸天光碧泼油。水底有鱼皆变化，滩头无鸟不喧秋。聿从神禹疏通后，山自青青水自流。"

白鹤鸣皋。

玄宫倚壁。

武场画角。

文石涵星。知府蔡懋昭《总咏》："案横都哨转龙庵，晚渡归人映碧潭。崒嵂一山屏拥翠，萦回二水带拖蓝。管鸣白鹤闻清浪，鼎建玄宫倚翠岚。耀武牧园金鼓壮，前溪星石瑞光涵。"

疆域

东抵湖广沅州界，九十里。南抵黎平府界，三百里。北抵铜仁府界，一百二十里。西抵镇远府界，一百里。东南抵天柱县界，二百五十里。西南抵镇远府界，九十里。西北抵铜仁府提溪司界，一百七十里。东北抵麻阳县界，二百八十里。

山川

据胜山。府后。高大为郡之镇，旧名松园囤，知府蔡懋昭筑据胜台于巅，改今名。"一山拥翠"景即此。

---

① 稍：《黔记》作"梢"。

平坝山。城东一里。脉环抱，为府朝案。

独峭山。城东北。连亘卓立。

峨山。城南三里。高卓联起郡峰。

洒溪。绕城北，东即清江。

架溪。城南。架木以济，因名。

都坪司

点灯山。治南一里。夜常有光如灯。俞通诗："万仞峰峦楼杳冥，银缸千古寄岩扃。不知天禄谁为校，疑是青藜午夜灯。"

打宝坡。治南五里。石可凿用。

十万囤。治东十里。昔田琛藏兵十万于上。

龙塘山。治东六十里。产铁。

鬼总鬼隐山。治北六十里。有课蜡。

岑贾坡。治南百里。外接洪江，苗常出没为患，今立哨，以土舍坐守。

上下住溪山。治西三十里。产佳木，可供国用，例有封禁，不得砍伐。

转水。治西北四十里。四面山岭凌云，水合众流，盘旋数曲，风气完固，可建城邑。

凹溪。治西二十里。东岸有油鱼洞，西岸有铜鱼洞。

砚池塘。治东八里。水中有金银星石，可为砚。

纸槽溪。治北十里。土人以楮皮造纸。

黄道司

九曲坡。治西十里。山高路险。陈杨产诗："倚天削壁为谁开？千里人惊司马来。路向青霄[①]盘九曲，山从黄道数三台。荒村鸡犬云屏[②]里，绝巘猿猱树木隈。处处石莲开欲遍，居然身世在蓬莱。"

杨柳山。治西二十里。产崖蜡。

旗头山。治西三十里。孤高万仞，里人以山峦濛霁验晴雨，巅有甘泉古柏，玉皇、玄帝二刹。

黄崖冲山。治西南五里。有据险避苗囤。

鳌山。治西八十里。中有古寺，或隐或见，人迹罕至。

田坝坪。治西北三十里。广原沃野，山环道冲，设有供馆。

淘沙溪。治北五里。古昔土人淘洗砂石，以煎水银，今废。

---

① 青霄：《黔记》作"青梢"。

② 云屏：《黔记》作"云坪"。

田塍岩溪。治西五十里。设有渡。

瑰楼溪。治西北三十里。水出山洞，日三消长，人谓蛟龙所潜。

白崖溪。治西北三十里。思铜分域，昔尝戍守于溪左山。

泉洞。治西七十里。龙敖地。崖壁千仞，飞泉成潭渊，以艇从旁入洞，广容百人，参政蔡霞山镌“云门”二字于石壁。

黄道溪。治西南八十里。溉田甚广。

施溪司

御屏山。治后里许。

漾头山。治前三里。

大隆坑山。治西三十里。产砵砂，今废。

蜡傍山。治北二十里。有课蜡。

六龙山。治北二十里。苗常出没。

独岩径。治北[①]十里。路狭岩险，设隘御苗。

龙门滩。治北十里。江自铜来，滩险损舟。

施溪。治东里许。水达辰常。

铜罗潭。治北一里。蛟龙所潜，二十余年一见。

都素司

红岩山。形高色赤。

狮子口山。在平牙寨。铜苗出没，土司设兵防守。

天平囤山。治南二里。土人据险避兵。

天应山。治东南十里。昔人祷雨雷应，因名。

马口溪。治里许。即洒溪源。

左溪。治南十里。

冷水溪。治西南二十里。

风俗

人性刚悍，《一统志》。弦诵洋溢。按察使卢秩记。风俗醇厚，民知畏法，无大奸，士类彬彬有文，埒于内地。巡按御史毛在记。

户口

嘉靖间官民七百五十二户，九千一百一丁口。万历二十五年，增至八百

---

① 治北：原文误作“治南北”，据《黔记》改。

三户，八千一十丁口。都坪司二百八十二户，二千八百六十丁口。黄道司三百四十户，二千二百三十一丁口。都素司一百四户，一千六百七十三丁口。施溪司七十七户，一千二百四十六丁口。

土田

府属《旧志》田无顷亩。万历九年新丈，实在民田四万八千三百八十亩五分。都坪司一万六千二百二十二亩八分零。黄道司一万八千三百一十九亩四分。都素司九千五百二十七亩五分零。施溪司四千三百一十亩六分零。

方产

铅、铁、蜡俱都坪司出，硃砂、水银俱施溪司出，今废。

贡赋

贡额：岁解黄蜡六十三斤。都坪司四十六斤。黄道司六斤半。施溪司四斤半。都素司六斤。

每三年一次类解。近改入条鞭，征银解纳。

秋粮，旧额八百三十九石九斗五升八合五勺。万历九年新丈增至八百五十二石七斗六升零。都坪司二百八十五石四斗零。黄道司三百三十石七斗五升。都素司一百三十四石二斗八升。施溪司一百零二石三斗三升三合五勺。

徭役

万历二十五年，条鞭、公费、银差、力差三项银共五千五十二两三钱三分零。都坪司一千八百二十二两九钱零。黄道司一千九百四十四两四钱零。都素司八百二十六两四钱。施溪司四百五十八两五钱六分零。

城池

府城。永乐十三年，知府崔彦俊创筑土城。隆庆三年，知府张子中议迁平溪卫城内。万历五年，因民情不便，奏请复回。重筑包石土城三百二十丈，高一丈五尺。十年，知府蔡懋昭谓后山高峻，俯瞰城中，敌至难守，乃议包筑后山石城一百二十丈，增筑敌台十二座。

公署

府治。永乐十一年，知府崔彦俊以宣慰司改建，正统己巳毁于寇。成化七年，知府王常重建。隆庆四年迁于平溪。万历六年复回，知府杨云鹍修建。十年。知府蔡懋昭议允筑高基址丈许，迁依后山，中为泰初、中宪二堂，后为萃福楼，前为仪门、开藩首郡楼，伟然改观矣。

理刑厅。堂左。

经历司。堂右。

阴阳学。府前左。

医学。府前右。俱知府蔡懋昭建。

都坪司治。永乐十一年，长官周瑛建。

黄道司治。洪武二十五年，长官刘弼建。

施溪司治。洪武元年，长官刘道忠建。

都素司治。永乐十一年，长官何文学建。

守御所署。万历十年，知府蔡懋昭建。

都坪巡捕署。万历二十四年，知府李仕亨建。

行治

察院。治左。知府蔡懋昭建。

思州公署。平溪卫城中。

布政分司。治北。知府张价建。

按察司。治南。知府王常建。

学校

儒学。永乐十一年，知府崔彦俊建于治左，东向。成化间，知府王常改迁南向。嘉靖元年，知府张柱重修。万历十年，知府蔡懋昭改正癸山丁向。

明伦堂。文庙右。

志道、据德二斋。堂前左右。

训导廨。明伦堂右。知府蔡懋昭建。

礼门。

儒学门。

敬一亭。庙后。嘉靖元年，知府张柱建。

先师庙。永乐十一年，知府崔彦俊建。

戟门。

泮池。

棂星门。

启圣祠。庙左。万历十一年，知府蔡懋昭重建。

名宦、乡贤祠。庙右。万历十年，知府蔡懋昭建。

学田[①]。一分在黄道司务程洞。计种三石六斗。万历二十四年，知府李仕亨详允置。一分在黄道司务程洞，地名亚鱼塘。种一石。丈六亩三分，北抵堰口，南至水沟，西至溪，东至山顶。又山田冲土十亩，在地名胡三冲，每年共收租谷十石整。万历二十五年，郡人刘怀望置，为修理学宫之费。店三间，儒学门左。

起文楼。十二间，文庙左。万历十年，知府蔡懋昭创建。

社学。府前一，黄道司一，都素司一，俱万历二十四年知府李仕亨建。

秩祀

社稷坛。治北五里。

山川坛。原在治南，知府蔡懋昭迁于治东一里。

厉坛。治北三里。

城隍庙。城内南。

李公祠。城内。为知府李允简建。

遗爱祠。一为知府蔡懋昭建。一为推官王制建。

关梁

都哨关。城东一里。

盘山关。府北。倚城阻水，一径盘山，故名。万历十年，知府蔡懋昭建。

清平关。城南一里。

迎恩桥。城南。架溪上。

云封桥。治南三里。

平坝桥。治东五里。

受溪桥。治北三里。

木林桥。治南十五里。

转水桥。治北五十里。

通济桥。治东六十里。

大石桥。田堧坪前五里。总兵石邦宪建。

小石桥。田堧坪前半里。通晃州大道。

洒溪渡。治前。

天堂渡。治东十里。

磨寨渡。治北五里。

① 学田部分原文有模糊处，据《黔记》补。

云盘渡。治北五十里。

平溪渡。治东四十里，驿前。

竹溪河渡。治北，都素司。

田塍岩渡。治东八十里。

烂缛河渡。治北九十里。

兵防

守城。鸟铳枪、刀手八十名，旧系巡捕督率，今议哨守百户一员操练。

广制哨。犭半兵四十名。

芒箐哨。犭半兵四十名。

苞桑哨。犭半兵四十名。

邮传

平溪驿。距府东四十里，平溪卫城外。洪武四年，都督马烨建。

协济马馆

平溪驿。馆银一百五十九两，铺陈银一十两二钱七分，驿马银一千零一十一两八钱六分五厘。

小供。马银六百零六两。

派该：

都坪司。四百九十一两八钱六分五厘。

黄道司。一千六十六两二钱七分。

都素司。二百二十九两。

府前铺、瓮羊铺、住溪铺、丙溪铺、羊坪铺、木林铺、黄道铺、田坝坪铺、龙舡冲铺、茅坡铺、都素司前铺、客楼铺、施溪司前铺、桥头铺。[①]各司兵不等。

惠政

预备仓。城隍庙右。

养济院。府治南。

漏泽园。府南一里。万历十年，知府蔡懋昭以山川坛改置。

① 铺与《黔记》同，弘治《贵州图经新志》及嘉靖《贵州通志》均只有九铺。

职官

知府一员，推官一员，经历一员，儒学教授一员，裁革。训导一员，阴阳学正术一员，医学正科一员。都坪司、都素司各正长官二员，施溪司正长官一员，黄道司正长官一员，副长官一员，四司各吏目一员，平溪驿驿丞一员。

知府

永乐：
崔彦俊。新建人。永乐十一年首任。
沈宗。钱塘人。
王寅
刘本。潮阳人。
郭胜。山东人。
郭琰。山东人。
贺让。衡阳人。
林英。苏州人。
成化：
王常。马湖人。
周振。吴县人。
胡深。巴县人。
张价。内江人。
赵浑。漳浦人。
施裕。太仓人。
熊守德。江宁人。
正德：
李概。丰城人。
李时。永平人。
许翺。成都人。
高节。上元人。
张柱。涪州人。
嘉靖：
余敬。永康人。
王敞。扬州人。
张泌。罗山人。

刘祚。安福人。
周文光。永康人。
吴拱辰。武昌人。
毛希源。太仓人。
明幼光。西充人。
朱怀干。归安人。
李允简。融县人。
王仪凤。章丘人。
张洲名。孟县人。
符仕。宁陵人。
张继芬。茶陵人。
隆庆：
张子中。鄞县人。
万历：
莫如德。融县人。
杨云鹍。太和人。
蔡懋昭。上海人。
马汝承。蕲州人。
郑天佐。福清人。
祁汝东。江阴人。
高自修。嘉定人。
李仕亨。铜梁人。

推官

田振。辰州人。
唐贤。兰溪人。
孙魁。密云人。
柴倖。临安人。
严绩。乌程人。
钟起。枝江人。
唐琛。乐安人。
王芝。庆符人。
赵宗贤。巴陵人。
龚申。绵州人。

陈文。武岗人。
夏俸。和州人。
王泽。龙溪人。
李阙。青县人。
徐江。浙江人。
张武臣。涪州人。
隆庆：
刘兰。芜湖人。
喻尚中。会昌人。
万历：
陈明德。平乐人。
瞿学召。上海人。
王制。云南人。
熊正显。富顺人。
周至德。麻城人。
蔡应吾。平和人。
谭汝诚。兴业人。
吴天祐。赵州人。

训导

永乐：
何辅。
成化：
朱嘉爵。
李维。
嘉靖：
姜潮。云南人。
王天禄。平溪人。
胡来臣。
隆庆：
张良乡。华亭人。
万历：
虞湛。永平人。
吴之举。新添人。

许恕。赤水人。

蒋文甫。贵阳人。

杨应霈。威清人。

王从善。宜良人。

汤克念。贵阳人。

束武。禄丰人。

凌应奎。黎平人。

都坪长官司

正长官何梦霖。宣慰司头目。洪武六年，从征有功，除授本司正长官。沿袭至翺。

正长官周斌。宣慰司头目。永乐元年，从征有功，除授随司办事长官。五年，男瑛袭。十三年，功升本司正长官。沿懋德袭。

黄道长官司

正长官刘贵。本司官籍。洪武五年，子道传功授平岳司长官。七年，孙弼袭，屡征有功。二十五年，改授本司长官。三十五年，孙泽袭，兼守御思州千户。永乐十一年，题专本司正长官。沿袭至怀烈。

副长官黄文聪。宣慰司头目。洪武五年，功授务程司长官，二十五年裁革。永乐十二年，男子芳告改本司副长官。沿至仕。

施溪长官司

正长官刘道忠。元任土官。本朝洪武元年，征调有功，除授本司正长官。沿袭至怀义。

都素长官司

正长官何文学。宣慰司头目。永乐二年，以从征有功，除随司办事长官。十三年，升授本司正长官。沿袭至思治。

正长官周文富。宣慰司头目。自洪武三十五年，以从征有功，除授思州千户所百户。子胜祖、孙源相继袭。洪熙元年，革千户所。宣德十年，改调本司副长官。正统四年，功升正长官。沿袭至以政。

科贡

进士

正德辛未科：侯　位。官至都御史。

举人

成化丙午：傅汝舟。官至参政。
弘治乙卯：侯位。中正德辛未进士。
甲子：龚锐。官至通判。
嘉靖乙酉：李芹。官至学录。
戊子：舒魁。官至通判。
丁酉：姜潮。云南人。以本府训导中试。
庚子：月华。中湖广乡试。
丙午：刘相。官至知县。
己酉：吴麟。官至知县。
壬子：周廷琏。官至知县。
朱环。官至主事。
边捷。官至教谕。
乙卯：戚鈇。官至知县。
戊午：李成栋。官至知州。
甘闾。官至知县。
辛酉：杨和。官至知县。
隆庆丁卯：陈应魁。任知府。
庚午：吴道东。官至长史。
万历丙子：李淳。任知府。
己卯：刘怀民。任府同知。
壬午：边上臣。官至知县。
乙酉：尹新。江西人。以冒籍奉旨革除。
甲午：刘怀宁。
丁酉：丁汝臣。

岁贡

永乐：施镛、杨泰、田昂、周绶、杨昌玺、张仲仁、沈廷用、钱鸿、孙仲贤、向宗礼、吴胜章、徐文明、黄华、周廷璧、黄纪、刘清、孙仲武、施继表、吴文忠、石廷玺、戚廷诏、龙廷璋、甘云、唐文、周文、沈秀、向宗仁、田兴恩、詹良辅、傅从舟、申恩、王钦、孙锐、王堂、陈琬、谭胜恩、龚甲、赵昂、曹俊、周廷珠、向琦、向阳、张翘、刘迁乔、熊侯、陶云、黄价、刘廷勋、张纪、董茂、孙说、龚丙、杨必登、黄表、夏升。

嘉靖：孙议、吴珏、李芳、王律、罗必明、罗能、罗蔓、杨胜时、孙儒、徐廷瑞、杨秀瑞、张罍、杨胜举、李应祥、何绶、赵轩、孙源洁、杨秀宗、李仕元、施书、徐万禄、张珊、胡明臣、陈策、罗胜韬。

隆庆：李灿、余良翰、罗轸，刘一濂选贡、朱璜。

万历：黄裳、月东清、舒克明、詹标、邓宗尧、戚钺、何思诚、宋节、舒克俊、姚全、杨秀成、戴尚志、李褍、周绍文，王序选贡、刘怀望、朱家贤、傅从礼、魏汾、李文思选贡。

名宦

唐

南承嗣。范阳人。唐忠臣南霁云子。为清江郡太守，多善政，时巡夜郎、牂牱，溥沛恩德。

本朝

崔彦俊。永乐间知府。时初草创，俊抚绥叛亡，周旋险阻，法制整备，在任一十八年，功迹茂著。

彭伦。永定人。参将。成化中，镇守清浪等处，折冲御侮，厥功最懋。

王常。成化间知府。宅心公平，莅政勤敏，修葺废坠，创建成池。

张介。内江人。成化间知府。敦实老成，政体谙练，修饬郡学，士习为之一新。

李概。正德初知府，存心莅政，惟务安民，时有枯榴复荣之异。

高节。上元人。知府。劳来安辑，以经术训士。后征苗寇有功，超升参政。

张柱。正德间知府。赋性刚直，莅政循良，禁止淫巫，作兴学校，士民德之。

唐贤。推官。持身廉洁，佐政勤明。

毛希原。太仓人。以荫任知府。力行化导，禁暴止邪。岁余，以疾乞归，民不忍去。

李允简。嘉靖间知府。有操修，莅任时，铜苗猖乱，突入城中，执简以行，出关，投崖而死。事闻，诏赐祭葬，赠按察副使，荫子入监，士民祠祀之。

蔡懋昭。上海人。知府。万历九年任时，府治议自平溪迁回，故城久已倾坠，人无固志，懋昭悉心经理，修城建署，抚辑民生，兴起士类。去后，郡人建祠祀，匾曰“遗爱”。

王制。云南人。推官，万历五年任。体悉民隐，恪守官箴，督丈田亩，人称公平。

万历《丁酉志》名宦共十二人

乡贤

元

刘贵。元宣抚司同知。本朝洪武初，赞田氏称臣入贡。五年，以忠顺升授宣慰司同知。八年，升宣慰使司副使。平易近民，绰有善治。子孙世其官。

黄原铭。才智出人，民夷亲附，以荐任沿江安抚司安抚。

本朝

党宗仁。洪武间，以才干任思州宣慰使司佥事。

万历《丁酉志》乡贤共三人

恩典

刘一清。以子怀民贵，封同知。

万历《丁酉志》恩典一人

孝义

刘惠。清浪人。生员。父患痈，医家以秽不可施药，惠口吮之，度不起，遂乞衣巾终养。及卒，哀毁骨立，葬后，庐于墓侧。一夕，邻家失火，将延其舍，惠心不为动，火亦寻灭，人皆异之。事闻，抚按旌之。

田应秋。都坪司人。嘉靖三十年，被苗攻陷府城，掳其父母。秋与弟应期泣奔苗巢，愿以身赎，父母得归。节蒙旌奖。

万历《丁酉志》孝义共二人

贞节

范氏。郡民徐万谦妻，年二十九。

戴氏。省祭徐万显妻，年二十八。

余氏。吏徐鹏妻，年二十二，三氏遇铜苗攻府掳去，相挽投河而死。巡按御史宿应麟旌表曰“一门三节”。

宁氏。经历卢蕙妻。

涂氏。府吏蒋辉妻。

何氏。土民张自秉妻。

姚氏。监生杨胜举妻。

大范氏。市民熊观海妻。

小范氏。市民熊仁妻。

周氏八姐。土官周廷珪女。以上八氏皆遇难，一时义不受辱，挺身迎刃。万历十七年内，两院题旌。

舒氏。黄道司民张羽妻。无子，氏为娶妾生子。羽故，妾亦继故，氏年二十七，誓不再嫁，抚孤成立，寿七十余。提学吴国伦旌之。

高氏。黄道司民张价妻。价故，年二十二，以姑老子幼，遂守节。事亲抚子，孀居五十七载。万历二十二年，巡按薛继茂题旌。

万历《丁酉志》贞节共十二人

亭馆

望龙阁。府城后山上。

望江楼。府渡口。知府李允简建。苗毁。

迎恩阁。治西二里。

盘龙楼。治北。屈曲环抱如盘龙。

长亭。治南。

收胜亭、聚春轩。俱府治后。

涵云馆。平溪驿左。

田坝馆。黄道司西。

坊市

承流宣化坊、旬宣坊、肃振坊。俱府前左右，今废。

应宿坊。为举人周廷琏建。

聚英坊。为历科举人建。

育才坊。为历年岁贡建。

贞烈坊。府南。为节妇宁氏等建。

北街市。城外。

南郭市。城外。

新正街市。南廓。

寺观

回龙观。府渡前东岸。

飞山庙。治南一里。唐诚州刺史杨再思，前代封英惠侯，血食此郡。

五显庙。治南。

火星庙。治北门外。

玄帝庙。新城水口。

玄帝观。黄道司西旗头山上。

回龙庵。都素司南。

古迹

废都素府。治北七十里。元初置。

废丹川县。在施溪司。唐置，属夷州。

废丹阳县。在黄道司。唐置，隶思州。

废台蓬若洞住溪等处蛮夷军民长官司。在都坪峨异溪司南，元置。

废野鸡坪等处蛮夷军民长官司。在黄道司治西，元置。

废务程、龙敖、平岳、都坪四长官司。俱在黄道司西。

废平溪等处蛮夷军民长官司。距城东五十里。元置，隶都云安抚司。

硃砂坑。四十八处，在施溪司。昔有课，后折秋粮一十三石。

宝塔。治南十里。高三丈许。旧志景云“天堂宝塔”，即此。

丘墓

刘副使墓。名贵。以忠顺，两任同知，晋阶副使。葬府东桑坪山阳。

党同知墓。名宗仁。元任黄平府同知。本朝改宣慰司佥事，后改本府土同知。葬府东南五里峨山之阴。

祥异

正德壬申，府治火。

辛巳，天上有红光大团，自南飞过北而去，天鼓鸣，良久方息。镇巡官以闻。

嘉靖丁酉，市火，大中丞坊毁。

己亥五月，大水，漂溺庐舍，人言洒溪有二龙战。

辛亥，铜苗纵火，大毁公署及居民屋舍，烟焰蔽空。夏秋不雨，五谷不收，民间食蕨。

万历癸未冬，大雷电，雨雪。

甲申年五月，大雨，街市可以行舟，竟日乃止。云有龙起自新添，经过去处，尽皆淹没。洒、架二溪，民田冲决成河者，计四百五十亩有奇。

纪兵

洪武十八年己丑，思州诸峒蛮反，以汤和、周德兴帅师从楚王讨之。苗寇闻王师至，辄窜入山谷，退则复出剽掠。和等举师抵其地，恐蛮人惊溃，乃于诸峒分屯立栅，与蛮人杂耕，使不复疑。久之，计擒渠魁，余党悉溃，凡戮四万人。师还，留兵镇之。

正统十四年，镇远邛水苗贼寇思州。时府城未筑，贼卒至，不能为备，死者殆半，府遂陷。

嘉靖二十九年，铜平苗出寇思州，参将石邦宪令二卒星驰报。次日午后，二卒酗酒于府城外，未及报而苗已入城。无军防守，众犹不知，知府李允简死之。虏掠人口孳畜不可胜纪。

内隐逸、迁谪、流寓、仙释无入。

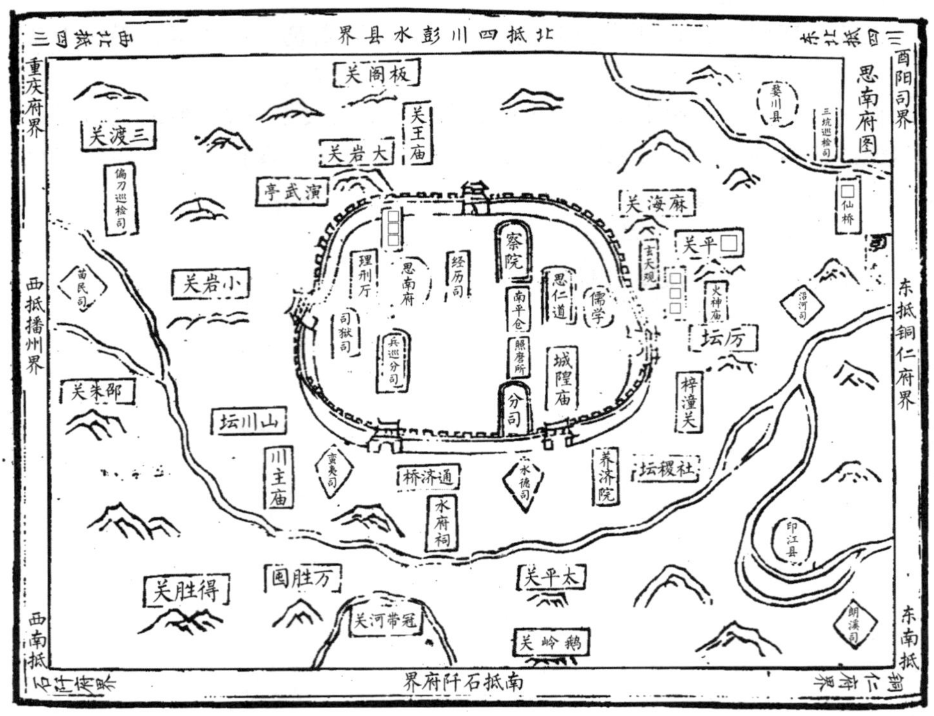
北抵四川彭水县界
思南府图
酉阳司界
重庆府界
西抵播州界
东抵铜仁府界
西南抵石阡府界
南抵石阡府界
东南抵铜仁府界
板阁关
三渡关
大岩关
关王庙
演武亭
麻海关
小岩关
察院
经历司
思南府
理刑厅
司狱司
兵巡分司
南平仓
照磨所
分司
思仁道
儒学
城隍庙
厉坛
梓潼关
社稷坛
养济院
通济桥
水府祠
川主庙
山川坛
郎朱关
得胜关
万胜囤
太平关
冠带河关
鹅岭关
婺川县
印江县
仙桥
火神庙
苗民司
偏刀巡检司
三坑巡检司
沿河司
朗溪司
水德司

图 27 思南府图

第三十三章 思南府

沿革

《禹贡》荆梁二州之裔，春秋、战国时属楚，秦隶黔中郡，汉为武陵郡地，东汉分置黔阳郡，三国为蜀南中地，隋属清江郡。唐武德元年，置婺川县，隶庸州，后废庸州，以县属巴东郡，置务州，治婺川县。贞观四年，改置思州。天宝初，改宁夷郡。

宋初为羁縻州，隶黔州。大观元年，番部长田祐恭愿为王民，始建思州治，宣和中废。绍兴初，复置思州军，镇安夷、邛水、思邛、婺川四县。

元置新军万户府，寻改置思州军民安抚司，后改宣抚司，隶湖广行省，领镇远州婺川县，并楠木洞长官司六十六，徙治龙泉坪。地有龙泉，因置龙泉坪长官司附郭。后毁于火，移置清江郡。元未，敕宣抚司还旧治，传六世。至正间，其族属镇远州知州田茂安始分据其地，以献伪夏。明玉珍创设思南道都元帅府，徙今治。宣慰田琛徙治都坪，而思州分为二矣。

我皇明洪武五年，置思南宣慰使司，隶湖广。二十三年，徙治水德江。永乐十三年，宣慰田宗鼎以不法废，改思南府，隶贵州布政司，领长官司四、县一。正统四年，又领废乌罗府之朗溪司。弘治六年，改印江长官司为印江县，仍隶本府。共领县二、司四。

婺川县。府北二百四十里。隋置，隶清江郡，寻改隶庸州，复改隶巴东郡。唐隶务州，寻改隶思州。五代、宋、元因之。本朝改隶思南宣慰司。永乐十一年改隶府。编户五里。

都儒、五堡、三坑等处巡检司。府北三百七十里。隶婺川县。

印江县。府东三十里。唐为思邛县地。宋废。元改思印江长官司，隶思州军民宣抚司。本朝因之，隶思南宣慰司。永乐十一年改隶府。弘治八年，长官张鹤龄有罪，废，改本县，仍隶府。编户四里。

水德江长官司。附郭。隋为宾化县，唐因之。五代历宋省入婺川县。元置水特江长官司，隶思州军民宣抚司，寻改水德江长官司。国初隶思南宣慰司，永乐十一年改隶府。编户四里。

覃韩偏刀水巡司。府西北二百八十里。隶水德江长官司。

蛮夷长官司。附郭。隋、唐、宋皆为羁縻州地。元为思州军民宣抚司地。本朝洪武十年，始置本司，隶思南宣慰司。永乐十一年改隶府。编户三里。

沿河祐溪长官司。府北二百一十里。唐武德四年，招慰生獠，置城乐县，隶思州。贞观八年，改属费州。五代以后省入婺川。元置本司，隶思南宣慰司。本朝永乐十一年改隶府。编户二里。

朗溪蛮夷长官司。府东四十五里。唐置朗溪县，属叙州潭阳郡。宋省入婺川。元置朗溪洞官领其地，隶婺川县。本朝洪武十年置本司，隶思南宣慰司。永乐十六年，改隶乌罗府。正统四年废乌罗，改隶本府。编户二里。

板桥巡检司。府东一百二十里。国初隶石阡府。弘治间，四川酉阳宣抚司侵沿河司地。当道议设藩篱为限，乃迁板桥司治于思渠，改隶本府。

郡名

牂牁。汉名。

宁夷、溱溪。俱唐名。

思阳、黔南。俱今名。

德江、务州。婺川县唐名。

思邛。印江县唐名。

形胜

岭峤绵亘，溪涧潆纡。田秋《学记》。

上接乌江，下通楚蜀。龙泉喷漱玉之音，鸾渚余瑶池之色。三台拥翠，万圣摩空，商旅之康庄，舟车之孔道也。《续志》。

婺川县，江关固比金城，丰渡险如天堑。群峰森列，一水萦流。《郡志》："县有江城关、丰乐渡，地险流深，足称西南之壮域。"

印江县，大圣登山耸其北，笔架文峰接其西。南水绕奇，东岗叠秀。《郡志》。

印江八景

圣岭春耕。佥事高任重诗："万仞层峦倚郡城，春来景物倍熙明。谁知露重岚深处，亦有蓑夫带雨耕。"

柱山屹立。

青鸾瑞迹。

白鹭名洲。高任重诗："德水中分见浅沙，从来只与鹭为家。群飞水上波摇练，独立沙间玉有瑕。"

石犊眠潭。

香炉叠石。高任重诗："浑成不用玉工镌，磊磊如炉势倚天。百种芳菲添异馥，四时云雾吐祥烟。"

鲇鱼天堑。

狮子飞流。

疆域

东抵铜仁府界，二百九十里。西抵四川播州宣慰司界，四百里。南抵石阡府界，一百四十里。北抵四川彭水县界，六百五十里。东南抵铜仁府界，一百五十里。东北抵四川酉阳宣抚司界，二百里。西南抵石阡府界，二百六十里。西北抵四川重庆府界。四百里。

婺川县。东抵沿河司界二百里。西抵四川播州宣慰司界五百里。南至水德司界七十里，北至四川彭水县界四百里。

印江县。东至朗溪司界十五里。西至水德司界二十里。南至铜仁府提溪司界一百里。北至沿河司界二百里。

山川

万圣山。治前一里。四面斗绝，上平坦可耕，景云"圣岭春耕"，即此。郡人李渭筑室读书其中，书"必为圣人"字。顶有泉，渭题曰"真源"。西崖如玉，郡守赵恒题"仁寿"于壁。

中和山。城中。郡人李谓锲"中和"于石壁。

思唐山。《方舆胜览》作"唐山"。在治东四里。思之人因以名郡，曰"古思唐郡"。南连河水，北枕内江。

天马山。城南二里。

三台山。城南三里。三峰奇秀，常有云气覆其上。

东胜山。城东三里。

马鞍山。城东三十里。

石柱山。城西三十里。屹立如柱，见《一统志》。

屏风山。城北百二十里。

石马山。城北百八十里。峰峦耸拔，上有巨石如马。

岩门山。城西。两山对峙，岩壁险峻，官道出其中，左曰大岩门，右曰小岩门，永胜、武胜二关依岩而立，郡之门户也。田秋诗："会当登绝顶，平揖太微星"。

大龙头山。城东北七里。形如龙头，故名。

思王山。城西南三百里。旧名龙门山，与古费州浮阳县分界。

白鹿峰。城东七里。

迎春洞、藏春洞。二洞去岩门数里许，洞不甚深广，而壁石奇润。树林乔郁，妍花异卉，盛产其中，一郡佳景也。

鼓钟洞。城西，地名洞子头。洞甚宽。人有入者，必以火炬前导。上有二石乳悬峙而下，击之，能作钟鼓声。

乌江。源出贵阳府东北，流至郡城西鳣鱼峡[①]，东流经府入四川涪州，合川江。《唐史》云："城乐县西一百五十里，有涪陵水之胜。"

德江。府前一里。源出乌江，下通楚蜀。

龚滩。城北三百二十里，水德司所辖。惊涛骇浪，訇然如雷，即巫峡之险，不过于此。近议抽分船税，详见《经略志》。

白鹭洲。府城东北一里香炉山下。洲兀出中流，鹭鸥翔集，双峰分峙，二水绕旁。

石牛潭。府城西南三十五里。潭澄澈深广，水际有石如牛偃卧焉。景云"石犊眠潭"，即此。

青鸾溪。城西北十四里。相传昔有青鸾仪于溪上。

香炉滩。府北一里。滩有石如鼎，故名。景云"香炉垒石"，即此。

鲇鱼峡。府城南十里。乌江之下流至此顿发，奔涌澎湃，险不可言。旁有大岩，岩有一孔，若鲇鱼口然。景云"鲇鱼天堑"，即此。

狮吼洞。水亦乌江之流，越府城，三十里至洞，下泻十余里。声如狮吼，舟莫能行。傍有古碑，俗讹为狮喉洞。景云"狮吼飞流"，即此。

潮底泊。狮吼洞下，水流至此，平静不波。商人于此易舟，下流抵川江，达荆楚。

育贤井。儒学右。

龙泉。城东二里万圣山下。泉自一大洞中涌出，如白霓垂空，声闻府境，中有灵物藏焉，岁旱祷雨辄应。

天池泉。在府治北十里。汲之泠然。

温泉。城北二百里。夏凉冬温，人多浴焉。

婺川县

华盖山。治西十里。山峦高大，林木深邃。

大岩山。治东八十里。为游玩之处。

多罗山。县治四里，上有古多罗寺。

卧龙山。县治北五十里。地名祥川。上有古屯寺。

长钱山。县治北五十里。

① 鳣鱼峡：《黔记》与嘉靖《贵州通志》均作"鲇鱼峡"。下文有鲇鱼峡，但在府城南，鳣鱼峡在城西。鳣鱼峡当与鲇鱼峡不是一个地方。

木悠峰。县治西四十里。上有水月宫，硃砂产焉。知县陈维藩诗："地满云连树，山空洞有砂。春枝巢越鸟，落日煮僧茶。九姓夷风古，千家溪路斜。疏藤穿过月，香暗破梅花。"

金藏岩。县治东五十里，地名祥川，上有鹿井、鸦池，为邑人游观之所。

倒羊江。县治北五里，即江城。

丰乐河。县治五十里。

多罗水[①]。县治八十一里。合流丰乐渡。

神龙泉。县治东二十里。其泉或一日一涨，消则澄清，涨则浑浊，人莫能测。

来雁塘。县治东北二十里。昔有三雁集其上，后乡人御史申祐、知府邹庆、举人邹奭，一时并美，人以为三雁之兆。

印江县

大圣登山。县东五里，见《一统志》。山涧水流，相传有神物居焉。

思印江。县治十里。源出朗溪，北流入德江，即古思邛水也，俗讹"邛"为"印"。

中洲溪。县治北五里。

白水泉。治北三里。水自崖穴涌出，飞流如练。

沿河司

鬼岩山。治东十里。高百丈，麓延二十余里，为江东诸山之望，东南距酉阳[②]地。

高歇峰。治北十里。形如削笔，即治后脉也。久雨而云出峰头即晴，久晴而云出峰头即雨。

马江。治西一百三十五里。

河由江。治北十里。源出铜仁乌罗。

桃竹溪。高歇峰下。

五门滩。治北五里。

培塔滩。治北四十里。乱石横江，水势汹涌，舟楫至此，去载方可上下。

黎芝滩。去湖白滩十里。有黎芝光，故名。

珍珠泉。去治三里。水自石窟涌出，若贯珠然，因名。

朗溪司

琴德山。治东五里。林木幽郁，为一司之胜。

仁溪。治前。发源最高，居人引以灌田，足备旱焉。

---

① 多罗水：《黔记》同本书，弘治《贵州图经新志》与嘉靖《贵州通志》均作"罗多水"。

② 酉阳：嘉靖《贵州通志》均作"酉阳"，但酉阳不在沿河东南。

风俗

椎髻易为冠裳，狡悍化为醇闷。旧志。陇野歌阗，犹然鼓腹．胶庠讲学，蜚矣先行。新志：“郡人李渭讲明正学，多士从之一轨。”

婺川县

朴实犹存，华风渐被。《府志》。

印江县

风景渐开，民多务本。《府志》。

朗溪司。曰峒人者，多以苗为姓，皆前代避兵流民，以猎为业，近亦颇类汉人。

沿河司。曰冉家蛮者，性凶恶，不惮深渊猛兽，出入持刀弩，好渔猎。

户口

嘉靖间官民二千六百三十七户，二万三千六百六十六丁口，万历二十五年，报存二千四十二户，二万八千三百五十二丁口。水德司六百户，六千三百一十丁口。蛮夷司五百一十一户，六千三百一丁口。沿河司二百四十二户，五千八百七十八丁口。朗溪司一百三十六户，二千一百二十七丁口。印江县二百九十四户，三千六百六十一丁口。婺川县二百五十九户，四千五十五丁口。

土田

《旧志》：田无顷亩。万历九年新丈田地一十三万七千三百七十一亩零，十二年丈增水、蛮二司一千一百八十八亩五分零，详豁沿河司水冲田三十三亩六分零。二十五年，报增一十三万八千五百五十九亩零。水德司五万五千八百四十一亩零。蛮夷司二万五百九十二亩零。沿河司八千七百三十四亩零。朗溪司八千四百七十六亩。印江县一万八千七百四十七亩零。婺川县二万六千一百六十八亩零。

方产

丹砂、水硍、硍珠。俱出婺川。铁猿、竹鸡、白鹇、降真香、楠木、蜡椒。

贡赋

贡额：每岁黄蜡九百五十八斤一十二两。水德司三百二十八斤。蛮夷司一百八十九斤二两。沿河司八十三斤十二两。朗溪司十四斤。印江县一百六十一斤十四两。婺川县一百八十二斤。水硍一百九十九斤八两。水德司四斤。蛮夷司三斤。

婺川县一百六十九斤八两。印江县二十三斤。

秋粮，旧额一千八百二十九石九斗一升零。万历九年新丈共一千七百九十九石五斗三升零。十二年，印、婺二县，水、蛮、沿河三司水灾永免共六石二升二合三勺七抄，朗溪司续增二石五升零。二十五年报增一千八百五十七石九斗六升零。水德司六百三十一石四斗五升零。蛮夷司三百零五石八斗八升零。沿河司一百八十七石五升零。朗溪司六十一石二斗五升。印江县三百二十石五斗六升零。婺川县三百五十一石七斗四升零。

龚潭税银七百两。商税门摊钞共一万四千三百九十五贯二百二文。

徭役

万历二十五年条鞭、力差、银差、公费三项，共银一万三千五百八十三两九钱四分零。印江县二千六百六十四两八钱七分零。婺川县三千八十四两七钱五分零。水德司三千四百七两八钱二分零。蛮夷司二千八百八两四钱九分零。朗溪司六百七两二钱四分零。沿河司一千一十两七钱四分零。

城池

府城。弘治十四年，知府罗璞建土城。嘉靖二十八年，知府李梦祥改甃以石，门五：东曰青洲，南曰清河，西曰清溪，北曰清泉，东北曰遵化。城楼五，串楼八百一间，周七百七十丈，池深五尺。嘉靖三十六年，知府宛嘉祥议以砖石包砌。

婺川县城。嘉靖五年，知县熊玠建土城。二十七年，知县刘敏之改以石。门四：曰东平、曰南安、曰西宁、曰北靖。城楼四，周四百丈。万历二十三年，知县张任教议以砖石包砌。

印江县城。嘉靖丁未，知县徐文伯建墙四百九十丈，高九尺。己酉，苗破垣，掳伯，后还。副使赵之屏重修，高加四尺，各增串楼，建楼门四。

公署

抚夷道。儒学右。永乐间为演武场。嘉靖[①]间，都御史刘仕元奏以分巡宪职移镇于此。嘉靖十年，佥事康世龙建。万历五年，巡按御史毛在疏改分守参议移镇本府，以兵巡道驻铜仁。

府治。旧思南宣慰司署，永乐间改建。正统间毁。景泰三年，知府何辙重建，知府宛嘉祥、陆从平相继增拓。

经历司、照磨所。俱府内左。

① 嘉靖：原文误作“加靖”。

司狱司。府右。
南平仓。府堂东北。
阴阳学、医学。俱府前。

行治

察院。城左。弘治十八年建。
布政分司。城左。永乐间知府陈理建。
婺川县治。正德十三年建。
都儒五堡巡检司治。县西。

行治

思仁道。县治左。
印江县治。弘治八年建。

行治

察院。县右。
思仁道。县右。
水德司治。城治东南。
覃韩偏刀水巡检司治。正德七年毁，十五年建。
蛮夷司治。洪武十年置。
沿河司治。永乐十一年置。
朗溪司治。洪武十年置。
板桥巡检司治。弘治间建。

学校

儒学。府治北，即宣慰田氏故宅。永乐十三年，自河东宣慰学迁此。成化间，知府王南重建。嘉靖元年，知府李文敏尽撤而新之。
明伦堂。文庙后。
经义、制事二斋。堂前左右。
儒学门。
先师庙。儒学前。嘉靖十五年，知府洪价重修。
东、西两庑。
戟门。
棂星门。

启圣祠。即讲堂，嘉靖间建。

名宦祠、乡贤祠。俱启圣祠前。嘉靖间，巡按郭弘化建。

学田。在邵家桥。计二大丘，每年纳谷三十石，知府赵恒建仓于启圣祠前，收贮以济贫士。

射圃。明伦堂后。左都御史徐问建。

社学五。一印江县，一朗溪司，一蛮夷司，一水德司，一沿河司。

婺川县儒学。县治左。嘉靖十九年建。

明伦堂。

居仁、由义二斋。

儒学门。

先师庙。

东、西两庑。

戟门。

棂星门。

启圣祠。

秩祀

社稷坛。城北五里。

山川坛。城南三里。

厉坛。城北三里。

俱永乐间建。

城隍庙。城东。成化间建。

李先生祠。察院行台左。巡按薛继茂为参政李渭建，记见《艺文》。

婺川县

社稷坛。县北五里。

山川坛。县南三里。

厉坛。县东。

印江县

社稷坛。县东二里。

山川坛。县西二里。

厉坛。县北二里。

城隍庙。县治东。

关梁

太平关。城治东一里。

得胜关。城治南一里。

永胜关。城西二里。

武胜关。城治西南二里。

焦岩关。婺川县东十二里。

江城关。县北五里。

乌金关。县西二十里。

杉木关。县西三十里。

石板关。县西十里。

濯水关。县北一百里。

缺窑关。县东一百五十里。

九杵关。县东三十里。为播要害，新设。

峨林关。印江县南七里。知府帅机诗："峨林渺渺接云浮，百折罗旋上上头。十里长林春色好，观风到处即佳游"。

秀实关。县南三十里。

犵楠关。县东七十里。

松岭关。朗溪司北四十里。

皂岭关。司治东五十里。

通济桥。旧鼓楼左。

恩济桥。府治南。

迁善桥。府治北。

鹦鹉桥。城西十里。

水兴桥。城东二里。

永安桥。城南十里。

珠溪桥。城西六十里。

县前桥。婺川县前。

龙登桥。县治十里。

镇南桥。县治六十里。

隘口桥。县治二十里。

澄清桥。印江县治右。

永安桥。印江县南门外。

七星桥。沿河司二十五里。

焦岩渡。县北十里。

兵防

防守府城。民兵九十八名，打手八十名。
太平关、得胜关、大岩门关。各民兵二十名。
小岩门关。民兵十名。
防守印江县城。民兵五十一名，乡兵四十名。
滥泥哨。兵二十五名。
防守婺川县城。乡兵四十八名。
濯水哨。民兵二十名。

邮传

协济各驿马馆

偏桥驿。供馆银一百九十七两五钱，马银一千七百八十六两五分。
镇远驿。供馆银一百九两一钱，马银九百九十九两二钱。
偏、镇二驿。铺陈银二十三两四钱八分。
清浪驿。供馆银八十四两，马银六百两四钱。
派该：
印江县。七百七十两八钱。
婺川县。六百四十两二钱四分。
水德司。八百九十四两六钱六分。
蛮夷司。八百五十五两二钱八分。
沿河司。三百九十七两九钱。
朗溪司。二百四十两八钱五分。

府前铺

水德司。濛溪铺、仙人家铺、鹦鹉铺、蛇盘铺。
蛮夷司。掌溪铺、地施铺、黑鹅铺、大塘铺、松溪铺、枫香铺、樵家铺、茅田铺。
沿河司。司前铺、沙陀铺、土陀铺、官舟铺、石马铺。
朗溪司。司前铺、大谷旦铺、木桶铺。
婺川县。县前铺、牛塘铺、丰乐铺、天井铺、岩前铺、木悠铺、板场铺。
印江县。县前铺、战溪铺、小田铺、安牙铺、野苗铺。
各司兵不等。

惠政

预备仓五。一南平仓后，一水德司，一蛮夷司厅右，一沿河司，一朗溪司左。
养济院二。一兵备道东，一山川坛西，今废。

婺川县

预备仓。县右。
养济院。今废。

印江县

预备仓。县右。
养济院。县西。

职官

知府一员，同知一员正统间裁革，通判一员景泰间裁革，推官一员，经历一员，照磨一员，司狱一员，儒学教授一员，阴阳学正术一员，医学正科一员，随府办事长官二员。婺川县知县一员，典史一员，随县办事土百户一员，儒学教谕一员。印江县知县一员，典史一员。水德司、朗溪司、蛮夷司、沿河司各正长官一员，副长官一员。水德、朗溪、沿河三司各吏目一员。三坑、偏刀、板桥三巡检司各巡检一员。

知府

陈理。泰和人。
傅贵贤。四川人。
王刚。宁波人。
张瑾。东昌人。
裘琰。临清人。
王治。泸州人。
李畅。昆明人。
何辙。四川人。
郝祥。河间人。
王南。长寿人。
王琳。扬州人。
邵珪。泰兴人。
康玠。泰和人。

蔡哲。泰和人。
金爵。绵州人。
罗璞。吉水人。
张汝舟。昆山人。
宁阅。汤阴人。
汪渊。歙县人。
刘奎。昌平人。
陈亮。广德人。
叶信。绍兴人。
闫铠。平原人。
李文敏。卫辉人。
嘉靖：
周举。郯城人。
祝亨。江宁人。
张镖。顺德人。
葛鵐。万全人。
伍佐。新化人。
许词。灵宝人。
洪价。歙县人。
李钠。番禺人。
张烈。上元人。
陈煌。惠安人。
陆湖。太仓人。
李光祚。高密人。
吴骖。宜兴人。
李梦祥。监利人。
李寀。全州人。
杨煦。进县人。
何璋。夷陵人。
刘廷仪。慈溪人。
隆庆：
田稔。唐州人。
万历：
蔡应申。淮安人。

王琢玉。莘县人。
江埏。仁和人。
帅机。临川人。
李幼淑。应城人。
陆从平。华亭人。
蒋荐。庐陵人。
赵恒。乐平人。

推官

嘉靖：
张恒元。成都人。
王泰。广东人。
徐鉴。金坛人。
陈常。汉州人。
欧泾。沅陵人。
夏汶。丹阳人。
高俊。五开人。
董翚。兰溪人。
王文。澧州人。
熊梅。南昌人。
陈鹏。山东人。
隆庆：
伍次。松滋人。
万历：
邓嵩。蓬州人。
王奇嗣。蓬州人。
屈群言。番禺人。
竺彩凤。嵊县人。
李先。蓬州人。
萧相。广西人。
张邦教。腾越人。
周文杨。龙泉人。
刘养中。蒙化人。
随府办事长官田二凤。婺川县人。宋时任沿边溪洞军民宣抚司同知。至正[①]二

① 至正：原文误作“至正德”，衍“德”字，据《黔记》改。

年，五世孙茂泽以功授黔南道都元帅府副使，六世孙爵功授忠翊校尉。洪武二十五年，田宣慰保七世孙弘佐任随司办事长官。永乐十一年革司开府，将佐改随府办事。沿袭至时茂。

副长官杨胜宗。印江长官司人。元时授印江等处军民长官司土官。洪武二十九年，田宣慰保男自谨袭。至四世孙昌疾，叔光晓借袭。弘治五年革司改县，随府办事，沿袭四代。万历八年，通贵思系嫡长正枝，具告退还承袭。

府学教授

嘉靖：

李悦。蒲田人。

李希。泰和人。

赵善。新都人。

李实。云南人。

贺璋。会同人。

李文利。广东人。

金鉴。云南人。

缪白。呈贡人。

陈浚。道州人。

钟添。郧西人。

李畅。什邡人。

贾上书。临安人。

隆庆：

刘仪。桂林人。

杨淮。广西人。

万历：

杨灌。大理人。

王臣。衡州人。

杨成性。浪穷人。

文国瑞。呈贡人。

短效先。云南人。

赵恒。云南人。

华供极。云南人。

李维翰。复州人。

郭汝元。
李继东。定远人。

婺川县知县

陈文质。成都人。
高友恭。内江人。
张景。云南人。
陈瑢。云南人。
屈彬。云南人。
王冕。黄州人。
杨刚。茶陵人。
谯震。成都人。
刘铠。万安人。
张鹏。成都人。
蔡嵩。琼州人。
莫震。杭州人。
嘉靖：
袁守正。遂宁人。
李颖。阿弥人。
傅洪。登州人。
陈维藩。平阳人。
熊玠。眉州人。
王纬。平夷人。
韩恂。兴安人。
栾恕。堂邑人。
刘敏之。山东人。
宋文翰。宜宾人。
张信臣。涪州人。
王崇义。金堂人。
毛凤。遵化人。
杨凛。云南人。
迟问仁。云南人。
隆庆：
万铣。临安人。

万历：

洪朝璋。海阳人。

郑向阳。昆明人。

侯师皋。江川人。

张任教。临安人。

颜子言。宣化人。

随县办事土百户谢鼎新。本县官籍。前元任本县知县，男复隆以宣慰田仁智保任主簿，三世孙政弼以田大雅保任思南千户所百户。沿袭至镗。

土百户田惟载。本县官籍。前元授思宁进忠宣慰司宣抚。洪武五年，改设思宁长官司，改本司长官。男茂常改授信宁巡捡司巡检。三世孙仁弼，洪武二十五年，宣慰田大雅保授思南千户所千户。洪熙元年革所设县，改授本县土百户职。沿应纪。

县学教谕

嘉靖：

拜表。云南人。

沈文郁。云南人。

陈璠。巴县人。

李嘉庆。云南人。

徐迅。云南人。

隆庆：

韦邦聘。南川人。

万历：

向文泮。云南人。

李达。前卫人。

石珠。新添人。

周凤阳。云南人。

莫子仁。泸州人。

瞿良士。巴县人。

江鳞。定番人。

印江县知县

嘉靖：

周文。山东人。

曾赞。乐安人。

刘灿。荆州人。

黄崇。嵋峨人。

吴缙。吴县人。

黄金。番禺人。

范邦。英德人。

颜阶。龙溪人。

曾翱。京山人。

徐文伯。铜陵人。

包万珠。临安人。

王佐。治州人。

萧以成。广元人。

邓一麟。应山人。

隆庆：

雷学高。临安人。

万历：

赵铉。大理人。

陈汝和。昆明人。

莫与京。宣化人。

李华。黔阳人。

卿廷彦。广西人。

徐震。大理人。

张五典。仁寿人。

郑继。广西人。

张镕。合州人。

府属各土司

水德江长官司

正长官张坤元。本司官籍。以功授龙泉坪司长官。男隆，于至正初年，同弟铭征进古州八万苗夷有功，隆授绍庆路同知，铭授镇抚。十八年，又杀贼有功，隆授绍庆黔南道都元帅，孙乾中任前思南宣慰司办事长官。铭孙乾福，洪武二十三年，里老杨才位等保袭本司正长官职。沿至镕。

副长官杨惟载。思州土人。唐时征进有功，授古州八万抚夷侯。七世孙大中，大定四年，保袭思南道元帅府副使。洪武三十五年，十世孙朝海调思南宣慰司随司办事长官。永乐十一年，革司改府，保任本司副长官职。沿至一龙。

覃韩偏刀水巡检司

土巡检陆公阅。印江司土人。洪武七年，宣慰田仁智保任本司土巡检职。沿至炳。

蛮夷长官司

正长官安仲用。京兆人。前元同田少师督兵，开设思州，任义杨元帅。六世孙世兴授沿边溪洞军民总管。至八世孙辉，洪武初年归附，授世袭本司正长官。袭沿至国臣。

副长官李僧。本司官籍。前元授忠显校尉、管军把总。三世孙斌，洪武三十五年，宣慰田大雅保任随司办事长官。永乐五年，宣慰田宗鼎保任本司副长官职。沿克仁、居仁。

沿河长官司

正官张晋德。水德司人。原授本司正长官。洪武二十九年，男添麟以宣慰田大雅保袭前职。沿至世臣。

副长官冉文艺。本司官籍。功升副长官。沿至珍。

朗溪蛮夷长官司

正长官田谷保。本司官籍。任前元进义校尉、大万山军民长官司长官，洪武五年归附。三世孙仁抚处叛苗有功，保袭前职。沿至芃。

副长官任文贵。印江司官籍。前元任石洞长官。正统二年，功升进义校尉。三世孙鉴，永乐四年，征剿任仙峰有功，任前职。沿至思明。

科贡

进士

正统乙丑科：申　祐。官至都御史。
正德甲戌科：田　秋。官至布政使。
嘉靖戊戌科：敖宗庆。官至都御史。
　　庚戌科：张守宗。官至员外郎。
万历丙戌科：萧重望。任御史。

举人

宣德己酉：勾天禄。官至知府。

壬子：周冕。官至教授。
正统辛酉：邹庆。官至知州。
甲子：申祐。中乙丑进士。
景泰癸酉：安康。官至知府。
丙子：张绅。官至教授。
天顺壬午：王纪。
成化戊子：邹奭。
辛卯：田显宗。官至知县。
庚子：石泉。官至知州。
癸卯：吴溥。官至知州。
丙午：周邦。官至通判。
田谷。官至通判。
弘治辛酉：安孝忠。官至通判。
正德庚午：吴孟旸。官至知县。
癸酉：任相。官至知县。
嘉靖壬午：李廷嘉。官至通判。
戊子：晏应魁。官至知州。
田时雍。
戴廷诏。
甲子：田时中。
李渭。官至参政。
敖宗庆。中甲戌进士。
丁酉：陈嘉兆。官至长史。
庚子：田时龙。
张庆辰。官至通判。
饶才。官至知县。
罗国贤。官至知县。
癸卯：张钦辰。官至通判。
符有光。官至知县。
丙午：李绍元。官至知县。
任效忠。官至府同知。
邹孟哲。官至知州。
李资元。官至知县。
己酉：张守宗。中庚戌进士。

李调元。官至知县。
杨宗朱。官至通判。
任效廉。官至知县。
壬子：安守鲁。官至府同知。
罗廷贤。官至府同知。
乙卯：戴愈达。官至知县。
李占初。官至知县。
戊午：饶孚。官至府同知。
辛酉：罗绣藻。官至都察院经历。
甲子：陈一龙。官至知县。
张治方。官至府同知。
郭宗荫。官至知县。
万历癸酉：张国栋。官至训导。
丙子：张守纲。任府同知。
己卯：罗明贤。任知县。
覃彦。任通判。
敖淳。任府同知。
张汝翼。任知县。
壬午：田助国。任知县。
乙酉：萧重望。中丙戌进士。
李廷谦。任教谕。
罗万言。任知县。
戊子：田贡国。
罗万品。
甲午：张学诗。
覃时魁。
丁酉：田报国。

岁贡

李浚、文献、谢瑄、覃琛、朱斌、张让、杜徽、安仲、任聪、李元昌、李旦、朱君智、何仪、谢景威、田理、田守邦、张理、王冠、李杰、王训、安民、李本、张绘、张珽、何相、李昭、罗黼、张翅、张文、李昌、李演、朱颜、邵洪仪、宋玑、冉安、李升荣、李冠、刘熙和、李召南、陈缙、黄文、冉绅、邵卿、李楫、杨世荣、张升、韦冕、李时、杨冠、何斌、袁宗伦、晏景、符合、张凤、王容、何锐、冉麒、黄廷、张鹗、陈道、陈表、王瑞、吴魁、田禾、田稠、罗祄、张镫、李琮、杨实、任珂、张邦、谢纪、田庆懿、安相、张九皋、李时畅、申显邦、周人、杨思朝、杨玉、何孟夏、任瓒、李萃、尚友、张轲、安熙、杨遇时、李敷、陈嘉谋、张辙、肖鸾、罗襘、戴弼、戴璧、罗贤。

嘉靖：刘魁、田庆远、安守义、傅铭、张辊、赵廷珍、田时霖、田藻、安守成、张玨、田时雨、汪藻、符有庆、田时有、田时若、李萌、张仁闻、邹孟儒、任惟翰、任桂、陈嘉祥、任继芳、陈嘉卷、陈嘉禾、张輨、邵德元、赵国、申守乾、周汝器、张汝学、邹孟邦、戴愈奇、戴若春、田时正、敖国庆、张文灿、黄如菊、田时都、石昆、安守贲、田于充、李文元、冉文华、李统元、安守磐。

隆庆：张文焕、李文衡、袁祥、严节、田时泰。

万历：安守愚、田于渭、张国柱、张显然、田时宜、邹典、冉宗孔、田兴吴、陈嘉祚、田于耜、任枢、符三接、罗万象、安学曾、张轐、何应梦、王应元、汪太和、黄如槐、任思永、李宗仁、周迪、李先初。

婺川县

进士

举人

万历辛卯：申承文

岁贡

嘉靖：龚冲霄、田兴宾、唐瑞、田守祥、唐时臣。

隆庆：邹珩、徐腾鹗、邹珆、唐时松、傅如宾。

万历：李果、傅如峰、唐文光、游榜、李守机、曾文采、申翀、王正远、王正海、徐文林、熊文祥、沈乾阳、田兴谦、邹谦、徐世熙选贡。

名宦

唐

冉安昌。为招慰使。以婺川当牂牁要路，请置郡以抚之。后思、夷等州境土之辟，夷民之附，皆自斯举始。

宋

庞恭孙[①]。为运使。筑思州旧治，因山川控扼，建一基四堡，以备要害。

本朝

何辙。景泰间知府。怀柔远人，政平讼理，兴利除害，迄今民犹颂之。

王南。成化间知府。才智颖敏，不挠于物，恤孤教士，尤拳拳焉。又尝重缉府事、学校，民不知扰。

李悦。成化间教授。学识弘博，尤精于《易》，每为诸生讲授，朝夕不倦，《易》学由此有传。

金爵。弘治间知府。仁恕近民，祛积弊，革横征，民怀其惠。

罗璞。弘治间知府。长于政事，尤擅文名，重修府志，作兴学校，修筑城垣，至今赖焉。

宁阅。正德间知府。廉慎刚果，文武兼资。时蜀贼方四入寇，民皆欲逃避。阅慨然以死守，深沟高垒，尽力防御，贼竟不得入，地方赖以全。去之日，士民挽留，涕泣不忍舍去。

周举。嘉靖间知府。存心公直，剖决如流。政暇召诸生讲明经旨，士类多所裁成。

王纬。婺川知县。嘉靖间贼劫邑中，士民空城遁去。纬嘱二子，云："孔曰成仁，孟曰取义，读圣贤书，所学何事！"遣去。持印坐堂上，誓与城同存亡。贼闻之引去。

熊价。嘉靖间婺川县知县。公廉果断，创县署，缮城池。

栾恕。嘉靖间婺川县知县。修建学校，处置得宜。

刘敏之。嘉靖间婺川县知县。建学造士，筑城卫民。

万历《丁酉志》名宦共十三人

乡贤

宋

田祐恭。思州人。有识见，为部长，愿以其地内附。遂建思州，以恭为守。子孙世其官。

本朝

申祐。任御史。刚正不阿，勇于弹劾。从跸北征，死于土木之难。

田秋。历任广东右布政使。在谏垣，建白最多。革内府监局冗食，停云南镇守

① 庞恭孙：原文误作"庞荼孙"，据《黔记》、弘治《贵州图经新志》及《宋史》改。

内臣，清光禄不经之费，裁太常多役之徒，酌御马监财用盈缩，议天地坛合祭非礼，奏贵州科目之开，倡本府城垣之议。乡人葬祭昔用浮屠，秋倡以家礼，翕然从之。所著有《西麓奏议》。

敖宗庆。历任云南巡抚。天资殊绝，肆力于学。扬历中外，经济弘多。文章德行，岿然君子之儒。郡俗侈靡，训以俭索，风渐趋厚。

邹庆。学有酝藉，惠政洽民。

安康。赋性鲠介。弘治初，为工部郎中，彗星垂象，慷慨具疏，上嘉纳之。守徼江，时夷人拥众数万为寇，郡民苦之，康单骑入其穴，示以朝廷威德，夷人归附。患平，南人立祠祀焉。

田谷。少颖敏，精《易》学，及门受业者甚多，令新津，清慎严明，赈穷锄奸，筑城修学。升曲靖府通判。以亲老乞养，遂不复仕。

李盘。宣德四年，镇箪苗贼叛乱，盘领兵讨贼，战于溜石坡，遂死其事。

安孝忠。颖敏好学，工诗文。授宁国府判，操持清介。武庙幸南京，孝忠周旋其间，劳勚万状，事办而民安之。又遇宁庶人之变，事平，论功行赏，孝忠与焉。

李渭。字湜之，别号同野先生。笃信好学，得之天性，以求仁为宗，以毋意为的，居家孝友，以四礼训俗。远近问学者以千计，呼诸子及门人戒之曰："我于学直拼生拼死不休，勖哉小子！"所著《先行录》十卷，《续集》四卷，门人为辑《年谱》五卷，《大儒治行》三卷，行于世。

符有光。大理知府。操行端谨，学术渊弘，居家孝友，当官爱民造士。滇寇之平，多其石画。

任效忠。孝行敦行，居官廉慎，卓有贤声。挂冠归田，雅称高致。

罗廷贤。性明敏，行己以道义为律，饭蔬衣布。事孀母，视寝疾，身不解带。官县令、州牧，卓有贤声。

郭宗荫。端方耿介，少读书，独处一室，婺女有奔者，正色拒之。振铎邛州，却束修，济贫士。令潍水，倡正学，奖节义。及挂冠林下，清修益历，绝迹公庭。蔽屋三楹，荒田八亩，居然寒士可风矣。

万历《丁酉志》乡贤共十四人

恩典

申俊。以子祐贵，封御史。

王瑄。以子治贵，赠郎中。

安逸。以子康贵，赠员外郎。

田万钟。以孙秋贵，赠参议。

田显文。以子秋贵，赠参政。

李纯。以子冠贵，赠审理。

敖元祐。以子宗庆贵，赠郎中。

张伟。以子守宗贵，赠主事。

李富。以子渭贵，赠知府。

罗壁。以子绣藻贵，赠推官。

张侹。以子守刚贵，赠同知。

萧亮。以子重望贵，赠知县。

敖孟学。以子淳贵，封学录。

万历《丁酉志》恩典共十三人

孝义

申祐。御史。幼常从父之田间，父遇虎难，祐挺身执杖击，虎遁去。

安濂。轻利尚义，弘治间，郡邑荒旱，人民饥死。濂出米一百石赈济，全活颇多。事闻，敕旌。

张翚。嘉靖间，郡有蜀寇之变。翚领土兵破贼，备尝艰险，事平。后人颇惜其赏不偿劳云。

李廷谦。乙酉举人。性至孝，事继母萧氏惟谨，友爱诸兄，和处异弟，人无间言。提学凌琯采诸舆论，奖其门曰“孝友著闻”。

万历《丁酉志》孝义共四人

贞节

李氏。民朱庸妻。年十九，庸卒，遗腹一子，誓不他适。家甚贫苦，纺绩度日。嘉靖间，立石表之。

石氏。民李宣妻。年二十七，宣丧，遗子在襁褓，石织纴抚育，或劝其再适，石曰：“置此孤于何地？”守节四十余年。巡按王杏旌之，有传。

李氏。民邵洪俊妻。年二十四，夫亡，子经甫岁余。李坚志守节五十五年。立石表之。

刘氏。民王朝妻。嘉靖十八年，苗攻县城，被掳不辱，骂贼而死。

龚氏。婺川县生员舒英妻。夫亡守志，姑令再醮，矢志靡它，寻自尽。嘉靖四十年详旌。

杨氏。知县任效廉妻。廉以采木之役，染瘴而卒。氏七日不食，触棺而死。巡按薛继茂题旌。

万历《丁酉志》贞节共六人

隐逸

李明荣。性质朴，好读书，居东溪，年九十余，未尝一至城市。尤敦友爱，五子及玄孙凡四世不分居，流贼方肆乱，村落俱被害，独其家以尚义免。

王蕃。读书尚义，安贫守正，自号一瓢斋。工篆隶，善写梅，为诗清逸，老而益工。当时名公咸与交游。所著有《一瓢斋文集》。

唐楚善。耕读勤俭，捐财赈施，宗族不能嫁娶丧葬者，善助之，寿年九十。

尚安政。性惇朴，耕读为业，颇知诗文，未尝轻入城市，寿一百一十二岁。

田显文。性方严，好施予，不计家贫。笃学工文，老而不倦，恬退谦抑，年八十余。

流寓

宋

夏大均。不知何许人，为蕃部长田祐恭塾宾。政和间，祐恭被诏入觐，拜伏进退，不类远人。徽宗异之，问其故，对曰："臣客夏大均实教臣。"上悦，厚赐之，拜大均保州文学。

仙释

陈致虚。号观吾，道号紫霄上阳子。尝从真人赵友卿学金丹妙道，遍游夜郎。至思唐，与宣慰弟至阳子田琦炼丹于胜山崖壁中，后皆不知所往。编注有《金丹正理大全》数十卷。

亭馆

济江亭。府江南。正德六年，蜀冠方肆乱，大参朱玑、知府宁阅创建。

谯楼。城内。长官安洛建。

东鼓楼。府左。嘉靖间，知府祝亨建。

西鼓楼。府右。景泰间安洛建。

井亭。府后莲池东。嘉靖间，知府李敏建。绿阴交映，清风徐来，亦郡斋胜景。

瞻言楼。府治前。

镇夷公馆。城南八十里。今改移路濑。

三楼亭。婺川县治南。

桂花亭。县治内。

澄清楼。县治右。

聚英楼。县左。

坊市

圣旨坊。治南。为义士安廉建。

承流宣化坊。治前。

腾蛟坊、起凤坊。俱学门左右。

儒林坊。学左。

泮宫坊。学右。

双桂坊。府左。为申祐建。

登科坊。府北。为王纪建。

鲲化坊。府南。为安康建。

蜚英坊。府南。为田显宗建。

登云坊。为石泉建。

登俊坊。为吴溥建。

飞黄坊。府南。为周邦建。

彩凤鸣阳坊。府南。为安孝忠建。

青云得路坊。府右。为田谷建。

保厘南服坊、屏翰坊。俱府治前。知府赵恒建。

进士坊。治城南。为田秋建。

绣衣坊。府右。为申祐建。

都谏坊。府左。为田秋建。

进士坊。城东。为敖宗庆建。

解元文魁坊。分司右。为田时龙建。

都宪坊。城东。为敖宗庆建。

台山鸣凤坊。城左。为张庆辰建。

双桂联芳坊。为张钦辰、张庆辰建。

经元坊。印江县东。

掇桂坊。县治南。

文魁坊。县治东。

承流坊。婺川县左。

宣化坊。沿河司前。

寺观

瓮济寺。城西南六十里。

圆通寺。城南二里。

龙泉寺。城北五十里。

金华寺。城西。

常乐寺。城北十里。唐时建为福常寺，宋赐名中胜院，本朝改今名。年久地废，惟遗一钟一碣。

中天塔。城东椅子山。

印江县

西岩寺。县西二里。

观音寺。县西。

三清观。县北。

真武观。县南。

婺川县

铜山寺。县东。

玄帝观。县南。

沿河司

龙华寺。司北三十里。

沿丰寺。司东二里。

云台寺。司南。

回龙寺。司东二十里。

二郎庙、东岳庙、马援庙、寿亭侯庙。俱司境内。

古迹

思州故城。去今思州百八十里。即镇远府。考之事实，云唐有天下，田氏始祖名克昌者，涉巴峡，卜筑于思州。又按宋度正亦云，游涪陵，因黔中访黄鲁直旧游处，每闻土友言，田氏世济忠义。则此城疑近蜀中，恐在今武隆、彭水之地，或即沿河司所谓城子头是也。又云，在婺川之境。

古牂牁郡城。《一统志》云：府治西，即汉末时所保。唐史云牂牁，因武德中改牂州，寻改牁州，境内有石门、高连二山。今贵州慰司境内山名亦有曰石门者，恐即此欤？况思州之治迁徙不一。《方舆胜览》亦云：思州郡非古城。又《唐书》称罗甸蛮夷，牂牁蛮也。《五代史》云：辰州西千五百里为牂牁。今思南去辰州不千里，况唐以思州为内郡，而以牂牁为羁縻，则此城不在思南明矣。或云：石门即今岩门山也，未详是否。

废费州。后周宣政初置。隋开皇中于州治置涪川县，唐武德间移治蒙龙山。

废溱州。唐贞观中置，领荣懿、扶欢二县。宋为羁縻，大观二年别置州，并溱溪、夜郎二县，宣和三年废。

废庄州。隋分牂牁郡立南寿州。唐改庄州，隶黔中郡，宋时废。

废城乐县。《元志》云：府治西一百五十里。唐武德中招慰生僚置，属思州，始筑城，人歌舞之，遂名。贞观中改属费州。县西百五十里有涪陵水。

废扶阳县。《元志》云：府北八十里。隋于扶水之北置县，属庸州，唐属费州，宋废。

废扶欢县。府治西南二十里。唐置，属溱州县。东有扶欢山，故名。

废多田县。府治西北四十里。唐武德中置，属思州，贞观中改属费州，宋废。北有浮禹山。

废宾化县。隋置，寻废。唐武德中复置，后同州俱废。

废安夷县。唐置宁夷县，隶夷州。后宋政和中复置，隶思州。宣和间废为堡，隶黔州。

废思王县。府治南，水路三百里。唐武德中置，属思州，后废。

废思邛县。府治东南三百九十里。唐开元四年间置，后废。

天井池。古池也。治西北百十里。池甚深阔，水清澈，大旱不竭，久雨不溢。相传有龙宅其中。

仙迹。龚滩江边。磐石上足迹二，长可一尺，相去五六尺余，指甲肤文，宛然具备。

天生桥。府南五十里。有石如桥，水流其下，洞门高敞。

废沿河安抚司。司治江东岸。元至中间与宣慰田氏争职，坐废，遗址尚存。

古多罗寺。婺川县治北五里多罗山。古有寺，遗址犹存，藏有铜法器。《一统志》云多罗水在此山之下。

关羽城。婺川县。相传羽征南夷，经宿，筑此城以防卫。

废思印江长官司。印江县治。弘治间，土官张鹤龄以不法，奏革，司改为县。

丘墓

宋

少师思国公田祐恭墓。婺川县归义乡西山之原。田氏妫姓，先为京兆，居于此，世袭土酋长，有功兹地。宋朝通判黔管州事于观撰《墓志铭》。

本朝

知府王治墓。府北二里。地名昔乐溪。

左参政李渭墓。万圣山麓。

祥异

永乐乙未，贵州布政使蒋廷瓒上言，去年北征颁师，诏至思南婺川县大岩山，有声连呼“万岁”者三，咸谓皇上恩威远播，山岳效灵之征。礼部尚书吕震率群臣上表贺，上曰：“人臣事君当以道，阿谀取容，非贤人君子所为。呼噪山谷之间，空虚之声相应，理或有之，岂是异事。布政官不察以为祥，尔为国大臣不能辨其非，又欲进表媚朕，非君子事君之道。”遂已。

嘉靖乙酉，虎至府堂，吼啸数声，莫知所之。又一夕，三虎渡河，止于桥下，众搏之毙。

丙戌，雨雹，民有中雹而毙者。

戊子，吏舍火灾，延及南平仓廒，烧毁粮三百石。

己丑，乡寨有湾池五六亩，原无水，忽火焰腾出，状微白，投之以草则焦，夜则光照远近，经雨乃止。

癸巳六月，大水，城市行舟，旬余始退，民舍、禾苗漂没殆尽。是岁，免民田粮之半。

甲午，学前银杏二树原无花，是年夏，结实四枝，皆并蒂。

丙申、壬子，地震。

隆庆丁卯五月，印江大水，近河民居、田丘，多被淹没。

万历己卯，婺川县霪雨大作，水涨丈余，民舍、田禾漂没殆尽。

癸巳，南门内火灾，延烧民居百有余家。

纪兵

正统十四年，四川后洞黑苗作乱，伪号划平王，与草塘苗贼龙惟保、王占田者相继而起。首陷平越、黄平，寻陷石阡，后至思南。官军已先逃避山谷，贼乃焚诸廨舍，合郡无遗，惟蛮夷司忠爱坊存，坊前有柏一株，刀痕尚存。至景泰癸酉，变始平。

嘉靖九年庚寅，真州盗起。按真州乃播州，地在婺川、南川之交。州有郑、骆二土官者，咸以渔猎为生，刻薄峻厉，民不聊生。土豪花姓者数家，各拥佃民数千户，皆亡命巨盗。适二土官征求年例物，周天星、王大鱼等遂乘时煽动，婺川、南川危甚。巡抚刘仕元主议征剿，参议姚汝皋、佥事王尚志同领兵，都指挥督土舍张翚进剿之，各受钦赏有差。

嘉靖庚寅年，流贼徐云山等叛，流毒县境。守备萧鼎提兵征之，二年乃克。三十年，播贼李奖、王绅等叛，复立石槽、土地、檬子、杉木四关御之。

内迁谪无人。

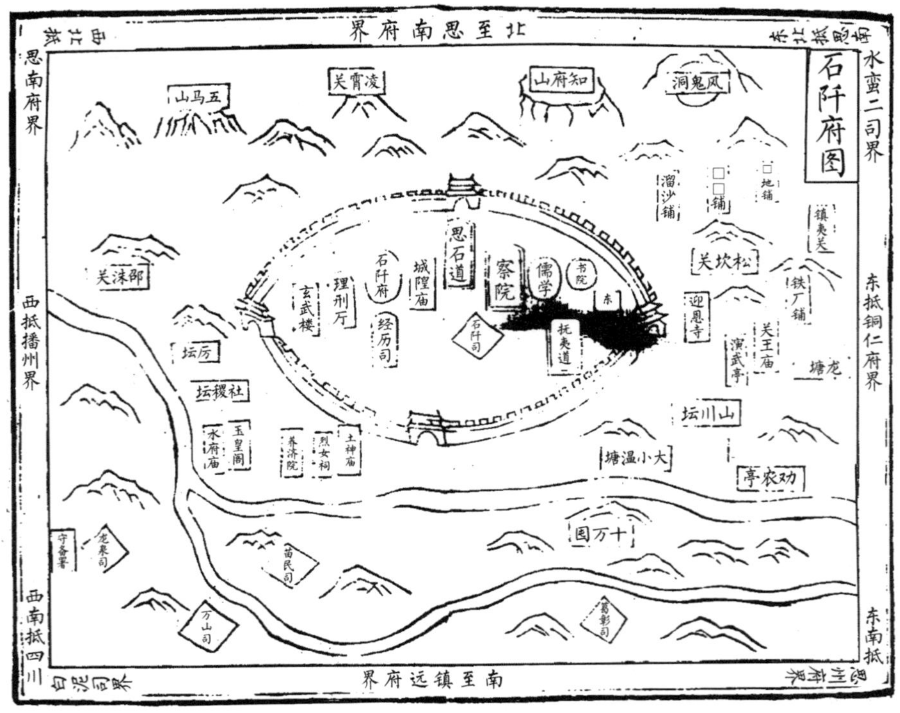

石阡府图
北至思南府界
南至镇远府界
思南府界
西抵播州界
西南抵四川
水蛮二司界
东抵铜仁府界
东南抵
五马山
凌霄关
知府山
风鬼洞
溜沙铺
地铺
镇夷关
松坎关
铁厂铺
迎恩寺
关王庙
演武亭
龙塘
山川坛
大小温塘
劝农亭
十万园
部沫关
厉坛
社稷坛
水府庙
玉皇阁
养济院
烈女祠
土神庙
玄武楼
理刑厅
石阡府
经历司
城隍庙
思石道
察院
儒学
书院
抚夷道
石阡司
苗民司
龙泉司
守备署
万山司
葛彰司

图 28　石阡府图

贵州通志卷十七

第三十四章　石阡府

沿革

《禹贡》荆梁之裔，战国属楚，秦为黔中郡地，汉为夜郎县、牂牁郡地。晋分牂牁置夜郎郡，宋、南齐因之。隋属明阳郡。

唐初为思、黔二州地。武德二年，以信安、义泉、绥阳三县并置都牢、洋川二县，置义州，在今龙泉坪北义阳山下，遗址尚存。四年，以思州之宁夷县置夷州义泉郡，即今府治，领夜郎、神泉、丰乐、绥养、鸡翁、伏远、明阳、高富、思义、丹川、宣慈、慈岳十二县。五年，更义州曰智州。六年，省鸡翁。贞观元年，郡废，省夜郎、神泉、丰乐、宁夷、伏远，以明阳、高富、思义、丹川隶务州，宣慈、慈岳隶涪州，绥养隶智州。贞观四年，开山洞，复以黔州之都上县置夷州义泉郡即今葛彰葛商司治是也。省州之都牢。五年，以废琊州之乐安、宜林、芙蓉、琊州四县隶智州，又领废夷州之绥养。六年，复置鸡翁，隶夷州。十一年，徙郡治于绥阳，以高富来属，改智州曰牢州，徙治义泉，领绥阳、都上、义泉、洋川、宁夷五县，户千二百八十四，口七千一十三，土贡犀角、蜡。

五代复为蛮夷。

宋太平兴国三年，夷州蛮入贡，置绥阳、夜郎二县，隶珍州。

元置石阡等处军民长官司，隶思州宣抚司。

皇明改石阡长官司，隶思南宣慰司。永乐十一年，改石阡府。领长官司四。

石阡长官司。附郭。唐为宁夷县，属思州。武德四年，改属夷州。贞观元年，省入务州。十一年复置，属夷州义泉郡。宋省入绥阳县，属珍州。元置石阡等处军民长官司，属思州宣抚司。本朝洪武五年，杨正德以其地归附，改石阡长官司，隶思南宣慰司。永乐十一年宣慰废，隶府，编户三里半。

龙泉坪长官司。府西一百二十里。隋为义泉县，属明阳郡。唐武德二年，改属义州。贞观十一年，改智州为牢州，徙治于此。宋为珍州地。元置太保龙泉长官司，属思州宣抚。本朝属宣慰，永乐十一年宣慰废，改龙泉坪长官司，隶府，编户一里一图。

苗民长官司。府西南八十里。唐为洋川县，有水名洋川，今洋溪是也。武德二年，改属义州。贞观四年，属夷州义泉郡。宋为乐源县，属珍州。本朝洪武十年，置苗民司于故县治之北壁林，属思南宣慰司。永乐十一年宣慰废，隶府。编户半里。

葛彰葛商长官司。府南一百里。唐为都上县，属黔州。贞观四年，开南蛮，以都上县置夷州义泉郡，县隶焉。宋废县，以地属珍州。元置葛彰葛商长官司，属思州宣抚司。本朝因之，仍属思州宣慰司。永乐十一年宣慰废，隶府。编户半里。

郡名

夜郎。汉名。

明阳。隋名。

义泉、夷州、义阳、义州、智州。俱唐名。

石阡。元名。

形胜

林峦环抱，水石清幽，《旧志》。

南通镇远，北距思南，《一统志》。

与黔思犬牙相错。《方舆胜览》。

四面虽丛阻之中，一壤有轩明之景。《府志》。

石阡八景

知府明山、平崖挂榜、列岫排衙、寒箐凝烟、将军峻岭、鱼子孔泉、温泉浴日、飞凤朝阳。

疆域

东抵铜仁府界，八十里。南抵镇远府界，十五里。西抵播州宣慰司界，三百六十里。北抵思南府界，一百里。西南抵白泥司界，三百六十里。东南抵思州府界，三十里。东北抵思南水、蛮二司界，一百七十里。西北抵思南府界。三百六十里。

山川

知府山。治城东。秀丽雄壮，为府镇山。

挂榜山。治城西南。

温塘山。治城南，温泉之上。

侯山。知府山右。

排衙山。城西五里。

笔架山。治城北七十五里。

擒龙山。治城东南隅。

万寿山。乐桥。有洞，世传有神羊出入，人逐之，化为石。

云堂山。一名琵琶山。城西五里。幽谷丛林，一名天马山。草堂后洞。为苗贼出没之薮。

香炉囤。治北十里。平地拥高二十丈许，可容五百人。地方有警，人多避此，倚以为险。

十万屯。城南六里。始为杨侯整师之所，广可容十万人，上有田，下有洞，洞中有石盘、石弹花文，俗呼为龙床、龙珠。

寒林箐。治城西。

杉木箐。治城西北。

乌江。治城西一百五十里。自四川播州流入府境，东流过思南境，入四川涪州，即《方舆胜览》所载“珍州思溪出南平军，与朗溪合”者，是也。

龙底江。治城南。自包溪、铺溪二处发源，至地名黄茅屯合流，环府前，入思南大江。

洋溪。治城北十里许。源出铜仁提溪山中，西流与桶口河[①]，入思南大江。

深溪。治城西一百二十里，下流入乌江。

龙洞。治城西南龙底江上。阔二丈，约深三里。中产奇石，大如鸡子，青黑色，上有花文，岁旱祷雨皆应。

大温泉。城南一里。坦仰方正如盘状，其水温热，居民就浴焉。

小温泉。与大温泉并，中有石门，环如太极之状，可通出入，而景象尤奇。流引府前，有灌溉之功，乃八景之一也。

望乡崖泉。治城西一百六十里。

温泉潭。府治平贯寨前。

石阡司

骆驼山。司治西三里。

飞马山。司治西。

---

① 与桶口河：《黔记》作“与桶口河合”。

金鸡山。司治东。高百丈，翠微之色如沐。

黄杨山。司治东。上产黄杨。

文笔山。司治北。知府祁顺诗："巨笔卓晴峰，天然制度工。云霞妆五色，风物助三红。脱颖非囊底，生花似梦中。流年多少恨，终日谩书空。"

风鬼洞。司治后龙山下。俗传风鬼所居，中有铜鼓、金盆之类。深入，则大风迅发，不可进。岁旱祷雨取水，亦有大风随之。

迎仙峰。司治北三百里。下有龙塘泉。

石龙。司治东南。

望乡崖。在迎仙里。

秋满洞。司治南梭寒隔山下。

平贯沙洲。司治北。

保太沙洲。司治西。

金溪源。司治西南。

甘谷井。司治南。

登望池。司治北。

苗民司

马鞍山。司治东。

大夫峰。司治西。

白水泉。司治东。

大龙潭。司治北。祁顺诗："鳞甲倒涵松影澹，骊珠凉浸月华圆"。

湘公滩[①]。司治北。

沙洲。司治东。

葛彰司

狮子山。司治侧。

金顺山。司治东五十里。

麒麟山。司治南。

飞凤朝阳山。司治东。

黄阳岭[②]。司治西。

三尖峰。司治西。

---

① 湘公滩：《黔记》与嘉靖《贵州通志》均作"相公滩"，当是。

② 黄阳岭：弘治《贵州图经新志》与嘉靖《贵州通志》同此，《黔记》作"黄杨岭"，当是。

聚兵墩峰。司治南。

山丹坪。司治西。

绵花坪。司治西。

云谷。司治南。

朝阳石。司治南。

屏风石。司治西。

乐回江。司治南。其源有三，至方竹箐合为一，流出司之东北，而注之深溪大江。

瀑布泉。司治西。水涨垂涧如瀑布。

石荫泉。司治金顺山下。广一丈，深莫测，春夏涨而浑涌，秋冬澄而清泠。

滰龙滩。司治南。

龙泉坪司

绥阳山。司治西北。

东山。司治东六十里。

鸡翁山。司治北二十里。

石牛山。司治东五十里。上有巨石如卧牛状。安康诗云："丙吉忧时难问喘，牧童笑指不能鞭。"

黄杨古囤。司治东三十里。层岩绝壁，大河环绕，上产黄杨木，可容百万人。宋元贞间，有任正隆者据之，后克平。

腾云洞。司治北十里。四面岩险，中通一孔，仅可容一人入，高十余丈，阔五丈左右，有五石隙通明，多古迹。嘉靖间，居民避兵于此。

黄蜡箐。司治东。

石笋峰。司治北。

山羊岩。司治东。

青竹崖。司治北。

穿帘谷。司治东。

三跳石。司治内。江水发源之处。

清江溪。司治北。流入桶口河。

鱼子孔泉。司治东。泉水四时澄清，深不可测，常有小鱼自孔中出。

五井塘、暖塘。俱司治内。

风俗

淳庞朴茂，不离古习；服嗜婚丧，悉慕华风。见《郡志》。土著夷民，其俗各异，涵濡日久，渐拟中州。新志。石阡司曰峒人者，性凶顽，出必佩刀弩，有争聚众讲理，曲者罚财示警，不从，即起干戈。男贫不能婚者，女家不较财礼。迩年沾被治化，旧俗丕变矣。龙泉司曰杨保者，性奸狡，其婚姻、死葬，颇同汉人，死丧亦有挽思哀悼之礼。苗民司曰犵狫者，性勇而谲，婚娶以牛马为礼，死葬则击鼓歌。近年习尚丕变。葛彰司曰苗人者，性多悍诈，男子蓬头跣足，妇人被细褶裙，婚姻论财，病疾礼鬼。近年以耕为业，不事奢华。

户口

嘉靖间官民杂役八百一十七户，七千四百一十一丁口。万历二十五年，报增八百二十四户，一万六千七百九十二丁口。石阡司三百八十六户，五千八十五丁口。龙泉司二百二十四户，三千七百四十一丁口。苗民司九十七户，三千八百三十二丁口。葛彰司一百一十六户，四千一百三十四丁口。

土田

旧志山坡险平不一，原无顷亩。万历九年丈量共民田八万七千八百二亩六分七厘零。十二年水灾除豁八十四亩七分二厘，实在八万七千七百一十七亩零。石阡司三万四千四百二十二亩五分零。龙泉司三万三千一百二十七亩零。苗民司一万三十二亩四分零。葛彰司一万一百三十五亩八分八厘九毫。

方产

铁、水银、木瓜、银杏、蜡、锦鸡、鹿。

贡赋

贡额：每岁黄蜡三百五十斤。石阡司一百三斤一十四两。龙泉司一百六十七斤六两。苗民司七十一斤一十二两。葛彰司七斤。

秋粮，旧额八百五十石六斗九升。万历九年新丈共八百五十一石七斗九升零。十二年水灾除豁一石一斗二升二合五勺，实在八百五十石六斗七升零。石阡司一百五十石四斗四升零。龙泉司二百一十二石八斗四升零。苗民司一百五十八石六斗四升。葛彰司一百八十六石八斗一升。

徭役

万历二十五年，条鞭、银差、力差、公费三项，共银六千七百二十三两五分零。石阡司二千五百五十一两一钱三分零。龙泉司一千九百九十六两二钱一分零。苗民司一千八十两五钱四分零。葛彰司一千九十五两一钱六分零。

城池

府城。正德五年，土官杨再珍奏准，至嘉靖元年，知府何邦宪创建土城。四十年，知府萧立业详允易以石。四十三年，知府王管议加串楼。建楼门四：东曰对育，西曰澄清，南曰迎恩，北曰拱极。周围共计六百零六丈，串楼六百，垛口五百八十三，水洞四。

公署

府治。永乐十一年建。正统己巳毁于兵。成化间，知府赵荣迁建。嘉靖庚申，知府萧立业病其隘，拓修。中为忠爱堂，后为宜适轩，前仪门、大门，翼以申明、旌善二亭。

经历司、司狱司、照磨所。俱治左右。嘉靖年间建。

石阡司治。府城南。嘉靖二年重建。

龙泉司治。永乐年间建。

苗民司治。洪武年间建。

葛彰司治。永乐十一年建。

行治

察院。城内。知府萧立业建。

抚夷道。城南。知府余志建。

公馆。城南。隆庆元年，土官安处善建。

镇夷公馆。治东六十里木贡关下。嘉靖三十三年，副使刘景韶建。

思石道。镇夷馆右。隆庆元年，佥事周以鲁建。

学校

儒学。府治南。永乐十三年建。正统末毁于寇。成化十六年，知府余志重修，在文庙右。万历十八年，知府陆郯迁于文庙左。

明伦堂。文庙右。

居仁、由义二斋。堂前左右。

儒学门。

敬一亭。万历二十四年，知府郭原宾建于尊经阁后，旁勒五箴。

尊经阁。文庙后。万历十八年，知府陆郯建。

先师庙。学右。

东、西两庑。

戟门。

棂星门。

启圣祠。文庙左。知府朱黼建。万历十八年，知府陆郯迁庙右。

名宦祠。

乡贤祠。

学田。万历六年，知府郑一信议处官银置买，地名琴蛮坡田，每年纳租谷五十五石四升五合，贮学仓以济贫生、供文会。

明德书院。城南。隆庆六年，知府吴维京建。万历六年，知府郑一信修。二十四年，知府郭原宾重修。

社学。隆庆元年，土官安处善创建。一在城南，一在城北。

秩祀

社稷坛。治城北。

山川坛。治城南。

城隍庙。治城南。

厉坛。治城北。万历二十三年，知府郭原宾建。

遗爱祠。城南。万历元年，知府吴维京升任，士民思慕修建。十年，知府郑一信升任，士民感德，并入祠内。

关梁

松明关、凯斜关。俱府东。

松坎关。府南。

石灰窑关。府东北。

镇宁关。马鬃岭。

武定关。白马岭。

铜鼓关。蛮夷司。

牛塘坝关。葛彰司。

象鼻关。石阡司。

牛水口关、竹坝平关、教坝关、青龙关。俱龙泉司。

镇夷关。印江界。

大定关。镇远界。

茶菌关。偏桥界。

锡乐坪关。播州界。

迎恩桥。城南门外。

达远桥。城北。

文星桥。城北。万历二十四年，知府郭原宾建。

来宾桥。城南。

周惠桥。一出偏桥。一入石阡。

永济桥。路濒公馆前。嘉靖四十五年，佥事周以鲁建。副使华启直重修。

河下桥。万历十年，知府袁亮建。

司前桥。一石阡司东。一龙泉司前。

板桥。苗民司南。

天生桥。葛彰司南五里。

府前渡。城西。

龙底江渡。城南三里。

白岩江渡。城南二十里。

羊溪江渡。城北十里。

水口渡、司前渡。俱石阡司境。

桶口渡。龙泉司境。

兵防

防守府城。百户二员，安庄、新添、黄平三卫所军兵七十七名，民壮八十三名。

守备龙泉。守备一员，红兵四十名。

提溪哨。百户一员。军兵三十名，民壮五名。

茶菌关哨。百户一员，防兵十名。

湄潭永靖哨。坐镇指挥一员，军兵三十名，苗民十名，民壮二十九名。

河下屯岩门哨。万历十一年添设，防守民壮、苗兵共二十九名。

邮传

协济各驿马馆

镇远、平溪、偏桥三驿。供馆银二百八十二两七钱九分六厘六毫，铺陈银二十一两八钱二分，马银一千四百七十五两六钱四分。本府。号马银七百二十两。

派该：

石阡司。一千一百四十九两二钱五分五厘。

苗民司。四百八十九两二钱七分五厘。

龙泉司。五百二十七两四钱六厘六毫。

葛彰司。三百三十四两三钱二分。

府前铺、铁厂铺、板桥铺、苗民铺、峰岩铺、琵琶铺、乐桥铺、桶口铺、长林铺、乾溪铺、龙泉铺、葛彰铺、溜沙铺。各司兵不等。

惠政

预备仓。府治后一。葛彰、龙泉二司各一。

养济院。府北。隆庆二年，推官王朝用重建。

社仓。察院右。隆庆三年，推官王朝用创。万历十九年知府陆郯、二十年推官高情和、二十四年知府郭原宾各建四间。

开河。河去城二十里许。中流九处，巨石森壅。万历二十四年，知府郭原宾捐俸金百两，疏凿通舟，民皆称惠。

职官

知府一员，同知、通判各一员裁革，推官一员，经历一员，司狱一员裁革。儒学教授一员，训导一员裁革。石阡司、龙泉司正长官各一员，副长官各一员，吏目各一员，土百户共三员。苗民司正长官一员，葛彰司正长官一员，副长官一员，吏目一员。

知府

永乐：

李鉴。贵溪人。

正统：

胡信。庐陵人。

周浩。巫山人。

吴俊。京山人。

杨荣。青神人。

廖俊。乐安人。

阳显嘉。吉水人。

余志。建宁人。

刘珍。清宛人。

祁顺。东莞人。
李克恭。资阳人。
汪藻。内江人。
周鉴。余姚人。
丁昶。蒙化人。
弘治：
任仪。阆中人。
谢崇德。内江人。
施震。平湖人。
严永灌。华容人。
蒋弼。新繁人。
何邦宪。太和人。
马龠。西充人。
嘉靖：
冯裕。临朐人。
俞应辰。莆田人。
褚嵩。华亭人。
麦孟阳。高要人。
薛编。魏县人。
边瑀。沾化人。
朱黼。安福人。
张邦瑞。商河人。
郭文翰。三水人。
马写。安邑人。
萧立业。新喻人。
王管。应天人。
李兖。余姚人。
吴维京。孝丰人。
聂栋。永丰人。
万历：
郑一信。惠安人。
袁亮。麻城人。
林大经。莆田人。
陆郯。上海人。

郭原宾。万安人。

同知

吴珏。济宁人。
徐侦。徐州人，此后革。

通判

崔彧。莱州人。
董延龄。绍兴人。
杨清。临安人。
杨契。石屏人。
张义。长寿人。
徐义。顺德人，此后革。

推官

永乐：
朱振。镇江人。
朱森。平阳人。
康頫。吉安人。
谢志高。武昌人。
向让。徽州人。
张定。龙溪人。
谭彦才。湖广人。
董思诚。溦江人。
尹福。大兴人。
胡瑄。巴陵人。
张荣。太和人。
赵琰。西充人。
李嵩。铜梁人。
焦弘。望江人。
龚宗道。密云人。
李辉。中江人。
嘉靖：
郑宗锦。浦江人。

丘民望。贵溪人。
李仁。蓬溪人。
梁宝。广西人。
邓本中。广西人。
邓日助。九江人。
郑廷璋。琼山人。
岑壂。名山人。
王朝用。曲靖人。
隆庆：
管东生。零陵人。
万历：
武朝北。蓬溪人。
陶希皋。姚安人。
沈世卿。仁和人。
高情和。罗江人。
易文龙。夷陵人。
唐世臣。南海人。

教授

吴衡。揭阳人。
孙善。钱塘人。
王宣清。太和人。
毛渊。萧山人。
戴乾。昆明人。
袁起。楚雄人。
胡复之。南溪人。
秦国泰。寻甸人。
郝维仑。宜宾人。
吴从皋。松潘人。
冯晋。南部人。
文琇。呈贡人。
万历：
施道充。曲靖人。
王用龙。乌撒人。

吴之举。新添人。

萧伯鲲。义宁人。

涂翱。施秉人。

覃彦。印江人。

丁大谟。楚雄人。

邵承业。温江人。

罗仲英。南充人。

邵克桑。富顺人。

训导

王俊。剑川人。此后革。

石阡长官司

正长官安德勇。原任葛彰司副长官。洪武三十二年，宣慰田大雅保三世孙景文任随司办事长官。永乐十一年，革宣慰司，改随府办事。十四年，保任本司正长官。沿袭至文胤。

副长官杨正德。任元副长官。洪武五年，归附。七年，授副长官。沿袭至鸿基。

土百户王如昌。本司土官。洪武三十三年，授思州千户所百户。洪熙元年革所，男显文改随司办事。

龙泉坪长官司

正长官安德麟。葛彰司头目。永乐元年，男永加功升随司办事长官。十一年，改随府办事。十七年，保任本司正长官。沿袭至民志。

副长官朱旺。思州宣慰司头目。洪武二十五年，功升思州千户所镇抚。宣德七年，男铎保任本司副长官。沿袭至承勋。

土百户冉文虎。思州宣慰司头目。洪武二十五年，功升千户所百户。沿袭至元。

土百户何嗣昆。任元石阡司长官。洪武十五年，改千户所百户。永乐十九年，五世孙文斌袭前职，拨本司管事。沿袭至安庆。

苗民长官司

正长官汪得英。原任古州龙里司副长官。洪武三十三年，三世孙仕禄保任本司正长官。正德十年，六世孙苍采木有功，加升一级。沿袭至若济。

葛彰长官司

正长官安德彰。本司籍。征南有功。洪武五年，子永原奏请授本司正长官。沿袭至其位。

副长官赵荣。思州都坪司籍。洪武五年，授亮寨司长官。三十五年，男景春改授本司副长官。沿袭至世忠。

科贡

进士

举人

成化丙午：唐必聪。官至知州。
嘉靖辛酉：王新民。官至知州。
隆庆丁卯：杨维钥。任知州。
万历丙子：方民敬。任知县。
　　壬午：曹　珩。任知县。
　　戊子：汪守宣。任教谕。
　　辛卯：安德胤。
　　丁酉：周之相。
　　　　　朱廷臣。

岁贡

赵祥、景玉、王吉、吴宗、杨诚。

宣德：任禄、杨文、罗文、任忠、李禧、杨胜、杨松。

正统：杨睿、何政、丁容、黎旭、吴慎、田暹、冯旺、危斌、戴顺、杨源、石贞、杨坚、胡逊。

景泰：周正、吕敬、田道、胡源、杨纪、丁圭、吴鉴、彭贤。

天顺：余骥、潘才、苟斌、吴文、吴瑢、安让、杨胜纪、吴天祥。

成化：石坚、安润、安瀛、杨钟、安浩、杨胜绮、杨昌福、黎秉中、杨玘、石智、王宗海、田秀、王斌、杨胜麟、冯本、覃珞、戴庆、杨纯、汪魁、戴宁。

正德：朱世昌、王选、杨茂、彭廷颤、朱世荣、杨胜伦、杨盛、龙荣、冯应和、王廷豪、戴鹏、熊廷美、姚佐、李道鉴、潘现、安友、张珂、杨顺、田璞、朱应乾、田世恩、田世亨、吴辛、胡经、费旦、吴纶、杨必秀、杨秀瑜、杨秀襟、吴怀、杨秀春、王链、杨胜荣、杨贵、戴紘、杜贤、罗恭、王仪、王道、杨正和、张文显。

嘉靖：田世荣、丁凤鸣、杨栋、杨再桥、杨逢春、吴廷秀、朱珊、龙贵、安重、熊宗道、王廷冕、安琛、安仁、王得民、全文、戴朝北、杨再甫、谭恩、杨遇春、王廷瑶、王逸民、戴朝诰、王廷用、戴朝佐、涂孟仁、王天民。

隆庆：费秉、安守盘、简方绶、彭仕英。

万历：王俊民、安正孝、谭恕、戴天奇、杨维钦、王兆民、毛宦、游相、何良相、聂道南、戴天衢、田兴常、张昊、朱家栋、王应明、杨国桀、熊应期、王祥民、全天赋、赵时用、严世熙、田兴禾、杨维铣、甘雨、陆希□。

名宦

李鉴。永乐十一年首任知府。创制立法，导民变俗。九载给由，民不忍舍。

胡信。庐陵人，正统间任知府。色温气和，志贞才赡。正统己巳，苗寇猖獗，众皆避去，信曰："吾受命守此土，宁死不可去也！"已而贼至，信率兵悉力御之，城破被擒，不屈而死。论者谓有巡、远之节云。

杨荣。任知府。律己以严，爱民以德。一新府治，百废渐兴。

余志。成化间任知府。练达有为。政名懋著，尤加意于士类。

祁顺。成化间，以参政改任知府。才智丰敏，有守有为。曾纂《府志》，及他制作，皆伟丽，为时推重。

康颓。以评事改推官。惠政溢于口碑，严威慑于丑类。娆解已清，矫虔敛迹。青衿济济，尤荷曲成。

刘清。以给事中任经历。文章政事，两擅其长。

杨彬。正统间任府经历。勤于赞画。寻以忧去，民请留之，服阕复任。

周冕。南昌人。宣德间以纪善改照磨。文章政事俱优。

吴衡。揭阳人。永乐间任教授。时初设学，衡能振起文教，诱掖士类。在郡二十年，士至今思之。

汪藻。先任治中，出知本府。老成威重，卓有政声。都匀兵变，与有功焉。

任仪。弘治间知府。赋均讼理，普安兵变，督饷有功，民立《去思碑》。

冯裕。嘉靖间任知府。爱民如子，执法不挠。治城被火，民舍荒残，裕多方招集，翕然成聚。平播凯之争，一酋服罪；督芒部之饷，三军悦心。

褚嵩。嘉靖间任知府。省夫马，除豪横，课诸生，济贫士，善政种种。以直道不容去，部民如失怙恃。

朱黼。嘉靖间任知府。庭无留牍，视民如伤，当时沾庇，至今遗思。

萧立业。嘉靖间任知府。廉明茂著，才德交宏。建署，壮府观赡；立法，培民命脉。

郑廷璋。嘉靖间任推官。励精政治，刻意操持。司刑明允，采运勤劳；豪强屏迹，孱弱蒙庥。民至今思焉。

万历《丁酉志》名宦十六人

乡贤

元

安德勇。多智术，有勇力。至元间以功授葛彰司长官。

杨政德。至正间保障有功，授石阡司副长官。

本朝

朱珏。洪武初，以军功授思州千户所镇抚。

王显文。洪武间，以忠勇称，授思州千户所百户。

戴壁。

唐必聪。性惇笃学，任南宁尹，有冰蘖声，居乡善俗，士林推重。

万历《丁酉志》共乡贤六人

恩典

安逸。以子康贵，赠员外郎。

杨光斌。以子纪贵，封署正。

戴纪。以子鹏贵，赠经历。

王廷瑶。以子新民贵，封通判。

万历《丁酉志》共恩典四人

孝义

朱嘉宾。生员，龙泉司人。隆庆丁卯，苗贼劫掠，缚其父应乾于柱，用火烙，索取金帛，宾挺身手刃一贼，解父缚，得生，各贼刃宾而死。事闻，题旌。

万历《丁酉志》孝义一人

贞节

王氏女。名伽蓝，父英，任云南驿丞，回至府境杨寨遇贼，被害。伽蓝年十九，贼执以行，欲污之，伽蓝厉骂不辍，贼怒而杀之。知府余志为传记其事。万历五年，知府郑一信建祠祀之。九年，御史陈效题旌。

吴氏。石阡司人。邓再兴妻。嘉靖庚戌，镇箪叛苗陷治，杀其夫，吴闻，赴难死。

马氏。龙泉司民马万珠女。年十七，播夷李保猖乱，氏被执，贼欲污之，詈言叱贼，贼裂其尸。

杨氏。生员彭好古妻。夫故，杨年十八，夫葬，杨悲号不食，旬日亦故，得合葬焉。事闻，抚院题旌。

万历《丁酉志》共贞节四人

迁谪

刘清。山东人，成化十三年，以刑科给事中左迁府经历，寻升山西代州判官。

流寓

唐

李白。流夜郎时过此，盖石阡即唐夷州，夜郎在其境内。《方舆胜览》载蔡宽夫《诗话》云："太白之从永王璘，世颇疑之。《唐书》载其事甚略，亦不为明辩其是否，独其诗《自序》云：'半夜水军来，浔阳满旌旃。空名适自误，迫胁上楼船。从赐五百金，弃之若浮烟。辞官不受赏，翻谪夜郎边。'以此观之，则太白岂从人乱者哉！"

亭馆

明时楼。府治前。成化十六年，知府余志建。

南薰楼。迎恩寺左。万历十年，知府袁亮建。

宦适轩。有记。

迎恩阁。知府王管修。

劝农亭。万历三年，郑一信建，一郡南，一郡北。

坊市

崇正学坊。学前。知府袁亮建。

育贤才坊。学前。知府陆郯建。

师帅一方坊、拊循千里坊。府前左右。

圣旨坊。一府治前。为节妇杨氏建。一乐桥，为烈女王伽蓝建。一龙泉司，为孝子朱嘉宾建。

府前市

绥阳市。去府三百里。

司前市。一龙泉司。一苗民司。
本庄市。在石阡司。

寺观

观音阁。府治南。
玉皇阁。城西北。万历十六年，知府陆郯建。
玄武楼。府治左。
水府阁。城西北。万历十三年，知府林大经建。
迎恩寺、诸葛祠。俱城南。
迎水寺。城东五里。
东陵寺。东山西。
回龙寺。龙底。昔人见有神龟，建以镇之。
太白祠。原与诸葛祠共，名二贤祠。隆庆五年，提学秦淦另建。
五峰寺、宝峰寺、青山寺。俱府治乐桥。
金道寺。义山。
桶口寺。桶口左。
启灵观。城外河北。万历二十四年，知府郭原宾建。
玉皇观、五显庙、土主庙、双列祠。俱城北。
东岳庙、三抚庙、关王庙、萧公庙。俱城南。
三清观、玄天观。俱在乐桥。
圆通寺、普明寺。俱葛彰司。
定光寺、隆安寺、长栏寺、义阳庙。俱龙泉司。

古迹

废义州。龙泉司北，义阳山下。
废明阳县。龙泉司治西。
废绥阳县。龙泉司西北。《唐史》云："县有绥阳山。"
废鸡翁县。龙泉司南，鸡翁山下。
废洋川县。苗民司南，洋溪山下。
废夜郎县。葛彰司西六十里。唐置，隶夷州。宋改隶珍州。元废。

祥异

嘉靖戊子春正月二十二日，城中风火交作，民舍尽毁，将延府治。推官郑宗锦叩地吁天，反风灭火，府治、仓库无灾。

庚子辛丑，岁大旱。

庚戌岁，镇箪苗陷郡治。

隆庆丁卯，府北火，延毁公廨清远楼。春，义阳河江猪出，坏民居。

己巳春，大雨雹如鸡子，坏民房舍，震死人畜。

万历辛卯夏五月，龙挂于东南。

纪兵

正统十四年己巳，四川后洞黑苗为乱，号为划平王，与草塘苗贼龙惟保、王占田者相继而起，攻陷石阡，大肆侵掠，知府胡信死焉。至景泰始平。

正德五年庚午，播、凯、黄平、白泥、草塘诸苗贼，流劫思、石地方。土官杨再珍、汪誉，土舍安琼协谋，统集乡兵，昼夜向敌，斩首甚众，府治始安。

六年辛未，流寇方四、金相、任大等啸聚万余人，入思、石境土，大肆劫掠，川、贵两省会兵剿之。

嘉靖二十一年，铜镇诸苗出劫石阡地方，军民死者甚众，府遂陷，执推官邓本中，大掠而归。

二十九年，播贼李保等招拽草塘、邛水、重安、都匀、平浪等司黠酋据湄潭囤叛，屯寨杀掠一空。至二十二年[①]，总兵石邦宪议处，将湄潭贼众驱之江外，地方稍宁。

万历二十三年，播酋杨应龙矫命潜令苗寇劫掠龙泉司居民屯种，纵火而去。寻有旨，命总督议抚之。

内隐逸、仙释、丘墓无入。

① 二十二年：据前文，当为“三十二年”。

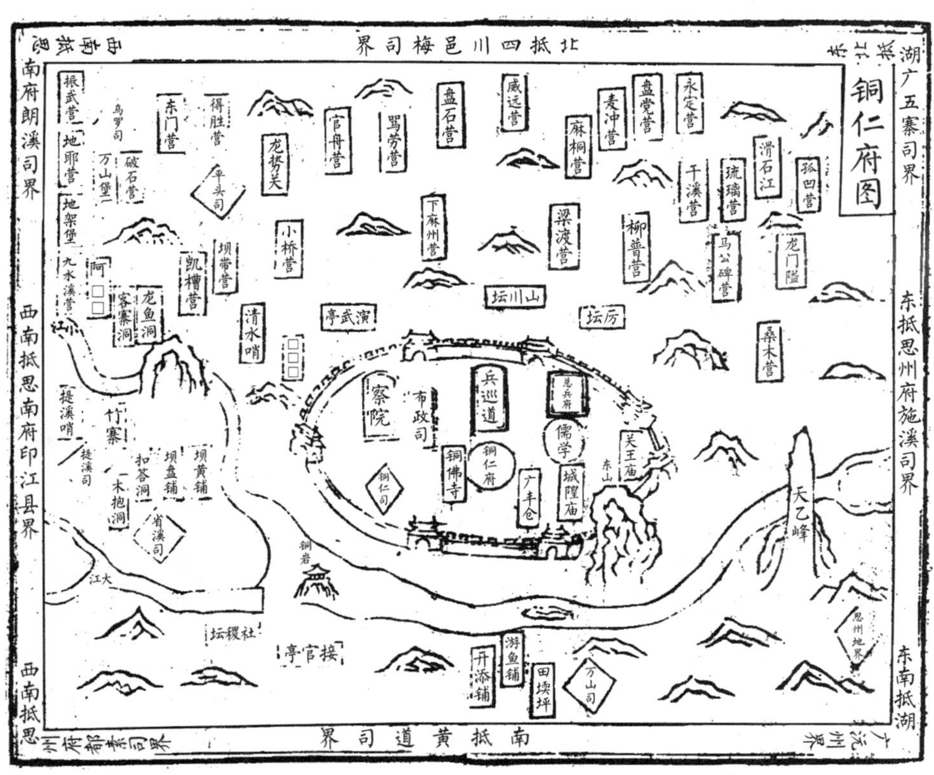
铜仁府图
北抵四川邑梅司界
南抵黄道司界
东抵思州府施溪司界
湖广五寨司界
西南抵思南府印江县界
南府朗溪司界
东南抵湖
西南抵思
兵巡道
察院
布政司
儒学
铜仁府
铜佛寺
城隍庙
广丰仓
关王庙
天乙峰
演武亭
山川坛
厉坛
社稷坛
接官亭
游鱼铺
田坝坪
万山司
省溪司
提溪哨
提溪司
竹寨
清水哨
小桥营
凯槽营
龙鱼洞
客寨洞
坝带营
九水溪营
地架堡
地耶营
振武营
破石营
万山堡
东门营
得胜营
平头司
龙势关
官舟营
骂劳营
盘石营
威远营
麻桐营
麦冲营
盘觉营
永定营
干溪营
琉璃营
滑石江
孤凹营
柳普营
马公碑营
龙门隘
梁渡营
下麻州营
桑木营
坝黄铺
坝盘铺
扣荅洞
木抱洞
开添铺

图 29 铜仁府图

第三十五章 铜仁府

沿革

《禹贡》荆梁之裔，周属楚，汉为武陵郡地，隋属清江、明阳二郡。唐初为辰州地。垂拱二年，分辰州麻阳县地置锦州卢阳郡，始于此置万安县为属。天宝元年，更名常丰。五代时没于蛮。宋为思、珍二州地。元置铜仁大小江等处蛮夷军民长官司，以司治有古铜人三，故名，隶都云定云等处安抚司。

皇明洪武初，改铜仁长官司隶思州宣慰司。永乐十一年，置铜仁府，隶贵州布政司，领长官司四。正统四年，又以废乌罗府之乌罗、平头二长官司来属。今领长官司六。

铜仁长官司。附郭。建置同本府。编户五里。

省溪长官司。府西一百里。元置省溪等处军民长官司，隶都云定云等处安抚司，后改省溪坝场等处蛮夷长官司，隶思州军民宣抚司。本朝洪武初改省溪长官司，隶思州宣慰司。永乐十一年改今属。编户一里。

提溪长官司。府西二百四十里。元置提溪等处军民长官司，隶都云定云等处安抚司，后隶思州军民宣抚司。本朝洪武初，改提溪长官司，隶思州宣慰司，永乐十一年改今属。编户一里。

大万山长官司。府南五十里。元置大万山苏葛办等军民长官司，隶思州军民宣抚司。本朝洪武初，改大万山长官司，隶思州宣慰司。永乐十一年改今属。编户一里。

乌罗长官司。府西二百里。元置乌罗龙干等处长官司，隶思州军民宣抚司。本朝洪武初，隶思南宣慰司，永乐十一年改隶乌罗府，寻改今属。编户一里。

平头著可长官司。府北二百二十里。元置平头著可通达等处长官司，隶思州军民宣抚司。本朝洪武初，改平头著可长官司，隶思州宣慰司。永乐十一年隶乌罗府，寻改今属。编户一里。

郡名

万安、常丰。俱唐名。

定云、铜江。俱元名。

形胜

九龙分秀，三江汇流。天马、双贵峙其阳，翀凤、南岳亘其阴。东山盘崛，鳌碘萦撑。《府志》。山接蚕丛，江通云梦。《旧志》。东联锦水，西接牂牁，北扼苗夷，南通贵筑，亦雄郡也。《府志》。

铜仁十景

文笔春云。郡人罗冕诗："万里星河一柱遥，孤根屹立倚云霄。风云洒翰挥银管，奎壁联珠缀锦标。兔颖九天濡湛露，词源三峡涌春潮。灵光预兆江淹笔，梦里双花五色娇。"

山中楼阁。参议张克家诗："蛮烟消尽日华浮，坐笑东山百尺楼。天乙峰联大小酉，铜江不断古今流。一登作赋思王粲，八永[1]成诗愧隐侯。徙倚云端俯城市，宁夸谢氏得佳游？"

铜江砥柱。郡人钱纯让诗："郭外铜崖远市氛，千年鼎足枕江濆。柱峰蹲踞鳌形立，带水萦洄燕尾分。龙吸中流[2]潭底月，钟鸣西岸[3]树头云。一尊共扫青天石，酾酒临江坐夕曛。"

石笏朝天。

云彩江声。

碧水丹山。

两江春色。郡人蒋其贤诗："铜水交流见两川，光吞晓翠日浮烟。柳阴已占西湖地，花气浑如二月天。夹岸香风牵荇带，隔波晴影动蛟涎。手摇歌扇谁家子？玉袖金壶酒满舡。"

六洞岚光。郡人蒋其才诗："谁将寒谷比崆峒，上有蛮烟锁万重。林影分明清嶂外，猿声隔断翠微[4]中。愁云漠漠山疑失，霁色霏霏路欲通。万里晴光应有待，遥瞻日上海门东"。

渔梁夜月。

南岳飞泉。郡人杨秀冕诗："雪乳泠泠湿翠衣，水晶珠箔夜生辉。双流漱玉岩边出，匹练横空树杪飞。川谷草腥玄鹿过，石潭云净毒龙归。武陵[5]岁岁桃花发，几度渔郎问钓矶。"

---

① 八永：《黔记》作"八咏"。

② 中流：万历《铜仁府志》作"中泠"。

③ 西岸：万历《铜仁府志》作"两岸"。

④ 翠微：万历《铜仁府志》作"群岳"。

⑤ 武陵：万历《铜仁府志》作"武夷"，当非。

疆域

东抵思州府施溪长官司界，三十里。南抵黄道司界，七十里。西抵思南府印江县界，三百里。北抵四川邑梅长官司界，二百二十里。东南抵湖广沅州界，八十里。西南抵思州都素司界，二百里。东北抵湖广五寨司界，六十里。西北抵思南府朗溪长官司界。二百四十里。

山川

东山。府城东。岌嶪峭拔，为郡巨镇。上有石窝，高广数十武。参议蔡潮建川上亭，题曰“舞雩遐想”，石壁曰“云彩江声”。山之巅，有崇真宫，后为大观楼。提学吴国伦诗：“东山突兀云为颠，百雉参差双练悬。入寺浑迷上下界，倚楼欲尽西南天。江光倒浸[1]九华玉，石甲纷披千叶莲。睥睨群山解飞动，谁当坐啸清蛮烟？”

石笏山。府东五里。

天马山。府南五里。

玉屏山。南三十里，为儒学案。

晒袍山。府南六里。

席帽山。府西二里。

翀凤山。北三里，为府祖龙。

三台山。治西三里。

半月山。府西三里。

百丈山。府西一百里。

狮子山。府南七十里。

将军山。府北六十里。

诸葛山。西十里。形胜突兀，俯瞰诸垤。上有武侯屯营故址，因名之。

天乙峰。城东一里。有石屹然，每赤即有火灾，参议蔡潮题“天乙峰”于上。知府魏文相复于山椒凿池注水压之，祀六壬六癸之神于下，曰“既济祠”，春秋祀之，民藉以弭灾焉。

双贵峰。南十里。两山屹然伟观。

正人峰。府西三里。原名岑嶂，俗名牛角洞。督学沈思充题曰“正人峰”。

文笔峰。府东一里。

铜崖。府城西南。当大小两江合流中，挺然竦立，高数十仞，渔人没其底，见三足如鼎，得铜范儒、释、老三像，故名。正德丙子，参议蔡潮建跨鳌亭于上，诗

---

① 倒浸：万历《铜仁府志》同，《黔记》作“下浸”。

云："入眼风光异贵州，问人知是楚西头"。题咏颇多，详见《府志》。

黄蜡洞。府东五里。

川江洞。府北四十里。

南岳洞。府治二十里。

铜仁大江。府西南。源出九龙山下。

小江。府西北。源出瓮济洞。东南合大江。

飞瀑泉。府北八里。势如瀑布。

省溪司

江头山。麓三水出焉，在治九十里。

五云山。治西五里。时有五色云现。

仙女洞。司北三里。有石状似女，故名。

云含泉。北七里。岁旱，以犬血污即雨。

逎罗江。北二里。

提溪司

滥泥山。司三十里。

磴山。治东三里。

印江。治东一里。

提溪。治西五里。

万山司

大万山。治南三里。

新坑山。治北五里。产砂。

司前溪。司一里。

乌罗司

迎红山。治西南。每日初升，山色光映。

琴阁山。治十里。

木降山。治十三里。

石梁山。治五里。有白石连亘如桥梁，故名。

九龙山。治六十里。俗名饭甑山。高百余丈，下分九支，因名。铜仁大江之源出此山。多灵异，有玄帝祠，人多朝之。

云朵山。司境内。秀丽如云。

万胜磴。治三十里。上有水，可容百人，避苗者依之。

观音囤。去司三里。可容五百人。上有三井，避苗之天险也。

乜江。司南，上纳乌罗、羊溪二水，下达辰州，可舟筏。因接宋陇苗蛮境，以是未通。

木耳溪。治南。其流曲折，东抵平南寨，为九十九渡水。

乌罗溪。治东。源出林箐诸山，流潆司前。

平头司

森崖山。治内。山高林密，蓊郁如云。

石榴坡。司境内。罗昕诗："畏途尽说石榴坡，毒雾笼人似网罗。"

甘梗泉。司前。石中一源涌出，流分泾渭然。

风俗

郡居辰常上游，舟楫往来，商贾互集，渐比中州。《旧志》。力本右文，士多向学。佥事阴子淑记。郡属各司，夷汉杂居，有土人、獚狫、苗人、种类不同，习谷各尚，迨今渐被华风，洒然变易。《续志》。

户口

嘉靖间官民杂役九百三十九户，四千一百五十丁口。万历二十五年，增至九百四十一户，一万六百八十三丁口。铜仁司三百一户，三千八百三十二丁口。省溪司二百六十户，二千六百丁口。提溪司七十二户，六百二十七丁口。平头司一百八十四户，一千五百五十七丁口。乌罗司一百三户，一千六百九十二丁口。万山司二十一户，三百七十五丁口。

土田

旧志：府属司民田五万一千三百五十六秭。万历九年新丈增至八万九千七百九十六亩零。铜仁司三万一百九十四亩零。提溪司八千四百六十三亩。省溪司二万一千五百八十亩零。万山司一千三百一亩零。乌罗司一万三千二百八十九亩。平头司一万四千九百六十七亩零。

方产

硃砂、水银。大万司出。

金。省溪、提溪二司出。奏革。

铁。铜仁、省溪二司出。

蜡、楠木、杉木、箭竹、葛布、降真香、黄杨木。以上各司俱出。

贡赋

府属各长官司岁贡黄蜡一百八十四斤四两。铜仁司三十五斤八两。乌罗司五十七斤。提溪司五十三斤二两。平头司三十八斤十两。

水银二十九斤八两。万山司出。

硃砂一十六斤八两。省溪司一十一斤。万山司五斤八两。

夏税，岁征洞蛮布二百九十五条一丈五尺。每条长二丈，阔一尺，征银一钱，共该银二十九两五钱七分五厘。

秋粮，旧志：一千一百七十三石六斗八升。万历九年新丈增至一千二百三石九斗零，外增二斗九升零。铜仁司四百九十五石零。省溪司二百六十石八斗零。提溪司一百一十石七斗五升。大万山司一十石。乌罗司二百三十五石七斗零。平头司九十一石八斗零。

门摊、盐钞共征白银八两五钱零。铜仁司二两四钱八分。省溪司二两零八分。提溪司八钱二分。乌罗司二两二钱八分。平头司八钱。万山司七分。

徭役

万历二十五年，条鞭、公费、银差、力差三项，共银七千五百五十九两五分。铜仁司二千五百九十五两八钱四分。乌罗司一千一百九十三两二钱一分。省溪司一千九百八十一两七钱六分。提溪司一千五十四两一钱四分。平头司五百八十六两二分。万山司一百四十八两八分。

城池

府城。景泰二年，知府朱鉴建为土城，后渐次拓之。嘉靖九年，三省苗叛。二十二年，知府李资坤相东北隙地廓大之。增至三百六十余丈。层台砖石，屹然坚固，民恃无恐。至二十八年苗复叛，参议杨僎即河城旧址，檄思州知府李允简重修完固。为门七：东曰景和，上南曰来禧，中南曰文昌，下南曰迎薰，西曰阜城，小西曰宾旸，北曰拱辰。各有楼串，阻江瞰河，壮于金汤矣。

平头司城。嘉靖间建，万历十年，守备王一麟补葺。

公署

总兵府。旧府西南。万历十一年，总兵郭成移镇北门。

分巡抚苗道署。府治后，旧为书院，提学毛科建。万历十一年，参议金从洋更为分守道公署。后副使钱拱宸增修巡道署。

府治。洪武初为宣慰司治地。永乐十一年建。正统十四年，毁于苗患。成化三年，知府杨显嘉重修。嘉靖八年，知府葛鸿[1]增修。万历十二年知府方范、十七年郑应龄、二十四年知府张锡重修，规制宏矣。

经历司。府治左。

铜仁司治。府西。

省溪司治、提溪司治、大万山司治。俱永乐间建。

乌罗司治、平头著可司治、平头守备司治。司内。俱正德间建。

行治

察院。府西，长官李渊旧宅。嘉靖庚戌，抚苗道重修。

布政分司。府治西。旧为总兵府，复改为察院，今又改为分司。

学校

儒学。府东。永乐十三年，知府周骥建。宣德七年毁。正统八年，知府萧和鼎、洪钧相继修建。十四年毁。天顺三年，张隆重建。成化十二年，周铨议改建。嘉靖三十二年，参议刘望之议处赎金，拓地改建。

明伦堂。文庙后。

博文、约礼二斋。堂前左右。

训导廨。明伦堂右。

礼门。

儒学门。

尊经阁。明伦堂后。郡人陈珊倡议，至万历九年，参议秦舜翰、知府林烋、推官沈森因敬一亭旧址鼎建。十九年，知府郑应龄重修。二十四年，知府张锡增修之，迁铜夫子像于上。

先师庙。明伦堂前。

东、西两庑。

戟门。

棂星门。

泮池。棂星门外。

启圣祠、乡贤祠、名宦祠。俱文庙左。

---

① 葛鸿：《黔记》此处同，但多作“葛鵈”。万历《铜仁府志》亦作“葛鵈”。

祭器。郡人王兰捐赀置造铜爵一百二十七只，呈详发学。

学田。罗田冲、滥泥冲田四十二亩。二分计种三石五斗，万历十六年，知府林大黼置上地野萧家寨田。一段计种三斗五升。又一段计种四斗五升。又一段计种三斗六升。地二亩。万历十九年，知府郑应龄、推官张祐清置。

射圃。明伦堂东。

秩祀

社稷坛。治北。

山川坛。社坛南。

厉坛。治北。

城隍庙。治东北。成化间，知府周铨建。

武侯祠。治东山内。

石总兵祠。治东。

关梁

龙势关、石榴关、黑坛关、毛口寨关、张家寨关、施溪漾头关。俱府东北。

倒马关、清水塘关、芭茏瓮梅关、倒水关。俱府北。

天生桥。府北。

官桥。府治南二里。

大石桥。万山司北五里。

土黄桥。万山司北三里。

双江渡。府西南。

西门渡。府西。

坝黄渡。府西。

挂扣渡。府西十里。

龙家渡。府西一百里。

琴抱渡。府西十五里。

吴家渡。府西三十里。

桃映渡。府西北六十里。

兵防

守城标兵一千名。万历十一年，本府条议通详巡抚都御史刘庠、巡按御史毛在题设，内除总兵原有家丁一百三十名，选募八百七十名。内将八百名充总兵标下，分拨二百名，相兼原调各卫官军守城。六百名，分作二哨；余二百名发守备随住平头，充为游兵，巡逻坝带。

铜仁哨。把总指挥一员，领队千、百户五员，调龙里等八卫旗军共四百名。

府城东门营。总甲三名，打手一百五十二名。

堡子营。头目一名，游兵五十六名。

清水塘营。头目一名，土兵四十四名。

觇槽营。头目一名，苗兵四十九名。

毛口寨营。总甲一名，苗兵二十名。

亚寨营。大头目一名，小头目二名，苗兵一百五十八名。

滑石江哨。冠带苗哨官一员，苗兵七十名。

下麻桐营。苗兵二十名。

琉璃营。总甲一名，苗兵一十九名。

盘党凹营。头目一名，苗兵二十九名。

孤凹营。头目一名，苗兵二十七名。

虾公溪营。头目二名，苗兵二十五名。

麦冲营。总甲一名，苗兵一十九名。

官舟营。头目一名，苗兵三十五名。

龙势关。头目一名，苗兵一十五名。

乾塘营。苗兵十三名。

柳普三营。头目二名。苗兵九十五名。

下麻州营。头目一名，苗兵二十名。

桃映哨。头目一名，仲兵一十一名。

蜈蚣营。头目一名，仲兵二十名。

河界营。头目一名，苗兵三十六名。

清水隘。头目一名，苗兵三十六名。

破岩营。苗兵十名。

东门后寨。苗兵一十七名。

鬼朝寨。苗兵十名。

董留山寨。苗兵二十名。

地架寨。苗兵二十名。

麦地寨。苗兵十名。

塘寨。苗兵一十一名。

地迶寨。苗兵八名。

骂劳营。头目一名，苗兵二十四名。

坐镇平头守备一员。

平头哨。千户一员，头目四名，苗兵二百七十五名。

平头司。乡导总甲一名，兵一十九名。

得胜营。头目一名，苗兵九十三名。

冷水溪营。头目一名，苗兵三十九名。

坝带哨。百户一员，头目五名。仲兵二百五十名。

石马营。兵二十名。犵兵五十三名。

地耶子营。头目一名，狆兵二百名。万历十六年新立。

到水营。兵二十名。

平会侯达溪营。头目一名，仲兵三十九名。近改属平头哨。

塘寨。兵五十名。近改属盘石营。

瓮梅隘。总甲一名，苗兵一十九名。

到水哨。总甲一名，苗兵二十九名。

小桥营。苗头目一名，苗兵一百一十名。

母属营。头目一名，苗兵二十五名。

倒马坎隘。万历三年，抚苗参议梁士楚议设。头目一名，仲兵二十九名。

清水营。万历五年，抚苗参议毕天能设立。百户一员，仲兵八十三名。

张吉溪哨。万历五年，抚苗参议毕天能设立。头目一名，苗兵三十名。

永定营。万历七年，抚苗参议毕天能、总兵郭成议将马公坪等哨缓哨营设立，千户一员，头目六名，犵、狆、苗兵二百四十三名。

盘石营。万历八年，参议毕天能、总兵郭成议石子等稍缓营哨移设，指挥一员，领哨百户一员，头目六名，犵、土、犵、狆兵四百八十五名。

玛瑙营。万历九年，参议毕天能、总兵郭成议将余家哨兵移建。百户一员，黑苗兵一百零四名。

万安堡。万历十一年，抚苗参议金从洋建。将附近洞民并入堡内，且耕且守。

威远营。因三省苗贼出劫乌罗司地方。万历十二年，抚苗参议金从洋议详巡抚都御史舒应龙、巡按御史毛在建。指挥一员，领哨百户二员，土、犵兵四百八十名。

大胜坡子营。各色哨官一名，头目二名，夷兵一百名。

招抚小茶。苗头一名。

蜡冲界牌营。因叛苗龙阿四等投降，万历十二年，抚苗参议金从洋详允巡抚都御史舒应龙建。头目二名，小甲二名，苗兵三十二名。

振武营。万历十六年新立。千百户一员，头目三名，仲兵二百三十名。

寨高子营。头目一名，仲兵八十名。

麻桐营。万历十二年，思仁副使应存卓呈蒙巡抚都御史舒应龙、巡按御史毛在批据苗兵吴老猝诉建，动支官银起造舍房，移撤永定等营兵共三百一十九名。

亚寨堡。府六十里。

地架堡。平头司苗地。

孟溪堡。府一百里。

小桥堡。府一百八十里。

落马堡。府二十里。

落壕堡。府五里。

城北堡。府北门外。

石子营。府三里。

坝地冈营。府三里。

木桶营。府二里。各设目兵防守。

邮传

协济各驿马馆

清浪驿。供馆银二百六十三两七钱五分，铺陈银一十一两三钱三分，马银一千五百八十五两。

镇远驿。供馆银七十七两八钱五分，铺陈银五两八钱二分零，马银二百五十一两。

偏桥驿。供馆银三十二两五钱，铺陈三两八钱八分零，马银二百四十九两三钱。

派该：

铜仁司。七百八十一两六钱二分。

省溪司。六百八十九两三钱二分零。

提溪司。五百二十两六分零。

平头司。九十三两二钱一分零。

乌罗司。三百九十六两二钱一分零。

府前铺、开添铺、游鱼铺、桃映铺、客寨铺、坝盘铺、坝黄铺、省溪司前铺、提溪司前铺、凯土铺、孟溪铺、平头司前铺。各司兵不等。

惠政

预备仓。有六：一旧府治仪门内左，知府萧和建。嘉靖三十一年，改建于府治东，一铜仁司，一省溪司，一乌罗司，一平头司，一万山司。

惠政药局。知府宋锐、魏文相以申明亭改建。

养济院。铜仁书院右。

漏泽园。治西十里。

职官

知府一员，通判一员嘉靖三十年奏设抚苗，今裁革。推官一员，经历一员，司狱一员，儒学教授一员裁革。训导一员，阴阳学正术一员，医学正科一员。铜仁、万山司各正长官一员，省溪、提溪、乌罗、平头各正长官一员、副长官一员，六司各吏目一员。

知府

永乐：
田载。北平人。
周骥。陕西人。
蒋庆。新玉[①]人。
王恕。长清人。
正统：
萧和鼎。万安人。
洪钧。武陵人。
孙顺。庆远人。
朱鉴。四川人。
天顺：
张隆。临安人。
阳显嘉[②]。吉水人。
周铨。兴化人。
莫愚。余姚人。
成化：
尧卿。安岳人。
张宏。永清人。
金舜臣。平阳人。
甘昭。丰城人。
刘瑜。文登人。
徐绍光。蕲水人。

---

① 新玉：嘉靖《贵州通志》作“新喻”，《黔记》作“临江”，皆载其任职时间为洪熙元年（1425）。

② 阳显嘉：本章公署部分作作“杨显嘉”，其余均作“阳显嘉”。弘治《贵州图经》、嘉靖《贵州通志》、《黔记》均是多作“阳显嘉”，亦有作“杨显嘉”处。万历《铜仁府志》作“阳显嘉”。

周汝端。长宁人。
方宸。新繁人。
嘉靖：
葛鸿[1]。万全人。
宋锐。新城人。
敖文瑞。吴县人。
魏文相。大理人。
桂伯谅。慈溪人。
李资坤。昆阳人。
李宪。南海人。
邹廷泽。公安人。
吴江。丰城人。
叶继美。闽县人。
章节。慈溪人。
孙序。钟祥[2]人。
崔嘉。任丘人。
邓球。祁阳人。
孙黄。洛阳人。
张重。莆田人。
万历：
曾可渔。庐陵人。
林烋。博罗人。
方范。昆山人。
林大黼。莆田人。
郑应龄。莆田人。
赵道隆。无锡人。
张锡。铜安人。

同知

许能。祥符人。宣德八年革。

通判

王爽。临川人。

---

① 葛鸿：《黔记》、万历《铜仁府志》均作“葛鸡”。
② 祥：原文不清，据《黔记》。

李镌。广东人。
袁隆。临江人。
郭正。大理人。此后革。

推官

永乐：
魏仪。盩厔人。
马思忠。澂江人。
陈文斌。江夏人。
周旋。抚州人。
成化：
何世昭。金溪人。
祝潮。潜江人。
谭义。兴国人。
方溥。黄岩人。
弘治：
驰九垓。有传。
余春。建宁人。
陈辅。应城人。
赵珊。慈溪人。
嘉靖：
陈文。武冈人。
邹显名。澂州人。
贺绅。衡阳人。
劳周相。有传。
顾文郁。昆山人。
王秉俭。西充人。
王曰盛。武冈人。
谭经。安化人。
陈大昌。新昌人。
陈佩之。新昌人。
唐宗正。有传。
向玳。大宁人。
万历：

周安叔。新淦人。
沈森。阳林所人。
金阶。武进人。
焦文炳。滦城人。
柯鯱。建德人。
张祐清。内江人。
江腾鲸。建阳人。

训导

蔡昕。直隶人。
赵和。有传。
王秉彝。宜宾人。
梅坤。昆明人。
恭敬。安庄人。
谢宁。有传。
林时举。昆明人。
王宗舜。临安人。
胡明臣。思州人。
熊仲钦。清浪人。
董宗舒。汶州人。
许应魁。云南人。
徐冲。新添人。
罗袍。永宁人。
周鸣凤。宾州人。

铜仁长官司

正长官李渊。思南宣慰司头目，洪武初归附，袭正长官。男聿残疾，次庶出男祖述借袭。二十六年，因漏苗情，问铁岭卫军。该三世孙俨袭，因幼，三十五年，述男隐告袭。传四代，取思南夫子坝承祖过铜，生永授。隆庆三年袭，万历十八年，阖府士民奏告，充云南平夷卫军。今议改县。

省溪长官司

正长官杨政德。元授忠武翊校尉、省溪坝场长官。洪武五年，保任本司世袭正长官。沿至光熙。

副长官戴友真。元授沿河祐溪正长官。男达可，洪武初，功授婺川县丞。三年，三世孙贵德保任随司办事，有功，保调本司副长官。沿至衮。

提溪长官司

正长官杨秀纂。石阡龙泉司正长官。永乐元年，保随司办事。九年，革司设府，改随府办事。十六年，改本司正长官。沿至再印袭。

副长官张坤。原提溪司长官，阵亡。男应宣升思南宣慰司同知。四世孙秉仁任本司副长官。沿袭至洪谟。

乌罗长官司

正长官杨金万。元任正长官。三世孙雄，洪武初年归附，仍授本司正长官。沿袭至一方。

副长官冉如隆。元授万户府。三世孙兴祖，洪武初归附，改思南宣慰司随司办事。永乐十一年设府，改本司副长官，沿袭至荣恩。

平头著可长官司

正长官杨通武。洪武初有功，保任本司正长官。沿至通朝袭。

副长官田惟定。元任副长官。洪武初，男茂弼仍授前职。沿袭至应湖。

大万山长官司

正长官杨正华。省溪司官籍。先同宣慰田仁智除本司正长官。沿袭至政邦。

科贡

进士

嘉靖癸丑科：陈珊。官至府同知。
万历甲戌科：陈杨产。官至知县。
乙未科：喻政。任知县。
戊戌科：万士英。

举人

嘉靖乙酉：王兰。官至通判。
戊子：饶俦。官至知县。
戴廷诏。
丁酉：刘时举。官至副使。
庚子：陈珊。癸丑进士。

钱纯让。官至府同知。
黄廷桂。
癸卯：杨秀冕。
丙午：吴应龙。官至知县。
何仕通。官至通判。
壬子：陈表。官至通判。
乙卯：蒋其才。官至知州。
戊午：罗斗。官至府同知。
范轸。官至知州。
辛酉：饶养诰。官至知县。
吴国光。官至知县。
隆庆丁卯：何仕遇。官至推官。
庚午：陈杨产。甲戌进士。
万历癸酉：陈吴产。
壬午：钱浙。
乙酉：陈应麟。任知县。
万邦俊。任知县。
周廷干。
陈应凤。任推官。
戊子：饶崇先。
辛卯：王之经。
甲午：喻政。乙未进士。
杨礼卿。
徐穆。
丁酉：沈绍中。
曾可立。
钱惟寅。
万士英。中戊戌进士。

岁贡

永乐：
杨恕。
宣德：

冉兴安、吴刚。

正统：

曾杰、吴寅、曾靖、杨寿、孙志惠、龙淳、单珪、田泰、向贵、吴志广、王元德。

景泰：

萧韶、曾兰、李端、杨璟、杨庆、袁升。

天顺：

刘丰、蒋诚、曾琳、刘瑄、罗荣、鲁沂、李玉。

成化：

杨昌隆、卢金、杨胜伦、龙澄、杨轩、贺游、周著、李珣、单瑛、向宁、杨恒、徐富、萧俊、李亨、刘俊、李盛、杨林、杨通逊、杨昌茂、杨秀瑛、杨秀珪、向祥、杨秀斌、罗经。

弘治：

吴宁、蒋琇、杨秀春、万勇、杨金、萧伟、曾忠、罗纲、刘仁、杨凤、杨光耀、杨麟、杨显、蒋珂、张廷桂、杨和、张珍、吴廷玉、杨载、姚瑛、宫诰。

正德：

龙秀章、杨光德、罗尚仁、何亨祥、蒋俊、饶仁、蒋仟、向思义、罗尚义、万廷爵、吴广、王言、许九成、杨秀辅、卢理、蒋仪、封缙、张濩、童子志。

嘉靖：

陈时谟、王相、李自元、卢鉴、童福、陈公器、刘时和、张胎、杨秀黼、杨仁、姚翀、戴弼、蒋俭、李承恩、罗尚文、陈珊、饶养中、曾纶、杨秀昊、王汝翼、卢德馨、李承烈、张凌汉、汪量、李凤翔、万廷皋、卢琼、赵应祥、杨衡、王化、唐永芳、田兴洛、饶养直、刘简、万贡、饶养正、罗星、饶储、杨昌言、张翔汉、罗冕、杨淮、杨昌伟、卢充耔、罗壁。

隆庆：

黄廷槐、杨再聪、王文光、黄嘉宾、吕凤阳、杨衍。

万历：

万贲、陈楚产、喻执中、何采、吴应举、吴应祯、张鹤、张鹍、杨再第、陈淮产、钱润、钱应诏、杨正廉、郑邦彦、卢充耕、万伟、王惟修、卢鳌、杨通明、何江、汪汝霖选贡、曾可立丁酉举人、沈翰、陈万言、刘应宸选贡。

名宦

田载。北平人，永乐十一年知府。时初设府治，尽心职业，创制立法，咸有可称。《府志》有传。

阳显嘉。成化间知府。有为有守，夷民畏服。修建府治，民不告扰。

周铨。成化间知府。慈而能断，政教两集。建庙学，增广生徒，兴起士类。

尧卿。成化末知府。性恬政简，民甚宜之。弘治九年致仕去。

王恕。知府。时苗夷猖獗，请举兵大征，多方经划，卒底成功。且请停采金课，至今小民得免采办之苦。

驰九垓。仁寿人。弘治间推官。清白慈祥，有长者风。诸苗作乱，垓入贼窠，多方抚处，卒寝其变。

赵和。鹤庆人。任训导。造士多有成就，各司疏留三任。乞休之日，行李萧然。至今士民思之。

万历《丁酉志》共名宦八人

乡贤

李渊。尚文学，多能事。洪武五年，率众归附，授本司长官。政迹名一时，迄今民犹称之。

杨政德。元为长官。警敏多智，洪武间归附，授省溪长官，以能闻。

杨政华。仕元为长官，严斥堠，守境土。洪武间西南内属，仍以华为大万山长官。忠诚为民所重。

杨世雄。仕元为长官，洪武间内附，保障一方。诏仍其职，子孙世袭。

万历《丁酉志》共乡贤四人

贞节

刘氏。名辰秀，刘仁次女。年十六，同仁任梧州，仁卒于官，榇还至平乐府江，值猺獞劫舟，刘恐为贼所污，挽父之二妾张、郭同投水死。巡按御史萧端蒙以其事闻，旌其门曰“清流三烈”。

萧氏。乌罗司杨淳妻。年二十二，夫丧，抚遗腹子，誓无他志，节孝两全。节蒙院道匾以“孀居苦节”。

明氏。乌罗司黄伟妻。伟丧。明二十七，誓不再适，孀居四十余年，冰玉无瑕，事母姑至敬。巡按御史部光先旌曰“孝节”。

万历《丁酉志》贞节共三人

仙释

鬻徒道人。不知何许人。宋开宝间，郡瓮蓬寨人杨再从崇尚仙学。一日，有丐者携草莚一双诣再从，索金五两鬻焉。再从意欲买之，其妻不从。道人掷莚于地，化为双鹤，冲天而去，道人亦不知所往。但见门柱上有诗："新打芒鞋巧又牢，五两黄金价不高。杨君不听妻儿语，从我蓬莱走一遭。"其字以水洗之不去，刀刮之益显。柱至洪武十四年方圮。

亭馆

思堂。小江上。宋苏子瞻记，见《艺文》。
授时楼。府前，即谯楼。知府阳显嘉建。
镇夷楼。府东，即城楼，嘉靖十二年建。
大观楼。东山上。知府李资坤建。
澄江阁。东山下。参议蔡潮建。今废。
观德亭。总兵府内。

坊市

承流宣化坊。治南。
铜江通济坊。治南。
江通云梦坊。治东。
山接蚕丛坊。治西。
大造斯文坊。学前。
崇正学坊。
育真才坊。学左右。

寺观

铜佛寺。府治西。弘治间长官李渊建。内有古儒、释、道三铜像，不知铸自何代，郡以此得名。
观音寺。府治西。长官李椿建。
广化寺。平头司东。
白云寺。乌罗司北。
东山寺。府治东。正德间，参议蔡潮建。
玄帝观。南门外。

回龙寺。北门外。
飞山寺。东山麓。
川主祠。治西。
晏公祠。渔梁江岸。
英佑祠。治东。
公安祠。治南。
川主寺。小江口。
既济祠。治东岸。

古迹

仙人题柱。平头司瓮蓬寨，详见《仙释》下。
废万安县。府治西，铜仁大江左。唐置，隶锦州卢阳郡，宋废。
废常丰县。即万安县。唐天宝初置，寻改为万安。
废德明洞长官司。府治西北。元置，隶思南安抚司。
废乌罗府。即乌罗长官司。永乐十一年建。
废铜人大小两江口等处蛮夷长官司。元置，隶都云定云等处安抚司。
废勒舍长官司。元置，寻废。正德末年，土人于山洞中拾获本司印[1]一颗，篆文八画，与本朝篆文不同。贮府库。
废省溪坝场长官司。宋置，隶思南宣慰司。洪武间改隶乌罗府。
废提溪等处蛮夷军民长官司。张家寨，去司治十里。元置。本朝改隶乌罗司。
废太平溪金场。永乐十三年置，宣德八年革。
废龙泉葛泽长官司。宋置。今孟溪堡乃其故址。
废榕溪栀子坪长官司。元置，寻废。

祥异

弘治壬戌夏，城中火。
乙丑夏，大水。
嘉靖乙酉，鹳雀来窠于文庙，育二雏。
己亥春夜，豹入民室，晓获之。
庚子，三虎吼于东山之椒[2]，地为之震。越四夕，复吼如前。
辛丑，白燕巢于民舍，群燕随之。

① 司印：原缺“印”字，据《黔记》补。
② 椒：原文为“椒地”，衍“地”字，据《黔记》改。

乙酉冬十月，演武亭操兵，群雀翔集于枪槊弗去，鹿入阵中。
隆庆己巳十一月，大雪雹如鸡子，损屋折树。
万历壬午六月，有鸟文庙鸣，其声如雷，号曰梆鱼，后阖府被回禄之厄。

纪兵

正德己巳，镇溪筸子坪苗贼乱。是时，朗溪、印江、铜江大被其害，以湖贵二省兵合征剿之，始设铜仁守备。

嘉靖乙巳，铜镇贼苗龙求儿、龙许保、吴黑苗纠众叛，思、石等处地方大受其毒，至壬子始平。按：贼势猖獗，积数十年余，乙巳以后尤甚，思州、石阡、印江诸郡城俱为所陷。参将杨钦、推官邓本中被虏赎还，知府李允简不屈而死，知县徐文伯被虏而逃。士民重受其毒，多以气节死，守备朱衣为义冢以葬之。其虏去者，或损产以赎，或陷死其地。湖贵交兵剿之。贵自开省以来，兵戈扰攘之久且大者，未有过于此。今且去之百年矣，铜平乡民桑麻几易，鸡犬靡宁，暴骨苗窠，饮血苗刃者，曷可胜纪？至水硍山岩之役，犹愀然足慨焉！

内恩典、孝义、隐逸、迁谪、流寓无入。

贵州通志卷十八

第三十六章　兼制志

夫黔，俨然称藩服矣。至肃宗朝，复举楚蜀连壤节制于黔大中丞，而其他政务，又纲纪于各监司，岂以其壤地褊小，故为是裒益之耶？彼其以蛮夷之长，林总之众，介在我肘腋，而号辅车唇齿者何限！安危呼吸之间，文教武卫之列，匪朝令而夕布，其何以约束之，整齐之哉！鞭长马腹之喻，盖已勤思及此矣，虽万世不易可也。嗟嗟，十羊九牧，昔谭虑之，则如四边卫、四府司，不故有成议在乎？举而行之，余有望于公天下以为心者。作《兼制志》。

军门兼制

湖广

分守湖北道。驻扎辰州府。

分巡湖北道。驻扎常德府。

兵备辰沅道。驻扎沅州。

辰州府：沅陵县、卢溪县、辰溪县、沅州、黔阳县、麻阳县、溆浦县。

常德府：武陵县、桃源县、龙阳县、沅江县。

靖州：会同县、通道县、绥宁县、天柱县万历二十四年，贵州巡抚江东之题准新建。

辰州卫、沅州卫、常德卫、镇远卫、铜鼓卫、伍开卫、平溪卫、清浪卫、偏桥卫、靖州卫、汶溪千户所。

永顺军民宣慰使司：上溪州、南渭州、施溶州、驴迟洞司、麦著黄洞司、腊惹洞司、施溶溪司、白崖洞司、田家洞司。

保靖军民宣慰使司：五寨司、筸子坪司、茅冈隘司、两江口司、镇远臻部六峒司。

施州卫：大田军民千户所、镇南长官司、唐崖长官司、施南宣抚司、东乡五路安抚司、摇把司、上爱茶峒司，下爱茶峒司、隆奉司[①]、镇远司、忠路安抚司、剑南司、忠孝安抚司、西坪司、中洞安抚司、散毛宣抚司、龙潭安抚司、大旺安抚司、东流司、腊壁峒司、忠建宣抚司、忠峒安抚司、高罗安抚司、本册司、思南司、容美宣抚司、盘顺安抚司、椒山玛瑙司、五峰石宝司、石梁下峒司、水尽源通塔平司。

九溪卫：安福千户所、添平千户所、麻寮千户所、桑植安抚司。

永定卫：大庸守御千户所。

四川

分守川东道。驻扎涪州。

兵巡上川东道。驻扎重庆府。

兵巡下川东道。驻扎达州。

重庆府：巴县、江津县、长寿县、大足县、永川县、荣昌县、綦江县、南川县、黔江县、安居县、璧山县、合州、铜梁县、定远县、忠州、酆都县、垫江县、涪州、武隆县、彭水县。

酉阳宣抚司、石耶洞长官司。

夔州府：奉节县、巫山县、大昌县、万县、大宁县、云阳县、新宁县、梁山县、建始县、开县、达州、东乡县、太平县。

重庆卫：石砫宣抚司、邑梅洞司。

播州宣慰使司：草塘安抚司、黄平安抚司、播州司、余庆司、白泥司、容山司、真州司、重安司。

平茶洞长官司。

各道兼制

贵宁守巡兵备道

四川

镇雄军民府、怀德司、威信司、归化司、安静司。

乌撒军民府。

东川军民府。

永宁宣抚司、九姓司。

---

① 隆：原字不清，据《黔记》补。

乌蒙军民府。

安平守巡兵备道
广西
泗城州。
云南
沾益州。

新镇守巡兵备道
湖广
偏桥卫、镇远卫、清浪卫、平溪卫、五开卫、铜鼓卫。
广西
南丹州。

思仁守巡兵备道
四川
播州宣慰司、酉阳宣抚司、箪子坪长官司、平茶洞长官司、邑梅洞长官司。

兵防

湖广
清浪参将。驻扎清浪卫。
清镇守备一员。驻扎镇远卫。
募兵二百名。

偏桥卫

通济哨堡。百户一员，旗军三十八名。
仓坪哨堡。百户一员，旗军三十七名。
草塘、黄母、永安三关。募兵共九十八名。
施秉哨。千百户三员，旗军三百二十八名。

镇远卫

永定堡。指挥一员、旗军一百四十二名。
武定哨堡。百户一员，旗军二十六名。
大胜哨堡。千户一员，旗军四十二名。

清浪卫

宁远哨堡。百户一员，旗军八名。

平阳哨堡。旗军十名。

关口哨堡。旗军八名。

羊儿哨堡。指挥一员，旗军三十名。

硃砂哨堡。指挥一员，百户一员，旗军一十六名，打手一百名，标兵一百名。

靖边哨堡。百户一员，旗军一十三名。

镇夷哨堡。百户一员，旗军一十名。

平蛮哨堡。百户一员，旗军二十三名。

得胜哨堡。旗军二十二名。

鳌峰隘。千户一员，隘兵系近屯余丁。

清浪哨。指挥一员，千百户四员，旗军一千五十名。

平溪卫

鲇鱼哨堡。百户一员，旗军二十一名。

南宁哨堡。指挥一员，旗军二十二名。

太平哨堡。百户一员，旗军三十二名。

腊岩隘。百户一员。隘兵系近屯余丁。

镇筸参将。驻扎五寨司。部下领征指挥一员，千百户二员，旗军三百五十名。

镇筸守备一员。驻扎乾州哨。领班千百户二员，旗军二百五十名。

乾州哨。指挥一员，募兵二百五十七名。

湾溪营。属乾州哨分管。头目一名，兵一百六十九名。

镇溪所。指挥一员，千户四员，旗军五十名。

强虎哨。指挥一员，百户一员，舍把二员，头目七名，乡兵六十五名，土兵二百名，打手一百名，苗长十二名，苗兵一百八十二名。

筸子坪哨。指挥一员，百户一员，舍把二名，头目六名，犵兵三十一名，土兵一百名，苗兵四百名，打手三百六十名。

洞口哨。指挥一员，百户一员，舍把二名，头目五名，土兵一百九十四名，打手并犵兵三百五十四名，苗兵一百七十六名。

靖疆营。犵兵一百三十四名。系拨洞口哨名数。

清溪哨。指挥一员，千户一员，打手四百四十二名，苗兵八十七名。

长冲营。千户一员，打手一百九十三名，犵兵六十三名，苗兵八十二名。

永安哨。指挥一员，百户一员，打手三百二十四名，头目四名，土兵二百名，舍目二名，乡兵六十七名，苗兵七十六名。

永宁营。舍把二名，打手一百名，头目五名，播兵二百八十八名，苗长二十七名。
石羊头哨。指挥一员，打手二百名。
水田营。千户一员，打手一百四十九名，苗兵一十三名。
桐信哨。千户一员，打手一百四十八名。
小坡哨。指挥一员，打手一百八十九名，凯兵九十六名。
五寨哨。指挥一员，打手二百九十四名，乡兵一百三十八名，苗兵四十八名。

靖州参将。驻扎五开卫。
靖州守备一员。驻扎靖州卫，募兵二百名。
金滩堡。百户一员，旗军二十三名。
相见堡。百户一员，旗军二十三名。
连山堡。百户一员，旗军二十三名。
洪江堡。百户一员，旗军三十三名。
茅营堡。百户一员，旗军三十八名。
通道哨。百户一员，旗军五十一名。
流源堡。百户一员，班军三十二名。
多龙堡。百户一员，班军一十六名。
五招堡。千户一员，旗军二十九名。
浪江堡。镇抚一员，旗军二十六名。
邀营堡。指挥一员，旗军六十五名。
远口堡。指挥一员，旗军四十三名。
长安堡。指挥一员，旗军八十一名。
江口堡。千户一员，班军二十名。
关陕堡。千户一员，班军二十五名。
绥宁哨。指挥一员，百户一员，班军五十八名。
黄石堡。指挥一员，班军二十二名。
兰溪堡。指挥一员，班军二十二名。

铜鼓卫

枫香堡。百户一员，旗军五十一名。
纠坡堡。百户一员，旗军四十四名。

五开卫

罗团堡。镇抚一员，旗军四十四名。

宁溪堡。百户一员，旗军七十八名。

铁炉堡。百户一员，旗军八十一名。

独坡堡。指挥一员，旗军一百名。

九永守备一员。驻扎永定卫。

添平、麻寮二所。掌印土千户各一员，巡捕汉千户各一员，军各一千一百二十名。

大庸所。千百户二员，军一千一百六十四名。

安福所。千百户二员，军一千一百二十名。

四川

迤西参将一员。驻扎永宁卫。部下领兵百户二员，游兵四百名。

粮饷

湖广额解本省粮米一十万二千四百石，共折银三万七百二十两整。

长沙府属共二万九千一两六钱三分。长沙县二千四百三十四两八钱。善化县一千三百九十一两二钱一分。浏阳县二千一百六十二两一钱七分。攸县九百四十三两一钱六分。湘潭县一千四百七十七两六分。茶陆州六百三十七两七钱五分。醴陵县六百九十三两四钱四分。湘阴县七千三十二两七分。湘乡县八千二百三十七两七钱八分。宁乡县一千四百二十六两五钱五分。益阳县一千六百二十二两三钱八分。安化县九百四十三两二钱六分。

衡州府属共一千一百五十九两三钱五分。衡阳县三百五十八两六钱七分。衡山县一百一十一两六钱。耒阳县一百五十七两二分。蓝山县五十五两六钱二分。临武县一百一十九两五钱六分。酃县四十八两六分。安仁县七十九两。常宁县一百一两九钱八分。桂阳县一百二十七两八钱四分。

郴州属共五百五十九两二分。本州一百一十四两二钱七分。永兴县五十八两三钱六分。兴宁县一百九十五两四钱六分。桂阳县九十三两五钱四分。宜章县三十两五钱六分。桂东县六十六两八钱三分。

四川额解本省粮米一十万九千七百五十三石，共折银三万七千四百七十四两五钱。

重庆府属共二万五千二百八十一两五钱。合州一千七百四十一两七钱。巴县九千七百三十一两八钱八分。铜梁县二千三百五十二两一分。安居县四百五十三两三钱九分。永川县二千五百七十二两九钱七分。江津县二千九百九十五两四钱二分。荣昌县五百五十九两八钱。长寿县一千六百四十五两二钱。綦江县三百六十六两。涪州五百六十两九钱六分。璧山县二千六十两五钱五分。定远县二百二十四两六钱二分。

叙州府属共七千九百三十八两七钱。宜宾县四百五十两。富顺县三千六百八十七两七钱三分。南溪县八百四十两。长宁县一千四百三十八两五钱。隆昌县一千五百二十二两四钱七分。

泸州属共四千二百五十四两三钱。本州三千一百七十四两三钱。江安县一千八十两。

外播州宣慰司额纳秋粮一万六百二十五石四斗，屡年拖欠。隆庆三年，委官责令，认纳四分之三。今实征五千八百五十石。内实米九十六石，折色三千一百六十四两七钱。真州司三百五十石，实米三十石，折色一百六十两。黄平司四百五十石。草塘司五百一十六石二斗。白泥司三百四十五石七斗九升。余庆司一百七十一石，折银九十四两六钱。重安司一百二十九石三斗五升。容山司八十五石七斗一升五合。天坝干寨八十二石五斗。

乌撒府，秋粮九千四百石。内二千石折银六百两。

镇雄府，秋粮四千九百二十四石。

乌蒙府，秋粮三千八百五十石。折银一千六百五十两。

东川府，秋粮二千九百石。折银一千四百五十两。

学校

湖广偏桥、镇远、清浪、平溪、五开五卫，四川永宁宣抚司，虽隶川、湖，而去贵稍近，惟宣抚司旧有学。其镇远卫寄镇远府学，清浪卫寄思州府学，五开卫寄黎平府学，偏桥卫原寄镇远府，成化间奏准开学。平溪卫原寄思州府，嘉靖初奏准开学。俱听贵州提学宪臣考试，而科举则仍于各隶该省。

正统八年，贵州设永宁卫，以本卫军生附宣抚司学。其科贡，民隶四川，军隶贵州。

嘉靖二十二年，平溪等五卫军生暨宣抚司民生，称去各该省会险远，比例就近附试，该提学副使蒋信、谢东山先后议呈两院，题奉钦依勘合卫司生儒，俱赴贵州应试，其宾兴银两，仍应办于各该卫司。寻以云南、广西学近贵州境者，复求附科，御史孙裒请行禁止，部复报允。令贵州乡试邻省不得再行请附。

万历二十四年，提学沈思充条议，偏桥、平溪、永宁三学生儒，均无有司节制，详允两院，以贵阳府驻镇毕节通判提调宣抚司学，镇远府提调偏桥卫学，思州府推官提调平溪卫学，一切事关学校者，咸责成云。

偏桥卫

儒学。卫城中，成化十八年建。嘉靖二十二年，改迁南向。三十年重修。
明伦堂。文庙后。
二斋。堂前左右。
训导廨。堂后。
儒学门
先师庙。明伦堂前。
东、西两庑。
戟门。
泮池。
棂星门。
启圣祠。学左。
南山书院。卫治南。嘉靖十五年，王溥建。三十年重修。

训导

匡昊。云南人。
韩睿。
赵良臣。
胡淳。
钱嘉章。
于尚忠。云南人。
步大纲。广德人。
耿光。曲靖人。
茅秀春。曲靖人。
王秉元。建水人。
王大有。郴州人。
廖尚文。郴州人。

蒋文焕。威清人。
杨世禄。平越人。
姚希唐。长沙人。

科贡[1]

进士

举人

隆庆庚午：孙哲。官至知州。
万历戊子：孙台。官至推官。
丁酉：李为琏。

岁贡

成化：萧禧、萧元善、萧洪。

弘治：王宗仁、钱臻、王世英、薛清、陈诩、何澜、何天衢、赵玉、何秉奇、唐经。

正德：邓能秀、何俊、陈谋、萧时秀、吴仲魁、王溥。

嘉靖：邓祥、李时经、萧元济、李淳、蒋兰、萧时芳、萧时学、何成芳、李文科、曹建、李永珍、周万里、孙凤、曹永龄、刘世爵、欧廷贵、李东、李亚春、何一中、李相。

隆庆：李郁山、莫如学、何成芊。

万历：孙仲旟、宋元弼、熊应周、李兴栋、黄大本、陈国瑚、李兴桐、田有相、黄明魁、郑宗相、李云湘，何梦豸选贡、周世祯、李嵩山。

平溪卫

儒学。卫治西。嘉靖元年奏准开设。
明伦堂。文庙右。
二斋。堂前左右。
礼门。
儒学门。
敬一亭。明伦堂左。
先师庙。儒学左。

---

① “科贡”：原文无，据本书他处结构所加。

东、西两庑。
戟门。
棂星门。
泮池。
启圣祠。文庙后。

训导

毛羽。江西人。
刘应魁。普定人。
武朝卿。广东人。
胡如廉。大理人。
许廷辅。都匀人。
童子志。铜仁人。
姚昆。金溪人。
李哲。抚州人。
卢应乾。普定人。
徐绍勋。都匀人。
管仲豹。乌撒人。
赵继宗。施州人。
萧廷义。桂东人。

科贡

自嘉靖以前寄思州府学出身者见《府志》。

进士

万历癸未科：唐一朋。任御史。

举人

嘉靖壬子：何胜黄。官至推官。
万惟一。官至知州。
辛酉：郑国宾。官至知州。
甲子：高世儒。官至知县。
万历癸酉：燕祖召。任同知。
己卯：唐一鹏。中癸未进士。
乙酉：郑维藩。
宋道亨。任知县。

戊子：刘尚德。
袁应斗。任教谕。
张植。任教谕。
辛卯：汪廷玉。任教谕。
陈王道。任教谕。
黄凤翔。
黄朝用。任教谕。
甲午：龚汉臣。

岁贡

嘉靖：袁銮、胡尚文、张翙、欧阳重、许仁、刘佑，李学恩贡、徐诏、龚黄、范文华、洪位、施义，洪钺恩贡、王天禄、蔡田、燕腾霄、吴邦爵、郑儒、刘世文、陈言、唐宗尧。

隆庆：侯希稷，李滋恩贡。钱世臣、洪世忠。

万历：洪世美恩贡、宋世殷、刘世杰、侯希远、唐景象、刘世英、何汝义、钱世积、程万里、张宗鲁、谈道、钱世巍选贡。于崇、李实。

镇远卫寄镇远府学，详见本《府志》。

清浪卫寄思州府学，详见本《府志》。

五开卫寄黎平府学，详见本《府志》。

驿传

湖广

湖北道自常德府至本省会城，计二十五程，共一千五百一十里。

常德府：府河驿、桃源驿、郑家驿、新店驿、界亭驿、马底驿。

辰州府：辰阳驿、船溪驿、辰溪驿、山塘驿、怀化驿、盈口驿、罗旧驿。

沅州：沅水驿、便水驿、晃州驿。

四川

川东道自重庆府至本省会城，计二十二程，共一千三百二十五里。

重庆府：峰高驿、东皋驿、来凤驿、白市驿、朝天驿、百节驿、百渡驿、东溪驿、安稳驿。

播州：松坎驿、桐梓驿、播川驿、永安驿、湘川驿、昌田驿、沙溪驿、黄平驿。

迤西经隶四川驿分：层台驿、白岩驿、赤水驿、摩泥驿、普市驿、永宁驿。自毕节至永宁经此。周泥驿、黑张驿、瓦甸驿、乌撒驿、倘塘驿、可渡驿。自毕节至乌撒后所经此。

迤西经隶云南驿分：沾益驿、炎方驿、平夷驿。自乌撒后所至普安经此。

迤东经隶湖广驿分：晃州驿、便水驿、沅水驿、黔阳驿、会同驿、靖州驿、平茶驿。自平溪至黎平经此。

云南布政司协济本省各驿夫马银一千五百两，遇朝会年分加增一千两。

贵州通志卷十九

经略志

士君子起而勖勷天下，未有不预定胸中而能底厥绩者，矧计安边徼乎？充国之于先零，武侯之于南中，赞皇之于吐蕃，后世筹边者祖为石画。彼其持重养威，熟计深虑，有不动，动固万全耳。黔在今日不曰泰山而四维之耶，然匪先后诸大夫竭智毕虑，以建万世之远猷，而剔一时之利弊，吾未卜西南之安堵若斯矣！夫重裘非一狐之腋，廊庙非一木之支，帝王之功，亦岂一士之略所能担当而独运哉！余故取先今受事兹土者，若奏疏，若条议，悉裒而次焉，作《经略志》。

第三十七章　经略志上

兴利类

议联近属移府治疏

巡抚杜拯　巡按王时举

布政司会同按、都二司掌印并守巡等道覆议得：

贵州一省壤地褊促，不足以当中土一大郡，向缘历代分隶各省，至我国朝方创专藩，风气日开，事体既以大异，顾简陋相沿，旧制多略。至于永、播、沅、靖各该州、县、司，及平、清、偏、镇、铜、开等卫，实贵州门庭之境土，乃皆拆为异属，以致夷情观望，民瘼因仍，多为法治之梗。且省城未设府，一方军民，疾痛莫亲，事势人情，尤嫌怠玩。所据前议，将川湖二省所属永、播、沅、靖各该州、县、司，及平、清、偏、镇、铜、开六卫改隶贵州，诚于贵州为永世之利，而于湖川二省，所谓鞭长不及马腹，割以属贵，委亦两便。其改程番入省，就近设县，转移既易，体统获全等因。

该臣议照古先明哲，恒因时而立政，所以通变以宜民也。兹躬遇圣明御极，百度维新，故贵州诸司之臣，欲及更化之初，议全经制，以徇民情之便。

所据呈要联近属一节，臣等查得沅、靖二州，与平溪、清浪、偏桥、镇远、铜鼓、五开六卫之去湖广，酉阳、播州、永宁三土司之去四川，俱二千余里，遥属于二省而兼制于贵州，所谓十羊九牧之扰，服役者兴远道之嗟，莅事者无画一之轨，于民情政体，甚不便也。诚如该司议，革数州、县、土司，专畀之贵州，其便有十：

齐民赋役，自远而移之近，劳费损于旧者数倍，一便也。郡县专其心志，以听一省之政令，无顾此失彼之虑，二便也。军民力役，彼此相济，无偏重之累，三便也。科贡悉隶本省，礼遇资遣，有均平之规，四便也。司道政令有所责成，郡县不敢以他属为辞，五便也。府卫互制，强悍之卒，豪猾之氓，禁不敢逞，六便也。岁征缓急，可无失程；盗贼出没，易于诘捕，七便也。土酋之桀，各相牵制，不得肆其螫，八便也。僻远之区，监司岁至，吏弊民瘼，可以咨询而更置之，九便也。释兼督之虚名，修专属之实政，体统相安，事无阻废，十便也。

夫所便既如此，臣等愚见，以为该司所呈联近属以全经制，其说可行也。

又据该司呈要移府治一节，臣等会勘得各省会城，府、县并置，岂徒备官哉，要以亲民事，悉下情耳。乃贵州独阙焉！军民之讼牒，徭役之审编，夫马之派拨，盗贼之追捕，藩臬不能悉理，往皆委之三司首领，与两卫指挥及宣慰司官。夫三司首领，类皆异途，操持靡定，政体鲜谙，间无非议，又多乖舛。卫指挥则尤甚矣，委牒方承，即怀私计，防缉未效，反贻厉阶。宣慰司则尤甚矣，逞其恣睢，日事讲罚，破人之家，戕人之命，往往如是。

始臣等至省会，政悉以付之藩臬长吏，宣慰司有行，必令白于布政司，两卫有行，必令白于按察司，查无他弊，方许施行，然此仅能强制于一时耳，其势岂能持久哉！故缙绅、乡士大夫及闾巷小民[1]，争欲增建府治，而该司议程番府附省会，其说可行也。《贵州通志》载，贵竹长官司所辖皆流寓者之子孙，与夷民不同。又查得龙里卫所辖平伐长官司，庭希印[2]诛削已久，尚无所属。俱应改为县治，附之程番府为便。

伏乞敕下该部，会集廷臣博议。如以臣等所呈非谬，将湖广沅、靖二州，并平溪等六卫，四川酉阳、播州等三土司改属贵州。又将贵州程番府移入省城，添设同知一员。贵竹、平伐二长官司俱改为县，县设知县、县丞、典史各一员。其程番旧治，近日添设通判，往彼驻扎；贵竹司正副土官，俱改为县丞、主簿，令各管理地方。庶经制全而体统不紊，民心顺而政务日臻矣。

兵部覆议题请，合候命下。将程番府改入贵州会省，二土司改为二县，与夫添设同知、县官，及该府通判仍往彼地，悉如原拟施行。本部移行各该衙门，照例铨官铸印，请钦定县名。再行川湖抚按将前项议革州、卫，并入贵州统辖，事体、人情，孰为稳便，务要从长计处停妥。各从实具奏，以凭议覆。

议迁府治疏

巡抚赵锦　巡按王时举

据贵州布政使司呈，据程番府议详，迁府治乃地方千百年之利，必须上下相安，军民称便，庶可经久。

各职周阅博询，省城内外，别无空闲基址，止有贵宁道一所，但规模窄狭，若欲添买地基，不惟大费官钱，抑且拆动民居。惟有提学道分司，厅堂宽敞，地方深邃，又有两傍书院房舍，不动民居，少省官费，诚为便益。合无将贵宁道改为提学分司，就将提学分司改迁府治。搀新补旧，即可居住。其合用搀修木石、灰瓦、匠作工食等项，先行知府卢逵及会同委官估计。一面兴工修理，一面行府搬移居住理事。

---

① 始臣等至省会……闾巷小民：《黔记》作："故士民。"《黔记》卷三十七杜拯传中有此疏，但有简省。

② 印：《黔记》作"印"。

该府官吏俸粮，除折色照旧赴布政司粮银内支给，其本色查将该府存留秋粮算足，在彼驻扎通判、并各司吏目及孤老守哨防兵等米外，其余剩粮米，运赴丰济仓上纳，支作该府在城官吏俸粮。添设同知一员，合用柴薪、马夫，照例于本司库贮缺官银内支给。合用门皂，于该府市民内佥充，工食于本司还官并支剩垫席银内支给。该府通判一员，先年议设省城驻扎，监管钱粮，近议改镇旧府。贵、前二卫军粮，合令推官监管。

再照移府必须移学。查得先臣王守仁祠，既有龙冈书院一所，又有宣慰司文庙右边祠堂一座，合无将此祠改为府学，与宣慰司共一文庙，祭需、斋夫等项，各照原额。

其改设县治。原奉抚按衙门议，将贵竹、平伐二司俱并改为县，今奉部议改为二县。但地方窄狭，丁粮寡少，难设二县，请乞题请并作一县。待移府之后，行知府卢逵查将二司土民客民钱粮，再查各处空闲人民、土地，并为一大县，另议置里甲，均定粮差，庶地方广阔，而丁粮、差役可充足矣。

又据儒学生员汪朝阳等、耆老程廷元等各呈，查得本府治地，原隶贵州宣慰司，成化年间，各司愿改土为流，蒙朝廷加与金筑等一十七司，改设府治。自是以来，夷俗渐更，已非昔比。即今会城开府，制度更新，若府名仍旧，殊非所以慰群情、耸观听也。该本司会同按、都二司掌印、并守巡等道议照该府地方，旧为八番夷域，迨我国朝始有程番之设，不过草创开辟，因地立名。顷者乃以府治改迁会城，诚万世之利，所据该府呈要“更改府名，以耸观听”一节，事关经制，请乞会题钦定府名，并将该府印信改铸通行遵守等因到臣，会同议照，贵州郡县之制尚缺于会省，而诸臣之请有待于今日，此诚圣作物睹之会，久道化成之征也。所据诸臣之议，府治、学宫取诸见存之司署，而少加修葺廓充添设，官属俸薪取诸该府之常额，而益以帑藏之羡金，与夫通判之改镇旧府，推官之监管钱粮，揆之人情，颇为稳便。其该府欲乞改命新名，系远人之观听，亦称维新之典。

贵竹、平伐二司改县，欲行知府卢逵待事定之后，另行查处，并为一大县，颇得慎重之义，均为可从。伏乞皇上敕下该部，再加查议。如果臣等所言可采，恭请宸定府名，铸印颁给，暂将贵竹、平伐二司照依旧衔，听该府提调，待该府查理停妥之日，另行题请改县设官。庶更化有渐，而事体周详，经制式全，而舆情允协矣。

严催协济疏

巡抚何起鸣

贵州开省，原设贵州、黄平等二十卫所，额设屯粮仅共九万二千有奇，一岁所入，不足以供官军半岁之用。国初，坐派湖广、四川二省协济以充军饷，布政司添设右参政一员，专奉敕书，往来催督，查核稽缓。频年以来，四川府、州、县印粮官，俱各仰遵德意，全完无欠，惟湖广拖欠独多。盖缘二省起运、轻赍事体又各迥殊：在四川，各府、州、县照数追完，开报该省布政司类齐，差官总解，俱系当年征收，当年完纳。在湖广，各州县不照年分，陆续差人交收，每起仅百余两，解户跋涉，道途险远，难保无虞。岂类解之法独不可行之湖广耶！贵州设在边隅，诸夷盘错，为湖、川藩篱，滇云门户，最重要地，而官军俸粮，月月告给，万一公帑匮竭，官司束手无措，意外之虞，所当深长虑者。

伏望皇上敕下兵部，再加查议。将湖广长沙、衡州二府并郴州各属协济折粮银两，自万历六年为始，照依四川类解前例，改归该省布政司及粮储道，责成各府、州、县印粮官，如数催完，开报该司给文，差官类解布政司交纳完明，每年取足三万七百二十两之数，年终报部。若有仍前逋负者，就将报到该管印粮官员，住俸降罚。以后本省抚臣升任，合无容令将湖广、四川布政司及粮储道各印屯官，分别催征完欠分数，遵照钦奉敕内事理，一体循例举劾，庶人心儆惕，边储不匮矣！

龚滩税议

巡抚何起鸣

一、龚滩地方，原系本省思南府水德江长官司所辖民地。弘治年间，被四川叛酋酉阳宣抚司杀占，将龚滩设立抽分，有往过花盐船只，抽取税银，每年获利数万，假以该司首领、教官柴薪斋膳为名，而入其私囊者十恒八九。议者谓宜尽属贵州，委官抽分。即经前巡抚都御史张题请，每年该司止解税银七百两，充铜仁军饷支用，难以尽利。布政司及时委官守催，照年补足，不许拖欠，亦接济军需之一助也。

移云南协济议

巡抚王缉　巡按马呈图

据贵州按察司驿传道呈称："查得贵州驿站，万历七年自正月起至十二月终止，应付过云南马二千八十八匹，夫二千七百三十一名，本省止用过马一千三百三十七匹，夫一千三百九十一名。以十分为率，在云南用过七分，在贵州止及三分。至于上六卫、西四卫各驿站不下数千，尽皆云南过客，而本省之用，则十无一二。是驿站答应，本省有限，应递云南甚繁。矧各贫军代民养马，累及借贷，贻害身家。卫、所、站、堡军夫，数不满百，朝夕扛抬，肩无息期。随查平溪、清浪、镇远、偏桥四卫，所、站、堡虽隶湖广，所辖实在贵州境内，一应由贵入滇者，此为门户，该卫站应付，络绎相寻，较其苦楚之状，实与贵州相同。今据龙里、清平二驿马户李朝金、兰世忠等告，各诉前情，及湖广镇远四卫相见等铺亦要给赏协济各一节。为照贵州路惟一线，军代民差，年来苗民叛服不常，果非得已，相应俯从。合无将贵州驿站之费，议于云南分认其半，或将原额协济银两加倍增给？俾各马各夫俱沾实惠，以解倒悬之苦。盖恤贫军者，所以处夫马；而厚贵州者，所以便云南，则彼此不相病，而且相济矣。"等因到院。

看得贵州驿站之夫马，出办取诸夷民，承走代之军舍，向赖云南协济，仅可支持。迩缘夷民之拖欠渐多，军舍之逃亡殆尽。额役既少，则雇倩不容不增添；差遣频繁，则劳费不能不加倍。以故汉夷俱困，军舍颠连，道路满饥饿之容，闾阎极憔悴之状。向蒙贵院垂悯，屡播仁言，地方传闻，均切感颂。因冀加增协济，盖人穷反本，不敢不吁天而呼父母，且剥肤之灾，急于求援，故不觉控词之诉过于激切也。倘荷特溥慈怜，大破常调，不惟贵州驿站获受解推之恩，而有事地方者，亦沾补助之惠矣！

丈田疏

巡抚刘庠　巡按傅顺孙

据贵州布政司呈："查得《大明会典》内开贵州布政司田地，自来原无丈量顷亩，每岁该纳粮差，俱于土官名下总行认纳。随查本省所属民粮田地，黄册开有顷亩，不及一半。军屯田地，鱼鳞册籍，开载颇明。后来又有科田夹杂，移东改西，莫可究诘，此自来所以未定田亩也。

"今奉明旨清丈，行令各委官分投查盘旧管田亩。在有司，共该官民田地一百四万三千五百九亩，该夏秋税粮四万三千六百四十九石六斗六升八合。

在军卫，共该屯田地四十八万七千六百二十四亩，该夏税屯粮九万四千六百四石三斗三升五合；科田一十二万八千六百七十四亩，该粮六千八百八十五石一斗八升七合。内除免丈外，其应丈者，在民田该三十二万八千五百二十九亩，在屯田该三十三万五千九百六十四亩，科田该八万八千二十六亩。节年失额民田四千二百三十亩，屯田四万七千五十一亩，科田五百一十二亩。

"今次丈出隐占等项，各除抵补失额外，尚有余剩，在民田一十四万二千三百一十四亩，屯田一万七千一百八十一亩。遵照部议，不得增粮，应与额田通融摊派，以免日后包赔。

"内普安、永宁、赤水、毕节、乌撒五卫，被夷占去屯田，计其丈出之数不足抵补，就于丈出五卫新垦科田，通共七千二百七十七亩内，摊粮拨补足额外。尚有贵前、龙里等卫余剩科田一千九百一十五亩，查系军舍新垦，不在屯田数内，该起粮一百三石一斗。又清出贵州前卫故绝田三十六亩八分，该起粮七石一斗一升六合。及查黄册内开普安州夏税地二千三百二十七顷五分，今丈止有二千三百二十七亩五分，向来办纳夏税二百三十二石七斗五升，是每亩起粮一斗，实与通省征粮之例相合，黄册以亩作顷，明系差讹，相应改正。其先年误增前卫屯军余田浮粮一十一石九斗，应与除豁。至于广西、四川二省夷民越占屯田，今虽已将清出起科田地补足原额，仍应移会两省委官查勘，果夷占是实，另行归结，通融减派。"呈报到臣。

看得贵州封壤，原系要荒，土司与卫所相搀，军伍并苗獠杂处，虽输纳惟正之供，向有额粮，而俯顺远夷之情，实无田总，或指丘、指段，标认界址，或计秭、计把，纳办税租，间有顷亩籍数在官，亦皆由彼自报，多非的据。故《大明会典》开载贵州布政司田地，自来原无丈量顷亩，每岁该纳粮差，俱于土官名下总行认纳。盖匪特羁縻之义当然，抑且势有不行也。曩当成赋之始，亦各相安，奈法久弊生，豪强者恣兼并，巧为影射之奸；懦弱者被侵渔，横罹包赔之苦。或田多而粮少，或田少而粮多；甚至有田无粮，有粮无田。流移转甚，逋负渐多，下损生民，上亏国计，皆由于此。

今蒙圣朝洞烛隐微，严行清丈，矢竭心力，图副责成。因思土司苗寨界限难分，峒箐坂坡段丘易混，矧田地无旧额，则丈量无凭依。若不先行稽查，恐奸诡设诈，反滋弊端。随令委官，预将合省应丈、免丈田地，各照原指界址，区画里图，并将原计把、计秭，折算数目，与原有顷亩者，逐一丈量。复印以步弓，防其更换；加之竹索，绝其那移；立之标竿，以别界限，而便登记；督以牌令，以禁骚扰而遏阻挠。故势要不得逞其故态，而巧伪无所售其隐奸。未丈之先，接踵自首，抽丈之际，挨次告投。据今日之新清，合预计之大略，再四扣算，总撒方明，浮粮既开除，正粮亦轻减，失额已补足，额外复增多，不惟应丈者裒益均平，而免丈者清查亦的。[①]贵州田地自来无额，今始有额，豪强影射之弊尽革，困穷包赔之苦复苏矣。

复西山司寨疏

巡抚刘庠

查照黎平军民府设在边陬，界连楚粤，原辖西山阳洞长官，延袤颇广，昔称富庶，倡乘徭獞之乱，遂尔背叛至今。在广西约束，则曰原属贵州之黎平；在贵州稽查，则云尽为广西之占据。互相托避，靡可羁縻。吏目俱经改除，印信又已进缴。续该知府张翼先至省，臣将《郡志》开载，及今当招抚之由，指示本官。本官回任，多方抚谕，而酋长韦昌金翻然悔悟，率众来归，且报人丁二千余名口，认输旧额钱粮七石。复行该府详审，果出归顺真心。虽边地蠢苗，若非盛世所重，而叛苗旷土，实则版籍攸关。负固百年，归于一旦，皆由我皇上治教沦浃，庙谟宏远所致也。

伏乞敕下该部，将韦昌金先赐给冠带，听其抚恤旧苗，原缴印信，仍乞颁降前来，暂发本府贮库，面谕本舍。三年之后，果能尽率所部，永坚一心，输纳差粮，依期不爽，令其承袭祖职，给与印信专管，应复官吏、衙门，另行议处。如此，庶招安有术，而夷民知所观感；梗化既服，而边徼益可无虞矣。

议设州县疏

巡抚舒应龙　巡按毛在

据左布政使张明正，会同参议程学傅、张克家，按察使彭富，副使王任、洪邦光、史诩，提学佥事吴尧弼，都司杨云程、朱鹤龄议照："程番迁府入省，议留通判一员驻彼坐镇，一应征催钱粮，缉捕盗贼，皆其管理。但有官无印，人情易于怠玩，且升迁差委，更代不常。以致番夷见非专职衙门，事权不重，威令不行，粮马率多逋负，剽劫恣其横行，甚非经野安边至计，是程番设州，无容复议矣。"

再照："会省冲繁，非一府所能独理，而设县以分理，自有不容缓者。第改建一节，不敢轻议者，盖恐财费浩烦，衙门之兴作，官吏之俸薪，有难于措处耳。今该贵阳、石阡二府知府周一经、袁亮等重覆参酌稽查，工费已有

① 呈报到臣……而免丈者清查亦的：《黔记》无。

堪动银两，俸薪无烦加编。程番府官虽改移在省，衙门、城垣、学宫见存。今议裁驻镇通判，改设知州一员，州同知一员，该司吏目改为州吏目，其俸薪、门皂等项，即以裁革通判者转给知州，裁革吏目者转给州吏目，州同柴薪议于裁革各土司吏目内转给。程番司土官程弘道既不愿改土州判，仍照长官司旧职听该州提辖。贵竹新改县治，已买有地基，及起建工费，该府贮有铜钱，变价足以取给，如有不敷，量议给补，亦无难处。知县俸薪、门皂，取之裁革各吏目俸薪数内。典史俸薪，即以裁革该司吏目转给，俱为有余。至于吏书之供役，师生之改移，会议已悉，更无窒碍。其正土官宋显印改为土县丞，副土官宁国梁与平伐司土官庭拱极俱改为土主簿。在庭拱极自有私庄田土，原无粮差，遽难别议。宋显印等柴马供应，各处分停妥。众情悦服，相应呈请：合无将程番旧府改为州治，贵竹、平伐二司及归化、新啃二里，改并一县，俱隶贵阳府统属？贵竹、平伐二司印信，俟事定奏缴。其设官置吏，改拨师生，裁革吏目，并移给各官俸薪，加给宋显印、宁国梁柴马银两，及钦定州县新名，颁给印信，改给土官敕命等项，乞照前议会题。”等因到臣。

议照隆庆元年，该抚臣杜拯、按臣王时举有改程番府入省，将贵竹、平伐二司改为附省二县[1]之奏，即蒙先帝俞允，部议特赐改建，已有成命。至隆庆二年，该抚臣赵锦、按臣王时举题请钦定贵阳府名，因虑郡邑一时并建，颇觉劳费，徐议建县之举。万历十一年，该抚臣刘庠复有程番改州之请，并申明并县之议，已十余年，尚未举行。又该臣等复加参酌，采之舆情，无有异议，相应题请，伏乞敕下该部查议。如果臣等所言不谬，请乞将程番旧府改立一州，贵竹、平伐二司并改一县，俱隶贵阳府管辖。恭请圣明钦定新改州县之名，铸给州县并新州儒学印信。特选才力廉干官员，升迁铨补前项知州、知县。及应设州同、吏目、典史等官，一体铨授，勒限前来任事。土官宋显印准改新县土县丞，宁国梁、庭拱极俱改土主簿，如伊祖原有钦颁敕命者，听交布政司验明呈部，奏请换给新改县佐官衔敕书，以便世袭。司印一并送缴。一切建治衙门，分拨学校生员，并给官吏、师生俸廪柴薪事宜，俱听臣等遵照复允条例事款施行：

一、议土司分隶。查得金筑安抚司并程番等一十六长官司，旧俱属该府管辖。今查二司并归化、新啃二里改立县治。程番等一十六司，通州、木瓜、上下克度四里俱听新州管辖。惟金筑安抚土官秩从五品，原无属州事体，仍应径隶贵阳府辖。

---

① 二县：《黔记》作“三县”，当误。

一、议设立官吏。查得程番新州，应设知州一员，州同一员，吏目一员，儒学学正一员。贵阳附郭新县，应设知县一员，典史一员。该府原于迁改之初，议留驻扎程番通判一员，应行裁革。据该司议，以程番司吏目改为州吏目。今查州吏目系从九品，长官司吏目系未入流，仍侯另行铨补为便。新州县各应设吏、户、礼、兵、刑、工、承发七房，各典吏一名，州学吏一名，俱听布政司考拨应役。其程番等一十六司，既有新设州官正佐统理于上，原设各司吏目颇为冗员，合无酌量去留？内惟木瓜、大华二司疆里寥阔，相去州治颇远，应存原有吏目，以便相兼土官管理夷民事务。又麻向司吏目，先年已经裁革，尚有十三司并贵竹、平伐已改二司吏目，俱应裁革。今查在任止有程番司、上马桥司、小程番司、韦番司、大龙番司、罗番司吏目七员，请乞准赐就近改补。新设知州，乞敕该部查有近省通判员缺，题行改任，以免重复赴部之苦。又贵州省城，额设僧纲、道纪、阴阳、医学衙门，向以未有府治，俱隶宣慰司属。今既迁贵阳府入省，前项九流艺术之人，本该贵竹附籍之民，原非宣慰司所辖夷猡可习学者，各该衙门并应改为贵阳府属，原有印记篆文系宣慰司僧纲等司之印，合行请乞准与换给，改称贵阳府僧纲等司之印，以便管辖。

一、议官吏俸薪。查得新设知州俸钞、柴薪、人役，即裁革通判原数抵充，新设吏目、典史俸薪，亦以裁革吏目二员额数抵充，俱可足用。此外尚有裁革吏目一十三员，该柴薪一十三名，每名银一十二两，共一百五十六两。皂隶二十六名，每名银六两，共一百五十六两。今新设知县，该柴薪四名，银四十八两，马丁四名，银四十两。新设州同，该柴薪银三十六两，马丁银二十两，尚余一百七十余两，并可改充儒学教官马夫、斋膳之费。该州官吏俸钞应于本府存留仓，该县官吏俸钞应于丰济仓，各照例关支。其州县各官应用门皂、禁兵等役，查将贵竹、平伐并程番等司原有在官跟随人役拨给跟用，愿雇觅者雇觅，愿亲役者亲役，俱俟州县建立之后酌议措处。其改授县佐土官，贵竹司宋显印改为土县丞，宁国梁改为土主簿，原有司民出备代禄月米，正土官三百二十四秤，副土官二百一十二秤。今既裁革，准给柴薪二名，各银二十四两，马夫各一名，银十两，听于原出月米人户征给交用。其平伐司土官庭拱极改为土主簿，原有祖传私庄足供养赡，听其照旧管业，无容别行派给。庶土汉官吏俱有养廉之需，而州县夷民可无加派之扰矣。

一、议建置官署。查得程番新州，原有城池衙门，迁徙未久，俱各完固，今以府治改为州治，府学改为州学，稍加修葺，无烦多费。惟新设附郭县治，应行创建。先该布政司查有官买地基，形势已可建县。所有县堂衙门、吏舍，营作工料，见经查有库贮变价钱，计可抵银千两，堪以支用。如尚有不敷之数，听于布政司扣留备赈、赃罚银内凑支，不许分毫派扰县民，以滋科敛之害。庶部民益切子来之诚，而官署咸有鼎新之制矣。

一、议生徒分拨。应于司、府两学拨发，俾得均齐，合无先拨廪膳十名，余俟提学道考校有堪作养者，查照普安州学补足二十名之数，其增附生员亦照此数扣拨，以成州学之制。起贡年分照依州县成规起送，应支月廪照原在府、司二学成例支给。

一、议转辖监司。查得贵州自迁府入省，与贵、前两卫、宣慰司俱同处一城，军伍之与夷民相错而居，文、武、汉、土衙门并峙鼎立，势相颉颃，莫可统驭。一切军民之争讧，盗贼之防御，夷汉之构争，所赖以提衡要束于上者，则该守巡为最急矣。乃今安平守巡道管府而不管卫，贵宁守巡道管卫而不管府，一遇地方缓急，欲令府卫同心协济，每每苦于无所责成，以为联属之地。乞将按察司清军驿传副使兼管贵阳兵备戎务，颁给敕书，凡贵阳省城府、卫、宣慰地方哨堡、兵旅、捕盗、保甲事宜，悉听其整饬经理。其贵宁分巡道止管毕节、赤水、永宁、乌撒兵备事宜，安平分巡道止管威清、平坝、安庄至普安上六卫兵备事宜，各敕书内原无载有程番府并贵、前二卫地方在内，不必换给，自可遵守。至于宣慰司疆土甚阔，与贵宁、安平两道所属郡卫地方俱各联壤，仍应并听两道节制，以重弹压之任。庶监司之统驭，既各有专职以责成，则文武之属员必可仗联属以共济矣。

大木疏

巡抚舒应龙　巡按毛在

为钦奉圣旨事：万历十二年四月初二日，准工部咨，派贵州大木板枋数目缘由备咨前巡抚都御史刘庠案行布政司查行间，该臣接管，催行该司会同按、都二司，备查先年采运事宜、工价集议类详去后，随据左布政使郑旻，会同按察使彭富、署都指挥佥事杨云程呈：

查得嘉靖三十六年，坐派贵州采运楠、杉木枋共四千七百九根块，用过价植并各项费用共银七十二万四千六百六十一两七钱五分六厘。彼时库贮堪动之银，止有一万四千九百七十六两，不敷应用，议详总督、抚、按衙门会题，行令广东等省解银协济。内广东陆续解过料银十万一千八百五两，云南解过盐课银一十四万一千二百九十五两五钱，江西解过大工银九万两，山西解过三万五千两支用。今奉派采木枋共一千一百三十二根块，内楠、杉大木原未注定若干根块。今照先年则例，定拟价值，其长径厚薄少者照例递减，又柏木先年原未派取，今查与三号杉木围圆略同，会计约用银十万两，合用运木水手等项，该银一万余两。又先年拽运夫役，派各卫所土司协助。今蒙明旨，不许加派，俱出公帑雇募，约用银一万余两，系在上年木价之外。以上大约用银一十二万余两。及查库贮，止有二万一千六百五十一两八分四厘，尚少十万余两，别无措处。该各职计议：合无查照先年议派江西、山西、广东等处协济银两事例，题请议处解济等因，呈详该臣批据议采木工费，质之往牍，似已详确。但称木产山箐深阻，近水者采括已尽，今搜索愈深，拽运益苦，先后难易恐难尽同。宜再行守巡各道督同地方各官，召商访估，按数给买。部文既无定数，准照今派数目，责各府、卫分认明白，庶可会计总数具报。

先次商人已解木价，闻有未尽给领，或以往事为戒，疑畏自阻，即便大书简明告示：本价必照原估定数全给，每号木价若干，先给若干，解至某处验明给若干，至今交收补给，全完若干；庶可鼓舞商民竟赴采办也。大木奇材，多产土夷溪洞。仍行文晓谕土官，图报国恩，多方督采。又该巡按御史毛在批库贮银两准动支给发，召商贾买办，其协济一节，侯酌议会题，并牌开前项价值。及先年采取，去今二十余年，恐木商远近不同，价值贵贱不等，拽运出水，难易相悬。行司会同二司并守巡各道，行各府、卫查访，一一从实酌议，务使官无冒破，商共乐从，庶乎克济。具由通详，续据该司呈称，遵依出示召商，及移行湖广、四川司道备查估计木价事宜。

随准四川布政司咨及湖广辰州道开报各省木价，与本省先年价值不侔，有多至一倍之外，或三分、四分之一者。又该各道督同府、卫官召商，各称采运之难，大异先年。参对川、湖二省开报木号丈尺长径相同，价值迥异。欲据本省先年原价为准，恐临期工费之巨，商民势难赔赔，欲以川、湖开报之价为的，即两者所议互异，亦难定以何者之确。取裁折衷，合无姑以本省先年定价计算，先给一分兴工，及至寻访得获，报验斧采，听各道责成监采，委官逐一籍计开山、垫路、架桥等项，合用夫匠、人工、物料之费，侯拽至水次之日，计算造册。查明原价果有不足，照数补给。庶下无贻累之苦，上无冒破之虞等因到臣。

会同巡按御史毛在议照：大木采办，异材悉该连云干霄之质，积累岁月逾数百年，非深藏山谷险僻之区，何能早免斧斤之患，以待今日之用？自嘉靖三十六年采运至今，仅止二十余年，新长者培养未巨，旧有者搜索已穷，所据司道督行所属各官召商访采，各称寻觅之艰，拽运之费，百倍往昔，委非饰词。臣等伏读明旨，涣颁谕令，各省多方采买，陆续解进，不许加派扰民，则奇材采运之艰，民力凋疲之极，已蒙圣明洞照轸恤之至矣！

臣等遵领宣扬德意，遍行揭示，约以木价之查给分限全完，不如往年之扣留亏欠。议处夫役之雇倩尽出公帑，不如往年之派办追扰。即今民夷酋长、汉土官商无不欣欣竞赴趋事，深入山箐，竭力采访，务得异材以副鼎建大工之用。

惟是价值工费，即以本省先年旧价，约计用银一十二万余两，然艰苦既倍于往年，则旧价必难以足用。况参之川、湖二省，多寡不侔，卒难定拟。贵州于寰舆最称穷瘠荒遐之乡，本省官军俸粮什七仰之邻省，什三取之夷民。节因连岁湖广逋负之甚，穷边军士，每每逾期枵腹，支给不敷，宁有羡赀存积待用！见据该司查报，库贮银二万余两，可能补凑。即今工部覆议，应用官银三项，如扣留额解本部料银，贵省素无此项派征，先年事例，银两仅存八百两，即在查报存库二万余两数内，新开采木例银。贵省穷荒，素鲜援纳监儒加级官生，独有印承吏典一行，又以募兵粮饷取给于此，先经户部覆允，开纳银数，轻于新例，自无舍少趋多之理。

夫无米之爨，巧妇不能，夫匠群集，供需难缓，此臣等反复思维，不敢不预为协济之请，以仰渎于宸聪者也。伏乞圣明轸存边省匮乏之极，公私搜括之难，敕下该部覆加查议：如嘉靖三十六年，行移江西、山西、广东、云南等省取解协济贵州采木银两，果有题允事例，即为比照扣算。今次见用不足之数，如依先年本省之价，计银十万余两，如照川、湖二省今估之数，该银十四五万两。酌量分派各省，勒限差官押解贵州，务于本年十二月终解到，以济采运紧急之需。其邻省土司，如播州宣慰、永宁宣抚地方，旧与贵州卫所山谷参错，先年俱由本省官商斧采运出贵州思南、永宁河路，听臣等督行该道，晓谕照旧，任从访采，毋得倚恃异属阻扰。

但有访报异材：楠木一号、二号，杉木一、二号，价至百两以上者，准价百两，准行加给赏银五两，一以激励效用之勤，一以量资艰苦之助。采运木价，准照该司议报，姑以本省先年旧价为准，先给一分，解发各守巡等官，分给商民起工，以为召匠雇夫、开山垫路之费。余俟拽运出水。查据各道开报监采，委官纪核各号木值、工费细数，应加给者加给，应照旧者照旧。除先给一分外，未领者以三分查给：一给于初到水次，一给于运至楚省大河，一给于到京完解。备行该司：每木一株，给发印信、木价单纸一张，将木号长径丈尺、出产地方、监采何官、采运工匠、四次分给价银，逐一开填于内，给商为照，以便届期给领，毋如先年木已完解，价未全给，奏告纷纭，竟罹倾费流移之苦。凡坐委采木司道、军卫、有司、流土等官，有推避迟延欺误者，听臣等不时按法参治。事完之日，仍容会同查劾。效有劳绩，采获异材数多者，特行奏荐，纪叙勤劳；稍次者，酌量奖赏示劝。庶使工费既裕，则商民益切子来之诚；赏罚有章，则群工咸怀共济之念。鸿材可至其毕集，穷边无苦于重役矣！

永宁开河事迹

景川侯曹震

洪武十三年十一月十三日，钦奉皇帝制谕："景川侯曹震前往四川永宁开通河道，合用军民，四川都司、布政司，贵州都司即便调拨，大小官军悉听节制，如制奉行。钦此。"

于洪武二十四年正月初七日到成都，分遣官属，各任其责。永宁水陆路自泸州纳溪至摩泥驿桥道，委四川都司左同知助一、右同知徐凯，成都后卫指挥使茆正，提调卫、府、州官军、民夫以疏通之。自永宁至曲靖驿桥道路，委贵州都司同知马烨提调永宁、赤水、毕节、乌撒等卫军夫以修理之。建昌驿铺桥道，委四川都司佥事[1]潘永、建昌卫指挥使月暮帖木儿，提调军民以开通之。保宁驿桥道至陕西汉中府界，委成都后卫指挥佥事王清，提调军民以修治之。松茂驿铺桥道，委茂州卫指挥同知俞胜，提调松茂、威州卫所军民以平治之。贵播驿铺桥道，委播州宣慰司杨铺、重庆卫千户钟洪，提调军民以开之。各府、州、县夫役，委四川布政司左参议朱福、松潘卫所镇抚任允以董督之。

其间水之险恶者，莫甚于永宁，其滩一百九十五处，至险有名滩者八十二，石之大者凿之，水陡者平之，使舟楫得以通焉。路之险者，莫甚于建昌炉古县及黎州大相公岭，虚阁险崖，于是辟取山石，从江填砌，阔三四丈。番箐河水九十九渡，于是新开直径，造桥五十有四，来往者便焉。保宁千佛崖，古作栈阁，连岁修葺，工费甚多。宜相其山势，辟取山石，从河填砌，阔四五丈，自四川至陕者无难焉。

军夫计者：军三万五千，夫四万五千。官自二月初七日兴工，五月十五日住工歇下。秋九月初一日兴工，至洪武二十五年正月十五日工毕。通计八月。

---

① 都司佥事：原误作"都事佥事"，无此机构，本文他处作"四川都司"，据改。

震上奉皇帝之命，下用都指挥、参议、宣慰、千百户之官，克相有成，不敢泯而不书。

开河檄

巡抚舒应龙

贵州会省，万山陡峻，溪流未通，军民粮食，肩担背负为苦。查有南河一水，可达思南，先年屡有开河通舟之议，竟为浮言所阻，行勘未详，遽尔中寝。宜选委素有心计，不避艰险文职一员，随同沿河踏勘，酌估一应开凿事宜，应用渔舡、水手、石匠、兵夫、刀斧、器具，听其开报取给。中间道路经由新添、平越、杨义、白泥、草塘卫司，应行给文各卫并土司衙门，责成本管各官兼同踏勘，各官应用符验、夫马及随行匠役、盘费、口粮，一并开报详发。凡河路有妨民田者，估价平买，有生端抗议挠阻者，访实拿究。

勘疏河道檄略

巡抚江东之

照得贵州万山陡峻，溪流未通，军民货财，转运为苦。查有南河一水，可达思南，先经委官勘计已详，因歉经费中寝。近询士民，咸称永利，时值采木，亟应举行，第若委用得人，斯于地方有补。

今该本院会同按院访得标下游击将军杨国柱，操守端严，才猷敏练，任以专督之寄，必能成永赖之功。为此，除牌行布政司查议外，牌仰本官即移布政司[①]，查将沿河踏勘，酌估一应开凿事宜，应用鱼舡、水手、石匠、兵夫、刀斧、器具，逐一开报取给，本官即便离任亲往。

其经由新添、平越、杨义、白泥、草塘等卫司，听本官径行各衙门责成该管各官，再加覆估。要见某处沙石有碍，少加疏凿即可通舟？其杉木冲、震天洞、鱼子洞等处，有无石阻绵亘，难施工力，或应避路，别通一道，或应上下两截换舟？总计自省至思南水行道里若干？陆行道里若干？逐一图画贴说险易，并计工费呈报，以凭设处钱粮。至于应用竹木，先据报于近山斫

① 今该本院……即移布政司：《黔记》作“牌仰游击将军杨国柱”。

伐，经过沿河亦无田地相干，不必再行查议。

本官务须乘时垂利，毋使侵扰妨民，但勿因仍虚应，致负两院公委[①]。先将随行夫马、匠役盘费、口粮议报处给，仍呈按院详夺施行。

赈谷流通议

巡抚江东之

余谓拯饥之政，富郑公在青州，为百世师，仿其意而行之，在后贤焉。兴赈田之利，除赈籴之害，今日事矣。除害于今，未必不生害于后。特举其概，与诸大夫、国人议之。

或曰："黔之天时繁阴雨，山溜洒泉，可资灌溉，不若中原赤地千里。兹田也，所赈者少，所积者多，粟红岭表，自古叹之。我取其陈，以增其亩，子孙黎民[②]尚有利哉！"

余曰："赈租几万[③]斛，清余田，损递马，又厘革仓屯等弊，几得三万[④]斛。特患谷不流通，惠不沾浃，所少者非田也，又何增焉？"

或曰："黔中山多田少，舟楫不通，谷嗛价踊，岁之通患。此时平价以粜，及秋成籴之，无损于积仓，有济于艰食，此两利之政也。"

余曰："黔之富室多积谷待价，官粜之使民食其平矣。官不能自籴，非委之驵侩，则选之奥博，其害与籴赈等耳，奈何既袪之而复蹈之耶[⑤]？"

或曰："黔军多而民少，加恩于军，民阴受其赐。价踊之时，以谷与军而扣其价；谷踊之时，以银与军而扣其谷。此官操其权而简则易从，军随其愿而便则可久也。[⑥]"

余曰："兹良法也，稽之军饷[⑦]，夏秋本色则给银，非军之利；冬春折色，在仓无可扣之粮。兹租也，久贮之不可，易价以贮之，恐以资他窖，而虚赈之名也，又不可官粜而官籴之，不能给之于军，而扣之于军，以无定之价，变有定之额，又不能无已限数以放之，限期以征之乎？"

或曰："此青苗法尔。"

---

① 公委：此后文字《黔记》无。

② 子孙黎民：清乾隆八年（1743）东皋堂刻本《瑞阳阿集》卷三作"黎民"。

③ 几万：《瑞阳阿集》作"几千"。

④ 三万：《瑞阳阿集》作"三千"。

⑤ 奈何既袪之而复蹈之耶：《瑞阳阿集》无。

⑥ 此官操其权……而便则可久也：《瑞阳阿集》作"官操其权，军随其愿，此可久之法也"。

⑦ 兹良法也，稽之军饷：《瑞阳阿集》作"历年军饷"。

余曰："不然。青苗贷母钱，以取子钱。民乐于贷之多，不虑于偿之难，上下交相玩，以成此害也。赈租之贷，民不得取盈，官不得牟利。无利之责，民乐于输，取数之寡，民易于输矣。"[①]

或曰："富民能偿者不贷，贫民愿贷者无偿，奈何？"

余曰："荒年议赈，先贫民不及富民；丰年议偿，惟富民之听，必先贫民之防[②]。游民无家者不贷，惰民不治[③]生业者不贷，官与军皆可者[④]。况中人十金之产，比屋皆是，七八月之间，斗米而价倍之，孰不乐于贷而勇于偿[⑤]也？以纾其艰，乃愆其期，是不可以德化，不可以情感，以法绳之，虽欲负，其将能乎！"

或曰："民可齐之以法矣，青衿子负担储，法何可加也？"

余曰："救荒之道，先赈士而后赈民。逋负之法，先齐民而后齐士。余增置学田以优士，令学官掌之，收放行于有司，士不得与，其父兄子弟贷者不得借资，中无挠法之人，官有必行之法，且法之信而不易，又非法之重而不堪。行之三年、六年而九年焉，田不增而租岁积，黔虽饥不害，纵有兵兴之繁，士无馈粮之色，黔其庶几哉！此为省域言之，若他境，田多山少，则常平之法可行也。大抵有治人无治法，所委不得其人，民将怒于色，詈于市，余之竭心思也，只为厉而已矣。若谓法外无遗弊也，则余岂敢！"[⑥]

---

① 本段与《瑞阳阿集》相较，异文颇多，《瑞阳阿集》作"余曰：'青苗贷母钱，以取子钱。民乐于贷之多，不自虑于偿之难。官亦未尝为民虑也。为贷有限数，民易于偿。官无牟利，民乐于偿。匪直鉴荆公之弊，即文公惠行浙东，称善贷，犹然加一征息。今尽宽之'"。

② 惟富民之听，必先贫民之防：《瑞阳阿集》作"听富民，先防贫民"。

③ 不治：《瑞阳阿集》作"无"。

④ 官与军皆可者：《瑞阳阿集》作"武官与军勿拒"。

⑤ 偿：《瑞阳阿集》作"输"。

⑥ 《瑞阳阿集》此后还有一段，录于此，以供参读："一、放谷以六月初一日起，完日止。先期，选坊里屯寨有身家德行者报名造册，人给一石，不得过二石。富民武弁贷者听。四月，屯寨长贷谷种者听。收期有误，令报者拘人，无人，方责倍偿。本年不收，下年补还。次年再饥，贷即作赈。小有年，军民率众刁告为首者，以乱法从重论。一、收谷以十一月初一日为始，初十日止。照数还仓。谷不干不净者，罚利谷二斗。至初十日，后迟一日，罚谷一斗，罚不过五斗。至十五日不交，官军照贵价倍扣俸粮。民问不应并借谷追还，方准释放宁家。死亡者查实定夺。一、新谷纳仓，放谷还仓，不许先时差催，以滋烦扰。及时随到随收，不许久稽守候，依较定官斗出入，如放用小斗，收用大斗，暗折羡余。及蹈淋尖、踢斛、抛撒等弊，因而挟制细民，数外私取升斗者，许佃户还户口禀将衙门，作弊之人，枷号一月，问罪革役。有司纵容曲护，并罪之。一、荒年，或随地设粥以赈之，或计口发谷以赈之，富民有禁，井市贩夫有禁，衙门吏役有禁，诸色人等假名冒赈者，倍加罚治。有司不察，以不及论。"

铜仁建县疏略①

巡抚江东之 巡按应朝卿

题为俯顺舆情，建改县治，请乞乾断，铨官铸印，以光圣化事：

照得铜仁司②土官李永授虐政殃民，里老陈秀奇等于万历二年状③告改县，至十四年④内，士民范轸、黄嘉宾、赵子中等连名奏请剿除⑤，蒙准勘实，发云南平夷卫充军⑥。改县之告，民情孔亟⑦。及抚臣林乔相、按臣薛继茂，行布、按二司会勘，随委思南知府赵恒、本府知府张锡、推官江腾鲸审据乡官士民万贲、陈应麟、杨通明、陈黔产、张儒等议称：李永授蠹国殃民，恶积盈贯，其祖李述祖以漏泄军情，闻充铁岭卫永远军，永授朦胧承袭。又犯军罪，及查原领诰敕，其子以谦称失无存，是前犯重罪，已当从革，袭揭黄之例，况铜仁文物与中州埒，安忍使之俯首夷虏而日坐汤火中也。且县治设于附郭，既无筑城之费；输助本乎人情，又无加赋之扰。其间一二未备，势不能不取之民者，亦暂费而永宁之，孰不鼓舞乐从也？府官备呈到司，通详在卷。⑧

---

① 铜仁建县疏略：《瑞阳阿集》卷三目录作“乞铨官铸印疏”，正文作“建改县治疏”。

② 铜仁司：《瑞阳阿集》作“铜仁”。

③ 状：《瑞阳阿集》作“具状”。

④ 十四年：《瑞阳阿集》作“万历十四年”。

⑤ 士民……奏请剿除：《瑞阳阿集》作“士民范轸等连名奏土官李永授犯赃十万，通苗劫杀，贪酷异常，亟赐剿除”。

⑥ 充军：《瑞阳阿集》作“充军终身”。

⑦ 孔亟：《瑞阳阿集》此后还有一段文字：“乃二十年来宜行而久不行者，盖人心之有无反覆，事体之可否经行，建县作何区画，赋役作何措处，皆当永久之计，不得不为慎始之谋也。”

⑧ 与《瑞阳阿集》比较，本段多省，现将《瑞阳阿集》录于此，以相对照：“及抚臣林乔相、按臣薛继茂，各批行二司会勘详议，随委思南知府赵恒、本府知府张锡、推官江腾鲸，吊集里老洞民查审，即据铜仁司乡官、举监、生员、里民万贲、张翔汉、饶从先、陈黔产、万邦杰、陈应麟、杨通明、张儒等议：册内开称铜仁司李永授奸通苗盗，蠹国殃民，科敛不经，恶积盈贯，每岁有五谷贡新之派，生诞庆祝之派，五节拜贺之派，宾朋会宴之派，巡乡马蹄之派。袭职则派盘缠，犯事则派贴罪，出嫁则派妆奁，婚聚则派牲币，死葬则派赙奠，耕耘则派山工。敛木植为宫室，夺子弟为皂隶，占妻女为婢妾。入学有印色钱，出仕有问安礼，游商有过山钱，船木有水面钱，问事有过堂钱。伏月而取活鱼，雪天而取稚笋。害民已极，幸得正法充军。其始祖李渊袭土司，不二世，李述祖以漏泄军情，问发辽东铁岭卫永远充军，朦胧承袭，至永授又犯军罪，查其祖领诰命敕书，李永授子以谦称遗失无存。士民万贲等证其前犯重罪，已蒙追夺。是李氏一官而两犯重罪，已当从革，袭揭黄之例。况铜仁之民生齿日繁，文物日盛，与中州相埒。安忍使之日坐于汤火之中也。且县治设于附郭，既无凿池筑城之费；输助本乎人情，又无多科加赋之扰。其间一二未备，势不能不取之民，暂劳而永逸之，暂费而永宁之，孰不举手加额而鼓舞乐从也？府官备述民望之殷，经制之宜，呈报到司，通详在卷。”

及臣莅任思石，该道首举铜仁建县为请。臣以为改土诚抚绥至计，设流恐经制劳民，咨询经年，驳议再四。查据布政司署印副使郭廷良，按察司署印佥事沈思充，分巡副使张斗，佥事方万策、梁铨，都司张云翱、杨国柱议照：设流改土，原为利国惠民；用夏变夷，亦当因时乘便。土官李永授充戍虽殒，其子李以谦袭恶不悛，铜仁士民得见天日，尤千载一时也。但土司改县，无罪则当论情，子孙犹袭佐贰；有罪则当论法，子孙遂为编民。此贵之历历可考者。今以谦有罪，复酌于情法之中，与以土主簿，不许管事，则法外之仁，彼为逾涯之望矣。伏乞题请救民水火之危，措之衽席之安等因，并将建县事宜，开款申报。该臣等会同酌议，改县之举，不特于国家治体在所当行，揆之地方民情，必不容已，圣天子在上，华夷一家，岂可使铜仁之民不得均沾王化哉！[①]

臣敢冒昧上请，伏乞敕下该部查议，如果臣言不谬，将铜仁长官司改立一县，隶铜仁府管辖。恭请圣明钦定县名，铸给印信，特选才力廉干知县一员、典史一员，勒限前来任事。土生李以谦改为世袭土主簿，不许任事。一切建置事宜，俱听臣等查照[②]条列事款施行。庶边省之郡邑大备，可垂永世之良规；政治之牧养得人，可慰士民之瞻顾矣！[③]

一、改设官吏。司改县治，应设流官知县、典史各一员，将李以谦改授

---

① 本段与《瑞阳阿集》异文颇多，《瑞阳阿集》作："及臣到任，思石兵巡道副使张斗首以铜仁建县为请。臣以为改土为流，诚抚绥之至计，时诎举赢，恐经制之劳民。且利不百不兴，害不百不革。事非细故，谈何容易。已咨询经年，驳议再四。查据布政司署印按察司清军驿传道副使郭廷良，会同按察司署印提学佥事沈思充，分巡思石抚苗道副使张斗，分巡贵宁道佥事方万策、分巡新镇道佥事梁铨，都司署都指挥佥事张云翱、操捕署都指挥佥事杨国柱议照：设流改土，原为利国惠民；设县分州，亦当因时乘势。土司李氏，其父李永授远窜充军，以为丧家之狗。其子李以谦狼心未泯，不过塌翼之雏。虽党与间兴异议，势难死灰复然。使铜仁士民得见天日，此尤千载一时也。观其建县则捐赀，额征则出税，其情状可见矣。但土司之改县，无罪则当论情，子孙犹得袭为佐贰；有罪则当论法，子孙遂编为齐民。此贵州之已行，历历可考。若李以谦，有罪者也，酌于情法之中，与以主簿之职，给以夫马，不许管事，加以法外之仁，彼为逾涯之望矣。伏乞题请救民水火之厄，措之衽席之安等因，并将建县事宜，开款申报。该臣会同巡按贵州监察御史应朝卿酌议，改县之举，不特于国家治体在所当行，揆之地方民情，必不容已。如镇远府之镇远县，都匀府之清平县，思南府之印江县，皆改之即安，人无反侧。惟贵阳府之新贵县，因石星、贾惟钥二臣纳贿，许其恢复。以致安疆臣乳臭小子，陆梁无忌。圣旨一定，彼将帖尾服矣。况李以谦无安疆臣之资，又有总兵弹压其地，万不必为深忧过计也。二十年来，士民之望建县，如赤子之望慈母，臣忍坐视生民涂炭，圣天子在上，中外一家，岂可使铜仁之民不得均沾王化哉！"

② 查照：《瑞阳阿集》作"遵照"。

③ 本段以后文字，《瑞阳阿集》无。

土主簿职衔，不许管事，设吏四名，即以本司吏三名改充，尚少一名，听布政司拨补。其司吏目应合裁革。

一、官员俸给。知县，月该本折俸米七石五斗，于布政司丰济库及本府盈储仓内支给。典史，月该本折俸米三石，即以裁革司吏目俸粮抵给。其李以谦有祖田，照旧管业，无容另议，每年量给马一匹，价银六两，夫一名，价银四两，俱丁粮内编给。

一、官员柴马各役工食。每年知县柴薪二名，马丁二名，共银四十四两。门子二名，皂隶十名，禁子二名，各工食银三两六钱。轿夫四名、伞夫一名，各工食银五两。共银一百一十九两四钱。于本司区划并各税及粮差征收支给。典史，柴薪一名，该银一十二两；门子一名，弓兵二名，每各工食银六两四钱八分；即以裁革司吏目原编柴薪、工食等银三十一两四钱四分抵给。其六房纸札，即于开报纸赎银内支给。

一、祭祀乡饮。该县设在府城，无另设学宫、坛壝，俱止随班行礼，不必另议。至于公费各项，必不可省者，即于府市屠税银三十六两，店租银四十三两二钱七分，李永授原侵占地基入官店银二十五两二钱，共银一百零四两四钱七分内动支。

一、修建县治。将府仓改建，及改修仓廒，二项经费合用工料银共三百五十六两有奇。先据士民报助三百两，今查没官店租银五十两，老虎冲民居官地租银一十五两，足补通融支用。至于主簿、典史公署，有李以谦并司吏目原建廨舍，无容另议。

一、该县每年官吏柴马、纸札，门禁、皂役工食并各项公用，共该二百零四两六钱四分。即以铜仁司原编心红纸札，弓兵皂隶工食，并屠税店租，及李永授入官店租银，通共一百五十七两六钱七分抵充，尚少银四十六两九钱七分。据各委官查议，该司士民免遭李氏之虐，原丁粮每石增派银一钱，共增银四十九两四钱九分，除补给前数，尚剩二两五钱二分，仍为该县杂项支销。余外，不得派及各民，永为遵守。

建湖广天柱县疏[1]

巡抚江东之

为苗夷[2]归心已久，多官查议甚详，恳乞乾断，赐名定县，以昭圣化，

---

① 建湖广天柱县疏：《瑞阳阿集》卷三作"赐名定县疏"。

② 为苗夷：《瑞阳阿集》作"题为苗裔"。

并留贤吏，以靖边方事。职[①]闻来则不拒，去则不追者，古帝王御夷[②]之长策。如去而追之，以溃夷夏[③]之防；来而拒之，以阻向化之志，非计之得也。职请以天柱所之夷情为皇上陈之：

万历二十一年，职任辰沅兵备佥事，按行哨堡，沿途告哀，多称父子、兄弟、夫妻离散，由苗贼劫掠，傅良嘴为最剧，职切忧之。靖州知州彭学夔禀职曰："将有介子奇功献者。"久之不报。

职问会同知县陆可行，乃语职曰："豪弁通苗为奸，遇上官督责，为此言以相诳耳。自万历十一年，守备周弘谟奉檄征坌处之乱，令苗输鸡粮，许遵旧议，请建县治。一年之后，盟渝法弛，苗因复叛。惟建县一事，可使诸苗帖服，劫杀潜消。"

职驳之，以苗性犬羊，何乐于县官之拘系也。

陆可行曰："苗与峒[④]民互相荼毒，官军收鹬蚌之利。如苗杀我民，官军声言剿捕，苗不得出入耕布。我民杀苗，无所告诉。统苗报复，或伏路要杀，或墩锁[⑤]索赎，不问所报非所仇。卒之，利归剧豪，害遗苗类，苗所以愿建县也。会同县峒民即苗之种，与天柱所近而离县远，不但苦苗劫杀，输纳不敢往县，奸猾征收，每一两骗至四五两。峒民素不甘心，日望建县，更切于苗也。卫有贪官，县有贪民。建县之说，屡说屡止。其故难言之矣！"

职因革去通苗千户徐宏掌印，而选翟羽代之，至今院道称翟羽为廉吏。陆可行有文武才，足任其事。但恐来忌者之口，职与之盟，若尽心为国，脱有利害，愿以职官陪之。于时，职荷圣恩，升南京光禄寺少卿，分守道参政陈性学代职接管，所见与职同。亲临该所，以壮先声。

陆可行率百户孔尚文一人，吏胥尽屏，单骑入傅良嘴之寨，谕以朝廷德威[⑥]，言论慷慨。傅良嘴叩头请罪，愿纳鸡粮为诸苗先，清水江等十八寨，莫不输款。职窃叹用一陆可行，贤于十万师远矣。

参政陈性学具详申报，抚按二臣以建县原非细故，作事贵于谋始，檄诸司会议。有欲行[⑦]守备以坐镇，委边粮以巡行，及设会同主簿以分领，添设会同县丞以征粮，群策毕举，慎始之道当然也。苗皆不乐从，迁延至今。

三年之间，前兵备佥事孙守业，今兵备副使徐榜、分守副使兼参议郑锐、

① 职：《瑞阳阿集》作"臣"。本文后同，不一一出校。
② 御夷：《瑞阳阿集》作"御外"。
③ 夷夏：《瑞阳阿集》作"中外"。
④ 峒：《瑞阳阿集》作"洞"。本文后同，不一一出校。
⑤ 墩锁：原文误作"不锁"，不通，据《瑞阳阿集》改。
⑥ 德威：《瑞阳阿集》作"威德"。
⑦ 行：《瑞阳阿集》作"移"。

分巡佥事陈惇临乃许申建县治，加意抚绥。三道以吏目朱梓之得苗而时加策励。朱梓因三道之交奖而益自好修，诸苗慕之如慈母，畏之如神君，令之即行，禁之即止，虽有一二奸徒阻挠之谋愈巧，百千苗裔归附之诚愈坚。闻职复来，相率迎于三百里之外，共称保留贤官朱梓。

湖北三道请臣亲历该所，以观苗情诚伪，职许之。遂走万山崎岖中。近其郭，弘阔坦夷，四面如绣，虽中土都会，无能逾之，所谓天开地运，不终沦于夷域者也。行其庭，栋宇整饬，美哉奂仑，皆夷人[①]运木赴工，不日成之，所谓不费官帑，县治聿新者也。升其堂，苗夷千人，衣巾汉制，伏阶罗拜，恳职代奏万岁天子，愿为良民。诚所谓不籍甲兵，烟尘息警者也。职率湖北诸臣，北面稽首，飏言曰：我皇上德化暨及，三苗革心，自舞羽以来所未有者，职等[②]何幸，躬逢其盛！因以花红犒诸苗头目，责治叛逆作剧者四人。朱梓报升海盐县主簿，勉留在任，候会题请旨。诸苗益鼓舞，欢声载道。

职抵贵州，湖北请建县治之申文至矣。职意昔为专属，今为兼制，姑置之，俟湖广抚按定议，何敢越俎。抚臣李得阳[③]、按臣赵文炳报职书，以建县为久安至计。职复行湖北三道详议明妥，副使兼参议郑锐，会同副使徐榜、佥事陈惇临檄辰州府知府吴维魁、推官李从心及靖州知州张和中等反覆查勘，备呈藩臣条议而悉剖之。据其申文，大约以苗民视武弁如狼虎，望县官如云霓，摄服诸苗，非建县无以顺其心，欲建县以抚苗，非正官不能擅其权。欲设正官以图善后之策，非朱梓，诸苗将[④]掉尾而去，且新县新官，两不相信，此辈蜂拥乌合，易生他衅，恐抚之不可，制之不可，剿之又不可，此时何可失此机也。三道亲历其地，徐观其势，有万不得已于心者，乞职速为题请等因到职。

该职看得川、湖、贵竹[⑤]之间，每年养兵防苗，所费何啻数十万。诸苗招之不来。今天柱所之苗惟建一县治，即麾之不去。事当谨始而虑终，时尤难得而易失，苗欲受成于县而县不立，苗欲听令于官而官不设，地方官屡许之，而屡不上闻，再失信于今，无以控驭于后，诚有如三道臣之所虑者。人亦有言：得原失信，所亡滋多；得信得苗，谁曰不可？且苗粮因建县而纳，不建则不纳。以苗之粮，供苗之用，不但县治一新，虽文庙与典史衙门各该[⑥]领认，是钱粮无不敷也。洞乡四里，与口六口七士民诣职投牒，恳恩愿附新

---

① 夷人：《瑞阳阿集》作“苗人”。
② 职等：《瑞阳阿集》作“臣”。
③ 李得阳：“得阳”二字原缺，据《瑞阳阿集》补。
④ 将：原缺，据《瑞阳阿集》补。
⑤ 贵竹：《瑞阳阿集》作“贵筑”。
⑥ 各该：《瑞阳阿集》作“各皆”。

县，推官李从心审得其情，是地方无不利也。有城郭，不必改筑；有人民，不必改聚。设知县，裁会同之主簿；设典史，裁天柱之吏目；设教谕，移会同之训导。诸臣旧有成议，是官事无不备也。建县之举，有利而无害，酌事机之宜者，何惮而不为！

再照建县非难，得人为难。不得其人，何论科目？苟得其人，何拘异途？近日杨杲、罗一敬皆以吏员得升知县。如朱梓之廉能，何不展其长才，使之为国家辟土地、增户口，救此生灵于锋镝中耶？且陆可行之于付良嘴，即张刚降广陵之寇，朱梓之深得苗心，有虞诩化朝歌之风。陆可行以守制去，他日之[①]边才可储；朱梓以升任留，今日之借寇尤急。

伏愿陛下明烛万里夷情，俯念边陲重地，敕下该部酌议。如果职言有据，钦赐命名定县，将湖广抚按开报丁粮里数收入版图，并敕吏部将朱梓照杨杲、罗一敬例擢用。则用一朱梓，而已归之苗益亲；设一天柱县，而未归之苗感化[②]。职见七十三寨共为穷发编户之民，一十三哨渐睹戢戈櫜矢之盛矣！

万历二十五年，题准改设。

石阡开河议

知府郭原宾

照得镇远、铜仁、思南三府河道，舟楫商贾往来，每年各府取税，解充公帑，是皆水利所致。本府僻在万山中，西门外有小河一道，径抵思南大江，自来未通舟楫。随该本职出示晓谕，诸色人等有能熟知水势者，查勘河道，应否开通舟楫，以便举行。近据老人蔡博三、周学易图报，自府前起至思南地名塘头止，仅约六十余里，其河内乱石险阻，湾曲窒碍，止有九处，约用三百余金。

再查本府板桥场，离府城三十里。先年，本场人烟成聚，百十余家，本府每年议征花盐、牛猪、米布各行税银一百零四两，并各场税银共一百六十一两九钱，专给路濒及石阡司领办上司中火、公差廪银、本府劝农、应朝考贡盘缠、作兴标匾、官员奖励、溜沙铺兵工食、孤老冬衣等项公费支用，按季填入，循环开报两院司道查考。万历六、七、八年，因思南府属邵家桥、塘头二处各开场分，比之板桥，得省十五里扛运之费，以此就彼贸易，皆不赴板桥赶集，而税纳亦归于思南，由是板桥生意萧索，一切税银，旧额逋欠，新额无征。为今之计，急在开河，河开，舟楫自通，商贾自聚，因货征税，

① 之：原缺，据《瑞阳阿集》补。
② 感化：《瑞阳阿集》作“咸化”。

足补板桥亏欠之数，诚上下两利者也。

但查地名杨溪、曾胜、鬼野，属之镇远军屯。木根、来耙、安家、种家、陈家、三锅庄、野猪泽、岩底、马纳子、大塘坪等处，属之思南民寨。地非所辖，本府不便调度。合无请乞本院宪牌，给发晓谕，听从本府给银雇募，不许抗挠阻碍。如此，则数月可以峻事，不惟上下永赖，亦且逸而有成矣！[①]

责成川湖协济疏[②]

巡抚江东之

为[③]边粮积逋，军饷告急，恳乞严旨，以专责成，以济疆圉事：

切惟国之大事在戎，军之司命在食。腹里之军，尚不可失其额支之期，况贵州远在荒徼，诸军以身当苗，胡可使之一日不再食也？臣奉命于兹，节据贵州布政使司并督粮道呈称：军饷缺乏，库藏难支，该臣批行立法督追本省及咨川湖[④]二省抚臣严追积逋，以济时艰去后。又经不次行催，续据四川部解万历二十四年分叙、泸等府州粮银前来。其乌撒、乌蒙、东川、镇雄、播州所欠，俱未完报。又据湖广回称，库贮无银，难以遵旨那解，而拖欠粮银势难卒追。止据分守湖北道督解正征，仅完十之五六。除行该司将解到银两接济支放外。

查得贵州通省府、卫、州、县、司、所、站、堡、营、哨文武官把、军兵，每年供亿，该粮二十二万五千九百三十八石零，银八万八千四十两零，此分毫不可缺少者也。今以本省有司军卫，岁入屯科秋粮等项总计，止有本色粮一十三万四千八百石零，折色银三千三百九十两零。此外，不足之数，每年额于湖广长、衡、郴三府州协济三万七百二十两零，先属湖贵粮储道，今改属湖北道督追。四川重庆、叙州、泸州等三府州协济三万七千四百七十四两零，属之下川南道督催。乌撒、乌蒙、东川、镇雄四土府额济本色一万二千三百二十四石，折色银三千七百两，亦属之川南道督催。播州协济三千一百六十四两七钱零，属之上川东道督催。以上皆制额之供，以备岁出之请，其不足之数，则又于抚按衙门赃罚扣充军饷，及吏农事例银内兼添发给。即使三省通完，尚虑掩拽[⑤]，而况拖欠一至于此耶！

---

① 本段《黔记》无。

② 责成川湖协济疏：《瑞阳阿集》卷三作“军饷告急乞专责成以济疆圉疏”。

③ 为：《瑞阳阿集》作“题为”。

④ 川湖：《瑞阳阿集》作“湖川”。

⑤ 掩拽：《瑞阳阿集》作“扯拽”，当是。

今查自万历十四年起至二十四年止：湖广拖欠银七万一千一百五十七两四钱七分七厘零；四川播州拖欠银二万一千二百二十七两九钱；乌撒府拖欠粮六万七千二百七十九石六斗，银三百七十六两七钱；乌蒙府拖欠银一万五千五十四两四钱；东川府拖欠银一万五千六百三十两；镇雄府拖欠粮三万六千一十七石。以上贰省共拖欠粮一十万三千二百九十六石六斗，银一十二万三千四百四十六两四钱七分七厘。势已匮乏，复加以征剿播酋，及地方添置防伏，计之所费，又皆额外之出，则何能使库藏不竭？

固[①]先抚臣叶梦熊、彭富屡催不完，特疏题请，两奉明旨，令湖广布政司将库银借解济用，候追各府、州、县补还。讵意该司托[②]灾伤，毫无起解。

二十三年九月内，又该抚臣林乔相题参，至十七年止，欠银二万一千四十七两零。该户部覆开，先据湖广抚院咨称，除陆续解过外，止欠四千[③]七十七两零。于二十三年三月内差官丘舜卿等解赴辰州府交收转解讫。今称前数未完，或由该府起解[④]稽迟，合行湖广抚按核实奏报等因，覆奉钦依，备咨在卷。今臣揭卷行查，而该省布政司回称，前银系完十九年以后之数，缘各属难从，抚院改充考成十七年以前之银，在彼既不借解，又不严追，仍复以虚数迁延，不几于废革[⑤]明旨哉！

及查湖北道自专责以来，近日完解正征颇多，盖由兼督之法稍可行也。至若四川四土府属之川南道，该道与贵州原无统辖，是以视土司之拖欠慢不经心，纵有告急之文移，玩如秦越，贵宁道亦难以兼制之令行之矣。若播州属之上川东道，臣奉敕督理，屡行催纳，半年得一回文，但依杨酋巧文虚塞，尤称道路不通。臣移文四川抚按切责，杨酋始认二十四年、五年之额，臣喜其来而诚信之，将促其解而渐谕之也。

照得贵州汉少夷多，不得不镇以兵威之重；田少山多，不得不望于邻省之济。先因二省解运不前，为之那借，以待其追补。今则追补不足，年复一年，积虚已极，其在布政司库者，除采木银两之外[⑥]，仅有五千余两，各有支使项款。十三省之司帑未有如贵州之诎者！贵州素称备薄[⑦]之省，未有若此时之甚者，计算军饷，将缺一年之额；搜括库藏，再无那借之金。不但变生肘腋，不能驱饿夫以临戎，即使军狃承平，亦难枵腹以度岁。此臣之所以

① 固：《瑞阳阿集》作“故”。
② 托：《瑞阳阿集》作“托言”。
③ 四千：原文误作“四”，落“千”，据《瑞阳阿集》补。
④ 起解：《瑞阳阿集》作“转解”。
⑤ 废革：《瑞阳阿集》作“回废”。
⑥ 之外：《瑞阳阿集》作“外”。
⑦ 备薄：《瑞阳阿集》作“瘠薄”。

苦心焦思而不得不预为之忧者也！

乞皇上轸念边陲重地，垂怜边军无食可虞，亟敕该部再加查议，上请将前项拖欠银粮，行令川、湖二省于库贮银内，借解接济，候各追征补还，或将以后年分，俱听二省征贮司库，照济边事例，依时解发。及将川南、川东比照湖北道专督事例，责成催完。杨酋钱粮不纳，专责之川东道，不得听其饰逆之辞。四土府钱粮拖欠，专责之川南道，不得坐视邻封之急。盖杨酋之额纳未解而逋负甚多，是以诸土府降罚所不及，而观望效尤者，名顺而实逆。各土府同知、通判等官，夷方所不赴，而职司督粮者，名有而实无，且专制于二千里之外，受害则在贵域之中。更乞天语叮咛，严令二省抚按，一体催督司道等官，仍前推委，不听约束，容臣据实参治。庶官守知警，无掣肘之累；兵食有资，不致脱寸之变矣。

修文类

开科取士

巡抚邓廷瓒

我朝取士开科，惟贵州附搭云南。弘治七年，巡抚贵州都御史邓廷瓒等奏于贵州开设科场，量增解额。部覆人材未盛，难以准理，止令贵州量助钱粮，以备云南供给，解额再增五名。题奉孝宗皇帝圣旨：是，举人名数，云南准添二名，贵州准添三名。

弘治十三年，巡抚都御史钱钺等会题，欲开科取士，钦定解额。部议：恐南北两直隶、浙江等布政司一概比例奏请未便。题奉孝宗皇帝圣旨：是。

正德九年，巡抚都御史陈天祥题。嘉靖元年、六年，巡抚都御史汤沐等会同镇巡衙门题。俱未允行。

嘉靖九年，给事中田秋题称：贵州一省远在西南，科场附云南，科举生儒赴试最苦，议者皆病于钱粮之少，故不敢辄议开科。不知贵州虽附试云南，而举人坊牌之费，鹿鸣之宴，皆其自办也。今所加者，不过三场供给、试官聘礼耳。镇远、永宁等税课司，每岁不下数百两，只此项足够费用。历年抚按官屡经具奏，其建置之地，区划之详，在彼必有定议。乞敕该部再加查议，开设之后，二省各于旧额止量增数名，以风励远人等因。本部以云、贵二省同举乡试已久，贵州赴试生儒往返艰苦，以事势度之，在所不免。但另设科场，中间支费不赀，相应查勘，以便拟请，备札到院行司。

该按察司掌印带管提学按察使韩士英议照：贵州屡恳开科，议者辄以旧治有碍，人才未充，钱粮不及，事竟中寝。两广旧设一科，及后另开，人才渐出。以云贵较之，虽广狭不同，而天地生财，国家养士，岂以彼此异视乎？则旧治未有碍也。贵州合省士子不下三千余人，每科乡试，“五经”皆全，上春官、登膴仕者，先后弗绝，则于人才未有不充也。该省城南隅，见有空闲分司，屡经委官查估，堪为贡院。合用钱粮，动支库贮无碍银两，亦够应用，则于钱粮未为不及也。屡请开科，实为便益。

于是，巡按贵州监察御史王杏疏称：贵州地方，古称荒服。国初附庸四川，洪武十七年开设科目，以云、贵、两广皆隶边方，将广西乡试附搭广东，取士一十七名，贵州乡试附搭云南，取士一十五名。永乐十三年，贵州增建布政司，以后抚、按、总镇、三司衙门，渐次全设，所属府、卫、州、司，遍立学校，作养人才。今百五十年，文风十倍，礼义之化，已骎骎与中原等。乃惟科场一事，仍附搭云南，应试中途，间有被贼触瘴，死于非命者，累世遂以读书为戒。倘蒙矜悯，得于该省开科，不惟出谷民黎获睹国家宾兴盛制，其于用夏变夷之意未必无少补矣。况广西原附广东，今广西久已开科；辽东旧附山东乡试，近亦改附顺天府，群生称便。前项事理，委于文教有关，国体无碍。合无动支官银，于议定基址建立贡院，每科礼费，量于税银内支给，不必动军国之储，而可备全省之制等因[①]。

奉世宗皇帝圣旨：该部知道。钦此。

本部议：照贵州文教渐洽，人才日盛，科不乏人，近年被翰苑、台谏之选者，往往文章气节与中原、江南才俊齐驱。今既查省城南隅有空闲分司，堪立贡院，即动支前项官银，于议定基址建立贡院，依期开设乡试，以备一省宾兴之制[②]。其原定解额，云南三十二名，贵州二十一名。今二省人才皆视昔倍盛，伏乞圣裁，每省俱赐加增三、五名，尤足以昭一代文明之盛！

嘉靖十四年八月十二日题奉圣旨：是。云南乡试准取四十名，贵州二十五名。

广解额疏

巡抚王学益

贵州地方，自元以前，虽曾服属，尚属羁縻。入我国朝，际蒙熙洽，建置军卫，播移中土。设立学校，慎择师儒，衣冠所濡，礼义渐同，科目人才，

① 群生……等因：《黔记》作“称前项事理委于文教有关，国体无碍”。《黔记》所引多简省，小异处不一一出校。

② 今既查……宾兴之制：《黔记》无。

往往辈出。然以乡举附试云南，山川修阻，道路弥月，抱艺之士，每因贫苦难赴，或至含抑而老。圣明御极，化理茂弘，特允部议，许命开科，凡在寒微，皆知兴起。

盖自丁酉以迄于今，历岁无几，而圣意所示，振奋顿殊，人文之盛，弗啻倍昔，若果解额未足以尽之者。况湖广五边卫学题准就试贵州，其中人才亦自不乏，前此中式，已有如钱嘉猷等矣。所据提学副使徐樾呈，乞请增解额。又该布政司等官会议相应。[①]伏望俯念边徼人才难成易弃，敕下礼部，将贵州嘉靖二十五年乡试解额酌量加增，以励诸士汇征之志。庶观光者日以多，其于文治未必无小补矣。[②]

奉世宗圣旨：准以嘉靖二十五年丙午科为始，增举人五名，连前共三十名。钦此。

再广解额疏

巡抚林乔相　巡按薛继茂

据提学副使徐秉正会同左布政使王来贤，参政王恩民，参议董樾，按察使应存卓，副使易以巽，都司王时伟、周应熊、林维乔覆议，请广制额，乞会题施行等因。

臣等窃惟贵州自古称为遐荒，我太祖高皇帝以神武定天下，籍入版图，罗甸回春，夜郎始旦。宣德四年设科取士，附于云南，聊寓用夏变夷之意。嗣后人文渐兴，至嘉靖十六年与云南分科，势不得不然也。嘉靖二十五年，为湖广偏桥等四卫生员就近赴贵州科举，始增五名，非为贵州，且每科常中六、七人，又于中间妨占名数。后节经巡抚严清、舒应龙，巡按秦时吉、毛在议疏请加，但未奉圣旨俞允，人心且为郁然，况今附四川永宁宣抚司学矣，增贵阳府及定番州学矣。列圣棫朴作人之化，皇上菁莪乐育之神，家藏孔壁，人握隋和，真有莫知其然而然者！

分科之始，贵州生员通省止一千余人，今至七千有余，加以川湖五学、本省二学，若犹仍旧贯，甚非所以广搜罗而鼓舞遐方之士也。况贵州节年会试，与云南互相上下，而馆选台省，常不乏人，是云贵人才本不相远。云南四十五名，贵州连外学三十名，多寡悬绝。学校渐增，解额仍旧，每至乡场，弃璞遗珠，落卷强半，主司长叹而不忍释手！贵州壤地偏小，称为一省，解额三十名，曾不抵他

① 此句《黔记》无。

② 此句《黔记》无。

省一郡之数。臣等待罪地方，见其山川秀丽，人物葳蕤，知国家教化郅隆，虽天地不能为之限。历稽文献，而有声于四方，如礼部侍郎孙应鳌等，皆其土之自出。试仍以云南合闱而试，臣不知其登坛夺帜者为滇士也？为贵士也？

国家科贡取士，再无别途。皇上兴学右文，千载一遇。用人如用木，大者为梁栋，小者为欂栌，臣不敢谓贵州即有名世之士，语云“十室之邑，必有忠信”。方今治教翔洽，子弟有不芹泮者，其父母以为僇，家诗书，户礼乐，可谓遐方邹鲁。三年一比，多士赴试会省。路远家贫，制数所拘，兴嗟点额，老死牖下，而不得观光于上国，效欂栌之用，岂不徒习举业，负明时哉！臣等于各司道，再三详议，不敢抶同。据诸生呈，欲比照滇省，则应加一十五名，似难遽如其愿。其应加名数，臣等不敢擅拟，非常恩命，取自上裁。伏乞皇上体太祖设科取士之意，累朝久道化成之功，酌云贵多寡之中，参今昔盈虚之数，增新科制举之额，以扬国家文治之盛。使臣等亦得附于以人事君之义，则文风丕振，夷方兴起，暗昧得耀于光明，疏逖免嗟于遗弃，地方幸甚等因。万历二十二年具题。

该礼部覆，奉圣旨：是。该省科额，准加五名。钦此。

改拨定番州学议

提学吴尧弼

该本道查得普安州学事规，见廪生员二十名，增广生员二十名，附学生员七十名，及侯廪、增广、丁忧等项四十余名，共一百五十余名。又查得《起贡事规》，贵阳、思州、思南、宣慰、普定等十府、司、卫，一年一贡；普安州、宣抚司，四年三贡；威清等一十二卫，三年两贡；平溪、偏桥、婺川等三卫县，二年一贡；俱有成案。为照地方风气必以渐而开，学校人文亦以渐而盛。若因陋就简，人才寡少，又非建学化俗之本意矣。

今该府集议前来，查得该府[①]生员住居百里之外，每遇朝祭大礼，多不赴学，及至行查，多以路远，借口今设州学，恳乞复回原学。此虽出于私情，然亦事体两便。合无除程番旧府民生：见廪五名，侯廪六名，见增十名，附学十九名，习礼土民十名，原以旧府生员改入贵阳府学，今建州学于旧府治，似应复还州学作养，不在拈阄之例外。仍当遵照勘合，先拨廪膳十名，增广十名。该本道齐集二学生员，不拘军民，当堂同该府并二学教官唱名，均齐拈阄，拨得府学廪膳生员罗弘化等五名，司学廪膳生员李良栋等五名，府学增广生员刘时雨等五名，附学生员毛棠等一十五名，司学增广生员周信等五

① 今该府集议前来，查得该府：《黔记》作“今查得贵阳府”。

名，附学生员朱仕弘等一十五名。廪增附学生员已共五十名，凑足程番民廪、增、附、习礼土生五十名，总共一百名，发入新设定番州儒学肄业，其廪膳未足名数，容本道岁考优等有堪作养者，并俟廪各生陆续补足二十名之数。岁贡一节，照普安州儒学四年三贡事规，即以万历十五年为始，查取食粮实历年深生员挨次起送。今后在省军生，止许附寄府、司二学肄业，再不许假借原拨军生名数，援例冒入州学考试。

建贵阳府学议

参政王恩民　提学徐秉正

万历二十一年闰十一月内，据贵阳府知府刘之龙申，据本府儒学生员王俊民等呈，为请复成议，专建学宫，以全郡制，以启人文事。

该参政王恩民会同提学徐秉正，议得学校之设，所以群一方彦髦而教育之，士习人文，关系匪戡小矣。贵阳自建府治以来，亦既二十有五年，学官虽有专除，宫墙尚未专设，师生杂处司学之中，斋舍依附司学之右，不惟规制未协，抑且职业相妨。省会重地，黉序贤关，犹然因仍简陋，无改其旧，揆之事体，委属缺典。

所据贵阳府勘各生呈，将贵州驿改学，委果地势弘阔，风气攸萃，殿堂、斋庑等项规制，量行改移，砖瓦、木植，多用其旧，事既不繁，费惟从简，约合用工料并添买邻近屋基，共该银四百六十六两七钱五分五厘。又诸生原呈报，花果园既不堪改驿，议买南关外马荣街生员商尚质住房一所，另改为驿。惟将旧料一转换，添其所未备，工费亦非烦难，所用地价并改建工费，约用银三百零二两二钱四分五厘。以上通共银七百六十九两。今查布政司库贮官银，如余税、垫席各项，还官银、谷价银，可足修驿改学之费。相应呈请，合俟详允，札行丰济库动支前项银两，给发该府，查委能干官员收买木料，并给各房主收领。先将贵州驿改造完毕，堪以答应使客。方将驿改造学宫，庶为两便等因。呈奉军门林乔相，察院薛继茂批允。

二十三年落成，八月吉奉安先师既诸贤儒神位。详见巡抚江公记。

申饬学校事略

提学沈思充

一、议选教职。

夫官以教名，岂其窃禄食以送穷年，毋亦群庠弟子而责之教也。如黔寥寥荒徼，在在山溪险阻，不若通都盛藩，师友观摩，可随取而随足，故需教也特亟。而以边方故，博士员较他方特减，即郡学率多单设一员者，且暮年荒学者十居七、八，教欲兴，得乎？为今日计，即科甲不可多得，惟迩年选贡例开，又何靳数十人，而不假之为变夷地也。请乞本院移行该部院，以后贵州教职有缺，悉择新选贡生补之。久任责成效，则特为优叙。昔文翁化蜀，非藉博士弟子弗能也，夫黔亦今日之蜀耳！

一、议委文职。

昔日之黔，未有文也，可以马上治之。迩来圣化大行，青衿日广，而提调者多系介胄之辈，此辟之方圆冰炭，其奚入焉！至名宦、乡贤，乡饮、节孝诸关大典，尤宜慎重。请本院行令，今后凡卫司学校，定派文职，各以其方，就近管理。凡前礼举行，及地方人才高下，教职贤否，与夫生员行检优劣，俱属核查开报。本道平日各照地方，悉心咨访，务得其真。仍即主行季考事，非住札处所，就历其地，以便诸生赴集，各卫司以额费供之，随寓约束咨询之意焉。

凡此青衿，固莫非司卫子弟，更待人焉？为之时其训督而裨益之，独非父兄之愿乎？有生参差相柢牾者，必其不肖者也。自兹考课不勤，典礼不核，士风不驯，咎先文职。本院注意作人，即以此为举刺第一义，则黔中之习必有改观者，此兴起学校之大机也。

宣慰司、威清卫二学，委贵阳府推官。平坝、普定二卫学，委安顺州知州。安庄卫学，委镇宁州知州。安南卫学，委永宁州知州。毕节、乌撒、赤水三卫学及四川永宁宣抚司学，委驻镇毕节通判。龙里、新添、平越三卫学，委新添驻镇官。清平卫学，委清平县知县。兴隆卫学，委黄平通判。偏桥卫学，委镇远县知县。平溪卫学，委思州府推官。如有员缺，听本道另委。

一、议饬社学。

黔固夷薮也，俗难顿化，其群聚而成都邑，大都军若民乔居者，久之，历祖父，长子孙，即同土著，舍此无贵州矣！冒籍有例禁，本道约亦在必禁，顾往往有假冒籍以阻后进路者，甚则乘此要挟而索之贿，此中之人，苟非苗种，即系外来，指之冒则冒矣，一唱众和，习以成风。迨官府核查而白其诬，则其人且为众所凌逐，丧气以甘废弃耳。坐令生长兹土者，多终身禁锢之忧；聚族而处者，尽逸居无教之众。是上之兴起，终无以胜其下之阻遏，无怪乎黔士之寥寥也。即本道巡历所至，各处庠士颇亦备员，而儒童绝少。职此之故，若州县未设学宫者，其民绝不知学。非不欲学也，学焉而无从进也。且以司民牧教者，而朔望庙谒之礼废焉不讲，亦岂化民成俗之意哉！

为今日计，学宫固难顿增，宜令各有司悉心经理社学，无者议建，有者增廓之。州若县无学者，权设孔圣牌位于社，朔望则率其属耆老子弟谒焉。

社设两师，一师蒙，一师讲。凡子弟年六、七岁以上，即令就蒙师为之句读。稍长，则就讲师教之文义典故。父母官以时督诱而省试之。

社置一册，于蒙童入社之始，稽其里贯、世次录之，非土民则核其流住岁月，取里邻结而载之册，俟本道巡校，提调官试其可进者取结类送，一体考校，取入附近儒学。有以冒籍攻者，即按社籍为左券，查照先年题准事例，凡三十年以上不为冒籍，未及年者姑俟之。其游手游食，时去时来，赋役不办于官，声音特异于俗者，乃为冒籍，不容入社，宁容入学？此法立而真冒籍自无所容，非冒籍者自有所辨。然后地方寄籍之民，皆知子弟之不终以冒籍锢也而知教，教则益聚而不散，聚者明于礼义而不为非。数十年后，黔之为黔，未可量也。

其土司武职应袭者，并令自幼在社习学，年长学进，方请衣巾，乃便稽查，不致冒滥。其苗寨向风者，即或彼置社遣师为教，或听赴城社就学。其学宫未备，如清浪等处，或以渐议增，俟后士子渐兴，人文渐盛，解额更可请增。总之，为黔中振声施，图宁定，有忌而阻之者，只见其识之不广也。此潜移默夺、用夏变夷之亟务也。[①]

① 《黔记》此后还有一条："一、邻省附学。湖广偏桥、镇远、清浪、平溪、五开五卫，四川永宁宣抚司，虽隶川湖，而去贵稍近，惟宣抚司旧有学，其镇远卫寄镇远府学，清浪卫寄思州府学，五开卫寄黎平府学。偏桥卫原寄镇远府，成化间奏准开学。平溪卫原寄思州府，嘉靖初奏准开学。俱听贵州提学宪臣考试，而科举则仍于各隶该省。"

贵州通志卷二十

第三十八章　经略志下

厘弊类

议处诸夷疏略

尚书李默

贵州，古西南夷罗施鬼国地。地里、蛮夷并同滇境，而山箐峭深，地埆寡利，夷性猾诈，殆有甚焉。故泗州恣其狼吞伺窃，外户则守在永宁、芒部即今镇雄。盘据广土，蹲伏北藩，则忧先毕节。若思南、石阡、铜仁数郡，界在镇筸、酉[1]、播、夷峒之间，鸱张豕突，贻患实深，况地杂东川、乌蒙诸郡，师旅绎骚，每与川、湖同灾害，而军民岁计，又大半仰给于二省，兵荒交值，时有弗继之忧。且水西、普安今改州、凯里诸酋，富甲他夷，地连肘腋，逞奸首祻，患起一朝。故知枭獍之资，不忘格斗，而争疆夺职，乃其兵端焉。然夷虏自相翦伐，贵在因俗以时抚定，不足烦国家力也。

议处铜苗疏略

少卿周弘祖

自有苗患以来，其谭制驭良策者，不过曰抚、曰剿、曰战，此皆似是而实未中事机者，何也？嘉靖二十四年，贼势猖獗，布政使石简亲诣铜仁招抚，给以鱼盐，犒以花红、牛酒，渠魁龙许保给以冠带，幼苗选充生员。贼所需索，无不应付，如奉骄子。粮犒入手，即出虏劫。未及一年，势愈骄蹇，动言得粮，未肯听招。此则抚之未可之明验也。

---

[1] 酉：原文作“西”，误，据本书铜仁府章改。

二十七年，撤兵之后，调土汉兵五千五百名守铜仁，又调酉阳土兵一千守小桥，平茶长官司土兵一千守毛口，凯里司土兵龙必升等一千守地架。甫及数月，道路险远，粮运不给，土兵擅自撤散，龙必升亦为贼所冲溃，小桥、毛口相继陷没。夫兵多则苦于乏粮，兵少又不足分布。控扼贼路，则贼所必攻；聚于府城，则缓急难应。此则守之无益之明验也。

张总制亦常锐意用师矣，其后印江、石阡相继破灭。我聚而入，彼散而逃；我撤而回，彼冲而出。彼守其逸，我当其劳。彼之乘我有余，我之备彼不足。况山箐险阻，贼势悍劲，今之将帅有能只身深入如韩王之擒方腊者乎？此又用兵之未可也。

愚意谓此苗与广西徭僮不同，原有土官管辖，原有印信文册，原有旧额钱粮。先年之祸起于土官。其后湖广、镇筸二司听抚之苗，俱各认其土官，求为之主，免于诛杀。如筸子坪之苗，亦请其土官田兴爵至寨，刲牛洒酒，妻子罗拜，情愿起立衙门，复还旧治。盖田兴爵者，往以事系辰州狱，此时苗尚未叛也。私相语曰："吾父母官久禁，当救之。"鸠银入城，买嘱吏禁，以大食器舁之出狱。后兴爵求索无厌，淫苗妻子，群苗方怒而叛之。及后听抚，又寻其故主，则苗岂无统而不可约束者哉！

至于铜仁事势，颇异于是。该府原是改土为流，无属县，以长官司为属，祸虽由于长官衰弱，不能钤束各苗，亦从前有司不能抚绥所致。然二司苗不尽叛也。且如钱粮一事，叛苗不纳，以逋欠责之见户，逃亡责之土官。平头长官至挈印以逃，而二司逃民散在清浪、平溪、思州、马口、黄道、施溪等处，无虑数千，佣赁饥殍，愿归本土。若蠲其逋负，于中选强壮者为兵，量给之食，聚为屯堡，旧材旧田，渐次经理，其利倍于客兵，而各叛苗亦可驯服矣。兹非处苗之正法乎？

尝闻杨佥宪云："苗地纵横不过百五十里，苗不及数千，而敢屡拒官军，荼毒生民，数年无如之何者，奸民投住，土官交通。"尽之矣！有奸民为之耳目，故出则必有所获；有土官为之窝容，故败则必有所归。知乎此，则可以论苗矣。

议处土官军伍疏略

巡抚汤沐

一、预制土官。今土舍私相传接，枝系不明，争夺由起。宜如军职贴黄例，岁终，令土官各上其世系、履历及有无嗣子状于布政司，三岁当入觐，则预上其籍于部。其起送袭替及争袭奏扰者，按籍立辨，可以消争夺之衅。

一、作养世禄。土官应袭，年十三以上者，得入学习礼，不由儒学者，不得起送承袭，其族属子弟愿入学者，听补廪科贡，与军民武生一体，则可以大变其俗。

一、清查军伍。请以五年为率，通计天下卫所军士，旧在新勾以科逼在逃者，指挥以下各以多寡议罚，都司参问。其清军御史不但清坐勾军丁，亦当兼理缺乏军伍，宜令所在有司，各开报解发收伍各名籍于都、布二司。二司呈送清军及巡按御史，彼此参证，诸弊可尽革。

兵部覆议。制曰：可。

御寇疏略

巡抚袁宗儒

一、抽余丁以益军伍。谓军士生息日蕃，宜将诸卫所见在正军户内余丁，尽籍报官，抽选充实营伍。

一、查理老疾官军。诸卫所官多年壮而托疾告退，军亦避徭而托故替役，宜并查核，复其任役。

诏如议行。

议处地方疏略[①]

巡抚徐问

一、互考仓粮，以杜奸弊。四川永宁仓额收永宁宣抚司秋粮、永宁卫屯

① 议处地方疏略:《山堂萃稿》作“议处地方事宜疏（嘉靖十二年）”。嘉靖《贵州通志》作“议处地方事略”。与《山堂萃稿》相比，嘉靖《贵州通志》多有节略，而本书比嘉靖《贵州通志》节略更多，不一一出校。如文章开头还有一段话，本书与嘉靖《贵州通志》均无：“伏念臣以迂陋凡才，叨膺边方重寄，大惧弗克负荷，以纾皇上远顾西南之忧。其四省边夷，豺虎交穴。土官酋目人等，交构吞噬，捶剥伤残，夷民困悴赤立。况连岁用兵，征调馈运。中间文武将吏，贪酷诛求。以致行伍空虚，仓廪匮乏，为军民害者，已尝廉究厘革，凡缮修、教演、化导、抚安、防弭之术，概已逐一举行外。谨将臣愚虑地方未便应议三事，并该司条议二事开陈，伏乞敕下诸司，通为议请，如有可采，俯赐施行，实为边方军民至幸。”

粮，及重庆叙州等府，铜梁、长宁等县折粮大布，俱于本仓收纳。其粮放永宁卫官军并宣抚司首领、官吏、师生月粮，布放永宁、普市等五卫所官军冬三月折色。迩年官攒[①]，去四川隔远，监司不能遍历；视贵州隔别，守巡不得稽查，钱粮自为出纳。侵渔揽户，任其通同轻折。及至放粮，拴合委官，捏故冒破，借贷预支。凡遇关领，百计刁难。官员考满，朦胧捏勘，竟赴四川给文，支吾脱去，俱得保全。已该前巡抚都御史刘士元奏行川省抚、按，将铜梁等县折布粮米征银，解贵州布政司上纳外，惟该司卫粮仍于该仓上纳，积弊复然。今后，永宁仓官攒、考满等项，务要申请贵州抚、按，转行该守巡官，吊取卷册，磨算无差，详允转报，方许起送。若有未明，就便提问；其四川该管官司府衙门，遇官攒、给由等项，查无贵州抚按衙门查明字样，不许擅自起送。庶几粮可清而奸贪不得恣肆矣。

一、处调边军，以实营伍。看得贵州军夷搀杂[②]，实西南极边卫所。军人或因三次逃回，或因为事，例应改发边卫充军。正犯身故，子孙替役，清勾发遣，动差军舍管押，沿途应付，骚扰驿递。及至中途，或到卫身故，或随到随逃，该卫既无实用之军，原籍又多勾捕之扰。今后[③]，凡遇勾捕三次逃军，及为事应改问发遣边卫充军者，酌量地里远近，俱发本省沿边都匀等卫所充军。应该极边卫分者，调发前项沿边卫、所、哨、堡，常川守哨，永不更番休息。其问发例终本身者，待其身终，子孙仍补原卫。庶穷边营伍可以少充，而各处道途亦省供亿之费矣。

一、谨察边防，以杜后患。贵州地方与广西、云南土司密迩，汉人与土人每每结亲往来，及通彼处苗人，耕种买卖，启衅煽祸，残害地方，往事历历有鉴。合无议行广西、云南、四川、湖广抚按官及臣等，各转行守巡官，严加禁约，邻近土官，今后不许与卫所官军往来结亲、耕种、买卖，

---

① 官攒：《山堂萃稿》作“取索贿赂，或久候而空返，或减克而不全。以致小民膏脂，得满此徒溪壑之欲，至于官攒”。

② 看得贵州军夷搀杂：《山堂萃稿》与嘉靖《贵州通志》均作“防御莫重于军，充军莫苦于边。贵州古为牂牁、罗施鬼国，外连四省边疆，内接九夷巢穴。如都匀卫则近广西南丹等州，普安卫则连广西泗城、云南沾益等州，乌撒卫则同四川乌撒府及近乌蒙、镇雄等府，永宁卫则同四川永宁宣抚司，铜仁府则密迩湖广五寨、镇筸等司所，俱军夷搀杂”。

③ 今后：嘉靖《贵州通志》作“况贵州已极边陲，军粮折色廉薄，兼放莜豆，征调空运，身阽危亡，率多逃故，所存十无三分之一。若复一例改调，不虑将来求之尺籍愈空，揆之事体无补。今后”。《山堂萃稿》仅“莜豆”作“荞豆”，余同嘉靖《贵州通志》。

引惹衅端，鞫问是实，依走透消息于外境律，论以斩罪，其土官各从重参处。[①]

军民利病疏略[②]

巡按王杏

一、召逃亡以复本业。贵州地里褊窄，各该夷民，依山为陇，沿涧为田，兼以草莱雨露之滋，颇为膏沃。各民世守所遗，刀耕火耨，以给俯仰，皆有

---

① 此段与《山堂萃稿》和嘉靖《贵州通志》比多简省。《山堂萃稿》与嘉靖《贵州通志》后面还有两段。今将《山堂萃稿》中原文录于此，以便参看："一、就近用人，以便职业。据贵州布政司呈，议得本省衙门官员，原系裁减，旧官已去，新官未来。学校印信缺人掌管，多以各卫经历、年长生员代署。又况惮于远方瘴疠，弃职潜回。或因不服水土，动遭物故。查得天顺年间就禄养亲事例，本省儒学训导官，俱以本省科贡出身者铨注。合无查照前例，遇儒学教授、学正、教谕有缺，将本省科贡出身选在别处儒官升补，训导有缺，于本省贡生内择其盛年积学者照缺铨注，给凭前来管事，庶学校不致缺人，而文风亦稍振矣等因，转呈到臣，议照本省教官，累年多缺，实因地方瘴疠、险远，远者畏难，任者物故，士气不振，教道寖微，莫甚于此。《周官》乡大夫群吏献贤能之书于王，登于天府，退以乡射五物询众庶，使民兴贤，出使长之，使民兴能，入使治之。盖以其贤能长治其乡里之人者也。若于本省科贡出身教官、贡生推升选补，委于人情事体俱便。其府、卫等衙门首领官员，亦于本省或附近云南、四川之人选用，均于风土相宜，职业不旷，乞命该部做从长查议采择。一、节省文移，以苏边困。据贵州布政司呈，据平溪、新添、龙里、亦资孔、龙场、水西、毕节等驿各申称，该卫马馆、铺陈、库役，止是夷人编役答应，亦无解发官钱，及包揽、侵剋、滥给、骚扰等弊。但贵州去京师七千余里，与腹里不同，四季造册，纸札工食，无从取派。该左布政使罗方议将贵州三十三驿驿传本册按季造报者，每候年终通行类报奏缴，等因，转呈到臣，议照贵州宣慰司并有司所辖皆诸种苗夷，不通汉语，马馆供费，固守前规，若文移既多，则科派无度，官吏有督责之扰，夷民苦琐屑之求。揆其困穷，实难攸措。合无依其所拟，将贵州各驿传本册按季造报者，特以夷方，为之裁节，通于年终类造奏缴。若唐儒韩愈所论，蛮夷悍轻，易怨以变，故常薄其征入，简节而疏目，时有遗漏，不究切之意。果有滥给包揽等项，容令臣拏问，从重归结。庶使夷人困弊可以少纾，道途供应之费亦少节矣。"

② 军民利病疏略：嘉靖《贵州通志》作"又议条陈军民利病事略"，本书省略颇多，所议顺序亦有区别。小异处不一一出校。嘉靖《贵州通志》正文开头还有一段文字："贵州所属有思南、石阡等八府，安顺、普安等四州，贵、前、黄平等二十卫所。惟民之安危无定，故设军以护之；惟军之衣粮罔供，故赋民以给之。是民也者，地方根本也。军也者，防护藩篱也。卫、所衙门设居冲路，而府、州、县、司则当山溪深峻之间、林箐蒙翳之处。是以军旅虽疲，犹有经理焉者。各属人民，类以夷狄视之，而厌弃相仍。官吏之贪酷莫惩，闾阎之冤抑靡诉。根本蹶拔，藩篱圮坏，欲保地方之无变，胡可得哉？今举事关重大，行之而难于自专者，条为十事：曰严替袭，招逃亡，定粮米，均徭役，清丁田，理马馆，所以处土官以安民；曰革走递，禁科差，专屯操，慎稽察，所以处武职以安军。"

定业。而税粮、驿馆马匹，皆视其秤数以为等差。近各土官贪婪无厌，纵容积年头目、把事、总小牌人等下寨讲害，罚其银钱米线，搜其鸡犬牛只。遇袭替则派扯手，婚姻则派帮助，往来则派长夫。每耕种、收获之时，毋论土官，即权司、目把人等亦索人夫做工，又交结吏目，为取骑坐马匹。[①]土民惮其虎狼之暴，惟其所欲，即与之，甘入别寨逃躲，卖妻鬻子，以期少延旦夕之命。遂致田土荒芜，历年无征。下以夺民恒产，上以亏官常课。欺公玩法，地方疲惫。今后备行各司道，定委公正官员，各到该寨从实稽查，招集安插复业。照旧严禁土官，不许擅差目把人等下乡骚扰。庶百姓之仳离者可复，粮马之逋欠者得完，而土官该管地方亦可世守弗失矣。

一、清丁田以杜隐占。各府、州、县、司造解每年蛮民户口，全无的实姓名。十年大造黄册，指东易西，挂一漏万，略无真确。盖缘各土司设计搪塞，不欲以实数报之于官，而官府亦鲜有实心清理者，故流弊至此。合将该府、州、县地方，挨门履亩，逐一清查，如有一司，共几寨几里？每寨每里见在人户几何？丁口几何？湮没几何？买卖收除几何？每年上纳税粮几何？开报到官，再行查核。令从实攒造文册收贮，候大造之年，严行改正报部，仍出给半印由帖，与民收藏，以备查考。如有比对不合，增减作弊者，悉照洪武、景泰、弘治三年等事例处治。庶土官知以户口为重，而加意抚绥；百姓知以册籍为据，而随分管理矣。

一、均差徭以免滥役。贵州地僻民稀，难与腹里例论，而官府之徭役则同，百姓之艰苦尤甚。每遇年终，查取徭役，接受贿赂，以行所私[②]，富者全家脱免，贫者重复承当，致有产尽而逃，力绝而毙者。宜行布政司并该道查议，各府、州、县、卫每年额定徭役，在土司者几何？府、州者几何？卫、所者几何？纳银几何？出力几何？量其人丁、田亩多寡，参酌定数，立为成规。或一年，或三年，责委廉正官员，查照册籍，从公审编。此外，不许假以别项名色，私自科差。庶赋役有定[③]，冗滥得除，而边徼民黎皆愿无死以观化成矣。

---

① 遇袭替……为取骑坐马匹：嘉靖《贵州通志》作“见民剩有田土可以耕种得利，往往寻事立名，责令刻木送与当钱了息”。

② 接受贿赂，以行所私：嘉靖《贵州通志》作“则行土官编审之，接受贿赂，以行所私。而头目、把事、总小牌、里老人等私相寅缘”。

③ 庶赋役有定：嘉靖《贵州通志》作“及目把等役准受词状，追罚纸赎，白衣棍徒僭行掌印，事于碍法，残虐民生。庶几赋役有定”。

一、禁科差以苏困苦。贵、前等二十卫所，军伍多系三户垛充，或清勾补役，倚月粮以供俯仰，假樵采以为生息，贫困至极。各该指挥、千、百户等官，罔知矜恤，曲肆科差；以造册则有纸札钱，关粮则有使用钱，开操则有什物钱，下屯则有分例钱，供应则有心红柴炭钱，买闲则有按月钱，会计则有岁用钱[①]。每所设有军吏以收放，每伍设有操吏以派拨，每屯设有屯吏以催办，每卫设有总吏以掌管。巧立名色，众置油猾，遂致军士日不聊生，逃亡接踵，良可深恨！宜[②]将卫所军吏、操吏、屯吏、总吏等尽数除革，一应文移、造册等项，专责六房司典吏承行，各该岁用，俱行查出前田内支给。倘有不得已差使，只将余丁量拨。如有假名科差一力一文者，从重究治。庶营伍之穷困得苏，而军士之勇敢可望矣。

一、土官赴京袭替。祖宗旧制，须开入粟冠带之例，大伤国体。乞申嘉靖九年事例，禁之。[③]

---

① 岁用钱：嘉靖《贵州通志》此后还有一段："遇官过则拨围随，遇站堡缺乏则拨扛抬，遇公私兴作则拨做工，遇人情借倩则拨跟用，遇排门答应则拨火夫，遇勾摄紧急则拨打手，遇执持刑杖则拨军牢，遇守候衙门则拨门禁。"

② 巧立……宜：嘉靖《贵州通志》作"夫此数项者，皆油猾能知各官之意向，以恣剥害者，而选择用之，营伍中已占过半矣。该直隶监察御史题贵州边徼，与他省不同，而军吏等役为害尤甚，将各卫所一应岁用尽行裁减。乞再行该省抚按官，将贵、前等二十"。

③ 此段嘉靖《贵州通志》作："曰严替袭以杜乱阶。贵州各府、司并所属正副等官，土官不由出身正路，亦无考校功能，以其先人偶劳于土，遂将世授其官，得之亦甚易矣。惟于承袭之际，有司勘查其宗枝来历，保称无碍，然后取具供结，申之藩省，转行各该守巡，就近查勘无碍，然后呈请抚按查实，行令起送赴部，覆查审相同，然后题授官职，仍令亲自叩头谢恩。若是，则土官各知感激，皆曰是官实朝廷亲授，我必将思前日之难，而且戒且沮，其于子孙亦勤世教，以期不累。于保送绥德之中，而寓以怵威之意，此良法也。近自嘉靖六年，因地方灾荒，该先巡抚都御史熊一渶等奏开纳粟之例。土舍应该承袭者，六品以上纳粟二百石，七品以下纳粟一百石，即与冠带办事，免其赴京，而查勘之规，承袭之制，几于尽废。夫给与冠带犹是虚衔，袭行既久，真伪莫分。岂知官职所以取信于夷民者，以有该部凭札也。不给凭札而可以授官，是铨注之权不由部司，而袭授之征止凭冠带，凌僭之端自此始矣。近如土舍宋宣，擅自冠带。而目把宋英、陶承宗等妄挽枝派，大与构争。土舍于驻、石显荣等潜据囤寨，冠裳峨博。如阿向而僭称官爵，皆非一日之故。其始也援例冠带，其中也私自冠带，其究也僭据地方，皆自纳粟之例启之耳。今后各土职不拘大小、远近，仍要起送赴京袭替，填凭札与执照，以杜后日欺冒之端。仍行该省抚按官，将冠带土舍，责令一年以内照例起送。如或怜其输纳，再行查勘，降给批帖，亦于职守有据。其或土舍人等不服起送，与私自冠带者，即加究治。该省官员不许再开此例，示以擅开边衅之法。庶几国法昭明，旧典遵复，而土官自潜消其不轨之心矣。"

一、土官受职于朝，而无俸禄定制，以致科剥无常，民受其害。宜令抚、按官议制常禄。[①]

一、贵州思南、石阡等处，旧无馆驿，顷因添设兵备，遂为冲途，请官置议，以苏里甲供应之苦。卫所军士，职在操守，非以应付迎送，乃令朋买马匹走递，于事体非宜。请乞禁革。[②]

---

① 此段嘉靖《贵州通志》作："曰定粮米，以革岁派。贵州土官多中华仕宦世裔，或本土礼义茂族，而该管百姓又多汉人，顾一概授之，任其呼召，纵其培拥，而不御以画一之典。彼诚自便矣，如百姓何哉？夫各府、司地方，朝廷之地方也；各府、司人民，朝廷之人民也。土臣世得替袭，以酬其先人一时奔走之劳，亦已过矣。乃复纵放自如，视土地、人民若其私家世代相传之食采邑，以自比于列国诸侯之奉。欲金币则派之于民，欲钱谷则派之于民，欲鞍马则派之于民，欲子女玩好则派之于民。犹以为未足，而巧立名色，以讲罚之。且家置地牢，杖用木棍，夹樛厢以铁钉。少不如意，则明示诛夷，以朘削其膏血。官府间一究问，则曰朝廷以地方与我，欲其养我也。事体窒而难行，奸弊深而莫诘。若不急为拯理，地方患害实深。乞将贵州所属土官，除罗、仲等族类如仍旧外，其余各该正副土官，量其官职大小，原系六品以上者，照流官六品以上，原系七品以下者，照流官七品以下，各等级定与应得俸粮本折色数目，府、州、各司该俸粮几何，量派所属人民随粮上纳，收贮仓库，听令各官按季支领。各该土官皆有管种田地，或比照功臣土田例，将其管业之田限以数目，免其税粮，以充禄俸之入，亦足豢养其家。粮米既定，支领有常，彼亦无以为辞。其有仍旧科派各民年例等项，听抚按官照武职事例，一体参究，立功充军。由是，土民恃有国法，土官不得多科于百姓，人民亦得以享有生之乐矣。"

② 此段嘉靖《贵州通志》作："曰理马馆，以息欺凌。贵州思南、石阡等府，道里迂远，原无驿递衙门，近因抚巡官议题添设兵备一员，于思南府住扎，以控制思、仁等四府地方。巡按御史、守巡等官，不时巡历其地，而公差等项无日空缺，马匹迎送不常，廪粮应酬靡定，乃一一责令里甲供给，未免顾倩于人。平日无蓄养之资，临时苦责并之急，如马匹计路一里出银一分，有一日出数十之值者；铺陈每副下等者五分，中等者一钱，上等者三钱，有一宿出银数两以上者。而支应等项，全凭公差人等用威恐吓，以鸡鹅充菜蔬，诬口粮为廪给。每遇管当一月，费用数十余两，一户支吾不彀，则派众户轮流，不敷，则派众甲济贴。名为五年一换，实则逐年无闲。室里萧条，通路咨怨。合无行该省抚按官会议，于思南府地方动支无碍官银，增设马馆一所，添设驿丞一员。俸于该府仓支给，布政司拨驿吏一名服役，其马匹、铺陈等项，行石阡等府各置铺陈。在官临时接济马匹等项，派民纳价或动支官银收买，每年委官支用，立簿稽查，但使供应责在于官，而驿递之害不及于民，亦宽一分受一分之赐也。曰革走递，以宽军伍。走递马匹所以送迎过往，惟有司有之。贵州通道去处，因无有司衙门，每卫设有站堡以接济扛抬，设有馆驿以应付马匹，原无派累卫所者。近来过往人员肆行威吓，各官期免一时笞挞之苦，每卫五十百户，各责令军人朋买走递马一匹，以备送迎。计马一匹，岁用银五十余两。军士随伍操练，别无生理，乃竭囊揭债，买养马匹。各该官吏皆得市恩以逢使客之悦。及遇倒死，仍令买补，且拨差之吏乘机需索。用钱者或月有空闲，无钱者则日无止息。况有马即有跟随之役，各军身入编伍，家养马匹，子弟跟随道路，而应支粮，反不足以济养马之用也。乞行该省抚巡官，将贵、前等二十卫所见在走递马匹，当官出卖，将其价银分散各军，以偿其收买之值，见缺者不许再补，庶军卫免迎送之扰，而戍守得专操之业也。"

一、屯军出粮，操军养马，制也。顾责屯军、余军养马，以致偏累逃窜。宜禁谕抚恤，以救其弊。[①]

一、武官多贪残无忌，请令抚、按官分别贤否，报本部，仍按季稽其行事。[②]

诏悉如议。

议处土夷疏略

巡抚郜光先

一、苗夷犷悍，作梗冲路。宜令土司、酋长所部境界略仿中土保甲之法，互相觉察。如遇盗贼窃发，责其捕获解官，如有容纵，究治。

---

① 此段嘉靖《贵州通志》作："专屯操，以裕粮马。各卫所屯粮，惟给于田，而征调必藉于马。贵州各卫所指挥等官，但急私囊，罔循官法，操军上纳月粮，即将该养马匹责及下手之人，或军余喂养。甚至混派屯军，互相推托，而马匹无所于寄，及至倒死。科收屯田，以私其值，月有缺失，而岁无完补，其来已久矣。该省地方修阻，各屯去卫近者十里、三十里之程，远者三日、五、六日之隔。责令越城养马，赍粮弃业，艰苦百倍。屯军除口食外，每田八亩，纳米四石，非尽力耕耨，鲜有能赡者。乃复拘令养马，派行纳价，而各项差用又从而逼迫之。树艺不尽其力，耨获多失其时，子粒常数尚不能供，而况于衣食哉？无怪乎屯伍之窜亡也。乞备行抚按官，将贵、前等二十卫所旧缺操马，量助官银，责令补完外。查审见在操军几何，操马几何，量其多寡，酌以适中，或五名或三名喂养一匹，一年一轮，不许余丁帮助，亦不许屯军代赔。倘有得钱而倩，即将接受之人追赃治罪，及或饥劳而死，查将该养之人追价买赔。轮流人役，许各稽察讦首，果有老惫疾亡，派行津贴或量给官银，即与补足其数。屯军止是办纳子粒，加意抚恤，其年例、岁用、养马、赔价，尽行革除。庶几操军知以养马为责，而牧饲可无失所；屯军知以办粮为事，而子粒得遂完纳矣。"

② 此段嘉靖《贵州通志》作："曰慎稽察，以清备守。各该武职等官，孰不欲剥取民财，以盈溪壑之欲乎？指挥以下责任犹轻，管理有限，兼或上司密迩，少有纵欲，即便彰闻，将欲垂涎，而犹有缩手焉者。惟守备之官，出当一面之寄。所辖者五六卫所，惟其所驱则应；所管者数万军丁，惟其所求则给。止与兵备官共处一方，稍遇刚正者，犹知畏惮，其或依阿鲜澳，则便旁若无人。差人下寨，罚取金、马；拘人到官，需求分例。甚或收之下狱而连月不放，加之严刑而数棍即死。军民畏其声势，敢雠怨于家而不敢声言于官，弊已极矣。该省民夷杂居，防御之责，止仗数卫军人，而削害若此，万一怨讟渐深，激成事变，临救何及？今后兵守系一方重寄，既遴选素有风力堪协物望者，擢居兵备，不得漫以边方戎务为简僻之职，而任其职者亦不可以为才力不及之官。参将、守备等员亦加慎选，必其谋勇兼资，公勤素著，历年考语俱优，所至干理有效者推用。仍行该省兵备官，将守备行事严加稽察。如差人下属，置簿稽考，令赴挂号，按季造报查考。以后事发，将兵备官一体连坐，觉察相须，警畏俱至。庶可以收同舟共济之功，而军民亦获免破家殒命之累矣。"

一、本省驿站疲困，皆供应云南之繁。今后各道应付牌票，俱于巡按御史稽查，起解银扛，不许夹带私货。

一、将一省每岁出入之数通校，有无盈缩，严督催征，使赋额不亏，军饷充裕。

一、夷性至诈，而可以信孚；夷性至贪，而可以廉感。请申明赏功罚罪之条，罢减馈遗宴会之费，使法度纪纲，翕然振举，则狼子野心，可不烦兵而服。

一、本省乡试费用钱粮，原无定额。每科动支巡按赃罚等银用至七千余两。今前项赃罚，系奉旨起解之数。乞将当科之年，姑免解部，以为定例。

所司议覆从之。

勘处地方议

提学谢东山

地方遇有夷情，所差委勘处者，惟武职官。然武官生长于斯，土俗夷情周知烂熟，是以土官暗与交结，串同欺蔽。故有所差委，或拘提不出，或迁延不了，乃给上司曰“生拗”，曰“险阻”。不然，吞饵之后，即为改委之说。及改委一人，复踵故习，日复一日，官迁事变，则又侥幸于后来者之不知，而留为前件。故有所差委，始终一人，责以限期，则前件易完，而积弊可革矣。

一、各卫正军虽有逃绝，而余丁尚多；屯田虽多僻远，而佃户颇众。动谓军伍缺乏、屯田荒芜者，伪也。大抵余丁多于旧时，而籍口于逃绝；屯田广于旧额，而籍口于荒芜；于是丁口为卖闲之资，田粮为私庄之蓄。此各卫影射之弊，守巡该道尤宜留心清理者也。

申严矿禁疏略

巡抚王缉　巡按马呈图

查得宣慰司水碾厂封闭已久，节经本院申饬禁约。近闻豪恶窝主，招集流民，托迹潜踪，夜聚晓散，窃挖专利。相应速行该管各地方官员，挨访密拏。如有私搭草棚，偷设炉灶，即时拆毁。仍将窝主流民捆缚解院，先照军法重治，复依律例远遣。各官役准以捕盗条格论功。若地方军民人等有能协力擒获，连赃解献，一体给赏。

议核漏网疏

巡抚舒应龙　巡按毛在

平浪司在国初，原置流官张鹤管理，洪武末年故绝。寨民王应铭以都保代理，后以获功量授副长官职事，本非诸司土酋之比，传自宋元，先代原有归款纳土之功可并论者，历代相承，朝廷准其世延爵土，恩至渥矣。

正德、嘉靖间，王世麟父祖王通、王仲武相继以暴虐激变部民，致有阿向、王聪等叛，后有老亨等四目效力，聚兵夺险犁巢，始底荡平。于时议以四目分管凯口五牌地方，催办公务钱粮，而以白头等五牌，仍属王仲武管理，向无异议。

至王世麒接管，敢行劫掳虔刘，仗天讨，一阵斩首枭示，明正典刑。其弟王世麟复有乞哀悔罪之请，在事诸臣，因为推广朝廷好生之仁，仰体罪人不孥之义，准王世麟以土民名目，照依父兄往规，止管白头等五牌地方，不许干与四目原管凯口五牌。如或踵袭父兄旧恶，越分侵扰，听该管官司据实呈请，剥十牌地方尽归都匀府管辖，永不许袭。题奉钦依遵行至今。

凡其身享爵土之厚，已为朝廷法外之仁矣！何意方蒙准袭冠带，即敢肆为威胁、吞并之谋，所据各该司道勘究明白，本宜照依原题事理，明正削夺革职之法。但称四目之子孙，先以贻害科扰部民，起衅之由，原有所自，而老盘之受赂代告，老金等之听诱相从，遂致彼时遂其阴为串计之地，比与先年王世麒之敢于纠兵强夺者，罪尚有间。即今四目子孙罗满等已经愿退凯口五牌地方，听从该府委官抚谕，各立寨长，追征钱粮。以后王世麟子孙止于专管白头五牌地方，自可永杜争夺之端。

伏乞敕下该部，再加查议上请，将王世麟等各犯招拟情罪，行臣等遵照发落。王世麟准照旧管理白头等五牌地方，其该司凯口五牌地方与小烂土户西径属府管理，每寨迁立寨长一名，俱听该府抚谕，一应粮差，照依该府刊布书册，听各寨长催督，径自赴官上纳。四目名色悉行革退，其子孙罗满等原承父祖佃种没官私庄田土，照旧供租在官，以为给养镇军之需，不许复肆科害。以后王世麟并其子孙，敢再有生端谋占凯口地方者，定照先年题允事理勘究明白，永革世袭，追印奏缴。十牌地方，俱归该府径自管辖。如四目子孙有敢生事扰害凯口夷民者，即将原给没官田土尽行追夺，另给部夷认佃，从重究罪示惩。庶统驭之法纪修明，而凶酋可褫其魄；分隶之境土有定，而夷部永保奠安矣。

严禁地方疏

巡按薛继茂

一、各卫公费，编有岁用，乃经收官，明加暗削。凡答应上司，奉承过客，交结吏承，又分外派取，屯头、甲首，拘留不得归农。宜禁。

一、五所官吏受贿卖闲，名曰“月钱”，将食粮军影射混派屯军并余丁，迎送过客，押解军徒人犯。宜禁。

一、拨给屯田，顶替军伍，需索常例。又占骑操马，拨送人情，致累瘦损买补。宜禁。

一、管屯官需索年例，巡捕官差应捕下屯，百般骚扰。遇有盗贼，令奸狡捕军任意扳扯，指殷实富户以为奇货，与所伍官役军耕种私家田地，反妨本业，军士以其本管，莫敢谁何。宜禁。

一、审编银差，佥定驿马，潜开贿赂。卖富差贫，军舍纷纷诉告，撤家逃躲，致银差积逋不完，驿递承走多误。宜禁。

吏治民瘼疏

给事邹元标

一、恤远臣。两广、云、贵，吏兹土者，悉谓之远。两广、滇南，文物埒中土，俸饩稍厚，以故人多乐居之。惟是贵州，僻在亥步穷处，黄茅岚氛，猿猱为伍，士人闻命，有投牒不往者，有既赴郁郁死者。臣请备言其艰辛之状：臣往见都匀一驿丞，南京人也，悬鹑百结，乞食道死。又有麻哈等州，衙斋荒芜，举目凄凉。而独山知州吴誉闻者，文学吏事，亦自名家，夜篝灯，同妻子守孤印，皆含冤被论去。视诸臣，余可知矣。臣每抚膺太息曰：圣天子明见万里外，忍使诸臣困至此极耶！劳逸不均，北门大夫不免以之兴叹。今之情，岂异古耶?

臣愚谓司铨者，宜剂量其间，除方面知府、知州、知县外，如各卫经历、吏目等官，或升或迁，宜以四川、湖广、云南三省人当之，盖三省风气接壤，视他省稍习。如或居官称职，其升迁视他省量速一年。庶几雨露无不被之泽，远臣无向隅之泣。报礼有不重者，未之信也。

臣又惟官有大小，圆首方趾，秉灵含知，与大臣无异，在为大臣者体恤之否耳！臣在部，每见仓官来考满者，列东西廊，几数百人，有龙钟不能寸步者，有魁梧衣不能掩形者，有面无人色者，千态万状，触目寒心。中间欲徼微禄养妻子者固有，因生平奔走风尘，欲博一秩以荣乡里者，未必无也。臣因退而思曰：人主官人，犹人之植物；植之高冈则高冈，植之污泽则污泽。物之性，宁有高下哉！且今之负国病民者，不在冗散之吏，冗散之吏稍有微瑕，得操三尺议其后矣。是不可稍为之宽乎？臣愚谓仓官升选，一以本省为主，考满固不容废，然既经院道查核，领文赴部，不知可停止否？倘可停止，阅其考语，优者推升，余因其年力，量加名色致仕去，亦恤小臣之一端也。

又臣见巡检将考满时，苦无功状，多方搜索，以图优擢。臣愚谓巡检有功固当优擢，即无功，而年力才华考语俱优者，间擢一二，一以为生事者戒，一以为安静者劝。

一、清军之苦。今国家军伍空虚，勾单时发，卒无裨戎伍者，何哉？一单至邑，清军厅视为奇货，票发各里，役不得，贿不止。又司事者，阴藏原籍，故为装隐，无为有，虚为实，逐都逐图，名口挨无，不厌其欲不止。一军起解，各里甲敛金钱作长短费，本军至卫，掌印以下，镇抚以上，不罄所携不止。既着伍，复得钱纵之归，何者？游民顶役，坐食月粮，则清勾无裨军政，有损小民，明矣！

臣闻谋国者云欲实军伍，莫若随地招补。招补一名，明书原军名下，即与豁除老军之数，照详知会，欲除里甲妄勾之苦。在十年一刊定军册，如户部十年造黄册例，府、县、司、部各存一册，倘有清勾，有无虚实，照册施行，虽有黠猾，不能为民害矣。惟陛下垂听。

又贵州、云南二省，原无驿夫，以军为夫，道里长远，山势险峻。每夫一名，帮贴数名，始得成役，昼不得力耕，夜不得安枕，月支米不过数斗，亦良惨矣！国初屯戍额五千名，今清平卫不过二、三百人，昔何以充？今何以耗？此其故不难知已！臣愚谓宜敕该部，乘此清时，一洗民间清勾之夙弊，至云贵以军代夫，合无行彼处抚、按官，乘此清闲，悉心议处，以杜后患。每月量加月米，以恤其苦。此柔远能迩之长策也，不然，他日有不可知者矣。

万历十八年题。奉圣旨：该部看了来说。

参处安酋疏[①]

巡抚江东之

为[②]土司纳贿枢要，遂至蔑法无君，恳乞圣明查究长恶原由，以清治本，以消乱萌[③]事。

臣奉敕巡抚贵州，未任之先，已识贵州汉少夷多，饷寡兵微，土酋桀骜，宪法陵夷，其来久矣。及臣到任，宣慰安疆臣、宋承恩来见臣，诘问两人向所奏事情：

---

① 参处安酋疏：《瑞阳阿集》卷三作“清治本疏”。

② 为：《瑞阳阿集》作“题为”。

③ 乱萌：《瑞阳阿集》作“乱谋”。

其一系宋承恩与教官熊梦详争礼，曾经提学道佥事沈思充处分，已心平无异说矣。因安疆臣听奸拨置，欲骗其洪边庄田及巴香马头地，故代为申奏。

其一辩复贵竹司，臣诘之曰："贵竹司改新贵县，隆庆二年初议，六年属贵阳府，往牒俱在，《会典》可证。汝父安国亨不言于查议之初，汝乃言于三十年制定之后，何也？"安疆臣曰："疆臣年幼不知，诸宗目知之。"明日，带宗目百人跪于庭，臣谕之曰："汝辈敢谓贵竹司之改县，为皇上变乱祖制也？洪武年间，止一宣慰司，有布政使司自永乐十一年始，汝将谓成祖皇帝为变乱祖制乎？程番十七长官司之改府，自成化七年始；都匀、邦水长官司之改府，自弘治十七年始；凯里安抚司之改属卫，自嘉靖九年始；汝又将谓累朝皇帝皆变乱祖制乎？贵省府卫并州县，俱系土司改置，其子孙为流官，各奉法无越志，汝欲废新贵县，将举贵州而胥为夷也。我皇上圣德当阳，国家气运方盛[①]，安得妄兴此念！"诸宗目曰："不敢！"惟称安国贞当令上班。臣曰："此尔夷家事，须静听处分，无擅兴兵甲！"诸宗目唯唯而退。

当初奏之时，兵部尚书石星有敬君之心，体国之念，当折之曰："前王所制即为律，后王所行即为令。新贵县名，今皇上所命，贵州县治不独改一贵竹司，明旨一日之未下，则新贵县治一日之犹存。新贵县之人户钱粮，归天子之版图，谁敢得而霸征之？新贵县之县丞、主簿，为天子之命官，谁敢得而更置之？"即可以落奸人之胆而寝其邪谋矣！奈何石星之言曰："该属贵阳府者方属贵阳府，该还土司者还归土司。"又曰："考其创设之规，及今日削弱之状。"复疏止于陆语，无一字非为安疆臣计也，是以诸宗目心服臣之言，实则倚石星之势。陛下未尝有弃新贵县之心，安疆臣已成其夺新贵县之谋，撑杀其人丁，霸征其差银，县丞宋显印随居大方，安疆臣喜而藏之，虽拜牌拜表而不出。主簿宁国梁愿效忠天朝，安疆臣以为恨，伏兵二千于省城之外，欲伺其出而杀之。旧年诱致玖司而挟之以兵，遂捏向承祖等申文以欺侮天听，且谓高皇帝为之震怒，天地为之昏惨。文移肆无忌惮，不知有法，不知有君。

近日，据威清道副使林乔楠、毕节道佥事方万策报称：安疆臣兴兵数万，砍折安邦父尸，掘其居地三尺，大掠一百五十余寨，流毒安顺、镇宁二州，杀伤良民，焚毁官廨，俱有实证。臣遣官禁谕，依前对臣之言曰："疆臣年幼不知，且身羁采木。"其狡猾闪烁如此，非安疆臣之能，皆陈恩教之也。

安疆臣所居横亘数百里，猡兵数十万。其祖宗自汉、唐、宋、元以至今日，所遗金银，堆积如山岳，国家所未有之富，阖省土司所未有之强，海内皆知之，石星怜其削弱，臣不知其何心矣！

---

① 我皇上圣德当阳，国家气运方盛：《瑞阳阿集》无。

陈恩、王嘉猷等初谋：以为幼主安静，则彼享其富，吾辈何利？于是倡恢复之言，以顺适其欲，彼将不惜结纳之费，而可以坐分其有，如先时安国亨结首相张居正，得其画容供奉，抚按莫不凛凛。今石尚书有路可通，因而得复十司，从此可图伯业。安疆臣遂遣走京捷士，多赍金银，未必尽输石星之家，所求于石星之复疏者，已大慊安疆臣之愿。陈恩因此称首相，拜军师，石星遂蒙不韪之名。夫砥砺名行者，不以利污义。如土司杨燧贿佥事梁铨，则揭之臣，所以明不污[①]。安疆臣贿副使林乔楠，则揭于通衢以拒之。石星曾二臣之不若乎？臣之所不敢信也！三年以前，安疆臣犹知敬慎，自石星复本之后，遂谓石尚书许我恢复，大张恶焰，是以贵州万口莫不指石星之复疏而唾骂之，臣不能为石星解也！

安疆臣欲复贵竹司也，便欲弃新贵县以徇之。使镇远、思南等司皆欲复其故也，将尽弃一省以徇之乎？陈恩不过假虎之狐狸，安疆臣一当场之傀儡，石星负节气，登枢筦，乃陈恩之不若。陈恩欲为安疆臣辟土地，石星则欲陛下蹙土地矣！陈恩欲为安疆臣增户口，石星欲为陛下损户口矣！陈恩欲用夷变夏而改流为土[②]，石星不能用夏变夷而改土为流[③]！石星纳安疆臣之贿，欲改易《会典》以增其十司之全，不念皇朝一统之盛，而自削版图，忍使有无县之省，由其谋不足以尊君，而每至于辱君，才不能以御乱，而常至于酿乱，西南之夷[④]从此多事，臣不曰陈恩、王嘉猷，而曰石星也！

大抵夷[⑤]司之于流官有二端：非纳贿以结其欢，则以激变挟之。若臣，彼不敢以贿，至恐以为激。臣谓御安疆臣无难事，有三策焉：初不法，则念安疆臣之年幼，许其自新，即陈恩、王嘉猷不遽加诛，苟能改行从善，则[⑥]录其辅导之功，而宥其拨置之罪可也。再不法，则照先年处安国亨故事，革其冠带，责令缚献奸徒，不得以死尸抵塞，俟其惩创而后复之可也。三不法，则抚按廉其恶状，开具奏闻，率三省之兵以攻其外，调各土司忠义之兵以攻其内，裂其土地而分之，绝其世爵可也。

今安疆臣未奉明旨，遽霸新贵县。臣欲审安疆臣，又称年幼不知，取其回文，徒增陈恩一番诳讪。行布、按二司拘陈恩、王嘉猷面审建县始末，以便题覆，以完考成，安疆臣藏匿不发。先按臣及瓜，安疆臣不服考察，今不服臣查勘，皆恃石星而为之，石星之误国家，岂眇鲜哉！臣与石星素厚，今日之事，宁负石星，不敢负陛下，故据实陈之。

---

① 明不污：《瑞阳阿集》作“明志”。
② 用夷变夏而改流为土：《瑞阳阿集》作“改流为土”。
③ 用夏变夷而改土为流：《瑞阳阿集》作“改土为流”。
④ 夷：《瑞阳阿集》作“苗”。
⑤ 夷：《瑞阳阿集》作“苗”。
⑥ 则：《瑞阳阿集》作“唯”。

伏乞敕下兵部，令石星有则痛加省改，无则益笃忠贞，察夷情之二端，采愚臣之三策。安疆臣虽系初犯，惨恶异常，当酌议停妥，上请圣裁，勿文前疏之过，以长土酋之恶。从此天子之余威远振，疆臣之乱萌[①]潜消，庶几哉！石星失之东隅，收之桑榆也。再照：藩封为天潢之派，来京之使，尚不敢频。安疆臣恃其富强，选一番捷士，无月不走辇毂之下，志将何为？更敕[②]下五城御史并锦衣卫官校严行缉拿，是亦塞官邪之窦，示帘[③]远之尊矣！

万历二十五年五月内，该都察院题覆，奉圣旨：是。着巡按御史审究具奏，钦此。

参处安酋疏

巡按应朝卿

为土酋庇奸抗旨，恳祈圣明亟赐议处，以严纪法，重成命，以正封疆。并祈敕议兵饷以消奸萌事：

切惟国家之驭夷，操纵有权，盖夷性犬羊也，若苛举其细过，一切绳之以法，束缚驰骤之，令其不堪，奚以称柔远？然诸酋既受国厚恩，世亨勺土，称天子封疆吏，而辄纵其淫逞，恣其不检，以坏我藩篱，又奚以树威严？近岁，宣慰安疆臣听奸拨置，妄意更新贵县已定之版籍，而复彼贵竹司，奸王命也。且纳贿枢臣，致部覆倒置，犯明禁也。抚臣业已发其奸状，科臣复权其机宜，厘诏旨勘问。臣猥以谫劣，滥膺任使，入境后，期宣布朝廷威德，令黠首悔罪，静听处分，庶几无烦皇上斧钺耳！

故安疆臣初来谒见，臣即谕以顺逆，晓以祸福，且曰："汝父安国亨物故时，诸酋环视而图报复，向非抚按严号令、戢奸暴，汝母子之命悬于安国贞等手矣，今承袭未几，而区区与朝廷争此土也，尚谓有人心乎？且以贵竹司故而投贿本兵，陈恩等之罪即汝之罪也。朝廷姑贷汝，而勘问陈恩等，为德至厚，汝更可庇陈恩等以抗朝廷耶？宽政不可再贷，天威不可轻犯。今日即献出陈恩等听勘，惟汝；即庇陈恩等以自抵罪，亦惟汝！"安疆臣唯唯而退。

臣意其稍有悟也，孰知其大谬不然者！臣始行按察司提之不出，继行毕节兵巡道提之不出，复严行司道遣官提之，亦不出。近据该司道回文，安疆臣止令夷目夜莫、阿能、化你等听勘。夫奉旨勘问者，陈恩、王嘉猷也，非夜莫等也。且云陈恩、王嘉猷差委运木。夫安酋所进之木，业奉勘合，必经

① 乱萌：《瑞阳阿集》作"乱谋"。
② 更敕：《瑞阳阿集》作"更乞敕"。
③ 帘：《瑞阳阿集》作"廉"。

抚按勘验合式，方许起运。今臣等未经验而曰运木，将谁欺耶？且言语狂悖，动云必要还我贵竹司，藐视国法，不可殚述。

盖陈恩等狙诈神奸，惟知有贿石星之故智，不知有法；安疆臣冥顽不灵，惟知以身奉陈恩等，不知有法。近且勾引抚臣之乡人江镗而羁留之，又绑缚新贵县催粮之皂快曾正等而幽囚之。此其设计日益狡，而其凶恶日益肆。堂堂天朝，而令蠢尔么麽衡命作奸，何以风示边徼、震慑百蛮也！伏望皇上敕下部院，将安疆臣革去冠带，必待献出各犯听勘，方准议复；或从重议罚，仍观其后来之顺逆而定处。庶乎法纪严明，夷酋知警。至于改贵竹司为新贵县，原奉皇上成命，其户口、粮差已有定额，其统摄征输已有成规，行之数年，事体本无可疑，亦无不便。且改土为流，贵州郡县比比皆然，不独一新贵县；累朝皆有之，不独今日。非惟不必勘，抑且不当勘。伏望敕下部院，将夜莫、向承祖等原日妄奏事情，行臣免勘，其县治、版籍，一一惟已定之额是遵，不许夷司夷目妄生异议，则百蛮晓然，知天朝无二命，而体统益严矣！

抑臣又有说焉：臣自入境数月以来，窃见贵州财赋寡少，军饷仰给川、湖协济，解征稍不以时，布政司左支右吾，势若不能以朝夕。且有兵粮已增而粮额未加者，有兵应添募以粮无所处而止者。土酋自恃富强，窥我虚实，以故骄蹇日甚，殊非所以壮国威而杜奸萌也。除川、湖协济嗣此稽迟太甚者，听抚臣参治外。臣窃照黔省号滇南门户，则黔之动静关系于滇者甚切，乃该省协济独后于川、湖，似为未备。若云该省往岁用兵颇称烦费，则臣闻近日抚臣陈用宾筑隘屯田，所省转饷颇巨，则以滇之所省，而资黔之不足，未为不可！似当并敕二省酌议，以待上裁。要在兵精饷足，则我之折冲有备，操纵在手，用抚用威，无施不可。曩者，抚臣江所疏三策，盖见及此。不然，彼日以桀骜恣肆，而我独持不治之说，煦煦然如养骄子，臣且不知其所终矣！

万历二十六年四月十五日奉圣旨：是。陈恩等着该抚按官责令安疆臣解发勘结，若再庇护，参来重处。新贵久已设县，不必再勘。余依拟。钦此。

议处乌撒疏[①]

巡抚江东之

为[②]逆犯投降，国体既正，恳乞圣明断立后以靖夷方，专责成以杜后患事。

臣闻无所解于心者，父子之亲；无所逃于天地者，君臣之义。臣请以君

① 议处乌撒疏：《瑞阳阿集》卷三作“圣断立后疏”。

② 为：《瑞阳阿集》作“题为”。

臣之义，责阿备之要君，以正今日之罪；以父子之亲，责安绍庆之庇子，以杜后日之乱。愿陛下俯垂察焉。

夫安云龙为乌撒土知府禄墨之子，安绍庆其亲弟也，安效良其亲侄也，伦序甚明，详见川云抚臣疏中，无俟臣赘。咀旧一名安云翱，为安云龙堂弟，名位素卑，诸目不服，其父且自言之，是咀旧之不能立也，明矣。安国正谋杀安云龙，其妻陇氏遂与安国正为夫妇，势必杀亲子以媚奸夫，真夷狄而[①]犬彘也！使陇氏尚在，国正有子，难免篡逆之诛，况遗腹未必真乎？是官保之不当立也，又明矣。咀旧不能立，官保不可[②]立，继云龙而为之后者，舍安效良将奚之为？阿备者，指陇氏之苟合，发其以妻谋夫之罪；举安云龙之亲派，正其以侄继伯之伦。明白申诉，岂非义举？乃联结[③]沾益州而擅兴兵甲，抱拥安效良而坐据盐仓，以防求为可仿，以君命为可挟，是臣之所不甘也。人孰不欲其子之富贵，谓安绍庆[④]独无非人情矣；乃谨然诺于云南，谋干戈于贵筑，阴与阿备为一，阳与父子为二，六岁婴孩，非安绍庆托之于阿备，抑阿备窃之而逃乎？是臣之所不解也。

臣于履任之初，即行毕节道佥事方万策檄谕安绍庆缚献阿备，不蚤自为计，阿备所犯之罪，异日皆安效良之罪，奈何以身犯叛逆，而欲要君命之荣也。不数日，四川抚臣谭希思移咨到臣，亦责安绍庆缚献阿备，与臣不约而同矣。臣檄行贵宁道参议来经济、威清道副使林乔楠、毕节道佥事方万策，同四川都司淡章往乌撒地方查勘阿备等夷情。

今据三道回申，十二月初十日，安效良率阿备并海济等百余人，投见北面，望阙行五叩头礼毕，三道责之以两围镇城，屡劫官道，阿备以为仇口妆诬。责以初簸箕夹杀死陇胤等，而遍地横尸；乌撒额粮升合不纳，而一军枵腹。阿备俯首无辞。但称从今洗心投降，愿完纳钱粮，输办馆马。其云翱[⑤]与效良为叔侄，抚院请立为答应知府，众夷已立为耆老、管事，男妇数百名口，随云翱官屋居住，效良不敢加害等语在卷。据其投降情状，其心尚雄，其言颇逊，若重处阿备，杀降为不祥，舍安效良而议国正之后，长淫篡[⑥]之风为不义。是以川云抚臣请定效良之立，致有今日阿备之降。不动声色，而潜消乱萌，二臣之有功于国家大矣！臣因阿备之降，而后议效良之继，

---

① 夷狄而：《瑞阳阿集》无此三字。
② 不可：《瑞阳阿集》作“不当”。
③ 联结：《瑞阳阿集》作“结联”。
④ 安绍庆：《瑞阳阿集》作“绍庆”。
⑤ 云翱：《瑞阳阿集》作“安云翱”。
⑥ 淫篡：《瑞阳阿集》作“淫乱”。

仅能为朝廷存体面，非因二臣于先，臣将无以成之于后，是则臣之罪也，臣犹有惧心焉。

安绍庆有沾益矣，有盐仓矣，又有乌撒府矣，土地日广，兵甲日多，土夷之贿交势合者日益盛。使阿备暂敛戢于效良未继之先，益猖狂于效良既继之后，不但镇雄之旧人无噍类，且乌撒之军民无宁期。四川[①]远在二千里外，谁能挽西江之水以救涸辙之鱼？云南惟见安绍庆之恭顺，不见贵州之蹂躏，将[②]谈笑视之，不震于躬，遑恤震于其邻哉！

臣窃谓慈父之于幼子痛痒相关，则安绍庆之于阿备肝胆相照，阿备既为安效良出死力，安绍庆必能制阿备之死命，以阿备之桀骜，而前倨后恭，无非为安效良谋也，则皆安绍庆意也。严阿备之羁绁而慎终如始，非孺子能也，则尤安绍庆责也。于阿备，治之以不治，出自陛下宥过之仁，非臣所敢必；于安效良，继其所当继，出自陛下继绝之恩，非臣所敢与。臣一念犬马之诚[③]，惟愿陛下矜怜荒徼之残民，俯赐禁暴之严旨，继子既定，罪有攸归。安效良十五岁以前，阿备弄兵，罪在安绍庆；安效良十五[④]岁以后，阿备弄兵，责[⑤]在安效良。阿备能改而先以兵加之者，罪在起衅之家；阿备不悛而复以兵助之者，罪在济恶之人。阿备得从末减。酋长敢有效尤，或以忿兵，或以贪兵，侵扰苍赤者，不得援例治以不赦之罪，容臣等分别轻重，奏请降削，如以其祖功不可泯，选其族之贤者而更置之。庶几国有天威，人无越志，虽夷方共知有君臣之义，不敢一逞以试法，虽安绍庆亦得以全父子之亲，不致两败以伤恩，军民幸甚！地方幸甚！

万历二十五年二月十五日，该兵部题覆，奉圣旨：是。

饬武类

进讨铜平疏

总督张岳

贵州频年困于诸苗，上下相蒙，以贼为讳，酿成骄恣，不容不讨。议者以山险贼劲，惮于用兵，其所称制驭良策，不过曰抚曰守。往者布政使石简

---

① 四川：《瑞阳阿集》作“四州”。
② 将：《瑞阳阿集》作“直将”。
③ 一念犬马之诚：《瑞阳阿集》作“区区一念之诚”。
④ 十五：《瑞阳阿集》作“十三”。
⑤ 责：《瑞阳阿集》作“罪”。

尝抚之矣，赐以鱼盐、牛酒、花币，又计口而给之粮。冠带其酋首，衿弁其子弟，应其所需，如奉骄子，不旋日而又叛且掠矣。此抚为无益，徒养寇之明验也。往者掣兵之后，尝调汉土官兵戍小桥、毛口诸要害矣，此地孤悬贼巢，道路险远，馈饷不继，不逾月，土兵辄自散去。此守为无益，徒耗蠹之明验也。铜、平二处，其众不及二千，若用兵直捣其巢，殄其元恶，余党当必震栗，于时召还流亡，使之复业。然后抚可保，守可固，外此则非臣之所能策矣。

兵部覆议：令总督、抚、镇诸臣协谋进讨。

议客兵行粮疏

巡抚万镗

一、均给行粮。照得叛苗为恶，征兵防守，湖广则用所属永、保、镇筸、大剌等司、所土兵，贵州因本省无兵，则用四川所属酉阳宣抚司及平茶、邑梅长官司土兵。四川诸酋倚恃异省，动称客兵，邀求厚赏。如永、保等兵，日支行粮米一升五合，彼则日支三升，其倍支折银亦如之，此外，又有鱼盐，不时犒赏。夫薄海内外，莫非王臣，征戍边疆，莫非王事。酉、平、邑梅虽属四川，相去实远，而于贵州铜平等处，却为切邻，曾经题系贵州巡抚兼制地方，世受国恩，享有爵土，纵使自备资粮杀贼守边，亦其职分，乃敢分川、贵为彼此，以客兵而自居乎？贵州自防守以前，糜费不赀，及用兵以来，财力莫继，譬诸贫家，常时罔知宿舂之积，一旦窘急，则虽巧妇不能为无米之炊。今后贵州或防守，或征剿，如用酉、平等司土兵，月支行粮，俱照湖广永、保等司一例支给，敢再指以客兵，滥支粮赏，及监守官扶同给与者，俱查照律例，坐以脏罪，追赔重治！

核捕军伍疏

巡按熊允懋

永宁、赤水、毕节、乌撒四卫，军伍缺乏甚多。乞申明《军政条例》，三犯逃者，斩，连坐其邻里；有司清军不及三分者，降黜有差。因言云、贵系穷边，乞顺夷情，凡应戍远方者，悉发二省缺军卫所。又宜稍增月粮，以恤站军。

兵部覆：皆如议。

保甲谕

巡抚王学益

会城之下，往年尝有盗贼攻劫，各人户不一救援，或反作奸藏逆，潜通密引，此岂独顽悖者之罪，官司盖有责焉。今为保甲之法，与尔等相联属，因导之善。大约以十家为一甲，每家各置一小牌，十家共置一总牌。小牌挂各家门首，总牌轮次收掌。令其日相传宣，使各欣欣劝勉于善，父慈子孝，兄友弟恭，夫唱妇随，邻里修睦，朋友敦信，差役赋税，田产生业更相急力完办。凡同甲之人，相亲相爱，有疾病空乏，则相与扶持矜恤；有争讼，则相与和解；有不道不法，则各甲会同纠正。不改，则请于官治之。其他水火盗贼，皆同心协力，互相拯救。仍各置为御盗止火之器，使无至于临事束手。则虽以十家为保，而实以千百家为保矣。

保甲事略

巡抚刘大直

谕汉夷：从今改过自新，父子兄弟各相劝勉，慈孝友顺，勤力耕种，早了粮差，恪遵法度，永保身家。毋得仍逞苗性，毋得再纵贼情，毋被流棍唝诱，肆行寇劫，自取杀戮，累及父母妻子。每大屯寨，各选有身家、晓事、众颇信服一人为保长、一人为保副、一人为总牌、一人为小牌。小屯寨，量立一二人，各置保甲木牌一面，备写一屯寨成丁男子姓名、年貌，付保长副收掌悬挂。每屯寨置铜锣一面，如遇盗贼出没，一屯鸣锣，各屯寨响应，号众救援，并力追捕。如贼势重大，一面号召经过屯寨合并追袭，一面走报巡捕官目拨兵应援，务抵贼巢，剿捕解验，照格优赏。如有坐视不出救援追捕，即系通贼、窝贼之人，定行连坐拿究。如各屯寨被官吏科害、奸徒拨置，及人命、地土、钱粮、斗殴、仇反，保长、副、总、小牌不能晓谕众情，许执保甲牌面径赴所在官司陈告，以凭断治。承委巡捕、土流官员、目把，务各洗心涤虑，奉公守法，化劝夷俗，潜消贼患。一年之间，地方宁靖，即尔官目之功，并将保、副长，总、小牌通行犒赏。如或仍袭前弊，定行重处不贷！

议处铜苗事宜

提学谢东山

贵州之患，惟苗为剧，然所以处之讫无定论者，遥度而易言之过也。夫自古御夷之道有三：怀柔谓之抚；奉命兴师谓之征；审其顺逆而创艾之，谓之扑灭。然自古用兵未有大得志于蛮夷者，岂中国之力不足以胜之哉？势不便也，故征未可易言也。夫抚之于驭夷也，犹日用饮食，何可缓也。顾选软者，苟以慎重为名，又不免于养寇而阶乱，是抚亦不可独恃也。所以代征而佐抚者，有扑灭之法焉，此可以便宜行之者也。此法行则兵不必众，粮不必多而功倍，于征惩者一二，安者万亿，而无伤于抚，是则可为也。而好事者或以为无功而不为，畏难者或以为无伤而不问，至于寇愈炽而祸愈大，于是大举之说复兴。呜呼！则胡不图之早之为愈也？

屯田议

提学谢东山

贵州各卫旗军，上粮屯田俱各八亩。会计口食则总旗十六亩，小旗十四亩，军人一十亩，皆得计其子粒之输，以充月粮之入。故旗军缺一名，则一名之分田有在；屯田遗一分，则一分之花利犹存。往以逃亡者虽缺，而解发者当补，故遂忽而置之。及今，逃亡益多，解发益寡，而遗田益众，管屯人等遂有岁收常货以致家成巨积者矣。侵占田土，律有明禁，侵渔之盗可不亟惩？合无通将贵州合属逃故屯粮旗军遗下无粮口食分田悉数清查，果有山水湮塞，无凭开垦，量行减免，余皆召佃于人，岁收其入，贮该卫仓廒，以备荒歉处济，听令于内照数支给。而无田穷丁，分毫不许浪派。新军解伍，倘有派拨，随扣减其见剩之数，立为定规，登之册籍，责令布政司随时稽考。如有占吝不发，侵玩如故者，即行从重参究。庶几人知遵守，弊可永清，而边屯军伍有一举两济之利矣！

贵州军伍考

谢东山

一、贵州各卫军丁，皆洪武初年直隶凤阳、湖广、浙江等处民籍三户勾解应当。国初，每卫正军五千余人，节因兵燹、逃亡、事故，今各卫正军不满千数，且各卫所当事官军屡年隐瞒余丁，役占正军，致操练行伍不实，临事乏人。正军壮勇而富者营跟官府，孱弱而贫者着伍差操，一遇地方有警，士卒无直前之锐，官旗鲜克捷之功。为今之计，惟将各卫、站、所余丁清查汇出，每管事指挥一员，照例拨与四名，千、百户、镇抚二名，不管事者一名，仍将各官役使正军及混佥包办者，悉令退出差操。庶行伍充实而威武振扬矣。

请设毕节道疏[1]

四川巡按戴金

一、议设兵备以塞祸源。毕节实诸夷门户，川、贵藩篱，必武备修举，而后外患潜消。合于贵州添设佥事一员，请敕驻扎毕节，专制乌撒、永宁四卫，并乌撒、乌蒙、东川、镇雄、水西、永宁等府、司。合用军士，即于四卫中取用，仍于新添马步官军三千数内，存留一千于毕节操练，其钱粮、站马，通属管理。地方事体，听四川抚、按节制。如此，则官有专责，而藩屏无虚隙之乘；人心忌惮，而犬羊绝窥伺之心矣。

邛水防御疏

巡抚何起鸣

一、邛水长官司僻在一隅，诸苗虽入我羁縻，向皆叵测。盖缘山箐丛深，巢穴险阻，以故彼此勾引，出没无常。急之则鸟惊鱼散，缓之则豕突狼吞，所谓以不治治之，乃所以深治之也。各该官舍觊图大举徼功，原无实心捍御，且二土官坐拥府城，又未控扼要隘。故诸苗窥我虚实，乘机窃发，岁岁调兵，代为防守，何有已时？臣请乞责成土同知何文奎、土通判杨应东，各照分定上下二里、青颇、茨瓦四哨，常川住札。平时谕令该班土兵，日夜哨探、把截，督同五路舍目，各照分管信地，设伏防范。一遇诸苗稍有举动，随即率领附近同寨居民跟踪，并力追捕，获功失事，照格赏罚。桀骜寨分，密授都清兵巡道会同清浪参将，量调附近官兵雕剿一二，以儆其余。一应客商人等，不许潜入夷寨兴贩杉板，致惹衅端。各该土官、舍目不得复蹈往辙，剥削苗民，捏故妄申，徼功生事。湖广清浪守备官不时巡历邛水司硃砂堡稽察。如此，庶捍卫愈密，而外侮潜消；藩篱益固，而内地永靖矣。

---

① 此疏嘉靖《贵州通志》亦引，但嘉靖《贵州通志》中此疏谈了三个问题，本书所引仅是其中一个问题。且多节略。嘉靖《贵州通志》此段为："严守备以塞祸源。芒部诸地，与乌蒙、乌撒、水西、盐仓、东川等夷互相联络，寻常因事仇杀，与小丑出没，乘机窃掠，乃其常事。而毕节实诸夷出没之所，川贵藩篱之区，必武备修举而后外患潜消。及查威清地方，如东南跨广西之田、泗，西接云南之沾益，利害所关，亦不为缓。合无俯从群议，将整饬威清兵备驻扎安庄，专制安南、普安一带地方。仍于贵州添设佥事一员，请敕驻扎毕节，专制毕节、乌撒、赤水、永宁、乌撒、乌蒙、东川、镇雄等卫、府、司，合用军士，即于四卫中取用。仍于新添马步官军三千数内，存留一千，于毕节操练；其钱、粮、站马通属管理；其地方事体亦听四川抚按节制。如此，则官有专责，而藩屏无空隙之乘；人有忌惮，而犬羊绝窥伺之心。一官之费有限，而地方多益矣。"

有苗来格疏

巡抚王缉　巡按马呈图

据按察司呈，据分巡新镇道右参政兼佥事苏愚呈详，抚处过苗坪等九十九寨，夭漂等五十七寨苗民党银、阿盖等投顺归附，初愿纳粮，又愿贡马，及者牙等寨顽梗熟苗阿斗等已经开通大路，往来无阻，呈乞会题缘由，该臣会同议照：

蠢兹有苗，僻居荒徼。种同猡獠，跳梁于绝壁穷崖；群似蛇豕，啸聚乎茂林深箐。险不可犯，顽不能驯。在虞庭仅一即工，迄历代全无来格。虽熙朝大恢疆宇，在政令亦所未加，迨后都匀境之凭陵，甚至夺将攻城，而屡肆伤残无忌，继焉香炉山之助恶，虽曾挟抚回巢，而犹然出没不常。乃令顿改昏迷，相率效顺，一百五六十寨，咸入版图；二万四千余氓，同为编户。虽久叛之者牙，一传檄而收服无遗。故新附之生苗，载闻风而来投愈众。尽粤西、黔南之接界，障雾肃清；即川东、湖北之边陲，岚氛荡净。诚为天子有道之世，式昭王者无外之仁。伏望皇上轸念贵州，远设万里。边患全在三苗，今既来归，似应俯从，敕下该部再加查议，上请将来格苗准令纳赋进贡。通候钦依至日，出榜晓谕各苗，永为遵守。

留防御官疏

巡抚舒应龙　巡按毛在

议照贵州地方，盘据九夷，额设府卫，与土司相错分隶，所恃以整饬戎武，禁捕奸盗，可为建威销萌之计者。旧有坝阳、普安等处六守备划地分辖，以听守巡、兵备等道约束。顾以地里相离辽阔，每一守备所辖，远者千有余里，近者不下六、七百里。一官之力，防缉难周。其间有山箐阻深，素为盗薮，疆里扼塞，势据险要者，于是先后另设坐镇防御等官，驻守其地。庶几声势联络，彼此犄角，可无疏虞寥阻、潜滋酝酿之患，如镇远之有邛水，石阡之有湄潭，新添之有丹平，俱系设置于土酋错居之地，不止札佐、马鞍一处为然也。

今据宣慰司冠带土舍安国亨奏撤马鞍山防御官一节，行据各该司道检查往牍，博询舆情，共谓万历五年题允建设之初，本为地当川贵孔道，山箐蒙密，盗贼易聚，而迤西守备相距辽远，势难堤备之故，与原委大方、陆广二处防御官，系为亨酋叔姪构兵纵寇而设者不同，及查设官防御以来，更历数员，俱有擒捕矿盗之绩，并无夷民扰害之诉。盖不惟官兵据守要害，不容轻撤，即先后委官舆论，共称慎于官箴，亦有不容轻议者也。乃以土酋而轻议废置大政，据法本宜仍革冠带，以为纵肆妄奏不实者之戒。但念近蒙圣恩宥其往罪，许以自新，即今奉旨采木，本舍亦有采办之责，合无姑免革去冠带，行令照依节奉题允事理，安分守法，钤束夷民，缉捕盗贼。

旧有水碾厂，先经抚按等官查议封禁年久，不许私窃开挖货卖，招集流亡，以为啸聚诲盗之薮。马鞍山防御官兵照旧存留，遇有盗贼生发，并贩买矿砂商犯，听其督兵捕解，以遏乱萌。自今申饬之后，有再敢故违者，听臣等不时廉察参奏，轻则提问罚治，重则褫职斥革。庶几法纪修明，可以戢奸酋之逸志；边防整饬，不致贻地方之隐忧矣。

剿平者牙叛苗疏

巡抚舒应龙　巡按毛在

据按察司呈问完者牙寨叛苗阿韶等招解，该按察使彭富会同布政司参议应存卓、署都指挥佥事杨云程、分守参政赵睿、分巡副使洪邦光会参："恶苗阿韶、乐三等住者牙大寨为巢穴，借瓮城等寨为爪牙，不纳粮差，抗拒本管，专事寇盗，而都匀一带地方屯堡被其伤残，夺占司治，而乐平各寨夷民横遭屠戮。挐人挟赎，害及生灵，掘棺斩首，毒延枯骨，罪恶贯盈，本该赐死。荷蒙两院遣官宣谕，给示招徕，乃瓮城等寨即倾心听抚，独者牙巨恶敢顽梗如故，乞劳胜算，密授将士协力，一举而元恶就擒，再鼓而凶残扫绝，数年之巨寇，一旦廓清，各司之版图，尽皆厘正。"等因到臣。

该臣万历十二年奉命赴任，入境莅事以来，悉其叛逆。看得清浪参将张奇峰素称谋勇，随行本官选带精兵，移驻麻哈州，并发省城标营官兵分拨防守。一面刊发抚谕条示，用计招徕，于是切近者牙大寨瓮城诸苗畏威投抚，环处各寨如谷洞、谷蒙，绑献杀人凶徒赎罪，乐平残贼知有副将移驻近地，旋亦渐自逃散，而者牙之党与既绝，乃有可乘之机也。乃恶贼阿韶、阿蛇等尚不悔祸，犹敢绑虏职官，肆行劫杀。且其田颇膏腴，稻方稔熟，比及九月，正可因粮于敌之时。

恪遵敕谕，会行总兵官张藻量调汉土官兵，督令参将张奇峰相机剸剿。其余听抚寨分，俱准招安，不许轻动。并行都清道兵备洪邦光移驻麻哈州监督纪验，新镇分守参政赵睿会同查覆粮饷。歼厥群丑，计先后擒斩首从功级一百九十八颗，俘获男妇五十五名口。残贼奔命远遁。群夷闻风畏服；即江外夭坝等寨无管生苗，相率陆续归顺，愿听约束。见今议于者牙贼寨建立兵营，永为地方保障之赖。庶防守有人，而可保盘石之安矣。

者牙善后疏

巡抚舒应龙 巡按毛在

一、建兵营以扼险阻。者牙贼寨在万山罗列之中，诸苗腹心之地，宜设营兵五百名以防守。巴香红兵四十名，安庄六十名，巡逻龙里、新添等卫红兵一百名，防守都匀府城兵一百名，共三百名，改充营兵，各照原定兵食。此外，加募土兵二百名，每名月给口粮银六钱，领以防御把总一员，分为左右二哨，各千总一员分管。无事则在营团练，有警则随贼追捕，听都清兵备整饬稽察。

一、设州佐以专抚绥。据议平定司土官吴允熙，既以久失夷心，题奉钦依随府办事，难以复令管摄该司养鹅等寨地方，仍应照旧复属麻哈州管辖，合行添设抚夷判官一员，即于平定地方建立公署一所，专令驻扎彼中，督率都保、乡导，抚绥各寨夷民。请乞允赐添设，合用俸银、柴薪、随从人役，即以该司原革吏目编设钱粮充用。各苗寨额派粮马，即责本官就近催征转解。遇有争斗小忿，听其从公剖断解纷，不许科罚。四方潜投奸民，有唆拨生衅者，密切访拿解究。其乐平司瓮河、乐户西二牌夷民，近有乐三，因宋延瓒科索致叛，即今剿除之后，所有招降余党事宜，俱应并行抚苗州判，管理催征额派粮马，永杜土司侵隐之端。乐平司吏目并行裁革。一切归附寨苗，敢于潜谋倡乱者，本官密为侦探，会行新营官兵扑灭歼除，毋致有滋蔓酝酿。

一、严法禁以杜乱萌。据议平定、乐平二司叛逆之衅，其初俱由土官科索所致。其各土官所为爪牙羽翼者，有汉把、头目、把事、权司等项名色，类皆四方投附奸宄无籍之徒，日为土酋规画，非侵夺淫纵之事，则朘削渔猎之谋，亟宜立法堤防，以除祸本。合无查各土司额办粮马、银米的数，刊示悬谕苗民知悉，使一遵惟正之供。此外，土酋有加科者，许赴该管官司据实首告。汉把、头目等役，但有生事拨置暴虐者，俱宜尽行驱逐。每遇四孟月，各取具诸役不致拨置科索为害，及容留四方无籍棍徒结状。毋使有不轨之萌，致成尾大不掉之患。

宣威营兵粮议

副使洪邦光

宣威营之设，防御诸苗，以安地方，但营兵寡少，四面皆夷，若不另议添兵，似非经久之计。今议得蒙天眷兵五百名，以二百五十名拨赴宣威营周围旋住，以为防守，二百五十名赴王华寨同住，以为应援。其各兵粮食，就将所种宣威营田一千零四亩，除纳粮外，实止八百八十六亩，原征租谷共六百二十石零二斗。以田给与作粮，每一兵给田六亩，兵多田少，止足一百四十余名之食。其余三百三十四名，内头目六名，日支四分；小头目十名，日支三分；小甲二十名，日支二分；土兵二百九十八名，月支钱二钱，俱于布政司关支。

其唐蛙、荡井、斗坡、甲树、桑马、蜡白等六寨，路通江内江外，阳顺阴逆，窝藏勾引，终起衅端。令蒙诏在营，就近管束，常时稽查奸细，不许通同叛苗往来。敢有出没，听蒙诏擒解。

又查得鹅留七囤地方，原属烂土司管理。缘因隔界黑苗作叛，该司申详院道，该蒙天眷祖蒙钊拨兵把守，约束至今，安妥无患。及查鹅留七囤自西北附连都定、甲多、答干、崖理，路抵宣威营，若使蒙诏兼督管束，巡缉中间各寨，纠引结党之奸，把截残贼潜藏之路；江外夭漂、夭坝、管稿等寨诸苗，敢有勾引党助劫掠者，许蒙诏擒捕解献，照格优叙；其往来投住为患者，听责令各寨首出，一并犒赏。仍令该管守备，不时稽察查点。

移驻镇远守备疏

巡抚舒应龙

议照镇远地方，平溪、清浪、偏桥各卫联络，先年设立清浪守备，正以防御镇远各处苗夷，重弹压之势。自万历七年，邛水有事之后，该抚臣何起鸣题行清浪守备，不时巡历，相机策应。今岁自春徂夏，杨应东构衅邛水，未闻清浪守备王以宁禁戢处置。及询之舆议，佥谓邛水防御把总徐轲自题允准授钦依把总，即与守备颉颃，守备即欲巡历彼中，渠等谊不肯受节制，遂致废驰因循。又镇远土官同知、通判，率以府佐体统自居，辄与守备抗礼，二官俱有防守、巡捕之责，守备势亦难行。

臣因详考本兵将领之制，凡奉钦依推用守备、把总等官，以都指挥体统行事，系实授者，必指挥佥事以上之官，系千户以下及武举、军舍、民生推用者，必量升署指挥佥事职衔，以便行事，此定制也。徐轲系四川宁番卫军籍，先年随征闽、广、川、湖，曾经该省抚臣札授名色把总，非有功题授千户、指挥职衔也。以故先抚臣何起鸣调取防御邛水，止领兵五十，未有统领兵营、控制军卫有司之权，可与守备并称者。至万历九年按臣马呈图复命奏荐，蒙兵部题授钦依把总，体统与守备争雄长，在地方有两大之嫌，相应并行酌处。

请乞敕下该部，再加查议。自今徐轲革任之后，听于本省选委谋勇卫所实职武举等官一员，前赴防御，如保障有功，另行奏荐擢用。其清浪守备旧与清浪参将同城，系属重并，先年亦经题行分驻施秉，偏守一隅。合无督行移驻镇远，统领平、清、偏、镇四卫操军，并湖广调用班军，分守苗寨要地，有警相机剿捕。仍照万历七年题允事理，不时巡历邛水、施秉等处地方，邛水防御等官并听节制，有违犯者，轻则径行究责，重则参呈议处。镇远府土同知、通判，本属土夷酋长，难与流官府佐并论，且守备系以都指挥体统行事，有上下相临之体，庶便督率责成。仍乞比照铜仁、思、石守备事例，请敕一道，将本官改称清镇守备，备载前项酌定事宜。管辖苗寨地方，以一事权。如守备移驻之后，地方果弹压戢宁，前项防御官兵，听其临时议撤，以省冗食。庶将领有臂指相使之势，而镇夷之防御无彼此牵制之虞矣。

议处苗衅疏

巡抚林乔相

一、严责成。贵州环处皆苗，其冠带而临苗夷者，皆土官，划地而守，分人而辖，责非不专。乃平居剥苗肥己，有变束手旁观。甚者主使共谋，坐地分赃，桀骜矫虔，莫之谁何。合无通行各土司，照依管辖疆界，分定信地，设立巡捕土舍，与同捕哨官巡警侦缉，遇有苗贼生发，协力堵截，被虏人口，在某苗寨中，责令追取。果能约束苗夷，擒捕盗贼，不但奖赏，许臣破格荐举，请敕褒旌。如有生事构兵，窝隐逋逃，踪迹显著者，许臣参奏，轻则降服色，重则革冠带。如是，庶土司知所劝惩，亦鼓舞夷方之一机也。

一、绝交通。苗虽犬羊，其好生恶死、保妻子之心与汉人同。汉人潜入贸易，骗其财物，负其资本，不敢控诉于有司，则放横以泄其忿。而不逞无良之徒，为之乡导、指引，窥探富厚驯善之家，可以局骗设计，勾苗捉掳人口入寨，刻木写帖，称说某与我有仇，见掳某人入寨为质，其被掳亲属追求某家央浼媒讲之人，约出银两若干、畜产若干，取赎人口。此媒讲之人，即主使勾苗之人也。捕哨官纵之不问，且阴受其赃者有之矣。合无责令总兵、守备，严督营哨官，把截要隘，但有汉人潜入夷寨，不论有无引惹边衅，俱要擒拿送官，究问如律，货物尽数给赏。其代写首状掳人讲赎者，务追究写状媒讲奸人，痛惩重治，则乱源可绝，而边民可安堵矣。

更调武职疏[①]

巡抚江东之

窃惟[②]贵州僻在西南徼外，夷多汉少[③]，古称鬼方之国，种多槃瓠之后。不论力之强弱，以贪残为本性；不论岁之丰歉，以劫杀为生涯。居者有暮戎之恤，行者有连掠之忧。卫所多于郡邑，干戈伏于箐丛。巡捕、指挥一膺简任，启处不宁。既虞失事于东，又恐窃发于西。百计侦逻，方得一夕之安，起视四境，而劫报又至矣。输财买口，捐躯当贼，方得数级之赏，曾不逾时，而宪檄之交谪又临矣。守御何如其劳，职任何如其重也！

掌印指挥高绾铜符，坐享世禄，朘削由其掌握，雌黄出于唇吻。卫官之名行率多不检，卫官之贤否最易失真。如事涉影响而遽指实，终身无昭雪之期；人已惩艾而犹追求，白首无更新之日。由印官自为身谋，谓各官业已玷污，印可常保，巧于自炫，苛于责人，各卫印官之通情也。捕官有临戎之警，而不得安[④]握符之荣；有奔驰之劳，而不得享轻肥之逸。是以平居偷惰，遇变支吾，甚至有愿为操备，不愿为巡捕[⑤]者，以利害悬殊，而苦乐不均也。

职[⑥]见江南各卫，掌印官与运粮官交相更调，故运粮[⑦]早掣通关，印信[⑧]亦多称职。今捕官锋镝之忧与运官风波之险，尤大有间。体念运官于江南者，独不可优恤捕官于黔南乎！敢请推广运例，掌印官与捕官均之不肖而偾事[⑨]者不妨另推，若二官各举其职，一年巡捕，一年掌印。抚按官隆之以礼貌，假之以事权，不烦之以两院之奔走，不问之以他官之媒蘖。职司一卫，巡行四境，卫军有谋略勇健者，不特为印官之承顺，兼听捕官之使令。苗情之顺逆，得以侦探而预防之；哨官之勤惰，得以责治而申揭之。以印调捕而有余威，以捕调印而有余权，交相代则交相成。捕官有冀于掌印，而尽力于地方。印官亦以地方为己之职分，而不专于恋印。不但均其利害，节其劳逸。为卫官谋也，且先捕而蓄其锐，临捕而展其才，尤所以为夷方谋也。凡遇荐举，不先印官而先捕官，印官重，捕官尤重。捕官有脱颖之奇，则境内享覆盂之安。

---

① 更调武职疏：《瑞阳阿集》卷三作“重捕权以风用命疏”。

② “窃惟”二字前，《瑞阳阿集》还有一段话：“题为苗贼出劫无常，捕官职司最要，敢请圣明俯赐比例更调，以重捕权，并乞严定赏罚，以风用命事。”

③ 夷多汉少：《瑞阳阿集》无此四字。

④ 不得安：《瑞阳阿集》作“不得”。

⑤ 巡捕：《瑞阳阿集》作“捕巡”。

⑥ 职：《瑞阳阿集》作“臣”，后文尚有，不一一出校。

⑦ 运粮：《瑞阳阿集》作“粮运”。

⑧ 印信：《瑞阳阿集》作“印官”，当是。

⑨ 偾事：《瑞阳阿集》作“愤事”，当非。

若三年、六年功业无闻，荐剡不及，可以革捕，亦可以革印，何至久误苍生而妨贤路耶！

再照赏罚不行，虽唐虞不能以化天下，即今腹里卫官，优游屯印，方以钱神债帅[①]坐猎声华。御苗将士功罪不核，赏罚不加。贪肆者得以藏奸，有志者无由上进，欲责之枕戈得敌[②]、援枹忘身，其将能乎？此抚按官均与有责，亦不敢专委罪于枢职也。

职查得浙江防倭事宜，将士功罪，皆不时举劾。自今贵州及湖北、川东等卫哨司防御等官，职督行巡游之法，季调之规，无故不得妄起兵端。苗贼出劫，有能出谋奋勇，生擒苗贼十人以上，及斩苗级数多者，容职特疏报功，将本官照例升擢，军士从重赏赉，或给冠带，以期后效。如有坐视劫掠，虚声应援，实为退缩，以致杀掳[③]人口数多，不论汉土官军，指名参奏，依律治罪，仍从祖职递降本军，月饷亦议递减，俟有功而后复之。罚不逊贵，赏不逾时，如此而人心不奋，勇气不倍，理所无也。

伏乞皇上明见万里之远，察职一得之愚。将职所奏，敕下兵部酌议施行。凡当苗卫所印捕之调，查照印运事例，以重捕官之权；激劝之典，查照防倭事例，以示公战之利。职见抡英迭任，从事无独贤之嗟；信赏必罚，望飚皆勇夫之奋矣。武职幸甚！夷民幸甚！[④]

议处五开疏略

湖广巡抚陈省

一、议兼郡辖，以驭军民。查得楚中各府卫同城者，凡卫官贤否，官舍袭替，官军俸粮、屯粮完欠，皆听府官填勘核催，以故事体维系，惟黎平府与五开卫同城则不然。盖府属贵州，卫属湖广，不相干涉，以故款头人等每相犯侮，非一朝一夕之故矣。夫以两省府卫同处一城，本以防范，合无俯照臣领敕谕统辖该府事例，亦听辰沅兵备道统辖五开卫，官员贤否，官舍袭替，官军俸粮，俱经该府填注、勘结、查核、督催，呈详该道转详，方准施行，辰州府不得干与。凡事干军民者，仍与参将协心秉公查处，不许自分彼此。如此，庶府卫联属，文武并饬，非惟桀骜懻忮之风，永当尘消冰释，抑且声名文物之盛，可期风动云蒸矣。

---

① 债帅：《瑞阳阿集》作“货帅”。
② 得敌：《瑞阳阿集》作“待敌”。
③ 杀掳：《瑞阳阿集》作“杀掠”。
④ 武职幸甚！夷民幸甚：《瑞阳阿集》无此二句。

一、议移参将，以便弹压。查得守备之驻五开，品秩未崇，人心玩视，参将则体貌稍隆，威权自振。合无行令本参，听其带领募兵移驻五开卫，凡各边卫一应事宜，悉听料理。俾彼宣布威令，以辑众心，奋扬威武，以慑众志。事干军民者，与黎平府掌印官协心计议，共图保障之方，永消桀骜之衅。庶地方可获敉宁矣。

一、议改通判，以司粮饷。夫粮饷乃官军所资以为命者，必支放以时，斯军士得沾实惠。今查五开等卫，边饷皆解沅州，专令辰州府边粮通判驻扎该州，管理支放。各卫请给，则自卫历靖而抵沅。该道给发，则自沅历靖而抵卫，山关险峻，道理迢递。合无将通判移驻靖州，而以五开、铜鼓等卫之近靖州者应支粮饷，改贮该州，专听本官催督给散。每双月各卫请发格眼簿，照式开填明白，送道转发本官，查核见在官军的数，呈详批允，行州支出饷银，凿分零碎包封，本官亲诣各卫，会同掌印官唱名给散。其五开一卫，仍要会同黎平府掌印官查核，公同支放，永为定规。如此，庶官军俸粮常充，永免跋涉之劳，可戢侵渔之弊矣。

一、议重事权，以便制驭。照得黎平府与五开卫同城，事体关涉。合无将黎平改为军民府，换给印信，以五开卫所军舍，听其专制，俾有司军卫咸为一体，地方庶永辑宁。再照楚省湖北及郴桂地方，属之贵州南赣兼制，该道、府、州、县官员贤否，同听甄别举刺。今黎平府既属辰沅兵备道统辖，而五开卫又属该府专制，多相关涉，似应比照前例，将该府属官员贤否，亦听臣等一体甄别、举劾、劝惩，庶边方之臣，贤者知所奋励，而不肖者亦知警畏矣。

一、议酌调遣，以免骚扰。照得永顺、保靖二司，先年浙直倭寇扰攘，当事议调其兵征剿，继此一遇有急，动辄思调二司土兵。即臣向未亲临其地，亦以二司谓足恃力，乃今则见有大谬不然者。缘二司徒有虚名，原无实兵，如遇奉文调取，则于镇溪等司转募，每兵一名，给与二钱银簪一枝，取数以应。出门即有行粮，沿途又有犒赏，官府之费既以不赀，乃苗民之性桀骜难驯，沿途劫掠生事，莫敢谁何！且俾苗夷深入腹里，习见举措虚实，致萌轻视之心，起垂涎之念，此则决不容复踵往辙者也。合无今后各省凡有寇攘，不许议调二司土兵。如贵苗煽乱，势至猖獗，听该省抚臣会臣衙门题报，听臣调发见募精兵策应，再不足用，则调取镇溪等所勇悍惯战之兵，互相夹剿，其永、保之兵亦不轻擅调取，致滋扰害。

新增兵饷事略

佥事梁铨

照得都匀地方，四面穷山，物力鲜薄，诸苗乌集，盗劫靡常，则积贮乃地方第一义也。查得历年以来，都匀府每年有隐田租银四两三钱一分二厘五毫，都匀卫有减马料田银六两三钱，鱼秧银五两，鱼税银四两五钱，一年共计银二十两一钱一分二厘五毫，听充本道公用。今照公用一节，本道向称诎乏，故历来藉此三项充之，若以地方积贮相较，则尤有急于公用者。合无候详允日，备行都匀府卫，以万历二十五年为始，将充本道公用隐田、减马、鱼秧、鱼税等银二十两一钱一分二厘五毫，每年责成府卫官及时征收，秋熟之时解纳都匀府，照市价籴谷贮仓，令都匀仓官攒同备赈谷一并看守。专听饷兵支用，不得别项那移。仍置循环簿，年终报道查核，如征收短少，罪坐卫官；贮谷短少，责在该府。年复一年，愈积愈多，其于兵需未必无小补等因。

于二十五年详允，军门江、察院应悉如议行。

募勇守城议

思州知府　蔡懋昭

本府设在万山之中，溪洞深阻，南与邛水、天柱相接，北与乌罗、提省相联，中多溪径，皆系生苗出没其间。自正统十四年被奸纠引苗贼入陷以后，为苗所窥，间尝窃发，受害频仍，良由武备驰而兵力寡也。

查得洪武二十五年，设有思州守御千户所，而千、百户以土人为之。至洪熙元年，革去千、百户，改为正、副长官，守御遂废。后因残破，又议调平、清、偏、镇四卫官军，共一百六十九员名，赴府防守。至万历元年，复又撤去。今虽召募獞兵一百二十名，每名月给银一钱八分，米三斗，把守关隘，然亦生苗等耳，非久安长治之术也。旧额土兵一百二十名，每名月给银四钱五分，以充守御，然皆柔懦不堪，惟供看门、提铃、更夫、吹手等役，而无衣甲武勇之具，以此因循怠玩，屡遭失事。合无比照各府事规，量募壮勇艺能之兵五六十名，月给工食银九钱，专令习熟鸟铳、快枪、弓弩长技，以壮武备。庶平居有足制胜，闻警不致张皇，城社人心均有利赖矣。

贵州通志卷二十一

艺文志

刘勰曰：文，人心生也。夫文由心生，则弥纶天地，黼藻今古，彪炳万汇，靡匪是物，而可概以雕虫之技小之乎？黔之初，结绳而治，浑浑噩噩已耳，至于今，而郁郁乎文矣。名公巨卿，以服官任职，宣泄王猷；旅客羁臣，以吊古怀忠，发摅性术。书之缃素，西南天地蔚然有光焉。若乃驰神艺苑之场，蜚声述作之圃，言能载道，词可为经，如近时一二产于其土者，即海内能言之士，且为推毂，吾安能不纪之，以昭熙朝文治之盛哉！作《艺文志》。

第三十九章　记　上

题名类

都察院题名记

巡抚洪钟

都御史[①]之设，国初无定员。地方有大事，则请之于朝，遣廷臣往理之。九卿正佐，随时简命。亦无定官，出则奉简檄，给驿廪，至其境，凡事有宜俗利民者，许便宜以行，即古大夫出疆得专之义也。事竟而还，亦无定期。迨至正统、景泰间，四方多事，于是乎各边方及腹里地方之有军务、钱谷重大者，始遍设之矣。其城池、甲兵、刑名、钱谷之类，无所不统，而尤以激扬纠察为先务[②]，故悉命副佥都御史以往，欲其便于行事也[③]。

① 都御史：《黔记》同，嘉靖《贵州通志》作“巡抚”。
② “先务”后，嘉靖《贵州通志》还有一句：“非宪臣尤未宜”。
③ 其城池……于行事也：《黔记》无。

贵州巡抚行院，旧在省城南隅，街宇僻隘，古乾宋公钦[①]始迁建于此，后先相承，益加辟治，规度宏备。时题名碑记有未之立者，又恐其益久而难稽也，乃遍考旧籍，得上元丁公璇[②]以下廿四人，并其字贯，镌之于石，以图传之永久。

夫巡抚，一方安危攸寄，而刑赏黜陟，举得以专之，其任亦重矣。副佥都御史即古中丞之职，其位亦高矣。位高任重，思所以塞其责而服乎人，惟在公而无私，明而无蔽而已。鉴惟明也，而形之睹者妍丑自见；衡惟平也，而物之遇者轻重自分。惟其无私无蔽也，故为妍者，为重者无所德，而为丑者，为轻者无所怨。

《书》曰："天其畀矜尔，我其大介赉尔。""探天之威，则致天之罚。"《传》曰："民之所好好之，民之所恶恶之。"劝惩爱恶，达于上下。其赏也，出乎天理之公；而刑也，加于自犯之罪。人焉有议而不服者哉？前之诸公所谓公与明者，宜无愧矣！但公论久而后定，地方之人抑岂无优劣之议者乎？眇予小子，承乏在兹，适值用兵之余，地方疲惫，疮痍未复，日惟务乎休养安和而已。尸素之诮，吾固知其难乎免于后之人之议之也。

噫！前人行之，而后人议之，后人惧其议之，而不思所以戒之，则后之议者将无已矣，可不慎哉！

都察院题名续记[③]

巡抚徐问

贵阳抚院旧存《题名碑》，创于古杭两江[④]洪公，且为之记，两江后为刑部尚书，寻改都察院左都御史。余尝官于部，见其器度弘博，有大臣端揆之风。记中制使、沿革、疆圉、绥威、兵民、安养、风纪、肃扬之政，亦概言之。而所书名氏，则自正统癸亥，讫于正德辛巳，以后无余石，而亦莫为之续也。

余承乏至，见兹镇所控诸夷，酋党桀骜，吞残间发，所司狎[⑤]习羁縻，弗申大卞。而又丁兵后，帑藏军实耗亡之余，既已爬搔敉集，以为边休。而其跳梁甚者，又弗获已于动众歼夷，以为民靖。至于轨度之所未能周，而风纪之所不能废者，非拾公之遗，洎以旁搜远取，酌时宜以资损益，其安所取衷哉？

① 宋公钦：《黔记》同，嘉靖《贵州通志》作"宋公"。
② 丁公璇：《黔记》同，嘉靖《贵州通志》作"丁公"。
③ 都察院题名续记：《山堂萃稿》作"贵州巡抚行院题名记"。嘉靖《贵州通志》作"抚院续题名记"。
④ 两江：嘉靖《贵州通志》与《黔记》同，《山堂萃稿》作"两峰"。
⑤ 狎：嘉靖《贵州通志》与《黔记》同，《山堂萃稿》作"故"。

夫考其事必知其名，知其名，斯知其人。名之不可已也如是，其可遗乎？

古之人，箴铭简牍，琬琰彝敦为谟训。箴铭类皆图远，以志勿忘；至其实之所在，而为可久者，则虽编磨石泐，而所以不忘犹存也。昔司马文正公谏院题名，有“忠诈直回”之语，将欲揭诸后之人，俾瞩目警心，聿兴劝戒。然则今日之记[①]，宁非后事之师乎？某是以惧，爰命伐石[②]，窃取文正公之意，以续书焉。

提督都御史题名记

巡抚吴维岳

余祗承巡抚贵州之命，言官旋请撤总督湖广、川、贵军务都御史，而以其柄归诸巡抚贵州者，其说祖巡抚魏公英、杨公茂元往规，而兼省费意云。旨下所司，议便，于是更赐玺书，颁令旗八、令牌八，湖之北、川之东二路，大小流土诸司，悉听节制。余固陋，即贵州虑不胜任，而益之以此！且当始事，凛乎有以发引钧之惧。

至乃欲穷制度治革之因[③]，而贵州初不设藩省，成祖文皇帝治思州、思南宣慰田琛、田琮鼎罪，因废二宣慰司，始设藩省。地丛土夷，又褊甚，故藩省号与十二省同，而秩员法纪，素安阔疏，卷牍漫逸，莫可稽按，博搜尘案散编，聊镜梗概。

正德丙寅、丁卯，镇筸、铜平苗寇龙麻羊辈啸聚湖广、川、贵，境上大张，镇守贵州太监孙叙请于湖贵抚臣中特授一人兼制，以便统驭征剿，乃授魏公英兼制，杨公茂元、沈公林相继底定。陈公天祥以后，不见行兼制事，然未闻明罢其规，殆以事宁而玺书遂除去叙请耳。

顷阅两江洪公钟为巡抚《题名记》，列丁公璇以下二十有四人，养斋徐公问续为记，列王公质以下三十人。

余考贵州疆理以来，勘苗凡五大举：宣德辛亥，都御史吴公荣讨平龙三辈。正统己巳，韦同烈为乱，巡抚寺丞王公询亟请益师，侍郎侯公琎出领军事，有功，迁尚书，都御史王公来踵收全绩。弘治戊午，尚书王公轼讨平米鲁。三举皆廷选重臣，推毂而出，奏凯而还。后有魏、杨、沈三公兼制一举。

---

① 记：《黔记》同，嘉靖《贵州通志》作“求”，《山堂萃稿》作“存”。

② 爰命伐石：《黔记》同，嘉靖《贵州通志》与《山堂萃稿》均作“爰命都司从事赵昌龄董工伐石”。

③ 余祗承巡抚贵州之命……至乃欲穷制度治革之因：《黔记》未作为引文，而改写在《佥都御史吴维岳传》的传文中。

而嘉靖戊申，则龙许保大逞麻阳、铜仁间，三省抚臣持论不相下，朝乃议设总督都御史，开府沅州，以讨平控压之，迁去辄补。盖国初无巡抚官，四方有重役，简九卿正二一人出理，讫事即归。正统、景泰间始专设巡抚，而值大征举，犹遣重臣总督如故，然亦随撤。若《旧记》，巡抚慈溪王公实自京出，代侯公总督，公奉玺书有云："贼势宁日，同抚按三司官会奏。"顾偶与四川官军失期，赖巡抚李公匡督兵殊死战，得无偾，则慈溪公似未尝为巡抚也。惟嘉靖平龙许保后，总督与巡抚并为专设，而巡抚且听总督节制矣。

国家西南一镇，楚、蜀、黔壤境壤牙错，官混流土，民杂华夷。三省抚臣，类以秦越异观，遇事少公听和衷之济，乃设总督，今议撤之。而重贵州巡抚兼制事柄，创颁旗牌，应古授节钺则专征调之义，纲提而条集，臂运而指随，可守为简要彝典。兹若居常缺于绥敉，蠢动乖于芟剔，则其失在人，不在制矣。余为是惧！既自知不胜任，又以遐方少掌故者，乃欲小叙沿革，告诸来彦。[①]

而徐公《续记》石渐少余地，且与洪公《记》石咸促狭不称，特砻丰碑，汇二石，诸公题之，而安二石于堂之右楹。其履历明于考询者，稍为增正。慈溪王公来仍旧存疑。首以吴公荣，于王公询后附侯公琎，二公实为总督，吴公时尚未设巡抚，而侯公则似与慈溪公得同书。若传载李公匡所督者四川官军，未能详其为四川、贵州巡抚，故未敢列，皆以竢博洽君子。至于人指是石，而评其忠诈直回，以永劝诫，如宋司马文正公之记谏院题名者，则古今中外题名通议，无庸述焉。

察院题名记

巡抚孔镛

王者以仁政治天下，必有风纪之官，以为明目达聪之用也。[②]我太祖高皇帝奄有万方，用夏变夷，治尚仁政，而于建官，则酌古准今以损益之。因古之内台而制之官，内有都察院，以总天下之风纪；外有察院，以专一方之风纪。院设于藩省[③]者一十有三，而贵为之重。盖贵，古鬼方，汉、宋历元为罗甸之国，自国朝以来，奉土纳贡，方为内地。列圣相承，开设三司、诸府、卫、州，外巩诸夏，内控诸夷，治忽所系，尤急于诸方。以是天子之命御史出廷巡按，以察吏治，而观民风。于斯贵特加之意焉。

---

① 余为是慎……告诸来彦：《黔记》无。
② 王者……达聪之用也：弘治《贵州图经新志》与嘉靖《贵州通志》同，《黔记》无。
③ 藩省：《黔记》同，弘治《贵州图经新志》与嘉靖《贵州通志》均作“藩臬”。

弘治改元，监察御史桂林包君好问实按于斯。贵之所属，虽百三十年有奇，而贵竹为之会府。国初以来，历政交承，旧章成籍，于是乎在。顾兹察院，规制虽备，而题名之典尚缺，好问于治事之暇，考之前政，得六十人，别其姓名而刻之石，命之曰《题名》，将待后政者继而题焉，以垂于世。予承乏巡抚来，请记之[①]。

予谓御史乃天子耳目之官，而察院御史所寓，出政之所。自成周始建，秦汉以下因之，而其制有所崇益，分三院，综五胄，监诸司列郡，司六察，斯已重矣！在廷广天子聪明于内，出则广天子聪明于外，是其所职，若耳之职听，清浊之不淆；若目之职视，黑白之不混。苟为不然，则不职矣[②]。故天子之于御史，任之常重，而御史之自任亦重。

好问巡于贵将一载矣，政举刑清，民安吏惧，盖将即前政之臧否，为后政之劝戒，孰其称职为可师，孰其不职为可戒，必有辨之者。然则题名之记，岂为表章风纪，观美一时而已，万世之下，于我朝廷制度尚亦有所考焉。是为记。[③]

察院题名续记

巡按席春

柱下史曰：古者天子巡狩方岳，开明堂，朝诸侯，躬行庆让，故诸侯率职而天下治。自秦罢侯置守，后世相仍，天子不复巡狩，时遣御史分按天下，旌举其吏之贤能，而废职败度者黜劾之。用是，有御史代天子巡狩之议，御史之责重哉！夫方岳守令，古诸侯也，御史得举黜之。是故御史良，则寮惟贞，度为肃，否则寮且玩，度且驰也。夫贞、肃、玩、弛，世用淳浇，而其端在御史，御史之职殆难矣！

贵州，古牂牁地，入国朝，为宣慰使司，旧隶四川，设行都司以控制之。永乐间，始设藩省。地杂汉夷，莅兹土者，抚柔允谐则宁辑，稍失则叛去。加以生事边徼，冒功纳贿者又从而开其隙，则兵革无宁日矣，尤按兹土者之所以难也。

东察院旧有题名碑，列开设以来巡按、清军、刷卷诸公名氏于上，迄今

① 以垂……请记之：《黔记》与嘉靖《贵州通志》同，弘治《贵州图经新志》作“以垂于祖，予许之。巡抚来，请纪之，予许之”。

② 不职矣：弘治《贵州图经新志》与嘉靖《贵州通志》此后还有几句：“四体有不职，在耳目以察之，诸司之不职，在御史以察之。”

③ 然则……是为记：弘治《贵州图经新志》与嘉靖《贵州通志》同，《黔记》无。

无余地矣。数年来，代而去者，阙漏无纪。

今年春，延平胡子国华按是邦，克振厥职，边鄙赖安。暇阅前碑既盈，乃谋勒石补题旧遗，并徯来者。春适被命，叨按云贵，谓予宜有言。春窃谓诸同官，持风裁，懋激扬，皆有声于时者，不类亦获厕名其上，使春果贤，后有指而言者，曰："此名御史也。"否则，人将起而议其后矣，可惧哉！

於戏！人情无所警则玩，玩则怠，怠则议斯集矣；有所警则惧，惧则慎，慎则议斯免矣。春乃今视斯石，能无警乎？哲人自励，勉予小子，是固胡子勒石意也。

布政司题名记

左布政萧俨

洪惟我皇明，国初太祖高皇帝承天肇运，混一六合，覆载之内，悉主悉臣。睹兹贵州，在牂牁之西南，即古三苗、鬼方之域，历代所未服者，今皆威之以神武，而纳于职方。始建贵州都司，统卫所二十，以镇其地。钱谷之出纳，刑狱之按治，则兼于邻属。迨我太宗文皇帝继统守成，丕熙洪业。永乐十一年癸巳，乃以贵州渐被治化，壤地之广，人民之众，词讼之繁，不可无专总之官，复又议设布、按二司。

维时，魏郡蒋公廷瓒，以行在工部侍郎选任左布政使，乘传而来，暂造城外之北驿馆，假为公署而听政焉。盖方草创，而衙宇未能暇及。时思南、思州宣慰司尚隶湖广，其二酋长皆姓田氏，梗化不道。蒋公奏于朝，族其家，遂以地改设思南、思州及铜仁、石阡、镇远、黎平、乌罗、新化八府，及与贵州宣慰、金筑安抚二司，并割云南普定之界为州，总隶贵州布政司统辖。其司之设官，则有左右布政使二员，左右参政二员，左右参议二员；首领则有经历司经历一员、都事一员；照磨所照磨一员、检校一员；刑狱则有理问所理问一员、副理问一员、提控案牍一员、司狱司司狱一员；典金帛则有丰济库大使一员、副使一员。官视中州无甚异。

宣德中，又因民稀事简，虑其官繁以扰之，复革乌罗、新化二府，而户口、田赋并入黎平、铜仁。迨及所定者，府曰六，州曰四，县曰三，宣慰、安抚各一，长官司共六十有七，而卫之长官司不与焉。至于官制亦有损益，右布政、右参政及属之检校、副理问、案牍，府之判、同[1]，县之丞、簿，渐次裁减不一，盖因时而制宜也。

---

① 判、同：嘉靖《贵州通志》同，弘治《贵州图经新志》作"判、司"，当非。

粤自开设以来，武摄文绥，治理日臻，夷训就役，风教溢于列郡，桑麻遍于幽壤，才俊挺出，为时显用，亘古未有也。吁，盛哉！

景泰七年丙子，巡抚都御史蒋公琳重以假署外馆，非承流宣化之所也，奏徙城中，得隙地以建衙宇，规制宏壮，轮奂一新。

俨以菲才，荷今圣天子宠遇，为藩于兹。愚暗无补，但以斯域爰自列圣相继德化，涵煦百年之久，而前政寅僚，奉宣德意，渐摩抚驯，善政遗爱，其注人耳目而浃人心者也。然而世远人亡，不能不泯。用是，撮建置大略，与昔今官僚名位，庸刻坚珉。庶其沿革历履易见，来者有征，且知祖宗肇造之艰，继化之盛，边俗丕变之懿，相与懋修职业，益隆治化，以永终誉于悠久。俨则不敢自望，相与僚采勉图之。

布政司题名续记

巡抚韩士英

贵州布政司旧有题名，已再刻矣。岁久石盈，将后来者无所于载。乃今左丞洪君珠欲嗣而续之，谋诸同寅姜君仪、毛君绍元、赵君叶、刘君寅，佥曰："然"。遂砻石请记。以予亦尝游是司也，辞弗获。记曰：

士历官服寀，由郡县上至藩臬、台部，莫不有题名之设，岂徒存名氏、爵里，以示勿忘而已？固将因名求实，征贤否，为劝惩，是故君子有取焉。今之布政，虞之岳牧也。舜之咨牧，曰："食哉惟时，柔远能迩。敦德允元，而难任人"。然必终之以蛮夷率服者，盖以中国之治待四夷也。

贵州古西南徼，所履皆蛮夷之封。而布政司以钱谷、土田为事，有屏翰旬宣之责。我朝命官之意亦与有虞同。诸君之所敷布大政，所参知共议者，皆是道也。惟兹诸夷常所不恭者，既草薙而禽狝之，固已率服矣。然承平日久，法渐弛而威不讫。协恭和衷，以图久安长治，则虞之授民时以足食，任仁人以安民者，顾可不加之意哉！此之谓实政而名存于后者，将于实乎是稽，前所登录亦既多矣。今其名故在，可考而知，皆能尽其职否也？尽则为贤为善，否则兹石也，实彰戾表慝之地耳。余不敏，亦厕名刻中，不知后之指议者又何如也。重为此惧，故以实先焉！诸君名誉方隆，所以书部台、勒钟鼎者可待也。体国柔远，以对扬天子之休命，请自今日始。

按察司题名记

翰林彭华

贵州，古夷蔡域，秦汉来羁縻而已，或稍稍郡县[①]，终不能约之就法度。我皇明有天下，武定文教，无远弗及。洪武初，即贵州立都司，统兵卫暨诸酋长。永乐癸巳，遂建布政司，悉[②]州郡其地，间以宣慰、宣抚主之。越十八年[③]庚子，乃设按察司以掌风纪，置按察司副使、佥事五员，分巡贵宁、安平、新镇、思仁四道。于是三司相维以治，部内咸与中藩等矣。

顾诞敷教化[④]，朝廷固付之有司，而操黜陟、任激扬，使有司循礼法以导民者，则在风纪之官。风纪得人与否，其所关系重矣！

同年卢君崇绩自湖广按察副使迁贵州按察使，划奸除弊，扶弱植良，甫及期，吏畏民怀。间出巡山谷闾里间，喜其俗之日迁，因叹曰："夷俗丕变，固本于圣明之化，亦由前此诸公有以奉扬之也[⑤]。盍录其名氏，勒诸坚珉，以示永久！"乃走书征予记之。

予曰："先卢君官于贵者，奚啻数十百人，中固多贤，未必尽贤。贤者能以礼法持身率下；不贤者自放于礼法之外，乌足以劝吏而导民！卢君概书之，将使后之人指其姓名，歆羡其贤者，而思取法；讥诮其不贤者，而内自省惕[⑥]。惕然戒惧，油然兴起，欢然共相饬励，以正宪度，仰称圣明设官至意。此其有警于在位者无穷也已。"[⑦]

---

① 郡县：《黔记》同，弘治《贵州图经新志》与嘉靖《贵州通志》均作："郡县之，奈民风俗习与中州殊绝。"

② 悉：原文不清，据嘉靖《贵州通志》及《黔记》补。

③ 十八年：《黔记》、弘治《贵州图经新志》与嘉靖《贵州通志》均同，《彭文思公文集》作"八季"，当是。

④ 顾诞敷教化：《黔记》同，弘治《贵州图经新志》与嘉靖《贵州通志》均作："嗟夫，华夷异域，风教所从来者，岂独限于山川哉？邶鄘染于商纣，恒代袭于燕丹，其不为夷者几何？蜀之弦诵，自文翁而兴；闽之文物，因常衮而盛。遂与邹鲁相埒。所谓风俗与化移易，自古然也。方今诞敷教化，以变僻陋之俗。"

⑤ 夷俗……奉扬之也：《彭文思公文集》作："吾逆数初建官时已七十余年，慨想前人功业，多炳炳在耳目，凡今夷俗之丕变，固本圣明之化，亦由诸公有以奉扬之也。恐久遂湮灭。"

⑥ 将使后之人……而内自省惕：《彭文思公文集》作："亦将使后之人指数其名而为之勉戒乎？然则贤者师之，不肖者违之。"

⑦ 本段原文多有不清楚之处，均据《黔记》补足，不一一出校。

提学道题名记

副使况叔祺

国朝稽古建官，尤重文学之臣。在两都，命司成掌其事；在诸路，命宪臣奉玺书乘传。得非隆官师、求茂材异等光辅中兴之业乎？岁己未，予自礼官大夫督学贵阳。既至，阅公署，旧无题名。夫今之守一官者，无论中外巨细，其所居必纪名。而贵之督学独阙焉，曷以昭懿矩、垂将来？[①]

爰慨文献之莫征，悼先哲之易泯，搜求往牒，咨询故老，得上元沈君而下凡二十四人。以予耳目所睹记，其人皆卓荦恬静，韬光匿美，类能列于不朽之途，视他省为独盛，何以哉？

夫味道腴者甘淡泊，薄宠利者乐疏逖，巨材隐于深箐，丹砂伏于幽岩，足迹不履，采构不逮，故得全其天真。珍奇锦绣，列于通衢，朝过而夕鬻。二者较其迟速，不可同日语矣。贵阳僻壤，寂寞之态等于野戍荒村，溺纷华者不居焉。然贵虽殊俗杂处，章缝之士皆能习孔氏之说，诵仁义之文，其质淳朴愿悫，循循雅驯，以予振铎其间，甚易相信。又其地冬无严寒，夏无酷暑，四时如春，得阴阳之和。彼煌煌要津，炎炎通逵，或未必胜此也。予见宦者多薄贵阳，故识之，以告夫后之莅兹土者。

威清兵备道题名记

副使焦希程

祖宗以神武戡僭乱，文德开太平，礼乐衣冠，遍于异域。洪武十五年壬戌，置贵州都司。永乐癸巳置藩司，庚子置宪司，分贵宁、新镇二道。二十一年癸卯，复置安平、思仁二道。今印背之文岁月具在，是曰分巡，而兵马则寄之参将焉。

成化中，始设兵备副使者二，贵州迤西一人，即今威清道也。及增守备指挥一人于普安，而威清兵备驻安庄，由是普定六卫不隶于参将矣。

弘治八年乙卯，议以守备徙安庄，而移兵备道于普定。时维周公凤卜址于卫之隙地，事皆草创而已。

嘉靖元年壬午，始颁威清兵备关防，仍提督迤西地方。

己丑，藩臬之臣入觐，议增兵备兼分巡。辛卯，抚按复其议，于是以威清兼安平，都清兼新镇，俱副使。设兵备，一于毕节，兼贵宁，一于思石，

① 本段原文多有不清楚之处，均据《黔记》补足，不一一出校。

兼思仁，俱佥事。咸奉玺书，授以兵马、城池、边防、吏治之寄，并司其地之屯政，兼制异省之接徼者。威清则兼制广西之泗城、云南之沾益二州焉。

乙巳，唐公时英始增署左之廊屋、庖湢。

壬子，廖公天明买民居，辟外门，与天马山对，而表以棹楔。

乙卯，王公璧乃崇其堂庑门亭，遂焕然改观焉。

丙辰，希程承乏而来。追寻往政，以为矜式，而图志无征，文案蠹蚀，近岁诸公间可得其姓氏，而远者漠然矣。

夫"思齐""内省""三人我师"，矧云荒徼，为滇南襟喉，怀之以恩，或失则弛；董之以威，或失则激。行伍已虚，驱役驿递，财赋告匮，仰给邻省，不虞之戒，又非所易语者。苟流风之不泯，斯画一之可施，求其姓名，今已难矣，况其他乎？而况益以岁月，岂不为尤难乎？于是拾遗牒，咨父老，敝精竭神，旁搜曲证，上溯成化，以至于今，凡得二十有三人，喜而亲书于石。盖知其人，斯其政可稽矣，顾不自鄙，而窃附焉。虚其左方，以俟后之君子。於戏！览斯石者，将有品题，而登斯石者，独无自爱也乎！

毕节兵备道题名记

佥事施昱

国家统一寰宇，载奠华夷。文教诞敷，武烈斯奋，乃分藩服，乃建监临，乃设有司，乃置军卫。至于边徼夷服之地，则仍其世官以系之，从其俗宜以便之，而钱谷、甲兵、典章、刑法，各以其职事，其为斯世[①]、斯人计者至深远矣。[②]

贵州，古之荒服，三代以上未前闻也，庄蹻王滇，道始通。汉事西南夷，其地始郡，然号称靡莫，惟事羁縻。历唐及元，声教之暨，未有如今日者也。

混一之初，尚以其地分隶四川、湖广、云南，相去并遥，弗便于治也。乃永乐十一年，始割三省之地，置贵州等处承宣布政使司、都指挥使司以领之，置提刑按察司以监之，于是特为一省，与浙江等处并为十三矣。然官司之制，视他省为简。兵备、分巡之设，各二员统之，属贵宁、新镇各一道而已，屯田则提学兼理焉。是故所设既简，所统益繁。东西相距数千里而遥，往返跋涉之艰，岁不能以遍；文移应酬之达，月不能以周。故事多苟且，人无固志，其于地方利病漠如也。

---

① 斯世：二字原文不清晰，据嘉靖《贵州通志》补。

② 此段嘉靖《贵州通志》同，《黔记》无。

嘉靖二年，副使舒公表以威清兵备带管迤西，始于戡乱定祸之余，建道于兹，而凡驻扎者有所止矣。然东西兼摄，则往返之劳犹夫昔也。

岁辛卯，巡抚刘公上元始建议析贵宁为毕节、威清，新镇为思石、都清，各二道，以副使、佥事各分治之，屯田则各以其地隶焉，而又各以所近兼制川、湖、云、广之徼，而各驻扎于其要冲之地。于是，天子允其议，降玺书以责成之。

其在毕节者，曰整饬毕节等处兵备，分巡贵宁道，驻扎毕节，不时往来巡历永宁、乌撒、赤水等卫，兼以屯田，而以佥事领之，则合兵备、分巡、屯田之政为一矣。是故以其地，则川云之徼皆得而治之；以其民，则汉夷之类皆得而子之；以其政，则兵马、钱粮、典章、刑法皆得而理之，厥任亦重也已！

昱猥以庸劣，钦奉玺书，职谢宏猷，才惭经济，惧无以仰承天子明命，蚤夜兢兢，欲寡过而未能也。尚赖前哲诸君子嗣莅兹土，咸克用乂，或清寇于已乱，或消祸于未形，或以威宣，或以爱著。而余小子遵厥绪余，靡易轨辙，幸享承平之绩，不可谓非昔人之贻也。然交代匪常，案牍鲜具，既乏可稽之文，兼寡足征之献，至其姓氏，亦罔闻知，可惧也哉！

援搜往牒，载访乡士，有教官马运、监生阮焘者，以舒公而下若干人来复，皆嘉靖以后耳目所及者也，正德以前则亦莫能悉矣。是惧后之视今，犹今之视昔也。乃列诸公姓名履籍，勒诸瑱石，藐予小子，亦窃附焉。盖不徒阐先哲之休光，抑以为后人之龟鉴也。

自今以始，某也功，某也德，某也猛，某也明，某也廉，名以实存，实以名著。贤者人得而仰之，否者，亦得而訾之矣，不亦重可惧哉！然名以毕节兵备题，而舒公以下三公，则皆威清兵备带管迤西者也。其始自舒公者，以道之创自公也。若稽前诸公，则有威清道之记云。①

分守新镇道题名记

郡人孙应鳌

万历戊寅，平越卫创建分守新镇道行省。逾庚辰，参议振海黄公驻节于兹，树绩宣矩，起残敷惠，盖一方遂称靖谧云。

粤稽贵竹，本古鬼方、靡莫地。秦、汉、晋来，稍置黔中、牂牁、夜郎诸郡。唐、宋、元，或附楚，或附蜀，或置八番、罗甸、顺元宣慰都元帅，

① 此段嘉靖《贵州通志》同，《黔记》无。

要以夷酋顺叛殊状，又隔阂中土，故率随所疏属而区处之，未有画一。

逮我明，威德四被，风化昭启，为裂郡县卫戍，设省、设台、设阃，曰三司，埒他藩，纲纪法度，灿然具举矣。省台各有长、有贰。省之贰分守各路，台之贰分巡兵备各路，人莫不展采错事矣。牵他路者不论，其分守新镇、都清兵巡，专辖都匀、镇远、黎平三郡，龙里、新添、平越、清平、兴隆、都匀、黄平七卫所，兼综湖广偏桥、镇远、清浪、平溪、五开、铜鼓六卫，广西南丹一州。山河辽阻，蛮夷犷悍，垒伍凋夃，地产呰窳，皆倍蓰他路，不可不谓难与剧矣！都清兵巡驻都匀，久在提封中，章程之沿革，户赋之徭征，徼塞之防捍，课殿之施注，莫不资揆度，取裁择，乃分守以驻都会去，牵路迥远，一切上之人案牍关白甚鲜，故下之人第习知兵巡，不复知分守。乃分守亦延缘往昔之素，乐闲适，目为吏隐，而亦自以燕安不钩校，非一朝夕，所由来渐也。

万历乙亥，云南寅所严公清巡抚兹土，察之，因驻都会诸分守大夫屡日开衙，有全无一报牒，及禀一公家计者，叹曰："分守、兵巡，均地方要秩。分守无所事事若是，朝廷列秩本意必不其然。"遂疏于朝，大约谓：诘戎敕罚，广厉条宪，为兵巡事；理财覃泽，奠安封疆，为分守事；铨管虽异，实相须偕济，不可独倚一偏。臣简核分守贵宁同毕节兵巡，率贵筑西路，地险夷强，止一兵巡驻毕节，难控驭，宜以分守贵宁移驻乌撒。分守新镇同都清兵巡牵贵筑北路，境壤犬牙，于他藩尤甚，劫夺且充牣，宜以分守新镇移驻平越，分守安平，宜改兼于清军。清军事寡，普定距都会声闻易及，彼此俱利。其巨细诸务，守巡兵备，宜协恭调赞，文武臧否则交互咨询，重大机密则交互定命，遴委典援则交互详覆，狱讼则交互鞫谳，阙任则交互权摄。兵刑主兵巡，分守参之；钱谷主分守，兵巡参之。事可责成，官无尸旷，免偏重之嫌，得术业共饬之义，策似便。制下吏部议，如抚臣指；制再下，特允所请，而分守新镇即移驻平越矣。

是时，分守巴渝刘公世赏爰卜平越城内隙地，丁癸向吉，选经历刘信，千户陈策、王朝彦董厥工，缮造于丙子十二月，构竖于丁丑三月，完美于戊寅二月。堂庑廨署，门楔阶除，攸跻攸宁，有伦有序。刘驻两月，捧表入贺，擢广东按察司副使去。万安张公尚大至。己卯，清平戍卒迫苦于募役置邮，群鼓噪倡乱。张夜闻变，亟驰檄遣人抚辑，各戍卒随定。是时，微张驻平越。清平事几殆，张致仕。今晋江黄公德洋至，谓行省分立，操论之筹虑，经始之勤劳，不同于寻常兴作，欲刻石，题继至者姓名、爵里，虚下方，俟来哲，俾清平孙生应鳌记其事。

孙生曰：凡公署有题名，将核治绩，垂标准，备征文献，稽实功令，抑亦待观者按评品，而彰鉴戒之旨，咸寓于中，兹所营拓，已见部使善审画，不再具。吾闻物聚则好丑形，事比则得失辩，人并则贤不肖判。异日士民睹斯石，口诵而手擿，曰：某裨益邦域；某遗爱在人心，有去思；某节概当名宦。则斯石非特分守诸大夫考政镜德之林，实一方所繇视为甘棠、蔽芾，勿剪伐败拜之具哉。其不然者，士民之壳也弥溢甚，直道载而行之，余固不能私，不敢私矣！

思石兵巡道题名记[①]

副使张斗

我国家画天下疆域，列为十三藩臬，以总理庶政，而又分隶各道守巡，异篆持宪节，以弹压郡牧长。兵道则又视地方要害，专敕符，假事权，以故生杀予夺，悬于掌握，利病安危，捷于呼吸，则其职岂不钜且重哉！顾有建置则有题名。纪其姓名、里邑，暨爵秩、年月，盖将因名以稽实，非徒遗实以狥名，昭黜陟于既往，垂惩劝于将来，其典刑俨然在也。[②]

贵黔自古号鬼方，秦汉来羁縻而已。我皇明统寓，永乐年间，先后建藩、臬二司，与都司鼎峙，将以中国之治治之矣。仍分清军等十道[③]，内外相维，而思石兵巡道则驻节铜仁郡，与总镇提衡而治。

铜故介在一隅，实川、湖、贵九种苗贼渊薮，出没不常，动辄千百成群，大都束手而毙，蒿目而视矣。

说者曰：方今海内最桀骜难驯，独此虏耳！近倭夷关白亦称兵惊犯，此何有于苗丑，而猥云难之也。

噫，是不然！内外异势，安危则均；强弱异形，难易相埒。何者？南倭北虏，偪近辇毂，故视宜重。而黔服一带，独非天朝赤子乎？不知被其糜烂、遭其荼毒者，数年来几千万命也。假如播酋包藏祸心，势盖岌岌矣，此何可以内外视也[④]！御南倭北虏，知谋响应，兵粮饶足，且不吝封爵重赏以悬之。而此区区几营哨，以数疲卒当其锋。且其倏来倏去，疾如掣电，巉崕绝顶，

① 思石兵巡道题名记：《黔记》作“铜仁兵巡道题名记略”。
② 此段《黔记》无。
③ 十道：《黔记》作“一道”。
④ 说者日……此何可以内外视也：《黔记》无。

走如平地，其视南北之水陆可凭者，孰难耶？孰易耶？而诸材官岂尽无忠勇，以愿效死力者哉！然而蒙爵赏者曾有几，且惧三尺尾之矣。此其视安危难易何如哉！[①]而若之何其不难之也！

铜苗故属兵道，而节镇思南则远矣，守道驻扎铜仁，则又悖矣。当时守道张公克家、兵道应公存卓，灼知其远且悖也，又灼知其难且不易也。上议两台，更置互易，蒙巡抚都御史舒公应龙、巡按毛公在题，诏允其议，万历十四年，奉敕改驻焉。

于今又越十余载，所视为传舍，未有砻石，余则曰：不有题名，奚以示鉴；不有勒石，奚以垂永？此诚一缺典也。以前不具载。爰自方公以下至不佞，计五员，裒其姓名等而纪之石，且为之记[②]，以永其传。

余惟职诚重矣，事诚难矣。顾受职而考成者，明主之权也；图难于其易者，荩臣之分也。精白乃心，毕力从事，使尘消氛涤，与南北屹然，中外巩如，庶为尽其分以效之职。昔贤伏波、孔明，忠勤在望，盖不难事矣。余每读司马温公《题名碑记》，而以某忠、某佞、某贤、某不肖垂训，未尝不竦然掩卷叹曰："此千古为臣之炯鉴哉！"故妍媸以铜鉴，淑慝以人鉴，语不云乎？名者，实之宾也。此又题名之意也。

总兵府题名记

巡抚汤沐

贵州，古西南徼域。入国朝来，诸司骎设。然汉夷杂处，而兵革之事，视他省每廑岁议，故祖宗于钦命抚按宪臣之外，复专命武臣一人以镇守之。诚欲其控驭百蛮，节制诸属，以奠安军民，其任不可不谓之重且艰也。顾视夫承事者奉宣对扬之能否何如耳。

岁嘉靖癸未，濠梁牛君桓适承简命，以佥都右府来视黔。居无几，凡在法制旧所未便暨未备，小者立变，大者徐议，人方有改观易听之羡。一日，达视治第，矍然曰："防闲有门矣，听决有堂矣，寝食有室，游息有圃矣，何历任者独无题名碑耶？今将何所鉴视，抑何昭示于永久乎！"乃亟考摭往牒，仅得十九人，图欲立石，以识其职氏、履历，缺者候而来者附焉。间以告于予，且属记之。

① 此其视安危难易何如哉：《黔记》无此句。

② 此后文字《黔记》皆无。

予惟前者，后之倡也；名者，实之宾也。昔五代王彦章氏尝有豹死留皮之喻，终以铁枪著号。而况秉钺坐镇，岂无去后之遗者乎！司马文正公当宋中朝，亦有谏院题名之刻。则夫衔命万里，司命三军，其风声政绩之在当日者，某廉、某污、某勇、某怯、某仁明、某昏暴，能无从而异议耶？是非之辨，取舍之分也，以今而视昔，以外而视内。牛君汲汲之举，质之于时、于分、于势，夫何不宜哉！且牛君之意固将视其可否以为劝戒也。

然后之视今，犹今之视昔，而其所可为具者，蝉联瓜代，与有责焉，又不特系于牛君之一人矣。予于牛君，世有讲仕，地恒相逐，知其他日必能奉对宏休，建树伟绩，亦聊以占此而已。时镇守太监杨君广、巡按御史陈君克宅咸闻而韪之。故不辞而为记。

都司题名记

都指挥王聚

贵在寰宇西南之极，天文实沈井鬼之次，壤僻以险，俗朴[①]而夷，古昔号为穷荒，至近代始用羁縻，《方舆》志之详矣。

惟我皇明，受天显命，括覆载以为家；肇建都指挥使司于兹，以当一面之重，控制诸夷而抚绥之，所以成帝王大一统之治，示天下以无外者也。司之官制三等，其正曰都指挥使，佐曰同知、佥事。同寅协恭，以勤王事，使夫皇威远播，而疆埸清宁；我武惟扬，而军民安堵，此其职也。

故在祖宗时，命官必自宸衷，又从而简任之，盖以地远人夷，难于治理故也。由是以来，殆将百年。而前辈忠良所宣力效诚，上裨王度，下卫生民，惠流于远，久而不息。若马公烨之开边立卫，程公暹之区置蛮戎，顾公成之奉天靖难，余公镇之重建公署，以及近时张公锐之为政知体，张公任之奋勇服远，皆方岳之良。又尝以是结上知登世[②]，延阶都府，享有侯封，未易悉数。虽其英声茂实，犹在人耳目，然历年兹久，文献不足，将无以闻于后。

聚辱是官，深愧无以负荷，惟用警惕！迩因司印篆文久而磨刓，请更得[③]颁授新章，实增感励。凡政之当兴、职之当举者，咸勉而行之！景仰前修[④]，立题名石，刻示永久，且寓劝惩焉。

① 朴：弘治《贵州图经新志》与嘉靖《贵州通志》均作“丑”。

② 登世：弘治《贵州图经新志》作“登将任”，嘉靖《贵州通志》作“登仕”。

③ 请更得：弘治《贵州图经新志》与嘉靖《贵州通志》均作“特请更易，得”。

④ 景仰前修：弘治《贵州图经新志》与嘉靖《贵州通志》均作“景仰前休，还旷之躅”。

嗟！惟夫人负才气[①]，百岁犹瞬息耳。其能与天地相为悠久，千古之下，使人想见而感慕兴起者[②]，其惟名乎？虽然，名者实之表也。今将题其名矣，将不自勉于后，必有指而议之者。是用纪岁[③]，以告诸同事：相与懋建忠勋，以图振后光前，毋但恃乎名之可久，而不畏夫人之议也。

八番顺元宣慰题名记[④]

元·副使范汇

八番顺元，相传为夜郎、牂牁之表，殆古鬼方之境欤？蛮獠种落杂处，叛服不常。入我国土，军徇地，诸部悉归顺，始置宣慰使都元帅府，总戎以镇之。更贵州为顺元，屯驻城中。领万户府一、镇抚司一、安抚司十、长官司五。而顺元、思、播三宣抚地皆听抚镇，其任可谓重矣。然而，四外督土官，相袭或有争，则境内寇夺乘衅，道路欲塞，又外连南诏、岭徼，两江溪峒，侵削斗阋，往往有之。阃政相弛，即戒不虞，故官于阃府者号称才难。

至正十年秋，宣慰司都元帅完泽公以省台宿望，仁勇兼著，莅政未数月，号令肃然，旌旗为之出色。于是纪纲立，法度行，百废兴，而太府未有题名之石，实亦缺典，何以昭劝惩？乃命立石，属余次序而题著之，将镌刻以候来者于无穷，及考诸闻见。始自开辟，以迄于今。至于边政之得失，才谞之崇卑，则人心公论在，将历指而议之，可不惧哉！

贵阳府题名记

知府李濮

贵藩省会，故无郡治。隆庆三年己巳，徙附郡程番而更置之，其事则宪伯纬川冯公记之详矣。初，贵之列郡，官不必备，因其简也。兹郡附省，事务稍剧，则官联具列焉，意重首郡耳。是年孟冬，予承乏首莅其事，寮寀以次而至。又逾三祼，制度渐备，骎骎然与内地相埒矣。佥谓立石题名，制不可缺，知其颠末者莫予若，当自系数语，以弁诸首，予则何言哉？

---

① “才气”后，弘治《贵州图经新志》与嘉靖《贵州通志》还有几句：“遭遇圣君，官于都阃，致有方面之荣，得以行其志业。”

② 兴起者：弘治《贵州图经新志》与嘉靖《贵州通志》均作“有不待生而存，不随死而亡者”。

③ 是用纪岁：弘治《贵州图经新志》与嘉靖《贵州通志》均作“可不思所戒慎，而求免于斯乎？聚素不文，姑纪岁月”。

④ 原文自注：元名，国朝为贵州都司。

尝闻今之郡牧，古刺史职也。宣德达情，辑绥纠正，百责萃焉。矧附居省治，诸当道日临之，贤易知否易訾。且又创置方新，纪法未具，处军夷之杂扰，无州县之联属。居是任者，其艰理之势，较他郡岂不倍哉！思其艰，图其易；谨厥始，虑厥终。予固不敢自诿，亦不能不为同事及将来者望也，于此而不有以纪之[①]，则稽核无资，监观无措矣，于政治何裨乎！夫知官秩之不可以无纪，则当思纪之不可以为易，使其纯然而可为后人之观法也，则于斯石为有光矣。则凡所以守身与物之间、用人行法之际，固哲人之所择也。充是心也，则自今以往，当必有瑰玮卓荦之才，以开大其治，懋建侯树屏之绩，成柔远能迩之功，易夷俗而媲中州，重光叠盛，有非记之所能尽者矣。今日之记，岂徒秩官爵，叙名氏，著乡土，以为一时之荣观尔乎？同寅诸君以予言为然，遂命工刻之。[②]

普安州题名记

郡人邵以仁

不佞以仁尝考《周官》以五等建邦，于时盖千一百二十五国，其地之广者不越百里。秦罢侯置守，而郡县所由起，后世因之，竟不能易，则势使之然也。我太祖高皇帝疆理域中，为府者百四十九，州二百一十八，县千一百有五。州地之广者数百余里，视公侯国且倍之，州之从事，即古诸侯之职也。夫诸侯以世及为礼，无所用名，故《春秋》无名。诸侯若郡县长贰，代如四时，运而不积，苟无所寄以自表，则凡功在社稷，利及生民者，亦将泯然无闻于后，是名之不可已也。[③]

普安，古兴古地，国初置军民府，永乐中改州，始建黔，其民夷，其俗朴，而卫之弟子员亦惟州约束。是守也，固军民之所共待命、待教者也。旧未有题名，是以诸大夫名氏泯泯焉。会今上轸念边计，可大中丞舒公、侍御毛公奏，迁治入卫城。而郡守刘大夫躬任劳费，多方经画，四阅月而告成，详在学宪吴公记中。继而大夫又曰：题名亦乌可终已也。乃勒石左介，而属不佞记其事。

不佞闻之：名者，实之宾也。彼其负不令以败名者，下也；违道以干，亟人知而名者，耻也。孔子曰：斯民也，三代之直道而行者也。民心合则不

① 此句《黔记》仅“不纪之”三字。

② 夫知官秩……遂命工刻之：《黔记》仅下面三句：“夫纪官则纪政，使其纯然而可为后人法也，则于斯石为有光矣。”

③ 此段《黔记》无。

誉而荣，民心离则不毁而辱。四境一守，佐守者二，幕守者一，昭然若揭。白日而陈于庭，固有目者所共睹，有手者所共指也。夫上之视下也，若处明也；下之视上也，若处暗也。处明者不见暗中一物，而处暗者能明见中区事。先王之畏民岩，皆是物耳。考之郡籍，询之父老，若陶梁之抚字，袁黄之清廉，徐之刚介，以至萧之镇静，苏之振作，赖之贞纯，固守之表表者。

然要之名实合一，功在社稷，则自不佞有知，惟刘大夫一人而已。大夫居普三稔，百废具举。清粮饷则发数十年之隐弊，简卒伍则驱千百十之虚食。利无不兴，弊无不革，善政之在民者，更仆未易数也。而迁州一役，则尤其心之独苦而功之最高者，以是名于庭。然后人师表而兴斯治，固不朽哉！[①]故书之以为记。

黉序类

贵阳府新建儒学记[②]

巡抚江东之

明兴二百年来，声教丕隆，蒸沦翔洽，讵惟函华辇峣，即穷蕃荒服，亦胥渐被。盖家弦户诵，其磅礴[③]匪朝夕矣。黔中，古西南夷[④]地，自高皇帝辟乾肇造后，遂得列为藩服。虽治杂汉夷[⑤]，乃百司庶政，概视两都诸省，有差无异，而贵阳尤黔省首郡，故牂牁程番地，更始于穆考御极之三年。明年秋，始设学，如令甲，一时规恢未备，姑就[⑥]阳明书院改署明伦堂，群博士弟子员讲业其中。若圣庙贤庑所为瞻礼陈乐也者，则第因宣慰而贵阳附焉。夫使邑学隶府，犹曰俭制。岂其改郡改名，而于弘风训典之要地顾让而未遑耶？大都崇儒表正在朝廷，作兴倡率在有司，而尽制备物，又自有时为之耳。

万历甲午春，当事者始兴创建议[⑦]，遂于会城门北得吉壤焉。昔为蜀行都司，今割入黔，偃武修文，实相迭运，固山川灵秀所钟，最胜之遗，而都

① 大夫居普……固不朽哉：《黔记》无。
② 贵阳府新建儒学记：《瑞阳阿集》卷五作“贵阳府儒学记”。
③ 磅礴：《瑞阳阿集》卷五作“陶淑”，当是。
④ 夷：《瑞阳阿集》卷五作“徼”。
⑤ 夷：《瑞阳阿集》卷五作“苗”。
⑥ 故牂牁……姑就：《瑞阳阿集》卷五作“顾建学独后，且规制未备，近始就”。
⑦ 万历甲午春……兴创建议：《瑞阳阿集》卷五作“癸巳冬，前巡抚林公乔相、巡按薛君继茂、副使徐君秉正，始慨然兴创创议”。衍“创”字。

人士所注念已久。于是鸠工御石[①]，经始告成，亦阅三年于兹。

会余被命抚黔，下车首谒宣师，瞥见庙貌鼎新，丹楹刻桷，云构翼屹，怪而问之，乃知昔也有待，今始考焉，时乎渐次，莫或亟之。余徘徊凝睇，自公宫以至堂奥，若两庑、祠斋、圜桥、亭阁悉中程度，且也地不烦改辟，用不伤公帑，民不废时务，制不逾泰靡。问谁赞助，则分藩郡邑；问谁经理，则更老荐绅[②]。而黉序之能事毕矣，独丽牲之石缺焉未立。

先时，刘郡守帅诸生谒余："于惟是学阅廿有余岁，而始一建。前此，两台诸公及瓜屡矣，顾遹观阙成，乃在今日，信非偶也，愿先生一言记之。"余谢不敏。

居有顷，会用师高寨，监司詹君、梁君以捷奏，于是督学沈君入而申之[③]，曰："《诗》言：'既作泮宫，淮夷攸服。'先生什倍僖才，蠢兹苗丑，不贰于淮，献之讯之，行且怀好音也，先生终无意乎？"

余谓：黔即古罗甸国，锋捍时起，七萃联镳，士之览穰苴入彀者，与燕赵争奇，亡论已！方今圣天子右文教，他藩于制科以加额请，特于黔诏可，岂以诸士异采娴辞，缘饰儒术为足多，亦以夷方秀出于民，镜检所归。从今月会旬修，蜚腾茂实，中原文献未之或先，斯圣谟之讦也。士生斯际，千载一时，兹庙貌已新，适逢其会，诸士仰而思之，将何以摅所学而不负吾君[④]也。矧诸士之先，皆来自旧都，所称故家遗俗，藉以远实徼外，原掺用夏之权。向之抵掌而谭，据梧而吟者，又东越讲良知。故馆诸士，服习已深，即令学舍移而中有不移者，使处为孝悌，出为忠良，胥自翱翔书囿间养之，语云"坚树在始"，今之时也。是谓卑之无甚高论，若猥窃而附于《鲁颂》之末，则余岂敢！人抑有言：夫子居夷，浮海之思，后先致慨。而文庄公独谓；浮海之言，千载始验于琼崖尔。诸士审能诵法惟勤，将与诸章缝相揖让，微独聚燕赵鱍材，贵筑其鄹鲁矣。居夷之言，旋复验于黔服琼崖云乎哉！沈君拜手曰："善。"遂谋之刘郡守，而勒之于石。[⑤]

---

① 御石：《瑞阳阿集》卷五作"庀材"。

② 问谁经理，则更老荐绅：《瑞阳阿集》卷五作"问谁赞成？则郡邑藩臬左布政使王君来贤、廉使应君存卓、知府刘宗龙、同知马宗孟、推官龙时跃等。问谁捐助？则荐绅长者副使许一德、御史李文华、马文卿等"。

③ 此句中提到的"詹君""梁君""沈君"：《瑞阳阿集》卷五分别作"詹君启东""梁君铨""沈君思充"。

④ 吾君：《瑞阳阿集》卷五无此二字。

⑤ 人抑有言……而勒之于石：《黔记》无。

宣慰司儒学记

尚书王直

皇明受天明命，混一海宇，其所以教养斯民，一用圣人之道。故虽荒服之外，裔夷之区，莫不服《诗》《书》，循礼义，治化之盛，盖自唐、虞、三代以来，未之有也。贵州去京师万里，实古荒服之外，裔夷之区也，德威所至，无思不服。太祖高皇帝不鄙夷其民，既设贵州宣慰司抚治，又欲使皆复于善，诏立学校以教焉。由是贵州始有学，盖洪武二十六年也。

学在贵州城之东北隅，有明伦堂，堂前辟四斋，以为讲肄之所，而未有庙。洪武三十五年，贵州都指挥[①]金镇、汤清始为大成殿，翼以两庑，奉圣人像于其中，群贤陪位，以次序列。春秋严祀，行礼有所。缭以周垣，前有棂星门。规模备矣，然两庑犹草创。

永乐十六年，太宗皇帝绥靖南服[②]，郡县其地，置布政司于贵州以统之，又设按察司以纠夫治教之不如命者。布政使蒋廷瓒周视庙中，叹两庑弗称，乃取材新作焉。历二十六年，凡三缮治，而后庙学始完美如制。今又一十有六年矣，其棂星门日就颓仆，庙廷殿址，亦有塌然圮坏者。

副使李睿自昔参议贵藩，暨转今职，尝有意修治。适监察御史杨纲巡按贵州，而睿与之图，于是参将都指挥郭英，按察使林坦，副使朱理，佥事屈伸、戴诚，左布政使易节，左参政严恭，右参政顾理，右参议汪涿，皆捐俸金以举事。而都指挥张锐、洛宣、侯理、张任、张景，宣慰使安陇富、宋昂，暨训导王训，各以赀力来助。[③]

乃伐木命工，重造棂星门。地之圮坏，悉以方石砌之。凡瓦砖有破缺者藻绘，有漫漶黔黑者皆整饬华好。又建尊经阁于明伦堂后，以藏朝廷所赐《五经大全》诸书。其左右别置十室，以为幕次。作石塔二于堂，仿唐进士题名雁塔之意，有自科目进身者，则题姓名于其上，以示激劝。作二石柱于棂星门内泮池上，以为之表。经始于正统八年六月初八日，而以正统九年七月初十日讫工。向之敝者皆易而为新，昔所未有者皆有焉，高明壮丽，他学莫之先也。

---

① 指挥：原文不清，据弘治《贵州图经新志》及《黔记》补。

② 南服：《黔记》同，弘治《贵州图经新志》及嘉靖《贵州通志》作“诸夷”。

③ 本段中以下人名：李睿、杨纲、林坦、朱理、屈伸、戴诚、易节、严恭、顾理、汪涿、王训。《黔记》与嘉靖《贵州通志》同本书，弘治《贵州图经新志》分别作：济宁李睿、溧阳杨纲、莆田林坦，副使束鹿朱理、番阳屈伸、济南戴诚、宜春易节、钱塘严恭、淮阳顾理、嘉禾汪琢、昌黎王训。

嗟夫！学校，教之地也，其所以为教者，则因人固有之善而明之也。自夫伦懿之大，以至事物日用之常，使必循其道而皆有得焉。由是，发而为文辞，推而为事业，然后教学之功成。贵州之入职方久矣，朝廷教养其民，一切不异于中州。今诸君又大新庙学，诸生之游于斯者，仰圣贤之德容，而兴其向慕之心；诵经传之微言，而致其学问之力。朝夕不懈，以迄于全功，则庶几不负乎此！若徒饱食逸居而已，不有愧于心哉！

屈君伸来京师，求予记，故记以告诸后之学者。

重修宣慰司儒学记

大学士费宏

学校之设，择秀民群处其中，而以六经之道训而迪之。盖欲其明大伦，崇正学，惇治体[①]，探化原，以成君子之行，以备公卿百执事之选，以收正朝廷、治天下之功。而人才之盛衰、俗化之厚薄，恒于是乎系，实治道之最先且急者！

我太祖高皇帝得国之初，即诏天下郡县建学立师，以兴起文教。贵州虽远在西南，为《禹贡》荒服之域，而宣慰司之学已建于洪武甲戌。前礼殿，后讲堂，旁为斋若庑，而外表之以门，且如法式。

景泰间，御史杨纲、副使李睿，尝因旧而增修之，则又建尊经阁于堂之后，育英堂于阁之前。翼之幕室，以处诸生之讲肄者。于是乎规制大备，而为国作人之意益以广矣。百五十年来，此邦之士往往以明经效用，齿于内地，岂非以上之声教所及既远，而下之振励又得其人故耶？

比者，阁日就颓，而所为育英堂者，仅存其故址。御史江君汝器以清戎至，见而叹曰："《春秋》大复古，古之不复，可以为非吾之责耶？"谋于镇守太监杨君广、巡抚都御史熊君子山、总兵官牛君永武、巡按御史刘君器重，议既允协，遂卜日鸠工而从事焉。堂与幕室皆基构如初，阁故二楹，今增而六矣。已而，抚按复用佥事赵公渊之议，并建神厨及祭器、乐器二库，徙泮池，祀乡贤，凡位著名物之有关于学者，罔有弗饰。

经始于甲申之秋七月，而以乙酉之冬十月乃告厥成，其材与力皆江君以罚锾给之，而劳费不及于民。其董治则布政使梁君材，按察使于君鳌；其图议则布政使杨君惟康，按察使徐君赞、参政郑君锡文、于君[②]湛，参议江君

① 惇治体：《黔记》同，嘉靖《贵州通志》作"建政体"。

② 锡文、于君：原文不清，据嘉靖《贵州通志》及《黔记》补。

玠、金君垒、李君楫，副使舒君表、潘君鉴、王君浚，佥事杨君熏、成君周、刘君彭年；而都指挥顾侯恩、刘侯麟亦皆与焉。

比者，使来请记。在《易》之“蛊”：“先甲三日，后甲三日。”《传》曰：“终则有始。”天行也，盖兴坏相仍，亦事物自然之理。然当其坏也，苟不更新以饬乎其始，丁宁以备乎其终，则已坏者不可复兴，而已兴者且将速坏，岂君子振民育德之义哉？诸君于[①]兹学协志毕力，易故为新，而又欲纪以昭之，庶几久而不废，何其勤耶！

士之藏修于此者，其惟念学殖之不可荒，而圣贤之道非六经无所就正，日取遗编而玩之，精思力践，卓然以天下英才自期待，由是进而为百执事、公卿。遭时之泰，则怀仁辅义，以尊主庇民；脱弗遇其时焉，犹必仗节死义，以勉进乎忠孝；夫然后无负于今兹育才报国之意矣。若徒志干青紫，买椟而还珠，则阁之所尊与堂之所育，岂端使然哉！

司学雁塔题名记

司业赵琬

正统六年冬，贵州按察司副使济宁李君睿奉命往按是邦，至则宣扬圣化，怀柔远人，人用向服，乃益修孔子庙学，以敦化源，而贵州宣慰司之学，实惟诸州之望，君于此尤切注意。时按察使莆田林君坦，副使束[②]鹿朱君理，佥事济南戴君诚，左布政使宜春易君节，左参政钱塘严君泰，左右参议顾君理、汪君泳[③]闻之，亦皆以为职分之所当为，各出俸银，以给土木之费。而又垒石为塔，取韦肇慈恩故事，考求是邦历科乡贡之次第，书其氏名、岁月，刻于其中，凡有善行可法，又被显擢者，使人有所感发，否则有所儆戒，于此可以劝世励俗，而所系甚重，非他题名可比，谓宜有著述可以昭示永久。兹以书币至京师，诣予请记，予不得而辞。

惟贵州，古为南荒。椎髻卉裳之俗，虽唐、虞、三代之治，不能覃被。汉、唐、宋以来，不过羁縻而已。逮我国家，列圣相承，声教所暨，无间远迩，其人始循礼制，称臣奉贡，咸若采卫之邦。而建学立师，无异几甸之内，学者明经登第，出而为世用者，往往与中州之士相伯仲。然后知皇明统御之

① 于：原作“子”，不通，据嘉靖《贵州通志》及《黔记》改。

② 副使束：三字原文不清，据嘉靖《贵州通志》及《黔记》补。

③ 左右参议顾君理、汪君泳：《黔记》同，嘉靖《贵州通志》作“左参议顾君理、右参议嘉禾汪君咏”。

大，至治之隆，声名文物之盛，轶唐、虞、三代而过之，有非汉、唐、宋所能企及也。

李君为朝廷耳目之司，循省风俗，乃能不鄙夷远人，孜孜以修治学校，作兴人才为务，而于科目之士表显之如此，是不特为一方之荣观，诚足以彰千载之奇遇也。虽然，自古贤人君子，通今学古，亦岂藉此以隆其名哉？固将为当世之用也。士由是升于春官，入对大廷，而显名大学，尚当刮劘淬砺，以务求实用，固不伟欤！

陆宣公尝曰：上不负天子，下不负所学。吾与题名之士有望焉！若夫其详，已见于翰林陈先生之文，兹不复著。同时学士陈循亦有记，其事既同，而文亚之，故不载。

都匀府重修儒学记

提学万士和

黔南界广右境为都匀。宣德间，副使李公睿创建儒学于城东，属卫。弘治六年设府，改学隶焉。嗣后，吏其土者，递加修饬，然制度逼狭，不足以肄儒生而出教化。

乃嘉靖乙卯，宪副刘公望之鸠材辟地，大既厥心。宪副项公廷吉继之，协志赞成，而太守林敦复、知州姚本、指挥周天麒、千户韩梦熊、百户丘铭等实先后董其役。越三岁，工完。凡庙庑、堂斋及庖湢之所，靡不毕具，焕然改观矣，诸生群聚而乐焉。

己未春，项公遣训导田大甫、生员刘朝宗辈以文属余，曰："是不可以不记！"越三月，今知府事[①]张君仕麟至，请之益坚。暨仲冬，宪副戴公完莅任，而予记适成。

记曰：夫人有血气心知之性，其念之所发为情，其意之所动为欲。虽四海、五方、九夷、八蛮风气悬绝，然试劝之而知荣，试戒之而知辱，其情同也；试寒之而求衣，试饥之而求食，其欲同也。盖其受形之始，有此生则有此性，有此性则有此情，故人不能以离形，则不能以灭性。性不可灭，固不能去情而绝欲也。情欲之正也，则进于君子；其邪也，则流于小人。圣贤之设教，将以防天下之为小人，而欲其进于君子，使之去其邪，以归于正。然其道则在乎养之，而非可急与之争也。何者？情欲之在人，既已与生俱生，深固不拔。圣贤欲教以正而急与之争，则彼将见夫情欲之不可少，而以圣贤

① 今知府事：《黔记》作"知府"。

之教为不可由，其不相率而叛去者几希。圣贤知其然，于是设为小学之教以养之。今观《曲礼》《少仪》之所载，略不可以情欲之邪正为言，而皆阴授之以去邪归正之法。尝试疑洒扫应对，末节也，而先之；舞勺、舞象，细事也，而习之。此何为也？意者借其耳目之所依，手足之所便，通其精神之蕴，而默寓化导之机。度其念之所必发，而顺其情以约之于道。先其意之所必动，而随其欲以节之于理。使之外不涉于其事，内不肆于其气。圣贤之教，不告之以其故；而学者之人，莫知其所以然。夫然后养之者，不与人争，而被其养者，不必上智，皆可以为才且良。然则古之造就人才，岂不为易，生于古之时者，岂不乐其必成乎！

今天下府、卫、州、县皆有学，祖宗设立之初，大率仿古之意，使之肄习有常，师法有地，耳目之无所迁，而手足之不得放，养其器以待天下之用，如斯而已。比至于后，溺其情于荣辱，而动其欲于饥寒，父师之所望，子弟之所求，一科举之外，无余事矣。呜呼，情欲之易流也！古者惟恐养之之不至，今也惟恐诱之之不深。譬如以膏助火，决堤溃川，其将何所不至？自非有上智之资，卓然自立者，孰能不为所移乎！古今之不相及，非人性之相远，盖其势使然也。

都匀，本荒徼南夷，前代为羁縻之国。明兴，重熙累洽，文教大同，即远如都匀，设官置学，比之内地。其诸生中渐涵化育，固浸浸然知所向方，然限于习俗，不能自拔于情欲者，亦大率然也。诸生其务思国家作养之初意，以求比隆于上古之时，使天下称曰都匀之士皆立于教废之时，比之成才于三代者尤难。又曰三代之教，止及于中州内地；皇明之教，则尽于羁縻荒服。是不惟士有以自成，而且以彰盛美于无穷矣。此人性之皆善，尧舜之可学而至者。诸生其勖之哉！

思州府重修儒学记

参议蔡潮

国家化民成俗之本，不可一日废者，学校是也。世儒皆达于斯乎？泮官作而采芹之颂出，学校废而子衿之刺兴。簿书奔走之烦猥，狱讼征科之严急，视诸治化本原，轻重何如也？有能致意于风教攸系之地，得不深许其为知务乎！[①]

① 此句《黔记》无，嘉靖《贵州通志》作："有能于殊邻绝党之域，寒心销志之余，宁能惓惓焉致意于风教攸系之地，得不深许其为知务矣乎？"

涪州张侯柱由地官郎屡迁而守思。学宫敝廨萧然，茅茨塞道。侯始至，毅然以修复为己任。乃节缩俸入，悉心经画，创建号舍二十楹，乐器、俎豆、斋厨、庖湢之属，与凡学官所宜有者，井井咸备；殿堂、门庑则易其朽腐，而加以丹垩甓甃之工。人旧尝经是者骇愕于骤见，恍乎疑非前日之思郡也！向使不知务，而有一毫厌射之念萌乎其初，抑何以得此，其贤于世儒之所见远甚。庠生不能忘侯之功，请予记其事。①

夫贤才之用，世必有取之之法，亦必有养之之地。萃之以庠校，联之以师友，磨之以岁月，诵法尧舜周孔之道，率天性，厚伦理，充其精粹宏博之具，以振其光明俊伟之业，此士之责也。

于斯道而先觉焉。出以膺民社之寄，躬行所学，怀柔乳哺之余，兴废举坠，使士不失其所养之地，有司之责也。嗟夫！学工之兴废，似无预于士；士习之盛衰，其得恝然无系乎人上也哉？②今吾观乎思郡养士之地，有司之责尽矣。然则为士者盍亦思所以③自尽其责耶？是为记。

黎平府重修文庙记

参议史旌贤

黎平有学旧矣，盖视中原重巨哉！是黔之绝徼，而楚以西外藩也。郡城可斗大，藉材官世酋相捍蔽，而用二千石董之，非道教之结人心，其孰与守？顾郡隶于黔，地入于楚。黔使曰："是绝徼也，安能越楚而治？"楚使亦曰："彼直外藩，以虚声示要约耳。"

故事，若御史中丞、御史台督学、监司，未有辎轩，采风而至，称视学者。前是，二千石亦任惰自废，不则谓城大于斗，何从以赢余佐土木？盖至今而学宫陋且圮，越在草莽有日矣。吾夫子宗庙百官俨然在焉，即居夷不谓其陋乎，顾安所稽兴贤育才之典也！

袁景从故有声艺苑，间以尚书郎出守，辄取橐中金新之。于是启圣有祠，棂星有门，从祀有庑，名宦、乡贤有祀，乐舞有器，斋库有宫，拓未备者十七，存未沕者什三。诸博士弟子员骤见而沾沾动色也，谓子大夫有文翁之遗

① 乃节缩……请予记其事：《黔记》同，嘉靖《贵州通志》作"乃即给俸入，悉心经画。凡学官所宜有者，井井咸备。殿堂、门庑，则易其朽腐，而加以丹垩甓甃之工，规制华厂，焕若一新。庠士施继表、田兴恩辈，志侯之功。请予记其事，以为他日颂"。此后两段嘉靖《贵州通志》无。

② 嗟乎……无系乎人上也哉：《黔记》无。

③ 盍亦思所以：原文数字不清，据《黔记》补。

焉。夏博士邦盖露板而以记请。博士，余里人，且走使二千里，逖矣！稍铨次其语复之，曰：

夫记也，将纪其建置岁月而止乎？抑亦谂多士也？乃景从则即谂之矣。黎平非御史中丞、御史台督学、诸监司所不采风而至者乎？非藉材官世酋相捍蔽而恃道教以守者乎？而景从至而遽新之，不以闻，不以帑金请，是不汲汲人知为名高，不言而躬行者也。学之道何以加此！尔多士亦即入其门、升其堂，彬彬文质兼矣。倘亦有他岐不惑，屋漏不愧，称积学博闻者；若而人有行先其言，声副其实，以出处为时重轻者。若而人异日且有辞于景从，有如忽躬行而鲜实际，汲汲然求人知为名高已耳，将圯陋且移之多士，人亦遂得以靡莫绝徼陋之，即百景从，若多士何！故愿多士亦自新其学而已矣。

夫景从以身教，而博士欲余以言教，毋乃左乎？故为申其说若此。[①]而博士又谓景从多奇气，诸所发摘绳纠，使士有宁宇，且当与学宫同不朽云。余往分臬称楚使，顷又维藩于黔，谊并得附于采风之献，故及之。使归而镵诸石。

袁，名某，闽人，前户部郎中；司理赵，名某，蜀人。诸建置、岁月及受计自博士邦而下，具列之碑阴。

普定卫儒学记

廖驹

我朝有国，薄海内外，日月所照，悉主悉臣，郡县军卫，罔不建学，文化之盛，古所未有也。普定卫肇自洪武辛酉，其城郭夷坦，物产富庶，甲于他处。宣德癸丑，宪副李公睿先任贵州参议，时卜地于城东，始建学舍，乃者毁于火，岂惟诸生失讲习之地，而吾夫子神主亦假寓道宇，可胜慨哉！

正统戊午夏，佥宪屈公伸廉问来兹，祗谒文宣，喟然太息，乃偕镇守都帅顾公勇及本卫指挥王斌等躬造旧基，相地度材，鸠集百役，复经营之，既而工告成。于是栖神有殿，会讲有堂，肄业有斋，自廊庑、门墙，以及庖舍、湢溷，无一不备者。经始于是岁夏五月戊子，落成于次年夏四月壬寅。规模轮奂，弦诵洋溢，爰命驹为文，刻诸坚石，图示永久。

窃惟是邦，昔在荒服之外，民皆夷獠，风气习俗不类中州。今则役服贡赋，一循法度，衣冠言词，渐同中华。是虽国家政治之隆，抑亦教化之所资也与！柳柳州谓："仲尼之道与王化同远迩，信夫！"然则学校之兴举，乌可后哉？李公、屈公之用心，诚知所先务矣！诸士子以俊秀而来学者，尚当以

① 该篇此后文字《黔记》无。

风俗道义为一身之任，则邹鲁夷壤、柱石世道之懿，不多逊于昔贤，而朝廷建学之意，与诸公今日之殷勤缔构者，皆不孤矣！是为记。

毕节卫新迁儒学记

郡人刘秉仁

自古建庙以祀孔子之圣与配亨之贤，必据形胜蛇蜓，照临秀特，而后端方奠位，以撷山灵，仰休运毓也。故自江而浙，吴而闽，才俊蓊郁，为寓内先声，孰曰人杰地灵，不系于山川者乎？

我毕节旧文庙在卫之内，而卫犊迤西之冲，山峙川流，稍埒中土。先是，巴县沈公虑青钱之不选，卜庙堪舆，改创东城门外，已而构焉。历五稔，卒兆两凤鸣于丙子，庚卯、午二科，又如丙子已前之故事，信山川之果足验欤？改建之未尽善欤？

迨辛未，休宁胡公宥以直指肮脏，改之臬宪，莅此，甫下车，首饬博士弟子员，登坛说义，订会仇文。念修途萃葎，书值倍蓰，乃慷慨出平日所制文、所解四书、所约《通鉴》诸部，复捐己廪数百金，以支梓费，俾学者有指南，而兼广圣天子用夏变夷意。刻甫竣，公方从事徙庙，奈何以赉捧行，且会天子檄下卜寿宫，大宗伯知公善堪舆，奏进公随卜，即当上意，被渥赉以还。

还，集博士、诸青衿氏，曰："予始知庙址弗善，庙之右山百步外，隐然有正穴，宾阳旋而位焉。徙此，则若方人文自飚飚举矣。若不然，若决之于神。"诸青衿如言，而偕祷得卜，卒与所拟协吉，纤毫不爽，信乎！文章非公何以知正宗，山川非公何以知正脉，公实开之，神其应之，何影响之若是也。

于是，公首割饩金百两。值仙居弘斋应公存卓视事分守之初，亦忻助以俸。驻镇别驾王君之稷亦设公八十金有奇。他如武弁佐幕而下，切相鼓动；或献之楹蓬，或输之钱谷，或负之瓴甓，或奔之役力。不告帑藏，取给儵具。

肇工于甲申始春，辟基葺址，移东就西。凡木之朽者剔之，坚者仍之；黝垩丹漆，绘质交辉；殿祠崔岗，廊庑周旋；明伦斋号，棂棂厂厂；仪墀泮级，各有规成。月不数指，俄然告成于孟夏之终也。

观者咸曰工妙师般之神速，而庙得泮水之攸归者矣。师生感甚，胥谋贞珉，永公功德。廪生熊子一麟、常子经者，将博士田嘉颖之命，远请予纪，竟不容以不敏让，乃曰：

夫建学所以表圣贤道统之传，俾所学者有以续其传于不朽也，固求圣贤于千载之上，以端其向道焉，所系不已重乎！夫知所重而请也，为己之学也；

广其心以济之也，为人之学也。顾为己之学尽，而后可以施之于人，施之于天下国家，统是矣。二三子何拳拳贞珉不忘为耶？唯是不忘所惠之书，所雠之文，所说之义，身体而力行之，以应公改学之嘉运。由此而家而国而天下，出也知忠，入也知孝，振起于海内矣。何言乎江、浙、吴、闽，不伯仲角艺哉！斯之为报，不已多与？矧公文章山斗，堪舆上乘，业已重于当宁。毕节迤西，经此擘指，人文信从兹昌炽如左券云。

永宁宣抚司重修儒学记

郡人陶心

永宁，古为蔺州地。其学自元已有之，而重修于国朝洪武之四年。红崖诸山，争妍献秀，叠翠如屏；二水合流，襟带于前，云影天光，四时辉映；而此学独据上游，盖胜概也。灵钟秀毓，岂终秘之而徒泄之耶？士之出乎其间，英伟秀发，歌《鹿鸣》而对大廷者，科不乏人，谓非兹学之助不可也。独惜夫规制未备，久寝颓敝，已百五十年于兹矣。大成殿虽一新于藩参铅山费公，而其余皆未遑也。

顷岁，芒夷祸结，参戎成都何侯适以文武才略，荐受节钺、玺书，来镇兹土。谒庙至学，感而言曰："远人不服，修文德以来之，先圣教也。学舍至此，其何以为文德地耶？"时虽督兵进剿，不即及此，而心则惓惓也。

既而南征凯旋，受成献馘。复至于学，则又叹曰："托之空言，吾之耻也！"遂谋诸同事参藩毛、李二公，三宪胡、欧、舒公，议论允合，乃请于都宪王公、熊公，侍御马公、钟公，给公帑之助者半，余费悉何公自经画之，不以烦民也。于是卜吉鸠工，百役具作，以指挥石钟、宣抚奢爵董其役，以千户丁祥、李本，土舍王凤升任其劳。首撤明伦堂之旧而更新之，厥材孔良，厥度维章；次之为庙庑，为戟门；又次之为斋舍，为廨宇，[①]巍然焕然，与学宫称。惟孔庙虽仍其旧，而椽瓦之更，垣楹之饰，视昔则有加也。

当工师求木，以未充是虑，会一夕大水，而楩楠之顺流至于学宫之前者以百数计。噫！天其有意于斯乎？抑何公之诚有格于斯乎？不然，则此木胡为而来也？

学官之廨，旧缺其一，因谋地邻而加辟焉，且并地界而尽垣之外树以柏，周环坚壮宏丽，而学之为制于是乎备矣。经始于嘉靖四年夏四月吉，凡四阅

---

① 次之……为廨宇：《黔记》作"次之庙庑、戟门，又次之斋舍、廨宇"。二书小异处不一一出校。

月，而厥功告成，视昔之卑隘狭陋，不啻倍蓰[①]！于是教授邵铎，司训梁伟器、廖球、钟岳，合生徒请予为记。

予闻诸先儒有曰：朝廷有教化，则士人有廉耻；士人有廉耻，则天下有风俗。是故学校者，教化之所自出；士人者，学校之所预养；廉耻者，风俗之所感化。其为地重，其为道大，其关系于世教，非缓且迂也。惟我太祖开基，首建大学，即诏天下立郡县学，其视汉唐万不侔矣。

列圣相承，益崇文教。及我皇上御极以来，重幸太学，尤加隆焉，故一时文臣武将凡得于观感者，莫不钦承上意，内外靡然从风。是何侯以戎政之暇，协群公之力，而兹为泮宫之举也。

於戏，贤哉！虽然，振作存乎上，立教存乎师，肄而习之存乎士，激劝兴起存乎有司，惟兹泮官一新，人心奋励。为师者知所以为教乎？为士者知所以为学乎？为有司边镇者知所以奖励学校、振作士气乎？罔俾何侯专美于前也。诚使后之为师儒者，不在于粉饰威仪，而在精明模范；为士者，不在于口耳训诂，而在于躬行实践。师以是教，士以是学，日新月盛，蕴之为德行，发之为事业，持之为节义。足以明道，足以济时，上不负明天子育养之恩，下不负有司作新之意，斯余重有望于士与师焉。否则，且有愧于何侯矣！因为之记，以表其盛云。[②]

铜仁府圣像记

阴子淑

铜仁府前，二江会流间有巨石焉，屹然其中。前代好事者作铜人像，夫子及老、佛为三教，立其上，庙祀以化夷民。其是非虽未辨，而意则善矣。因呼此岸为铜崖，其地铜仁，设长官司治之，为铜仁大小两江等处军民长官司。入皇明，洪武初，改铜仁长官司。时长官李渊迁铜仁于铜岸左峰[③]，更其庙曰铜佛寺，是以三教皆佛矣。既施溪人有疑铜人为金者，乃舟载夫子像以逃，适天将曙，沉于江，求之弗得。意者夫子在天之灵，虽不鄙厌夷方，宁不恶其是非久混，害吾人心故尔耶？

永乐十一年，革思南宣慰司，分其地为铜仁府。正统末，长官李仪再塑夫子像。天顺七年，李温乃易以铜。成化初，李椿继之，重建殿宇，扁以旧

① 视昔……不啻倍蓰：万历《铜仁府志》同，《黔记》无。
② 予闻诸先儒……以表其盛云：《黔记》无。
③ 因呼……铜岸左峰：《黔记》作“明洪武初，铜仁司长官李渊”。

名，而铜人则咸饰以金，辉煌耀目。相沿之陋至于此，无足怪者！子淑常巡历之铜，询其故而恨未之改。今弘治壬戌九月再巡至此，以念日首诣庙寺，谒夫子像。睹其首虽幅巾而失其制，衣履则若朝服然，而立老佛之左[①]。

即日，命椿鸠工庀材，于大成殿后建燕居所。廿二日，奉迁夫子像于其中。既告以文，命工稍复润色，为坐像，而幅巾深衣，俨然申申夭夭之气象，而如在其上焉。一时官吏[②]及庸人孺子奔走竞观者，填市塞巷，咸跃然以喜，曰："今日才是也。"然则人知其是非久矣，第无敢改为耳。

呜呼！夫子天纵之圣，大与天同，非画绘所能像也，非丈尺所能窥也。自今观之，凡学其学者，虽地有华夷，人有贤否，罔不因其所得之浅深，而见于日用之间；于父子也相亲，弟兄也相宜，朋友也相和、相信，率皆循其矩则而不逾。其出而仕，必忠上爱下；趣事赴工，以图称厥任；间有轻富贵，重节义，视死如归者；历历可数，何哉？盖由夫子之教亦惟知其必如是而后是焉。若老佛之指，空寂为宗，以是为非，恶能致是，而亦恶能仿佛其万一耶？乃以之并于夫子，不亦谬哉！时与改迁之谋，长官椿也。椿不惟不以疑沮，而且亟力成之，可谓贤矣。[③]

贡院记

巡抚吴维岳

贵州，古荒服也。虞帝北而不蓄，殷宗克而未化，秦汉以降，逞则澒洞，顺亦羁縻，无定疆，无恒赋。至我皇明，混一寰宇，幅员盘薄，际天所覆，寄象鞮译，殊俗向风。贵州遂登舆版籍，寻设学校，兴冠裳俎豆之仪。洪武甲子，天下开科取士，贵州附云南试焉。永乐乙未，贵州始树藩臬大吏，建省等内地，三纲正，四术崇，文教寖明如启牖。巡抚都御史邓公廷瓒，当弘治改元，甲寅，以贵士日轨，又虞经费难给也，俱报罢。然贵士暗然而章，无可壅阏。

今上凝命中兴，尽伦尽制，改元取义于殷宗，体道接统于虞帝，泽洽威畅，古所不蓄而未化者，咸入涵濡陶铸之中。而又制《敬一箴》《五箴注》，布诸司儒，诞宣正学，虽跣跷岩穴之夫，罔不喁喁承德。而贵士引领开科，希奎壁之炤，而一副其愿者愈切。

嘉靖庚寅，有给事中田秋者，复囊疏为贵士请，宗伯檄抚按议对。

---

① 重建……而立老佛之左：《黔记》作"立老佛之左"。
② 官吏：万历《铜仁府志》作"官吏目"，"目"当为衍字。
③ 此段《黔记》无。

逾五年，乙未，巡按御史王公杏具奏："贵建省，设学校养士，历百五十余年，文教茂往昔十倍。诸士就试云南，苦于道路瘴疠、盗贼。且度地得西南隅，甚胜。算所需金，营建三千四百有奇，校试一千二百有奇。检藩贮羡缗可办。夫士盛既足为科，而费复易措，开科免诸士跋蹩异境，且令益感恩励学，力追中原文教，而山谷黎民亦欣欣愿睹宾兴盛事，以仰赞圣化之成！从秋议便。"宗伯因覆言："事与时皆可。"乃荷俞行。限取士二十有五。

岁临丁酉，火丽金方，运属贵州，遂专试典。诸士鸞翔豹变，彬彬以升，放榜，会有龙见之祥。次年，敷策内廷，拜秩者四人。又逾十年，丙午，巡抚都御史王公学益、巡按御史萧公端蒙，念贵士愈日盛，请广解额，获益以五。总前后，符河图地数，而湖广有偏桥等五卫者，错贵壤而居。先是，抚按相宜于癸卯奏允，以五卫士附贵士试。至二公请广额，亦举为词云。

维岳不类，祗役兹土，而御史部公光先以巡按至是，为甲子，复当大比士，相与周视棘围疏密。岗峦左耸，溪环如带，既美其地之胜而有待，顾碑则缺焉未营。贵州鸿蒙弗论，即有虞迤昭代，三千六百余年，甫脱烟芥晦冥，就官吏政教，起为屏翰揖让之区，又将二百。值我陛下崇文吁俊，沛仁义礼乐之化，而辟科增额，声教闿朗，将与中原相雄长。顾盛典未述，且边裔鲜掌故者。岁月渐久，案简易湮，将令创议成事者[①]或泯或淆，非所以扬丕绩而答昌期也。因亟搜史牍，采其事，而伐石以志之如此。

尝诵《大雅·文王》《棫朴》篇："思皇多士""维周之祯"[②]。而本支百世俯以为期，寿考作人，仰以为颂。而汉祖肇祚，命叔孙通起朝仪。鲁有两生，谓礼乐积德百年始兴，拒通，不肯就。两生实鲁闻道士，计时非累洽韫器自安。噫！周士之乐，有世育以显，令闻以律，鲁两生固幸不幸较著矣。贵士生今日，共际熙运，沐浴润泽，专途而进，恢誉四方，固宜争相濯磨，自庆遭逢逾两生甚远，而思勖成于济济峨峨之列也哉！且余亦以丁酉举于乡，时竞传言贵州开科事，辄内喜。脱迹奥渫之年，足征泰拔，越今几三十年，而来为之记。

贡院广堂崇楼，与帘内外雠文供事诸廨含邃后轩前，左右翼次并如格。而石梁横门，堂宾笔嶂，尤擅具瞻之雅。惟监临署旧僦至公堂左，合提调、监试二署于堂右。今即堂后增构监临署，而以旧监临署为提调署，规模亦将整整云。[③]

---

① 者：原文误作"诸"，据《黔记》改。

② 所引两句诗出自《大雅·文王之什·文王》第三章，原诗为："世之不显，厥犹翼翼。思皇多士，生此王国。王国克生，维周之祯。济济多士，文王以宁。"作者谓为《棫朴》篇，当是误记。

③ 尝诵《大雅·文王》……规模亦将整整云：《黔记》无。

新修贡院号舍记

左布政王来贤

国朝举士于乡，创贡院，阖省士三试之，所以示遴选之公，严内外之防也。院有号舍，故诸生操笔处，列若翼分，密若栉比，苟非饬材坚厚，则无以蔽风雨而垂永久。[①]

贵州自嘉靖丁酉始专科，贡院建在城南。其水，小河穿桥，西出富江，环城东注；其山，笔峰峭直，天马排空，皆苍翠可掬，诚焕然嵬然矣。第丁酉所取士仅二十五人，丙午增至三十人，诸跂足以待进者犹多也。

今年甲午，复当举黔士。黔士应运而兴，抱道德、工文词者，称济济焉。[②]维时督抚晋江林公乔相、侍御保山薛公继茂相与叹曰："郁郁乎文哉！命乡论秀，曷可以常数拘也？"乃檄诸司商确，遂以加额疏请，覆蒙俞允，增者五人。黔士抑何幸哉！

不佞综理试事，遵例悉从节约，故于贡院堂宇门匾不事粉饰。惟东西号舍，昔皆木制，每年一修，费多而工巨，试毕收藏，复虞火患，收藏所不尽者，悉为假馆者薪之，尚可因循如故耶[③]？乃筹画稍定，闻于两台，督责[④]文武官，易以砖石。顾以砖为舍，他省皆然。惟基以石，覆亦以石，他省则不可得。今伐石于山，去省止三五里，而贡院中掘石二区，可足修砌之半，其费甚省多矣。

且是役始于三月初，告成于七月望，计工不过四月余日，计费不过四百余金，计所得号舍，则一千五十余间。夫匠乐从，工程就绪。[⑤]此一劳永逸，视他省殊壮丽矣。蔽风雨而垂永久，庶几有赖哉！

夫诸士蜷伏草野，与蓬户荜门等耳。藉令鞭弭世路，期际风云之会，而国家抡材之地，恒在于斯；即卓荦倜傥者流，讵不由斯以往哉？自是士类感奋愈众，则额数加增愈多，额增既多，则号舍补葺，殆不可以千百限已！工成，与大夫登楼周览，岂第山川之胜已？时执役帘外，援笔以记其事，诸与有劳者并书之。[⑥]

---

① 此段《黔记》无。
② 此句《黔记》无。
③ 尚可因循如故耶：《黔记》无。
④ 督责：《黔记》作"督贵"，当误。
⑤ 此句《黔记》无。
⑥ 此段《黔记》未录。

义仓记

提学万士和

削竹为箸，屑木为香，绩丝为网，与夫负米裹盐，般柴运水，其为利微，为事劳也。贵州以生儒业之，则其地瘠民贫可知已！

尽贵之地，山陵林麓居十之七，而军居其三。军户自屯田官赋外，所余无几。其阖城老幼俱俟苗民负粟入城郭，计升合贸易，有不足者，出重息以称贷于人。故苗粟一日不至则饥，称贷不得，嗷嗷待哺而已。平岁如此，设有水旱螟螽之灾，备戒不虞之变，将若之何！往己酉岁祲，民之填沟壑者几半，此非地之贫，而备之不豫与？

予视学政，欲明礼义以淑人心，然饥寒迫其身，俯仰劳其志，则不可以责人于善。予为之恻然，欲拯之未能也。既而思之，力不足于己，岂不可以望于人？效不见于今，岂不可以图诸后？乃仿晦翁社仓遗意，稍得赎金，粜粟数十石，积贮于官。视诸生贫乏之差，而多寡其数以散之。不责其利，丰年取其耗二十之一，凶岁则缓其期，俟稔而偿。其散也，如挈故物以还人；其受粟于仓也，如取诸寄。官特为之收敛节缩之耳，名之曰义仓。

噫！数十石之粟，其济几何？然余继而益之，后来者又继而益之。日计不足，岁计有余，所积弥多，所及弥广，此余所望于人而图诸后者也。使稍脱诸生称贷沟壑之患，则余之恻然者，庶几有瘳矣！

虽然，一人倡之，十人从而和之，则其事可久；一人作之，十人从而坏之，则其废必速。余之是举，常恐积粟之不多也，苟还纳不时，约信不著，积者锱铢，耗者什佰，欲是仓之久而不废者，胡可得哉！虽然，即使是法之行，尽寒士衣食饱暖之，余之意尚有进于是者，盖士有各足乎己而无待于求人者，明礼义以淑人心是也。礼义未明，人心未淑，则余之恻然者，终惧其不免焉尔已！与尔诸生勉之！

右文田记

巡抚江东之

余抚黔之三月，有青衿子数人谒余，曰："岁云晏矣，藿食者忧之！"余惟贫者士之常，而黔士之贫，则抚者之辜也，乃出廪余分之，所及无几，且非可继也。及见[①]万、冯两公，创置学田，始获余心，业喜而为之传。

今计田且七十六分，以赡府、州、司三学之贫者，二公于诸生有丰施矣！顾每年租贮定番州广储仓，距省四百里而遥，使贫士蹑跷，度支所得差半。

① 及见：《瑞阳阿集》卷五作"常及见"。

故郡诸生之无田者，独未沾成惠耳。余令州官俟价以粜，随价以解，士无往来之烦，谷收一倍之利，是不费之说也。第思以空言移粟，人其谓我何？固且图之。

会屯中清出乌当把路之田若干亩，故征巴番备饷，而今无所用之，最号沃畴，岁收米三百石有奇，往输值十六缗于藩司，而大半肥佃者，余以为屑越甚也。因念贵阳学宫，昔以讲武，今以修文，乌当之田，昔赡戎刚，不若赡文髦，从今冲棚不驰，而瑶华耀爽，黔虽丹徼乎？亦知左武矣。与直指应公议，割其田于庠，复以三百金置腴田[①]以附益之，总命之为“右文”云。

乃与督学沈君计曰：士之轮翮，无取成幼，苦心者悯其穷而赈之；困鹿俱虚，婚丧不举者，急其情而周之；博士赴讲，弟子升舍，文物未备者，因其陋而充之。数者取之万、冯二公所遗，而量入为出，裕如也。大都士之重采者什二，褛裂者什三，什二无籍于资，什三已得于助；不中訾，不外逼，在赢诎之间者十五。遍之则势有不能，遗之则惠有不溥。

乌当并新置之粟，钟而藏之，每岁试少俊，而拔其尤者数十人[②]，贶以廪粟，时时进而语之曰：“石储非终岁之计，且以代车胤之萤，赏宁越之音也。汝知治田之义乎？士之进学，如田之殖，苗[③]生意日茂，蘼蓘致功，必有丰殷，非其种者，锄而去之，毋为宫墙玷。”顾黔士[④]多认义气为节概，甚至凌轹上人以取困辱。余惧其舍己之田，芸人之田，而荒于嬉也。孔明化行[⑤]于黔者，诫子书曰：“慆慢则不能研精，险躁则不能理性。”多士佩之！毋以家薄而志不壮，毋以身贫而行不高；弘道义以为宇，守无欲以作藩；游竹素以为圃，耕柔顺以为田。

嗟夫！柔顺之田，险躁之药石也。多士迈贵黎而化俗，其无嗜美疢哉！余有进于是者：田以养士，惟恐其不多，士之自养无取于田之多嗛，嗛之食何足狃也！昔夏侯胜谓治经不明不如耕，固矣。张禹明经，相业无闻，买田于泾渭之旁，资其溉灌，多极膏腴，至今士林羞称。多士异日以文起家，得时而驾，待诸博士弟子，师万、冯二公，即汤沐兴思而为学锡类也。今虽未离南阳之耕，隐然以孔明自期，读《张禹传》，则曰：“夫夫，秽儒也，若将浼己。庶几哉！身贵而仁义附焉，无负于右文之田，天下人文，孰能为之右？”

沈君曰：“善哉言乎！”遂次其繇而记之，乃为之铭，曰：

---

① 腴田：原文缺“腴”字，据《瑞阳阿集》补。《黔记》，此段话为“与直指应公议割其田于庠，复以叁百金置田益之，总命之为右文云”。

② 数十人：《瑞阳阿集》作“数人”。

③ 苗：原文误作“田”，据《瑞阳阿集》改。

④ 黔士：《瑞阳阿集》作“黔中”。

⑤ 化行：原文不清，据《瑞阳阿集》补。

原田膴膴，昔以用武，而今已安堵。惟士无田，胡以代其耕，而育其贤？取武之闲，成文之美。储于黉宫，以培桃李。纬之经之，公而匪私。伫听风雷起卧龙于兹。

铜仁府学田记

李渭

余初识林东瀛公于粤之河源，河源注厝，大都皆以立生民之命云。顷以南民部郎出守铜，郊圻错夷獠而处，其难治，视河源公所注厝益肫焉。梓里布圣谕[①]，示诸夷，树苗隘诸营垒。捍内地，命驾深入不为劳；给城戍，饷食以时不为涅；宾祭邮传，剂量减省不为费；葺雉堞，辟滥泥山路不为扰。诸所施设，无非为全活遐氓计，而胶宫才俊，尤其所造育者。

铜学宫开设以来，未有供亩，公核军民侵隐陇畦六十余亩，复出养廉资，易民田四十余亩，以食才俊之在庠序者，当道加称之[②]！

余惟国家造士，匪直逢曳荣遇，一日布列庶位，生民县命，不可指数，作育意深矣。然士食公庾，仅仅四十人，余直附名籍，习佔哔，待征时选。兹田佐公庾之未周，充广国家育才至意，而多俊俯食亩中，益奋禔修，立生民县命基本，庶不负置田至意矣。余异时而言，财者民之命也，居不求安，食不求饱，乃能为民立命。宫室之美，妻妾之奉，所识穷乏得我三者，失吾本心。欲以立民命，何异戴盆望天。公尝过我川上，诵荐绅先哲，多浑朴风。近靡蹈三者窠臼，额蹙然有力挽意。此则公立命基本，而多俊知此，则公之教与百亩田并传矣。

祠院类

改建阳明祠记

巡抚阮文中

昔阳明王先生以纠论逆瑾，谪居贵阳之龙场者三年。始至，居岩箐中，日与夷犵豺虺为伍。于是屏徒侣，绝书册，尽弃昔时仙佛之见，昼体而夕思之。已而，忽悟吾心本来之体，与古圣贤无殊，中夜跃然，不自知其手足之舞蹈，身之夷落也。而道德之奥，经纶之业，咸于是乎基焉。

---

① 梓里布圣谕：万历《铜仁府志》作“梓布圣谕”，《黔记》作“乃布圣谕”。

② 加称之：万历《铜仁府志》作“嘉称之”，当是。《黔记》无此字。

贵阳旧有祠，而书院祀先生，既而迁徙靡常，僻在委巷中。予奉命抚兹土，祗谒祠下，叹曰："此岂所以妥先生灵者哉！"檄司府为改建之。

于是方伯蔡君文，宪使冯君成能协其议，命知府李濮等董其役。择军门前左空基为之，而增以民居，出赎锾为修理费。前为享堂，俱六楹；前、后、左、右翼房各四楹；前为二门；又前为大门，树棹楔于通衢，匾曰阳明书院。迄几月，工告成。予乃谂于众曰：

夫上德而右功者，非天地之道乎！崇德而报功者，非人心之良乎！惟先生之居龙场也，不独悟彻微旨，而功德实表表可见。惟时土酋欲减驿馆，变百年成规，阿贾、阿札等擅兵，为地方患，先生徐出数语，以利害喻之，其言辄中肯綮，乃竟落胆而不敢萌僭肆之念。数十年来，贵阳赖以安堵者，非先生之功遗之耶？

始，贵人士从先生学，先生群弟子，日与讲明良知之真，听者勃勃感触，日革其浇漓之俗，而还诸淳。迩者衣冠济济与齐鲁并，先生倡导之德，至于今不衰。改祠宇而新庙貌，固所以阐扬先生烈，抑以贻后范于无穷也。

虽然，先生之功德尤著于江之右，虔为江上游，三巢冯险肆祸，相时抚剿，动中机宜；宁藩不轨，力战鄱湖而奏厥绩。方其镇虔与抚洪都时，日与士大夫究心性命，虽祁寒暑雨罔辍；其所造就人才，彬彬然继师志而效国家之用。今在吉有怀德祠，在虔有报功祠，其遐思仰体者，视诸贵阳尤盛也。故于先生之泽，知其汪洋于天下，而不知入于江右为独深；知其涵濡于江右，而不知基于贵阳为独至。予江右人也，而宦于贵阳，故其知先生之功德尤为独详。

虽然，先生之孚化翼飞，在人耳目者，可得而言也。而其涵养之精粹，造诣之渊微，非闻见之所能窥测者，不可得而知也。嗣是宦兹土、生兹地者，愿瞻遗像，奋志思齐，由其可得言者，以潜究其不可得而知者。庶几无忘先生之泽，而不孤今日改建之意云。

阳明书院落成会记

冯成能

隆庆辛未，余自里中赴贵阳廉访，时游于阳明先生之门先达长者及诸同志之士相与饯且送焉，则曰："阳明先生之学，大成于贵阳，三载居夷，兴起甚众，及今则希声矣。公兹行也，先生之学其复昌乎？此学术兴替、世道污隆所系，吾辈窃延颈俟焉，不然，何以为冯子？”余为之惴焉、惕焉，惟弗胜是惧。①

及抵贵，谒先生之祠，则芜陋特甚。盖先生旧有祠院二所，自贵阳迁入，一为郡治，一为庠，故废堕至此。余复为怃然、茫然。即檄有司为更新之计。既而得地于督抚之南，风气明秀，冠于黔中，若天故作之以待今日者。于是议请抚台，而诸僚大夫咸协厥议，遂各捐赎鸠工。凡文武吏士莫不翕然子来，不数月，而工已落成。睹者咸啧啧叹慕，谓海内名儒祠院，壮伟无若此者！

先是，同志长者敬斋蔡公及心泉程公、少松滕公，偕余延乡先生心庵马公主会，群两学师生讲学别署，兹则移会于祠之正学堂。诸士子瞻先生之俨然其像，则已肃气敛容；而相与寻致知之端绪，究精一之心传，则复勃然兴起。盖若先生复出，而相与周旋问难于何陋、宾阳之间也。

久之，余有蜀藩之命。告行，诸士请为述先生学脉，以诏来者，余固让不已，乃谂于众曰：

道本无言也，自伏羲画一，而尧舜名之曰中，曰道心惟微。是微者，天地之中，吾心之本体也。以人见与之，而微者危矣，危即人心，心非有二也。文王不大声色，不长夏革，不识不知，顺帝之则。孔子无意必固我而知天。夫所谓声色、夏革、知识、意必固我者，皆危也，无是危也，而微体全。此至圣所以契天之中，而立万世之极也。成功巍然，文章焕然，参赞经纶之业，与宇宙同其广大，而皆谓之微。盖任其天然之则，直心以出之，而我无与焉。则虽仰而思之，夜以继日，而亦谓之无思；身劳天下，过门不入，而亦谓之无为；授受之际，与回言终日，而亦谓之无言。何者，皆天之微也，非人之危也。

孟氏没而道心之旨不明，诸儒习于闻见之末，沉溺于训诂词章，浸淫于权谋功利，而欲以窥圣人之绪，不知其求端之初，已落惟危之路，其去中也万里矣。

至宋，周、程大儒，始能以无欲存仁之学，体天地之常，圣人道心之旨，复明天下。而其后解说日烦，支离益甚，其流之弊，遂至于遗心而求理，逐末而忘源，使后世谓圣人之学，惟在于言语、事业之间，知能技艺之末，而不复知所谓本天之微几。于是，为二氏之学者，反得以寂虚之说动高明之听，而圣人之学大晦，而不可复求。

吁，弊也久矣。阳明先生以挺世之豪，立希圣之志。其始也，博之于词章；其既也，又求之于佛老；而见尤未卓也。惟其志求必得，百练千磨，至

① 时游……惟弗胜是惧：《黔记》无。

龙场处困之后，始大悟此心之本真，直契吾儒之正脉，故倡明良知之旨以立教。良知即道心也，一点灵几，天地万物之所生生而不息。千圣授受之际，心心相契，而不可形之于言者，不得已而发之二字，以泄其微，使天下学者知心即道，道即心，而圣人本天之学，复几于大明。

先生尝曰："吾此良知二字，自万死一生中得来。"呜呼，亦苦心哉！然则非有万死一生之功者，未易语此也。惜乎世之学者率以知解承当，不因积累入悟。认知识为良知，以声色作用，言语辩论为致知。或高谈性命而声利是谋；或收摄玄同而经纶则滞。竞笑宋儒，以闻见为致知；而不知吾党之所谓良知者，亦闻见也；以穷物为支离，而不知近世之所谓忘物者，支离尤甚也。求其实致德性之知，而默识天然之则者几何人乎？

呜呼？知得良知却是谁？先生固有深忧矣。以成能之谫陋，岂足以与知，顾此一念真切心盟，不敢以自弃也。

尝梦交于明神，而闻所谓帝怀，文王与文王之所以顺帝者，觉而忽有悟焉。于是始信良知之旨，直契虞廷道心之微，而孔颜默授之几，无能出此矣。虽然，余未能真得也，直为诸君说梦耳。梦之觉不可言也。先生故曰："致知存乎心，悟致知焉尽矣。"诸士其务发愤立志，实致良知，即视听言动之间默然参求，识吾之所谓本来者，而时时存之，勿夺于习俗，勿淆于见闻，直前承当，日新不已，若先生之万死一生而必求自得焉，则虞廷稷契、洙泗颜曾可复起于斯堂，而西南淑气从兹开矣。不然，则登斯堂而瞻先生之像也，宁不愧哉！

余为先生建斯院也，宁足为先生重轻，盖为诸生劝学，冀以美一方之风俗，为国家树栋梁桷榱之具耳！若诸士不知所副之，则为伤财劳民，以成此虚役也，宁不重余罪哉？余为此惧，故揭之中堂，以为学者勖云。[①]

镇远紫阳书院记

巡按毛在

余闻镇远城外五里有凌玄洞，奇，与宪副郑君秉厚相期往观。阅《志》，知附郭东山岩有紫阳书院，崇祀晦翁朱先生，将先礼谒。同知何文奎告曰："书院为崩石破壁，亟宜修葺。"及瞻谒，则见屋宇仅三楹，年久颓敝，崩石别无摧损，竟破后壁以入，若夫为先生安坐者。呜呼，异哉！

先生游学四方，足迹遍天下，天下宗之，无问古今，所在肖像以祀。先

① 诸士其务发愤……以为学者勖云：《黔记》无。

是，当国者重讲学之禁，海内书院悉从毁废，先生祠宇毁废独多，此山竟以僻处幸免。近者圣明采纳诸臣之言，诏复旧建书院，斯文再振，良非偶然，如此石适为先生安坐。呜呼，异哉！

余因檄府新之，稍广其事。此山秀出群峰，气脉深厚足绵，有道之长，而俯临清流，渊源活泼。先生之神得无注意斯乎？是为记。

都匀读书堂记

鹤楼张翀

士生于今之世，方童而习之之时，即为章句比偶之学，以取荣科第，而不考究群籍，以求古人之用心。及其年齿稍长，识见稍定，知欲考究群籍以求古人之用心，而又牵夺事务，沉沦奔走，不暇一玩索者何限。余三十年坐此弊久矣！

岁戊午，遣戍是邦，自谓闲暇，可究初志。迨抵戍日，则又瘴疠频作，疾病相仍，且为啼饥号寒者累心。又明年，旅事始定，残躯稍苏，聊于城市僻处，相其林木深邃者，构地一隙，筑草亭半间，携破箧残篇，时一展读。岁既久，亭为风雨侵。

癸亥初夏，千户侯韩子梦熊、王子尚武诣余于亭中，见其敝坏，私与军政使娄君拱辰及诸士夫谋曰："盍相与为张公葺之。"三人者遂卜日命匠，然不使余知之也。匀中居民闻之，各执锸相争求助，或以瓦，或以木石。乃前为堂三间，后为寝室，室之上复为一小楼，以便登眺；又两傍为厢房，门户、墙垣各备焉。

工既成，请居之。余升其堂，慨然以思，入其室，登其楼，仰而四望。因忆子瞻在儋州时，僦民舍以居，日与其父老子弟吟咏从容，儋州之人相与诛茅筑土，特作室以居公。夫子瞻，一代伟人也，而人慕之乃能如是。今余之鄙陋，何敢望公？而匀之居余，亦如儋州之居公，又何以副诸君意耶？

因不佞僭为说，以告诸君曰："人之有堂，所以安身也。堂之有书，所以明心也。庶人不明乎书，则不足以保其身；士大夫不明乎书，则不足以启性灵而弘功业；军旅不明乎书，则不足以察古今之成败；夷狄不明乎书，则无君臣而上下乱。贵州虽在西南，去中州不甚远，六籍亦往往具备。今诸君能取而读之，与余聚堂中一事商确耶？"诸君曰："唯唯！"遂匾其堂曰读书堂。

鹤楼张子复移其破箧残篇者，朝夕于此。前所谓考究群籍，以求古人之用心，或庶几乎少得之矣。是为记。

重修读书堂记

南皋邹元标

读书堂颓圮日甚，刺史段蒙冈公葺以居余肄业其中，因为之言曰：

古之学者一，今之学者二。古之学者纯，今之学者杂。古之学者逸而有得，今之学者劳而无成。玄黄剖判，朴茂未漓，入孝而出弟，耕食而凿饮，吐辞为经，举足为法，文与行出于一。契绳风远，百家蜂兴，士私利，人私学，相轧以势，相与以诈，文与行出于二矣。一则纯，纯则从事身心，而日臻于高明。二则杂，杂则从事章句，而日流于污下。世之勤勤恳恳于章句间者有二：上焉者，谓一事不知，吾儒之耻，必由博以之约。不知舜居深山，木石与居，鹿豕与游，及闻善言、见善行，若决江河，舜之为圣者，自有在也。下焉者，欲冥搜网罗，鹰扬艺苑，不知古今名家，云蒸霞滃，亡异飘风，好音过耳，宋作者且伤之矣。

嗟夫！丈夫七尺所系，以炳烺千古，灼烁后代者，无几耳。伏羲未生，八卦未肇；孔子序书，断自唐虞；生皇虞之时，未有秦汉之文；生秦汉之时，未有李唐之词赋；生李唐之时，未有宋之典章。日月迅速，流光几何，刓精弊思于楮墨间，何异鼫鼠之耗太仓也。若然，捐典籍，兀然、穆然，游亡何有之天，可乎？此释氏不立文字之教，未敢以为然也。

昔人读史，一字不遗，程先生鄙之为玩物丧志。夫学先于立志，孔子七十不逾矩，亦志之不逾矩也。志之在人，譬之木其根焉，《诗》《书》其培壅之者也。章分句晰，是溺志于训诂也，不敢以训诂而溺吾志；提要纂玄，是泛滥于词章也，不敢以词章而卑吾志。亲先觉以明之，求正友以辅之，俾吾志炯焉、灿焉，不见异物而迁焉。是之谓以我观书。以我观书，未越方寸，卷六经为己有。以书博我，万卷茫茫，终为支离障也。沛六经之正脉，揭斯道于日星，庶几哉无负虞孔真传，而可读古人之书矣！登斯堂者，尚三复于予言。

张鹤楼先生遗迹记

邹元标

鹤楼先生旧寓，余既修葺矣。其龙山道院及读书堂，仍各绘一图，系以数语。

二三子过余，曰："先生用心勤矣，何居？"

曰："嗟哉？臣节、国恩、扶世、兴感，四者备焉。人臣事君，惟命是从，鞠躬尽瘁，虽死奚憾？乃或不得君而悻悻热中者，此小丈夫常态也。先生居匀数载，家有倚门，讵不艰关悽恻甚哉！先生时浪迹渔樵，处之裕如，非徇臣之节，何以有此？人臣遭斥逐，往往沉埋以老，屈原沉于汨罗，西山终于贬所。先生遭际圣明，生还北阙，位陟亚卿，勋茂三省，匪国家待士之恩，先生不能自为才也。子臣弟友，理本一致，遗迹犹存，俾式先生，为子必孝，为臣必忠，为兄必友，为弟必恭，斯非揭皇极、淑人心之大机与？下睢阳之祠，奸雄沉思；吊贾谊之宅，楚客兴悲。停轺者感念国恩，追思臣节，纚然不奋于伦理，以匡世道，非夫也。有一于此，亦不容缓，矧四者兼备，虽劳瘁奚恤焉？"

曰："前之废何居？"

曰："人情贱近而贵远，勤始而怠终。读史至古人节行事，发竖而目眦。今有行古道者，非以为愚则迂，此尊古卑今之患也。始相慕用，后稍厌弃，敝不改造锱衣不得以好贤称矣。此勤始怠终之患也。祛二弊以成四美，吾何敢后！"

曰："胡不自留遗迹为不朽地耶？"

曰："余学粗年浅，罔占究竟，妄自攀附，则吾岂敢！且也正公之传，不在涪州而在正公之学。宣公之传，不在临川而在宣公之忠。使二公罔以遗后人，虽过化有迹，吾惧鼯鼠昼嗥而豺狼夜游也。方求寡过不暇，而暇为它日地耶？"

曰："彰前美，韬精光，先生之心洞矣！非二三子所能测也。请记诸，俾张先生遗迹，永永以炤我遐陬！"

南皋书院碑记

江东之

自昔忠臣义士揭天纲，振地维，担扶人纪，何代无之？而惟贞一不二者，芳流逾远，故百世可师焉。彼感慨摅愤，锋励一朝，未几而需泥迫隘，已不胜委顿，若中亡真宰悠悠，世味入焉而染。始非不伉爽鞫录[①]，而后遂刍狗弃之。两者于叔季犹云小补，总无当于大儒辅世之道。若吾友邹君尔瞻氏，其殆庶几乎？

方公成进士时，会主上冲龄御极，惟是江陵窃国，内连阉宦，外立□而

① 鞫录：《黔记》无此二字。

揽威权[1]。其废伦弃制，知有子不知有父，猥曰大义灭亲[2]，莫敢巷议。公极言非孝者无忠，疏入，未悟主心，先逢相怒。一时杖阙下者五人，公承严遣，戍都匀。至则僦居氓舍，鹳鸩先鸣，莫必其命，日方与鬼物为邻。寻得张公读书处一侨足焉。

张公翀者，马平人。嘉靖中，以比部郎疏论分宜，戍于匀，匀人构此以读书张公，是为鹤楼书院。而公视张公，后先一辙，遂结茆于张公堂右。

居匀六年，时时与都人士讲天人性术之学，翛然、皭然，无夷狄患难相，亦无无夷狄患难心。盖身在局中，法流界外。委化运于倘来，而不以人我参耳。其门第之高者，往往负奇气，掇巍科，词章行谊，得庐陵文宪之传。如陈给谏尚象，亦以谠言放逐，要其凌霄亮节，不负所学。又宛然邹氏家法也。

癸未，江陵事败，上召还直言忤相诸臣。而公再入朝省，声念益为天下重。匀弟子有羹墙之思，就于公所尝登览讲论处，更创为南皋书院。址在黉序右旁，近圣人之居，此其甚也。规制若环堵、门屏、讲堂、夹室、甍楼、学舍，大都靓深虚闃，不啻一亩之宫。前面龙山，江流襟带；后接高真观半山之麓。美哉堂皇。峨峨乎，渠渠乎！盖始于郡诸生之倡义，作于督学徐君之表章。若有司、学博、乡先生、武胄之捐资俸，与门弟子拮据之劳。视昔匀人成鹤楼，不啻过之。

公去匀已久，而是中之濡名教、景风神者，方喁喁兴起，月殊岁异，非复向之旧都。乃公再出，独依然以道殉身。故吾不欲即随牒南北，英沈郎署，间而自见，一无增减，何以故？得一故也，惟贞一不二之精，始能垂世立教，化俗育才，视彼乘意气，博名高者不同日语矣。

按《省志》惟云地多岚瘴，本以安置罪人，乃今不病君子，而匀之人又能尊信罪言，反资贤者以孚化。他如龙场夷窟，无能危新建，后之尸祝阳明祠下者，异世且未艾焉。假令公如新建，遇主于巷，即屠龙术隐，而文德武功，固无二道，奈之何三仕三忤权，而不能一日安于内耶？

嗟乎！稷下之禄有涯，而鸿名无涯；岘山之碑有坏，而遗爱无坏。则书院不足以重公，而匀人之善善可重；余言不足为公重，而公自有为匀地重者。微独与鹤楼竞爽，且与龙冈并传。

余不佞，承乏黔中，搜名贤遗迹，得三迁客，夷夏于今称之。顾不佞有晋宁之谪，而未罹其忧；有新建之还，而愧无其伐。总之，勿二其心，则于三公有余师也。夫阳明著矣，鹤楼已自有记。今监司梁君铨亦以直指触忌来匀，感公正气，而以碣石请，故为公记之，以寓高山一慨，且使后之观者，渠复目黔为有北之乡邪！

---

① 外立□而揽威权：《黔记》无。

② 知有子……灭亲：《黔记》无。

贵州通志卷二十二

第四十章 记 下

建修类

建布政司紫薇堂记[①]

参政周瑛

古者国君治事之所，其前曰路寝，其后曰燕寝。路寝公也，所以治事；燕寝私也，所以退休。[②]今置[③]官府，有前堂，其古之路寝耶？有后堂，其古之燕寝耶？作前堂以治事，所以致劳也；作后堂以退休，所以就逸也。古之制也。

我太祖高皇帝统一寰宇，建十三布政司以分理天下事。兵马、财赋、刑法，各置大僚以掌之，势相颉颃而不相下，所以矫前代方镇尾大不掉之弊，而措天下于乂宁之域也。贵州本夷部，高皇帝时以宣慰使田氏分领其地。

永乐十一年，田氏违命，治兵相攻，无臣子礼。文皇帝怒之，乃籍其家，削其官，建布政司以备一藩之制。初，诸宣慰多暴慢无礼，至是俯首帖服，惴惴不敢动。百年以来，诸贤良相继为治，其政渐敷，其俗渐移，官府次舍以渐修理。

弘治六年春，吴兴张公孟介由贵州按察使擢本左布政使。一日，徘徊廊署，顾参政刘君敬之、周君懋德，参议韩君文亮、陈君朝美，谓曰："吾藩财赋人民，视中州诸藩不及三之一。然而犄角形势，控制苗獠，以通西南朝贡道路，其地至要也。今前堂如制，而后堂湫隘殊甚，其何以集思广益，而伸燕好之私[④]。某不敏，愿与图之！"皆曰："鲁叔孙婼讼于留所，馆虽一日，

① 本文《翠渠摘稿》题作"贵藩重修后堂记"。

② 古者国君治事……所以退休：《翠渠摘稿》作"古者国君居室之制，其前曰路寝，其后曰燕寝。路寝公也，治事之所也；燕寝私也，退休之所也"。

③ 今置：《黔记》同，弘治《贵州图经新志》与嘉靖《贵州通志》均作"今制"，当是。

④ 其何以……燕好之私：《黔记》同，《翠渠摘稿》、弘治《贵州图经新志》与嘉靖《贵州通志》均作"其何以集谋议，广忠益而合筹策之公？又何以布筵席，举觞爵，而伸燕好之私"。

犹修葺其墙屋，及去，如始至焉。今吾人实官于此，而衙宇不治，宜如公之所言者。”

天子大聚兵境内，以讨都匀诸夷，公念使司财赋所出，朝檄暮输，有不暇为。既而，群丑授首，境土廓清。公喜曰：“乃今可以有为！”因以其事告于镇守太监江公、巡抚都御史邓公、巡按御史王公，皆曰：“宜如制！”乃合佥谋而节缩之，取彼与此，计工授程。陶土为瓦，烧石为灰，取栋梁榱桷于群木所宜。建后堂若干楹，东西厢房若干楹，堂庭之中与屋之前后往来又若干楹。后堂之广与前堂称，为高视前为不及，而修过之。其制雅雅言言，坐以谈公，列以序私，无不可者。

初，居民十数家，漫入省垣内，与群吏杂处。公曰：“民与吏混淆，奸慝曷去？”乃授之直，俾择便地以居。即其处为左右二参政廨舍，又分其余以为诸吏舍。至是，以堂言之，则前后之制备；以居言之，则内外之分严。公又命筑长垣环绕于司，如居所谓牙城焉者。其垣下甃石，上覆以瓦，高厚不可拔云。经营于弘治七年夏五月，告成于岁秋八月。凡縻白金若干两，粟若干石。邦人皆若不知有所为焉者！

既落成，众谓古人兴作，皆有纪志，况此为工最钜，恶可以无述？乃走使蜀藩，属瑛纪其事。始，瑛待罪镇远府，于公为属吏，客有过吾郡者，谈方今人物，谓公威而不暴，明而不察，简而不烦，有古人风度。则其所抱负者深矣，抱负深者发泄大，然则今日之事业，其昔日之素蕴耶？

探公所有而推之，厥施未艾也，岂但制一藩而已哉！爰书诸石，用以纪前绪，且以卜后勋。

迁建贵阳府治记

按察使冯成能

今上皇帝既改元，驭宇内。诞敷时命，薄海悉臣，群工率职，敬戒靡遑，咸思修典制，肃纲维，以尊朝廷，称维新之化。

于时，贵州督抚大夫臣拯、监察御史臣时举，谂于诸司大夫暨邦之耆宿，条兴革之大者。以上其略曰：“臣按贵州，古荒服地，历代迭兴，直羁縻暨声教耳。我圣祖受命，始中国之。永乐十年，置台省官，称藩焉。改流土错杂，郡邑之制，视中土多略，非力不能，势固有待也。二百年来，德化重熙，遐迩懽洽。今天子明开圣绪，远方殊俗，靡不向风承流，举国奉师，矧藩服中省，尚沿土俗，郡县官司之制，不得与上国齿，甚非所以昭明一统广大，造同仁之化也。臣等伏熟计之，皆谓会城设府便。夫创所未有，其势难。今程番府距省百里而近，井庐相属，姻娅相联，介胄编氓之秀者，相与共学为弟子员，其势尤亲甚。故皆谓以程番府改入会城便。时民夷互讦，绅胄之党角力而争强，簿牒纷纭，盗奸恣睢。监司大吏不能纤理，则以属之军吏、幕职，情昵则狎，势轻则挠，政务谬戾，民无所归。今府而治之，俾连络十七土司，缀之下邑，以附城二长官司之无属者增属焉。秉其扼塞，合外为内，总握要领，以承监司，则臂指之形成，轮辐之势集。征发讼狱不忒，泽化布流，幽隐毕达，经纪秩然，纯若中邦之制，一择守焉，则理平矣。此安边之要策，臣等谨昧死以闻！”请所立郡名，制下尚书曹议。尚书曹议上：“如御史大夫、御史臣言。”制曰：“可。其以程番府改设藩省，赐名贵阳。”

隆庆二年，议再上，三年春制下。群工奔走，执事乃度地，则迁提学公署他所，而即以其地稍拓之，乃鸠工，则捐公费若干缗。是年终，经始于太守卢逵，临政曰堂，退思曰寝，门庭廨舍，咸规郡制。凡更岁而落成。今郡守李濮至，则吏治益蒸蒸然，法成理饬，增修未备。于是始立石，欲纪其事，而乞予文之。辞曰：

于皇时命，万物聿新。乘时熙载，西南守臣。翼翼上书，敷天一体。玄化滂流，讵有遐迩？择贤置牧，既治中州。胡不均弘，协彼遐陬？明明天子，见于万里。肇作之邦，考慎厥始。乃按图籍，命曰贵阳。乃申宗伯，锡以符章。纲维既肃，夏夷祗承。州郡足任，优于甲兵。维兹牧伯，厥任孔勚。矧伊新服，神谋曷将。性善惟一，慎勿鄙夷。无偏无党，由溺由饥。文德诞敷，有苗来格。古训是师，昭兹刻石。

建新贵县记

提学徐秉正

夫贵州，古鬼国之域，而西南之荒裔也。其人谲诈变幻，执之靡从，缚之不得，所从来远矣。明兴，诸酋长慑威服义，始率众受职称臣，比于内地。夫时当天造之初，夷自为家人，无越制，设二武卫领之，因其恒俗，夷方自定。

永乐中，民间户口、物产，渐非其故矣，仅仅两武弁，安所资弹压也？乃建藩臬，诸大夫执其枢而纪纲之，而贵州省治始设。二百年来，列圣敷膏于上，诸吏宣承于下，细系大縻，文绥武靖，声名文物之盛，肩摩毂击之众，视国朝初不啻相什伯焉。夫乌江、石门之间，今独非贵竹耶？而今昔士民更殊若此，则得人为治之效，其故可睹也已。

万历庚寅，中丞叶公来抚兹土，问闾阎所兴革，而益修其所未备者。于是，郡守谢君谋司李萧君，集部吏，延士夫议改邑事，曰：“贵阳郡先是未有也。自隆庆戊辰，中丞杜公、侍御王公疏清程番府于省治，改贵竹、平伐二司为郡两属邑，而贵阳始有郡。郡治既迁，民走百里外听约束，疲于奔命；而坐镇其中者，职靡专统，地方又无所籍以为重。岁乙酉，中丞舒公至，定画，复以改建州治为请，自是定番始有州。夫岳伯守令，上下相维，无省无之。黔之贵阳亦今之都会也。乃改邑一事，屡疏屡勘，议竟道傍不决。虽云事贵以渐，然亦拘挛过矣。闻之，事无巨细，人存则行，明公得无意乎？愿亟图之！”

公问："费安出？"

曰："于帑岁羡，无用捐民。"

问"力安役？"

曰："括差戍余，匪用妨农。"

问："址安卜？"

曰："城东南隅，可贸以居。"

又问："其民何如？"

曰："民苦于征敛无度，离心久矣。"

又问："其长何如？"

曰："念其先而世官之，愿足矣。"

公闻言，毅然曰："兹予职也！"遂与侍御陈公咨诹筹议，下其状，檄三司长及诸监司再核之，议佥协厥迪。乃请于城之东南建县治，设县令、尉各一员，以二司人民土地隶之，而土司宋显印等改土丞、簿，俾世袭，疏上，诏许之，与名新贵。

于是永从令孙君以声称蒙调，来董其役。君至无所居，就厝民间。经营厥始，其稍稍集矣。乃办方刻信，程能计日，蚤暮躬自督之。中为堂三楹；堂后为堂者二，为厅者一；最后为寝室。左右各厢以房，房左为藏书楼，面有屏峙焉。堂之左为石库，右为贮房，为卯厅。稍前为仪门，东西吏庑，相翼屹如。而门之外为羁候所居。其右神祠，宾厅居其左。又前为大门，题曰新贵县。门南有屏，屏两旁筑二亭：曰申明、旌善。而益拓傍地建丞、簿、典史各一所。又缭垣二周，夹委以巷，巷有更柝，有警铺。盖经画规制，恢恢燿燿，咸正罔缺，而县治于是乎称完美矣。[①]

是役也，以金计，凡七百七十有奇；以力计，凡数万；以楹计，凡百二十有九；以址计，周匝凡百丈。议于隆庆戊辰，越二十余年，而论乃定。功始于辛卯之夏五月，而癸巳之三月乃告成。厥倡之者杜公，王公、舒公实和之；叶公、陈公相率参会方略，合意上请；而方伯范公，参议蔡公，观察使

---

① 此段《黔记》无。

冯公，宪副叶公、陈公、萧公，佥宪伍公实赞之。夫天下事未尝不可为也，人自不为之耳。是役也[1]，下以开一方千百年之业，上以彰国家大一统之盛，官罔告困，民罔知劳，后先一心，共成盛举。语云“事以人行”，岂虚语哉？

嗟乎，噫嘻！若诸公者皆可为天下风矣，抑予犹有说也。

夫设官分符，峻宇崇墉，岂以侈观，以为民也。《康诰》曰：“作新民。”《孟子》曰：“民为贵。”夫革其旧则新矣，不可贱则贵矣。顾不自新，则不能新民之新；不自贵，则不能贵民之贵，此治本也。今而后令兹土者，诚坐堂皇而顾名思义曰：“吾何以鄙夷其民，而不思所以贵之？夫新之则贵之矣，贵之则新之矣。新之，贵之，则夷而华矣，此天下之良也，亦圣天子所以命名意也。不然，民无所改于其旧，而贵者失其为贵，宁置之不用矣，设县奚为耶？”

予不敏，董教黔中，睹诸方所为令者有日矣。因孙君之请有感焉，遂为记之，俾勒之石，而并以告夫嗣君而令者，当三复于斯云。[2]

都匀府重修郡城记

郡人刘秉仁

都匀于永乐时为卫，弘治初始设府，实乃西南要地。余尝观其山川封域，都匀之为郡，不独部夷难驭，盖尤有邻患焉。东连草塘，西近泗城，南接南丹，北连平伐。四面皆警，势若蜂房，稍动则毒螫攒聚起；又若燿蝉者，一振树则万声俱鸣。非若他专民可一耳目以守之也。

郡故有卫城，二百年来，日就颓圮，卑者类樊圃，而楼橹之上覆营茅，非有百雉之度，重关百二之模险，奚足恃哉！

万历己卯，兵备苏公来按兹地。甫下车，登城四望，慨然长思，顾属吏曰：“斯郡也，宪臣提兵驻镇，三府、七卫所，州、县、土司相联而听命，密迩诸夷，号令节制，顾此藩篱单薄，扃鑰弗固，万一有持梃至城下，其孰御之？”

会郡太守梁君莅任，博采舆论，励精参効，约费四百金。公以为允当，遂请于督抚王公、察院马公，皆相报可。

公于是谓梁君曰：“是城也；前后修者屡矣！然上慢而下渔，费倍而功寡。土木之役，破除易而稽察难。吾闻之，事无巨细，人存则行。今日综核之任，非我与子耶？”[3]乃抡材试工。公财用，约日需，派丈尺，定筑畚，凡度支

---

① 厥倡之者……是役也：《黔记》无。

② 嗟乎……当三复于斯云：《黔记》无。

③ 公于是谓梁君曰……非我与子耶：《黔记》无。

出入，综以簿书，严以覆验，而责成于府，奖勤黜惰，程能计功。

东南城故枕高山，守者率露处，先创铺舍而处守者安。城堞之未高也，悉增而高之。又虑流潦伤城身，凡城面阶梯，尽用板石弥漫之，防水至。西北一带串房，岁久多蠹，皆一新之，而增其半。前、中、右千户分城，旧固土筑，皆采巨石而城之。卑者、塌者、凸凹者、参差不齐者，皆无尺寸不饬。于是补砌外城者，为丈一百余，新砌内城者，为丈三百三十余，增高垛头者，为丈一百九十余，新砌城两阶梯者，为丈七十余，崇台基者，为丈四十余。建大楼者六，重建敌楼者八，新建串房三百有十，修饰者九十二，高城为铺舍者一十一，新砌洞门二。撤朽削蠹，植磉筑虚。

远而望之，坚土屹屹，横者翼翼；近而察之，石楣铁枢，碧棂纠疏，隍堑萦纡；登而览之，山川增险，万夫莫前，吞迩摄遐，气象雄峙；俯而视之，府卫填委，仓庾充实，旌棨甲胄，周虑是严，足以域民威暴，壮气助武。然计之则费省，要之则工倍，所谓事无巨细，人存则行者，非与？

梁君抵书于余曰："兵台苏公按治都清，端表率，定章程，立哨守，联保甲，仁育义施，苗夷率服，远迩乂安矣。乃安不忘危，新此高墉，为地方树不朽之绩。愿一言以勒之。"

余惟兵戎之寄，城池为首务。而喜事者顾始举他事，庖人舍樽俎而问尸祝，其职不相切也。即会省城垣，虽岁加修葺，率粉饰一时，而官濠马道被邻城住人渐侵为己业久矣。龙洲王公开抚兹土，首率司道，从外遍阅，险隘处下舆，步履往之，侵没者毫莫能逃，随下谕能自首者免罪，一时改正还官几数千丈。公于是画地分任，增建桥梁数座，以弭水患，缩溢伸屈，靡不有则，众力并作，不费不劳。粉堞燠如，楼橹赫如，一劳永逸，屹然金汤之胜矣。

故都匀之城赖公提兵按部，以是肩任，议详即投合无阻，公得以一意展措，不日落成，非相与共济，曷克至此！余又闻之：城者，形险；人心者，无形之险也。公之饬戎，能使诸夷听令，道无拾遗，则人心固已有余险，而又益之以城险。孟子所谓地利、人和，公实兼之矣！宜如梁公言，大书之以告太史氏。梁公慈仁通达，循良卓异，贤守也，能以公之心为心故。[①]

工始于辛巳孟春庚辰，落成于孟冬甲寅，不逾年而即就绪。公名愚，号心泉，如皋人。由壬戌进士，以参政持宪修兵防。勋业方蒸蒸未艾云[②]。

① 远而望之……能以公之心为心故：《黔记》无。
② 以参政……未艾云：《黔记》无。

都匀府云津渡记

副使洪邦光

癸未之夏，余备兵都清，偶巡郊外，有桥矗然，望之如长虹饮涧。问野老，曰："此都匀今太守梁君所建也。"余心喜之，以为太守有王周刺郡之政云。

岁甲申，洚水至，是桥蓦圮。行者揭厉，值猛雨，河水腾涌，取小舟以渡，辄有倾覆之患。时苗顽内讧，余方与材官壮士驰骛兵戈，而于济川之具未遑也。既而，苗贼讨平[1]，民乐其生，乃谋诸梁君曰："今公私乏竭，桥再造则艰于力，盍为巨舟以济之。"

梁君曰："是吾有司事也。"乃共捐资，命指挥徐允爵，经历杜忠修之。甫一月，而舟告成，乃檄掌篆指挥娄联壁，择善操舟者四人守之。

时乎澍集云滃，流波鼓怒，则放舟[2]攀缆，凌风击涛，若鲸鲵浮江，行者不假褰裳，而无虞以燕息。若乃霾曀潜消，川澄景曜，则缓棹援艇，山光水色，常开照胆之镜，渔樵互歌，鯈鱼游狎。时有骚人往来其上，逍遥放旷，朗咏以终矣。夫湍涛急则济人于危，水波平则同民以乐，是舟之为物微，而用可重也。雇谓舟子曰："备乃袽，瑾乃灰，乾乃鄅，善守之勿坏！"

舟子曰："是船也，中虚以待人，外坚以涉险，用何不利？"

余慨然曰："虚则无心而物驯，坚则独立而物不挠。常游道德之乡，处圹埌之野，而风波弗及，舟子何知，而言通乎道矣！"

余嘉太守建桥用心之勤，而今为此舟以续其美，故纪之如此。

嗟乎！余不德，无以绥宁四方。今贵筑民艰之当济者，独一渡涉乎哉？兴利剔蠹，广济群生，则有俟于后之君子。[3]

麻哈州修城记

刘秉仁

重门以御暴客，折柳而惧狂夫，盖自古记之矣。中人之家，无它羡藏，而岁不忘葺垣牖，严扃键，凡以备盗而保家也。今天下州郡，社稷人民之寄，与中人之家奚翅相什百？即使道罔拾遗，而城郭之不设，将奚所恃以障吾民？况夫当扼险夷薮，控制弹压之区，顾可视城池为寻常故事，漫然不厪之虑哉！

① 苗贼讨平：《黔记》作"苗平"。
② 放舟：原作"敬舟"，据《黔记》改。
③ 本段《黔记》无。

麻哈州，故在元为麻峡县，国朝设长官司，隶平越军。弘治初，都匀诸蛮目猖獗。维时，抚按疏置郡治政之。而以麻哈地当都清咽喉，轮蹄交达之所，并请建州，辖平定、乐平两司。

其地四际夷穴，林莽绵密，诸夷盘据出没，如鼠雀不可踪迹。迩来者牙构乱，凶类狂逞。巡抚舒公、巡按毛公毅然决策，动大众直捣其穴，歼其魁帅，谕其胁从。请立宣威营于者牙旧地，为州屏蔽，又请增州判一员专治。夷民远尔闻风纳款，江外种落，素阻声教，一切稽首听约束，宁帖至今，无复潢池弄戈矣。

惟是州治，旧制草创，斯民散处。嘉靖三十一年，州守杨君敏迁筑石城，狭隘，久渐倾圮。后陈君汝和罗以土城，亦寻筑寻坏，非久远计。

岁戊子，胡君友禄来守是邦，见州治颓陋，喟然叹曰："藩篱不固，廉隅不整，且无以卫家，牧守之谓何！"乃亟谋于郡守姜君，请城之。时抚台许、叶二公，部使者赵、陈、张三公先后申饬，务一劳永逸，保障遐土。兵巡叶公纾猷经画，捐资补给。守道陈、刘二公，加意共济。及藩臬朱公、范公，请议帑金，不啻再三，于是厥议遂定。胡君聚工兴事，采石征材，程能课勤。经始于戊子之秋八月，告成于辛卯之夏六月，屹然金汤，称雄镇矣。[①]

胡守走使属余为文纪之。余惟都匀西南僻壤，二十年来苗乱频兴，幸后先台司诸公扫杰丑而镇宁之。又得胡守慨然引重自任，威不轨而树丕绩，千百年治安端必赖之，岂宜无记？而余有闻：圣王以不杀为威，臣工以经济为职，故不一劳者不永逸。今麻哈之足恃者，此城也。而四面苗居若穴，联络山箐，接粤之南丹、庆远，绵亘千里，平居互为婚姻，有急相为犄角，则绸缪苞桑之计，又不宜因有城而忘戒备者，是在当事诸君子加之意耳。夫惮一举之劳而乏百世之虑，匮有限之财，贻无穷之患，非算之得也，居是邦者，蒿目而忧有日矣。余因胡守之请而为之记，并以是告之。[②]

麻哈州新建惠民桥记

陈尚象

州南五里许，曰摆坨河。河受众流，两旁依山阻险，中齿齿多怪石。旧浮土桥，以通往来。然旋修旋圮，每遇水泛石，与水两相激，桥益圮坏。

万历乙未，黄君琏以新添卫学教授署事于兹，毅然引为己任，请于台司，

---

① 该句《黔记》作"始于戊子秋，讫于辛卯夏，屹然称雄镇矣"。

② 本段《黔记》无。

欲建石桥。既报可，遂捐俸为士民倡。已，又请之方伯杨公，守巡詹公、梁公，得公帑若干金益之。而太府王公、司理李公，与先后守戎邵君国华、陈君尚策咸各捐赀俸，给夫力，共襄乃事。未几，州守晋宁苏君九河继至，益殚心力，以善厥终。桥用告成，可垂永久。远而望之，若长虹倒影，素练横江，山光水色，交映如画；近而履之，即结驷连骑，充然有余。又不但行旅悦于途已也，倘所谓江山相待而有成者，非与？

野史陈尚象曰：自敬事后食之义微，以不佞耳目所睹记，世之绾符民上者，即职分内事犹诡避不一，婴心念者众矣。黄君以学博，视篆此中，惠政种种，昭然可纪。犹虑斯桥之为民患也，其言于上曰：屡修则病居者，屡坏则病行者。遂不惮经营拮据之烦，为一劳永逸之计。且其精神意念，孚于上下，贯于遐迩，故自台司以及郡邑，与乡先生、武胄、里耆、士庶，罔不欢然协力成之，即一桥，而诸所设施可概睹矣。非其力量、知识有大过人者，曷克臻此？昔秦昭王使其大夫李冰为蜀守，凿离堆，辟沫水之害，蜀人世世祠之。如学博君举前人久旷之典，昭万世永赖之利，不知百世后宜何所食报也。余嘉学博君之伟绩，而又嘉州守公之善厥终，皆心乎为民，足以为有官君子劝也。因名其桥曰惠民，而为之记。若诸有事于此者姓名，法得载之碑阴。

思州新建察院记

巡按毛在

贵州于宇内为僻壤，思州又为贵州僻壤也。开设在永乐十一年。正统末遭寇[①]，城陷。迨成化中复完堞，议调威、兴、平、清四卫官军哨守，而清浪参将往来调度。隆庆初年，以供亿奔命之苦，议迁府治于平溪，然舍僻就冲，民苦益甚。至万历之五年，复议还旧。顾哨守官兵因迁府并掣，乃别募獞兵百名，把守关隘，仅取充数，无裨捍御。自是不无隐忧，且观风使以道僻事简，往往不至，故院署亦不修葺。

余按黔南，念观风之职，虽深山穷谷，车辙必遍，未可独遗思州。而思守蔡懋昭欲调平、清二卫官军合操，以壮威武，许之。

既入其疆，则见风俗醇以厚也，民知畏法，无大奸也，诸生彬彬有文也。而城郭再辟，保障足恃。入署，则见规模壮丽，后倚一山，风气藏聚。问，知为今日改创也。噫嘻，美矣！使君亦既有署可居矣，何可鄙夷思州而置之

① 正统末遭寇：《黔记》作“正统宋寇”，“宋”当是“末”之误。

度外也。余闻此中流寓，倍于它郡，土民苦于丁差，乃以计田均差之说檄府议。又兵力寡弱，将来可虞，而以复设哨守之说檄道议。夫使君之至，不能无扰于民，倘均差之议可行，则众擎易举，民力可继，自此有以报吾民。平、清二卫官军之至，亦不能无扰于民，倘哨守之议可复，使府、卫体势联属，如唇齿相维，民居依然安堵，其为报吾民者更大也。

院署之新宜有记，余特纪时事之大略如此，以告后之君子。俾知思州之可以驻，又知思州之不可以不驻，而岁一至焉，庶乎此署之新不为虚矣！

重修思南府署记

推官陈南星

贵藩迤东首郡曰思南，古在荒服之外，汉号西南夷，历唐、宋入贡赋，然犹未能版图之也。

我太祖龙飞，德威广被，厥苗纳土效顺，锡官宣慰，秩三品，俾世守焉，亦未郡县之也。成祖御极，十二年，革除宣慰司，列郡置守，以昭王化。夷人乐睹汉官威仪，仿中邦规范，创府治，辨堂阶，分屋奥，竟蔽风雨耳。后先继守者从俗而治，几二百年。

嘉靖丙辰，余来理郡刑，思变而新之，力弗逮。甫八旬，白湖宛公加祥以司徒大夫出守兹郡，己未秋，因其塌，遂重建焉。夷民怀公德，咸子来。公曰："勿亟捐俸，抡材如治家。"甫八阅月而功告成。其规模宏丽，气象雄壮，基之脉，溯岩门，横龙而下，势如累珠。公度中正建堂，方五丈许，高称之，临民之所备矣。又道制左右，翊以经历、照磨所。堂之下为露台，台之东西，列胥史卷廨者十数。竖仪门凡九间，焕然一新。又于堂之后建寅恭堂，广如正堂。堂之左为延宾所，右为退食居，可二十余间。堂之后乃旧堂一座，仍之。旧堂之后，又因其旧楼补葺之，而续建东西虚阁六楹，中为回廊，其潇洒风致，似非贵阳耳目之素得睹者。噫，亦云休矣！

夫土木之功，尚俭者啬于费，器小者局于制。又况以官为传舍者，安望其视公事如私事，而尽心竭力若此也。刑竣至此，厚自植改，适饮之咀之耳。公，庐江甲族，扬历中外。其规模气象，平生之所蕴蓄睹记者，非浅见薄识可比。且保民如子，视国犹家，又公之素不负所学者。故是建也，能隆千年之美轮美奂，弗扰弗惊。惟兹二邑四司之民，虽云兴作而财不匮，乐观厥成而力不劳，欢忻鼓舞，亦如其私室之就绪焉者，亦足以验民心悦之一端云。

重修印江县堂记

知府帅机

印江系邛土司，《郡志》莫详其始。孝皇御极之七载，始更置邑，延今凡百祀矣。维时草创疏略，历数十令无能易，非当事之惮烦，繇财用绌乏，经画艰也。

万历辛巳夏，莫令奉今上命莅印，甫旬日，值大雨，河水汜滥，淹民田稼。令斋居，遍祷邑中神，动心慨然。欲题请蠲民租，缘覆勘愆期，遂中止。令首发仓赈恤，劝民修堰，禾稻既没，易菽菽粟。是岁竟有年，水不为患，民实德之。冬仲朔，稍闲，令都邑堂敝甚，计修之，众欣然承旨[①]。

令复曰："今大造、丈田二事并行也，吾里中之民执弗逮。顾邑山产材，而各寨寓民力多暇，可以寨运之。"众亦欢乎称喜。遂下令，不逾旬，而运者继至，令始命卜工。以丈田事促，出舍于郊。无何，群力效劳，群工效技。明年春，栋宇如期，峥然屹立。

会邻司告苗寇甚急，震动连省，邑民惊遁，城几空。令闻驰归，民竞郊迎，欢声振山谷。令劳来慰谕，缮兵甲，明号令，士气大振，寇闻不敢窥。诸当辖交下檄劳之，称一方保障。当是时，兵戎倥偬，阽危于邑者相踵，众心汹汹，谭往事如眉睫，拟奉令为去计。令且戒邑中工作于官，兵守于城，田丈于野，商贸于肆，罔或废职，亦若罔有事。未几，田赋簿书完报于他乡邑，而堂亦告成厥功矣。[②]

堂正厦三间，额其中曰"忠爱"。前为揖厅，间如之。后旁为耳房，左右一间。中为扰道，接[③]川堂。堂前后各一间。堂东置库房一间，迤东置粮仓，南北相面，各三间，中为厅一间。大门为牙墙。邑院后并左右关为周遭通道，四城增重门，设刺板上下，街内外并置栅，扃钥严而启闭时。百祀来，邑治犁然整，焕然新，诸班就绪者，不可胜纪。且财不费，民不劳，皆令之措处有方也。令之大造乎邑也[④]，厥功良亦伟哉！

予又闻：印民土著少，流寓众，赋役烦重，健讼朋兴，号难治。令持重镇静，约己裕民。稍兴利除弊，摘其要而去其甚，若医师之治羸，不施猛剂，徐调和其元气而煦呕之。民被令之化，若饮醇醪，潜移默化，罔知所自。故其效征于闾阎雍穆，囹圄空虚，虎狼屏迹，苗夷慕化。即旁郡邑司有大碍大狱之不能决者，率取正于令。令随所至，诚格而明通之，人皆输情服断称慈

---

① 甫旬日……众欣然承旨：《黔记》作"邑堂蔽甚，计修之"。

② 此段《黔记》无。

③ 扰道，接：《黔记》无此三字。

④ 令之大造乎邑也：《黔记》无

明。令尹其经纶之蕴，康济之猷，见于陆议之陈，皆安攘至计，诸当辖多嘉纳通行之。远近之民，引领悬望，愿见德化之风；而令之秉心塞渊，操行砺洁，浑涵为仁，沉毅成义，民不忍欺，亦不敢犯。虽循良未多让，殆空谷足音也，印民何幸而获令哉！

夫守令六事，自昔记之。得民之难，圣贤且尔。此一邑也，昔敝而今理；此一民也，昔徂而今孚。天下事废于因循，而兴于振作；古今民二于杆格，而信于感化。化裁推行，神明成信，亦顾所存何如耳。堂之系乎风也，岂浅鲜哉？后之君子鉴兹！

令名与京，字寰冲，广西南宁宣化人。登隆庆元年进士。少居乡，嗜灵修粹，博物洽闻，声实并茂。余守郡时，知令最深。令政迹则思人同野、古泉寓书语令类如此。其厚积远施，盖尚未可涯涘测也，邑前令暨典幕名得并书。[①]

婺川县治记

检讨金皋

嘉靖壬午孟夏，眉山熊君价自浙川尹婺。婺，古牂牁要路，在蜀楚交会之间，辖思南郡，去郡四百里。省方相轧，创为邑，以合容其民，势也；视内之邑为有间，亦势也。正德间，流贼方四[②]啸聚，自四川江津行劫，屯聚于婺；居民咸走匿山泽，与猿犺为伍。婺亦旧无邑规公所，出治苟且蔽风雨，以加兵燹，井墟荡然。

熊君至，无所居，乃诛茅筑卜，用宁干止，敷政优游，婺民大悦。遂以是岁孟冬，相视林衡，度伐林木。

又明年，为癸未孟秋，焚石通道。土民刻信，欣来赴役，木材亦至公所。又募陶工范瓦，以片计者五千有余。万事渐集，乃鸠工告期，计程缕数[③]以从事。

公厅六楹，高二丈有五尺，横阔倍丈之二，深则益丈之一，而尺亦楹一。中厅之高，减公厅之八尺，横阔如之。吏舍翼列，屏障高峙，神祠幕厅，皆有规制。内墙周匝三亩，谯楼镇之外墙。内墙三亩五十步，覆瓦重檐，翼飞矗落，南北东西，门有楼[④]眺望。公馆铺舍新创，斩斩一目之中，焕然生色矣。

① 予又闻……得并书：《黔记》无。
② 方四：原文误作“四方”，《黔记》同误，据嘉靖《贵州通志》及本书他处改。
③ 缕数：《黔记》同，嘉靖《贵州通志》作“揣数”。
④ 楼：原缺，据嘉靖《贵州通志》补。

君[①]会计酌工食之中，捐俸益措置之乏，婺民忘其劳，乃合乃完，循循自癸未迄己酉冬，用其一，不妨其二，公私欣欣，得济于美，亦难矣！孔子所谓三年有成者，非耶？[②]

夫为政须要有纲纪，则名分定而惠易流；建事贵审先后，则事成绪而民不扰。使公所跻于民居，则玩愓弗励，非庄以莅之之义；期会详于束湿，则急遽无渐，非以佚使民之心。[③]观熊君治，其得古人为政之方哉！

君，眉山世家，笃信好学，故其施为气象，知及之，仁能守之，不徒为口耳糟粕之用，可谓不负其所学也已！数千里西走使来，欲予记之。予与君为知己；又婺[④]，予少时曾到其地，予祖蓼猗翁作郡思南，婺属邑也，其德土人至今遵而思之，感今怀旧，又乌能无言？遂辑其太旨书之碑[⑤]，继心绩环为诗云[⑥]。

镇远府新楼三永记

知府程爋

镇远府治，枕山襟河，河崖一街[⑦]而已矣，实云贵门户，故东南货财，舟行者无停岁。治南永安渡，渡行人处也；东沙湾渡，登舟处也。西木家湾，上崖下渊，中行道陟云贵者，此其通衢云。

嘉靖辛亥岁仲春，中丞竹坡任公、侍御近淮董公按节镇远，首议建城。兵宪鹤亭赵公曰："吾责也。"乃携爋步山航水，达观于治，指永安渡曰："可门，可楼。"指木家湾曰："崖可据，渊可恃，斯门、斯楼、斯城、斯街道。"爋受命焉。循河而来，至沙湾渡铁山溪，又曰："崖峭渊深，栅可易之石，门可倍之铁。"爋受命焉。又进通判杨薰，指铁山溪沙堤而授之曰："此堤可高而城，可屋，而屋[⑧]，汝工、汝力、汝业也。"杨薰受命焉。

公乃具状上中丞、侍御二公，咸曰："可。"会方伯平崖李公、一崖刘公

① 君：《黔记》同，嘉靖《贵州通志》作"君有初欲修造，虽公移巡按陈公，比得请而陈去，既而刘公巡按来，公移复上。乃能毅然独任其责"。
② 此句《黔记》无。
③ 此句《黔记》同，嘉靖《贵州通志》无。
④ 君，眉山世家……又婺：嘉靖《贵州通志》同，《黔记》无。
⑤ 此句嘉靖《贵州通志》同，《黔记》无。
⑥ 此句不可解，嘉靖《贵州通志》为："明年，君当奏绩明宫，婺虽欲挽留不可得也！后尹兹者，览予言而思以继其心焉，则治婺之绩，思以循环于无穷为不磨矣，诗云'勿替引之'，其不重有感夫！"
⑦ 街：原缺，据嘉靖《贵州通志》补。
⑧ 屋：嘉靖《贵州通志》作"居"。

议。佥曰“善。”檄下，爋力任其事。

爋奉命惟谨，费用之赎金，石采之黄垲，工匠觅之兴隆，力取之邛水，暨市肆之军与商。

越明年壬子孟春，永安渡楼城门成，题曰“永安通济”。永安者，仍渡名也。

仲秋，木家湾城成，四十有五丈，门成，楼成，自趾及巅五丈有奇。守望亭成，影壁成，街道成，东六丈，西八丈，题曰“永定通衢”。永定云者，势重难载，涛汹易圮，三圮四构，万石千夫，至是其永定矣。

又孟冬，而沙湾渡成，高并永安、永定，而材木构结大且固，爋题曰“永固通津”。薰问其义，爋曰：“不闻镇江北固山，得长江天堑之险乎？蔡谟起楼于上，以置军士。兹铁山圻也，险与北固山等，今又楼焉，不亦固乎！夫慎固封守，守土者职也；绥定厥邦，永康兆民，牧民者政也。职尽则于官无负，政善则于人有济。盖作于上而后成于下，备于先而后济于众也，岂徒济渡而已哉？”

《易》曰既济。君子以思患而预防之。能思患预防则曰固，曰定，曰安，可求也。斯之谓新楼三永。若东关楼、复古关亭仍旧材改作者。

薰所砌沙堤高一丈五尺，袤十有六丈，广如之。薰之工力，薰所得业也。

仲冬朔，鹤亭公阅视，喜而赋诗志之，有曰“玉嶂横天连岱岳”，言固也；有曰“鬼方种织边尘静”，言安也；有曰“滇海车书上国通”，永定而衢通矣。则爋所共役者，公意也，公功也，宜记。

施秉县建城记

提学刘曰材

嘉靖乙丑冬十月，镇阳施秉县城成。施秉县者，镇阳岩邑也，古牂牁蛮夷地，明兴内附，置县设官，自正统甲子始。县当岑嶅景洞之间，西控播凯，南枕洪江，皆封豨猰貐之邻，而伏弩衷甲之地也。独以一面北通郡治，走滇楚而观上国。施秉固，则播、凯、洪江之苗不敢北首窥镇阳，而滇楚道通。若人之一身，镇阳为滇楚喉襟，而施秉其肘腋也。肘腋婴患，即喉襟为梗矣。故施秉虽小邑，实镇阳重地。论者谓固施秉，莫城守为急。

成化间，守臣尝议城岑麓诸堡，会工巨，竟不讫功。寻稍稍调番休卫卒为补葺守戍计。

嘉靖辛酉，容山[①]夷构乱，环甲挺戈，入施秉之郡，焚劫县治。时戍卒无能御者，居民窜岩穴间，喙息求旦暮活。贵阳东路告急，赖一二帅臣整师

① 容山：原本作“客山”，据本书他处改。

誓众，歼元恶，县境旋复底宁，而横罹兵燹者莫可救药矣。使当时得数雉之城，环而守之，则酋虽骜黠，讵能蹂躏至此？

时中丞柱野赵公奉玺书至，叹曰：“患至为备，今已后矣，是尚可不亟图哉！”乃与台察晴郊巫公协议为城守计，询守巡参议徐君敦、副使张君廷柏，佥画允谐。乃檄知府袁成能面量工，守备孙继武鸠军役，同知何承训鸠民役，划东西城分筑焉。

石取诸山，则百户吴天祥司之。甓取诸陶，则千户徐椿司之。经费以两计，凡一千六百有奇，出帑金也。饩廪以石计，凡一千九百有奇，出仓粟也。筑城以堵计，凡四百一十有奇，因地形也。经始于壬戌孟冬朔日，阅岁癸亥，赵公还留都而霁寰吴公代，巫公在告而文川部公代，徐君迁而王君汝述任，张君迁而祁君清任，先后协心，用是诸役罔怠。总戎都督石公又益以罚锾若干，工作用命，历三载，为乙丑冬十月乃告成。

于时中丞抑亭陈公、侍御春楼潘公，二公甫下车，揆文奋武，图万世封疆之利，亟嘉前画，而乐观兹城之有成也，更饬以官兵营城守将加密，谓材识载籍，当记。

材按：《春秋》书城郭，严外防也，书城祝，慎内治也。《易》曰：“王公设险，以守其国。”险岂山川丘陵？城池固为险设也。故和戎城而胡马不能南牧，青涧城而夏人不敢东向，争尺寸者，用此道耳！矧施秉当镇阳扼塞，与和戎、清涧折戎虏之冲者，未知功孰后先，谓无《易》象《春秋》义不可也。虽然，城可守也，不可恃也。晋阳之城不浸者三版，势亦危矣，而卒能扞强敌以存赵者，守在民。子囊城郢，而沈尹戍非之，岂真城无益哉？恃在城焉耳。故城一也，善守之，环堵皆坚壁；不善守之，金汤为寇垒矣。语曰“公侯干城”，在得人也；众心成城，在得民也。材不佞，敢告封人。[①]

普安州新迁入卫城记

提学吴尧弼

介滇黔之间为兴古地，故有州地，无城郭。迁入卫城，自今日始。州之守刘子承范谒吴子，请曰：“兴古，边陲重地也。高皇帝时设府，隶于滇藩。无何，改黔为州。州治始宅撒麻，继迁于海子，又再迁于卫郭外，迄无能城其居者，则以人犷土瘠，物力诎乏，亦传舍其身者，苟幸一时无事之安而已。故弘治中，米鲁蠢动，州治几残为瓯脱。盖卫弁秦越我州人，我州人以无城

① 本段《黔记》无。

受其敝，卫虽有城，若无城，此非往事得失之镜与？”

今上御历十三祀，重轸边计，特简大中丞舒公持节来抚兹土，诹咨地方利便，遂昌郑君时为治兵使者，以州治请迁。先是，署郡事黎德雄者，始建筑城之议，继以工巨帑匮，持不决。侍御毛公按部，因先后议，落落难其请而乐因循者，亦遂姑为修葺议矣。中丞公毅然曰：“事有出于一时，而关千百载之利害者，当为民社虑，不当为会计惜。即郡城未可卒办，独不可同卫城居乎？矧畏难与畏迁，为目前计得矣，非所谓保障计深远也。区区工费，不谷当有以报！”遂与侍御公合策疏请，制曰：“可！”事下当道有司。

当是时，郑君以豫章参藩行，今陈君来代，欣然曰：“是余之志也夫！”适永宁守陶子希皋、卫使李承露相宅，厥既得卜于守备之旧署，而承范亦已觐事毕复任，受命，中丞公且令焉，修弥牟营周之法度丈数、揣高低、议远迩、物土方、量事期、待糇粮。凡采者、运者、陶者、冶者、斤者、斧者，构且堂者，甃而甓，工而役者，财与材之乏且困者[①]，经之营之，一禀成策。

已而，陈君又将中丞公指而躬阅之，柎其勤，扶其惰，金矢之余，不足则请赈粟，减征而予之，盖救荒且惠工，两利也。于时，令勿亟子来，高者除、下者平、狭者廓，有其材愿效其材。环而居者，世其业者，愿效其地。募而至者，寓而井里者，愿效其力。山居而部落，争持牛酒而日饷作者，不可止。[②]

为堂三楹、仪门三楹、鼓楼三楹，前后退食公堂亦各三楹。公署以官居者各一区，仪杖、戒石、寅宾诸厅各一所，胥吏廨舍，诸亭具备。计其费，以金计者，可近七百；廪粟以硕计者，可二百余。取诸县官之缗钱者什之半，出于公所捐措者亦居什之半。工兴于万历丙戌[③]之冬，迄于丁亥之春，盖不半载而厥成，焕如也。於戏，美哉！

州治既成，州之士大夫、父老咸举手加额，曰：兹其易变通可久之时乎？二百余年，遘此肇造，好义终事，即民心可征已。且费仅数百金，而贻百世永安之利；役仅四阅月，而竟百年未就之功；民不损丝发，事不动声色，而建文武长治之略。此其事何可泯泯，愿丐一言，俾来者无忘今日！

吴子曰：我闻在昔，国初之通滇也，以破达里麻于普安；即迩者，滇平罗雄之难也，亦以普安为犄角。故曰：普安安而后黔安，黔安而后滇愈安，所系顾不甚重者？而谓迁治止于一郡一邑计，为州大夫便安一身利耶？若堪

① 受命……乏且困者：《黔记》无。

② 本段《黔记》无。

③ 戌：原作“戍”，误。

舆家之说，浅之乎窥此役者矣！尧弼不佞，滇人也，庆两台诸大夫之为国家万世计，嘉文武将吏、士民之协心，且幸滇黔之安自今永永也。乐其成而为之记。[①]

普安修路记

蒋宗鲁

盖予观《夏禹书》“随山刊木，奠高山大川”，未尝不叹地险之赖于人力，历代富有四海者，由斯道也。故孟子称禹思天下之溺由己溺，今睹其功，盖万世永赖哉！乃云贵远在万里，禹所未迹，汉唐来仅羁縻之，曾无滇广之利者，道塞不通耳。

我高皇帝廓清寰宇，滇贵始入版图，郡卫哨守，棋列星布。路既得，而靡莫之属贡赋始通，两粤、三巴，舍此何适？其险不啻秦栈蜀道之难，非一人所能尽述者。若云南坡在普安，志曰“西岭天梯”，接壤坊额曰“滇南胜境”。贵之当道虽罕至，而滇必由之，盖六诏之襟喉，官庶之走集也。万岭攒天，长亘千丈，来往苦之，孰不有慨于中？缘石远水淖，费巨且厚，官民两匮，力难永图。

嘉靖庚申，予承乏抚滇，修自镇远至盘江。第坡界吾普，谊当引嫌，乃不烦里旅，辟土诛茅，岭上建玄帝行官，以镇以憩，风雨始有栖止。

万历甲戌，今太司寇昆明严公来抚全贵，亦修盘江至吾普三元坡麓，甫及兹岭，会以内迁，岂江山之有待耶？

万历己卯四月，少司马毅庵王公来自滇中，过而叹之，计费不赀，乃捐俸三百金，檄苏守备司出入而经理焉。复申之曰：“以五年餐素之余，济两省峻阪之厄。谊所当然，情非矫饰。”及列于三元阁，勤勤恳恳，托予阅工，欲为国家万世虑。计予弗能辞，谂众吁神曰：“是举也，彰君之赐，不贻厥孙谋，而济远人行役，恒情所难者，当惜如己财，视如家事焉！”乃偕前松潘副总兵刘君采间日稽视。董工务成则州吏目杨名学、镇抚百户沈天瑞，皆王公遴委者。鸠工受直则川匠十百有奇，各官笃谋，展力伐石，必求坚久。仍属予记之。

予惟天下大计，东南漕河，西北关塞，代有成策矣。云贵自国初来，站

---

① 州治既成……而为之记：《黔记》无。

堡邮铺，永编无减，遍置诸驿，而选官驰之，著在令典，与他省异者，岂独柔远人哉？庙谟远虑，以驿道所出，开万世太平耳。然则地方之通塞，繇于路者，岂浅鲜哉！故孟子称子产惠而未与其政者，以乘舆所济有限，徒杠所济无穷也。今观王公之举，财力不烦官民而周道至平，行旅悦于途，官民庶士颂于次。自今鲜马瘏仆痛之苦，仁人之利溥哉！可谓先国家之计，拓王政而扩子产之惠也。程子曰："一命之士，苟存心爱物，于人必有所济，况位充禄厚者乎？"此范文正之义田，至今称者，谓不独善其身也。后来者嗣而葺之，毋分官民，毋分秦越，以开边鄙之利，拯跋涉之艰，斯国家封疆永有攸赖矣，予岂为一时虑哉！公名凝，楚宜城人，登丙辰进士。

毕节七星桥记

升庵杨慎

且兰古壤，贵竹今藩。割川云之剽分，躔参井之余度。粤稽西路，实贯南中。关号七星，孔明祃牙之地；卫名毕节，关索投钺之区。虽卉服之杂居，乃朝宗之首路。狂溪狼谷，山状马鞍者弥千；危磴悬崖，城比虎牢而倍蓰。两嵚夹峙，而有水一溪，过涉以无舟。夏淹秋霖，鼓洪涛于树杪；浮丘沉陆，阻行李于荒途。叱石谁感乎鼋鼍，成梁空瞻于乌鹊。但知行恻，未见当仁。道士黄一中、厥徒周阳泰云游戾止，喟然叹曰："高下必因乎泽丘，朝夕恒仿乎日月"。此双崖，有天生之石，岸兼千章，饶地产之名材。人心若坚，神功可冀。矢磨杵成针之志，徼折梅寄榔之灵。薙狝刊林，鸠僝锼岂。淬兹寸愿，嘱彼群徒。高义动万山之渊，胜缘集三省之镪。出翳荟而壮结构，刬巉岩以施舆杠。雁齿傍阶，溅沫飞流不染；鱼鳞上兀[①]，阑风伏雨无虚[②]。在天半空，去地千尺。星梁斗柱，稽银汉以横陈；雪浪云涛，拖玉虹而曲抱。骑无输载，氓不褰裳。阳侯惊波，易为方轨；冯夷浸宅，履作康庄。相彼桥中，潬于黄河，手握征南之节；较昔梁孙，原于黑水，自乘博望之槎。岂有一介羽流，握其一指绵力？裨君子之平政，遵王路之景行。似奠夷庚，不烦令甲。欢歌美谚，近传罗甸之口碑；隐行昭盟，远契漆园之心印。将永玄玄之积，可愆郁郁之文。妥[③]锲贞珉，匡[④]溢华衮。薄言观者，勿替引之。

---

① 兀：《黔记》作"瓦"。当是。

② 虚：《黔记》作"虞"。当是。

③ 妥：《黔记》作"爰"。当是。

④ 匡：《黔记》作"匪"。当是

新添惠政桥记

巡抚钱钺

瓮城之河，远不可考其自出，由平伐至于龙里、新添之间，合诸山之流，若蜂窠蜈足，皆注是河，其水益大以衍。路当孔道，东西行者踵相接也，咸以徒涉为艰。旧作浮梁，编竹为楗，实以杂石，绝流而置之者以十数，上施横木，仅通往来。每气至水盈，则泛溢于两岸之间，喧豗奔突，楗弛梁败。人皆褰裳濡足，凡有所挟任，其首若背，始克有济。及霜降水缩，冰凝腹坚，类揭跣以往，若履锋刃。往往以病告。如是者，有数数矣。

弘治改元之六年，都御史邓公廷瓒、都督王公通皆奉玺书，抚镇贵阳。肃清寇壤，修举废坠，秩有次序。惟是桥之圮，未之治也，乃相与喟曰："此非吾辈之责乎！"

遂鸠工庀材，审曲面势，改建石桥于旧址之南凡数武，道亦因之，以就宽平。财用之需，一出于贵州宣慰使安贵荣，白金之费以两计者若干；工役之用，一出于在官之人，以日计者若干；糇粮之供，一取于公廪之余，以石计者若干。广三寻有奇，袤十倍之。五洞联属，委蛇蜿蜒，势若垂虹。由是行道之人如履平地，不知其水之缩伸，而厉揭之为病也。

经始于七年之春，落成于次年之夏。四民承德，百姓快睹，咸谓自有斯河以来，未之见也。既而邓公有两广总督之命，王公自陈休致。而予继抚兹土，知建桥始末为详，贵人士恐二公之功久而湮也，谓宜勒金石以纪其事。

予惟贵州去京师万里，声教百年，革夷而华，关梁道路，如砥如矢，固我[①]圣祖神宗德化渐摩之深，而前后抚镇诸公匡直辅翼，亦不为无助。昔子产听国之政，以其乘舆济人于溱洧。孟子讥其惠而不知为政，且示徒杠舆梁之期。今是桥之成，规制之宏，惠利之溥，坚固久远，岂特十倍于徒杠舆梁而已哉！使命不戚于喧豗，教戒[②]不失于期会，商旅不妨于交易，刍粮不稽于转输，王政之当务于是乎在。因名之曰惠政桥，以见二公能推子产之惠[③]，以施于有政，虽孟氏复生，将无庸议矣！夫天下之事，成于同而败于异。惟二公心无不同，故事无不就。建平蛮之伟绩，奏屏翰之奇勋。惠流当时，泽及后世。可书者尚多，非止一桥而已。宜记[④]。

---

① 固我：嘉靖《贵州通志》同，弘治《贵州图经新志》作"固由我"

② 教戒：嘉靖《贵州通志》与弘治《贵州图经新志》均作"教阅"。

③ 惠：原文误为"费"，据嘉靖《贵州通志》与弘治《贵州图经新志》改。

④ 宜记：嘉靖《贵州通志》与弘治《贵州图经新志》均作"姑书此，以诏夫后之人"。

洪济桥记

郡人陈文学

洪边距会城十里许，宋侯私宅所在，屯寨相联续，是故斯道所由通，邈哉！将抵洪边之二三里，地势陡绝，山水横流，积为淤潴，行者病焉。里人谢鼎，字德新，经行是途，见一妇携儿乘款段以前，妇儿并马，俱陷淖泥中，君命从者援之。恻然念曰："击吾目者如此，宁保吾目之不逮耶？吾亟图之！"遂计工，召匠氏而经营焉。

桥成，德新遣季子庠生庆来索记。予病，久不文，顾兹义举也，而庆又从吾游，为之言曰：语有之，勿以善小而不为。孟氏以恻隐之心为仁之端，且曰推之可以保四海。谢君一桥之建，善念之充，仁心之触也。迹而视之，宜若小，然官民络绎，朝暮悠履坦途者，济则大矣，洪之义大也。桥名洪济，其取类乎！又况洪边之人，首斯济也。君富而好礼，子若孙皆蒸蒸髦士，年登古稀，康强福履，是固其平生积善之应，一桥奚足为君多！第渡蚁者尚以为阴德，矧渡人乎？君虽不求名而名随之，不求报而报将至，讵可殁其善而使无征于后耶？因为之记。

亭馆类

凤嬉堂记

巡抚赵钎

贵州，古九夷地也。尝读《鲁逸论》，云孔子欲居九夷，从凤嬉。心窃疑其言。夫九夷，自秦汉始通中国。春秋时，武陵之蛮犹未款顺，孔子欲居于此，岂信以为可化乎？然当时屡干列国之君与其卿大夫，竟不能一入其说，然可诿曰不亲。至于七十子者，日相从左右，龂龂洙泗之间，亦不能使由之不勇，师之不辟，求之不敛，况九夷，乃能化而入乎？至于所谓凤者，古今曾几见之？歧阳一鸣，收声已久，岂逆知其犹在九夷否耶？则又寥远难期，此必圣人有为之言也。

今九夷内附，悉为郡县，溪洞之民，皆崇[1]礼教，其酋长盘辟罗拜，随群吏抱牍，日趋事不少怠。问其俗，而标枝野鹿之风，犹仿佛近古，其视孔子之时何如？使天下无凤则已，有凤不在中土，必在此无疑！

① 崇：嘉靖《贵州通志》作"景"。

余偶承役来此，人皆以夷为陋，余犹[1]喜，冀一闻凤鸣。乃为堂于玉池之上，题曰“凤嬉”。又遍树梧竹，邀求琳琅之实，此其可以招致乎！夫唐虞之时，凤凰来仪，虽遇文武神圣之君，抑禹、稷、契、皋、夔奋庸之臣，内外相成，协气四匝，故灵物毕至。今主上方隆唐虞之德，而臣人不能广修和之政，庸庸如钛者镇抚兹土，虽有凤，恐嗰嗰避长吏去矣，此吾所以有无穷之思也。虽然，凤之来不来不可知，而人臣奉职治此，犹以陋目之，不乐久于其地，岂以为必不可化耶！夫在昔本不可居，圣人犹欲居之；今可居，而人犹不居，其志意去圣人果远矣，不能不为之慨。

宾阳堂记

王守仁

传之堂东向曰“宾阳”，取《尧典》“寅宾出日”之义，志向也。宾日，羲之职而传冒焉。传职宾宾，羲以宾宾之寅而宾日，传以宾日之寅而宾宾也。不曰日乃阳之属，为日、为元、为善、为吉、为亨治，其于人也为君子，其义广矣备矣。内君子而外小人，为泰。曰：“宾自外而内之，传将以宾君子而内之也。传以宾乃宾君子，而容有小人焉，则如之何？”曰：“吾知以君子而宾之耳。吾以君子而宾之也，宾其甘为小人乎哉？”为《宾日之歌》，日出而歌之，宾至而歌之。歌曰：

日出东方，再拜稽首，人曰予狂。匪日之寅，吾其怠荒。
东方日出，稽首再拜，人曰予惫。匪日之爱，吾其荒怠。
其翳其曀，其日惟霁；其昫其雾，其日惟雨。
勿忭其昫，倏焉以雾；勿谓终翳，或时其曀。
曀其光[2]矣，其光熙熙。与尔偕作，与尔偕宜。
倏其雾矣，或时以熙；或时以熙，孰知我悲！

何陋轩记[3]

王守仁

昔孔子欲居九夷，人以为陋。孔子曰：“君子居之，何陋之有？”

---

① 犹：嘉靖《贵州通志》作“独”，当是。
② 光：原误作“尤”，据《王文成公全书》改。
③ 原文自注：轩在龙场驿侧。

予以罪谪龙场，在[①]夷蔡之外，于今为要绥，而习类尚因其故。人皆以予自上国往，将陋其地，弗能居也。而予处之旬月，安而乐之。求其所谓甚陋者而莫得。独其结题鸟言，山栖羝服，无轩裳宫室之观，文[②]仪揖让之缛。然此犹淳庞质素之遗焉，盖古之时法制未备，则有然矣，不得以为陋也。夫爱憎面[③]背，乱白黝黑，浚奸穷黠，外良而中螫，诸夏盖不免焉。若是而彬郁其容，宋甫鲁掖，折旋矩矱，将无陋[④]乎？夷之人乃不能此。其好言恶詈，直情率遂则有矣。世徒以其言词物采之眇而陋之，吾不为然也。

始予至，无室止。居[⑤]于丛棘之间，则郁也。迁于东峰，就石穴而居之，又阴以湿。龙场之民，老稚日来视予，喜不予陋，益孚比予。予尝圃于丛棘之中，民谓予之乐之也，相与伐木阁之材，就其地为轩以居予。予因而翳之以桧竹，莳之以卉药，列堂阶，辨室奥，琴编图史，讲诵游适之道略具，学士之来游者亦稍稍而集。于是人之及吾轩者，若观于通都焉。而吾亦忘予之居夷也。因名轩曰“何陋”，以信孔子之言。

嗟夫！诸夏之盛，其典章礼乐，历圣修而传之，夷不能有也，则谓之“陋”固宜。于后蔑道德而专法令，搜抉钩繁之术穷，而狡匿谲伪，无所不至，浑朴尽矣。夷之民方若未琢之璞，未绳之木，虽粗砺顽梗，而椎斧尚有施也。安可以陋之？斯孔子所为欲居也欤？[⑥]

虽然，典章文物，则亦胡可以无讲。今夷之俗，崇巫而事鬼，渎礼而任情，不中不节，卒未免于陋之名，则亦不讲于是耳。然此无损于其质也，诚有君子而居焉，其化之也盖[⑦]易。而予非其人也，记之以俟来者。

君子亭记

王守仁

阳明子既为何陋轩，复因轩之前营，架楹为亭，环植以竹，而名之曰“君子”。

曰：“竹有君子之道四焉：中虚而静，通而有间，有君子之德；外坚而直，贯四时而柯叶无所改，有君子之操；应蛰而出，遇伏而隐，雨雪晦明，无所

---

① 在：《王文成公全书》作“龙场古”。
② 文：原作“之”，据《王文成公全书》改。
③ 面：原文误作“而”，据《王文成公全书》改。
④ 无陋：《王文成公全书》作“无为陋”。
⑤ 居：原文不清，据《王文成公全书》改。
⑥ 本段多有不清，据《王文成公全书》补，不一一出校。
⑦ 盖：原文误作“益”，据《王文成公全书》改。

不宜，有君子之时；清风时至，玉声珊然，中采齐而协肆夏，揖逊俯仰，若洙泗群贤之交集，风止籁静，挺然特立，不挠不屈，若虞廷群后，端冕正笏，而列于堂陛之侧，有君子之容。竹有是四者，而以‘君子’名，不愧于其名。吾亭有竹焉，而因以竹名，名不愧于吾亭。”

门人曰：“夫子盖自道也。吾见夫子之居是亭也，持敬以直内，静虚而若愚，非君子之德乎？遇屯而不慑，处困而能亨，非君子之操乎？昔也行于朝，今也行于夷，顺应物而能当，虽守方而弗拘，非君子之时乎？其交翼翼，其处雍雍，意适而匪懈，气和而能恭，非君子之容乎？夫子盖嫌于自名也，而假之竹，虽然，亦有所不容隐也。夫子之名其轩曰‘何陋’，则固以自居也。”

阳明子曰：“嘻，小子之言过矣，而又弗及。夫是四者，何有于我哉？抑学而未能，则可谓云尔耳。昔者夫子不云乎？‘女为君子儒，无为小人儒。’吾之名亭也，则以竹也。人而嫌以君子自名也，将为小人之归矣，而可乎？小子识之。”

玩易窝记

王守仁

阳明子之居夷也，穴山麓为窝而读《易》其间。始其未得也，仰而思焉，俯而疑焉，函[①]六合，入无微，茫乎其无所措，孑乎其若株。其或得之也，沛兮其若决，瞭兮其若彻，菹淤其出[②]焉，精华其入[③]焉，若有相者而莫知其所以然。其得而玩之也，优然其休焉，充然其喜焉，油然其春生焉。精粗一，外内翕，视险若夷[④]，而不知其夷之为厄也。于是阳明子抚几而叹曰：嗟乎！此古之君子所以甘囚奴，忘拘幽，而不知其老之将至也夫！吾知所以终吾身矣。名其窝曰“玩易”，而为之说曰：

夫《易》，三才之道备焉。古之君子，居则观其象而玩其词，动则观其变而玩其占。观象玩辞，三才之体立矣；观变玩占，三才之用行矣。体立，故存而神；用行，故动而化。神，故智周万物而无方；化，故范围天地而无迹。无方，则象辞基焉；无迹，则变占生焉。是故君子洗心而退藏于密，斋戒以神明其德也。盖昔者夫子尝韦编三绝焉。呜呼！假我数十年以学《易》，其亦可以无大过已夫！

---

① 函：原文误作“亟”，据《王文成公全书》改。
② 其出：《王文成公全书》作“出”。
③ 其入：《王文成公全书》作“入”。
④ 若夷：二字原缺，据《王文成公全书》补。

澄心亭记

巡按邹鲁

贵州行台后旧有澄心亭，前监察御史杨君纲隶书揭诸楣。岁乙巳，鲁奉命南按，驻骢之暇，燕坐其中，抚景[①]兴慕，知杨君盖致意[②]于澄心之学也。

夫心学不传久矣。自危微精一之授受，博约克复之讲明，寥寥数千百载，濂、洛、关、闽迭兴，浚源导流，而后心学复明。迄今又三四百年，中间得此者几何人耶？

於戏，心学岂易言哉？虽然，人禀天地正大刚明之气以生，其理则具于心而应于物。无古今，无圣愚，无内外，无将迎，尧、舜、周、孔之心，不待澄而自无不澄者也。汤、武、颜、孟澄之，而后澄者也。桀、纣、跖、蹻，放其心，而不知所以澄之者也。

圣人未易及，下愚不足言，贤人不可希乎？希之之要，莫过于澄心；澄心之要，莫先于主敬；敬则澄，澄则定，定则虚，虚则明，明则照。是故当喜而喜，不以我喜；当怒而怒，不以我怒。凡有感触，随物应兴。不然，欲求善应天下之事，是犹反鉴而索照也。

《易》曰："贞吉，悔亡。憧憧往来，朋从尔思。"其是之谓与？世之君子，于此苟有得焉，庶几不愧于读孔孟之书，而所以尧舜其君民者，不外是矣。一旦出而仕也，非居政本[③]，以尽格心之功，则愿入台，以任言责之寄。盖自三代而下，格心之学不传，惟台官一路，可以上通天子之意。大言入，则天下受大利；小言入，则天下受小利。言行道亦行故也。台官之寄，其重如此。非澄吾心，而无所私，其言未有不失之矫亢，而能入者鲜矣。况纲纪攸司，百僚是肃，喜则赏，怒则刑，清则扬，浊则激，低昂屡变，又乌能各中其则哉？此心学所以不可[④]不加之意焉耳。

杨君之意，亦善且大矣。继自今者能私淑[⑤]其志，则丰采所至，朝廷自尊，于是职乎奚愧？谨记以俟。

---

① 抚景：嘉靖《贵州通志》同，弘治《贵州图经新志》作"抚亭"。

② 知杨君盖致意：嘉靖《贵州通志》同，弘治《贵州图经新志》作"有以知"。致意：嘉靖《贵州通志》与弘治《贵州图经新志》均作"致究"。

③ 非居政本：弘治《贵州图经新志》、嘉靖《贵州通志》均作"不得入阁"。

④ 所以不可：弘治《贵州图经新志》作"不可"。嘉靖《贵州通志》作"所以"，当非。

⑤ 私淑：弘治《贵州图经新志》作"追思所以，私淑"。嘉靖《贵州通志》作"一追思以私淑"。

菜根亭记[①]

邹鲁

先正汪信民尝言，人能咬得菜根，则百事可做。旨哉言乎！盖以养心莫善于寡欲，寡欲[②]必自咬菜根始。引伸触类，寡之又寡，以至于无，则圣可学矣，况百事乎哉？

贵州行台东偏有亭焉，环植嘉蔬，鲁扁之曰“菜根”。盖有志于寡欲，以养此心耳。仍为铭曰：

物之淡泊，莫过菜根；物之甘腴，莫过粱肉。嗜有味之味，众人所同；得无味之味，君子所独。噫嗟，饮食大欲存焉，故《易》示朵颐之戒，《书》谨维危之传，《礼》记豆觞之铭，《诗》歌乾糇之愆。菲饮食而大禹入圣，乐箪瓢而颜子称贤。苟以己而从欲，斯乃人而匪天。矧御史膺皇上耳目之寄，纲纪之托。骢马行行，动摇山岳。风采凛凛，令人胆落。其本在于正己，其要在于寡欲者耶。潭潭乌府，乾坤一亭，观颐养德，菜根乃名。於戏菜根，寡欲之则，为士大夫不可一日无此味，天下苍生不可一日[③]有此色。

远俗亭记

王守仁

宪副毛公应奎，名其退食之所曰“远俗”，阳明子为之记曰：

俗习与古道为消长，尘嚣溷浊之既远，则必高明清旷之是宅矣，此“远俗”之所由名也。然公以提学为职，又兼理夫狱讼、军赋；则彼举业词章，俗儒之学也；簿书期会，俗吏之务也，二者公皆不免焉。舍所事而曰：吾与[④]远俗，俗未远而旷官之责近矣。

君子之行也，不远于微近纤曲，而盛德存焉，广业著焉。是故诵其诗，读其书，求古圣贤之心，以蓄其德而达诸用，则不远于举业词章，而可以得古人之学，是远俗也已。公以处之，明以决之，恕以行之，则不远于簿书期会，而可以得古人之政，是远俗也已。苟其心之凡鄙猬琐，而徒闲散疏放之是托，以为远俗，其如远俗何哉！

---

① 原文自注：在会城察院内。

② 寡欲：原缺，据弘治《贵州图经新志》及嘉靖《贵州通志》补。

③ 一日：原缺，据弘治《贵州图经新志》及嘉靖《贵州通志》补。

④ 与：《王文成公全书》作“以”。

昔人有言："事之无害于义者，从俗可也。"君子岂轻于绝俗哉。然必曰无害于义，则其从之也，为不苟矣。是故苟同于俗以为通者，固非君子之行；必远于俗以求异者，尤非君子之心。

龙山道院记

张翀

余居都匀，每吟诵少暇，即与诸生司子推辈搜奇于山水之间，见隔河有峰，雄峙崔嵬，其高插天，遂杖屦跻其顶。山势逶迤数千里，群山俱出其下。徘徊四望，南尽交广，北极湘汉，西连滇蜀，皆在目前矣。余曰："壮哉观乎！安得结庐而栖之？"

时有霁川司君抚、月泉刘君镗，二人殊好奇者，即以其言谋于众。众曰："诚吾匀之胜概，岂天以启张公耶？"乃不约而同[1]，各捐金募工，即其山之傍取材，得巨木若干楹。山势陡峭，不可作屋基，众方卜其处。俄有灵龟，大尺余，自石中出，突至其前，三日不去。众以为神告其地，遂即其处掘而平之，前为楼，楼之上复为小阁，后有殿，殿之傍复为小廊。其所祀神惟民。自山岭以至其麓，皆凿石磴。曲折盘桓，可数千尺。循磴而转，各树以柏。殿后有石坡，高广平坦，其文青赤，登之使人旷然。石下有泉出，泠泠然洁也。院左右皆古木藤萝，时有清风至，声如万壑之涛，起伏而不可为状。树多乌猿白鹇，往来其间，凭栏望之，若素相狎者。

工既成，鹤楼张子负甑而来，以习静其间，就楼之上，设一小榻。每至夜分，常有白云数片，从窗入楼中，徐徐进榻旁，与余相依。逮平旦，则又飞去，半锁山腹，使余下盼之，宛然如霄汉间也。

清平孙子亭访余于山中，见其景而悦之，欲得记其事。余曰："噫嘻！自开辟以来，即有兹山，孰从而栖之？余产在五岭外，相去数千里，安知其来游此耶？即来游此，又安知结栖于中，遂为一方胜概耶？由是观之，其山川之开辟，与余之来游，皆天也。非人能为也。"

山旧名蟒，余与刘君镗走飞泉处，见有龙，青色，因更号为龙山。故院亦随其山名云。其工成岁月与胥相人氏，又载之碑阴。[2]

---

① 不约而同：《黔记》无此四字。

② 此句《黔记》无。

月潭寺公馆记

王守仁

兴隆之南有岩曰“月潭”，壁立千仞，檐垂数百尺。其上澒洞玲珑，浮者若云霞，亘者若虹霓，豁若楼殿门阙，悬若鼓钟编磬。旌幢缨络，若抟风之鹏翻隼翔鹄，螭虺之纠蟠，猱猊之骇攫，谲奇变幻，不可具状。而其下澄潭邃谷，不测之洞，环密[①]回伏，乔林秀木，垂荫蔽亏，鸣瀑清溪，渟洄引映。

天下之山，萃于云贵，连亘万里，际天无极。行旅之往来，日攀缘下上于穷崖绝壑之间。虽雅有泉石之癖者，一入云贵之途，莫不[②]困踣烦厌，非复，夙好。而惟至于兹崖之下，则又皆洒然开豁，心洗目醒。虽庸俦俗侣，素不知有山水之游者，亦皆徘徊顾盼，相与延恋而不忍去。则兹岩之盛，盖不言可知矣。

岩界兴隆、偏桥之间，各数十里。行者至是，皆惫顿饥悴，宜有休息之所。而崖麓故有寺，附崖之半[③]，戍卒官吏，与凡苗夷犵狆之种，连属而居者，岁时令节，皆于是焉厘祝。寺渐芜废，行礼无所。众方以为病。[④]

宪副滇南朱君文瑞按部至是[⑤]，乐兹崖之胜，悯行旅之艰，而从士民之请也，乃捐资庀材，新其寺于岩之右，以为厘祝之所。曰：“吾闻为民者，顺其心而趋之善。今苗夷之人，知有尊君亲上之礼，而憾于弗伸也。吾从而利导之，不亦可乎？”则又因寺之故材与址，架楼三楹，以为部使者休息之馆。曰：“吾闻为政者，因势之所便而成之，故事适而民逸。今旅无所舍，而使者之出，师行百里，饥不得食，劳不得息。吾图其可久而两利之，不亦可乎？”

使游僧正观任其劳，指挥狄远度其工，千户某某[⑥]相其役，远近之施舍勤助者欣然而集[⑦]。不两月而工告毕。自是饥者有所炊，劳者有所休，游观者有所舍，厘祝者有所瞻依，以为竭衷效诚[⑧]之地。而兹岩之奇若增而益胜也。

---

① 密：嘉靖《贵州通志》同，《王文成公全书》及《黔记》作“秘”。

② 莫不：《黔记》作“亦皆。”《王文成公全书》及嘉靖《贵州通志》同。

③ 半：原缺，据嘉靖《贵州通志》补。

④ 此句原无，据嘉靖《贵州通志》补。

⑤ 此句《王文成公全书》及《黔记》同，嘉靖《贵州通志》作“按察使滇南朱公文瑞时以兵备副使按部至是”。

⑥ 千户某某：嘉靖《贵州通志》作“百户王冕、顾良弼”。

⑦ 此后嘉靖《贵州通志》还有一段文字：“事方鸠工时，则分巡佥宪陆公文顺、张公凤骞、王公禹成，今兵备宪副邵公尧臣，分守少参方公济甫，都阃李公以德、丁公光世相继至，曰：‘斯吾存之心久矣，人先倡始之，吾终协成之。’益相与经度规处。”《王文成公全书》及《黔记》与本书同。

⑧ 竭衷效诚：《王文成公全书》作“竭虔效诚”，《黔记》作“竭忠效诚”，嘉靖《贵州通志》作“竭诚修敬”。

正观将记其事于石，适予过，而请焉。[①]予惟君子之政，不必专于法，要在宜于人；君子之教，不必泥于古，要在入于善。是举也，盖得之矣。况当法网严密之时，众方喘息忧危，动虞牵触，而乃能从容于山水泉石之好，行其心之所不愧者，而无求免于俗焉，斯其非见外之轻而中有定者，能若是乎？是诚不可以不志也矣。

寺始于戍卒周斋公，成于游僧德彬，治于指挥刘瑄、常智、李胜及其属王威、韩俭之徒[②]。至是凡三缉。而公馆之建则自今日始。

宦适轩记

祁顺

成化壬寅，予自江右藩司来知石阡郡事。贵州[③]在京师西南七千里外，古夜郎牂柯之域，朝廷使有罪者居之。盖欲其尝险阻，履忧危，而省躬思咎也。幸今天下承平，四夷八蛮，罔不从化。而贵州自入职方百有余年，民乐耕稼，士知问学，顽梗之俗变为礼乐衣冠久矣。

石阡地[④]阻而僻，其民朴而少争，贡赋易完，宾客罕至。吏于是者，无迎送之劳，无催征之迫，无狱讼之扰，而山水登临之乐乃兼有焉。是故仰而观山，则适乎目；俯而听泉，则适乎耳；优游于诗书文艺觞咏之间，则适乎心。出入起居，动作食息，盖无往而不适也。盖务繁华者必于都会之邦，志幽静者必于穷僻之境。

吾从仕中外二十余年，都邑之雄富，人物之盛丽，固尝览之矣。然或朝谒之拘，或宣理之勤，所职有兵事[⑤]焉，有钱谷焉，有讼牒焉，凡耳目之所接，心思之所及者，皆是事也。簿书期会之余，则宾客往来之交也。当其冗剧之际，虽欲放情物外，求一日之适，何可得邪？兹获脱彼之劳，安此之佚，自适其适，而忘其有罪之忧，上之为赐也大矣。昔之人有居清华之秩，而以

---

① 该句《王文成公全书》及《黔记》同，嘉靖《贵州通志》作“正观以朱公书来请予记其事于石”。赵按：如果正观是拿着朱玑的信请王阳明写文章，则前文“今按察使滇南朱公文瑞时以兵备副使按部至是”，就可能确系王阳明原文。如果是王阳明经过月潭寺时，正观请王阳明写文章，则“今按察使”句就是后人改动的。因为当朱玑任按察使时，王阳明早已离开贵州。

② 王威、韩俭之徒：嘉靖《贵州通志》作“吴永敬、王威、韩俭之徒”。

③ 贵州：《黔记》同，《巽川祁先生文集》、弘治《贵州图经新志》与嘉靖《贵州通志》均作“郡属贵州”。

④ 石阡地：《巽川祁先生文集》作“石阡为郡”。

⑤ 兵事：《黔记》、弘治《贵州图经新志》与嘉靖《贵州通志》均同，《巽川祁先生文集》作“甲兵”。

烦剧妨其赏适为怪者，夫彼此不能两兼，而赏适尤吾性之僻，失乎彼，得乎此，夫可[①]谓之不遇耶？虽然，吾不敢以己之适而忘悔艾之心，亦不敢不思己之所以适而图报上恩于万一也。于是，名其退食之轩曰“宦适”，且为之记，以自观省焉。

东楼记

巡抚孔镛

东楼者，贵阳顾良玉氏所居之楼也。良玉，常之锡山人，其祖从戍贵阳，遂家焉。好善乐施，天资明敏，凡医卜诸书，靡不淹贯，贵人称之为顾百会先生，以其兼众善而多能也。良玉早从庭训，习进士业，后以亲老侍养，不求闻达。居家吟咏，精于绘事[②]。晚年尤好黄老之术，乃于私第之东偏构一楼以居，名曰“东楼”。翰林俞大有书“东楼”二字扁楣间。凡士林之能言者，皆歌咏之。良玉复求余言以记。[③]

余与良玉同吴产也，乃询良玉曰：“楼之名东者，非以日出于东，东乃震方，震为生物之府[④]，于时为春，于人则为仁也？仁主乎生物，凡人所居之处必面东，而取生物之气也。”

良玉曰：“然，予虽居戎伍中，而其心志未始不在山水之间也。吾居东楼之上，八窗洞达，狮峰拱于前，铜岭环于后，南接垂虹之桥，北对丽谯之阁，朝于斯，夕于斯。或对景而言，或开卷而读。佳客至，或以琴，或以棋，以觞以咏，足以怡情而遣兴。而凡楼外所接之物，色者足以娱目，声者足以谐耳。徜徉于是，而不知老之将至也。”

“余闻谈者以贵阳之景在东楼，而擅其景者在良玉，贵之重门高第，鳞次云集，不数十年间，且有倾圮为墟者[⑤]，良玉一隐士耳，又无势位之可恃，乃独作此楼，思保有之，不亦难哉！为良玉后者，尚当知彼之非固有而不可常，而求其固有而可常者。固有莫如实德，可常莫如实行，其所以求之之道，

---

① 可：《黔记》、弘治《贵州图经新志》与嘉靖《贵州通志》均同，《巽川祁先生文集》作“岂”。

② 嘉靖《贵州通志》此后还有一段话：“尝过忠烈祠，遇遗一匣在地，开视之，皆金银首饰，遂收之。少需，失者至，尽归还之。失者请分其半，良玉故辞而去，见者咸义之。”

③ 此段《黔记》无。《黔记》引此文多简省，不一一出校。

④ 府：《黔记》同，与嘉靖《贵州通志》作“良”。

⑤ 且有倾圮为墟者：嘉靖《贵州通志》作：“一则倾圮为墟，一则巍然如昔，其故何哉？盖由其实之不同也。虽然，彼擅势位之重者，尚不能终远而居。”

莫如实学。三者修焉，可以隐，可以行，可以养身，可以显亲，可以遗后。此其所保者大矣，独东楼乎哉！”

良玉曰：“善。请书诸简，归为子孙劝。”

铜仁思堂记[①]

苏子瞻

嗟乎！余天下之无思虑者也。遇事则发，不暇思也；未发而思之，则未至；已发而思之，则无及，以此，终身不知所思。故临义而思利，则义必不果；临战而思生，则战必不力。若夫穷达、得丧、死生，则吾有命矣。且夫不思之乐，不可名也。虚而明，一而通，安而不懈，不处而静，不饮酒而醉，不闭目而睡者，以是记思堂，不亦缪乎！

虽然，言各有当也。万物并育而不相害，道并行而不相悖，以质大[②]之贤，其所谓思者，岂世俗之营营于思虑者乎！《易》曰：“无思也，无为也。”我愿学焉。《诗》曰：“思无邪。”贤人以之。

胜概类

圣泉记

郡人刘汝楫

黔筑圣泉，游者步自西郛。沿溪流，蹑石磴，可五里许，当礨砢叠嶂中，一泓自石罅迸出，汇为方池，日每潮汐无停。好事者置石鼓其内，潮溢咫余，下至鼓之半而止。通昼夜计之，凡百次，弇州录名“百刻泉”，《一统志》称“灵泉”。大抵泉名自人，其百刻为期，则亘古无易也。

余自髫年游其地，每偕众，诧之。第私心又谓他境有然者，亦不甚异也。迨后，周览吴、楚、燕、齐之墟，历考职方纪载，乃知圣泉灵异，独黔筑为然，允矣，大块中奇绝也。盖宇内名泉，若汤泉、火井、瀑布、趵突诸类，洎陆羽所品次，靡可偻指，特壤界色味稍殊，而无潮汐。惟漳浦蜡潮、侯官潮泉、钟山应潮[③]、连州潮泉，固亦消长有期。而其地濒海，乃缘海为潮汐，泉不得与也。若池阳湖泉、章贡三潮、安宁海眼、乐平凤游、荆门蒙泉、郴

① 原文自注：宋张惇为湖北常平使，建思堂于铜之小江。

② 质大：《黔记》同，弘治《贵州图经新志》作“质夫”。

③ 应潮：《黔记》作“应湖”。

州潮泉，吾乡龙驿潮井，去海悬绝，似与圣泉为伍。第彼潮候仅再至三至，亦未有百刻消长，别具一橐籥者。则圣泉之灵且异，在别境宁复有此乎？

观者探其故莫测。或谓如汉阴丈人所云：其中有机械焉。余曰：太山磐石，莫当霤水，谓其久则陵夷也。按《泉志》讫今二百余祀。即机械，窦中水石冲激，安能百年无故？此其说无当已。

余意寰中地形，若人一身，其在西南，昆诏其首，中原其腹，青冀其足也。黔筑居首下腹上，当以吭名。夫吭于人身，盖神明之关也。是故环四海，周八埏，精灵之窍，独于黔筑发之，有圣泉之异，理固然哉。

或谓地域广轮，罔知纪极，圣泉勺水耳，何独于此呈灵窍？曰：础润而滂沱至，壶冰而巨泽坚，小固可以验大。且堪舆家蹑礄胝龙脉，蜿蜒千里外，玄针所注，不越毫芒。勺水虽微，不函地轴邪？

抑又闻昔人志水枢，系以材品，测香辨味，则异产可卜焉。圣水良异矣，将不有苞奇毓秀，丕显地灵，俾之雄视西南，为宇内一大式郛，而与斯泉相符应乎？即今省郡，规抚[①]日恢，人文竞耀，其兆盖可征也。余敢识此，以俟后有睹验，不谓今日无前识云。

云龙洞记

焦希程

威清卫，本罗甸国故地也，国朝始置卫，以中华之人守之。去城西二里许，有洞焉，其人莫之奇也，且以“凉伞”之名辱之[②]。

丙辰秋杪，藩参莆田雪峰黄公暨余往焉。洞门卑隘，磬折而入，其中宽衍，可容数十人。其上则氤氲之气，蒸而成溜，清而成漳，蓊然蔚然。岩石变幻，望之如云，而状态互异。故或如灵芝，或如蓓蕾，或如玑衡，或如凝露，或如蜂房，或如蛛网篆烟，盘旋于密石，或如齐纨越縠，飘渺于风中。或锐如悬锥，而锋芒射目，或茎如覆肝，而其径丈余，或如神龙自天而下，凛乎雷电之将至也。余因忆家食时，每观夏云之奇峰，往往见神龙垂其端，信缩上下而云从，今洞殆不异也。

因质于雪峰公，曰：“是洞也，请名以‘云龙’，可乎？”

曰：“然。”且欲希程大书于石，以洗其辱。比视洞门之下，积土耳，召居人少加畚锸，则卑者崇而隘者广矣。

---

① 规抚：《黔记》作“规模”。

② 且以“凉伞”之名辱之：《黔记》作“辱以‘凉伞’之名”。

呜呼！造物之设是洞，由开辟而来辱于夷人，幸而华人居之，而复辱之。迨夫今日始洗而新焉。如人之脱污垢而就清流，去幽暗而游爽地者，不其有数存乎哉！

侍者曰："未也。由洞之奥，盘曲而进，以火烛之，过小窦，沿石溪，胜迹奇观，迤逦三里而达于山阴。"

余曰："罔游于逸，罔淫于乐，且君子不窦！"遂偕众归焉。姑记其名洞之意云尔。[①]

喜客泉碑记

焦希程

平坝西南十里，有泉涌焉，汇而成池，溢而成溪。湛然甘洌，可鉴可酌，冬温而夏清。客至语笑，明珠翠玉，累累而沸。风恬日霁，晶莹射目。客语在左则左应，在右则右应。众寡亦如之，否则已，殆如酬酢然。於戏，奇哉！因名之曰"喜客"。

夫泉岂喜于客乎？居人农呼而市嚣，樵歌而牧唱。以佃以渔，嬉谑错匝，泉盖常喜之矣。时和而岁丰，兵偃而民息，庶而富，富而教，泉岂不益喜乎？故池以待汲，溪以待灌，温以御冬，寒以解愠，为云为霖，荫泽万类者，喜之征也。甘以受和，洌以自澄，明以辨义，恒以无，息以昭，时出者，喜之具也，岂独喜于客乎？以"喜客"名者，天下之事进而丑物则争，退而自卑则裕。是故利物者，众水所同也，喜客者，兹水所独也。逊美于众，而退名其所独，天下莫与争能矣。夫喜客岂细故哉！人而有得于此，则为缁衣，为杕杜，为吐哺握发，天下国家尚有利矣。乃泉独为之，何欤？[②]

予尝溯河、洛、江、淮之源，肆观于东海，泛三峡，过洞庭，望彭蠡，泊牛渚，酌中泠，辨惠泉，俯龙湫于浚湖，玩玉泉于钱塘。历青、兖、幽、并、雍、益之墟，浴温泉，觞澧泉，式甘泉，理盐泉，或怡神于浩淼，或鼓楫于风涛，或契淅于清澜，或持志于异味，大小不论，而所见亦多矣。今日始与泉遇，则泉之喜，盖非私予一人，而予固为泉所喜也，不亦奇且幸哉！

泉去官道不数十步，鲜有问者，以是知遇与不遇，不独人为然也，是故重感焉。遂为之祠于澳，以享神；亭于侧，以便观；碣于道，以告过者。[③]

---

① 因质于雪峰公……其名洞之意云尔：《黔记》仅作"因名以'云龙'"数字。

② 人而有得于此……何欤：《黔记》无。

③ 此句《黔记》无。

安庄双明洞记

提学徐樾

樾按考，毕事之日，州守莫子讚、漆子登及守备谢钦者修辞曰："训迪以式我多士者，至矣，非敢以游观请，愿半日留，为山洞光。"曰："逸我哉。"佥曰："胜迹，名公幸无负也。"[①]

一笑而往。抵洞，苍然两山夹道，下有寒泉，注为澄潭，怡然于我怀矣。从者曰："未也。"白石壁立半折，崖侧下有通径劈窦，圆如满月。奇哉。斯之谓洞也。从者曰："未也。"

缘门以入，小径夹崖，前峰兀嵂苍碧，潭流穿石，折而西回。又一方渚，磷磷有声，云气覆面，静观日色山影，沉澄如镜，东西风日相射，南北缭绕，石盘如盖，衍土一区，可坐可恬。

往百步余，而兴入风泉云壑之外矣。顾岩间石笋数尺，形类妆点佛坐，虚可容背，傍婉曲侍童环立者可数人。俯皆平石。樾欣然据笋而坐其颠，莫子、漆子左，谢子右，席平石也。小子者四人负歌而前，命之歌。予盼流泉而莫测其往。小子再歌，而予再和之。莫子歌《伐木》，节以磬，水石泠然，交奏好音。徐子頽然发浩歌，童冠者八士，抠衣而进。立斯须间，歌《湛露》。

前溪横小梁渡涉者。莫子起以请曰："未也，渡此则双明洞矣。"

徐子临水却顾，步小桥微吟，半听流泉之漱，穿石洞，援步而登，六七步间，恍然光敞，堂壁四周，洞开一面，以吐日月，上员下方，奇伟一室。环壁灵异，莫穷变态。徐子中坐而四顾焉，转而忘其美，隔水鼓吹，几希奏雅，而歌者继作。二三子列席酌旨酒，俎杂山肴。有事于奔走数十人。环崖而侍者，翼如也。

山水之奇，足以洗心而如是？夫谁谓其娱于观听之美而已哉。歌酒话言，方极怀抱，葛衣轻飘，山色半黯，红光入水，起视邮人秉燎束楚，以继夜游。揖二三子起，赓再歌，凛乎其不可留矣。

徐子曰："是游也乐乎。为二三子记之。"[②]

关岭止亭清泉记

杜纯

尝谓有道者作用自别，故见天下之至赜[③]而尝拟诸天下之至动。今观太

① 漆子登……名公幸无负也：《黔记》作"漆子登及守备谢钦以游观请，愿半日留，为山洞光。"

② 本段《黔记》无。

③ 至赜：嘉靖《贵州通志》作"至颐"。

虚先生止亭清泉之制，可见矣。古者伏羲氏画卦，仰观俯察。孔子翼“蒙”词：“山下出泉。”所以发阴阳之秘，类万物之情，使人得象忘言，不迷于吉凶之途耳。

先生巡历抵关岭，见其重峦巍巍，壁立万仞，登峦之半，迤逦垣夷之间，又见源泉滚出，清洁可爱。喟然叹曰：“此乃造化之妙，动静之机，惜人由之而不察耳。”于是制器尚象，命守备指挥吴晟、千户王臣董其事，半峰之隅，盖亭翼然，名曰“止亭”，不尚锤斫。亭之南，凿池一方，环设八卦，中流潆回，不歉不盈，淅泻无穷，名曰“清泉”。

噫，先生之心，其拟象也深乎。盖天下之物，以莫不各得其止为极，而其本源澄彻，实与源泉混混者一机。亭泉之建，殆将使天下后世之人涉历是途者，览其亭憣然兴知止之心。君仁臣忠，父慈子孝，视明听聪，进礼退义，以至阴阳动静，各止其所者，实先生之心也。饮乎泉，脱然兴藻沦之意，观盈虚消长之机，睹周流不息之妙，惩忿窒欲，迁善改过，新新不已者，又实先生取泉之意也。引伸触类，则建亭而贵其朴者，所以示人立诚以求所止之方。引泉而别为旁正[①]者，所以欲人防伪以清本源之要。呜呼！先生之所以开物成务者，至矣！尽矣！

故分而观之，山属艮，艮为止，止则静，为仁；泉属坎，坎为险，险则动，动为智，所谓万物各具一太极者也。合而观之，山水相依，动静相涵，仁智相发，所谓万物体统一太极也。观者得相而忘言，寻名而绸义，则有得于“止亭”之说者为仁，有得于“清泉”之说者为智，合二者而两得之，其无愧矣乎。若过亭而不知止，见泉而不知饮者，无惑也。若止其亭曰：“清风时来，阴映拂拂，可憩息。”目其泉曰：“觱沸槛泉，其出泫泫，可止渴。”知止而不知其所饮，饮[②]而不知其味，抑末如之何也已矣。如此，则非今日所以创建之意也。

先生号太虚，婺人。以理学见重海内，其作用[③]议论，彻上彻下，类如此。纯幸入门墙，得其梗概，述此以纪其事云。

龙里留云洞记

佥事万敏

洞据南山之胜，去卫不里许，蔽于蓁莽者，既历有年矣。嘉靖甲寅首夏，

① 旁正：嘉靖《贵州通志》作“亭止”，当是。
② 饮：原缺，据嘉靖《贵州通志》补。
③ 其作用：嘉靖《贵州通志》前还有一句：“造诣之深，虽未敢窥其涯涘。”

予与完庵王君，公余多暇，得寻隙而当[①]葺焉。

于时载芟载柞，群石献奇，如揖、如怒、如斗、如舞，如华萼缀琉，如狮象蹲踞。予与完庵沥酒而赏焉，竟日忘返。

挥使李载春、王寰等进曰："是洞也，隐于昔，显于今，山灵其有遭也已。然而名莫能定，昔人谓土之人犹狺狺焉者，是也。"

予与完庵曰："夫山，云物之所自出也，其出也无心，其留也无迹，则云之为也。"完庵以北州人豪，时方向用。而予以疏鄙得随步履，留憩于此，幸矣。行且寻盟泉石，未敢留情焉，云其与我乎？因命为"留云洞"，书此以识。

完庵，名壁，山西尉州人，威清兵备。予为见湖，名敏，江西南昌人。时为毕节兵备云。[②]

清平天然洞记

田汝成

古之官于其地而善为山水游者，若晋谢灵运、唐柳子厚是也。灵运之于[③]永嘉守，子厚永州刺史也。守、刺史，专一州，官尊而政剧，而二子洒然脱略，恣荡风情，凡其州之山水稍可取者，必涉足而寓目焉。又能作为诗文，以张大景物，使不落寞寰中，斯亦奇矣。然未识二子踪迹所遗者，至于今，复有表章之乎否也？

方今海内名士，善为山水游者，予所闻，姑苏都玄敬，天水方思道，天台蔡巨源。是三子之好为山水游也，若饥食、渴饮、而病就医也。其有闻，而求必得之也，若猕搜而虞逐也。玄敬、思道之游，予未之考迹，若巨源则既知矣。

正德中，巨源参议贵州，贵州山水硗硖，鲜可游者，而巨源必游，凡一丘一壑，苟不为粪壤者，皆涉足而寓目焉。又善为大书，嘉勒名称，以纪踪迹，庶几灵运、子厚之风者。

夫巨源之游贵州亦密矣，而清平尤熟。清平者，巨源所与民同患者也。清平城东三里，所谓太极洞，又其东十一里，所谓云溪洞。云溪、太极者，皆巨源因象名之也。絜其间，去太极百步许，即今所谓天然洞也。当其时，翳于蓁莽，狐狸之宅，而蝼蚁之封，不为巨源所甄录。

乃今去巨源二十余年矣。风雨涤薄，门迳呀然，弘邃虚明，可肆筵几，

① 当：《黔记》作"加"。

② 本段《黔记》无。

③ 之于：嘉靖《贵州通志》同，《黔记》无。

较其奇于云溪、太极，不啻若华屋层轩之与蓬荜伍也，晦于前而显于后，岂非数与？今夫昆山之玉，沧海之珠，千载求之尚有遗，宝物之无尽藏也如是。然则人君之求贤也，招以弓旌，聘以径璧，焉知草泽之下，不有怀珍而槁者乎？何以异于此洞之不得暴白于当时也？虽然，洞之显虽后时，犹不落莫于世，吾安知此外不复更有遗者，终有能表章者之乎否也？

是岁，巡按御史宿松杨伯生，暨清平士夫佥事王子升、侯汝言，游而悦之，其名则杨伯生命之，又子升、汝言联句咏之，缙绅闻者，属而和之。钱塘田汝成记之。

都匀龙山记

知府陆柬

张子子仪登其山而龙见，因易之名曰“龙”[①]。初，张子寄余《龙山道院记》，读之，慕其胜游。

隆庆壬申，余来知郡事。升堂，面高山，见茂林层阁，心异之，问之，吏曰：“龙山也。”即图一游，属病冗相仍，又山常雨露，不可登。

迨癸酉春中廿五日[②]丙子，与郡理戴子法卿，期丁丑召医士刘镗偕往。镗，院主也。是日浓云，不果。戊寅乃往。

出西门，涉高基河。西百余武，涉邦水河，阔百余武，为石矼，间丈独木，舆人栗栗行其上。及岸，西行过小团坡，山下洞不甚巨，而空灵可探。又西曰观音坐山，山旁道达姬家冲。稍西北行，上小坡，至煤炭坡，郡人取煤供爨所也。两山洞门相望，号鸳鸯洞。再西则田坪，麦苗芃芃然，农夫耕其隙地。问之，曰：“此张子所垦田，以资龙山院者。”

又西行里许，曰笄山，以形肖妇笄，名笄山。凡再重，即龙山麓，南北长岭如抱。由北笄山后峰弯转而南，行窄径中，寻至磴道，皆来石叠砌者。余二人乃舍车而徒，盘曲西上，岭径渐崎岖，仅容足。又里余，转向西北，及横涧独木桥。迓桥南上平石，少憩。

镗先至，采薪煮茗岩下，持以献，甚甘之。顷之，都指挥杨子镇之闻余游，与其子学生威携肴酒追及。乃共登，将里许，旁有披烟洞，张子名之也，中可坐十余人。又里许，再憩，再行，道旁渐见古树，桃梨野花，五色杂错，若张锦绮。又几二里，山砌石磴二丈许，上为阁三重，祀梓潼，阁之后真武殿，左右翼廊。

---

① 龙：原文误作“蟒”，据本书《龙山道院记》及《黔记》改。

② 廿五日：《黔记》无此三字。

三人者，乃登阁，下瞷群山环列，不啻儿孙，郡城楼堞，市衢牙舍，历历在目。岩峦古木，虬屈蛟蟠。苍碧叠间，花萼芳香，野鸟鸣翔，云烟葱霭，不觉其神之爽也。凭栏久之，乃下。

行殿右，峻崖壁立，余见岩半乔枫可坐，意欲往，左右曰："不可！"余揽衣缘径坐树下，戴、杨二子亦随至，共酌数杯。

欲再上寻所谓西峰丹台者，道士云："榛莽塞径，不可行。"乃止。但谓故径穿林至顶，平如几台，而孤峻削陡，遂寻径而还。

至殿，馔毕，出阁之左，缘径西北，行万竹中，仅如羊肠，分竹攀萝。行里许，见老桂岩畔，可数人抱合，高殆百尺，婆娑可爱。又里许。两岩相峙，有方池，深丈余。土人云："冬夏不竭不溢，张子名曰飞泉。"

余五人者升其北岩，坐石上，再数酌。北瞰邦水司治，岩北峻壁，则张子九日登高处也。固相与叹张子之忠忱旷怀，兹山遂借重为万古名胜矣。岩下有开云洞，亦张子名之，意者取韩退之"开衡岳之云"之义乎？将共寻之，亦以榛塞不得至为憾。

时日已晡，乃寻初径，下至山麓，升舆而还。及田坪，渴，镇抚丘茂楠畀炉、胡床，候予于此，因共酌茶。而行入城，已暝矣。

镇远游西峡记

知府祁顺

余既游长潭之三日，是为三月上巳，周君与健之各携肴酒，请游西峡，以修兰亭故事。

是日，命驾出西郭，梁石与健之循溪行，余独取路田阪间，由山而往[①]，彼此相失。至平冒始会[②]。平冒地土饶衍，可容万家[③]。后山如圭如笏。前江环绕，如拖练然。江外诸山，如龙翔，如马驰。其势相向，如拱如揖[④]。时议迁郡治于此，盖镇阳一胜境也。众欲渡江，呼船未至，乃解衣坐石上。梁石衣葛，余赋诗嘲之，梁石用韵解嘲。

---

① 余独取路田阪间，由山而往：与嘉靖《贵州通志》、《黔记》同，《巽川祁先生文集》作"余独由教场穿田径而往"。本书《巽川祁先生文集》多有异文，小异处不一一出校。

② 至平冒始会：嘉靖《贵州通志》与《黔记》同，《巽川祁先生文集》作"既乃携至平冒"。

③ 可容万家：嘉靖《贵州通志》与《黔记》同，《巽川祁先生文集》作"可容数十万家"。

④ 江外诸山……如拱如揖：嘉靖《贵州通志》与《黔记》同。《巽川祁先生文集》作"溪外诸山，环抱如开画图"。

既渡江，乃游黄垲，梁石自谓不能舟，升舆先往。余同健之及其弟骥与騞仍舟行，遇水深处，辄放獭捕鱼，连得数鱼，皆盈尺。及得鳖数头，健之喜曰："午食不落莫矣。"乃遣人先携鱼以往。余舟移时始至，梁君赋诗嘲余饥，备述溪行之胜以示之，梁石亦示余以山行之胜，盖皆各极其所见也。

初闻黄垲为西峡佳处，比至，丹崖翠壁，居民六七家，殆非人世。因相与张席，对饮酒。初行，许挥使良臣以单骑至，良臣尝读书科举矣。此出游，约之，至是来。酒既行，乃命斫鲙，而继以鳖羹。余曰："此吴会风味也，不意徼外有此。"梁石曰："桴鼓不鸣，公家多暇，此君相之赐也。"于是饮，尽欢而止。

及酒既罢，健之谓此西去有瀑泉数百尺，每春夏盛时，飞过南岸，船过其下，如仰视白虹然。众曰："此壮观也，当共往。"比至，则瀑未下，众为一捧腹[①]。时斜日在山，川光滄若。健之命泊舟于俗所谓十万囤山下，复驱獭捕鱼。时酒尚盈榼，无自得火。舟人以两竹相锯，束缊承之。须臾火燃。酒肴皆具，复尽饮而归。

既出峡，回顾山缺处，见新月一痕如缕，与长庚相辉映。方舟下滩，如快马疾驰，不觉浪汹汹溅衣皆湿，既抵平水，近岸人家，灯火星缀。候卒持长炬出迎，波为之红。

入郡舍，发袖中诗，共得一十六首。顺自念谪居石阡已六年，山水之游，岁无一二，今获与诸君探奇览胜，不浃旬而三游焉，非乐事与？抑是游也，边方宁谧，有太平之庆；良朋盍簪，有文字之雅；登高望远，有忧君怀亲之感，其兴致远矣[②]。古人游集必有记，顺不敏[③]，因得而备书之。

壶中丘壑记

知府周瑛

镇阳有怪石，《禹贡》所不载者。弘治庚戌夏，季弟敬叔来视余[④]。一日，

---

① 健之谓此西去……众为一捧腹：《巽川祁先生文集》作"健之谓黄凯西北数里，有水自白羊塘出，山顶泻为瀑布，甚可观。众遂登舟，溯峡中。比至瀑所，则久旱绝流，所见惟旧痕而已。瀑之南岸，长厓壁立，其上平坦，可居十数万人者，谚所云'十万囤'也。囤之西湾，山多洞窍，云雾隐隐，如仙人居室者，谚所谓'九千宫'也"。

② 其兴致远矣：《巽川祁先生文集》作"匪直衔杯玩物，流连光影而已"。嘉靖《贵州通志》同。

③ 顺自念……顺不敏：《黔记》无。

④ 余：《翠渠摘稿》作"予"，本文中他处"余"，《翠渠摘稿》均作"予"，不一一出校。本书与《翠渠摘稿》尚有多处异文，小异处即不出校。

入后圃，循读骚台而东，见有一礌砢伏莽中，发之，皆怪石也。告余曰："兄癖类柳州，性好山，藉此为山，凡诸奇胜，可不骛远陵危而得之矣。"余曰："善。"乃稍稍为正中峰，分左右麓，伏者起之，满者虚之，直径者迂回之，对立者差互之[①]。于是立者为阜，侧者为崖，深者为洞，空者为谷。复取兰、菊、竹、木，分植上下。然后，欧阳子所谓郁然而深秀者，次第而见。山成，复筑地而洼之，覆水其中，命曰勺湖。

余曰："此非诬耶？"

季弟曰："世固有以小为大者。越人贾汝阳[②]尝言其郡有秘图湖，仅大如椀，此之为湖。孰曰不然？"

复命家僮缚亭[③]，取蔽风雨。告余曰："昔王龟龄尝记其弟所为笠亭者，此得无近邪？"

他日，命登焉，但见夫所谓山者，微尖寸碧，掩映林麓，宛然如对泰山、华岳。又见夫所谓湖者，轻澜浅波，拍满崖岸，恍然如临震泽、洞庭，因题曰"壶中丘壑"。

进季弟而告之曰："天下事有实体可据者是谓之真。无体可据者是谓之幻，世固有以幻为真者，亦有以真为幻者。以真为幻，此妙识也。妙识入于无，故不有其有。以幻为真，此俗识也，俗识胶于有，故不知所谓无者。[④]若君子则不然，君子之于天下也。不离物以自高，不婴物以自病。以天下之理，应天下之事，其中常廓如也。"

季弟作而曰："因丘壑之谈，得驭世[⑤]之说。愿书以为记。"

纪功类

平蛮恩信记

巡抚王来

景泰纪元之始[⑥]，四方咸乂。惟是湖广辰、沅、靖州，绵亘贵州平越、

---

① 对立者差互之：《翠渠摘稿》作"对峙者差互之"，且此句在"直径者迂回之"之前。

② 贾汝阳：《翠渠摘稿》作"贾汝易"。

③ 缚亭：《翠渠摘稿》作"缚茅为亭"。

④ 此句后《翠渠摘稿》还有几句话："然此二者为说皆非也，是盖有所缠绕，强自排遣耳。"

⑤ 驭世：《翠渠摘稿》作"处世"。

⑥ 景泰纪元之始：嘉靖《贵州通志》作："圣天子龙飞之初，实景泰纪元之始。天下四方咸底乂宁，致治之隆光越前古。"本书与嘉靖《贵州通志》所引多有异文，小异处不一一出校。

清平之地，山林溪洞，苗蛮獠狫，巢穴联络，蚁聚蜂屯。盖以化育之久，生息滋蕃，乃有苗民韦同烈者，伺隙肆丑，驱胁党类，侵掠疆埸。

皇上以蠢尔之众，但当谕以祸福，俾之悔过。岂期丑恶不悛，益肆猖獗。中外臣僚，屡请讨伐。于是，上命都御史臣来总督军务，保定伯臣瑶挂平蛮将军印，充大总兵官。其左右副总兵、参将之官，或以仁义推，或以智勇选，与夫参赞综理之辈，皆学识出众之士。

以是年四月出师，七月抵辰州，练兵训士，缮治器械[①]。乃以十月壬辰进兵天柱以及靖州、铜鼓、五开、城步、平水等处，所至长驱径捣，摧枯拉朽。恶者无不擒剿，而迎降之众又皆抚辑而招徕之。湖广之边，廓然以清，遂移军沅州犒赏，兵威既振[②]。

又以二年二月乙亥，分营列阵[③]，进至贵州之兴隆、清平、平越，其贼伪称苗王韦同烈等犹胁众，据险香炉山寨。其山壁立千仞，环盘二十余里，大军环列扎营，旌旗耀日，戈矛飞霜。苗众遂以贼首韦同烈等缚送军门，以其为元恶也，械送京师正罪[④]。余犹惧威未下，官军围守益严，且施攻击之具，其众皆缘崖跪拜，恳告乞生。参将李震请曰[⑤]："王者之师，除暴怀柔。今元恶既擒，其胁从余党及其妻孥，昔皆沾被化育，出力供赋，与编氓伍。今既求生向化，宜抚恤之，以副圣诏宽恤之仁。"佥议同然，遂许之。

于是苗酋罗义等十二人者，皆以藤萝缠束，悬坠下山，俯伏军前，请罪[⑥]，愿以徭役贡赋如故。于是，会官宣布朝廷威德，开谕生死祸福，咸扣头恳切。其徒万余，悉抚定之，俾复旧业。罗义等且曰："我等得生，自兹以往，子子孙孙，山林草木，皆戴圣恩，苟一萌非念，甘受诛伐，使我噍类永灭九地，无以仰见天日，愿立石兹山，永为誓戒。"

呜呼！东夷、西戎、南蛮、北狄，古有其类，悖逆天道者无不殄灭，归顺圣化者靡不全生。况我圣朝之驭四夷，涵煦羁縻，使之自生自育。譬如天地之无不覆载[⑦]。但其种类性情，或者弗驯，以致扇聚而起，然后加之以兵。岂朝廷志武穷杀之过耶？今帝以大有为之资，抚中兴之运，命将统兵，除残去暴，屡月之间，殄除凶慝，大拯涂炭，弘复疆土，肃清边境，功业之茂，

---

① 器械：嘉靖《贵州通志》此后还有"佥谋毕议"四字，与嘉靖《贵州通志》相比，本文有多处减省，减字少并不影响文意者不一一出校。

② 既振：嘉靖《贵州通志》此后还有"军势益张"四字。

③ 列阵：嘉靖《贵州通志》此后还有"肃将威戎"四字。

④ 正罪：嘉靖《贵州通志》作"明正其罪"。

⑤ 参将李震请曰：嘉靖《贵州通志》作"右参将都指挥李震言于总督、总兵官曰"。

⑥ 请罪：嘉靖《贵州通志》作"披露胁从之罪"。

⑦ 覆载：嘉靖《贵州通志》后有"曷尝有一毫所制之意"十字。

振古罕伦，诚万万年太平之福也。

大总兵官梁公请予识文于石，俾镇兹山，且以示诸苗蛮，永永无忘圣朝之威德，盖石可刓而恩信不可泯也，遂书之为《平蛮恩信记》。

平普安夷记

云南巡按李士实

弘治十有一年，副都御史钱公钺奉玺书巡抚贵州，惟时普安之孽，披猖相扇日炽[①]。盖米鲁以妾弑夫，隆礼以子弑父，阿保及其子鲊莫、阿歹以部落弑其主。村栅为之破者一百三十余区，民庶死者五百余人。攻我戍堡，窥我城邑，抚谕良勤，猖獗弥甚，为梗十有三年，毒流三百余里，浊乱天常[②]，肝脑涂地，罪在[③]必诛。

公乃谋于镇守太监杨公友、总兵官东宁伯焦公俊、巡按御史张君淳暨藩臬诸君，谋既谐，疏闻，报可[④]。

乃令曰：安南、安庄、普定营长，毛政、黄昱之众，尔都指挥刘英将之，进由普安百户徐福屯，以为左哨；普安、威清、平坝把事设额厘营长纳墨之众，尔都指挥王璋将之，进由普安百户宫高屯，以为右哨；乌撒、赤水、毕节、永宁之众，尔都指挥李雄、吴远、侯宇将之，进由乌撒后所，以为后哨，截拖长江，以遏其后路。尔都指挥张泰、黄京各提屯卒千人于普安、安南二城，操训振耀，以为声援。参政马自然、副使周凤、参议王杲、佥事龚嵩，其审事机以为诸师进止之节。请行粮者毋移日，赏战功者无逾时。

然米鲁者，云南沾益其母族也。东师压境，势必西遁。于是，报我云南，期为之所。遂檄都指挥卢和、佥事胡荣率土官知州安民等领兵邻壤，严为之备。既又榜于市，曰今所诛者，止米鲁、阿保父子，余皆胁从罔治。

诸师并进，四面夹攻，贼不支，以次就缚，投戈降者相继，而米鲁果西遁矣。为刘英辈擒者二十有二，馘者十有五，俘者二十有九。为王璋辈擒者

---

① 日炽：嘉靖《贵州通志》作“日大以炽”，与嘉靖《贵州通志》相比，本文有多处减省，减字少并不影响文义者不一一出校。

② 浊乱无常：嘉靖《贵州通志》此前还有一段话：“方且分据三寨，进欲雄视一方，退欲保守三窟。”

③ 罪在：弘治《贵州图经新志》及嘉靖《贵州通志》此前还有一段话：“夷狄之中，未有若此之甚者也。乱不可长。”长，弘治《贵州图经新志》作“常”。

④ 谋既谐，疏闻，报可：弘治《贵州图经新志》及嘉靖《贵州通志》均作：“佥曰：‘允如公议。’人谋既谐，军檄立具，事在必行。或曰：‘司马法，冬夏不兴师。今兹夏也，无亦不可乎？’公曰：‘六月出师，周有吉甫；五月渡泸，汉有诸葛。况西南之夏，秋也。庸何伤？矧势不容缓哉。’疏以闻，卜日出师。”

二十有三，馘者四，俘者三十。英、璋共擒者七，馘者一。而阿保者，李雄、吴远、侯宇之所系也。阿鲊莫者，英、璋辈之所执也。阿歹者，安民之所缚也。降者千一百余，来归副使周凤等人也。

乃报于上，曰："罪人得矣。"渠魁[1]其置之理，友党其从末减，妇女其从配，山川土田，其入版图，勋勤之士，其录之如故典。米鲁付云南另致讨焉。制曰"可。"

于是，而普安[2]遂宁。左布政黄君琏、右参议翁君迪、按察使刘君福、副使沈君庠、阴君子淑，咸谓兹功之成，皆钱公之谋，不可无志。砻石普安，录其事，请予记。予托邻交，与闻甚悉，乃为铭曰：

我明启祚，於赫列祖。五圣继序，洽于下土。蔚蔚七叶，寔维我皇，天覆地载，熙然八荒。嗟彼普安，蠢尔小丑，自绝于天，敢为戎首。贼妾弑夫，贼子弑父。亦有贼民，弑[3]州父母，猖獗无极，如水无防。三百余里，悉为战场。十有三年，流血成沚。冤声在路，谁其一洗？一二大僚，是秉国钧。思救其急，急于救焚。维是六月，整我六师。先发后闻，适乘厥机。乃命阃帅，挥桴提鼓。左军右军，如罴如虎。四三谋臣，是维藩臬。有严中坚，出奇决策。师不逾时，元凶悉缚。持戈来者，欢乎腾跃。遂报于上，罪人得矣。乃睠西顾，今如息矣。帝嘉尔荣，褒旨自天。西顾无忧，维尔独贤。镌功告成，用识己酉。石若不磨，功有不朽。

清平香炉山平苗记

周廷用

贵州清平东北三十里[4]有山曰香炉，巉岩岌嶪，高出万仞，诸山环列。若戈鋋相向，连亘三四层。攀缘鸟道而上，上能容百万人。烟云出没，合沓蜿蟺，不可名状。望之者皆以为穷地之峻，极天之险，有一人荷戟，万夫趦趄之势，剑阁孟门，靡曰固镇。

我明正统间，苗有韦同烈者，凭阻作昏，以张狠戾。朝廷命师徂征。七月弗克，勉以抚顺，班师。

---

① 渠魁：弘治《贵州图经新志》及嘉靖《贵州通志》前尚有："然所以致此，方面群僚，殚虑用命，与三千将校戮力效死，以成此功者，皆我祖宗德泽结于人心，皇上威明著于远徼之所致也。"

② 而普安：弘治《贵州图经新志》及嘉靖《贵州通志》前尚有："居者抃于室，耕者抃于野，行者抃于道。"

③ 弑：弘治《贵州图经新志》及嘉靖《贵州通志》均作"贼"。

④ 三十里：嘉靖《贵州通志》作"四十里"。二书小异且不影响文意处均不一一出校。

正德丙子春，叛苗阿傍、阿肉、阿皆、阿义诸党，煽行妖孽，复据旧巢，列栅数十里，掠聚粟稻，坚利锋刃，以拒大顺。意灵诛或可逃也。守臣以事闻，天子忧焉！乃下司马议，议当剿。

上临轩授敕曰："尔巡抚右副都御史邹文盛往，即乃任总理调度，维抚剿以生贵人。尔镇守内官监太监李镇维[①]尔城守，协心辅翊，罔或诞慢，以负朕心。尔总兵官李昂暨湖广副总兵官李瑾，张皇六师，振耀边鄙，用命者赏，弗用命者戮，以成厥勋。尔巡按御史周文光纪验俘馘，厥阅必实，毋滥以启冒，毋刻以蔑功。"命下，诸臣受命惟谨。

巡抚公曰："艰哉，武不可究，宜抚之。"众如议。乃命参议蔡潮、都指挥潘勋、王麟先后往谕，冀其有顺。苗方怙恃凭陵，杀我军士。都指挥权继武死焉。烈焰薰炽，蹂躏郡邑，睚盱伊嘔，背乱僭号，虽百喙弗能解已。

皆曰："丑类之不我命，罪当诛。"

诸公曰："惟朝廷畀致重任予数人，何敢不力，况文武诸司，罔敢不从。"

志曰："左布政使赵文奎、按察使林长繁，汝二人厘兹城社，以赞戎理，予等及事事者咸往焉。"

九月二十一日，诸公莅军，在合示方略，分布营垒。

曰："参将洛忠，汝隶前垒，军兵六千有奇，皆统之。"

曰："都指挥刘麟、陶霖，汝二人隶后垒，军兵五千五百有奇，皆统之。"

曰："都指挥祝镇、王玺，汝二人隶左垒，军兵五千五百人，皆统之。"

有前前垒军兵六千四百人，有右右垒军兵五千九百人。都指挥许诏、叶云、杨淮三人分统之。

曰："宣慰彭明辅、彭九霄，汝其约束部兵，各以时力战。"

曰："将材佘大伦，汝往巡视诸垒。"

曰："佥事詹源，汝监前左二垒。"

曰："副使李麟、参议蔡潮，汝监左右二垒。"

曰："佥事许效廉，汝监左右垒。"

曰："参政胡濂，汝惟整理粮饷、币物。"

曰："前有将军营，二总兵帷幄居中以号令焉。"

营壁整肃，师旅鞠陈，既祃既类，刻日进剿。苗恃险，狂奔叫呶，罔知天罚。

十月三日，我军乘其不备，设奇前进，杀苗贼一百余人。土兵荅直可宜为苗所缚。令妻拏俾刃，刲肉如雨，厄我士气。兵乃不恤创巨，具以苗穴虚

① 维：原文误作"离"，据嘉靖《贵州通志》改。

实，仍号于众。三军之气，用是益振。苗犹不挫。方且刻木为盟，约都兰[①]、夭漂、夭霸、龙头、对苗[②]百万人，欲内外策应，以寇我营。军中密以闻，镇巡公因言于众曰："用兵贵赏[③]，今盍以赏激邪？"众俞，悬千金于军门，有能先登者授。

十月十四日夜三更，永顺诸军奋其谋勇，架木悬绳，援崖而上。是夜，雷雨大作，苗方安睡，军遂屠守路者数人。遇柝者，杀之，柝焉。遇锣者，杀之，锣焉。遇鼓者，杀之，鼓焉。俟众军登者数百人，然后毁栅燔巢，鼓噪而入。各垒军士拔帜齐上，锋镝交接，震声四达，迎刃授首，势如破竹。计穷亡命者，奔突绝顶五百余人，次日皆捕杀之。斩首二千人，俘获男女五百人，面缚首恶二十人。贼所畜者，曰牛、曰羊、曰米稻、曰衣服、曰皮革、曰器械，咸为军兵有焉。胁从之党，既索所弗悛者，胆泣神号，悉愿听抚。诸公皆纵之，盖不欲黩武也。十一月二十八曰，以捷奏。

上御奉天殿，受群臣贺，策勋论功。

曰：巡抚都御史增爵一级，任子一人。镇守太监增禄十石，任弟侄一人。贵州总兵官、湖广副总兵官增爵一级，任子一人，俱锦衣卫世袭百户。纪功御史增爵一级，俟京职重用。其有功文武诸臣，各加官升爵有差。

噫！兹举也，上以纾一人之忧，恢拓边境。下以破万年之险，大振天威。铿鍧炳耀，荡然耳目，厥功何伟哉！

廷用不佞，请勒诸石以垂后懿，用以献其文，曰：

贵阳荒徼，时维外藩。限山作镇，界石为垣。曰有炉岭，险逾剑门。三苗素窟，凭此作昏。粤惟正统，大肆陆梁。我皇赫怒，出车千骧。弭师七月，成功未襄。收旅旋旆，示以归王。阿傍阿苗，扇此毒虐。狺狺哨聚，于山之络。嗜为寇乱，恣行剽掠。滔天阻兵，气焰薰灼。越自丙子，至于丁丑。皴皺卫邑，阻绝道路。凭据势甚，万夫莫有。屠我军民，戕我官守。宪臣疏闻，天子廑虑。乃命镇巡，兵旅大会。付以军机，授以师律。奕奕金戈，翚翚羽檄。抚臣忧言，武不可既。载示皇仁，载谕圣意。维彼丑虏，愈恣凶逆。暴非德驯，狂罔言制。乃用群谋，乃调士卒。土兵官军，桓桓仡仡。参以文武，分以营壁。于帝是类，于山是祭。埼角分布，貔貅载陈。统以诸部，莅以威神。玄甲跃日，朱旗彗云。乃树电帜，乃驾飙轮。彼苗何恃，恃此层山。山不可恃，天罚攸干。矫矫勇士，罹此凶残。挥肉乱坠，凛不动颜。且言虚实，

① 都兰：嘉靖《贵州通志》作"都黎、都兰"。

② 对苗：嘉靖《贵州通志》作"龙对苗"。

③ 用兵贵赏：嘉靖《贵州通志》此前还有"用兵贵谋"四字。

告示同班。我士益励，我兵益扬。悬以千金，义力奋强。下攻九地，上入穹苍。陵彼巢穴，伐鼓琅琅。众军咆哮，排山登阵。万仞杂沓，噍类无遗。横尸成岭，流血为池。远兵苗裔，纳款来思。马腾而骧，士饱而乐。贵之卒夫，解甲生活。贵之妇女，迎门笑跃。破险除凶，边疆再拓。捷书上奏，乃开明堂。论功授赏，金帛辉煌。曰兹文武，实惟忠良。于铄奇功，昭彻遐荒。勒兹隆碣，永代熙昌！

都匀平凯记

提学焦维章

我朝列圣盛德丕冒，远迩逖矣。贵州遍置守卫，复法唐虞，建长以莅之，蛮夷帖然[①]，允同采卫。独都匀府平浪司苗民阿向及侄阿四，更名王聪者，负险恃囤，代济凶逆。

先是，洪武间创设平浪司，辖白头等十牌地方，初治以流官张鹤。鹤乃以有功土民王应铭世其官，即今土官王仲武始祖也。向聪之先名狄把者，洪武间叛，诛。把后有阿鲁、唐瓮、干把珠者，宣德、正统间亦叛，诛。如狼生貙，貙生罴，以至于向。

向正德八年，谬以争官为名，储器积粮，僭名铸印，以贼党王琏为谋主，王向喃为土官，王容、王英、杨免等各有官号，王聪尚具贼未显也。所据大囤群山罗而顶坪，惟中梯二门，才足通行。有警，则以大石推转而下，如万雷然，无不碎也。楼栅、石垣，萦缭多树。[②]谷城、谷洞、凯西苗仲[③]，联络应援，外内相固。于是数劫王仲武甲仿囤，并掠邻寨，焚杀支解，十牌骚然无宁居者。

嘉靖十四年乙未，省斋陈公拊循贵州，彻前防守兵，调汉土兵三万六千余讨之。巡按守庵杨公继至，咸翕乃心。大参喻茂坚、郑气、宪长韩士英、都阃余大纶，共力赞决。总戎琼山杨仁统领以行，与监军宪副陈则清、林茂竹[④]督饷，少参张淑、参戎李宗佑、都阃余大纶、王木，十月营囤下。

---

① 帖然：嘉靖《贵州通志》作“听吏帖然”。本书多简省，小异且不影响文义者不一一出校。

② 楼栅、石垣，萦缭多树：嘉靖《贵州通志》作“又弩楼、敌楼，排栅、石垣之类重萦而复，缭之多树”。

③ 苗仲：嘉靖《贵州通志》作“别坚囤分布，心腹苗仲”。

④ 林茂竹：嘉靖《贵州通志》作“兵备副使林茂竹”。

十五年丙申初九日夜，大破其囤，纵火焚弩楼、房、仓千余间，斩首二百六十，生擒二百五十六，阿向传首省下[①]。

六月十八日，王聪以王枯、王邦等[②]，鼓黑苗童歹、管朱、管比各寨三百余人，杀逐官军，仍夺旧囤。至潜[③]劫我兵于虫蚁坡，攻围我挟抚兵于同宠囤，义土官兵杀虏甚盛，残虐[④]益张。

巡抚秋浦汪公受代甫临，乃谂于众，曰："贼聪不道，敢行称乱。若纵而弗讨，则无复纲纪。且诸夷象之，又何惧焉？"即会巡按杨公先为抚绥，贼性狃犷未决。久之，送出拘留人员，而怙恶如故。乃檄宣慰安万铨督所部兵万余讨之[⑤]。

正月，南亭倪公按治入境，计与翁合。总戎慎斋李公赞行。方伯张峨、宪长杨最、宪副陈瓒、少参刘准、都阃余大纶议允，增调宣慰土军，相机进剿。大参俞茂坚理饷事，宪副林茂竹、陈则清节制之，都阃朱文诣营调度之。先擒剧贼宁沙、童歹、王邦等，贼气屡挫。

五月三日夜，聪潜以苗兵冲营，我兵擒斩过当，追击囤下，执贼于溪河甚众。夜雨深昧，复多泥泞，不虞我之能上登也。随援绳梯，直捣巢穴。贼有线六者大惧，率男妇九百一十下囤，即加绥辑。进攻老虎山，生擒一百二十六，斩首一百五十二。王聪亡匿甲耸山中，获之。惟王枯、王毛复跃虚据囤。

六月[⑥]，密督旁寨顺民长浪老脚三百名，攻复旧囤，擒王毛，余走谷坡箐中。差指挥樊勋，抚定谷坡，擒其名贼王枯、子由、王有，继擒王杏，贼遂亡。

吁！何成功之易且速哉？夫痨复之疾，医家所忌，当贼之折将破军，远近大震，瞑目谓难者相环也。今群议不摇，蔽志独断，王聪再叛，以水西之兵攻之，而苗破莫支。王枯三叛，以十牌之民蹙之，而苗族遂灭。君子曰："是智勇之兼济也。"临重险，殪巨寇，战不淹时，挽不久劳，师不外督，且首功不容夫未战之军兵，而妄戮不加于已抚之邻寨。君子曰："是仁义之并行

---

① 省下：嘉靖《贵州通志》后面还有一段："百年之冦，一旦伏诛，前此未有也。但亡命者悯悯难安，失业者怀土思复，惟狃于阿向缥头劫掠之利，而昧我争官杀人之非，无怪乎椎牛一呼，而和者响赴也。"

② 王邦等：嘉靖《贵州通志》作"王邦、王九、王辛、杨免等"。

③ 至潜：原作"至愆"，据嘉靖《贵州通志》改，嘉靖《贵州通志》此前还有一句："聪自称新官，余各有名号。"

④ 残虐：嘉靖《贵州通志》此后还有"大抵气势如向"。

⑤ 讨之：嘉靖《贵州通志》此后还有一句："盖秋浦公独断也。"

⑥ 六月：嘉靖《贵州通志》此前还有一句："抚按行监兵二道遣官谕之不一。"

也。”师之克也在和，将之调也士附矣。今抚按同心以济事，无我而居东，殚虑制敌，虚己用人。诸大夫纾忠竭力，外内罔逸。诸将士摩垒出奇，贾勇[①]先登。君子曰：“是和恭之允协也。”兹成功之易且速也，岂偶然哉！

贱既亡，乃行宪长沈[②]教与林宪副议，招集夷民六百七十，住种囤下，田三百七十五丘，住种谷洞等囤田就督。命削平险阻，给粮三月。竢明春，再给种子以赈给之。立老脚、普俄、老亨、老贾为头目，分管凯口，及阿向原占地方，分白头、罗马、罗野三牌，并平浪牌内上中下三寨。丙武九寨属王仲武，户西、谷力、谷洞、凯西、翁架、凯口六牌，平浪牌内烂土、小烂土二寨，各立寨长，径属都匀府。斯创置艰辛，猷谋详远，而忧国如家，可概见矣。

嗟！我守者可不绎思所以永保之，俾无失坠哉？若一时共事有功者纪诸碑阴，不能备录云。

杂记类

马政所碑记

副使李学一

马政之于军旅，尚矣，夏殷以前，其详不可考也。考之《周官》，校人掌王马之政，而养之以皂、乘、厩、校，视之以圉、牧、庾、巫，设祖牧社步之祭，以敬其本；时出入游靡之节，以宣其性。分庌栈牝牡之别，以一其种；严攻讲刻剔之策，以就其才。盖其详如此。故当其时，国马足以行军，公马足以称赋，不惟洛水潦沮之会，采薇朔方之役，有以昭文德而蓄武威。虽六月之师，称孔棘矣，而既佶且闲之马，犹足驱猃狁而奏肤功。其在侯国，世虽中衰，而騋牝之美歌于卫，驷牡之盛颂于鲁，岂非养之有法，而备之有素哉！故其时王国得居重驭轻之权，而侯邦有内卫外攘之绩，宗社灵长之庆，谓非有赖于此不可也。汉唐以来无论已。

我朝文武并用，安不忘危，马政之修，在京有太仆寺，在外有苑马寺、有行太仆寺。而各卫则指挥一员专掌之，凡所以为武备虑也。其在仆苑无论已，今之后各卫能修举者几何哉？大都名存而实亡者多也。

贵州为西南重地，而远在万里，夷酋犷悍，觇我强弱为顺逆。此其势安

① 贾勇：原文误作“贯勇”，据嘉靖《贵州通志》改。

② 沈：“沈”字原缺，据嘉靖《贵州通志》补。议：嘉靖《贵州通志》作“议囤事宜经营之”。

能一日忘兵，又安能一日忘马？乃今会城二卫马亡矣，皂厩之场则侵于民矣，脱有戎兴，武备之谓何？

大中丞汾阳王公盖恻然隐忧也。莅贵之明年，檄阃司廉马政兴废之由以闻，既得状，则以营建皂厩之任畀之胡君大忠。于是，责侵地之直若干金，益以节年朋合马价若干金，市地于藩司之西南隅创构焉。

地凡深二十六丈，广十七丈。前为门，题曰马政所，中为云锦堂，后为马皇庙，后为马军房，左右两廊置槽枥。是设牧牧翼翼，轮奂维新，力不民劳，财不帑费。

经始于万历八年十二月初七日，落成于九年四月初六日。胡君以迁去，刘君招桂实绍而终其事云。督府于是下买马之令，派领养之军，定刍秣之价，经医药之费，严私骑之禁，酌赔补之规，重管理之任。《周官》之遗意，实仿而行之，详在别碑，兹不具载。百年废坠一旦聿新矣，于是刘君招桂与其僚杨君云程咸来问记于予。

予惟天下之事，见眉睫者忘久远之图，乐因循者多废弛之弊。马政之在贵，缓急宜何如者，而当事君子乃以小劳微费之故，往往置而不讲，爱一指而失肩背，于计舛矣！王公之抚贵也，懿政丰功，未易殚述，即兹马政一事，莫非绸缪桑土，为地方根本之虑，而经画精详，可垂久远，即家谋不啻也。谓非忧国奉公，人存而政举者耶？任事者诚能以为国之心为心，一切牧养之政无背成规，则騋牝之歌，《四牡》之颂，当不让于鲁卫。以之操练，则足壮军容；以之从征，则足备冲突。国威可振，夷丑可詟。而公之所大造于贵者，宁有穷哉！然余又闻善养马者，食之能尽其量，则绝尘历块之气自生；策之不尽其力，则诡御窃辔之态不作。治民治兵，亦如是而已。并书之石，以告来者。

创置备赈公田记

陈尚象

《周礼》荒政一书，姬公所以夹辅王室，兴致太平。盖与惠鲜怀保之政相为表里，维时宇内太和，蒸黎沦洽，开苍姬八百之历，绵万世有道之长，非偶而已。自井田之法废，豪强者兼并，贪暴者多取，始有无田之民，长人者甚至视民生之休戚，若越人视秦人之肥瘠然者。独移民移粟，一见于梁王，猥云“小惠”，吾犹有取尔也。嗣后有宋大儒新安朱元晦氏立为社仓，丰则敛之官，歉则散之民。槐之，祖《周礼》之遗，以为救灾恤祲之计，其美意良法故亦有足镜者，第未若置田以垂之永久者为足尚也。

贵虽名为会城，其实汉夷杂处，土田强半为诸夷所有，军户自屯田，官赋外所余无几，且生齿日烦，食指日众。市井小民，家无越宿之储，惟俟夷民负粟入城，易升合以糊朝夕。此在乐岁且不能终身饱，安问凶年！当事者有忧之，岁发镪金为乞籴计，曰有备如是，亦足以赈吾民矣。年复一年，承委者遂因缘为奸，故利之在窭人者才十一，而害之在殷实者已什九，剜肉以补疮，假公以营私，闾阎之困，究且富与贫等耳！

大中丞念所江公，为元晦乡人，得其渊源。甫下车，首询民疾若，得发籴之弊于乡缙绅陈先生舜源，慨然思易其弦辙。乃谋之藩臬诸大夫暨刘贵阳，曰："噫嘻！发籴为苛政至此，是以救之之道害之也！其为我易负郭田，岁收其租入，俾异日者，谷有盈余，田可永在，以康吾民，可乎？"诸大夫曰："然。"

公乃出俸薪若干，饩余若干，不足，又以公帑益之。于是买生员刘世达、民人王朋等地名小龙潭田一所，乡官王廷爵地名蔡家关田一所。以价计，总用银一千六百五十三两。以粟计，总得花一千四百四十二秤。盖自有会城来，嗷嗷待哺之民，至是始乐有赈田矣。且郊原平衍，水清土沃，美哉！洋洋乎万世之利也。

中丞公乃立石阡陌之间，而为之铭。已，又以善后之策谋之刘贵阳，余览贵阳所条上五事，大指在议经管，议收贮，议佃民，禁骚扰，皆凿凿可见之行者。而至云时和年丰，则变价以为增置之计，又以摆陀堡新起之科粮抵二庄之旧额，计虑深远。真足以佐中丞公子惠元元之意，而非徒以一切权宜之术为补救目前已也。天下事其相须以有成固如此。

抑余闻之，仁者以天地万物为一体，故自昔大儒辅世，必相其君以行王道，使民嗥嗥，而世熙熙，无一夫之不获，然后为足，以满其分量。公拥节旄，开府兹土，时值苗民作梗，阑入城郭，流毒商旅，公毅然兴师荡平之，然后朝食。一时畏公威严凛若神明，第公所为拊循噢咻吾民，则又举赤子而汪濊之。与由饥之视纳沟之耻何以异？乃知约己以肥民，公所以扩如保之恩也，仁也。而除稂莠以安嘉禾，公所以奋除残之义也，亦仁也。指日，公且进而宅端揆之位，裁成辅相，令成周太和再见宇宙间，奚止夜郎之民，沐公之深仁厚泽已哉！不佞象目睹公嘉惠小民甚笃，而又以万世之功，当为万世之桑梓识之也，乃不敢以不文辞，遂述其大略，镌于石。

惠药田记

江东之

《唐史》载狄梁公两疏活万人，余私心艳之。及观其针法入神，良相良医，公兼之矣。殷中军一剂活斯役之母，乃焚经方，是遵何德哉？罗郡侯珣施于金斗，殆仁者之心也。

黔俗尚鬼，民间有病，辄刑牲伐鼓，以解愆求安，不问针砭汤膏。罗侯施药，能变金斗淫祀，若民犹故黔，何以抚为[①]？因还断事衙[②]于都司，移中军于督抚之旁，以中军厅改惠药局，不劳民而事集。且在通庄定番州有上田五十亩，余与直指应公益以百金之田，其租，令州官如学田易价，定于六月解府，给医者备药饵，以为常。虽然，吾两人用心勤矣，民不信医而信巫，恐弗从也。

余乃集诸父老于庭，而语之曰："无离无著，无医无药，跻一世于仁寿，非余所能。昔炎皇御世，尝草以导民。轩辕氏作，复受岐雷，详著体诊。彼上古大圣人，岂欺汝哉？夫赤刀粤祝，朔山操苇，皆诞辞无当，昭夜景之鉴，演亡机之慈，只见虚无，自相宾[③]耳。杜兰香有云消么，自可愈疾，淫祀无益[④]。斯言也，若因黔之病而药之，三命皆有极，参苓难成蹊，余譬之于旱苗得一溉之益，蓁蓁茂矣。故陶贞白曰：'民生所以为大患，莫急于疾疥[⑤]。疾疥而不治，犹济火而不以水也。'汝等知水之济火，独不知药之已疾乎？"

诸父老曰："民愚，闻教则悟。民贫，需药则不支。"

余曰："官主其施，岁考其成。医不效者易之，不廉者易之。局之与田，则不易也。若讳疾忌医，养疾玩医，使俞附扁鹊望之而惊，民自贻戚，我其如民何？"

诸父老稽首曰："吾等小人，得闻殷中军精于医而狭于量，又闻罗侯去郡，而金斗多病夫，未若兹惠之弘且久也。自今以往，寿斯民命不知几千万亿，无艳梁公疏矣，敢世世拜两公明德！"

余曰："诸父老之言夸，余何以堪之！"遂次其语，记于局之堂，以引黔民之勿药者。为之铭曰：

官无厉，民成聚，生自卫。民有疾，官之剂，以粟易。祝尔田，五谷艺，民乃粒。祝尔民，五福备，斯为瑞。无所祷，以永世。无需药，余奚惠？

---

① 若民……何以抚为：《瑞阳阿集》无。

② 衙：原缺，据《瑞阳阿集》补。

③ 自相宾：《瑞阳阿集》作"自相诡"。

④ 无益：《瑞阳阿集》作"何益"。

⑤ 疾疥：《瑞阳阿集》作"疾疹"。下一"疾疥"亦是。

少参蔡公潮生祠记

郡人田秋

生祠非古也，记云：以死勤事，以劳定国，能御大灾，捍大患则祀之。然意皆掌于有司，非臣下得以私情徇之者。故淇澳之美，甘棠之爱，亦止形之咏思，而未闻尸祝。汉晋以下，吏治有醇疵，民情有美刺，故于功业之隆，德泽之厚，光前裕后，卓尔不群者，则因舆情之不可遏，而事得义起。去思、遗爱之名立焉[①]，如岘山表叔子之灵，宣城著谢公之姓，是也。清平卫蔡霞山公生祠之作，其亦若此与？

正德十三年，凯口苗[②]称乱，据香炉山[③]以为巢穴，凭陵远近，动摇藩省。清平卫切近其所[④]，盖门庭之寇也。贼拥数千之众攻城。公适以少参分守其地，内无劲卒，外鲜强援。止以数百守城之兵，画地分嶂，昼夜焦劳，杖屦巡行，人人抚慰。温言挟纩，三军忘雪夜之勤；谈笑投醪，羸卒奋勤王之气。时或运奇设间，出彼不虞，擒其桀黠，散其党与。城危于三版，功收于万全。不数日间，贼引去。阖城老幼皆举手加额，以为公有再生之恩也[⑤]。

未几，遂以迁去，民之不能忘也，乃为生祠三楹于城中，肖公像于内，饮食必祭，且私之曰：“此吾清平之罗池柳侯、潮阳韩公也。”

祠成三十余年，为嘉靖庚戌，麻城喻九山先生，以公高弟，佥宪贵阳，道经清平，谒祠下，见砻碑在地，尚未有词，征予文以记之。

忆秋少年得第，请告家居。公旬宣至郡，枉顾草庐，则笑语移日。继而司理延平，在公属下，荷蒙忘势与进，教益为多。自谏垣参藩闽中，践公旧迹。至今不接公丰采者，几三十年，仰止益深，因叙次所见闻者如此。

公在贵凡八九年，以诖诬不预政者居半。荷不鄙夷吾地，所至则进诸生讲明经史。溪山住处，辄徘徊终日，啸咏自怡。峭壁层崖，幽泉怪石，多经题品。出词引义，彰阐地灵，飞白流丹，起敬过客。建桥梁于要津，均邮亭之远近，设屯堡于会通之地，置关津于夷夏之防。简卒伍，精训练，谨权量，赈伤残。至今人犹传说而遵行之者。盖功在一方，清平之感尤深耳。鹤田先生近又大参吾藩，丕承前烈。贵阳于蔡氏，盖被世泽焉。

---

① 然意……名立焉：《黔记》与嘉靖《贵州通志》均无。本文所引，与二书异文颇多，小异处不一一出校。

② 凯口苗：《黔记》与嘉靖《贵州通志》均作“清平县苗夷”。

③ 据香炉山：原文不清，据《黔记》与嘉靖《贵州通志》改。

④ 清平卫切近其所：《黔记》与嘉靖《贵州通志》均作“清平其切近”。

⑤ 昼夜焦劳……再生之恩也：《黔记》与嘉靖《贵州通志》均作“运奇设谋，擒其桀黠，散其党与。不数日，贼俱引去。阖城老幼得再造，皆公之恩也”。

公名潮，字巨源，浙之台人。登进士，入翰垣，以佥宪视学湖广，参议贵州，参政福建，升河南右方伯。人方仰其柄用，乃抗疏乞休，时论高之。

鹤田名云程，字亨之，今为左方伯，公之长子也。

九山名冲，字一和，湖广麻城人，公之门人也。[①]

忠节冈记

御史王鉴之[②]

忠义之在人，乃天地之正气，国家之元气也。正气行则世运泰，元气盛则国脉永。此忠义之有关于天地国家甚大，而人君必以崇奖忠义为先者，正以扶植正气，培养元气，为纲常计也。

呜呼休哉！我国家以纲常治天下，以忠义范民性，此先代忠臣义士有功于名教者，悉置之祀典。祠墓所在，每命有司谨修葺，禁樵牧。至于当世死难伏节之士，不褒及其身，则禄及子孙。是以百二十年来，纲常振举而泰和雍熙之运，自古罕俪，职此由也。

贵州西南边省，虽僻在荒服，然士沐清化，兴起忠义者，每甲视[③]天下。考诸图志可见其未见者，今得徐君焉。君世家浙之寿昌。国初，曾祖[④]原吉以事戍于贵，故生为贵人。

正统己巳，湖湘寇起，洪江黑苗暨贵州诸夷响应，清平道梗。于时，守臣请兵征讨，命下，适令大司徒黄公镐以监察御史出按是邦，偕事监戎。闻君贤，辟置左右。凡所筹策，赞画惟多。

是年秋七月，司徒公出巡边，至羊场河，猝与贼众遇，将为所掩。君奋挺直前，厉声叱贼曰："尔辈蚁蝼群孽，敢害及朝廷宪臣耶！我分死之，明年此际，当歼尔丑类。"遂遇害。翼日，贼见之面如生，遂遁去。司徒公幸获免。远近闻之，无不壮君之节，义君之忠。守臣欲上其事于朝，值时艰弗遂。明年秋，贼果平，适符君临终语。

呜呼！君一戍卒耳，而能临难不渝，忘身卫上，俾忠义大节，掀揭宇宙。使其授阃钺之寄，当一面之锋，其功烈将何如耶？推其志，殆与烈日秋霜争光并列，视彼享厚禄，都大官，趑趄幸生，营营为妻子计者，何人哉？夫世

① 公在贵……公之门人也：《黔记》与嘉靖《贵州通志》均作"秋惟公在贵凡八九年，不鄙夷其地，所在多品题建置。公之去贵三十年矣，而贵人思公德泽者如昔，公以贵参议升福建参政，转河南右方伯，人方仰其柄用，乃抗疏乞休，时论高之焉"。

② 御史王鉴之：原作"巡抚王体之"，见本章目录注。

③ 甲视：嘉靖《贵州通志》作"申视"。

④ 曾祖：原作"会祖"，据嘉靖《贵州通志》改。

有善而不知者，不幸也；知而不能扬其善者，不义也。今忝司观风者，得其事于乡人，故老人有题其墓为“忠节冈”者。因次第其事，登载于石，用垂不朽。

君名资，字公正。仲子节居壬辰进士第，今官侍御史，立朝行已，懋著时誉，将推恩锡封。君子曰：“食报也”。

胡佥宪二义仆记

侍郎王世贞

胡佥事者，讳宥，徽之休宁人也。尝举进士，为两台御史。其佥事而得贵州，则以道远，故不携家。而所从苍头曰文训、文学者，为书室掌故，最近，得其意。佥事所按部曰毕节，尝以早暮撬行瘴雾中，遂感脾疾，久之益羸削且殆。文训忧之甚，曰：“吾故闻知老长者言，寝瘵非人肉不得起。”乃斋沐，刲股肉，血杂粥药进之，佥事病为小捐。居月余，益笃，且易箦。而是时文训方以股创卧席。文学痛不忍见佥事死，曰：“死而倘可代也，吾此六尺直鸿毛耳！即不获代，而主君卒不讳，孤魂在万里外，谁与从者？有先死以俟而已！”遂自刭，其喉咽所不合者，仅指许，然竟不死，而佥事死矣。

嗟乎！人子之于亲，刲股而药者，人妇之于夫，有以死殉者，此皆缘于深爱至契，发于不得已之痛，而始捐其所不易捐。是二苍头，事佥事非久，宁复有以固系其心，又岂有诗书礼教为之摩浃于胸腑，而一旦慨然争先而赴义，若此人心固不与末俗而俱死也。佥事之治毕节，即安氏酋地。安氏之先，君长不知几，然代有篡逆矫攘之祸。佥事所治多惠利，拊循之政既浃，而始以樽节退让，诱之其人，且入笠矣。今又能感其仆，而能奋然以义殉其主，谁谓夷非人，睹此而不奋发兴起哉！

吾乡侍御毛君按贵州，而廉得其状，书谓余：“先生好称节义事，故所纪任韩二馆人，人人称之矣。其为我纪二苍头？”亡何，行部至毕节，毕节人筑祠请祀佥事，侍御善而许之。复书谓予：“幸终此诺，且为刊石而壁之祠，以风夷。”嗟夫！孰谓夷非人哉？自是而有亲上死长者，二苍头故于有力也。

贵州通志卷二十三

第四十一章 传 类

冯使君传

巡抚江东之

冯使君者，名裕，故齐之骈邑人也。笃学力行，登进士，嘉靖中出知石阡府，称良二千石。清贞绝俗，明于爱物，急于仁民。其于法也，不为苛，亦不以沾沾故弛之。城中火，居民比屋延烧，多离散者，日焦然为之拊循，寻乃益集。播、凯二酋交恶，兵连祸结，公讨平之。尝督芒部饷，转输神速，于是军无脱巾。盘江之役，茂著奇伐，一时士民讴颂不忘久之。

遂迁黔臬，橐装惟图书公服，无长物。居亡何，解组，角巾东归海岱。所栖潇然蓬户，衣无完襟，饭一脱粟菽豆，不自知其惨于腹，螫于口也。北海间富民，类得食胡饼鼎脔，公兼旬尚不能及。即监门、臣虏之服养不亏于此。终其身，啸咏清恬，荆扉昼掩，晏如也。

厥子四人，以次登庸。诸孙之分符秉钺者，后先曜采。其曾孙少宗伯琦负当世文章卓行，人皆以公辅器之。

嗟乎！世之俗吏以清白自名者，往往衣故衣，茹恶草，为容膝之居，非其质矣。更有裂成帛以标悬鹑，饮污尊以希朴野，潜而觇之，则衣锦尚絅，曲室中自奉几万钱焉。夫食主之禄，而示人以俭易，能也。业已归田，非一日矣，乃居然窭人子行径。庸讵非纯心质行，不与娇廉欺世者同语邪！卒之子孙累世贵显，皆未尽之禔留而遗之。彼以蕴利夸能吏，未免生孽，向之丰盈如京坻者等于石穴，较冯使君所就孰多？今之谈宦游佳处，率先江左、粤东、河中、滇、蜀，而黔不齿，亡论小官下吏，即州郡监司，多以徼外荒凉薄之，要以使君之甘节不苦，安而能亨，缩于其身，盈于其后！去之日，民尸而祝之，相告而祠于名宦者，当穆然有遐景矣。语曰：善权不忒，其谓是与！余故为之表章，峕其大较于廉，以风世之宦是都者。作《冯使君传》。

王太仆传

江东之

夫瑰意琦行，艳说异闻，载籍之所共睹，左史虽缺，然裨官小乘时时可考而知焉。柱下史曰：余尝揽辔东方，闻之长老，皆各称王叟者，谊至高，其人负隐德不少概见。叟与妪盖力田作苦，家嬴担石之储。有穷措大者不堪其忧，遂夜穿叟墉。叟觉，以戒妪："是偷儿也。"扼其吭而烛之，曰："嘻！君故某斋[①]之长，而亦偷儿耶？"夫妇甚怜惜之，耳语曰："勉旃，勉旃！吾两人终不敢暴君之短！"因出黄梁与之庾，而世卒无有知者。

居亡何，酒人湎而侮于神，神罚之，不梏而窘仆，众皆跽乞，终不解。酒人忽宣言，"非得王叟来不可！"叟自度凡流亡异，无意行，众彊之，曰："神特于叟乎许可，奈何吝一行！"既至，共祝之，酒人窘仆顿起。神固知叟之所为，而世卒无知者，即叟亦不自知，其后盖有王太仆云。

太仆名重光，济南之新城人。以进士为司空曹郎，来参黔左藩议。会赤水黑白羿蛮叛，公与参戎李爵深入夷峒，谕降三万余人。铨部议行超擢公，而以时方采木保留之。公出入山菁，履千丈悬崖，以一木之舟济于是。冲岚冒瘴疠，勤事以死。事闻，天子哀而褒之，赐祭，赠官太仆寺少卿。

子之垣，登八座之猷，参大政。诸孙之建牙开府，结绶登朝者累累若若。海内称新城王氏，不啻琅琊之于永嘉，三槐之在宋室，揆厥由来，实权舆于叟与妪也。

夫世之择地而行，呻吟占僤，倔首白简者，何可胜数，而卒无如命何！抑有城府机深，町畦辨著，言清于泾，行比秋旻，糟糠不厌老死耳！叟以岩穴枯姿，不求闻达，自分腐草同糜，庸讵知子孙昌大若斯之显也。是遵何德哉！惟彼恻然一念，发乎天真，即暮夜亡知，而神明幽鉴之矣。故曰：有意为善，虽善亦私。行不与善期，而善不与福期，此真能动天地也者！且闻之诸王九叶增丘，封树弥望，尤北地无两。此亦足以发明王叟之盛矣。

余故为之表章，归其旨于厚德，以风后世阴行善者。作《王太仆传》。

二贤传

江东之

事有旷百世而相感，隔千里如比邻者，无他，好爵尔縻，此倡彼和，理有同然，机有必至也。

---

① 斋：原文不清，据《黔记》补。

余于万、冯两公之事，盖喟然太息，谓无人我后先，竟能相与共济，善作者不必善成，人有义举不必已出，大都以天下之善为天下成之而已。

万公者，吴之阳羡人，名士和。以督学来黔，师道尊严，至今谈名学道者，必以公为称首。黔僻万山中，田畴错壤，民故艰食。公念士之贫者，别无以治生，乃出镘金，易粟八十石，稍仿晦翁社仓遗意，使贫士得春食秋还。而为之记，曰："力有不足于己，可以望之人；效有不见于今，可以图诸后。区区数十石之粟，其济几何？然某继而益之，后来者又继而益之，月计不足，岁计有余。使士也少脱称贷填沟之患，心斯慰矣！此某所望于人而图诸后也。"又曰："一人倡之，后人从而和之，则其事可久；一人作之，后人从而坏之，则其事必废。"居有顷，公去。

有冯公者，浙之四明人，名成能。以观察来黔。公力行古道，阐明理学居多。睹督学义仓之意，慨然咨嗟永叹。于是以粟易金，益以俸薪百八十缗，置水田二分，实计四十亩。每秋成积贮，视诸生贫乏有差，而多寡其数。无改万公之旧，第务增拓之。至今黔士不忘冯公德，而益思万公贤。

夫万公不以小善为无益而不为，又以公天下之善属望后之君子。其心曰：夫人有善而人为之，吾安得尸之而安得攘之？顾世多著人我相，籍令不毁其成，讵克成其美？乃冯公不烦告诫，不嫌袭故，不目为他人之贤，而曰为之自我者当如是，故其相成也如四时，其相济也如五味。语曰：千金之裘，非一狐之腋；大厦之成，非一木之材。仓田其小者也。使天下事尽得如二公者先后共图之。何利之不可兴，而害之不可去耶？

先是，余抚黔之三月，乡缙绅陈先生舜源抱凿坯高致。一日，策杖诣余，以除害告，乃知乞籴救荒，利与害半。余即出廪薪，益以公帑，几二千缗，置田备赈。夫学田为士也，不及民；赈田为民也，兼及士。万公似有俟于今日，余亦未竟也。

亡何，赤城应公以名直指按黔，相遇赏心，增益余所不能。从此行平籴之政，市价不增，岁以为常，省城之中，庶几沾足。应公且周巡郡卫，随方措注，仁风翔于四境，余观厥成，喜可知矣。

虽然，民惰则耕违时，官剋则农他适。久之，官农两玩，非得人以警觉之，则弊滋生。三者有一，登稼之场，恐为茂草，不若仍旧贯。兹喜也，贻其忧者也。及阅《省志》，始见二公心事，复輾然曰：有是哉！不以首善自限，以无穷者望人，我思万公，实获我心。似而续之，时而宜之，安知无冯公其人乎？余两人可无忧矣！因备述万公之言，以告来者，而以冯公期之。作《二贤传》。

忠惠青公传

江东之

余先世有景房公者，以吴越侍御史奉图籍归宋，亩税三斗籍也，公患之，乃沉籍于江，以遇风闻。宋太宗遣王方贽按之，可其奏，亩税一斗。浙东西十三州民，莫不德王公而颂江公为之嚆矢也。二公之心同，其功大，其泽长。自宋至明兴，五百余岁，有心相感而节愈奇者，余过沅湘又得一人，曰忠惠青公云。

公当高皇帝御极二十有四年，则壤之赋成，簿海内外，咸荷圣天子轻徭税，加惠元元至意。独龙阳一邑，僻在湖湘，厥土洼莽，额输三万七千有奇，民不堪命，仳离流散者久矣。时监司郡邑莫敢闻。公为尉，董筑堤事，邑故濒洞庭之潴，水时时汛滥，不受障。公忧之，乃上减额疏，凡三叩，不报，遂自经阙下，上悯其诚，赐减额二万四千余石，以为常。

诸大夫皆曰："捐躯而悟主，杀一身以利万民，青尉之得死所也！自江潭之烈著，而怀王不悟，义士自今悲之。尉知主圣，可以行其直，而成其仁，见机之明，赴义之勇，公兼之矣！"

或曰："邑有令有丞，尉可无死。"嗟呼！不有生者，何以赞国？不有死者，何以拯民？当国初立法森严，三犯逆鳞，谁敢者？公不难蹈危，竟以蠲苛。一命之士于人有济，所信者心，所活者民，死而不死，谥为忠惠也，宜哉！

先景房公历数世，至高孝宗朝，子孙显者七十余人，丞相江万里其裔也。王方贽子五人，孙珪拜相，曾孙尚主。以故江公事载家乘，王公独光照惇史。今青公与方贽均之蜀人，均为民税。一减于前而生，有荣名；一减于后而死，有惠烈。天报青公宜敦于王氏，将无同于江公，故未可以迟速测之。

耽瑞子曰：宋太平兴国，凡诸臣定经制，及陪臣来归者，率显庸之。若沉籍，若减税，二公几陷不测，皆不有其官也。青公不有其身，邑民到今思公者，感极泣下，不啻侨终蹇谢兴谣辍相已也。彼登崇陟华，泯泯而死，讵能与尉絜耶？余悲黔中吏不自振拔，每投牒求去，恐为沟中瘠，亦浅之乎丈夫矣。因表扬奇节，以风卑官。作《忠惠公传》。

六英传

江东之

余读史至田强、钱镠之际，未尝不叹忠智之在人心，千载如新也。强当王莽之篡，思汉不忘，树兵拒莽，十年之间，兄弟同心御侮，日无宁夕，及莽败，而事汉益坚。是时，中原豪杰能如强者几人？莽岂敢逞问鼎之志而贻投玺之悲哉！田强其忠矣。宋室初兴，缪也识天人向背，不难委质于宋，卒保其国而北面称孤，可谓不智乎？兹两人者九原可作，余方为之执鞭，讵意代降而下，耳目睹记于二氏中称忠智才贤者，得六人焉。

济火者，汉牂牁帅也。善抚其部落，能得众心。建兴中，诸葛武侯南征通道，济火聚粮以进，武侯大悦，遂命为元帅。赞侯平西南诸夷，纵擒孟获；及归，克普里犵狫氏。所至，争拓其境土，武侯以昭烈命为罗甸王。

其后有霭翠者，元时为四川行中书省左丞，加镇国大将军，三珠虎符。我太祖高皇帝平定中原，翠先归附，乃进水西之乘数十四，上喜，厚赏之，授怀远将军，世袭宣慰司。十三年，征讨云南。师次于沅，翠备马、粮、毡、刀、弩、牛、羊，各以万计，助军实，事平朝见，晏赐甚厚。

其后有万钟者，正德间雄长一方，始多姿睢，不受羁绁。时新建王先生守仁贬龙场驿丞，钟折节礼之，贶以金帛、鞍马，不受。则令人继粟、继肉。时以减驿、晋职二事为询先生，答书谓："朝廷制度，诸侯无敢干易。使君之先，自汉唐以来独长久者，以能世守天子礼法耳，不然，使君之土地人民富且盛矣，朝廷悉取而郡县之，其谁曰不可。故驿可减也。亦可增也。驿可革也，司也可革也，使君其未之思耶？至若划除寇盗，亦守土者常职，今屡举以要赏，是干进不已，众将不堪！夫宣慰土臣，故得世守，若参政则流官矣。东西南北，惟上所使，迟则有方命之诛。是今日之参政，已非使君之福，其又可再乎？"诸凡询，谋而绎，绎而改，奉而为韦弦蓍蔡，大都如此。今其子孙即安宣慰云。

又有宋景阳者，故恒山人也。宋开宝间，景官宁远军节度使，时粤西诸蛮作乱，诏景阳[①]督兵征之，悉定广右。复进兵讨云、贵、川中，西南以平，进授都总管，建帅府于大万谷。授绥劳来，得远人之心，民多归附。卒，赠太尉，谥忠成。

其后有阿蒙者，元时加镇国将军兼四川行中书省参知政事。洪武初，同霭翠归附，赐名钦，授怀远将军。有善政。子诚当袭。上御制诰文予之曰："黔中诸夷杂处，非德足化顽，勇足捍侮，则官守不宜。尔父当朕命将西南，经理斯土[②]，首以义从，固膺是任。尔当抚恤诸夷，选能御侮，以安是方。"

其后有宋昂者，好学攻文，守廉持俭，爱民礼士，惟日不足，又多收致

① 景阳：原文误作"景真"，据弘治《贵州图经新志》及嘉靖《贵州通志》改。
② 斯土：原缺，据弘治《贵州图经新志》、嘉靖《贵州通志》及《黔记》补。

经史，以崇文教。时人称其循良化俗如文翁焉。苗民有弄兵者，辄自咎于政，不加诛责，以故政治旁洽，边徼和辑。今其子孙即宋宣慰云。

御史大夫曰：方今东南夷长如彭、如岑，先世皆云台名将，匡辅汉室，庆貤孙子，非夷而中国之，特以世官与夷习迷其灵根耳。魏吴之间，鼎足而王者，惟汉得正，故济火之事武侯，田强之俦也。胡元以夷兼华，浊乱极矣。明兴，高皇帝为百王雪耻除凶，使民间复睹天日，而霭翠、阿蒙不烦一矢，相率而从之如流水，知大义矣。故两人之去邪归正，与钱镠之以小事大，后先一道，君子犹有取焉。宋昂之下士好文，后有仇博士而欲坏黉序，相去远矣。安万钟少历蜂气，一旦崇儒纳诲，非复故吾，其人杰哉！阳明先生如大冶红炉，遇铁皆铸，余何敢望后尘，顾居异龙场，化愧师帅，孺子不憓，而溃家声！余，先生罪人也，方省愆自责，犹日望之，作《六英传》。

李节妇传

迁客胡松

节妇石氏，印江处士石某之女。成化己丑年六月二十四日生，弘治庚戌归宣，姑欧阳氏严重，石事之，每可其意。好治麻枲蚕茧，性辟质贞率，衣著五六载不易，帏帼中华靡相尚，石独以朴俭处之，无耻色。

弘治己卯年，宣卒，遗孤子二：长绽，四岁；尚未周。家事穷迫，艰阻万状，或劝其嫁，泣曰："遗孤奈何？且死之日，何面目见君子于地下！"乃纺绩以抚遗孤。嘉靖乙未，台史鲤湖王公按郡，旌以礼币。是年七月十五日卒，祔鲤鱼浩先墓之右。归宣时二十二岁，宣卒之年二十七岁，孀居凡四十年，卒之日六十七岁。

柏泉子曰：余他日读《春秋》，见说《春秋》常事不书，是矣。至于纪叔姬之卒与其葬，则亦疑若常事，然先师仲尼至备书其年月若日而弗遗。彼一国之君与其夫人，若当时之公卿大夫，是何其名宠贵盛也，乃泯然或不少见于策书，心窃怪之。既思春秋之世，功利炽然，人心大坏，至于龙蛇战野，玄黄易色，卖国弑君，弁髦名器。而秉节守义，乃独见于一亡国无归之妇人，仲尼安得不贤之，以为天下后世劝耶？乃余居今之世，得传李节妇石氏，慨然长叹，为一忔然焉！诚不以富，亦祇以异，盖古今之同情如此。顾恨非其人，不能使节妇永有闻于后世，如纪叔姬也。虽然，庸讵知世果无其人乎？感事悼时，废书于邑！

王烈女传

知府余忠

烈女名伽蓝，姓王氏，石阡府迎仙里民王英女。英由丞差，正统初，任云南姚安府普朋驿丞，伽蓝随任。幼承母训，素娴闺仪，尤勤于女红，为父母钟爱，择所归，已许同郡士人杨振纲。

英解任，随回籍。欲归间，适正统戊辰岁，后洞黑苗胁清水江、草塘诸苗作乱，屠戮生民，劫掳财物，蔓延流毒至石阡四境，被害得免者各奔外境。是岁五月，英挈家率伽蓝辈欲之蜀以避，至中途，闻贼暂息，意其不来，复回。未抵家，至杨寨，时六月十二日，不意苗贼复至，英年老，不能奔，遂被害。

伽蓝年十九，被执，驱以行，且欲污之。蓝见父已被戮，厉声骂曰："吾父既为所害，恨不啖尔肉！尚敢更为不道耶？"贼强逼之。又曰："宁同父死，不同贼生！"唾骂之声不辍于口，贼怒而害之。

呜呼！世之所谓大丈夫者，平昔读圣贤书，不知所学者何事，脱有不幸，辄趋利避害，偷生全躯。为臣不能死忠，为子不能死孝，甚至乱臣贼子接迹于世，独何心哉！其妇人女子，亦固有挟贵骄夫、争妍妒忌者，有钻穴相窥、逾墙相从者，有夫亡肉未冷而遽适人者，父母国人贱之，宗族乡党唾之，其视伽蓝之风，亦可以少愧矣！然则伽蓝未尝读圣贤书，乃能孑然不失其身，是固天性之贞，得非女子中之烈丈夫乎？余守石阡，闻之，恐其久而湮没其事，乃为作传，以垂于后，俟秉彤笔者采录焉。

胡知府死节传

余志

知府胡信，庐陵人也。由上舍起家，有声六馆，擢南畿秋台主事。正统丁卯，来知石阡府事。立心以正，御事惟勤，阡之士人感而颂之，有不能自已者。

岁己巳，蜀之后洞黑苗不法，出胁清水江、草塘之苗纵横猖獗，蚕食其地。而为贼掠财屠人，荼毒炽盛，蔓延入阡，四境皆遭烈㷭，民不聊生。

五月望前一日，犯龙底江边。江近府治，百姓奔突窜避。有以危棘来告其亡者，公曰："吾受天子命守斯土，吾亡，百姓皆亡矣！"固执确守。

五月终，贼退于只桥屯劫。未几复临，隔溪，幸水涨，莫能渡。郡耆杨光斌从公留饮，且曰："我天子之吏，犯我是犯天子也！"光斌曰："事变不可以常处，请亡而避！”公坚弗许。光斌偕郡中尚义者十余人强挟而行，至洋溪口，登舟渡溪。时贼已逾江，搜山掠境，追至溪下，众皆投水逃遁，遗公与妻弟失其名氏者在舟，不能去。贼临，公操戈数战，力不能胜，骂贼之声不绝，遂被执以行。渠妻之弟曰：“吾亲胡既被戮，予所仰赖者已失于守，吾宁不惜而死于胡？曷敢免祸苟生哉！”厉声叱贼，旋亦被害。府篆亦被劫去，时六月一日也。

呜乎！胡公死于守土，是其大节之难矣！妻之弟素不闻道而死于胡，虽出于良心，是亦大节之所激发，得非烈丈夫乎？二公死节皆可书矣，惜当时执政者不闻于上，以旌其节，百世而下，闻之者宁不为之太息哉！

成化己亥岁，闽滩余志亦奉天子命来守于斯，询诸故老。知其详，不忍没其善，因为传以垂于后，庶公虽死而犹不死也。

赞曰：余读《易》，至《节》之为卦，示尝不掩卷而叹也。夫《节》，内兑而外坎。以说而行险也，非得中正之道者能之乎？此余有所取于胡公之节也。当其贼至之日，在他人孰不弃其官以避之，势之迫，孰不延颈以就死？胡公则不然，始而执正以守，终而执正以亡，盖行险之正，可与泰华并峙，而日月争光矣！嗟夫！国于天地必有与立焉者，忠节是也。忠节在人，为道为志，而气实配之，养自夙成，发由衷出，倡焉应焉，雷行风动。虽以内弟之未闻道而亦视死如归，非有得于大节之所激发而然哉！《传》所谓“虽无与立，必有与毙”者，非若人，谁其以之？特为之传，嘉其有合于《易·节》，且以俟太史采焉。

长官李盘死节传

郡人敖宗庆

西南夷曰镇溪篁子坪，邛僰裔也，尝弄铤锄。副长官李公盘从师徂征，卒于师。曾孙湜之氏奉状属愚传，愚少时亦闻其概，而窃敬慕之矣。兹夷近复猖獗，流毒诸郡，勒兵已五逾年，尚未底绩。乃感慨今昔。按状而传曰：

公讳盘，袭副长官，其先京兆人。宣德间镇篁苗叛，命大将往伐之，贼引匿山中，持久不出，人皆疑怯。公毅然率孤军深入，遇贼数百，公策马奋击，斩首数十余级，贼四集，援兵不至，遂被执。公素勇敢，贼畏而恶之，及执公，贼曰：“汝铜仁李耶？思南李耶？”贼旧为铜仁辖，铜仁李善抚之，故云。从卒曰：“铜仁。”贼欲什公，公厉声曰：“予思南，何必诒之！”从弟百户李邦政告急于德江副长官杨朝海，公姻戚，此二人至，公已遇害。邦政以石树间记之，久而树合生夹石，夷人夜过树下，闻空中有点兵声，夷人以为神，立祠树前祀公，号其地为留石坡。衬窑府治西北十里人同村，后世子孙称为留坡公。

公所披铁甲，铁片各有铜铃；所乘马，高五尺，性啮人，人莫能近。公冠带乘之，则步骤如常度；披铁甲据鞍，铜铃齐鸣，则奋跃叫号如战阵之状。公虽武夫，乐与衣冠之徒游。御史申公祐，公之侄甥，忘年与之友。每论及时事，公大声曰："身蹈白刃之锋铓，血润原上之野草。然后不愧舍生取义之道！"申公曰："丈夫当如此！"卒之，申公亦死义于北，人皆曰二公素志云。

赞曰：士死事大，夫死疆圉，分也。时有职事守疆圉者，居则食若毛，役若力，嚣然以为分所宜有，又从而敲朴鱼肉之。一遇有警，即惴惴首鼠，惟恐其将及己，甚或射力邀功，愤事殃民，皆无暇顾念，况望其服勤以死哉！噫！视公当为何如？《春秋》之法，大夫卒于师，则卒之公，可以卒书矣。若子孙世有疆圉职事之责，将无念尔祖耶？

薛母贞节传

郡人李承露

薛母者，故诸生薛廷珠之配，吾友温江令彦卿母也。母为廪生蔡瑚女，幼有志操，笄适薛。薛治经生，言有闻矣，已而试有司不售，辄愤恚投乌当河以死。厥明，讣至，蔡哀不胜，睨舍旁井趋投之，赖邻氏妇亟拯，得免。蔡不欲生，哭辄呕血，骨立待尽矣。姑许氏提三岁儿示之，曰："若欲从吾儿地下游乎？无论吾孀姑耄矣，如此三尺孩提何，且偕往奚益？成孤难矣！"蔡大感悟，稍理栉沐，强饘粥以适姑意。

比儿长就外傅，则时时微以父事感之，而身执缉绩以佐读。往蔡宗故饶，及母罹变故，已相继殒逝无人，中替矣，以故母彷徨力作，极备苦辛，卒就儿以明经举于乡。举之日，母犹殒涕哀思，如初丧焉。

彦卿既续父志，光母节，惧母春秋高，即屈志为文学官，得之安庠，迎母宦邸，䜣䜣乐也。稍迁温江令，以母训，能其官，屡以最迹膺荐。居三年，得封父如其官，母曰孺人云。比彦卿免归里，而母已逾六望七，转盼往事，逡巡几四十稔矣。

会观风使者前后采舆论，谓薛氏节宜为表章，每得代去，辄以粟帛旌其家。今御史薛继茂雅重风节，摭拾蔡事，具疏以闻。其略曰："臣按黔服廉，得故诸生薛廷珠妻蔡氏，节行甚具，夫以圣朝重节义，故徼外无论匹夫匹妇亦节义之殉，盖渐涵者素矣。而不有表扬，奚以风？乞为表厥宅里。”制曰：“是，赐镪三十锭，敕县官建坊示旌云。”彦卿徽御史力，得明母志。其地由南折而东，有委巷，薛之居第在焉。旦而视之，有坊，郁盘灵光，巍巍存矣。属友人刺史李承露为作传，赞曰：

前史曰高士清淳，贞女亮节，徽美不殊，世典或阙，此古今所为慨也。以予观于薛，甫战艺不售，幽而自沉，义似过激，然彼固耻泯泯焉，志足悲也！薛母感姑语，成孤以雪夫愤，盖有陈婴之谊，令人脉脉怆之，卒爹国典，声施后世，有以也夫！

第四十二章　序　类

送别王守仁序[1]

提学席书

予少志学，始分于举业，继夺于仕进，优游于既壮之时。每诵考亭之训，从事于格物致知，如泛舟渤海，莫知津岸。叹曰："我马瘏矣，我仆痡矣，吾弗能进于斯。"闻古人有以文章擅声，有以事业名时，流光余韵，至今逼人耳目，吾将事此以老吾生矣。兹又数年，文章未名，事功未树，神气日昏日塞，如木强人矣。

今年，董学贵阳，适阳明王伯安先生以言谪丞龙场驿，延诸文明书院，以师后学。予旧知阳明，知其文也，知其才猷勋业也，因以二者质之。阳明曰："吾以子为大人之问，曾耳与目之问乎？天之所以与我者，莫大者心，莫小者耳与目也，子事文业以为观听之美，固末矣。心至大而至明，君子先立其大而不晦其明，譬之开广居，悬藻鉴，物来能容，事至顺应。蕴中为道德，发言为文章，措身为事业，大至参天地，赞化育而有余矣。何以小者为哉？孔子曰：'女为君子儒，无为小人儒。'孟子曰：'从其大者为大人，从其小者为小人。'入途不慎，至有君子小人之判，术可不择欤？"

予闻而心惕背汗，日亲所学，正而不迂，方而不泥，通而不俗。推万变而不出一心，探幽赜而不远人事。历试其余，礼乐文物，天文律历，皆历历如指其掌。究其要，切于喜怒哀乐，已发未发之间，尤致力焉。盖学先于大而自率其小者耳。

呜呼，道自孟氏绝传，寥寥千载，至濂、洛出而开扃启户，传授入道之途，曰静曰一，已有程度。龟山亲授程门，再传而豫章延平，从事于斯，卒有所入。至朱、陆二氏，各分门户，当时门人，互逞辨争，从陆者目为禅会，从朱者谓为支离，道至是而一明，亦至是而一晦。

阳明早岁学道未得，去而学仙，因静久而自觉其失，悟朱、陆不决之疑，直宗濂、洛，上溯孔孟大中之道，恍若有得，固方升而未艾也。予观历代文运，必积百余年而后有大儒，如董、如韩、如周、程出。当一代之盛，国家百四十年守道不回，如吴康斋、薛河东清骚自得，如陈白沙则有矣，未有妙

① 送别王守仁序：嘉靖《贵州通志》同，《元山文选》题为"送别阳明王先生序"。

契濂、洛之传，足当太平文运之盛，意者有待于今欤？阳明闻予之说，将能自已其所至欤？予方深惩往昔，且恨邂晤之晚。适天子诏起言士，阳明复有庐陵之行，予能忍于一别乎？

夫君子不忧身之不遇，而忧道之无传，遇不遇有命，传不传在人。会稽之间[①]，有与阳明友者，□□辈其人也；有从阳明游者，蔡宗兖辈其人也。予虽未得相从二三子于阳明山麓，或咏或游，以追舞雩之趣。然而意气相感，已神会于浙海之隅矣，幸相与鞭励斯道，无负天之所以与我者，此固阳明之心也，无亦诸君之愿欤？

炁候图序

文成王守仁

天地一元之运，为十二万九千六百年[②]，分而为十二会，会分而为三十运，运分而为十二世，世分而为三十年，年分而为十二月，月分而为二气，气分而为三候，候分为五日，日分为十二时，积四千三百二十时三百六十日，而为七十二候。会者，元之候也；月者，岁之候也；候者，月之候也。天地之运，日月之明，寒暑之代谢，气化人物之生息，终始尽于此矣。月证于月者也，气证于气者也，候证于物者也。若孟春之月，其气为立春，为雨水。其候为东风解冻，为蛰虫始振，为鱼负冰，獭祭鱼之类，《月令》诸书可考也。

气候之运行，虽出于天时，而实有关于人事。是以古之君臣，必谨修其政令，以奉若天道；致察乎气运，以警惕夫人为。故至治之世，天无疾风暴雨之愆，而地无昆虫草木之孽。孔子之作《春秋》也，大雨震电，大雨雪则书，大水则书，无冰则书，无麦苗则书，多麋则书，蜮蜚雨[③]、螽蝝生则书，六鹢退飞则书，陨霜不杀草、李梅实则书，春无冰则书，鸜鹆来巢则书。凡以见气候之愆变失常，而世道之兴衰治乱，人事之汙隆得失，皆于是乎有证焉。所以示世之君臣者，恐惧修省之道也。

大总兵怀柔伯施公命绘工为七十二候图，遣使以币走龙场，属守仁叙一言于其间。

守仁为[④]使者曰："此公临政之本也，善端之发也，戒心之萌也。"

使者曰："何以知之？"

① 会稽之间：《元山文选》作"吾闻会稽之间"。
② 年：《王文成公全书》《黔记》同，嘉靖《贵州通志》作"季"。
③ 雨：原无，据《王文成公全书》《黔记》及嘉靖《贵州通志》补。
④ 为：《王文成公全书》作"谓"。

守仁曰："人之情，必有所不敢忘也，而后著于其念；必有所不敢忘也，而后存于其心。著于其念，存于其心，而后见之于颜色、言论，志之于弓矢、几杖、盘盂、剑席，绘之于图画，而日省之于其心。是故思驰骋者，爱观夫射猎游田之物；甘逸乐者，喜亲夫博局燕饮之具。公之见于图绘者，不于彼而于此，吾是以知其为善端之发也，吾是以知其为戒心之萌也。其殆警惕夫人为，而谨修其政令也欤？其殆致察乎气运，而奉若夫天道也欤？夫警惕者，万善之本而众美之基也。公克念于是，其可以为贤乎！由是，因人事以达于天道，因一月之候以观夫世运会元，以探万物之幽赜而穷天地之始终，皆于是乎始。吾是以喜闻而乐道之，为之叙而不辞也。

五经臆说叙

王守仁

得鱼而忘筌，醪尽而糟粕弃之。鱼醪之未得，而曰是筌与糟粕也，鱼与醪终不可得矣。五经，圣人之学具焉，然自其已闻者而言之，其于道也，亦筌与糟粕耳。窃尝怪夫世之儒者求鱼于筌，而谓糟粕之为醪也。夫糟粕之为醪，犹近也，糟粕之中而醪存。求鱼于筌，则筌与鱼远[①]矣。

龙场居南夷万山中，书卷不可携，日坐石穴，默记旧所读书而录之，意有所得，辄为之训诂[②]。期有七月，而五经之旨略遍，名之曰"臆说"。盖不必尽合于先贤，聊写其胸臆之见，而因娱情养性焉耳。则吾之为是，固又忘鱼而钓，寄兴于曲蘖，非诚旨于味者矣。

呜呼，观吾之说，而不得其心，以为是亦筌与糟粕也，从而求鱼与醪焉，则失之矣。

夫《说》凡四十六卷，四经各十，而《礼》之说尚多缺，仅六卷云。

贵州通志序

成都杨慎

欧阳子云：三代而上，政出于一，而礼乐为实用。三代而下，政出于二，而礼乐为虚文。其言确矣。羲轩以降，姚姒以前，作之君，作之师，本一人，非二事也。孔子之言，仕与学相济而不相病。孟子之论，善政、善教，可相有而不可相无也。然自圣门由、求政事，游、夏文学，已分二科而不能兼。

---

① 远：原误作"忘"，据《王文成公全书》改。

② 训诂：《王文成公全书》作"训释"。

班固传儒林，如施讐、林尊之徒，惟称其学。循吏如黄霸、龚遂，惟取其政。兼而全之，虽孔门未尝轻许，而况后世哉！

虽然，日事于簿书、期会、钱谷、甲兵，而无意于则古昔，称先王，述往懿，开来哲，不几于毛锥皮相之论乎？诗疏之九能，汉吏之六条，犹古道先进之饩羊，典乐教胄之乘韦也。《禹贡》山川职方图志，是政之教，仕之学，官而兼师，由此其基也？

我太祖初开天立极，戎马倥偬，首命儒臣修天文分野，大明清类之书近百余卷。继而，英庙命儒臣修《一统志》，愈备矣。类例精详，去取核实，天下家传而人诵之。然特统举其大纲，而一方、一郡、一邑各有志焉。亦扩其目，详其绪，使人知原本山川，极命草木，官常之守，通变之化，于是乎系焉。厥事亦重矣。

贵州为邦，在古为荒服。入圣代，始建官立学，驱鳞介而衣裳之，伐竻蒚而郡县之，划寨落而卫守之。百七十年来，骎骎乎齐美华风。而嘉靖中，又特开科增额，人士争自磨厉，以笃祐文化，翼赞皇猷，与为多焉。

旧有方志，殊为简略。癸丑岁，中丞成都刘公大直、侍御东莱宿公应麟，首倡增修。及今中丞松江张公鹗翼、侍御汝宁陈公效古、方伯德安高公翀仍裨删润，而督学宪副射洪谢公东山实主。简书笔削，博引经史，旁采子集，又参访故老，咨访儒生，浃洽而罔遗，精炼而无秕。不远千里，伻以图来，属慎为序。

走以衰谫，何能为役？暇日常观常璩《华阳国志》，自先汉初至晋四百岁，士民可书者四百人，亦可谓多矣。上溯汉初至三代千余年，史所纪无几人。忠魂义魄，与尘埃草莽同没于丘原，岂不重可惜哉！诸公今日之盛举，继绝表微，用夏翊华，复三代礼乐之权舆也。余尝慨今之议论，以边徼为逖远，不之重。而官其土者，亦自厌薄之。呜呼，边可轻乎哉？衣之裔曰边，器之羡曰边，而器破必自羡始，衣坏必自裔始。边徼之说，何以异此？边可轻乎哉！此又诸公职思其居，靖共尔位，以副九重之顾諟，以启百代之瞻仰。斯志也，寓《禹贡》之衍义，《职方》之流别矣。敢并及之。[①]

学孔精舍汇稿序

提学刘伯燮

余今睹孙先生全集矣。先生自读中秘，历藩臬，洎掌成均来，所至，门

① 嘉靖《贵州通志》此后还有一句话："嘉靖三十四年乙卯六月朔日，成都杨慎序。"《黔记》引此文多删节。

下士据所得及见锲为帙，以故集时时传域中，类弗全。

丁丑秋，余督学南中，到门所讯，全书无有也。

戊寅，清平及门士得备收，始备锲之，而汇稿成，据人间所散见，尚多集中所无，岂先生尝自定之乎？集首奏疏、经筵讲义，次序传、碑铭诸文，次古风、绝律诸诗。备读之，大都先生集体直追古人，而抒以心所独到，自为一家言。奏疏似贾、董，无陵厉激昂之态；经筵进劝似衡、向，多指要切实之归；序传似迁、固，无险涩支离之失；古风似汉魏；绝律似盛唐。殊多雍颙渊懿之度。余小子夔尝序述先生《格言》，谓先生言殊醇厚也，近之矣。

刘伯燮曰："后人慕古谈天风，庶几乎？梁苑、楚台、上林、长杨，一遇也。其所为艺，蔺轹横放，亦自以为道，称关世教，试取读之，所得意语，直长短家一任侠忮耳。试令语理道，反之身心，则口噤不能发一奇。彼其目江门、粤东、龙山之言，不阔则迂，相与姗笑之，不知臧与谷纵均亡羊，而挟策之与博塞亦终有辨也，况天壤哉！夫人之有言也，必根于学，学必诣于道。不诣于道者，杂学也；不根于学者，杂言也。野物不为牺牲，杂学不为通儒，权谋士能道之矣。"徐韦长[①]曰："心下[②]苟愿，必以求学；言不苟出，必以博闻。"此性情合人而德音相继也。彼数子者，曷尝禁学弗语，特彼谓学非若江门、粤东、龙山之学，而抑归之心焉，性情之云，庶矣乎？

先生自少颖悟绝伦，博极群书，时已志于道。长游四方，得定性求仁之学于宋大儒程纯公，中归本于学孔，故是稿标以"学孔"云。夫孔，奋乎千古之上，学耳矣，不以文名，不以诗名，两汉、唐、宋迄乎千古之下，汉文耳矣，唐诗耳矣。至宋，理学耳矣。文则无诗，诗则无学，孰精其传？孰汇其全？今仅见先生焉。《诗》曰："德音孔昭，视民不恌，是则是效。"余读先生之德音为甚醇厚，是足以视民之恌也已。

维风编序

知府陆从平

夫风，噫气也，而激者、謞者、宎者，唱于喁喁、调调、刁刁，何弗齐也。施于有政，则卫之渊，郑之细，齐之泱泱，秦之夏。聆列国之风而知列国之俗，吴公子辨若观火焉。盖鼓万物者，莫疾乎风，自昔记之矣。夫风之靡也，犹水之下也，防水以砥，维风以言。故曰"君子之德风。"又曰："礼义廉耻，国之四维。"甚矣，风之不可以不维也。

---

① 徐韦长：《黔记》卷十五作"徐伟长"。《黔记》引此文多删节，不一一出校。

② 下：《黔记》作"不"。

今天下风何如哉？嗟嗟，难言之矣！余先读中丞叶公《宪约》，衍知公意在敦实划伪，甚盛心也，而其约主于贞宪，不及于齐民。寻谒参知史公，得公观察楚，常时所刻《维风编》者，读之，则其意与《宪约》同，而其说似[①]备。盖二公首以风教为己任，故虽未同事而先同心如此也。海内士庶效而成风，即吴公子不悚然改听哉！孔子删诗，以二南为风之首，至《黍离》降为国风，而风始变，而后《春秋》作，《春秋》固所以维风也。是编以“维风”名，公殆有深长思哉！

夫登高而呼，声不加长而闻者远，何则？其所据者然也。余时在下风，故守思唐四年，而无能改于思唐之旧。今持公所《维风编》呼人，人其或有敬应者哉！固请梓之郡中，而僭缀数语于后。[②]

先行录序

迁客邹元标

余昔与友谭学，友箴予曰：“学岂在譊譊为哉？躬行足矣。”

“子知适燕者乎？先诇道里寥廓，山川纡回，然后可以适燕。不然，其不至于擿植塞途者几希。学之不讲，徒曰躬行，奚异于是。”

曰：“先行其言而后从之者，非耶？”

曰：“此夫子告子贡问君子意也。子贡堕在闻识，故药其病而告之。且圣人与君子有辨。曰：‘圣人吾不得而见，欲得见君子者。’此可以见矣。他日又告之曰：‘予一以贯之。’此希圣极功也。”

未几[③]，同野先生以《先行录》命予弁卷端，余叹曰：“韪哉！先生之心乎？”古之学者学之为君臣焉，学之为父子焉，学之为夫妇、昆弟、朋友焉。言理便是实理，言事便是实事。近学者谈杳渺之论，高入青冥，忽庸行之常，真若跛鳖，其为不学子讪笑而讥议者甚矣！呜呼！共是天下，今之天下即古之天下，吾之人心即古之人心，彼讪笑而讥议者，亦吾躬行之未至欤？先生论学，而以躬行名录，诚末世之暝眩也。

友曰：“子今左躬行何居？”

曰：“知行一体，识得语知而行在其中，语行而知在其中，语先而后在其中。先生昔尝以毋意为宗，观其言曰：‘学贵修行，若不知德，与不修等。如入暗室，有目不见，以手扶壁，有足不前。’子可以观矣。予知先生之学，则

---

① 似：《黔记》作“以”。

② 此句《黔记》无。

③ 余昔与友谭学……未几：《黔记》无。

予昔之未以子之躬行为是，今以先生躬行为正，盖各有攸当，未可以膜说为。万里圣途，即之则是，凡我同盟，请绎斯语，庶几为适燕之指南也夫！”

宪约序

提学沈思充

粤稽古两阶基化，征应[①]七旬，遐哉邈矣。如汉世，作人无如文翁之于蜀，博士授经，荒俗一变，此以文风之者也。唐世无如杨平章绾，命下之日，中书令彻声乐，京兆尹减驺从，此以朴风之者也。两者操术异而致用不同，至其所感召，并若建桴而鼓，执枢而运，不待发征期，会捷于风靡而云从者，夫岂偶然也。

不佞祗役于黔，入其野，雕题而卉服，山居而缶歌，夜郎夷裔，故陋俗在也，谓宜风以文。迨观都会，居萌辐辏而肩摩，驰传绎络而踵接。镈俎之会日侈，筐篚之交月繁，浸淫乎靡矣。又谓宜风以朴，两者何适从焉。《易》之《贲》曰：“文明以止，人文也。”而推之化成天下，有如挽近世侈靡相高，繁缛相饰，而终莫之止，本来朴茂，澌灭殆尽，焉用文之？则亦鬼魅而已矣，世风奚裨焉。兹《宪约》所为订也。

约订于藩臬诸僚长，会侍御杨公至，示所按晋阳台宪约，其大指如约。越岁，而中丞江公至，其先声所戢遏，大指亦如约，诸僚长乃复哀益囊所著约，付之梓，永其传，而属序于余。余盖尝心慕文翁之风，厚有望于吾黔者久之，瞠乎犹向若也。独幸先后所际，类踯杨平章以上，其人端本湛源，一洗陋俗，振颓波而返之，质不比野，文不比史。庶几乎彬彬！以仰佐圣天子文明之化，而两阶舞七旬格者复见于今日，世道何幸！兹约也，基之矣。[②]

《宪约》后序

佥事方万策

盖礼缘诸人情哉。要以总一海内，整齐万民，夫非世道一橐仑也耶？尼父去奢返俭，本是务崇，后之谭者祖焉。迁史亦谓礼始于脱，成于文，终于税。税者，悦也，为人情所甚适也。挽近奔命于繁苛奢丽，多方乎仪节而用之，非礼之正矣。

维时藩臬诸公毅然复古，出《宪约》若干条删定之，以示同志。会侍御

① 征应：原文不清，据《黔记》补。

② 本段《黔记》无。

杨公按兹土，亦出山以西《宪台约》五首，若《辞命》、若《宴会》、若《公牍》，礼节交际，大都太素是崇。久之，中丞江公抚临，首禁诸缛节，并与诸公《宪约》如左券。盖两台暨诸公钧有世道责，悯时正俗，宜其不谋而契耶？夫有位者风教所先，有如两台倡之，在事自藩臬而下，咸矢心涤而繁苛奢丽，一时士风吏治有不熙然轨于正者，未之闻也。

诸公以《宪约》付剞劂氏，请余跋一言。余惟礼者，在酌夫可以行、可以已之中，乃今涉世者，内实厌苦之，而外犹然。胶固缠索于得已而不已之礼，其于礼亦甚摘僻矣。纯朴不残，孰为牺樽？白玉不毁，孰为珪璋？礼之盛行，俗之所繇以敝也。是编也，挽敝俗而一归之于正。

是故拟古大行，礼官亦剑首之一吷耳，思深哉！返俭崇本之意，则橐仑世道，其在斯乎？我辈奉以周旋其道何若？说在羽人裸民之言已。羽人裸民见杼指，其布问曰："何以为之，莽莽乎？"示以麻，艴然曰："孰之壤壤也，可以为之莽莽乎？"呜呼！今之用礼者，宁朴毋靡，宁拙毋工，宁径情毋宁组织，弗以"壤壤"为"莽莽"，则几矣。

阐幽录序

知府刘之龙

余观石门牂江之间，壁立嶙峋，波流迅激，若慨然有语于心哉？此其有端人女士志节，足卑万仞而回狂澜之既倒者，旦暮遇之矣！适蔡令尹称述其母氏贞节甚具，更出一帙，友人杨直卿序其首，学宪伍公及乡之缙绅先生，皆为诗文歌诔，与国典部檄相推诩也。令尹复欲余言，余宁有所言哉？

夫节者，处于不幸之地者也。纲常伦纪，民生率性而安，势异则变，变则为不幸。不幸而人情不堪。匪其志不可夺于三军之帅，即頍弁而垂绅，俨然称丈夫者，畴甘鼎镬如饴，守赤心待死？览镜古载籍，见危临节，反面二心者，可掩卷太息也。

节妇，孱孱一女妇耳，出于富贵世家，适蔡为诸生。生病，吁天请代，稍有起色；竟不起也。以二十之年称未亡人，剪发明志，抱孤闭户，至于垂白，克以寿终。究也天子嘉之，大夫士庶人诵之，岂可不谓完名全节哉！

夫妇之节，即臣之忠也。达人与忠者曰，慷慨杀身易，而从容就义，相顾谓难。盖一时之愤惋，何如执极不变？事久论定，君子讵肯以名节轻许人哉！余论节妇始终，当中道弃捐，宜不难黾勉一死。以求同穴之为安。而宁忍慷慨尽悴，恩勤数十年间，处心积虑，惟恐负藁砧三尺之遗孤，而不为一身皎洁之行。

嗟乎！贞明烈操出，俨然称丈夫者，而上之矣！节妇，顾氏女也。厥考参藩公扬历内台，急流勇退，家政肃然，称为贵之闻人。顷者，余廉得其实，亟上之学使者，与其乡先贤共俎豆矣。节妇之行，有以也夫！

令尹欲余言，故为之论著若此。令尹为长者，有胤子，足以昌大其家声，天之所以报节妇也。然天无心也，亦非节妇之心也。天与人相协应之理不可诬者，而余亦非区区以此为节妇贞节之著也。

安氏家传序

祭酒周洪谟

贵州宣慰使司，《禹贡》荆梁南境，东至龙里，西境乌撒，南连泗城，北抵播州，广及千里轮半之。其先有慕济济者，与普里部犵狫氏争为居长，迭有盛衰。其后有曰济济火，善抚其众。时闻诸葛公南征，通道积粮，以迎武侯。武侯大悦，遂命为先锋。赞武侯以平南夷，擒纵孟获。及归，克[①]犵狫氏，拓其境土，武侯封为罗甸国王。自济火传至普贵，凡五十六代，其先间皆封以王爵。

《大明一统志》称，普贵，宋开宝间纳土归附，赐王爵，以镇一方。普贵卒，其后嗣被邻封诖误，宋帝命将征讨。普氏子孙具状以闻，遂班师，不入其境。降敕谕之曰："予以义正邦，华夏蛮貊，无不率服。惟尔贵州，远在要服。先王之制，要服者来贡，荒服者来享，不贡，故伐。予往年为扶播南杨氏之弱，劳我王师，罪人斯得，想亦闻之。有司因请进兵尔土，惩问不贡，予曰：'远人不贡，则修文德以来之，穷兵黩武，予所不忍。'寻乃班师，得尔母子状，知欲向化，乃布兹文告之辞曰[②]。尔若挈土来庭，爵禄、土地、人民，世守如故，予不食言。故兹制旨，想宜知悉。"

其后有曰卜薛，仍袭王爵，至于胡元，有曰阿委氏，其妻奢湛夫人。阿委卒，把事普加专权作乱，不修职责。元帝命将刘平章来讨，师既临境，奢湛密计斩普加首，诣军前请罪，平章命阿委之子阿那仍守其土。用是，元始去其王爵。

至正十九年，以阿那授三珠虎符、昭勇大将军、顺元路总管。疾，卒。

弟阿佛即阿画，至大元年，袭授武略将军、顺元等处军民宣抚使，袭带原降虎符。泰定间，赐名帖木儿不花，中奉大夫、护国侍卫亲军都指挥、八

① 克：原缺，据弘治《贵州图经新志》与嘉靖《贵州通志》补。

② 辞曰：嘉靖《贵州通志》作"辞"。弘治《贵州图经新志》、《黔记》与嘉靖《贵州通志》均无，二字当是衍文。

番沿边宣慰使。至顺元年，升授资善大夫、云南行省左丞。后以征伐有功，授昭勇大将军，重授三珠虎符，升顺元八番等处军民宣慰使，加龙虎大将军，封顺元郡罗甸国侯。至元元年，赴大都，回至彰德，薨，追封济国公。阿画事略见《大明一统志》。

其从子霭翠袭授中顺大夫、四川等处行中书省左丞，兼顺元等处世袭土官宣慰使，加镇国大将军、三珠虎符。其妻奢香聪慧过人，辅助于内。其臣总管陇约，小心谨慎，协赞于外。适元季，明玉真据蜀，伏遇太祖高皇帝龙飞九五，平定中原。贵州所属水西产有良马数十匹，令把事重译，从镇远达沅湘，买路赴京进贡，荷蒙高皇大喜，厚赏以归。

时闻天兵南下，西蜀以平，备马百匹，赍本司印信并授牌，面赴重庆府总兵官缴纳。时夏国主明升以全蜀降，献龙马，命学士宋濂作赞，是马出于贵州养龙坑者也。宋濂作赞，见文集。

洪武四年，钦蒙设贵州宣慰司，授土官宣慰使。五年，授广威将军诰命，子孙世袭。六年，升本司为贵州宣慰使司。本年，授明威将军，及赐水字号勘合文范。七年，授怀远将军诰命，子孙世袭。十三年，大将征讨云南，师至沅州，霭翠命总管陇约迎至镇远，通道积粮以候。大军既至，百蛮破胆，靡不悦服。霭翠备马一万匹，米一万石，毡一万领，刀弩、牛羊各一万，以助军资。蓝、傅二总兵官甚喜，度本司地方道路开设十一驿、四巡检司而去。十七年，霭翠及陇约赴京朝见，赏赐甚厚。十九年，霭翠殁，其事亦略见《大明一统志》。

明年，弟安的袭职。二十二年，贵州都指挥同知马烨激变，水西头目奢香与安的阻止不听，时侍郎郑彦文在贵州公干，奢香窃路走告，侍郎以其事闻。朝廷遣使取烨回。仍宣奢香赴京朝见。太祖高皇帝悦，命内臣引入内宫见太后，蒙赐珠冠、钑花、金带，及彩段、筵宴，封贤德夫人以归。安的亦能承继祖业，抚理地方。其后子孙遂以安为姓。二十四年，授亚中大夫诰命。三十年，为军务事，赴京谢恩，回，至播州湘川驿，卒。弟安卜葩袭职。

永乐二年，授怀远将军诰命。是时，总管陇约已卒，卜葩年老有疾，安纳洪替职。十六年，赴京进贡，回，至襄阳汉江驿，卒。孙彬楫尚幼，从父安中借职，彬楫亦故。时总兵官吴亮征湖广等处[①]，纳马三百匹。安中物故，安聚[②]袭。

正统二年，授怀远将军诰命。五年，病卒。六年，兵部尚书王骥同定西

① 时总兵官吴亮征湖广等处：嘉靖《贵州通志》作“时总兵官都督吴亮征湖广筇水、箪子坪”。

② 安聚：嘉靖《贵州通志》、《黔记》均作“从父安聚”。

俟蒋贵征麓川，从子安陇富为舍人，纳马四百匹。七年，安陇富袭职。十四年，授怀远将军诰命。是岁，前湖广镇远[①]等处苗贼作乱，攻城[②]，烧劫屯寨，延及贵州，其势甚盛。贵州三司取陇富领兵赴贵州，护守城池，议以母奢智保水西。陇富领兵万余，至贵州北郭，据山为营，故苗贼不敢逼城。后苗贼恨陇富护官军，乃来水西攻宣慰母子，陇富急回水西，苗贼四维蜂起，度不能敌，挈家奔入硬寨，又被攻围。其子观虽拒贼，年幼，率诸酋与贼对敌，凡六十余阵，半载余，诸贼退散，地方以宁。朝廷闻陇富母子有保障杀贼之功，命行人刘泰赍敕并采缎奖谕。其后，毕节卫诬欲加害，陇富奏陈冤枉，请为辩明。蒙降敕奖谕，以安其心。

景泰三年，总兵官方瑛征紫江等处叛苗，陇富纳马一百匹给军。天顺二年，征东苗，又纳马二百匹给军。四年，西堡蛮反，总兵官刘玉来讨其罪，陇富率士兵随征，不次有功，累赏银牌。

陇富晓字义，事母孝，持家以俭，爱民如子，尝恶其土鄙陋，欲变之。又纂司志，修家谱，遭时多故，不克如志。

陇富卒，子观嗣。善继父志，述父事，凡居室、器物、衣服、婚姻、丧葬[③]，攘灾捍患之事，颇依华夏之礼。不好酒色，不缺贡献。尝随大军征讨天坝，出马四百匹给军，又助大军破西堡叛贼，凯还，论功授昭勇将军诰命，赏赉甚厚。

观卒，子贵荣嗣。好读书史，通大义，设庠序以明礼义，旧染陋俗，寖变华风，用夏变夷之功，日见其盛。兹遣把事阿佐，以其父遗命，谓谱系太简，恐有疏虞，遂致湮没，求作家传，以遗后嗣。予故为次其梗概，以为传云。

宋氏世谱序

詹事王直

宋以国为氏，周武王灭商，而封微子启于宋，国亡，子孙散徙他邑，因以为氏。历汉、唐，多有显人。至宋，而真定之族为盛。开宝中，有景阳者以军功累官至节度使，平定西南夷，诏就大万谷落开总管府，以景阳为总管镇抚焉。夷人安之，遂世有其爵与地。历十四世，曰阿重，始仕元，改顺元等处军民宣抚使，开治于贵州。又三世，曰钦，以功升昭勇大将军、顺元等处都元帅。

---

① 镇远：嘉靖《贵州通志》作“镇远洪江”。
② 攻城：嘉靖《贵州通志》作“攻围城池”。
③ 丧葬：嘉靖《贵州通志》作“丧葬，取众待宾”。

国朝，兵入贵州，钦遂内附，以为贵州宣慰使，世守焉。盖自景阳至今尚德，十八世矣。尚德思前人树立之不易，而冀传之远，乃作世谱，载其德以示后，使善继而永保之，此仁人孝子之用心也。《易·师》之上六，曰："开国承家。"盖师之终，功之成。大者开国，小者承家，所以报之也。景阳之受爵土，有家于贵州，盖以武德自奋者，非幸而致也，其延于后世，宜矣哉！

我国朝受天命，一海宇，凡郡县皆置守令，惟西南夷则因其帅长以抚焉。以先世尝有德于斯人，而人从之，庶几其得所也。当时，奉命守土者非一姓，然四五十年之间，败亡相继。子孙之不肖，不思前人树立之难，而纵欲以逞，安得不及于祸哉！自古有家者，皆欲相承于无穷，然其传世之久近，必视其德之有继与否？

宋氏传十八世，几五百年而犹盛，其世德之积，可知矣。予闻尚德忠敬以事上，宽惠以抚下，其言动必以礼，其教诸子亦如之，宋氏之德，又有继矣。庆泽其可穷也哉？后之人观是编者，益思继述而引大之，虽百世可知也。尚德因予友贵州按察司佥事郭公绪，以首简属予言，予深嘉其意而序之。

检斋遗稿序

王世贞

嗟夫！天固有定有不定哉？君子幸而值其定，不幸而值其不定，然所谓定者何寡，而不定者何众也！当成化末，李孜省窃天宪，而万眉州阴附之，天下之士气日削其八九于二奸之门。而值天子即大位，方欲有所更署，台谏噤莫敢先发。而麻城李君以一进士，独奋然上书，大略谓；人主之法不可亵，而权不可下移，宜裁抑中贵人，广言路，正纲纪，一风俗；且荐故尚书河州王公竑、三原王公恕可大用，南京刑部郎林公俊、思宁司理王公纯，直言当褒显。时中贵人恚，假诏召公入左顺门，诘责甚峻，公不为动，所以条对甚辨。犹坐谪丞咸宁。而亡何，三原公拜太宰，贤公，擢为兵部职方主事。公主事仅十余日，而以吉舍人文疏忤旨逮，株累谪兴隆卫经历。

兴隆，故鬼方地也，公不鄙夷其吏人，而为之爬搔其垢。数据理上事台省，咸报可当。是时，天下乡慕公之风采，若景星庆云，以为旦夕且柄任。而公竟用入贺，至商河溺死矣！其同公志而最贤者邹先生智，由庶吉土谪至石城，以寒死！丁先生玑由中书舍人谪，稍迁至蜀臬，亦以溺死！夫中贵人、大臣能窃天宪，以谪斥公辈，而所谓寒死、溺死者，则非其所能办也！

曾未几，而天子大觐，习政治耆哲登用，相与修虞夏明良之业。即欲有所建白者，不能出其智以高于一时已成之政；毛举细过，即有之而亦不能大有所指摘，欲有忤而名高也者。骊龙之颔已去其修麟，无所繇而就其名，当是时，贤者之天定不十余载而又变矣。是故属天之未定也，不特小人之所巧排而峻诋，往往与天合，而天亦巧为之用，若所以死公及邹、丁二先生者。然籍令公不死，亦不过弘正间一名大臣而已，距于今使人竦然闻公名而发立，读公文与遗事惋然而心痛，奕奕韡韡，精神流行于三楚而有不死者，天亦未可不谓定也。

公为诗文，咸明婉有致；其于奏疏公檄，剀切中事机。虽再遘贬，邻鬼魅，杂侏鴂，无几微不平之气，亦不以迁客自高，旷佚于职。乃其直节素志，隐隐溢毫素间，亦自不容掩也。

公殁且九十载，而世贞宦游楚，公之孙某出其集而属为之序，因得以卒业焉。独世称公成进士时，万眉州使其孙文璧邀致其家题画鸠，公为诗讥切甚著，眉州衔之切骨。今其语不存，岂遗之耶？抑有所讳耶？世贞不敏，为叙所以，而因难夫天之定不定不足以忧贤者，而忧世道也。

完节流芳序

郡人陈尚象

余迂，每览古忠孝节义事，即绵逖千载，犹慨然想见其人，矧女士中有抗节明志生同里闬者，忍令其不声施后世也。盖闻之谭女德者曰："死节易，守节难。"又曰："立孤与死等耳。夫岂不以慷慨一时，恒情犹或能之；而风花所摇荡，岁月所渐磨，自非刚肠铁石，鲜有不移易者。"倘其忍死称未亡人，而卒成其子，以亢厥宗，如鲁公父文伯之母，则尤难之难矣！以余观于薛孺人，其有合乎？

方赠君之以不第而沉于河伯也，孺人仓皇闻变，辄奔投旁舍水井中，向微邻妪拯救，固业以身殉之矣！然而自经沟渎，若姑与子何！且世必有以匹妇之为烈者。于是忍不死而躬织纴丝枲之业，以供俯仰，趾屏绝户以外，旦晚督令君力学。晨风夜雨，形影相吊，惟是和丸断机，期以成赠君之志。之为苦盖十余年间，令君裒然领乡荐，一再仕，为令尹，称循良吏矣，孺人乃得偕九原人膺天子纶綍，今且与表扬之典相焜耀也。

猗与休哉！于奉姑为孝，于守志为节，于教子亢宗为义。方假令是丈夫子也者，则胡不伟然称忠臣，令彼反面二心者俱愧死乎！繇斯以谭，即视敬姜，真伯仲之矣。抑余于是而有以窥天道焉。赠君以未第赍志没，而其子竟以孺人之节成之；第孺人既以子之贵荣宠于一时，而又以己之节烈流芳于万世，天道与善，有毫厘爽哉！

第四十三章 解 类

牂牁江解

提学郑旻

牂牁江迹始见唐蒙，汉武因通道夜郎置郡。近罗念庵作《广舆图》，谓乌撒七星关水即牂牁江源。折流为盘江，经泗城州，称右江，达泗，会番禺入海。图解有龃龉处，然大要卓然得之。顾质之，鲜有能识者。则以地荒，沦于瓯脱，而人壅局于观听也。故作《牂牁江解》。

峚山子曰："余弥节，盖度盘江云。"江广仅百余步，自贵竹入滇，路未有不济盘江行者。沿江上下，绝击汰之迹，水势批岩滵汩。土人谓水涨时漂筰撞舟，峭壁箐岚，人迹罕入。下流至打罕，联泗城界，舟船始通焉。

比余历普安，斜出沾益，趋乌撒卫校士，抵乌撒普德归驿。驿门对可渡河。牁，可，声相近。堧河之南，沾益境也。河之北，乌撒境也。驿抵卫城八十里，询之候吏，云河水在西百里注壑而出，从此而东，盘江乃此水之注也。越卫城北二百余里，有七星关河。本城李守备者，颇老练，询之，云七星关水源出芒部界，滨城海子有一股通之，萦漩水西境，会可度水，为盘江。第山水峭险，猓猔丛居。以是人无因而至。总前二说，固未晢知牂牁江所在，而牂牁江为盘江则跃然无可疑者。

按迁史，始楚威王时，使将军庄蹻将兵循江上，略巴蜀黔中以西。蹻至滇，地肥饶数千里，以兵威定属楚。欲归报，会秦击夺楚巴黔中郡，道塞不通，因还，以其众王滇。牂牁江者，蹻兵灭夜郎椓船处也。高戎本古夜郎国，今自泸戎入滇，路未有不由七星可渡行者。当唐蒙风喻南越也，越人食蒙蜀枸酱，蒙因踪迹，知夜郎临牂牁江，南越以财物役属之，以强汉巴蜀之饶，固可赂诱夜郎为置吏。浮师牂牁江，出越之不意，制灭之，奇也。武帝由是拜蒙为中郎将，将千人，食重万余人，从巴蜀筰关入，遂见夜郎侯多同。蒙厚赐，喻以威德，约为置吏。夜郎旁小邑皆贪汉缯，以为汉道险，终不能有，乃且听蒙约束。还报，以为犍为郡，发巴蜀卒治道，自僰道指牂牁江。是时，通西南夷道，戍转相饷，数岁道不通，西南夷又数反，发兵兴击费耗，于是罢西夷。独置南夷、夜郎两县，稍令犍为自葆就。

至唐时，因以播州之珍州为夜郎，后人止知珍州之为夜郎，不知古夜郎从高戎直通瓯骆，地方数千里也。蒙初至夜郎，多同问蒙曰："汉孰与我广大？"以道不通故，各自为一州主，不知汉广大。今人泥区区之珍州为汉夜郎，又窘步旁溪谷，疑指牂牁江，其亦昧庄生秋水之见矣。

然当汉四道伐南越也，使驰义侯因巴蜀罪人发夜郎兵，下牂牁江，咸会番禺，乃今盘江。滩濑狞恶，虚无人行，岂古今时异势殊邪？抑当治道时，二岁费铲夷之力，师过，不无罂筏盘剥之苦，至打罕，乃得沛乘舟楫。故兵迟至而南越已平耶？

载考[①]八校回军时，即击灭曾反杀汉使者头兰，遂平南夷，置牂牁郡。则自乌撒逶迤而南皆其地。旧载云南广西府亦牂牁羁縻属也。泗城以北，如都匀等处，皆牂牁界内矣。是时，邛筰冉駹君长闻南夷得汉赐过厚，皆求置吏，比南夷，乃使司马相如往宾之。于是关隘斥南至牂牁为徼，则越巂等郡界接芒部也。然则牂牁江之源委，其亦昭然矣。

夫山川经络，化工神运。余尝因是而求之。自岷山之阳至于衡山，蜿蟺虬嵷，从衡迤南，五岭皆嵂崒东蟠。五岭者，汉入南越有五道，衡西北山峻矗，然非无可梯。正以夷荒，非通道之所耳。以此见牂牁胶戾之山，岿然为神州之拱臂也。荒徼山碛，以地图察其扼要，不过数寸，而间相去数百千里。生长其地者，尚未能习其险易也。唐蒙浮舟牂牁之策诚为凿空。初时臣民惊疑，蛮夷煽动，然劳师殚货，卒置郡如堵。虽来喜功之讥，自是华夷一统，亦足征武帝善任成功矣。

夫唐蒙通南夷之二郡，犍为、牂牁也。相如通西夷之二郡，越巂、益州也。而沈黎、武都等郡不与焉，真雄风哉。禹列九州。梁南肇有益州，昭神州又益州也，益州列郡属矣。昆明重建益州郡，昭益州又益郡也。其视东晋不兢委神州于五胡，侨州名以削弱，不亦大径庭欤？呜呼，亦可以观盛衰之世变也。余于是重有感焉。

按：正义曰"今泸江南岸协州、曲州、木郎国、广西府，乃牂牁羁縻属也。有水入泗城，称南盘江，却踵讹指为牂牁江，厥舛尤甚。"

沿革解

沈思充

黔于古始，非异域也；入我版图，所从来矣。鸿蒙不可得考，帝高阳氏化至交趾、流沙，远跨黔西南之外。唐虞命官敕治，时廑有苗。有苗氏者，

① 载考：《黔记》作"载者"。

缙云氏之后也。称苗者何？若曰中夏之苗裔云。尔时则有三危之戮，徂征之命，藉令非我服属，骛远略而勤之兵，帝者不为也。

《禹贡》所纪，尤大彰明，雍梁之境，西南皆据黑水。黑水之流，导自三危，人于南海，汉武开滇嶲，其地即有古黑水祠，而滇之兰苍江流入南海，黔之牂牱江通粤番禺，亦入南海。天下诸水多归二界入东海，滇黔独有别流。其单言南海，以此非神禹足迹遍历，胸中具一堪舆，何能揭若指掌哉！

黔博灵之山有古象祠，夷人世祀之，莫知其始，斯亦有虞格苗之一征也。殷汤代夏，而氐羌来亨来王。其中衰也，鬼方再梗，故高宗伐之。周兴，越雉旅獒献自西南，重译安在？区区靡莫内地哉！

迨其季，秦楚之强也，迭据而役属之，垂数百年。庄蹻之入滇也，略地黔中，直略之耳，秦遂置郡焉。彼其时，黔之人第知有秦楚也。而汉高起丰沛，诛秦艾楚，其窃据而未入汉也固宜，惟时与中国绝者垂百年。而武帝复通夜郎，是恢复，非“凿空”也。武帝好大，故侈其说。西南夷皆置郡，名益州，以为九州之外复益一州，而不知即《禹贡》雍梁境内地也。

黔于《禹贡》为梁州之境。殷为鬼方。周为髳微羌巢之类。汉为牂牁郡，而迤西稍入犍为，迤南稍入益州，迤东稍入武陵。自汉以来，代多羁縻，未有若我国家收之幅幁之内，一视之而树之屏者。此我太祖再造区宇，绍统古先帝王而非求多也。今日之黔，东则楚，西则滇，北则川，南则粤，是腹心而喉咽也。或者不深惟祖宗用变之初意，猥以其地之瘠，道之险，而漫言羁縻，空谈干羽，则三旬之师，三年之克，帝王何乐与远夷区区争一顺逆者，可以长思矣。

第四十四章 赞 类

龙马赞

学士宋濂

西南夷自昔出良马，而产于罗鬼国者尤良。或云罗鬼，疑即古之鬼方。其地有养龙坑，在两山之中，泓渟奫深，开阖灵气，而蛟龙实藏其下。当春日始和，物类[1]酣嘭。夷人立柳坑畔，择牝马之贞者系之。已而，云雾晦冥，咫尺不能辨色。类有物蜿蜒上，与马接，盖龙云。逮天色开霁，视马傍之沙有龙迹者，则与龙遇。谨其刍葭而节宣之，暨产，必获龙驹焉。

粤若洪武四年六月壬寅，夏国主明升以全蜀降。献良马凡十，而其一色正白，乃得之于坑者。身长十有一尺，首高九尺，足之高比首而杀其二尺，有肉隐起项下，约厚五分，广三寸余，贯膺[2]络腹，至尾闾而止，精彩明晃，振鬣一鸣，万马为之辟易。鞴勒不可近，近辄作人立而吼。

上谓天地生此英物，必有神以司之。亲撰祝策，诏有司以牲牢祀于马祖。然后敕典牧副使臣高敬[3]，囊沙四百斤压之，人跨囊上，使其游行苑中。久之，性渐柔驯。

适八月癸巳，上将行夕月之礼于清凉山坛。上于是乘之而出，如蹑云而驰，一尘弗惊。皇情悦豫，赐其名为“飞越峰”。复命御用监直长臣马晋臣绘其真形藏焉。

臣濂稽诸载籍，汉之元鼎中，有神马出渥洼水中。马之生于水中，尚矣。养龙之说，虽相传于夷人，要当可征不诬也。肆惟皇上以大德而位大宝，日之所出，日之所没，无不梯山航海，献贽奉琛。迩者，独角之犀来自九真，食火之鸡贡于三佛齐之境，其他佹形僪状，藉藉纷纷，且不一而足。而况兹水所产之良马乎？《周书》有云：“不宝远物，则远人格。所宝惟贤，则迩人安。”皇上宵衣旰食，日怀保于小民，岩穴之士，搜罗殆尽，将图治安如黄虞时。其遐荒殊裔，珍毓奇产，未尝有心求之。所以荣光休气，洋溢中国，仁

---

① 物类：嘉靖《贵州通志》同，《黔记》与《宋学士文集》卷一作“物情”。

② 膺：原作“缨”，据《宋学士文集》与《黔记》改。

③ 典牧副使臣高敬：《宋学士文集》卷一作“牧副使高敞”。

声义闻，充洽八表，而龙媒之真[①]自致于天闲十二之中。揆之于《书》，前圣后圣，盖同一轨辙也。其视贰师之遣，黩武穷兵，以索诸大宛者，果为何如哉？臣濂以文字为职业，际兹盛美，不敢默而无言。谨述赞辞一首[②]，以贻诸后世。赞曰：

天驷荧，蛟龙升。灵泓澄，神马生。祥[③]飙瑞霭昼杳冥，天一翕聚通精灵。龙胡[④]形，凫臆轻。竹披耳，镜悬睛。花雪卷毛光照夜，汗沟有血霞流赪。振鬣鸣，万马惊。闪流电，逐飞星。九霄仿佛从龙行，但闻潇潇风雨声。三川平，八极宁。真龙媒，献龙廷。出入天门驾龙軿，太霞五彩满瑶京。皇风清，皇道真，皇威明。茫茫堪舆内，孰敢不来庭？陋彼汉将军，空围贰师城。乃知天子在树德，不必连年徒用兵。

① 真：《黔记》、嘉靖《贵州通志》与《宋学士文集》均作“异”。
② 一首：《宋学士文集》无此二字。
③ 祥：原缺，据《宋学士文集》及《黔记》补。
④ 龙胡：《黔记》二字后有小字注：“汉郊祀志：龙垂胡髯，胡乃颌下垂也。”

第四十五章　引　类

振铎长言引

巡抚江东之

夫移风易俗，莫善于乐。古乐之不作久矣，今之声歌象舞，犹有古意存焉，是最入时眼里耳，而易动人观听。故董戒之外，又劝之以歌，即圣帝明王不废也。

余昔备兵辰沅，尝谓天地间禀气者，靡不含灵，乃顺苗俗宣款约导之，不三月，而清江苗民相顾感喻，相呴以生。既余以召入，而复来抚黔，诸苗酋拥道迎，若从余所好者，喁喁然怀德附离而争事天子。益信苗人即吾人，无二心也。居黔亡何，即有啸聚之警，不免修师龛之，而后安堵。多就缚者，余求其生而不得，闭阁思之，均一苗也，此独逞违，亦未尝振德以导[1]之，而长吏之教不先耳。故谈兵饬戎，即未敢忘讳，民之不革，繄我之繇！

惟是上揭皇祖《六谕》以阐扬其旨，次搜二十四善以寻绎其义，近撷五传以寄遐景，非浮慕息马论道之风，缉畤曩[2]之曼辞，亦欲铤险者砥砺而潜销雄芒也。

客曰："匹夫匹妇，胸中自有完经，何以为此啁啁也？"

余思其居军旅事也，请以战喻："号令不申，步伐何由而肃？枹鼓不鸣，勇气何由而奋？将耳提而命之，援枹而鼓之，敢谓迁下同之埏埴，言教可已乎哉！今授剞劂而并系以图，亦犹行古之意也。"

坐客唯唯。遂书而引之于策。

二十四善引

江东之

太祖高皇帝《六谕》，不越二十四言，謦欬成经，与日月并悬，即累千万言，未足以尽其解矣。乃《为善阴骘》一书，又文皇帝命儒臣汇之，御制序文，以示劝率，是即皇祖之意。

---

① 导：原误作"幅"，不通，据《瑞阳阿集》卷五改。

② 畤曩：《瑞阳阿集》作"畤昔"。

顾遐陬荒徼，安得家藏一帙，人尽一窥？惟是揭其稍切于地方者，得二十四章，并广之梓。俾善师者遇一事得一法，思过半矣。虽然，善恶之所施，乃祸福之为阶，此之为阴骘，非得时而驾，或隆施为难，则见善不及，空为临渊之羡耳。修心以为量者，在乎我；因物以成务者，系乎彼。自古记之。惟培其善根，不落妄境，善矣若葛繁，然修吾心之量以随物之成，自将相、豪家，以及胥靡、臧获，皆可为之，斯善之善也！封疆远臣稽首、顿首，敷扬二祖之训，敢云爝火助曜乎哉！

抚余五事引

江东之

士未离蔬，志在当世，未尝不遐思上理，希赞皇猷。即余从大夫后，始出当一面，简书奕奕，在抚乱以治，镇扰以静，诚信畅于殊俗，而堂上有奇兵，余之事也。其次龛暴以武，威稜可振，使逆节无敢萌生，而四境安于覆盂，又余之事也。

若农家作苦，赤米不收，有大祲之当备；文可华国，策无资身，有寒俊之当优；寄生部厉，躅瘠罔知，有羸民之当恤；撇波难济，三翼未扬，有堆埼之当疏；傫幽告终，吞声饮恨，有冥沉之当悯：之五者，有司事也。

余日与有司讨论之，秉钺帅臣几于慈悲禅师矣！三代而下，诸葛孔明称王佐，其言曰："治世以大德，不以小惠。"余能无愧乎？

不能举抚之职，从事于抚之余，仰之有愧于明命！且不义而强者，藏慝于旁，世故未夷，将成险涩。语云"玉斗有失，钮枢安存"，则五事废矣！余之愧也滋甚。

兹刻也，非曰民能欣之而曜之，为允令也，聊以识吾愧云尔。

龙山志引

迁客邹元标

余为童子时，有传《鹤楼先生集》至文江者，从旁窥之，至《龙山道院记》，恍游员峤、方壶，恨不旦莫往足，未问曲折，心津津在平州六洞中矣。

丁丑岁，余以罪谴是邦，长老忆往时事，持杯酒劳余曰："此非小子昔时所欣羡而不得往之地者乎，往则遗迹固在也，龙山万叠，将奉子汤沐矣。所夺子者隘，所与子者广，子其自宽。"

荷殳至，创甚，卧床褥者期年。己卯秋，始获偕泸州守吴明祥父，诸生周梦醇并吴汝见等，登眺其地，远盼交广、潇湘，近挹香炉、金凤诸名胜，恨记中未尽其状，乃与诸人畅怀各论心，数日始归。嗣是，一觞一咏，非龙山不共焉。

余恐流风零落，乃并先今题咏，集为《龙山志》。因系之言曰：情之好乐各因其人，子厚在永州，所称钴鉧潭、愚丘，谓其峭直奥深，子厚为人，大都类此。龙山壁立万仞，如名卿硕辅，垂绅正笏，观者凛然。先生忠信孝友，光明朗恺，兹山见赏于先生固宜。小子乏棱棱之节，罔卜税驾，宁不见辱于兹山者几希。虽然，夫巍然[①]而静定者在我也。语云：高山仰止，景行行止。虽不能至，至心向往矣。

龙山，龙山，小子敢负若哉！山灵有知，请以为千古证。[②]

---

① 夫巍然：《黔记》之前还有几句："山势巍然不可犯，山体静定而有常，小子不堕初志。"

② 本段《黔记》无。

第四十六章　书　类

答毛宪副书

文成王守仁

昨承遣人喻以祸福利害，且令勉赴太府诣谢[①]，此非道谊深情，决不至此。感激之至，言无所容。但差人至龙场凌侮，此自差人挟势擅威，非太府使之也。龙场诸夷[②]愤愠不平，亦非守仁[③]使之也。然则太府固未尝辱守仁，守仁亦未尝傲太府，何所得罪而遽请谢乎？跪拜之礼，亦小官常分，不足以为辱。然亦不当无故而行之，不当行而行，与当行而不行，其为取辱一也。

废逐小臣，所守以待死者，忠信礼义而已。又弃此而不守，祸莫大焉。凡祸福利害之说，守仁亦尝讲之。君子以忠信为利，礼义为福。苟忠信礼义之不在，虽禄之万钟，爵以侯王之贵，君子犹谓之祸与害；如其忠信礼义之所在，虽剖心碎首，君子利而行之，自以为福也。况于流离窜逐之微乎？守仁居此，盖瘴疠蛊毒之与处，魑魅魍魉之与游，日有三死焉。然而居之泰然，未尝以动其中者，诚知生死之有命，不以一朝之患而忘终身之忧也。太府苟欲加害，而在我诚有以取之，则不可谓无憾；使吾无有以取之，而横罹焉，则亦瘴疠而已尔，蛊毒而已尔，魑魅魍魉而已尔。吾岂以是而动吾心哉！

执事之谕，虽有所不敢承，然因是而益知其所以自励，不敢苟有所隳堕，则守仁也受教多矣，敢不顿首以谢！

与安宣慰书

王守仁

守仁得罪朝廷而来，惟窜伏阴岩幽谷之中，以御魑魅，则其所宜。故虽夙闻使君之高谊，经旬月而不敢见，若甚简抗[④]者。然省愆内讼，痛自削责，不敢比数于冠裳，则亦逐臣之礼也。使君不以为过，使廪人馈粟，庖人馈肉，

① 诣谢：《王文成公全书》及嘉靖《贵州通志》均作“请谢”。

② 诸夷：《王文成公全书》作“诸夷与之争斗，此自诸夷”。

③ 守仁：《王文成公全书》作“某”，本文他处凡作“守仁”处，《王文成公全书》均作“某”，不一一出校。嘉靖《贵州通志》同本书。

④ 抗：嘉靖《贵州通志》同，《王文成公全书》与《黔记》均作“伉”。

圉人代薪水之劳，亦宁不贵使君之义，而谅其为情乎！自惟罪人，何可以辱守土之大夫！惧不当[①]，辄以礼辞。使君复不以为罪。

昨者，又重之以金帛，副之以鞍马，礼益隆，情益至，守仁益用震悚。是重使君之辱，而甚逐臣之罪也，愈有所不敢当矣。使者坚不可却，求其说而不得。无已，其周之乎？周之亦可受也。敬受米一硕[②]，柴、炭、鸡、鹅，悉受如来数，其诸金帛、鞍马，使君所以交于卿士大夫者，施之逐臣，殊骇观听，敢固以辞。

伏惟使君处人以礼，恕物以情，不至再辱则可矣。

又

减驿事，非罪人所敢与闻。承使君厚爱，因使者至，闲问及之，不谓其遂达诸左右也，悚息[③]。然已承见询，则又不可默。

凡朝廷制度，定自祖宗，后世守之不敢以擅改，改在朝廷[④]，且谓之变乱，况诸侯乎？纵朝廷不见罪，有司者将执法以绳之，使君必且无益。纵遂幸免于一时，或五六年，或八九年，虽远至二三十年矣，当事者犹得持典章而议其后，若是，则使君何利焉？

使君之先，自汉唐以来千几百年，土地人民未之或改，所以长久若此者，以能世守天子礼法，竭忠尽力，不敢分寸有所违越[⑤]。天子[⑥]亦不得逾礼法，无故而加诸忠良之臣。不然，使君之土地人民富且盛矣，朝廷悉取而郡县之，其谁以为不可？夫驿可减也，亦可增也，驿可改也，宣慰司亦可革也。由此言之，殆甚有害，使君其未之思耶？

所云奏功升职事，意亦如此。夫划除寇盗，以抚绥平良，亦守土之常职。今缕举以要赏，则朝廷平日之恩宠禄位，顾将欲以何为？使君为参政，亦已非设官之旧。今又干进不已，是无抵极也，众必不堪。

夫宣慰，守土之官，故得以世有其土地人民。若参政，则流官矣，东西南北，惟天子所使。朝廷下方尺之檄，委使君以一职，或闽或蜀，其敢弗行乎？则方命之诛，不旋踵而至，捧檄从事千百年之土地人民，非复使君有矣。由此言之，虽今日之参政，使君将恐辞去之不速，其又可再乎！

---

① 不当：《王文成公全书》作“不敢当”。

② 一硕：嘉靖《贵州通志》同，《王文成公全书》与《黔记》均作“二石”。

③ 悚息：嘉靖《贵州通志》同，《王文成公全书》与《黔记》均作“悚息，悚息”。

④ 改在朝廷：原文缺一“改”，据嘉靖《贵州通志》、《王文成公全书》与《黔记》补。

⑤ 违越：嘉靖《贵州通志》与《黔记》同，《王文成公全书》作“违”。

⑥ 天子：嘉靖《贵州通志》同，《黔记》作“故天子”，《王文成公全书》作“是故天子”。

凡此以利害言，揆之于义，反之于心，使君必自有不安者。夫拂心违义而行，众所不与，鬼神所不嘉也。承问及，不敢不以正对，幸亮察。

又云

阿贾、阿札等畔宋氏，为地方患，传者谓使君使之。此虽或出于妒妇之口，然阿贾等自言，使君尝锡之以毡刀，遗之以弓弩，虽无其心，不幸乃有其迹矣。

始，三堂两司得是说，即欲闻之于朝，既而以使君平日忠实之故，未必有是，且信且疑，姑令使君讨贼，苟遂出军剿扑，则传闻皆妄，何可以滥及忠良？其或坐观逗遛，徐议可否，亦未为晚。故且隐息[①]其议，所以待使君者甚厚。既而文移三至，使君始出，众论纷纷，疑者将信。喧腾之际，适会左右来献阿麻之首，偏师出解洪边之围，群公又复徐徐。

今又三月余矣。使君称疾归卧，诸军以次潜回。其间分屯寨堡者，不闻擒斩以宣国威，惟增剽掠以重民怨。众情愈忿[②]不平。而使君之民，罔所知识，方扬言于人，谓宋氏之难，当使宋氏自平，安氏何与，而反为之役哉？安氏连地千里，拥众四十八万，深坑绝囤，飞鸟不能越，猿猱不能攀，纵遂高坐不为宋氏出一卒，人亦卒[③]如我何？斯言已稍稍传播，不知三堂两司已尝闻之否？使君诚久卧不出，安氏之祸必自斯言始矣。

使君与宋氏同守土，而使君为之长，地方变乱，皆守土者之罪，使君能独委之宋氏乎？夫连地千里，孰与中土之一[④]大郡？拥众[⑤]四十八万，孰与中土之一都司？深坑绝囤，安氏有之，然若安氏者，环四面而居百数也。今播州有杨爱，恺黎有杨友，酉阳、保靖有彭世麟[⑥]等诸人。斯言苟闻于朝[⑦]，朝廷下片纸于杨爱诸人，使各自为战，共分安氏之所有，盖朝令而夕无安氏矣。深坑绝囤，何所用其险，使君可无寒心乎？

且安氏之职，四十八支更迭而为，今使君独传者三世，而群支莫敢争，以朝廷之命也。苟有可乘之衅，孰不欲起而代之乎？然则扬此言于外，以速安氏之祸者，殆渔人之计。萧墙之忧，未可测也。

---

① 隐息：嘉靖《贵州通志》与《黔记》同，《王文成公全书》作“隐忍”。
② 愈忿：嘉靖《贵州通志》、《黔记》与《王文成公全书》均作“愈益”。
③ 卒：原本作“率”，据《王文成公全书》改。
④ 一：原缺，据《王文成公全书》补。
⑤ 众：原缺，据《王文成公全书》补。
⑥ 彭世麟：嘉靖《贵州通志》同，《王文成公全书》与《黔记》均作“彭世麒”。
⑦ 朝：原缺，据《王文成公全书》补。

使君宜速出军，平定反侧，破众谗之口，息多端之议，弥方兴之变，绝难测之祸，补既往之愆，要将来之福。守仁非为人作说客者，使君幸熟思之，幸熟思之。

与中朝人士书

巡抚万镗

苗贼巢穴，如蜡尔、雷公等山峒，接连湖、贵、四川，周回千数百里，猩猾所居，人迹罕至。其悬崖鸟道，莫可跻攀，狭路羊肠，不容并足。且竹箐丛生，弥望无际，幽岩曲涧，在在皆然，鳞次栉比，殆无空隙，人非侧肩偻背，莫能入也。贼从内而视外则明，每以伏弩得志；我从外而视内则暗，虽有长技莫施。其地利之难如此。

苗巢所居，率皆险僻幽翳。天晴之日，亦将午而后开朗，未晡而已晦瞑；但遇稍阴，即霖雾迷濛，寻丈莫辨。计其阴雨，十常六七，盖山岚瘴湿，气候郁蒸之所致也。其天时之难如此。

先年土官守法，易以驾驭；苗夷椎鲁，易于牢笼。自正德以来，边方多故，土官征调，皆顾倩此苗，以为前锋，用能克敌称强。及至近年土官构仇，各厚饵此苗，以助攻杀，因而启衅生乱。由是土人与苗互结姻亲，情多牵制，且其伎俩亦为贼所窥破，无复畏惮。况湖贵官军皆不足用，湖广除永顺、保靖之外，其余土酋可调之兵，能出千数者无几。至于贵州，舍酉阳、平茶之兵，愈少而愈难矣。必欲别省调兵，则又不谙地理，成功难必，而其沿途扰害尤不可言，决难轻调。其事势之难如此。

苗贼常言："不怕官府军多，只怕官府粮多。"盖以军虽多，而山箐深险，力未易施；粮若多而围困久长，势将自毙。然彼明知道路梗涩，粮运甚难，故为此言，其狡夷叵测之难如此。历观史牒所云，大率皆然。故昔人云"自古用兵，未有大得志于南夷者"，诚有以也。

与耿楚侗书

郡人孙应鳌

某近按平凉试士，孟大参政致到尊札，不胜忻忭！某企道德，为岁久矣，虽未觌睹光辉，然每窃伏自念宇宙至广大，士生其间，即异代不必论，幸而偕其时，有豪杰称卓卓，以圣贤自表树者，虽不能接颜色，得昕夕侍下风，鄙心诚向往之。伏惟门下卓卓以圣贤自表树，为一时豪杰，故某之向往最久，然不自意迩来得遂伏谒，德容是承，德音是听，何其幸也！

尊札问及学政可并心为者，门下备师道矣，某何能仰赞万一！惟是世道理乱，关于人才；人才成就，系于师道。则人人能言之。至师道之以克举其职，称于时者，勤力较阅，品评不爽已耳！猎名词华，驰誉经学已耳！若师道之若是，则其克举宜无难。

尝考诸《荀子》，曰师术有四，博习不与焉。尊严而惮，可以为师；耆艾而信，可以为师；诵说而不陵不犯，可以为师；知微而论，可以为师。此荀子大醇之言，似矣，而未尽者也。

孔子曰：温故而知新，可以为师。此则孔子示人以万世师道之准，师道之极则也。温故知新，学者多以所闻所得为解，某妄意谓“故”者，当如《孟子》“言性则故”之“故”；“新”者，当如《大传》 “日新盛德”之“新”。凡天地万物之实体灿然具陈，是则所谓“故”也；天地万物之真机昭然不息，是则所谓“新”也。二词虽有显微之不同，其棇括于人心，运行于人心，生生之妙，一也。能温则实体之棇括者不晦，能知则真机之运行者不滞，不晦不滞，则天地万物合为一体，天地万物合为一体则仁；仁则成己成物，位育参赞，皆其能事；成己成物者，师道也，师职也。故子思作《中庸》，亦以温故知新，专承圣人发育峻极之大道，此孔氏家法也。故某妄以孔子温故知新之旨，为孔子示人万世师道之准，为师道之极则者，此也！

此见蓄之久矣，年来谬叨师职，愧浮声虚影，不能有所自立。故每于门下卓卓以圣贤自表树者倾心焉。学绝道丧之余，颛蒙者锢蔽而不知，离叛者轻侮而不信，其有一二知从事者，又徒饬荣名，不求实际。发愤之念方起，惰慢之气已生，则世道之不唐虞，人才之不皋夔，何憾！某诚愿门下永肩是任，则斯文幸甚！虽顽钝，其忍自弃捐以负门下，伏惟门下为道为国保重！

第四十七章　文　类

瘗旅文

王守仁

维正德四年秋七月[①]三日，有吏目云自京来者，不知其名氏，携一子一仆，将之任，过龙场，投宿土苗家。予从篱落间望见之，阴雨昏黑，欲就问讯北来事，不果。明早，遣人觇之，已行矣。

薄午，有人自蜈蚣坡来，云："一老人死坡下，傍两人哭之哀。"

予曰："此必吏目死矣。伤哉！"

薄暮，复有来，云："坡下死者二人，一人[②]坐叹。"询其状，则其子又死矣。

明早，复有人来，云见坡下积尸三焉。则其仆又死矣。呜呼伤哉！

念其暴骨无主，将二童子持畚锸往瘗之，二童子有难色然。予曰："噫！吾与尔犹彼也！"二童悯然涕下，请往。就其傍山麓为三坎埋之。又以只鸡、饭三盂，嗟吁涕洟而告之，曰：

呜呼伤哉！繄何人？繄何人？吾龙场驿丞余姚王守仁也。吾与尔皆中土之产，吾不知尔郡邑，尔乌为乎来为兹山之鬼乎？古者重去其乡，游宦不逾千里。吾以窜逐而来此，宜也。尔亦何辜乎？闻尔官吏目耳，俸不能五斗，尔率妻子躬耕可有也。乌为乎以五斗而易尔七尺之躯？又不足，而益[③]尔子与仆乎？

呜呼伤哉。尔诚恋兹五斗而来，则宜欣然就道，乌为乎吾昨望见尔容蹙然，盖不任其忧者？夫冲冒雾露，扳援崖壁，行万峰之顶，饥渴劳顿，筋骨疲惫，而又瘴疠侵其外，忧郁攻其中，其能以无死乎？吾固知尔之必死，然不谓若是其速，又不谓尔子仆[④]亦遽尔奄忽也！皆尔自取，谓之何哉！

吾念尔三骨之无依而来瘗尔，乃使吾有无穷之怆也。呜呼伤哉！纵吾[⑤]不

---

① 秋七月：嘉靖《贵州通志》同，《王文成公全书》作"秋月"。

② 一人：嘉靖《贵州通志》同，《王文成公全书》作"傍一人"。

③ 益：嘉靖《贵州通志》同，《王文成公全书》作"益以"。

④ 尔子仆：嘉靖《贵州通志》同，《王文成公全书》作"尔子尔仆"。

⑤ 纵吾：嘉靖《贵州通志》同，《王文成公全书》作"纵"。

尔瘗，幽崖之狐成群，阴壑之虺如车轮，亦必能葬尔于腹，不致久暴露尔。尔既已无知，然吾何能为心乎？自吾去父母乡国而来此，三年[①]矣，历瘴毒而苟能自全，以吾未尝一日之戚戚也。今悲伤若此，是吾为尔者重，而自为者轻也。吾不宜复为尔悲矣。吾为尔歌，尔听之。歌曰：

连峰际天兮，飞鸟不通；游子怀乡兮，莫知西东。莫知西东兮，维天则同。异域殊方兮，环海之中。达观随寓兮，奚必予宫？魂兮魄兮，无悲以恫。

又歌以慰之曰：

与尔皆中土之流离[②]兮，蛮之人言语不相知兮，性命不可期。吾苟死于兹兮，率尔子仆来从予兮。吾与尔遨以嬉兮。骖紫彪而乘文螭兮，登望故乡而嘘唏兮。吾苟获生归兮，尔子尔仆尚尔随兮，无以无侣悲兮！道傍之冢累累兮，多中土之流离兮，相与呼啸而徘徊兮。餐风饮露，无尔饥兮。朝友麋鹿，暮猿与栖兮。尔安尔居兮，无为厉于兹墟兮！

哀骼文

江东之

太祖高皇帝混一华夷，每建郡县，设有厉坛，使幽明各得其理。方今司农告匮，我皇上发帑金二万，遣官以优恤黔军之殁于西夏者。大哉皇仁，无忝祖德，臣民稽首，天子万年！

嗟夫！人之无良，致虚恩赉；鬼之无依，微独远在赫连之墟也。黔为古鬼方，壮士志靖夷落，每至捐躯，及郊歧之罹愍，圜扉之茹冤，皆未招之魂。

余惧夜台之多馁矣，乃与直指应公共置百秤之田于青岩之场，令寺僧世守，每岁收其租以掩骼用，其余托盂兰之会，仰体皇上泽沽之心，以广国朝祀厉之典，且善念无遮，许齐民同之，余亦曰猎较云尔。爰拟招词，授之释子。词曰：

缅昔三五闳登兮，继天立极。淳庞沕穆兮，民罔夭厉。黄发儿齿兮，正命而毙。时则科条不用兮，干戈载戢。铜焦不鸣兮，夜户不闭。是谓大同兮，不可见于叔世。矧兹鬼区兮，封狐雄虺之成群。壮士倚长剑兮气凌云。将军非大树兮，兵交刃接，而洞腋露筋。戎刚摧兮，众心如焚。吁嗟，从军难兮。八阵威风远，二崤雨雪雰，甘心白刃酬明君。

抑有循计然之躅，慕程罗之富，不惮崟嶎兮，披榛觅路。豹虎咆哮于中

① 三年：嘉靖《贵州通志》同，《王文成公全书》作“二年”。

② 流离：嘉靖《贵州通志》同，《王文成公全书》作“离”。

逵兮，藏舟无措。兢雕鹗之贪兮，竟作枯池之鲋。呼嗟行路难兮！千金赍盗粮，三危非安步。鬼门生度凭谁诉？

又有迹坠昭宪，身罹非灾，骢马巍峨兮，苍鹰邅徊。惧吞舟之是漏兮，谁念窃鈇之难猜？覆盆无由照兮，枯蛰未闻雷。吁嗟对狱难兮，秦虫冤重，邹书空裁，棘林夜罢声哀哀。

吁嗟伤哉！尔等诸魂，或殉义于战场，或殉利于严庄，或因株送，瘦死圜墙。悲莫悲兮，三尸俱枉，惨莫惨兮，四大分张。化碧而曜奇兮，血谁与藏？化鸟而思归兮，谁知音之惨惶？慈亲念子兮，倚阁空望。闺中少妇兮，九折回肠。杳杳冥冥兮，魂归何方？年年岁岁兮，白日无光。

余等奉命治黔兮，无彼界此疆。宣上德以赈生及死兮，何存何亡。惟季春之瘗骼兮，归尔黄壤。举中元之嘉荐兮，醒尔黄粱。熺烛炳兮幽关照，龃炉袅兮卿霭翔。蕙肴蒸兮兰籍，桂酒奠兮椒浆。演方广之大德兮，振尔于非想之堂。始终兮万物之量，生死兮人道之常。钱铿与殇兮，曷云短长？扶摇垂天与蓬累委地兮，同归何有之乡。鹄亭之鬼冤兮，从今都忘。若敖之鬼馁兮，享兹蒸尝。黎丘之鬼枉兮，效抗回而勿为殃。

吁嗟！魂归来兮，皇恩浩荡。圣天子为八灵主兮，国祚永昌！

第四十八章 檄 类

开河谕黔檄[1]

巡抚汪东之

余奉敕抚黔，下车，问民事兴革，佥曰："城南有水可达思南，兴人徒，以开浚[2]通舟楫，为黔万世利。"

余曰："吾志在乡山，安能久此，郁郁以俟河之洋洋也？愿闻其次。"

缙绅先生有谓："往岁黔饥，藩司发帑籴赈，为民之厉。"

余曰："喏。敬为黔除之。"乃置赈田。

直指应公以持斧至，式廓斯增。一日，谓余曰："造福于黔，开河为最巨。公何不先群策而举之？"余以底抱告，直指公曰："何为其然也？天下事不可让之于人，亦不必限之于已。自我创之，安知无继之者？"

余耸然心折。乃檄游击将军杨国柱任荒度之责，直指公喜曰："用得其人，事济矣！"相与搜锾金畀之。

卜仲冬望日，旅于河。若泥行乘橇，水行来艇，游击不惮勤。指挥叶天培、张承袭，司幕杨尚伟、马一新分其任，皆选择而使之，群工翼翼，期于底绩。客有谓黔之公帑既乏，民力亦单，与其图成之难，莫先于虑始。余谕之曰：

"昔北山愚公欲移太行[3]、王屋山之石于渤海之尾，其室人忤之，河曲智叟笑之，惟邻之孀妇遣始龀之子助之，卒之，神负二山，厝于豫南、雍北，以免愚公之迂。城南之水，大者批岩冲壅，小者巉瀡賈坠，洒沈靡定，仅仅一衣带间，以辟其维，以疏其溃，较之凿龙门之险、寻金堤之故迹者万不侔，非若运太行而抵渤海也。

"愚公力不能损魁父之丘坚，任其难，且谋之于室，助之于邻，期之子若孙。已之力有涯，所需者无涯，神之听之，盖理之胜，人之定，天弗违矣。河上之役，能无需乎？余不需其周于财，需其周于德者。财周则守在一家，德周则见高一世。夫往古来今，豪华消竭，吾身尚非吾有，惟名为不朽。是

---

① 开河谕黔檄：《瑞阳阿集》卷五作"开河檄"。

② 开浚：原作"傅土"，不通，据《瑞阳阿集》改。

③ 太行：原误作"太形"，据《瑞阳阿集》改。

以金粟马羊，人重千钧，视若埃尘者，达人之见也。执分寸而罔亿度，处把握[1]而却寥廓，爱惜财费，如膏火煎熬，生为世嗤，死为愚鬼，此黔夫之迷也。

“黔之士大夫多达者，高树标准，而使影附之远；大振嘉声，而致响和之众。不过分霄烛之末光，推葛禹之微润，足矣。其营生粤博，起家令史者，毂击肩摩，虽不产于黔乎？例以并州之义，皆为故乡，况利涉尤所先资，宜其相观为善，而惑祛吝泯也。譬之蔽牛之木，如垂天之云，千百人呼浒浒，伐而运之，若驰焉。瓮牖绳枢之子，萌隶迁徙之徒，不靳刀锥之助，或效胼胝之劳，皆物有微而毗著，事虽琐而助洪，即一篑之能加，何细流之不纳？从此发棹歌，张蜿蜓，仕者不叹于回车，行者无心于愿息，邮困渐苏，苗患益戢，可立待也。

“日者形家告我以盐利，会逢其适，语云山泽材盐，国家之宝，二美并兴，千载一时。余才愧管子，不能兴鱼盐以饶东海。黔之自饶，将与蜀楚争雄，为海内冠冕。尔之桑梓，休有烈光；尔之子孙，享有余荫，其愿之乎？余，愚公也，聚室而谋矣，毋杂然忤也。开拓达者之心胸，不为迷津所惑，操蛇之神闻之，将使河若效灵，如夸娥氏之二子负山，城南之南，思南之北，皆安流也。孰谓大夫智也，而孀妇弱子之不如哉！”

直指公曰：“善！是可训矣！”遂书之，为徇义者劝。

① 把握：《瑞阳阿集》作“挹握”，当非。

第四十九章　疏　类

建盘江河桥疏

提学谢东山

头兰故地，尾洒新亭。水绕盘江万里，东驰海峤湍流。束峡[①]两涯，下俯冯夷。孤航才受两三人，旅客每劳昏晓候。黄茅瘴起，魂销贵竹之程；僰道烟横，望断长安之日。欲教坎窞为平地，须易舟楫以桥梁。何官府执匮乏以为辞，而小人乘险危以为利。悠悠作道旁之议，凛凛为徼外之虞。今遇巡抚刘公，轸念时艰，力行王政。远惟蒲津系缆，开元尚倚于铁牛。近羡澜沧引绳，壮观犹多于金马。爰引刍荛之一得，更参人鬼之佥谋。巨石中流，名称"虎跳"，崇基近岸，势便鸠工。用倾府藏之资，经始恢宏之制。仍赖多方助役，剩期一举成功。人人任占八福田，荡荡平铺五尺道。彩虹巇嵲，无分春夏秋冬。乌鹊参差，那限东南西北？看取杜元凯举觞之乐，何如郑子产乘舆之恩？

① 束峡：《黔记》作"东峡"。

第五十章 跋 类

魁星石跋

王璧

贵州贡院掌卷所，有石屹立，类石鼓形。嘉靖己酉科[①]，镇远守南楼程公来司所事，奇之，乃篆“魁星石”三字，命匠刻于上，且铭之。

壬子科[②]，予复与公同事。见而叹曰：美哉此举乎。因物取义，章采明征。公之嘉惠贵人士，以寓致望意，何其良哉！

夫二十八宿经于天，奎乃其宿之一，与壁宿连垣。说者谓主天下文章。于是乎有奎星焉。[③]自有科目来，士子之首群类贯一经者谓之魁，于是乎有魁之名。好事者以魁字从鬼从斗，乃肖鬼踢斗之形以祀之，于是乎有魁之神，举世咸从尚之。[④]

兹石之在兹，不知几千百载矣。方其未遇也，处于遐荒，与众石等，块然一物已也。乃今恭逢圣时，据于文明之地，复遇名公巨卿奖拔而称赏之，锡以佳名，镌之古篆。遂使碔砆出类，蜿琰同荣。石乎亦何幸哉！

夫物以人灵，神由心感。今科魁解若出于兹所，石为之兆[⑤]，传奇侈异，声日益彰，而公之名之心，当与石同悠久矣。

猗与休哉！夫石，一物也，遇不遇系乎时。若此，人亦时而已矣。修已以俟，因其宜，无妄为觊觎，以贻此石笑，是为跋。

---

① 己酉科：嘉靖《贵州通志》同，《黔记》作“己酉”。

② 壬子科：嘉靖《贵州通志》同，《黔记》作“壬子”。

③ 此句嘉靖《贵州通志》同，《黔记》无。

④ 此句嘉靖《贵州通志》同，《黔记》无。

⑤ 石为之兆：嘉靖《贵州通志》作“阅卷中人心咸谓此石预为之兆，敬畏歆羡，奔走而崇奉之，将必有甚于魁神者也”。

第五十一章 语 类

饲鸟谩语

御史马呈图

御史之台，松柏交植，亭亭落落，郁郁苍苍。龙髯虎姿，冰霜不改；苦心香叶，挺特无因。虽徂徕新甫之产，恐不足以拟其茂也。于时切切交风，群鸟并集，朝夕巢鸣，若相对语。值此帘清之无事，亦多乐意之相关。故旧名柏院，为乌台云。

余一日自公退食，庖人具肴蔌以进。方举箸间，适有二鸟来舞于风檐之上，徘徊于楹杙之间，咧咧啰啰，若乞若泣。余曰："此正老杜所谓'饥乌向人啼'者耶？"命童子取饭饲之。见其羽翊以戢，其目黾以瞏，其足跄以跮，是虽窃食数粒，却又四顾踟蹰。

余曰："汝何以知余之与物同春者耶？又何以不知余非诡遇获禽者耶？夫古人驯鸥相逐，鸟巢庭娱，而太白之鸟，唤铁可集，胡汝之弗余亲也？此其中非有所不敢，必有所不安。所谓蠢动含灵，皆有佛性者，非耶？是可与言矣。

"盖万物之并育，大块赋我以形，则必畀我以情，日用饮食，情欲具焉。人与物同也，然情欲虽同，分量则异。曰人曰物，分类别生，一饮一啄，亦有定数。古人性焉命焉之论，仓鼠耕牛之喻，谈之悉矣。识其分与命而安焉，谓之知足。知足不辱。知非我有而无求，谓之守义。守义不屈，人得为至人，物得为至物。汝不见丹山之凤，其羽翙翙，其声喈喈。资长风而举翮，戾天衢而远翔。栖必以梧，饥不啄粟者乎？又不见北溟之鹏，上摩苍苍，下覆漫漫，激三千以突起，抟九万而遐征，右掩西极，左蔽东荒者乎？又不见九皋之鹤，翻翰蓬壶，回翅云盖，顶凝紫而烟华精，含丹而星耀，饮溶溪之水，唼太湖之濑者乎？不然，则茹草食以自适，酌清泉以自洁，乐芳树以终日，无所俯仰而心逸者乎？顾乃恣其欲之逐逐，竟终日而营营，则亦啄泥之鹊，争蛊之雀，蓬蒿之鷃鹊者等耳，不亦卑乎？

"且闻汝之在羽族也，有三足之异，识反哺之孝。降王屋以兴周，梦尾桐而立宋，迎风向日，候雨导祥，画壁华阳，义重主德，来翔殿树，惊睹为神。况又集五日之奇兆，迎戟架孕五色之卵，擅名兵曹。故唐宗籍之以纪元，宋豪侈之以作赋，驰名已久，行胡不淑？大节既亏，余不足录矣。幸汝我遇，不尽汝情，不然，人必援弓缴之，张网罗之，不将以口腹之故丧其躯乎！矧尔不涅自缁，声闻不臧，已不为人之喜；甘人豢养，又不为人之敬。余不知其所终也。”

二鸟闻之而前，曰：“公言诚是矣！第士君子处世亦有然者，朵颐之论著于《易》，素餐之诮咏于《诗》，虽以及第之辈足两及门，而山斗之儒尤甘一饱。至于羁縻饕餮之徒，趑趄嗫嚅之态，又相望焉。则志饮食者，不独吾物类也。”

余曰：“有之。此其龌龊之流，有道不齿。故朵颐大易以为凶，素餐诗人以为刺。师德见鄙于文正，而昌黎至今有遗论焉。此不过逐气之蝇，依人之鸟耳，何足比数！不知君子立身行已，自有法度；励清修者，谨于细行；严义利者，辨于秋豪。故伊尹致慎于一介，孔颜恒乐乎箪瓢，陶令不以五斗折腰，伯起动以四知自畏，孝肃之苞苴不入，清献之琴鹤相随。甚者，廉士以嗟来不食，夷齐自采薇终身。其清风劲节凛凛然，迄今犹有生气，识者比之鸿冥凤举，翱翔千仞，其与女所云云，相去万矣！夫取法乎上，仅得乎中；取法乎中，所成斯下。女不以此为法程，而顾乃藉彼以自文，宜其贸贸而来也。嗟嗟！贫穷有命，利达有时，云兴日败，神握其机，而筹画什一者，徒足以为傍鬼笑也。夫念起几希，臧否顿异，砥砺名节，择术贵精，知其几而亟反之，则能脱迹乎尘嚣之外，而与后凋者声称矣！不然，值此世道之清明，共睹万物之咸若，乃复昧于慧剑，狃于故常，贻松柏之羞，重台名之辱，是自负于时者多矣，可弗惧与？”

二鸟怃然曰：“命之矣！”相与回翔而奋翮，顿觉今是而昨非。

余曰：“此有情无知亦能感发若是，其视以口腹之害为心害而弗思者，殆相径庭矣。得非以余言为然者乎？”亟命童子取帛书之，系于足，以遍告于群鸟之嗷嗷者。

第五十二章 铭 类

备赈公田铭并序

巡抚江东之

救荒之策，古称无奇。黔故有赈金，率倚办于乞籴，以故[①]承委者数疲于贼[②]而不愿，与无赈同。余与直指应公各出饩余，益以公帑，为之割置膏腴。

诸父老诣庭鸣谢，不曰为黔兴利，而曰为黔除害。

嗟夫！发籴为苛政，余有味乎更老之言也。大都官忧民之饥，民恐官之扰，匪籴斯然，田亦如之。考之农政，耕耘不时必加罚，苗实逾等必加赏。[③]农益田垦，则吏受赏；农损田荒，则吏受罚。寓儆官之法于劝农之中，两台秉持之，两司督核之，郡邑奉行唯谨。所谓黎民乐业[④]，降福孔皆者，其在兹欤？爰立石于阡陌之间，而为之铭。铭曰：

沃壤如底，清畎如隍。旱潦弗恤，我田之臧。瞻杏望蒲，黎锄不释。尔自逢年，敛不过籍。旧谷既没，新谷未登。我发其陈，市价不增。前鉴维何？青苗作厉。不收子钱，军民受惠。严令致期，大信革弊。斯为善贷，行之可继。农先其公，官劭[⑤]其勤。苔笠长聚，荷锸成云。五谷穰穰，九扈欣欣。所赈不用，所备孔殷。

总兵石公邦宪墓志铭

郡人孙应鳌

南服自方叔于征后，惟汉马伏波兵振临沅寿，降置吏。其后地虽内附，不能去兵，历代来苗夷为乱。

天启皇明，历纪二百，世宗皇帝受命抚运，天赐忠良勇志之士，克清大憝，扫荡氛蠚，九真、日南、夜郎，徼外罔不率俾。足为明德申威之臣，吾党都督南溪公其人也。

---

① 以故：《瑞阳阿集》卷五作“顾”。
② 贼：《瑞阳阿集》作“贩”，当是。
③ 此后《瑞阳阿集》还有一段文字：“今备赈之田，予依农政者为令式。”
④ 此句前，《瑞阳阿集》还有四字：“有备无患。”
⑤ 劭：《瑞阳阿集》作“勘”。

公姓石，讳邦宪，字希尹，其先山东寿光人，汉万石君奋之后。元魏时，有讳昶者，官东莱太守，遂居乐陵。传至王，仕元为辽东行院同佥。洪武四年归附，授辽东卫百户，调平越卫后所。王生贞，从靖难兵阵亡。成祖御极，升其子宣清平卫指挥使，正德间升都指挥佥事，割宅改建卫学。

宣传宗，宗生瑛，瑛生坚，坚生公，有千叶榴结实之异。甫十岁，苗夷迫城，公于阶下立垒持镖，愿当一队，霞山蔡公壮之。嘉靖戊子袭职，庚寅后，寻升都清守备，历云南都司参将，贵州总兵官，从事征剿大小四十余战。

其小者，镇抚凯里司，恶苗纳款，湄潭六寨投降。进征都清铜苗阿保等，斩首百级。截杀凯口贼阿廷等，斩首二百四十九级。答干地方斩首五十级。白洗寨张仰保斩首七十二级。雕剿六龙山残苗九十四级。邛水司台黎等斩首七十二级。簸箕寨龙若三等斩首八十四级。王三夯长等斩首六十八级。龙塘寨龙老三等斩首五十三级。拗洞寨岑贾斩首一百六十八级。沙留寨龙老田等斩首三十三级。龙山斩获一百二十三人。龙老寨阿利等斩首四十级。邛水司梁山鬼央等斩首一百九十二级。地隆、阡龙、力水等斩首四十三级。

其大者：四川流贼合思石苗夷据江村囤叛，大征命下，攻之不克。公视其崕壁高仅三丈，令军士积草崕下。军中选一少年何全谬充千户，与贼交质，诒曰“招抚”，全往探贼食尽，守者皆妇人。即如公策，从囤上一跃下，大军鼓噪急攻，斩首一百余级。

都匀七司相继仇杀，兵宪忧之。公曰：“七司如鼠斗穴中，气尽自毙；独山蒙钺杀父争官，诛不可缓；丰宁杨垣罪恶次之。”令先声罪独山，然后移师丰宁。丰宁抗我师，公乘胜擒之，斩首二百四十九级，各司皆平。

云南江川等州县有猓猡朴剌㑳鸡等，东有昌明、龙明等，南有歹李、成老、阿旦等，恃险固，各肆抄掠，兵不能入。公詗得贼状，分麾而行，亲督诸军伐木填堑，川陆并进，猝入贼巢，火炮俱发，四面响应。贼弃甲走者，伏兵执之；行且斗者，追尽殪之。东南二贼皆就擒，夺回男女牛马无算，斩首三百余级。

磨子崖囤苗卢阿项等擅生杀，异章服，为川湖梗，抚之不服，调土兵七千进征。春江雨涨，公令军士编筏征渡，猝至崖下。夜防劫营，是夜果至，伏兵斩首数拾级，铠仗尽弃。贼求援于播之吴鲲、赵懋等，诸将皆恐。公曰：“安万全，杨烈所畏也。调水西兵三万，进次乌江，声问烈纵鲲助逆犯顺之罪，烈奚暇援人乎？”

公每路分兵迭肆疲。时二月，沿路桃花未发，公集兵犒劳，曰：“桃花须一二日开，吾以鼓催之，花速开，囤即破矣。”日午，报桃花尽开，军中作气。又令树旗百步外，曰：“我射中旗竿，贼父子俱禽。”一发果中，军中踊跃。

乘风举火，烟焰障天，斩关而登，生擒贼父子，斩首四百七十余级。

湖广溆浦县猺贼乱，公征之。令制五色旗各百，立五营，令贼探者识之。越日，至山。分旗兵左右前后立帜夺山，公总中坚，分两翼。由前山入，贼出迎战，入则夺山者据巢矣，斩首三百余级，俘获数百人，贼平。溆人肖公像祠之。

容山土官张问、韩甸仇杀不已，公以兵声罪。守备叶勋、千户郭继武颇易之，稍近，伏兵四起，勋、继武皆遇害。公于重围中杀数十人，挺出，至镇远，调度兵粮。贼于沿江防渡，公佯与争渡，别于上流三十里编竹为桥，潜军暗渡，公为后应。贼势转盛，公身当矢石，我兵水陆并进，贼溃，坠河者千人，斩首三百余级，擒问、甸，容山平。

其尤大者：铜仁剧贼龙许保、吴黑苗据六龙山，剽掠湖广、川、贵二十余年。其地阴溪穷谷，竹树云迷，连高夹深，危险叵测。督府张襄惠公请合三省兵攻之，公曰："地险易匿，贼首不可得，不若厚赏顺苗为腹心，以贼攻贼便。"时以召兵，公至铜仁，招纳顺苗二千余人，示以恩信。日出猎鹿，据其要，布营结寨，诸苗莫测。迫铜仁，或欲闭门坚守，公曰："城外无人乎！"开门出兵，贼已欲济，公以飞枪中之，炮火俱发，自相蹂躏，死者无算。贼首遁去，袭破思州府城。公督兵严程束甲而趋，追至黄山，夺回掳去人畜各数十。贼首又遁去，陷石阡府城。公乘其疲困，分兵要截归路，首尾不救，斩首百级，夺回男女八百余人，牛马器械无数。贼首又遁。

大征命下，三省兵剋期大进。公声言由滑石江进。谬令奇兵于江上、山头张虚旗，燃火疑贼。公乃率众衔枚疾走，攻亚寨，冒雪而行，出其不意，一鼓破之，得其仓米、钱帛、牛马，进克滑石江、狗脑坡、麦地、龙塘诸处。

龙塘，许保所居，或曰难克，且先攻瑕，兵法也。公曰："斩蛇先断头。"令敢死士数十人潜伏后山，令宣慰安万全开山，公以步兵与贼背寨门殊死战，军中炮起，伏者应以火器，贼疑前后兵至，弃甲散走，追杀过半，贼首又遁。

督府檄进董留山，公曰："兵贵神速。"乘胜兼程倍进，贼分兵拒之。公据险立营，坚壁不战。夜令某处开一面以防劫，某处设伏以待贼。是夜，果如公料，伏兵四起，杀贼过半。攻剿四昼夜，董留山平。前后斩首五百五十级，擒获者不计。进攻湖苗，川湖二省援兵不至，苗贼并力冲营，营溃，公以数十骑戈格杀数十人，出走十里，遇伏兵，又格杀数人。收败卒数千，据险以待，守备柳之文死之。

廷议以公戴罪杀贼，公得谍报，许保逃匿深洞间，与各苗往来，纠合行劫。公召顺苗某某，属以诱贼，且谓之曰："昔在围中，见二人挺而麾曰：'开路，开路！'我马得行，既访之。老猫、老猫也，似欲归顺，其妻子系狱，彼能来归，我能开释。若大兵至，无及矣。”猫、獐来降，公即取彼妻子令见，执手痛哭，胱令宿府中，夫人为其妻易衣添妆，餍饫酒肉，数日遣去。

一日，公置酒高宴，召猫、獐旁侍，情狎，酌以大斗，猫、獐心醉，誓取报恩。明日，赏衣服酒肉，令与妻子同归。诸苗闻知，皆有顺意。猫、獐归甫八日，率诸苗来降，且报曰：“许保缚矣。”公择精锐四千人，夜抵塘寨立营，大雨，公喜曰：“此洗兵雨也。”问其地，曰汤总兵垒，公又喜，默祷于天，须臾晴霁。黎明，猫、獐等谒见，缚许保献功，公槌牛飨士，毕，与数十人往猫、獐寨，妻孥奉觞，欢如父子，仍送公五十里别。

公又遣人诇吴黑苗子姓家丁止四十人。某日欲出，伏兵中途斩之，苗悉平。督府上功，加提督麻阳、酉邑等处，节制川湖，驻扎铜仁自公始。

平州司杨进雄杀叔及侄，而夺其妻。公合诸土官，宣扬其罪，曰：“汝能自服，子孙不失茅土，不然，吾纵汝以兵决战，吾将郡县汝！”雄泣就缚。

白泥司土官杨赟杀一家男女数十人，自戕其族，负衅阻命。公发兵镇远，赟佯使人以他事来侦伺动静。公直谕以征诛之法，明示破之之计，赟遂与家人泣别。翼日，诣公款降。

安国亨以四十八万众为乱水西，谒上官，辞色不善，即拥众欢噪出，主兵者谓宜讨之。公以尺咫檄[①]召国亨责之，曰：“乃欲反耶？吾视尔釜中鱼耳尔。四十八酋长能忠主乎？吾铸四十八印，立为四十八官，朝下令而夕馘汝矣。不然，吾令尔仇严仓、乌蒙攻后，四川播州攻右，调云南兵以象攻左，吾以湖贵攻前，尔谁敌？尔汉唐来基业，在吾掌股中，可裂为郡县耳！”国亨免冠顿首，痛哭谢罪。

惟公天成勇略，动合神机，或以兵力取威，或以口舌定乱，虽古名将不是过。若夫孝先祖，尊事祖母席太夫人，母王太夫人，友爱二弟、姊妹，敬其族叔虎、仁及三族之亲，助丧赒贫。不矜已功，不扬人过，读书好学。为兵宪鹤臬张公所器重已，乃尊敬迪德，生事死祭，以报知己，则又循循然儒者气象，非武夫介士能为之。

大司马冯公、开府顾公及两京九卿诸荐疏，咸当实不华。天啬其年，隆庆戊辰七月六日卒于铜仁官署。公卒后，贵州诸夷多蠕动兽突，水西竟不逞，或剿之不得，辙行抚，抚之又不听，凡四易总兵，皆无策。若公在，何至是？呜呼！天其未使我明无南顾之忧乎！

卒之日，呼二子曰：“我有俸廪，皆饷军士，死以贫累汝，无我怨！”端坐而瞑，士大夫及夷汉军民无不辛酸涕涕，披麻临奠，不绝于路。铜仁士民

① 尺咫檄：当衍“咫”字。

捐赀立祠，抚按以恤典请，赠左都督，祭六坛，敕布政司营葬城北祖茔后山。生前蒙钦赏一十有四，升俸级者三，廕者二，追赠三代祖父皆如其官，武臣之恩极矣。

配周氏，赠夫人；继宗氏，封夫人。子三：长山，冠带舍人，有将材，早卒。次岳，袭授都指挥佥事。次嵩，卫学生。孙男二：长振，次擐，应袭。公生正德丁卯十月二十三日，享年六十有三。

余与公有世戚，往公捐馆舍，余适越乡，不能临哭。比移疾还山，嗣君岳征碑铭，病未克就。兹起废郧台，复辱使使申前请，乃摭其略序之，而系以铭。铭曰：

肃皇圣明，在位灵昌。绥文诘武，勘定四方。桓桓石公，万夫之特。应运协符，镇定南国。南国开阃，远扬天声。用奇制变，夷方震惊。荆巫来威，苗夷荡复。三十余年，貔虎詟服。煌煌烈烈，翊我皇明。尊主庇人，万里干城。厥有怀来，不专杀伐。武之善经，布昭式遏。西南一柱，屹屹檠天。霜凝风谧，烽火不燃。百越三巴，楚南交北。三千里间，顺帝之则。岁在丁戊，日坠星黄。君臣后先，爰继惧伤。中兴之功，壮猷未极。于铄其懿，垂诸竹帛。丕哉制辞，廓兮大隧。曰归曰藏，岁维已已！

南京工部尚书孙应鳌墓志铭

郡人陈尚象

公字山甫，号淮海，别号道吾。其先直隶如皋人。一世祖华，永乐初，以南京神策卫千户调清平，家焉。华生礼，袭千户。礼生钦，累官指挥佥事；次铎。铎而后曰瀚、曰重，咸以文学科第世其家。公父为云南府同知、南明公衣。

公生而颖异，弱冠，潜心圣学，嘉靖丙午举于乡，中《礼记》第一人。癸未，以《书经》登进士，改翰林庶吉士，授户科给事中。遇事感激，无少回避，目睹财用匮乏，上《财用大计疏》，上行其言。丙辰，迁刑科右给事中。

时严相嵩秉政，台省多取容，公独避远。顷之，外补佥宪南昌。三年，擢本省参议。历陕西督学使、四川参政、按察使、湖广右布政，所至有声。其督学关中，简髦士作养，日以邹鲁微言训迪之，士类蒸蒸起。分守川东，土酋薛兆乾与狭贼蔡伯贯先后叛乱，公定计殄之，三川宴然。

隆庆丁卯，擢都察院右佥都御史，抚治郧阳，疏劝上修德勤政，语剀切。辖属各道，故无兵备衔，公疏改湖广，分荆南为郧襄兵备，陕西关南为汉羌兵备，期克诘戎兵之实。

提太和山，太监柳朝怙宠凌虐，莫敢谁何，公陈八害五宜革状，上为斥之。已，予告得代，犹惓惓为地方计长久，条上处置汉中事宜四事。

寻归杜门，稍不能于部使者。会地方有警，卫官萋菲南明公，部使者以弹文中之，并齮龁公，公沥血陈情，上重公，竟得雪。

今上龙飞之岁，巡按蔡敬斋荐公，诏仍起督郧阳。公故习郧为重地，乃援南赣事例，请改添衔提督军务。特请复建文君号编年，补国史之缺，疏奏留中，举朝以为昌言。甲戌，入为大理寺卿。

乙丑，升户部右侍郎，寻改礼部，掌国子监祭酒事。司成，为儒臣妙选，上以畀公，盖异数云。公荷主知，以成就人才为已任，仿先祭酒吕泾野楠遗意，奏征天下举人入监卒业，疏禁骄惰子弟顽不可教者，不得以赀援纳，上皆可之。已，又议修号舍，群生徒日肄业其中，随其材器陶铸之，无不底于成者，太学彬彬然多成德达材之士矣。

丙子八月，驾临太学，公举《虞书》“无教逸欲有邦”进讲，上嘉纳之，命坐赐茶。已，宴于礼部。翌日，降玺书褒谕之。

九月，复入讲。感鼻衄。十月予告，在籍二年。中丞何来山荐公，诏仍以原官起，管国子监祭酒事。公奏休沐如故，家食五六年间，台省抚按荐剡稠叠。

癸未十二月，起刑部右侍郎。甲申三月，进南京工部尚书。上方以鼎铉属公，而公不起矣。公名著宇内，世以此重之，而亦以此忌之，当其从床第间闻命，恨不委身以报明主，而言者未察，至有以屡用不仕苛责于公者。然奉旨致仕未一月，而遽捐馆，岂有所顾计以图柄用者耶？

公德器性成，而操存于学问者笃；才猷天授，而体验于躬行者精。处为真儒，出为名世，上结主知，下孚苍赤，有由然矣！万历甲申七月二十五日薨于家，距其生嘉靖丁亥八月十四日，寿五十有八。配李氏，封恭人。子寿昌，夭。继子善行。本年季冬月，厝于赐葬之凤凰山。崇祀乡贤与蜀大儒祠。公生平孝友，惇让好义，乐汲引后学，多所成立。宦游三十余年，秩跻上卿，田庐不加其旧。著述种种，《学孔精舍汇编》《汇稿》《续稿》行于世，楚人刘公伯燮为之序曰：“河东而北，龙山而东，粤东而南，自今曰黔南以西孙先生焉，吾道大明，日中天矣。”吁！知言哉。尚象既撮公之大者，著于墓而系之铭曰：

孟称豪杰，无文犹兴。谁谓黔远，而产先生。多识畜德，尚友千古。理学宗盟，为时山斗。既信而仕，蔚有时名。词坛琐闼，推毂惟公。分宜秉政，出公藩臬。节爱勋猷，异地一辙。中丞之节，两莅郧阳。殚竭忠荩，固乃封疆。既典法台，不骫三尺。方二司徒，旋坐宗伯。成均特简，断自宸衷。临雍大典，公独遭逢。帝眷真儒，鼎铉攸属。士类忻然，公乃休沐。家食几时，群情共推。哲人知几，辞荣若遗。皇路清夷，留都再起。柄用方新，未究遐祉。人之云亡，善类殄瘁。皇心攸恫，愍渥孔至。凤凰佳城，司空取营。藏灵于兹，身名俱馨。高山仰止，景行行止。千载而下，视此贞石。

参议杨廉遗墓碣

提学吴国伦

杨君名廉，字念清，故关西夫子裔，不知何代徙家广陵之泰州，泰州族系亦无考。洪武之季，君用明经举，起家为名御史。历永乐，迁陕西按察司佥事，寻调广西，擢贵州布政司右参议。在贵六年所，雅能操清白，抚绥夷民，语在《名宦志》。宣德初，皇帝赐玺书褒之。比卒，其妻王恭人孑然依一垂橐，视诸孤襁褓中，度无资越万里归，遂卜葬君于城东三坡林，因家焉。至今乡士人犹能诵君遗德，祠祀之不泯。

其后季子祥，以国子生授行唐令。祥子敞，以乡举，授洋县令。敞子敬，为百丈驿丞。敬子举，为中军督抚知印。盖自是杨氏日微矣。君故有四子，或嗣，或绝嗣者，或他徙不知其处，独祥子孙仅守丘墓。其自王恭人、行唐令以下，物故而祔三坡林葬者凡三十七冢。知印早客死，家不置锥，妻亦去帷，遗孤文彬、文灿少育于假父家，为军人何祈所绐，私以子钱行券，因收其冢间隙地，已，遂窃葬，至行唐令所，几暴其骸骨。是时二孤已稍长，为人佣，以自饮食，偶过而息焉，始悟军人故绐之，且暴之也。号泣而讼于予。予以移贵阳太守，太守廉得其实，召军人当之法，立徙诸非杨氏尸，而还所窃葬地，乃论报，请砻石纪其事。

予览杨氏所藏玺书与三坡林诸冢之图，怆然嗟曰："不仁哉！军人乎！"夫杨君以藩大夫尝临若先世父老，非不尊；天子褒劳其绩，士人见德而祠之，非不贤；子孙二世相继宰百里，非不有后。逮五世之泽微，始有不免为人佣者，军人遂萌豕心，使其四世之亲几不掩于抔土，不仁哉！

昔孙叔敖殁数年，其子贫困，乞封于楚，得寝丘，瘠不为人所利。朱仲乡病且死，属其子曰："桐乡民爱我，其葬我桐乡。"往予尝过寝丘，见楚相祠如新，是瘠之效也。及过桐乡，又见大司农高冢，数百步外无刍牧，则爱之征也。今三坡林瘠于寝丘，而杨有知，未必不桐乡望其民，使千百世亡恙。此数世忍之，何人情相悬乃尔！即军人奚利，暴人之亲而自暴其亲，徒取不仁名，亦愚矣。予惧夫后之愚而为军人者不少也，故特如太守议。碣其墓以戒之，且戒杨氏之后毋复为人所绐云。

贵州通志卷二十四

艺文志

第五十三章　诗　类

五言古

流夜郎永华寺寄浔阳郡官

唐·李白

朝别凌烟楼，瞑投永华寺。贤豪满行舟，宾散予独醉。
愿结九江流，添成万行泪。写意寄庐岳，何当来此地？
天命有所悬，安得苦愁思！

窜夜郎于乌江留别宗十六璟

李　白

君家全盛日，台鼎何陆离。斩鳌翼娲皇，炼石补天维。
一回日月顾，三入凤凰池。失势青门傍，种瓜复几时。
犹会众宾客，三千光路歧。皇恩雪愤懑，松柏含荣滋。
我非东床人，令姊忝齐眉。浪迹未出世，空名动京师。
过遭云罗解，翻谪夜郎悲。拙妻莫邪剑，及此二龙随。
惭君湍波苦，千里远从之。白帝晓猿断，黄牛过客迟。
遥瞻明月峡，西去益相思。

寄李十二白二十韵

唐·杜甫

昔年有狂客，号尔谪仙人。笔落惊风雨，诗成泣鬼神。
声名从此大，汩没一朝伸。文彩承殊渥，流传必绝伦。

龙舟移棹晚，兽锦夺袍新。白日来深殿，青云满后尘。
乞归优诏许，遇我宿心亲。未负幽栖志，兼全宠辱身。
剧谈怜野逸，嗜酒见天真。醉舞梁园夜，行歌泗水春。
才高心不展，道屈善无邻。处士祢衡俊，诸生原宪贫。
稻粱求未足，薏苡谤何频。五岭炎蒸地，三危放逐臣。
几年遭鹏鸟，独泣向麒麟。苏武先还汉，黄公岂事秦？
楚筵辞醴日，梁狱上书辰。已用当时法，谁将此义陈。
老吟秋月下，病起暮江滨。莫怪恩波隔，乘槎与问津。

送任侍郎黔中判官

唐·刘长卿

不识黔中路，今看遣使臣。
猿随万里客，鸟似五溪人。
地远官无法，山深俗易淳。
顿令荒徼外，亦解惧埋轮。

初至龙场无所止结草庵居之

文成王守仁

草庵不及肩，旅倦体方适。
开棘自成篱，土阶漫无级。
迎风亦萧疏，漏雨易补缉。
灵濑向朝湍，深林凝暮色。
群獠环聚讯，语庞意颇质。
鹿豕且同游，兹类犹人属。
匏樽[1]映瓦豆，尽醉不知夕。
缅怀黄唐化，略称茅茨迹。

① 匏樽：《黔记》同，《王文成公全书》作“污樽”。

始得东洞遂改为阳明小洞天三[①]首

王守仁

（一）

古洞闷荒僻，虚设疑相待。
披莱历风磴，移居快幽垲。
营炊就岩窦，放榻依石垒。
穹室旋薰塞，夷坎仍扫洒。
卷帙漫堆列，樽壶动光彩。
夷居信何陋，恬淡意方在。
岂不桑梓怀，素位聊无悔。

（二）

童仆自相语，洞居颇不恶。
人力免结构，天巧谢雕凿。
清泉傍厨落，翠雾还成幕。
我辈日嬉偃，主人自愉乐。
虽无棨戟荣，且远尘嚣聒。
但恐霜雪凝，云深衣絮薄。

（三）

我闻莞尔笑，周虑愧尔言。
上古处巢窟，杯饮皆污樽。
冱极阳内伏，石穴[②]多冬暄。
豹隐文始泽，龙蛰身乃存。
岂无数尺榱，轻裘吾不温。
邈矣箪瓢子，此心期与论。

---

① 三：原本作“二”，据《王文成公全书》及正文改。
② 穴：原本作“宂”，据《黔记》及《王文成公全书》改。

谪居粮绝请学于农将田南山永言寄怀

王守仁

谪居屡在陈，从者有愠见。
山荒聊可田，钱镈还易办。
夷俗多火耕，仿习亦颇便。
及兹春未深，数亩犹足佃。
岂徒实口腹，且以理荒宴。
遗穗及鸟雀，贫寡发余羡。
出耒在明晨，山寒易霜霰。

龙冈新构[①]

王守仁

谪居聊假息，荒秽亦须治。
凿巘薙林条，小构自成趣。
开窗入远峰，架扉出深树。
墟寨俯逶迤，竹木互蒙翳。
畦蔬稍溉锄，花药颇杂莳。
宴适岂专予，来者得同憩。
轮奂匪致美，毋令易倾敝。

圣泉篇赠韩石溪

巡抚徐问[②]

龙图天生水，羲画山出泉。
睠兹觱沸流，肇自浑沌年。
盈涸在顷刻，消息同坤乾。
尘刹变潮汐，亿垓无贸迁。
帝台盎浆仄，神瀵壶岭颠。
冰壶姑射质，风露绰约仙。

---

① 《王文成公全书》此诗有二首，且有小序。

② 此诗嘉靖《贵州通志》及《黔记》均认为作者是杨慎。《黔记》还明确说本书以作者为徐问是错误的。

窦云腾潏潏，泓月涵涓涓。
虾须穿皎镜，蟹眼瞭沦涟。
岷觞衍游圣，坳舟喻思玄。
迷踪鬼方雾，蕴真罗甸烟。
讵逢陆羽品，那遇叶钦传？
名公纡胜引，嘉招陶芳筵。
折简开荟蔚，飞觥延霁天。
玉珂鸣重巘，金艾明华田。
碧敛洒柔翰，翠微铿洞弦。
临渊称混混，倚谷望瑢瑢。
严阃鼙鼓动，回溪賁烛然。
荒涂欣良会，兴言遂成篇。

七星关渔者

修撰杨慎

石涧无通水，渔舟返上山。
得鱼随马卖，抱獭趁鸦还。
问尔江湖兴，茫茫若梦间。

东山

提学吴国伦

九日不登高，烟霞澹林麓。
十日秋气清，东山倚天矗。
复道舒新蓁，琳宫隐扶木。
振衣蹑其巅，一纵千里目。
荒城大如斗，众山渺焉伏。
扫石坐层云，鸣钟发幽谷。
僧至焚妙香，居然在天竺。
忽开西域莲，掩彼南阳菊。
何言非吾土，良游此堪卜。
义驭难可停，且倒樽中醁。

七言古

流夜郎赠辛判官

唐·李白

昔在长安醉花柳，五侯七贵同杯酒。
气岸遥凌豪士前，风流肯落他人后。
天子红颜我少年，章台走马着金鞭。
文章献纳麒麟殿，歌舞淹留玳瑁筵。
与君自谓长如此，宁知草动风尘起。
函谷忽惊胡马来，秦宫桃李向明开。
我愁远谪夜郎去，何日金鸡放赦回。

宿谷里

文成王守仁

石门风高千树愁，白雾猛触群峰流。
有客驱驰暮未休，山寒五月仍披裘。
饥乌拉沓抢驿楼，迎人山鬼声啾啾。
残月炯炯明吴钩，竹床无眠起自讴。

饭金鸡驿

王守仁

金鸡山头金鸡驿，空庭荒草平如席。
瘴雨蛮云天杳杳，莫怪金鸡不知晓。
问君远游将底为，脱粟之饭甘如饴。

白水河

巡按张佑

鸟道崎岖曾未识，于今策马劳心力。
逼霄峻岭万重山，悬崖瀑布垂千尺。

汹涛皓皓作雷鸣，雾气腾腾点衣湿。
茅村几处尽苗穴，石田数顷犹夷业。
深林野鸟可人心，当春农事兴乡魄。
那堪春景独伤情，明朝漫向愁人说。

二仙山[①]

按察使郑絅

西入贡函穷六诏，东来盐利集千艘。
犬牙自昔称相制，豺穴频年乱未休。
偃武修文何日事？重关高垒且城头。

送焦维章督学贵州

陈柬[②]

长安车马纷轰阗，分远逐世称豪贤。
阙下上书苦烦热，侯门鞁履争腥膻。
西川焦君何屈强，高情独在云霄上。
衔杯那复顾尚书，发言不肯容丞相。
只今天子重兴文，羡君藻思如云屯。
大腹便便作经笥，小言落落空人群。
南去南中烟雾多，五溪猺犵充山阿。
禹王文教故不迄，至今学士半诸罗。
君乘使者双龙马，未到声名已先写。
颖拔初分佐理忧，才高肯是优游者。
我闻大贤之门进夷狄，中原理失求诸野。
声教应闻自远人，策名可在文翁下。

① 嘉靖《贵州通志》此诗共四联，除以上三联，首联为："两山雄峙夹河流，两岸孤城据上游。"
② 陈柬：《贵州通志》谓其为庶吉士。

扶摇阁笔峰

巡按薛继茂

崚嶒石磴蹑重霄，两腋生风挟羽毛。
苍翠湿衣云物冷，半天高阁又扶摇。
扶檐走拱临丹霭，烟雨空蒙疑大海。
彷徘三山驾六鳌，逼人爽气何潇洒。
玉皇香案堕人间，化工之笔插其端。
空中写出真图画，一幅生绡尚未干。
山灵雄逞拔地起，如将跃入青冥里。
落日霞明拥赤城，蓬莱咫尺依稀是。
渐看渐近鸟飞来，若为轩楹障复回。
烂漫芙蓉开未了，当杯莫惜玉山颓。

碧云洞

提学沈思充

西南天际流云碧，削出芙蓉插半壁。
中多灵怪不可藏，混沌之窍倏忽擘。
若个窍中别有天，阿谁巧构神明宅。
灵扉不扃敞若堂，琼县缀宇星辰摘。
闪烁非电亦非霞，盘蜒疑螭复疑貘。
八宝擎出蕊珠宫，六种震动祇树国。
仰视杳霭[1]穹窿迷，上有通天一门拆。
寂寥惝恍了无声，下有长流喷瀺汼。
溟通百折不可回，龙门谁凿岂禹迹？
我欲乘槎问广寒，携取支机一片石。
俄惊水底潜鲛腾，震地一声人辟易。
仆夫呀指壁间垠，长蛟去去遗蜕迹。
回头相彼石田崖，势吸长河见龙脊。
扰之鳞甲个个飞，乘此行云天下泽。

---

① 杳霭：《黔记》作“香霭”，当非。

碧云洞

提学李学一

连日山行苦山恶，特为登临出城郭。
郭南有洞名碧云，巍峨嵂崒从天落。
下马洞门忽敞开，飞泉万派穿幽壑。
初疑水窦即龙门，继睹神功非禹凿。
稍前窈窕若重门，再入琼宫复寥廓。
天边一穴透明来，穹窿万象何炤焯。
垂旒悬蕊光陆离，翠霭明霞森喷薄。
石田灿灿如布棋，畎亩盈盈可种芝。
神龙诡兽争腾跃，寿星卧佛相参差。
胡人欲献西来贡，仙子将闻海上卮。
我亦平生好佳胜，眼中未见如此奇。
徘徊日暮不能去，聊赋新诗一记之。

游铁山

郑恭

铁山苍翠望欲迷，铁溪清浅石棱[①]齐。
百年射猎见夷獠，谁人为此磨崖题。
风流太守人中彦，大笔如椽[②]洒来遍。
山川从此生光辉，何幸同舟偿夙愿。
隔林无用呼行厨，下山有泉水有鱼。
舞雩风咏忆曾点，借问此乐更何如。
兵备无为高袖手，风尘不动台前柳。
同游共乐太平时，不在山川不在酒。

① 石棱：原作“石声”，据弘治《贵州图经新志》、嘉靖《贵州通志》及《黔记》改。
② 如椽：原本误作“加椽”，据弘治《贵州图经新志》、嘉靖《贵州通志》及《黔记》改。

排律

扶摇阁新成

巡抚舒应龙

高阁凌霄汉，崔嵬棘院东。
万山通间气，一水跨长虹。
翘首三台近，凭栏四望雄。
翩翩腾碧落，荡荡判鸿蒙。
抚剑疑冲斗，乘槎欲御风。
朝霞明远峤，夕照度高峰。
咫尺连丹阙，苍茫接紫空。
市缠静城廓，天籁响丝桐。
衣拂彤云外，身游玉宇中。
凤仪瞻象魏，豹变隐崆峒。
蟾窟看攀桂，扶桑拟挂弓。
地灵何久闷，人杰待时隆。
毓秀文闱茂，抡材冀野空。
英贤欣入彀，夷夏尽朝宗。
礼乐今全盛，车书已大同。
愿言黔省士，联武谒宸聪。

寄题[①]

郡人孙应鳌

早罢荆门镇，言寻石户耕。
风尘闲老眼，丘壑澹秋情。
忽枉骚人札，深怀胜地盟。
洞泉开僻壤，词赋振韶韺。
一径层林入，千岩曲窦平。
轩窗含宿润，箭括引新晴。

---

① 标题原缺，据《黔记》补。

云障罗青壁，霞标带赤城。
龙蟠潭隐隐，猿啸谷铮铮。
五䟝俱旌美，千奇不辨名。
鬼神留斧凿，造化见生成。
日净沉朝彩，天澄起夜声。
蔚蓝盘岛屿，花鸟映空明。
信矣遗尘世，悠然薄太清。
念心思得象，阅世欲餐英。
何日褰裳去，同居策杖行。
钓玄舒雅况①，发兴出高评。
独往探牛斗，相知洽弟兄。
斯游如可遂，岂羡接蓬瀛。

五言律

层台道中

巡按席春

地险悲长道，天空信短亭。
瘴烟时冉冉，祲气尚冥冥。
水落汀沙白，云移岭树青。
轻寒侵病骨，奔走愧山灵。

杨总兵凯旋

巡按王杏

渴忆元戎至，欣闻驿使传。
油幢回塞日，铁钺破蛮烟。
谋到降心地，功居血战前。
自兹应衅甲，原野乐丰年。

① 舒：《黔记》作“讦”。

过杨老站

副使王世隆

雨厌南荒湿，晴憎恶草蘩。
茅茨依石壁，曲涧绕山根。
战垒连云密，蛮音和鸟喧[1]。
即看兵甲洗，歌舞入金门。

途中漫兴

参政姜仪

淅淅风生树，漓漓雨满途。
暮云山堡合，旅望驿楼孤。
故国悲游子，青山笑腐儒。
感时新奋用，不是利名图。

元日新添喜晴

修撰杨慎

白日临元岁，玄云放晓晴。
城窥冰壑迥，楼射雪峰明。
客鲤何时到？宾鸿昨夜惊。
离心似芳草，处处逐春生。

题四松亭

杨慎

哦松谁者作？墨妙说升庵。
一自身辞北，翻令色在南。
风霜空独立，廊庙更何堪！
苍古龙鳞在，年年锁翠岚。

---

① 和鸟喧：嘉靖《贵州通志》作“称世喧”。

碧云洞漫兴

巡按赵大佑

依舍千重树，连城百啭莺。
胜游常近郭，吾意欲通名。
行色穷词赋，山灵识性情。
凭谁祈岳手，为写辋川屏。

九日怀梅峰道长

巡抚张鹗翼

天涯怜九日，眺远忆登楼。
思出停云外，人将伐木求。
酒醒猿独啸，秋老菊增幽。
亦是登临况，偏多乡国忧。

月山寺

副史赵之屏

石透长溪雨，人穿半壁烟。
蛮村没瘴草，古寺断荒田[①]。
世事愁为病，浮生拙是贤。
孤忠能自许，弹铗动高天。

阁鸦道中念母太恭人寿诞

巡抚刘大直

万山寒欲敛，三月雨初晴。
虎节王程肃，霞觞亲寿荣。
春行罗鬼国，云望锦官城。
标柱将何术？倚门慰若情。

---

① 古寺断荒田：嘉靖《贵州通志》作“军力芜腴田”。

元旦书怀次韵

提学谢东山

灯火薇垣曙，衣冠玉笋班。
风云随凤辇，梦寐识龙颜。
鸟逐新飞絮，花明旧看山。
纵游贪出郭，坐待暮鸦还。

次玉华高方伯威清除夕韵

谢东山

爆竹响山城，天涯岁复更。
风尘输甲子，道路信平生。
拂袖看长剑，摊书对短檠。
沉沉残夜酌，万里正含情。

甲寅元旦

谢东山

军城鼓角喧，绛节点朝班。
南国同嵩祝，遥天识圣颜。
寒威收百谷，晓旭破千山。
翘首长安道，珊珊珂珮还。

爱山堂四首

巡抚赵钎

（一）

无意寻佳丽，居然最远峰。
始知人境里，面面有芙蓉。
山翠衣前落，林香燕外浓。
倚云时一啸，万里渺孤踪。

（二）

群峰如客至，一一费逢迎。
豺虎当年穴，烟霞此日情。
绕身森画戟，终古作金城。
拓地者谁子？功高不敢名。

（三）

物外吾何适？山中兴独便。
清酤甜胜蜜，紫蟹大如钱。
木刻何妨信，鸡占亦近玄。
风云常出没，不分是蛮烟。

（四）

胜域多戎马，夷方独晏然。
世途仍否泰，吾道自山川。
梯引穿云路，田分隔岭泉。
西南盛虎将，何处有狼烟？

赠石南溪总戎

迁客张翀

老将西南日，雄提百万兵。
斗牛横剑气，草木动风声。
得士黄金贱，投壶白玉轻。
池中谁赤子？天外有长城。

别贵竹诸友

张翀

十年与君游，千里与君别。
把袂意不言，含杯气欲绝。
渐隔潇湘云，空留夜郎月。
一曲钟期弹，知音对谁说？

龙场见王伯安先生壁间遗笔

吴国伦

海内王夫子，夷方亦问津。
斯文存放逐，天意属经纶。
一字云犹护，千秋迹未陈。
相传浮海事，不及问斯人。

谒王先生祠

吴国伦

想像居夷日，蛮王半执经。
泽宫虚俎豆，麟阁俨丹青。
庙柏烟霜古，园芜鹿豕停。
残碑堪堕泪，风雨过群灵。

赤水公署

吴国伦

突兀蛮山合，参差雉堞低。
人家悬碧石，公署出丹梯。
夜静水声乱，日高云气迷。
床头白麈尾，愁绝自提携。

赤水苦热

吴国伦

何事炎蒸候，遨游赤水边。
密云浮瘴疠，长日警烽烟。
屋角双厓堕，城心乱瀑悬。
何当御风去，高步雪山巅。

署中登阁望雪二首

吴国伦

（一）

署阁拥城心，群峰护玉林。
同云一夜合，积雪九夷深。
白发寒相照，清樽欸自斟。
幽兰意不浅，萧瑟向鸣琴。

（二）

不到炎方雪，朝来树亦冰。
城光瑶草蔓，山气玉龙腾。
绝域天难辨，危轩晚更凭。
乡关与京阙，何处白云层。

爱山堂二首

吴国伦

（一）

绕郭云如水，入门山满堂。
烟霏生牖闼，空翠滴衣裳。
石瞑猿犹卧，松高鹤正翔。
居然成野趣，不解是它乡。

（二）

坐上看山好，桥头问酒来。
浮云冠盖集，落日管弦催。
汉将南征垒，罗夷北望台。
乾坤何异域，万里独徘徊。

安城道中

云南提学[①]李默

客游惊岁暮，犹自滞他方。
楚泽[②]连天远，蛮烟引塞长。
年随流水竞，春入鬓毛苍。
抚事惭知己，非才荷宠光。

岁晏过雪山关

提学郑旻

弭节度巄嵸，飘然似转蓬。
登攀石磊磊，下瞰雾蒙蒙。
巘绝风霜劲，途逢岁月穷。
客心君未察，长剑倚崆峒。

七星关二首

提学凌琯

（一）

敷文万里境，叱驭七星关。
野水汤池险，层崖玉垒闲。
暮春单袷爽，斜日鬓毛班。
魏阙频翘首，长安北斗间。

（二）

丹心不改色，华发已盈颠。
报国日渐短，驱山春自怜。
危关临巨险，玉节照金鞯。
万里揆文教，传呼入紫烟。

---

① 提学：嘉靖《贵州通志》作“提学副使”。
② 楚泽：嘉靖《贵州通志》作“禁泽”，当非。

普市夜宿

提学冯时可

孤客驰驱倦，高眠系玉骢。
云城荒戍冷，月落短亭空。
旅梦分寒柝，羁魂警夜风。
归与且莫叹，天地任飘蓬。

入永宁

冯时可

何意且兰甸，奇踪处处赓。
千崖凌一涧，万竹隐孤城。
月为山偏小，泉因石转清。
到来忘险远，幽兴自平生。

校士冰玉亭

提学沈思充

春城瘴如扫，晴鸟任飞扬。
院静闲文几，风清度野香。
锦桃红映日，明李白于霜。
伫看成蹊处，无言意渺茫。

可渡公馆次韵

沈思充

炎方炎月渡，敢怠往钦哉。
翠嶂开尘外，薰风解愠来。
溪山蛮瘴净，干羽帝功恢。
吾党斐然者，兹行取次裁。

再游碧云

沈思充

春风桃李媚，再度碧云时。
波荡渊鱼乐，山辉洞玉奇。
芳樽对景尽，幽意问谁知？
不厌乘轺过，何妨秉烛随。

铜鼓洞小咏[1]

沈思充

行行入洞天，鼓石声填然。
玄窍明耿耿，窈流泉涓涓。[2]
烟霞韬虎豹，奥渺窟神仙。
万顷犁云巧，时哉龙见田。[3]

双明洞

教授黄阁

天外钟佳胜，偏怜僻地开。
悬崖喧一鸟，虚谷响如雷。
木自群峰落。人从曲径回。
寄言车马客，知否是仙台？

乌撒感怀

范渊

看山[4]怀古郡，骑马踏斜阳。
夷落[5]穿云壑，人家散野荒。
天涯魂欲断，春梦夜偏长。
未了男儿事，其如两鬓霜[6]。

---

① 乙未仲冬二十有三日，校黎平士毕，回车览此。
② 原文自注：洞渐深处，上有通明一窍。再深有一小溪，横流来去，深不可测。
③ 原文自注：洞有石平铺，宽可十余丈，纹片片如云起，如亩界，如龙甲，俗呼万顷田，一名云龙觑珠，入自左，出自右，乃经此。
④ 看山：嘉靖《贵州通志》作“千山”。
⑤ 夷落：嘉靖《贵州通志》作“石路”。
⑥ 两鬓霜：嘉靖《贵州通志》作“两鬓苍”。

云彩江声

郡人杨秀冕

俯槛谐高调，尊开百鸟迎。
流丹飞阁迥，积翠傍崖明。
花雾都成彩，云涛会作声。
渔人操苇过，欸乃数峰清。

三月朔日雹

郡人姚世熙

已是暮春朝，俄今雪雹饶。
随风穿漏屋，带雨点新苗。
顿觉春衣薄，翻疑朔气飘。
农家愁绝处，生事转萧条。

过板桥

郡人沈勖

绝涧跨飞桥，东屯数里遥。
花香随杖履，松籁响箫韶。
泉石终堪隐，神仙或可招。
愧非题柱客，兴致未全消。

七星关

郡人缪文龙

悬崖能阁木，怪石惯栖云。
鸟语惊禅寂，钟声送夕曛。
山川真不老，鹿豕谩同群。
野兴聊登赏，枫林叶正纷。

观音山洞

郡人黄堂

荒林耸碧岑，久坐静禅心。
不雨苔常湿，无云洞自阴。
僧闲祇树冷，鸟语落花深。
高阳有玄度，支遁足相寻。

圣泉即事

郡人李时华

谁启阳侯府，潜通津要门。
呼来如有约，归去总无痕。
潮汐乾坤窍，盈虚造化根。
急流知勇退，长啸独倾樽。

七言律

忠烈庙

巡抚邓廷瓒

烈烈轰轰此丈夫，艰危志在灭强胡。
孤城受敌丹心壮，大厦虽倾赤手扶。
正气满腔凌日月，清名[①]千古振寰区。
我持斧钺来霄汉，愿借英风扫叛徒。

安庄道中

巡抚丁养浩

畦田百垒锁[②]山腰，雨后流泉似海潮。
青嶂午阴看饭犊，碧林秋静听鸣蜩。
一帘暝色人归市，万壑腥风虎过桥。
更待月明刁斗静，满天苍碧夜迢迢。

---

① 清名：弘治《贵州图经新志》、嘉靖《贵州通志》同，《黔记》作“清明”，当非。
② 锁：原文误作“销”，不通，据弘治《贵州图经新志》、嘉靖《贵州通志》及《黔记》改。

普安公署

丁养浩

好山如画压城头，尽日岚光翠欲流。
峻岭刺天[①]偏碍月，密林藏雨不知秋。
云开锦帐横当户，风约寒泉半上楼。
老我柏台看未足，欲将书剑向[②]瀛州。

赤水城[③]

巡按黄珂

城上旌旗带雨悬，城边草树昼生烟。
山光水色连千里，人语鸡声傍一川。
望眼谩劳迎过雁，愁怀无奈听啼鹃。
登临直上最高处，恍若身游万仞天。

赠王司空凯还

巡按戴乾

玉节行边记昔年，甘棠随处尚依然。
一函宝敕重分阃，两省苍生看解悬。
风力扫空消瘴雾，天瓢行雨洗腥膻。
诗篇满帙浑闲事，勋业还归太史篇。

赠纪功黄鸣玉道长

戴乾

台端风裁久推君，野鹤年来已出群。
直道名高温柱史，先声胆落李将军。
运筹已脱囊锥颖，献捷星驰露布文。
当宁论功优典在，邻灯应有隙光分。

---

① 刺天:《黔记》同,《西轩效唐集录》作“到天”。碍月:《黔记》同,《西轩效唐集录》作“得月”。
② 向:《黔记》同。《西轩效唐集录》作“问”。
③ 此诗弘治《贵州图经新志》作“监察御史黄珂《次汪侍御韵》”。

登城

佥事罗昕

思州城上望中州，满眼狼烟动别愁。
关塞极天红日近，园林经雨绿云稠。
横披瘴疠行三部[①]，直指[②]风霜作九秋。
安得禹王重治水，生灵同济大川舟。

朗溪司

罗昕

百家村落一荒司[③]，列嶂回峰碧四垂。
风俗渐看同郡国，印文犹自刻蛮夷。
重楼钟鼓初晴夜，夹道旌旗薄暮时。
自是年来亲翰墨，壁间[④]随处有题诗。

和丁直指韵

罗昕

春风射策殿东头，曾许衣冠接盛流。
老我天涯甘瘴疠，多君皮里有阳秋。
阴嘘寒谷春如海，笑落千村月满楼。
骢马明朝催晓发，去思人隔凤麟洲。

龙里公署

罗昕

雨过龙山翠欲流，晴光多在屋西头。
不随客子[⑤]愁多瘴，应共农家[⑥]喜有秋。

---

① 三部：《黔记》同，弘治《贵州图经新志》作“三郡”。
② 直指：《黔记》同，弘治《贵州图经新志》作“尽借”。
③ 一荒司：《黔记》同，弘治《贵州图经新志》作“置官司”。
④ 壁间：《黔记》同，弘治《贵州图经新志》作“粉墙”。
⑤ 客子：《黔记》同，嘉靖《贵州通志》作“越客”。弘治《贵州图经新志》作“客”，缺一字。
⑥ 农家：《黔记》、嘉靖《贵州通志》同，弘治《贵州图经新志》作“侬家”。

松菊久荒元亮径，风尘犹碍仲宣楼。
牂牁东去鳞鸿杳，半载无书到广州。

按部思州闻新守熊君将至

副使沈庠[①]

僻郡巡行当此日，新侯远到自南都。
得人先为民情喜，对景偏令客思孤。
数里山城随上下，几区官舍总萧疏。
屈伸随处[②]从吾道，天地何人是丈夫？

登城

沈庠

城绕青山水绕城，坐中风景一般清。
若为仙境宜无迹[③]，信是桃川空有名。
平日[④]身心方觉定，通霄鸡犬不闻声。
四隅褊隘怜如斗，惟恐人来说调兵。

圆通寺

沈庠

禅关寂寂影山腰，坐听松声海上潮。
冲破晓烟常见鹤[⑤]，噪残秋色不闻蜩。
赏心谢客[⑥]闲居塔，禁足幽僧不过桥。
风景依稀犹在目，烟光云影路迢迢。

---

① 此诗弘治《贵州图经新志》作“前人诗”。
② 随处：弘治《贵州图经新志》作“听命”。
③ 宜无迹：弘治《贵州图经新志》作“疑无路”。
④ 平日：弘治《贵州图经新志》作“半日”。
⑤ 鹤：嘉靖《贵州通志》同，弘治《贵州图经新志》作“鸥”。
⑥ 赏心谢客：嘉靖《贵州通志》与弘治《贵州图经新志》均作“游山诗客”。

思南公署

沈庠

僻郡无城四野荒，小亭[①]清坐日偏长。
得从浅水移舟稳，敢怪青山笑客忙。
地向西南通蜀道，人从东北望吾乡[②]。
朔风此日催寒急，犹自天涯理敝裳[③]。

思南道中

副使阴子淑[④]

阴雨[⑤]初晴鸡乱鸣，轺车行处未天明。
岚深只说山无路，林静还闻水有声。
一曲镜湖何处乞？数茎霜鬓此中生。
仆夫莫惮[⑥]驱驰早，已有田翁接陇耕。

龙冈谩兴三首

文成王守仁

（一）

投荒万里入炎州，却喜官卑得自由。
心在夷居何有陋，身随吏隐未忘忧。
春山卉服时相问，雪寨蓝舆[⑦]每独游。
拟把犁锄从许子，漫将弦诵比扶沟。

---

① 小亭：弘治《贵州图经新志》作“分司”。
② 吾乡：弘治《贵州图经新志》作“吴乡”。
③ 该句弘治《贵州图经新志》作“风霜此日催冬令，旋解行囊著敝裳”。
④ 阴子淑：此诗作者嘉靖《贵州通志》与《黔记》同，弘治《贵州图经新志》作“前人诗”。
⑤ 阴雨：嘉靖《贵州通志》与《黔记》同，弘治《贵州图经新志》作“宿雨”。
⑥ 惮：嘉靖《贵州通志》与《黔记》同，弘治《贵州图经新志》作“俾”。
⑦ 舆：原作“沧”。不通，据《王文成公全书》及《黔记》改。

（二）

路僻官卑病益闲，空林怪听鸟间关。
地无医药凭书卷，身处蛮夷亦故山。
用世谩怀伊尹耻，思家独切老莱斑。
梦魂兼喜无余事，只在耶溪舜水湾。

（三）

归与吾道在沧浪，颜氏何曾击柝忙。
枉尺已非贤者事，斫轮徒有古人方。
白云晚忆归岩洞，苍藓春应遍石床。
寄与峰头双白鹤，野夫终不久龙场。

平溪馆次王文济韵

王守仁

山城寥落闭黄昏，灯火人家隔水村。
清世独便吾职易，穷途还赖此心存。
蛮烟瘴雾承相往，翠壁丹崖好共论。
畎亩投闲终有日，小臣何以答君恩？

陆广晓发

王守仁

初日曈曈似晚霞，雨痕新霁渡头沙。
溪深几曲云藏峡，树老千年雪作花。
白鸟去边回驿路，青崖缺处见人家。
遍行奇胜才经此，江上无劳羡九华。

过天生桥

王守仁

水花[1]如练落长松，云际天桥隐白虹。
辽鹤不来华表烂，仙人一去石楼空。
徒闻鹊驾横秋夕，谩说秦鞭到海东。
移放长江还济险，可怜虚却万山中。

过七盘岭

王守仁

鸟道萦纡下七盘，古藤苍木峡声寒。
境多奇绝非吾土，时可淹留是谪官。
犹记边烽传羽檄，近闻苗俗化衣冠。
投簪实有居夷志，垂白难承菽水欢。

清平卫即事

王守仁

积雨山途喜乍晴，暖云浮动水花明。
故园日与青春远，敝缊凉思白苎轻。
烟际卉衣窥绝栈，[2]峰头戍角隐孤城。
华夷节制严冠履，漫说殊方列省卿。

兴隆卫书壁

王守仁

山城高下见楼台，野戍参差暮角催[3]。
贵竹路从峰顶入，夜郎人自日边来。
莺花夹道惊春老，雉堞连云向晚开。
尺素屡题还屡掷，衡南那有雁飞回？

---

① 水花：《黔记》同，《王文成公全书》作“水光”。
② 原文自注：时土苗方仇杀。
③ 催：《王文成公全书》作“摧”。

罗旧驿

王守仁

客行日日万峰头，山水南来亦胜游。
布谷鸟啼村雨暗，刺桐花暝石溪幽。
蛮烟喜过青杨瘴，乡思愁经芳杜洲。
身在夜郎家万里，五云天北是神州。

谒武侯祠

王守仁[①]

殊方通道是谁功，汉相威灵望眼中。
八阵风云布时雨，七擒牛马壮秋风。
豆笾远垒溪萍绿，灯火幽祠夕照红。
千载孤贞独凛烈，口啤时听蜀山翁。

给书诸学

王守仁[②]

汗牛[③]谁著五车书，累牍能逃一掬余。
欲使身心还道体，莫将口耳任筌鱼。
乾坤竹帙堪寻玩，风月山窗任卷舒。
诲尔贵阳诸士子，流光冉冉勿踌躕！

送杨巡抚出师征镇箪

巡按张佑[④]

晓晴牙纛照南城，天上征书属老成。
文正甲兵胸自富，伏波铜柱界还明。
辕门气壮貔貅勇，玉帐风高犬豕惊。
筹策莫嫌劳万里，边民翘首望升平。

① 嘉靖《贵州通志》作王杏诗。
② 嘉靖《贵州通志》作王杏诗。
③ 汗牛：嘉靖《贵州通志》作“凡牛”。
④ 张佑：嘉靖《贵州通志》作“张祐”。下首张佑诗亦是。按本书及《黔记》，当是“张祐”。

平越公署

张佑

五更风气净边埃，天上分明绣斧来。
啼鸟有情花雾散，远山如揖瘴烟开。
写怀不作惊人语，歇马还登月里台[①]。
万里南荒劳弹压，晓窗无奈破深杯。

镇远道中

按察使陈洪谟

三楚山川此地穷。夜郎西望古南中。
百年治教衣冠变，万国梯航道里通。
芳草郊原[②]春意蔼，古槐庭院午阴丛。
江天渺渺风波[③]静，摧廓应怀范老功。

兴隆香炉山

巡按周廷用

巃嵸炉峰栖碧烟，诸山罗列似戈铤。
犬羊旧恃三苗窟，骠骑新收一统天。
风雨昼来喧战阓，草茅晴拥带腥膻。
马援去后今千载，谁似将军再拓边。

军中感兴

按察使李麟

感时清泪欲悬河，怪底饥氓力负戈。
学道孔门惟俎豆，仰高武邑止弦歌。
猿缘绝磴霜前急，马塔层冰雪后多。
忽忆天瓢谁倒挽，洗兵消息竟[④]如何？

---

① 月里台：嘉靖《贵州通志》作“望月台”。
② 郊原：嘉靖《贵州通志》同，《高吾静芳亭摘稿》及《黔记》作“郊垌”。
③ 风波：嘉靖《贵州通志》及《黔记》同，《高吾静芳亭摘稿》作“风烟”。
④ 竟：嘉靖《贵州通志》作“意”。

石阡述怀[①]

知府祁顺

男儿弧矢平生志，历遍中华到石阡。
椎髻卉裳荒服地，剑牛刀犊太平年。
雨余山翠开图画，夜静泉声落管弦。
俗客不来公事简，倚窗频和白云篇。

又

祁顺

不独桃源道路深[②]，此中幽僻更难寻。
山泉恬淡有清意，庭草低回无怨心。
晓榻白云侵纸帐，夜窗明月伴瑶琴。
衰时幸与闲中称[③]，且作先生号醉吟。

登楼寄友

祁顺

懒把衷情咏十离，穷边风月乐相随。
闲倾六一先生酒，遍读柴桑处士诗。
云锁洞门无客过，翠交庭草有春知。
君亲睽隔心盟[④]远，世路悠悠不尽思。

送祁知府

参议林同

当宁忧民率旧章，铨曹择守为遐邦。
万言已试经纶策，千里何劳抚字方。
粉署才名高北斗，薇垣节概凛秋霜。
几回默诵停云句，离恨悠悠漳水长。

---

① 《黔记》同，嘉靖《贵州通志》与《巽川祁先生文集》题为“述怀”。下一首诗嘉靖《贵州通志》题为“书壁”,《巽川祁先生文集》作“郡斋书壁”。

② 道路深:《黔记》与嘉靖《贵州通志》同,《巽川祁先生文集》作“深复深”。

③ 衰时幸与闲中称:《黔记》与嘉靖《贵州通志》同,《巽川祁先生文集》作“衰迟幸与闲相称”。

④ 盟:《黔记》同，嘉靖《贵州通志》与《巽川祁先生文集》作“明”。

镇远道中

巡抚徐问

偏桥道中雨不绝，镇远山前连日晴。
路出南荒诸崄尽，水从东汇乱溪平。
忧时只益星霜鬓，多病空悬犬马情。
到处熟梅常道渴，炎天如火倦修程。

军中感兴

副使林茂竹

烟树苍苍佳气笼，孤城遥镇万山中。
春郊水腻耕犁满，幕府天寒画戟雄。
狐鼠何时归扫荡，干将此日费磨砻。
书生原未闲军旅，独把忠诚答九重[①]。

新添述感

巡抚王杏

贵筑年来不问兵，豺狼踪迹遁周行。
堤边流水增新堑，峰顶连云补断城。
已见荒郊牛犊茁，漫期夷俗茧丝成。
采风未了澄清计，望日瞻云总系情。

香炉山

巡按杨春芳

隐隐炉山云外浮，将军从此奋戈矛。
儵然[②]谷口遗骸积，不尽溪声带血流。
忆昔谁能知曲突，至今人尚说焦头。
孤城远戍豺狼地，立马斜阳一怅惆。

① 九重：嘉靖《贵州通志》作“圣聪”。
② 儵然：《黔记》同，嘉靖《贵州通志》作“修然”。

平坝道中

主事夏言

落日荒村生紫烟，攒峰叠障画屏连。
行云带雨穿松坞，野水流香出稻田。
虫响空山秋榻静，月斜孤壁夜堂偏。
不眠起坐千忧集，城角无端到枕边。

送熊经藩[1]之婺川

修撰杨慎

骊驹载道何骎骎？飞凫遥下蛮江浔。
雁鸿[2]不度牂牁国，虎豹常啼枫树林。
鸣琴仙室白日静，锁印公堂朱夏深。
冰蘗肯移清吏节，卉裳须服野人[3]心。

读景川曹侯开河碑

杨慎

将军玉剑塞尘清，余力犹将水土平。
象马边隅开贡道，蛟龙窟宅奠夷庚。
史家底事遗经济，郡乘何曾纪姓名？
幸有琳琅播金薤，可无萍藻荐芳馨？

关索庙

杨慎

关索危岭在何处？猿梯鸟道凌青霞。
千年庙貌犹生气，三国英雄此世家。
月捷西南武露布，天威南向阵云赊。
行客下马一酹酒，侯旗风偃寒吹笳。

---

① 熊经藩：嘉靖《贵州通志》同，《黔记》作“熊维藩”。
② 雁鸿：嘉靖《贵州通志》作“鸿雁”，《黔记》同。
③ 野人：《黔记》同，嘉靖《贵州通志》作“远人”。

复沈总兵

巡按赵大佑

将军阀阅声华久，玉节牙璋总制遥。
燕颔曾闻班定远，鹰杨谁是霍嫖姚？
双江韵兴思铭石，五岭材官望插翘。
授简愧非司马手，好文聊拟伏波谣。

九日新添道中闻边警

赵大佑

病起东行菊始华，悬车终日石林斜。
湛空玉露双洲水，鸣叶商声万树霞。
风急羽书天北骑，秋清客夜日南笳。
何方解识承平运，朋酒公堂乐岁家。

宾阳洞

赵大佑

春尽碧云曾客游，岁余东道寄冥搜。
沉埋窟宅蛟龙合，蕴积精灵天地留。
避俗来分琼藻席，洗心宜泌玉壶秋。
多君幽意能将引，问道名山共点头。

重阳夜月

巡抚王学益

秋日荒遐也净埃，客怀何处一登台。
风高绝徼无来雁，雾隐深崖有避豺。
茱酒谩为佳节进，菊花遥忆故园开。
平生经世心非少，多病于今欲乞骸。

玉阳洞

巡按张涣

洞中春酒酿蔷薇，尘外三仙[①]日下归。
隔岭碧箫猿鹤近，侵衣瑶草芷苓肥。
一樽共饮东风软，万里谁知此道非[②]？
歌罢水冷花片片，断云残雨点斜晖。

乌撒感怀

张涣

西使曾经莎蔀国，南巡又度阿里山。
云烟马首盘幽磴，雨雪鹑居扣暮关。
壮志空怜青鬓改，殊恩真愧紫泥颁。
铁桥铜柱风斯[③]远，何事王阳驭不还？

镇远道中

巡按张雨

南去滇南逾咫尺，北瞻极北是长安。
海桑日观千门晓，垣竹冰壶五夜寒。
谩有风云生足下，不妨车马动江干。
月明疑是王乔侣，落尽梅花十二阑。

又登山一首

张雨

使节当年客华山，曾于仙掌一跻攀。
应知选胜烟霞外，那得凭虚廛市[④]间。
此处诸天三界近，何人双舄五云还。
请看铜柱东南际，未许边峰入汉关。

---

① 三仙：嘉靖《贵州通志》与《黔记》均作“三山”。
② 此道非：嘉靖《贵州通志》与《黔记》均作“笑语非”。
③ 斯：嘉靖《贵州通志》作“期”。
④ 廛市：嘉靖《贵州通志》,《黔记》作“尘市”。

送谢东山督学贵州

编修杨名

六月辎车远渡泸，龙山小集喜联珠。
光芒射斗青萍剑，香气蒸云碧玉壶。
筹幄旧功收众将，经堂新化见群儒。
高风好问龙场驿，可有当年鲁共愚。

谷里驿梦同时[①]旧僚

巡抚刘大直

三月春寒夜被凉，京华清梦旧明[②]良。
十年道契金兰雅，千里神交山水长。
鄙吝萌时怜叔度，孝文敷[③]处愧文疆。
殊方上苑风尘[④]迥，检束酬知敢自遑。

寄曾少岷杨升庵朱南谷诸老

提学谢东山

芙蓉江上占星聚，魑魅山中坐日斜。
千里有怀停酒盏，三年无信报琼华。
岚烟瘴雾双蓬鬓，白鸟青天一钓槎。
未遂拂衣陪胜赏，暮林啼杀后栖鸦。

元日次葵山韵

谢东山

处处红梅点缀花，满城歌舞竞繁华。
葵心转日天边影，草色连江梦里家。
野兴联翩寅并骑，诗情潦倒笑涂鸦。
纷纷世事何须说，醉倚阑干望斗槎。

---

① 同时：嘉靖《贵州通志》作“同寺”。
② 旧明：嘉靖《贵州通志》作“旧朋”，当是。
③ 敷：嘉靖《贵州通志》作“孚”。
④ 风尘：嘉靖《贵州通志》作“风烟”。

忆杨升庵

谢东山

笋舆日日乱峰间，底用吾家屐齿攀。
留滞春光三月闰，等闲客路万花殷。
水流洞口来何处？云冷仙人去不[①]还。
泸水僦居元是客，解嘲赋好不须删。

留别贵阳诸子

提学蒋信

春风三度鬓成丝，桃李初开满院时。
叔子放教西蜀去，考亭恨作遁翁迟。
阴霾白日何须论，鹤驭长风信可期。
亭上歌声曾入夜，诸君记取莫教违。

又忆贵阳诸子

蒋信

忽忆鸣琴月夜堂，倚栏诸子和声长。
阳春新曲知还好，灵药仙丹觉未忘。
贵竹何年弦诵满，祝融回首骨毛香。
从今欲问烟霞窟，已卜朱陵飞雪傍。

清平宾阳洞

蒋信

青山临路石门开，天地神工亦异哉！
不有仙人能指点，何由竹杖得迂回。
玉芝倒映蓬莱阁，冰雪寒侵绣豸台。
驱马归来应岁晚，一樽须醉月明回。

---

① 不：嘉靖《贵州通志》作“未”。

石阡公署

佥事龙遂

绿林煽毒自何年？寂莫孤城几户烟。
西廓层峦[1]呈异石，沿村曲涧拥芳阡。
弄晴好鸟争相和，映日奇花自可怜。
安得疲癃长并育，直须作郡属才贤。

秋夜偶读《贵州志》用谢宪副韵

巡抚张鹗翼

瑶篇读罢烛生花，秋尽庭除送月华。
诸谢风流谁最雅？盛明制作此为家。
传经座外鸣呦鹿，振铎声中散晓鸦。
愧我老非张博望，高风拟指[2]泛星槎。

平坝闻笛

按察使郑絅

山空月白秋萧萧，笛声一听魂欲飘。
杨柳故园尽摇落，关山极目仍迢遥。
路难不得系书雁，夜梦忽堕覆鹿蕉。
旅怀惝恍不可奈，揽衣起坐终清宵。

东坡书院和虑吾道长韵

巡按陈效古

午春憩马一登游，慵揽征镳促去驺。
堪羡此山真洞府，更夸何地是瀛洲？
鹤巢树杌因松伴，云补山颓为石留。
清兴未阑烟树渺，夕阳移影薄山头。

---

① 层峦：嘉靖《贵州通志》与《黔记》均作“景峦”。
② 指：嘉靖《贵州通志》作“借”。

威清除夕

巡抚高翀

毳幕高承夜雪寒，四山瑶色照台端。
使轺未厌西南险，眼界真余天地宽。
兵甲喜先降剧虏，岁时行值荐辛盘。
浮生到处俱堪适，更役吟魂醉倚阑。

王翁阅城次韵四首

按察使陈尧

（一）

窈窕城隅竹树阴，画熊文豸此登临。
建牙鼓角星河动，露冕风霜关塞深。
秋水席前浮玉盏，晚山天末对瑶琴。
边人共识王乔履，犹恐飞凫入禁林。

（二）

鸣笳叠鼓泛兰舟，经略能分圣主忧。
玉柱擎天光上国，锦帆迎日漾中流。
坐怜沙鸟忘机事，行撷江篱赋远游。
幕府况兼人物盛，碧山池馆是瀛洲。

（三）

万壑风烟一草亭，公来延眺眼常青。
林间花映乌台简，洞里苔封玉笈经。
望远振衣云漠漠，凌高飞盖日冥冥。
更怜开府多清暇，炼药餐芝养性灵。

（四）

冠盖逢秋出郭行，放怀天地一身轻。
指挥将吏金章合，感慨年华碧荏生。
座拥山川迎使节，筵开弦管杂边声。
知公不久归台鼎，黄阁云霄万里情。

碧云洞

副使焦希程

曲洞吞溪十里幽，一方佳丽冠南州。
龙垂绝壁神疑动，烟满悬崖翠欲流。
天际轩窗来日月，水中弦管自春秋。
灵山况复逢人杰，此日登临属壮游。

过偏桥道中

巡按钟沂

乘骢梯石几迂斜，持斧行边任落花。
帝德已施荒服地，春光不择野人家。
风霾扫处消山瘴，天日回时接水涯。
屈指瓜期何日是？桑园绿酒泛红霞。

七星桥

佥事蒋春生

谁假苍龙下碧空，巉崖蟠据著神功。
雨余潭底沉清影，月出云间见白虹。
万里路通滇蜀合，七星关占古今雄。
观风几度停征幰，回首天涯似转蓬。

南楼

迁客张翀

万里频年此夜郎，戍楼羌笛几斜阳。
乡心最怕青山远，客思应同流水长。
落叶有情悲聚散，塞鸿何事走炎凉？
凭栏把酒天边月，一剑风尘鬓未霜。

新添道初度用韵

佥事周以鲁

为客俄惊鬓欲华，长途终日任横斜。
马行绿野濡秋露，人对青山趁晚霞。
壮志几年悬佩剑，乡心一夜满鸣笳。
生辰却喜新添道，沾得风光即是家。

游西峡山

知府周瑛[①]

经岁不寻西峡舟，与君偶复作清游。
山含细雨衣全湿，水泛青天身若浮。
人世几番尘土梦，亲闹万里鬓毛秋。
短蓬未许全收拾，更有烟波闽海头。

题高处士梅轩

周瑛

娄溪尽无车马喧，静爱寒梅绕素轩。
风送暗香来几席，月移清影到琴樽。
花如东阁时裁句，人似西湖昼掩门。
应是江南宜岁晚，先春和气发乾坤。

过盘江河

巡抚杜拯

泛泛盘江二月天，一蓬瘴雨夜郎船。
渡头草树云垂锁，袖里槟榔客自怜。
太液恩波劳梦想，剑池春水隔风烟。
临流此际情何限，极目湘云思渺然。

① 瑛：原文误作“英”，据《黔记》及本书前文改。

铜崖山

提学吴国伦

双江渡头水磷磷，孤屿飞棹如有神。
天造中流一柱观，地标何代三铜人。
野航送酒小于叶，彩蛛当矶重作纶。
莫道金焦独形胜，蛮山一自无风尘。

分署即事因示诸生三首

吴国伦

（一）

华发潇湘一腐儒，诏从偏国领生徒。
署依藏甲岩前石，山作横经帐里图。
千树云霞标古阁，八番冠冕视名都。
当场却问诸年少，搦管能言帝力无？

（二）

溪上春云拥石阑，远峰罗列镜中看。
窥帘莺雀晴空下，绕阁松杉白日寒。
多士渐亲都讲席，无闻虚著进贤冠。
夷方处处弦歌发，为报虞廷更舞干。

（三）

夜郎新造古罗施，文武才贤异汉时。
宪府霜华森佩剑，桥门星彩错囊锥。
诸生谩拟三鳣颂，病客惭称六艺师。
荐士肯如杨得意，只从词藻浪相知。

古柏

吴国伦

古柏苍苍宪府开，清阴常覆读书台。
千霜自饱华林色，万石遥撑大厦材。
龙甲参差排瘴疠，鹃巢安稳寄风雷。
汉廷朱博非儒吏，列树朝乌总浪猜。

铜仁公署

吴国伦

清秋行部五溪西，立马山烟四望迷。
沙碛中分江大小，郡城斜倚石高低。
箐茆一旅夷关险。禾黍千年楚甸齐。
谁为承平忧保障，莫教豹虎隔林啼。

抵毕节

吴国伦

九驿途穷役未停，荒城到客雨冥冥。
铜符扼险依三蜀，铁柱临关锁七星。
虚拟輶轩能问俗，且随童冠一传经。
揽衣空馆微吟好，郭外群峰绕案青。

在毕节简沈从善兵宪

吴国伦

百雉城开九驿西，千家黯淡石林栖。
观风渐与乌蛮近，辟瘴仍愁赤水迷。
苜蓿雨肥初纵马，稻花风暖更占鸡。
非君镇静多筹策，何得夷方息鼓鼙。

过层台驿

吴国伦

野潦奔鸣石径斜，疏林残日见田家。
编篱半护邛王竹，筑坞新开望帝花。
荒徼万山连蜀道，远人重译问京华。
乡音断绝愁如梦，何处风高急暮笳。

过白厓驿[1]

吴国伦

箐林幽窕石巃嵸，永日驱驰辙未穷。
驿道久通滇蜀使，居人犹杂汉夷风。
厓间板屋依云架，塞外芒山入雨空。
赤水宁辞三峡远，双鱼为寄楚江东。

爱山堂

巡抚严清

今年迎客临郊馆，却忆去年为客时。
倏忽风云多变幻，居诸日月易推移。
谁言款段能千里，自分鷦鷯足一枝。
我故爱山山爱我，看山寻起住山思。

关索庙

严清

将军庙貌倚山巅，万壑千峰拥后先。
百战威名今尚在，一方禋祀旧相延。
孙曹幻业烟云散，父子精忠日月悬。
我欲推公乡井念，更烦英爽为周旋。

石芝洞

知府陆从平

天空云静万山明，太守乘轩野外行。
宫柳丝含春色嫩，陇梅香染客衣轻。
梦中芝石曾相侣，洞里神仙旧问名。
安得青牛寻宿约，便求羽化了平生。

---

① 原文自注：驿故阿落密地。

赤水城

副使王炳然

孤城势若一壶悬，雨后林峦起白烟。
负郭青山无隙地，当时赤水是寒川。
谁家唤客秦鹦鹉，半夜愁人蜀杜鹃。
闻说东来尝不雪，风光多是岭南天。

龙山次司松滋见慰

邹元标

龙山深倚碧云西，秘殿崔嵬拂采霓。
已怪烟尘何渺渺，那堪风物更凄凄。
荒村老我犹狂兴，石上逢君续旧题。
迁客从来多胜迹，可能携手赋愚溪。

同诸子登舟台

邹元标

黔南流滞数年身，不禁凭高发兴新。
童冠可追沂水乐，咏歌遥溯舞雩春。
云开树岭迎游客，鸟啭笙簧欵醉人。
病骨自怜还自惜，肯教青鬓老风尘？

书殿壁

邹元标

岧峨雄镇亦名境，不到其如负一生。
云带玉屏双嶂出，天垂匹练一江横。
坐听虚籁心能静，俯瞰平林世欲轻。
黄绮仙童如可问，吾将结屋傍云耕。

读书堂偶兴

邹元标

寂寂寥寥杨子居，悟来那用五车书。
春凝池畔莲将茂，绿满窗前草不除。
得意举杯邀去鸟，会心束手伴游鱼。
惺惺正属吾家事，未忍无成岁月虚。

又

邹元标

红尘玉案休相侵，为爱名山即道林。
残卷开题珠影遍，空斋长掩白云深。
眼观大易原非画，弹到朱弦别有音。
何处更寻糟粕句，斫轮先已得吾心。

发黔阳城

提学冯时可

黔阳寒色老青枫，徙倚高台落叶空。
涕泪天涯秋易坠，诗篇海内晚逾工。
千山落日徐收紫，一水飞霞半映红。
同赋望乡愁自绝，不堪烟树障江东。

都匀道中口号赠夏逸人

冯时可

客路悠悠绕夜郎，驰驱渐入瘴烟乡。
都蛮落日恐行旅，野老烹茶迎道旁。
杖策无言机事少，停车有客赠歌长。
四邻终岁熙熙乐，似伴庚桑乐岁穰。

七星桥

巡按陈效

谁道星槎落碧空，往来利涉亦奇功。
岚光拂槛开晴嶂，瀑布穿林走白虹。
乌鹊千秋填羽翰，江流万古任英雄。
凭虚读罢扬雄赋，彷绋乘风到海蓬。

新添驿初度用韵

巡抚王体复

兹辰去岁遇京华，远道今时望眼斜。
万里星光朝斗极，千山日色带晴霞。
雁声不到黔南地，蝶梦还愁塞北笳。
浪迹浮生思报主，炎风朔雪总天涯。

谒武侯祠

巡按薛继茂

先生祠宇驻江湄，当日英雄想见之。
开济三分成鼎业，精忠二表出祁师。
欲凭野老咨遗话，但有烟云结怨思。
羽扇纶巾元不俗，相看还似草庐时。

又

廓外青山汉相祠，江空木落雨丝丝。
龙冈人物遗三代，鱼水君臣自一时。
双蝶故迷芳草色，寒鸦飞上野棠枝。
搴芳荐罢徘徊意，无限闲愁识者谁？

来喜堂

薛继茂

万家春树拥亭台，挟兴飞攀亦壮哉！
雨气微茫迷海岛，烟光缥渺接蓬莱。
天邀山色当轩住，剑削莲花对酒开。
欲取笔峰聊纪胜，登高作赋愧非才。

东园漫兴

巡按杨宏科

小苑幽幽散客踪，沧洲何处不相逢。
径饶素影全因竹，亭蔼繁阴半是松。
啸隔蓬山云外合，坐忘闲鸟榻边从。
最怜北牖风来细，此日羲皇兴更浓。

北巡闻捷

巡按应朝卿

北去岧尧路转高，征骓袅袅入云霄。
凿空不藉金牛力，传檄何如司马劳。
千嶂忽随盘水拆，九溪遥接海南潮。
远人莫道吾多险，已报王师破釜巢。

发蔺州[①]

提学沈思充

南飞吹彻浪愁人，何事驰驱渡远津？
瘴外八千余里客，梦中三十六年春。
望迷眼底青山老，搔向头颅白发新。
肠结劬劳浑欲断，生儿射矢莫教频。

① 原文自注：时丙申仲夏望，予初度日也，漫吟志感。

龙场驿[1]

沈思充

振铎西南转使轮，堪嗤罗鬼傍人驯。
青山绿陌明时景，鸟语雕题太古真。
历尽九夷谁曰陋，渡残五月亦疑春。
吾乡迁客今如在，一点良知处处新。

七星桥

沈思充

山关楼阁倚霄空，荒垒犹传诸葛功。
不是孤衷悬日月，谁令到处望云虹？
星连北斗奎章灿，桥锁西陲天堑雄。
再度登临吊千古，振衣濯足洗心蓬。

文昌阁

佥事方万策

东瞻紫气蔼扶桑，可是帝星莅上方。
十里芙蓉迎剑舄，一天奎壁挂松篁。
星河半插文峰丽，日观高临东壁光。
此地灵符多骏足，莫令风雨暗康庄。

南山霁雨

方万策

楼外青山黄鸟栖，长空如拭绝云堅。
今朝霁色连城曙，昨夕飕风送雨霎。
二水遥分悬濯锦，丛林不断挂长霓。
南峰片片莲花色，满地芳菲试自题。

① 原文自注：丙申六月朔，西巡回经此。

秋日登扶摇阁观笔峰作

知府刘之龙

飞仙何处抹烟霞，掷笔凌空积翠斜。
古树龙蛇盘作字，群峰菡萏簇生花。
狂来欲拂云笺染，兴到偏宜酒思赊。
秋色楼台凭一望，不堪天外蜀云遮。

忠烈庙

刘之龙

闻说睢阳保障时，曾同张许共艰危。
乞师空堕贺兰指，飞矢犹含忠愤词。
力屈匡扶悲社稷，笑归泉壤是男儿。
殊方庙貌存禋祀，目断中原有所思。

七星桥

主事梁佐

巉崖飞阁倚长空，凿石寻源诵禹功。
地迥鼋门淘昼雪，天低蜃栋拂晴虹。
三巴西接虬龙静，六诏南通象马雄。
我欲乘风生羽翰，星河云海泛飘蓬。

次庄定山韵

教授方琴

竹弄清风柳弄烟，小斋随我度流年。
有书不厌黄昏读，无事何妨白昼眠。
望日远怀天保颂，悲风常忆《蓼莪》篇。
平生大节惭无补，空对宫墙坐惘然。

永宁道中

教授陈时雨

千树梧桐一径长，秋声夜雨似潇湘。
僧房滴处消残烛，客枕闻来忆故乡。
鸟宿枝头多冷落，蛩吟叶底倍凄凉。
好披云雾开天眼，直上高冈睹凤凰。

题诸葛武侯祠

断事徐应骅

万古流传惜武侯，黔江庙貌已千秋。
伊周事业成三顾，巴蜀偏安跨九州。
忠贯丹心昭日月，义扶汉胄为炎刘。
卧龙身殒知天意，仲达奸谋得自由。

渡牂牁

李景山[①]

归与何日是真归，惭愧山林与愿违。
垂老八千余里谪，回头四十九年非。
穷途野水黄云渡，梦里田家白板扉。
珍重沙禽频见下，也应知我久忘机。

黎平署中

卜同[②]

宦途游辙几经霜，行到南封近越裳。
湖水偶来徐孺宅，家山多近郑公乡[③]。
军中按堵无边檄，天下咸威[④]有报章。
明日萍踪又何处？山川宿负未曾偿。

---

① 弘治《贵州图经新志》与嘉靖《贵州通志》均交代作者的身份为“元乌撒道宣慰副使”。

② 弘治《贵州图经新志》交代作者的身份为“湖广按察司佥事”。

③ 多近郑公乡：嘉靖《贵州通志》同，弘治《贵州图经新志》作“多梦郑乡公”。

④ 咸威：嘉靖《贵州通志》作“咸宁”。

黎平署中

冯天秩

旧岁仲冬辞帝阙，今春薄暮入黎平。
燕封[①]魏域三千里，楚水湘山四十程。
回首北瞻红日远，伤心东望白云轻。
平生不晤阳山梦，今日阳山梦已明。

北门楼新成

董纲[②]

层楼高结彩云端，画栋翚飞紫翠攒。
山势北来如凤舞，溪流南下若龙蟠。
星河影落秋光早，钟鼓声催曙色寒。
想得公余有清兴，时来吟咏倚栏干。

题郁道者新建善应桥

沈勖

飞石攒空若画成，跨溪环洞巧经营。
水从玉蛛[③]腰间过，人在金鳌背上行。
应有素书堪进履，岂无驷马更题名。
适来偶倚危栏看，偏喜沧浪可濯缨！

万松轩

沈勖

先生高隐即徂徕，绕屋清阴覆绿苔。
万树总为[④]霜雪操，一林云是[⑤]栋梁材。
窗间羽翠风前落，谷口鸾笙月下来。
闻说摘花多酿酒，蚁香银瓮几时开？

---

① 燕封：嘉靖《贵州通志》作“燕村”。
② 董纲：弘治《贵州图经新志》录此诗，谓作者为“杨彝”。
③ 玉蛛：《黔记》同，弘治《贵州图经新志》作“玉练”。
④ 总为：《黔记》、弘治《贵州图经新志》与嘉靖《贵州通志》均作“总持”。
⑤ 云是：《黔记》、弘治《贵州图经新志》与嘉靖《贵州通志》均作“俱是”，当是。

游城南新洞

杨彝

山腰谁凿洞门开？绝谷层峦亦壮哉。
满地白云无径路，一溪流水隔尘埃。
欲从阮肇寻源[①]去，曾见初平叱石来。
胜览于人随处有，何须海上觅蓬莱。

永宁道中

杨一溪[②]

千峰飞雪湿征裘，戍垒高枭羿子头。
山郭草亭梧叶雨，野人篱落菊花秋。
树明红锦初来雁，稻熟黄云晚载牛。
弹压只今劳硕德，迤西从此可无忧。

书怀

陶心

青山此地可为家，绝壁烟萝入望赊。
静院日高深竹色，古坛风细碎金花[③]。
夙缘漫结三生石，尘梦能醒七碗茶。
长笑一声天地窄，雕潇[④]蓬鬓帽攲斜。

送熊宗德知思州府

倪岳[⑤]

谁道思州万里程，驮驮五马亦专城。
催科自署阳城考，迁秩犹殊贾谊行。
九折已经今日道，一腔肯负旧时盟。
停看定论来廊庙[⑥]，盘错须知老更成。

① 寻源：弘治《贵州图经新志》同，《黔记》作“寻仙”。
② 杨一溪：嘉靖《贵州通志》作“杨一渶”。
③ 金花：《黔记》同，嘉靖《贵州通志》作“松花”。
④ 雕潇：《黔记》作“潇潇”，嘉靖《贵州通志》作“刁潇”。
⑤ 本诗题与作者，弘治《贵州图经新志》作“南京吏部尚书倪远《送思州知府熊宗德》”。
⑥ “九折”三句：弘治《贵州图经新志》作“简易但为今日政，廉公肯负旧时名？伫看定论来高擢”。

送熊宗德知思州府

俞雄[①]

作郡怜君去路长，解携江浒倍凄凉。
灯前举白情难尽，眼底垂红蓼正芳。
上国有谁同管鲍？远人从此识龚黄。
凤翰未许终栖枳，行拟征书到夜郎。

东山高隐赠陈明府[②]

郡人王训

百里花封早挂冠，东山深处好盘桓。
公卿不入新来梦，父老犹思旧任官。
鞭犊试耕云半亩，闻鸡常卧日三竿。
不应海内思霖雨，却使苍生望谢安。

玉阳洞二首

郡人蒋宗鲁

（一）

云水南明万象天，奇踪异宇洞中玄。
瑶坛翠柱虬龙见，华盖丹岩鸩鹊旋。
涧道风泉开远巘，石门花雾带平川。
蓬瀛仙侣耽春胜，对酌沧洲思爽然。

（二）

玉阳崇观枕山峣，积翠飞琼接紫霄。
北阙远瞻云物近，西楼独对海天遥。
洞仙鹤举遗丹灶，瀛女鸾回响碧箫。
多病长卿何日起，半将身世混渔樵。

---

① 作者俞雄，弘治《贵州图经新志》谓其为太常寺丞。
② 本诗《黔诗纪略》题为“送陈昌归隐东山”。

川上学舍歌

郡人李渭

万顷清光水上楼，主人野性喜朋俦。
空蒙山色晴如雨，欸乃江声天欲秋。
县榻谈经名已废，拂衣作赋道谁留？
坐中自有阳春调，袖里明珠岂暗投。

秋日登普济阁[①]

李渭

高阁峰阴人独立，碧梧[②]秋色满江城。
松峦月落猿啼冷，云路风凄雁自惊。
紫塞未传销甲信，玉楼犹听捣衣声。
年年对菊谁无赋，此日樽前意未平。

中和山

郡人姚世熙[③]

霜洲木落意踟蹰，兰纫秋风满客裾[④]。
共道吴门如白练，可能赤水拾玄珠。
袖中明月人何似，曲里青山调自殊。
寒暑空悲双鬓去，乾坤还借一身扶。

狮峰秋色[⑤]

郡人宋昂

狮峰越绝镇炎方，妆点秋容接混茫。
万仞层崖涵积翠，一林寒叶醉清霜。
岚光掩映归鸦障，曙色熹微起雁行。
正是行人分手处，桂花香满薜萝裳。

---

① 本诗《黔诗纪略》题为“普济亭”，且有小序：“《省志》此诗题曰《川上学舍》，依《思志》，亭在中和山上，为同野讲学处，后增葺，改称中和书院。”
② 碧梧：《黔诗纪略》作“碧桐”。
③《黔记》山水志录此诗，谓作者是李渭。
④ 裾：原文误作“驹”，据《黔记》改。
⑤ 此诗题《黔记》同，嘉靖《贵州通志》作“题狮峰秋色赠别”。

惠泉

郡人汪琮

混混原泉出碧岑，隔窗疑似鼓瑶琴。
分来一窍云根脉，泻作千年太古音。
涓滴自能惊俗耳，清泠端可涤烦襟。
伯牙不死钟期在，流水高山岂用寻。

清流三烈

郡人蒋其贤

梧州江水何漫漫，兼天波浪六月寒。
仓惶见贼刘家女，慷慨赴死莞藤滩。
丹心不泯铁石烂，白骨未葬蛟龙蟠。
丈夫节操有如此，高名千古纲常完。

挽薛明府母节

郡人许一德

玉露凋伤叫夜乌，摧残毛羽独将雏。
藁砧月堕青鸾掩，鬓发霜横白雁孤。
潘岳板舆花万树，陶公鲢鲌柳千株。
芳名四远兰台笔，锦字璇题作画图。

贵竹清风

郡人叶自新

千亩修篁绕贵阳，万竿幽韵拟潇湘。
疏摇云水明江渚，翠戛琳璆隐凤凰。
籊籊高稍能正直，萧萧劲节不颠狂。
渭川严濑无心处，赢得流风胜庙廊。

五言绝句

流夜郎题葵叶

唐·李白

惭君能卫足，叹我远移根。
白日如分照，还归守故园。

送客[①]

唐·张文昌

借问炎州客，天南几日行。
江连恶溪险，山绕夜郎城。

宿大万山

副使阴子淑[②]

驻节万山中，庭空彻夜风。
凄凄声在耳[③]，似为[④]诉人穷。

毕乌道中值雨二首五月初一日

提学沈思充

（一）

村村苦憔悴，望望渴云霓。
但使郊原渥，不妨使韬泥。

（二）

甘雨逐车来，稿苗随雨起。
勉旃二三子，曷不化如彼。

---

① 诗题弘治《贵州图经新志》作“送蛮客”。
② 此诗《黔记》卷三十九亦录，同。但《黔记》卷十则谓作者为沈庠，且有异文。
③ 在耳：《黔记》卷十作“括耳”。
④ 似为：《黔记》卷十作“好似”。

六言绝句

沾益道中口号[①]

提学谢东山

（一）

岁俭家家采蕨，烟昏处处烧畬。
白日愁穿鸟道，红尘喜见牛车。

（二）

土房迎官陌额，邮人候客铺松。
怅望梁山紫翠，依稀锦水芙蓉。

（三）

土俗生人祠鬼，山田野马侵禾。
走卒空劳控拆，官家莫肯谁何？

（四）

童子雕虫烂熳，道人木铎丁宁。
文物当今华夏，淳风有古大庭。

登分署后山小饮四咏

提学吴国伦

（一）

绕院峰阴突兀，分庭树色婆娑。
双鹤载鸣载舞，一樽自劝自歌。

（二）

小阁县临万象，危峰自占一鳌。
谁信抱书为吏，还能闭户登高。

① 原文自注：共八首，四首入乌撒山川。嘉靖《贵州通志》后二首题为“乌撒道中”。

（三）

城郭家家厌雨，山川面面出云。
天畔老夫独坐，阁中野色平分。

（四）

樽尽万山垂暮，竹深五月如秋。
薄雾将舒忽卷，醉翁欲去还留。

七言绝句

送人赴黔中

唐·权德舆

一樽岁酒且留欢，三峡黔江去路难。
志士感恩无远近，异时应戴惠文冠。

赠王昌龄

唐·李白

杨花落尽子规啼，闻道龙标过五溪。
我寄愁心与明月，随风直到夜郎西。

闻酺不与

李白

北阙圣人歌太康，南冠君子窜遐荒。
汉酺闻奏钧天乐，愿得风吹到夜郎。

寄祈致和知府

白沙陈献章

六年饱读石阡书，习气而今想破除。
雪月风花还属我，不曾闲过邵尧夫。

流寓杂咏

修撰杨慎

（一）

界首飞泉瀑练悬，红崖迥异绛霄连。
关名仿佛鱼凫国，桥记分明傅颍川。

（二）

千层石磴陟云岑，夜市千灯瞰碧浔。
游女踏歌梅渚月，长衫高髻似雕阴。

（三）

金毛仙卉号崖姜，星作繁花石作房。
地秀莫言中土隔，炎皇岐相总曾尝。

（四）

水峡风烟接大洲，翠屏青嶂绕丹丘。
当年若使王猷见，那肯轻回雪夜舟。

（五）

林云箐雾不分天，清露常如雨线穿。
百里迥无烟火接，依稀犹似燧人前。

（六）

绮缯缠髻作雕题，铁距穿鞋学马蹄。
清晓樵斤探虎穴，黄昏汲瓮下猿梯。

（七）

铜鼓声中夜赛神，敲钗击钏斗金银。
马郎起舞姎徒唱，恼杀常征久戍人。

（八）

龙马先朝出养龙，御前赐名飞越峰。
人间神骏宁无种，天上孙杨不易逢。

曲溪山阁留别李曲溪子

杨慎

东风楼上水盈盈，为鼓离鸾一再行。
明日梁园怀李白，寒山一带短长亭。

宿铜仁大万山

副使阴子淑

东风与我共驱驰，今向荒庭惜别离。
莫怪多情底相恋，也知重会隔年期。

阿落密歌

提学吴国伦

（一）

鼓子花开六月寒，乌丸稻熟且加餐。
南人新解巴渝曲，荻管声声蜀道难。

（二）

滇人未尽蜀人过，车马如绳奈轗轲。
莫以相逢非故旧，三杯同买听夷歌。

道中望芒部诸山有作示诸生

吴国伦

芒部山深古木多。飞桴远下赤虺河。
若非大厦须梁栋，那得工师执斧过。

七峰拥秀

佥事方万策

一望青山落日曛，断桥流水隔溪闻。
武侯征旆知何处？遥指林间是白云。

天桥古洞

方万策

落落悬泉下碧峰，天飞片石驾长虹。
蓬莱此去无岐路，绕树桃花片片红。

渔矶

教授黄阁

万山春树思无穷，美日看花处处同。
一曲矶头还载酒，半空云影落杯中。

万胜山

郡人田秋

青崖斗绝竞崔嵬，曾为邦人捍大灾。
今日承平皆陇亩，千家面面看楼台。

香炉滩

田秋

滩心洲屿平如砥，齿齿白石青可扪。
欸乃沧浪歌孺子，萋萋芳草怨王孙。

清平瑞竹

孙应鳌

（一）

一本高抽八节奇，即从九节挺双枝。
满林时引钧天奏，听到无声只自知。

（二）

翠葆联翩绀纛櫕，从今日报竹平安。
宁知劲节冰霜骨，也似芙蓉结合欢。

（三）

苍龙两两跃澄霄，赤日停轮黑雾飘。
只尺莫愁风雨至，神灵同护最长条。

（四）

康济无能合退藏，顾怜菲薄愧嘉祥。
竹生紫脱兼连理，自是君王泰道昌。

挽薛明府母节

郡人李时华

（一）

西风吹断孤鸾哀，泪下寒砧念已灰。
只为庭前培玉树，忍看丹诏日边来。

（二）

天书遥出凤凰城，知是霜操帝特旌。
千古柏舟谁嗣响，承家况复彩云生。

第五十四章 赋 类

圣泉赋

巡按王杏

客有谓日冈子曰："眇兹牂州，蕞尔一陬，仰视中原，犹寄黑子于人身之一肬[①]。其间怪石累累，如吐如旮。层崖嵲嵲，如结如浮。蟠苍耸翠，连亘绸缪。是固子之所遍历而旁收者。洪边之曲，贵山之幽，有水一泓，天凿其湫，名曰圣泉。谓匪人谋，是殊方之独擅，亦贤士之遨游，子尝知之乎不也？"

日冈子应之曰："吾尝见兹邦之水矣。高者悬瀑，下者聚沤[②]，拓者为港，窄者为沟。广不能容大壑之鳝，深仅足泛坳堂之舟。何乃兹泉之名，得为圣者之流？子言迂矣，殆亦未之详搜。"

客曰："尝闻之，天惟至公，不爱乎道；地惟至平，靡惜其宝。人文正气，中原多抱。山谷之深，溪流之巧，彼苍或为殊方者造之。子胡视之乎眇滠也哉！空言无征，泛听亦藐。口诵之真，不如目击之了。请乘子之暇，屈子之轺[③]，为子御重轮，驾细裹，借烟景于须臾，拂风尘之缭绕。相与观兹泉之淼淼，以明予言之非矫。"

日冈子可之，乃惟季春，天日朗霁，言抹其驹，言膏其輶。循郊墟以启行，溯层阿以深诣。动微翠于干旌，纳轻飙乎短枻。屹万崖之阴森，忽一壑之清丽。声出竹以泠泠，风拂面以泄泄。

客曰："斯圣泉之际也，请于是乎少憩，以惠吾子之睇。"

日冈子下车[④]而眡之，南山之阡惟瑢瑢，中涵一窟，甃以方圆。冰冽其澌，漱瑶滴旋。石疏其罅，排琚列硗[⑤]。湛波光之上下，捷瞬息乎飞漩。俄而弥漫，涨于巨川，倏而翕聚，汇于重渊。有若巨海之鳌兮，喷涛吐浸，以侵轶乎八埏。霎飓风之恬霁兮，吸颔回涎。有若玉之丽于日色兮，晶光荡漾于蓝田。迨其静閟兮，敛之于半亩之烟。听石鼓以为候兮，轻重互为其阗。任纶竿以为测兮，高下各得其平。迭往来之相继兮，殊过续之不愆。迅时候

① 肬：原本与《黔记》均作"肱"，当误，据嘉靖《贵州通志》改。
② 聚沤：嘉靖《贵州通志》作"通滮"。《黔记》与本书同。
③ 轺：原本误作"佋"，据嘉靖《贵州通志》及《黔记》改。
④ 下车：嘉靖《贵州通志》作"曰车"。《黔记》与本书同。
⑤ 硗：嘉靖《贵州通志》作"石先"。《黔记》与本书同。

之反复兮，妙消长于涘涓。阴不能使之溢兮，旸不能使之朘。旱不能使之涸兮，滂不能使之佃。仅一斗之涵容兮，浩气吞吐乎旻天。寄白云于野草之隩兮，宛潮汐之伸缩于大江之堧。凝目以视兮，凡几转圜。穷神以索兮，莫测其然。将以为石窍之间而通兮，泥薮或有时乎阏填。或以为沙水之壅而成兮，陵谷又若是乎屡迁。是必苍苍之上兮，结构于太乙之前。神以为之范围兮，数以为之陶甄。星宿其扬波之脉兮，河汉其滥觞之源。浮槎无所于窥兮，鲛人求涉其遍。"

顾谓其客曰："是诚圣矣。非子之言，几失此泉。非兹泉之胜，几不味子之言妍。繄中原之未见，谅大化之独全。已无有于蜀川之峡，又奚数乎大理之滇也哉。"

客喜而笑曰："因野人之諓而见与君子之明，诠否者将不与亩浍之盈同澥澥耶？是固嘉赏之有待，抑亦兹水之有缘。"

于是汲水烹茶，钓鳞煮鲜，采苹采藻，充皿罗笾。泛玄酒于蓬壶兮，飞玛瑙于琼筵。啜酣以遨兮，纵真境之无边。赓考盘之章兮，相与咏矢于弗谖。咏濯缨之歌兮，挹爽于沧浪之涟。逝者如斯兮，悟造化之真传。以兹为鉴兮，戒光景于流连。日临于西兮，验消息之有先。樵歌送清兮，倚斜曛于崦嵫之巅。徜徉天地兮，并匹马以言旋。次第其事于石间兮，俟来者有考于斯编。

问月赋

迁客张翀

张子戍于夜郎之滨，夜郎去龙城五千里，三年而雁音不来。张子登楼望焉，见月于崇岗之巅，乃凭栏问之。月若会余之意，余对月而不忍去。遂作赋曰：

登危楼之崔嵬兮，望五岭之迢遥。流火降而霜清兮，天晃朗以弥高。草木烦拿以殒脱兮，山欟槮以寂漻。瞪空朦之苍苍兮，浑一色而霭消。俄皓魄其聿升兮，扬辉光于东皋。方其始升也，蔼蔼爥爥，朣朣胧胧。曜乎若金波涌于重溟之表，朗乎若巨鉴浮于扶桑之东。始逶迤而挂岭，遂倏忽以摩空。万籁寂其无声兮，群星灿烂以相从。楼映缟以浮白，窗涵虚而玲珑。近嫦娥其咫尺兮，俯桂树之蓊隆。闻天乐之错杂兮，听玉杵之琤璁。袭寒气其逼人兮，窥清虚之瑶宫。乌鹊绕树以南飞兮，征鸿带影以随阳。捣玉砧之飒沓兮，吹洞箫之悠扬。余頠倚阑而徘徊兮，沓尚羁此夜郎。思慈闱于千里兮，望美人乎一方。五岭何其遐隔兮，潇湘何其路长？发清啸以动问兮，月庶几乎谓邛。于焉望舒停御，寒蟾罢泣。下青天之白鸾，来素娥之羽衣。踟蹰瞻顾，向余而言曰：

子岂非洞庭以南狂夫乎？胡为乎此楼中也？子亦知吾月乎？成以七宝璘珣，修以八万之户氏。尊为群阴之纪，贵为上天之使。固宜金盆之常圆，素光之无蚀也。何蓂荚之生落兮，遂晦朔之不一也。虾吞则损为破环兮，麟斗则没其半璧也。是天地且不能保其[1]盈亏兮，而矧曲伸之理数也。信朒朓之往来兮，测朏魄之不停。方二八之为缺兮，又安知三五之不盈？苟前修其罔玷兮，亦奚愧于光明。亘千古以流辉兮，尚毋怠于斯征。

嘉话既毕，素娥告退。驾紫云以旋车，望琼楼而鸣佩。银波耀人，金粟飘桂。张子送之，如醒如醉。殆不知夜邪？昼邪？梦邪？孰辨其真伪。

渡盘江赋

提学郑旻

从查城渡江，越江为哈马嶂。余窃禄贵臬，是日岁纪正一周云。

肃征轺而骋骛兮，历修坡之险艰。越渡索之渊谷兮，仍陟巇而莫盘。耽山水之佳趣兮，忘登涉于巑岏。遂远游于天末兮，朅轻举于云端。缅执简而袛役兮，周岁星以迤今。袭山阿之蓬藋兮，思謦欬于德音。昉击汰而上沅兮，抵龙标之千寻。跻关岭而蹑查城兮，极摩苍之嵚岑。殊日观之崱屴兮，郁巃嵸而多阴。山逾蜀道之横绝兮，江隐武溪之毒淫。揆余心之浩思兮，曾不为此之芥蒂。荒徼窅历千秋兮，皇明辟敷于德轨。菵露荡为周行兮，间戍蔼然其仁。美俗敦庞而服儒兮，乐采芹于泮水。成誉髦之国祯兮，懋揆文之休使。周揽辔而下帷兮，青衿穆肃以承风。振铎非关于叱驭兮，沛吾道之雍容。仰先师之遗则兮，希景行之焉穷。眄乡国之藐远兮，廓私怀于子牟。慕敦仁之垣[2]途兮，齐大化而始终。

乱曰：山川修远，纷嵂崒兮。乡国还望，幽怀郁兮。揽观宇宙，浩以大兮。皇仁德教，洽无外兮。繄我遐征，文教司兮。棫朴作人，愧纯师兮。朝夕恪官，敢忘惕兮。恬漠息道，何怵迫兮？

碧云洞赋

郡人邵元善

碧云洞者，玄深奇绝。吞纳众流，中含万象。呈美表趣，不可胜殚。昔天官太宰涪陵夏公书其壁曰："天下奇观。"名实不爽矣。然以地处幽荒，曾

① 保其：《黔记》作“保”。
② 垣：《黔记》作“坦”。

不能接太史之迹，而名列于图录。所谓托非其所，岂虚语哉！伸纸作赋，冀有表于方来云。

推古今之物理，慨巨灵之神元，奠万汇之位置，配真宰之自然。惟兹洞之奇妙，非此胡其谁先？承滇首黔，面坤负乾。吞三川而为一，纳万壑之风烟。翠屏当门以危立，云石历乱而悬垂。郁泂洞而喷出，髧重沓而翔飞。青黛绿玉，焕采生辉。显敞朣胧，乍明乍蒙。

践莓苔而始入，迥然蹑蓬莱之仙宫。飞流澎湃，溶溶落落，挂清光于露壑。晨光熠燿，烟霏漠漠，象启明于阊阖。尔其峭壁如肺，厚薄殊形。击之而神钲清越，扣之而球玉哀鸣。杂流泉其间奏，恍闻广乐于洞庭。绿波澹澹，金沙淋漓。当盛夏而凝冱，入隆冬而温熙。此其洞灵之醖酿，而气候之均齐也。轶陵阴之地室，穿窈冥之洞壑。上峣峥以垒嵲，下崭岩而岩崿。眇尘世之踪迹，分洲渚其脉络。虽假曜于松膏，乃须臾而有获。

足进目朗，豁然阳开。划天梁之高馆，伟造化之鸿裁。纵耳目之观听，骇神识之恢廖。仰矫首以高视兮，目冥眴而亡见。徒徘徊以徨徨兮，魂眇眇而昏乱。

于是敛衿危坐，发盖挥尘。凝神定志，以游以观。望天窗之洞启，漏阳灵而迸射。中无微而不照，灿明珠之不夜。既泬漻以爊朗，亦鸿纷而纠错。恍天宇之浩汤兮，厥高广而不可虖。量度汤汤，惊波滔滔。骇浪触石则电激雷奔，安流而渊渟演漾。

夏潦既尽，澄潭载清。漏石分沙，坐空明而数游鳞。飞濠梁之逸思，得世外之闲身。沉波潜溢，去无止极。嶒石清澜，此焉游息。巘巘珍台，目以流云。

越潢溪而超陟，聊肆志以怡神。景炎燎烛，浮烟满宫。祥光灏气，浮游空中。信鸿笔其莫状，何绘事之能容。乃有碧眼胡奴，依倚岩阿。仪状突兀，舞袖婆娑。西方佛子，东土大士，或踞石而趺跏，或蟠崖而仰唏。绝壁岩岩，有龙升天。华盖垂珠，鳞甲新鲜。虎豹狮象，大小殊状。斯乃灵液之所融结，故经岁月而益长。

石龙之下，悬水之滨，晶石为田，畎亩匀纭。高低连络，沟塍囷轮。夭草琅玕，罗列缤纷。酌玉醴以解渴，茹芝英而颐神。将呼龙而鞭虬，乘云雾而为霖。寻不死之大药，冀古仙之所云。削壁嵌空，鸟道才通。窅然一窍，而莫知其所入，非夫羡门赤斧其奚从？炼丹遗灶，紫泥旧封。丹器毕具，烟霞丰融。虽灵仙之幻绩，亦谲诡而奇工。

天窗之里，浮屠崛起。上柱天极，下帷地纪。界天光而两分，盖日月之所蔽。弥乃若层级之状，玲珑之象。大小远近，疏附拱向。青莲倒垂，缁衣揖让。尽般茧之苦心，曾不能万一其模仿者也。天宇晶莹，玉雪飞空。浩然上覆，并包兼容。灵奇恍惚，变现出没。丘阜奥窟，施靡延属。容光所遗，兰膏是续。

尔乃结裳揽衣，岑岑高跻。猿猱避迹，潜虬登梯。仰通天而直上，俯万山而皆低。坐石床而少憩[1]，复回眄以神迷。但一气之鸿蒙，分仙凡其在斯。吾亦莫测其神妙之若此，即方壶蓬岛其谁知。想八骏之皇舆，泛览乎昆仑之墟。遗神州与赤县，即黄帝之仙居。倘荒忽而谬戾，即比况其焉如。远眺川原，平楚寒烟。林麓之饶，弥皋被阡。沟洫脉散，沃野坟腴。黍稷油油，芳树离离。涌川汇渎，渺渺悠悠。水当春澹渌，花夹岸而芳柔。周道临溪而纡曲，恣士女之行游。拟桃源之幽秀，岂金谷之人谋。

乱曰：仰止至人甘遁藏，韬名晦迹含玄光。遗世独立还太清，何必飘举朝玉京。广入空同与世忘，涓栖岩壑褰众芳。徐入海岛隔渺茫，大药可就天难升。今者不乐将何营，御风而行徇我情。佩兰纫蕙杂杜衡，枕石漱流调丝桐。拳石可娱矧洞中，于焉逍遥以徜徉。”

赋普安盛孝子

林廷弼

君不见，冢中鹅，其母死，其子衔草以祭，仰天绝颈，死而同窠。又不见，林中鸟，衔食哺其母，绕枝昼夜不飞去，以翼覆母声号呼。物类固如此，人灵不如物？家家爱儿如爱珠，儿生母命诚须臾。儿夜啼，母夜起，软语温言勤谛视。儿饥母不食，儿病母犹泣。儿出远道母倚门，黑风赤日[2]思寒温。儿寸草，母春晖，心欲报，愿则违。不能致显荣，具甘脆[3]，床头无金瓶无粟，番思一夜肠百转。母益病，儿益贫，母身重，儿身轻。儿身况自母身出，皇天幸烛儿诚精，肝肠一缕入羹蔵，母命可生儿可死。母病痊，儿疾痊，一时异事谁当传。割股奚须并牙颊，贫哉此子犹堪怜。呜呼，贫哉此子犹堪怜！

① 少憩：《黔记》作“不憩”，当非。
② 赤日：《黔记》同，嘉靖《贵州通志》作“日日”。
③ 甘脆：《黔记》同，嘉靖《贵州通志》作“甘软”。

第五十五章 颂 类

嘉瓜颂

郡人王训

明受天命，奄有万方。贞元会合，君明臣良。维皇继统，景运弥昌。至和协通，发为嘉祥。南国之台，园有瓜瓞。绵绵其蔓，泽泽其叶。和风长养，瑞气凝结。两实并蒂，六本同列。含英吐芳，蕴秀流香。金肤玉质，雪水[①]冰瓤。形圆而直，色正而黄。台臣稽首，献于明堂。曰此嘉瓜，我朝之瑞。肇自高皇，龙兴草昧。适当其时，风云庆会。今我圣君，德信功配[②]。仁风化雨，洽于遐迩。天人交感，得此祯嘉。再产斯瑞，视昔有嘉。实由天眷，寿我国家。至治之祥，太平之效。天子万年，永绥亿兆。小臣颂歌，以继舞蹈。

钦恤军田颂并叙

江东之

间者朔方孛贼，勾虏嗥呼，朝议调宣辽、陕、浙并苗兵合四万坐困之，遂擒斩俘献。上既首叙有功诸将吏，且发帑金二万，优恤苗兵之阵亡者，海内仰威德洪畅矣。顾苗属窜处箐落，名氏莫可志辨，于是散给者易与为奸，而湛瀸之陆沉者十之七。余入境，廉得之，檄有司追出三千缗，与直指应公议曰："兹皆圣主余泽，吾侪不能宣扬德意，罪与墨等！"乃悉置厥田，上错岁积其入，仍备征剿[③]赏恤之用。

勒之石曰："钦恤军田。"示不敢移资他窘。谨述颠末，而为之颂。颂曰："于煌帝泽，磅礴周广。杀伐斯张，功懋懋赏。悼彼执殳，捐躯委莽。"

天子曰："咨！苗师独惘，涣号与居，爰及内帑。吊死扶伤[④]，以光[⑤]泉壤。乃有贪夫，行同魍魉。狼噬鲸吞，莫逃天网。议缓厥辟，诛其余镪。"尊制行意，上德是仿。春敷甫田，露零戎幌。三苗均沾，万祀共仰[⑥]。圉臣作颂，皇仁旷朗。

---

① 水：《黔记》与嘉靖《贵州通志》同，《黔诗纪略》作"液"。

② 德信功配：《黔记》同，《黔诗纪略》作"德侔功配"，嘉靖《贵州通志》作"德信坊配"，误。

③ 征剿："征"原缺，据《瑞阳阿集》补。

④ 吊死扶伤：《瑞阳阿集》作"恤死哀殇"。

⑤ 光：《瑞阳阿集》作"慰"。

⑥ 万祀共仰：《瑞阳阿集》作"宽然俯仰"。

第五十六章　歌　类

飞越峰天马歌

杨慎

高皇御天开大明，龙马出自养龙坑。房星夜下卢龙塞，天驷晓来骠骑营。殿前重瞳亲赐阅，仗外奚官争相迎。鸡鸣牛首试控纵，风师麟仪无逸惊。归风绝尘羡迅疾，逮日先影羞翻轻。四蹄蹁然不展地，六飞如在空中行。是时雌酉有奢香，左骖牡骊右牝黄，贡上金陵一万匹，内厩惟称此马良。宸游清燕幸鸾坡，学士承旨赞且歌。饮以兰池之瑶水，秣以蓝田之玉禾。飞越峰名自天赐，骏骨虽朽名不磨。至今百七十，岁时山头犹有养龙池。方经地志或挂漏，箐苗洞獠那能知？吾闻天下有道，飞皇伏皂。又闻王良策马，车骑满野。前时吉囊寇大同，烽火直达甘泉宫。近日莫瀛乱交趾，羽书牙璋遍南中。安得将星再降傅友德，房宿重孕飞越峰。一月三捷献俘馘，千旄万旗歌熙雍。

鸣呼，将相宁有种，龙驵岂无媒？经途访迹一兴慨，郭隗孙阳安在哉？长歌终曲长风来。

疮痍歌

陈邦敷

云贵之间道且险，下临无地上摩天。苍阴碍日鸟飞绝，草气薰蒸生瘴烟。仆夫担肩行且险，密箐深林伏豺虎。管押鞭驱势莫停，足裂肩穿汗如雨。我闻曹彬江南役，图籍衣衾无别物。贵贱共形多异心，年来官长穷奢欲。纷纷官扛如林集，象牙苏木苍山石。一扛劳军费百金，载尔遥遥独何益。前扛未起后扛捉，家破丁逃夫不足。前年雇夫鬻儿女，今年应无儿女鬻。担夫渐少官渐多，力孤奈尔官扛何。莫将无益害有益，试歌[①]一阕疮痍歌。

劝农歌

江东之

劝尔民，劝尔苗，人生安分自逍遥。惟农稍下士一等，百工商贾尽为么。

① 试歌：嘉靖《贵州通志》作“诚歌”。

虞舜登庸在历山，有莘伊尹列朝班。庞公垄上自遗安，冠盖经过不敢攀。古来圣贤曾耕稼，何视农夫只等闲。

虽然作苦劳筋力，血气周流灾疾息。一犁春雨作蓑衣，我疆我理生禾稷。妇馌儿耘憩树凉，谁云暴背身黧黄？九月金风忽肃霜，眼前百谷俱穰穰，且芟且获涤场圃。瓶罍在在有余粮。为酿为炊召邻里，烹鲜击腯杀羔羊。父子母妻并兄弟，瓦盆共酌胜银缸。

莫道无田可耕种，郊原随处任开荒。五谷惟禾植水中，其余菽麦问山翁。种瓜种果凭君树，四肢惰者为终穷。若能开垦遍山阿，初焉利少久成多。皇家赋税供惟正，岁岁年年不起科。我今勤勤劝农事，各宜努力莫蹉跎。

更劝尔军少暇时，屯田塞下是吾师。嗟彼流民空驰逐，何不乘时务基镃。勿起雄心逞蜂虿，转祸为福其在斯。

君莫笑，农家子，无五裤。盗赃归主身无措，尔时谁贫谁是富？

又莫笑，农家子，逐粪场。盗贼一朝死路旁，算来谁臭谁是香！

庆我穑事登，哀彼盗情觉。绿林豪士急回头，卖刀佩牛随处乐。听我之歌比击壤，违我之歌罹百殃。农歌歌罢我心恻，谁家不愿渡慈航！

远行歌

沈思充

远行复远行，驱车度沅入黎平。九重简命咫尺重，一剑风霜千里轻。明正学，课群英，冷然飞雪寒凝冰。课罢霁开冻亦解，忽闻午夜管灰惊。一阳复处朋来乐，顾我无知愧先觉。即从复境觅真诠，博文约礼如立卓。黔阳阳道日方亨，南枝有鸟鸣嘤嘤。我车还兮日耀旌，意未倦兮歌远行，无遐心兮勖诸生。

游水洞长歌

杨彝

老夫平生好山水[1]，每闻胜景心独喜。故人邀我城南游，出郭溪行二三里。峰崖路转非尘寰，鸡犬人家足生理。恍然置我桃源中，风景依稀乃相似。耕田凿井不记年，疑是秦人始居此。谷中树暗连桑麻，涧底花香杂兰芷。阴阳古洞苍山根，绝壁飞崖半空倚。豁然深入天窗明，外狭中宽如屋里。醉眠

① 好山水：《黔记》作“爱山水”。

云蹬高似床，袖拂平沙净于几。松风一派从天来，散作泉流和宫徵。泉来直与海眼通，鹤发仙人烹石髓。蛟龙窟宅变斯须，白日阴崖电光紫。此中豪兴为谁发？笔下诗成泣山鬼。安得凌空生羽翼，共载吹笙玉童子。一声长啸洞云寒，日出林梢飞鹤[1]起。

乐矣园歌[2]

杨彝

乐矣小园如画里，地辟天开非偶尔。园外有山山下水，水色山光来屋底。山拥群峰仪凤峙，叠嶂层峦翠如洗。水流一曲苍龙尾，戛玉铿金咽宫徵。园中昨夜东风起，知是阳春催百卉。蓁蓁密叶裁文绮，娜娜长条缀朱蕊。梨花李花雪皠皠，艳杏夭桃争旖旎。老我平生厌华靡，不悦千红兼万紫。独契亭亭高处士，酷爱猗猗美君子。久与寒梅结知己，尤怜幽竹及兰芷。朝游暮观逾二纪，尽日踏穿东廓[3]履。幸无俗生谈鄙俚，时有文儒来济济。几回援琴向清沚，沙席云屏石为几。茹以涧毛酌以蠡，笑看双鸢跃双鲤。俯仰乾坤乐即已，谁识静中涵妙理。纵渠奔竞纷如螘，得失只将蕉鹿比。柴桑浣花诚俊伟，贫贱栖迟终不耻。古来落落皆如此，何须更献辽东豕。谩发狂歌聊自拟，不惜傍人风过耳。明日短筇还遍倚，吾乐亦在其中矣。

悼柳守备

蒋廷璧

柳将军，柳将军，何为捐此身？归田已十载，复出建奇勋。孤身当一面，独手无援军。靡然势难支，昂哉力莫伦。既遭千万众，犹刃数拾人。裂眦口喷血，正气升苍旻。见之胆亦寒，数也非不辰。纷纷尽颓懦，尔独为忠臣。呜呼，尔我有恩义，哭之酸心亦惨神。柳将军，柳将军，当时百战今成尘，九源茫茫闻不闻？

---

① 飞鹤：《黔记》与《黔诗纪略》均作“鹤飞”。

② 《黔记》题为“题沈懒樵乐矣园歌”。

③ 廓：《黔记》作“郭”。

第五十七章 行 类

赤虺河行

杨慎

君不见，赤虺河，源出芒部，虎豹之林猿猱路。层冰深雪不可通，千寻幽木[①]撑寒空。明堂大厦采梁栋，工师估客穿朦胧。此水奔流似飞箭，缚篾[②]乘桴下蜀甸。黯淡滟滪险倍过，海洋流沙争一线。谁驱乌鹊役鼋鼍，秋涛夏潦息盘涡。百亭[③]云屏济川手，奠民枕席休干戈。安得修为夷庚道，镌刻灵台[④]垂不磨。

① 幽木:《黔记》作“建木”。
② 篾:《黔记》作“筏”。
③ 百亭:《黔记》作“柏亭”。当是。
④ 灵台:《黔记》作“灵陶”。

第五十八章 谣 类

养马谣

陈邦敷

白牌使者行来疾，照点征名催赴驿。
贫家难借[1]买马钱，夫妇悲号心战栗。
三五狼牙雄赳赳，气蒸烈焰如牛吼。
割鸡款酒不暂停，铁索挛拘逐先走。
嗟嗟我死聊自足，难免妻儿受凌辱。
坐连邻里谴责归，领保佥期承应役。
前度养马遭荡败，典尽家延仍负债。
鞭背成疽尚未平，今复耽当无可奈。
边军设为防边计，额外军徭无定制。
杂派走递牌儿夫，转输征调门厨隶。
养马古是民家差，忍使贫军堕此灾。
土官[2]土舍万顷田，不向公家纳一钱。
馆夫下寨收马钱，土官土舍索人事。
稍有不遂即支吾，号令传呼寨门闭。
及捏虚词巧饰伪，公然不出当官对。
白日黯黯生浮云，牢死贫军独何罪。
含冤控诉谁作主，官畏土官如畏虎。
一勾不到即停牌，碌碌频年自修补。
我生不幸生边垠，军代民差如转轮。
九重万里杳难诉，谁念边军彻骨贫。[3]

① 借：《黔记》同，嘉靖《贵州通志》作“措”。
② 土官：《黔记》同，嘉靖《贵州通志》无。
③ 九重万里杳难诉，谁念边军彻骨贫：原本无，据嘉靖《贵州通志》补。

清平荒城十二谣[①]

孙应鳌

（一）

秋日荒城隐暮笳，太山猛虎永州蛇。
棱棱黄叶漫空舞，绕郭茆茨只几家。

（二）

土司粮马卫家当，怒气瞢腾化眚祥。
泪眼已枯膏髓尽，九阍何处叫天皇。

（三）

一卫军余二百人，千般差役在军身。
遗氓自合甘心死，敢向何人诉苦辛？

（四）

大道通衢流水过，扛抬日夜两肩磨。
清官行李犹堪送，辎重多时更奈何？

（五）

岁岁修城不得休，已无毛血待诛求。
城门不闭城隍圮，白日街逵饿虎游。

（六）

一番巡历一番悲，觱栗吹寒骨肉离。
军卖月粮官卖俸，更无到口上身时。

（七）

教场草长蟪蛄鸣，数十操军不满营。
但愿承平似今日，国初屯戍九千名。

① 《黔诗纪略》题为“荒城谣十二首”。

（八）

弟作生员兄养马，子为官宦父当军。
家家问有谁闲逸，优免徒然感圣君。

（九）

开卫屯田美不赀，周遭二十四屯塞[①]。
屯军逃尽田何在？鸡犬无声宿莽滋。

（十）

逻警官军意气豪，弢无弓箭鞘无刀。
杀人白昼何须问，拄腹撑肠没野蒿。

（十一）

张翰秋风兴有余，归来感事泪盈裾。
鲈鱼不美莼羹苦，无限穷愁难著书。

（十二）

宗祖坟丘系所思，高堂白发况难移。
故乡高[②]望如皋族，欲往从之路险巇。

① 塞：《黔诗纪略》作“基”。
② 高：《黔诗纪略》作“东”。当是。

第五十九章 箴 类

善榷论有箴

江东之

语有之：绠短无以汲深，鼎小不能烹大，贵审势也。积水以负大舟，积风以负大翼，贵籍资也。于铄先遵养之晦，整旅慰望霓之情，贵相时也。余有抚之责，不能先其大者，而姑举其余，盖自量时势之无可资，若并其余而置之，与仅取余而塞责，皆非余意也。余始为五事，时方踟蹰却顾，终有嗛于余心，谓所职者军旅之事，即不能饬我师徒，东攘西荡，奈何使四封之内，有豺狼狐鼠纵横窃发？即不能募屯积粟以备缓急，奈何使守御之卒无投胶挟纩，枵腹空拳？余固愧而嗛之，每拊髀扼腕，思以军事先五事，无繇也。于是，革冗食而冒者，敛其悍；清余田而欺者，戢其猾；两者皆怨之招。要之，裁数十家之肥，以培千万人之瘠，于抚为近之，以苏其困而资其无，则未矣。

一日，司幕马一新者告余曰："黔税有常征，比年逐末之多，榷者聚之以自封，非所以奋惠心，播清垓也。"余颔之。

直指应公以观风返辕，余迓之都亭，谓余曰："黔之外郡，风景殊不恶。如永宁榷场，商旅联槅，隐隐展展，中原都会无以逾之。"

始信一新之言不妄。相与移檄任之，永宁岁增千缗，次镇远，次毕节，次思南，诸税递增有差。因与直指君定议，以站军之苦，素闻于未入黔时，哨军以身当苗，苦尤倍之。顾一岁之内，非从天降，非从地出，何以得便宜经久为一切计？今税之增几三千缗，用其一以优恤站军，用其二于哨军之寡者募益之，甲兵糗糒不足者分给之。倘然岁入浮于岁出，籍而墆之，若河工之未就，文事之未兴，皆所须焉，是不匮之府也。

客有为官谋者，则曰："黔之下僚，枯无他闰，夤缘监税，聊以排愁，乃终日执筹算之，不得一染指，谓五斗何！"今知是膻也，众人所慕，志士麾之。与诸关吏约：及瓜之期，数不爽，商不厉，倍其廪薪，以劝来者。是称事之饩也，且司府幕属不至坎壈。惟夷司之佐微禄半虚，饥寒不免；罢归则乡关遥遥，典鬻已罄，赠以长夫一。间有郁邑殒生，谁哀旅榇？妻子含酸，烟沉蛮落，赠以长夫二。司榷不得厚殖，洒及宦黔之可伤者，昔也命之贪，今也命之廉；昔也孽之蕴，今也膏之溥。是锡类之芳也。

客有为商谋者，则曰："黔之商也，出万一有生之途以为利，又取盈以索之，远人携矣，王者不征之谓何？"余愧不能举三代之政，聊以济一时之艰，非损商以利国，乃损官以通商。盖求多则巧避而日诎，宽科则辐凑而日赢，是招携之奇也。余揭教通衢，权之审矣。虽然，军储告乏，倚办于廛闬之末，何能实漏卮？况货有盈缩，商有聚散，岁计之渥在眉睫间耳。余之忧时成癖，无乃儿女仁乎！自今商守法而货物无阑出，官守职而羡余无悖入。并受其福，长资其盈，是塞溜之衂也。

嗟夫！榷非善也，增榷尤非善也。增之，而众善萃焉，庶几哉为善！榷如袭囊时貌语，税不加增，阴为不善，安在贤智发哉！余惧游宦子甚于市井夫，因为之箴，以示儆云。

箴曰：日中为市，厥有关讥。泉货流通，民用以肥。有贱丈夫，征商此始。攘攘而来，货亦榷只。岁有常征，法无横科。税浮于额，视货之多。商之三倍官不竞，官遵三事商之庆。载驰载欣，佥曰善政。告之司榷，著之为令。

时保箴

提学沈思充

来宣慰，安疆臣。屏尔虑，授尔箴。尔亦知，圣朝恩。尔爵土，何以存？惟忠顺，立其根。我圣祖，辟乾坤。弘至仁，开大明。渐被乎，率土滨。胥来享，胥来宾。嘉尔祖，归向勤。胙尔土，畀尔民。锡尔爵，光尔门。并覆载，与生成。尔祖先，图报称。有休问，无恶萌。如尔父，安国亨。其性行，虽不驯。然自创，知好名。郡学建，乡社兴。此未丧，之良心。父之蛊，尔宜新。父之善，尔宜循。

自古来，天道近。积善家，有余庆。积恶家，殃必临。有迟速，无不应。举一二，为尔陈。昔三苗，左洞庭。右彭蠡，敢逆命。禹徂征，戮其身。春秋时，吴争盟。霸诸侯，骄且盈。不旋踵，为越并。汉武帝，通昆明。有叛者，且兰君。恃险远，身首分。唐之季，有胡人。安禄山，最强横。子庆绪，弑逆行。曾未几，绪亦殒。弑之者，即其臣。叛恶报，何其神。若宋时，吴越君。起钱缪，传厥孙。能爱民，识天命。故其后，世簪缨。永昌炽，迄于今。尔不见，彼田琛。与宗鼎，相斗争。旨谕之，终不悛。帝一怒，靡孑存。又不见，哱承恩。勾强虏，据坚城。天兵出，如雷霆。灭其党，磔其身。失全亡，得全兴。今古事，甚彰明。

孔圣人，又有云：善不积，不成名；恶不积，不灭身。谬千里，始毫芒。小者积，大乃成。天地间，人最灵。有三纲，有五伦。子孝父，臣忠君。夫妇顺，长幼钦。朋友信，尊卑明。得此者，乃为人。丧此者，乃兽禽。惟天生，古圣人。立学校，以明伦。家礼义，人衣巾。有相保，无相倾。治田里，各安生。我中华，佛国称。若蛮夷，事战争。众暴寡，富凌贫。其弱者，人所侵。其强者，天所倾。无礼义，无仁心。幸而存，牛马群。罔之生，真可怜。

尔官爵，非不荣。尔土地，非不弘。尔之财，非不盈。尔之兵，非不竞。所急者，是令名。不可无，知足心。莫恃强，妄自矜。试比我，江南省。一大县，百万征。么麽者，安足论。如我浙，义乌兵。登绝险，若履平。彼倭贼，尚寒心。尔之兵，安足逞？尔把目，胡乱行。全不顾，尔家门。朝廷恩，可不省？上司命，可不遵？尔骨肉，可不亲？尔人民，可不仁？尔文教，可不兴？尔慢上，玩朝廷。尔下人，效尔行。虑不远，忧在屏。子逆父，逆儿生。冤相报，响应声。吾奉命，掌文衡。扬圣化，巩泰宁。要个个，为好人。要人人，保厥生。故不恤，语谆谆。听吾言，天堂登。违吾言，地狱沉。苦口药，利于病。逆耳言，利于行。保尔世，惟此箴！

太守箴

知府刘之龙

维明昌运，万里职方。贵山富水，咸入版章。建邦置都，肇于庄皇。守称牧伯，古并诸侯。秩二千石，下邑缀旒。朱幡熊轼，五马优游。召父杜母，汉为循吏。渤海颍川，蒸蒸平治。五袴歌成，两岐麦瑞。河北渡虎，合浦还珠。蒲鞭化洽，竹马信孚。甘雨随车，卧辙载途。帝咨民艰，实重师帅。岂以遐荒，德泽疏窒。眼前赤子，乡邻同室。鸟言卉服，上世淳风。带牛佩犊，化导之功。夙夜匪懈，其政自通。畏彼四知，坚此素节。一鹤相随，悬鱼比洁。酌泉而爽，勿淄于涅。东海严卿，晋阳班[①]彪。德让君子，鸾凤其俦。惟胞惟与，疴痒噢咻。三代斯民，直道无斁。何武去思，寇恂愿借。一体惟怀，谁其有隔？我思古人，视履不愆。子况异等，文翁育贤。休声浃兹，吏治斡旋。噫嘻小子，麟符斯辱。画诺是资，素餐惟局。爰疏鄙箴，诵言司仆。

---

① 班：《黔记》作“晋阳臧彪”。

第六十章 夷字演

圣训

孝顺父母，尊敬长上，和睦乡里，教训子孙，各安生理，毋作非为。

歌章

天地君亲为大，兄弟手足之亲。孝乃人之百行，忠在人之本心。

士农工商各居其业，礼义廉耻切著胸襟。子能孝父变为冬为春，臣若忠君瑞气盈门。

忠孝两尽万古留名，夫妻和睦家事必成。兄友弟爱万事和平。

龙逢比干忠烈直臣，管仲鲍子不愿分金。田氏睦族树发紫荆，鉴古来往是道常存。

纲常以正日月洞明，乾坤清泰宇宙光亨。

乃作霖雨又可调羹，君臣庆会龙虎相迎，万世永赖忠孝是存。

第六十一章 书籍录

《易经集注》
《书经集注》
《诗经集注》
《春秋集注》
《礼记集注》
《四书大全》
《史记》
以上万历十五年，提学道发通省各学。
《贵州图经新志》一部五本，弘治间提学沈庠编。
《贵州通志》一部十二册，板阙不全。
《学约古文》一部三册。
以下俱有板刻：
《贵阳图考》一部四册。
上三书嘉靖间提学谢东山编。
《便民图纂》一部三册，嘉靖间布政李涵刊。
《洪武正韵》一部五册，嘉靖间布政杨守约刊。
《考古辞宗》一部十二册。
《雅音会编》一部十二册。
上二书嘉靖间提学况叔祺刊。
《问刑条例》一部一册，嘉靖间按察使胡尧时刊。
《洗冤录》一册，嘉靖间巡按王绍元刊。
《渔矶别集》一册，嘉靖间郡人马廷锡著。
《抚粤疏草》一部四册，嘉靖间郡人李祐著。
《田公秦疏》一部二册，嘉靖间为郡人田秋刊。
《留坡忠录》一册，嘉靖间为长官李盘[①]刊。
《天文地里图》二幅，隆庆间按察使刘炌刊。
《四书近语》一部四册。
《学孔精舍论学汇编》一部四册。

① 李盘：原作“李盘桓”，衍“桓”字，据《黔记》删。

《学孔精舍汇稿》一部八册。
《淮海易淡》一部四册。
《淮海遗稿》一部三册。
上五书俱隆庆间郡人孙应鳌著。
《阅书评识》一部四册，隆庆间郡人越民表纂。
《先行录》一部十册，隆庆间郡人李渭著。
《警愚录》一部八册。
《枫林小四书》
上二书万历癸酉提学吴国伦刊。
《感应篇》一册。
《观风便览》一部三册。
上二书万历乙亥巡抚何起鸣刊。
《大明律》一部六册，万历丙子参政陈洙刊。
《文章轨范》一部二册，万历己卯巡按马呈图刊。
《通鉴会要》一部六册，万历辛巳佥事胡宥辑。
《孝经》一册。
《怀幼切要》一部二册。
上二书万历壬午巡抚刘庠刊。
《西汉咀华》一部八册。
《荀杨子》一册。
《淮南子》一册。
《吕氏管子》一部四册。
《韩非子》一部二册。
上五书万历壬午提学冯时可刊。
《史记汉书选》一部七册，万历乙酉巡按毛在刊。
《谕民录》一册，万历己丑提学伍让刊。
《邦政条例》一部二册，万历庚寅巡按陈效刊。
《古今将略》一部四册。
《明刑录》一部三册。
上二书万历庚寅按察使冯孜刊。
《阳明文录》一部十四册，万历辛卯副使萧良干刊。
《观风便览》一册。
《振铎长言》一部三册，万历丁酉巡抚江东之著。
《云中存稿》一部三册，万历戊戌巡抚江东之为吉水邹元标刊。
《生民未有编》一部五册，万历戊戌都匀推官李珏辑。

先后在事各姓氏职名：

贵州等处承宣布政使司

左布政使王来贤。

分守督粮道参政王恩民。

分守新镇道副使兼参议詹启东。

贵州等处提刑按察司

按察使曹司勋。

清军驿传道副使郭廷良。

思石兵巡道副使张斗。

提督学校道佥事沈思充。

毕节兵巡道佥事方万策。

都清兵巡道佥事梁铨。

贵阳府知府刘之龙。

同知曾嘉衮。

驻镇毕节通判田于萃张瑛。

推官张应选。

都匀府知府王斑。

驻镇新添推官李珏。

镇远府知府杨懋魁。

思州府知府李仕亨。

推官吴天祐。

思南府知府赵恒。

推官刘养中。

石阡府知府郭原宾。

铜仁府知府张锡。

推官江腾鲸。

黎平府知府高祚。

推官郭继曾。

驻镇黄平通判赵儒。

定番州知州王应昌。

安顺州知州张应庆。

镇宁州署州事按察司照磨伍昌禓。

永宁州知州张问明。

普安州知州龙时跃。

麻哈州知州苏九河。
独山州知州徐廷绶。
新贵县知县张羽鸿。
清平县知县魏自强。
婺川县知县颜子言。
印江县知县张镕。
永从县知县龚一麐。
施秉县知县高如云。

专理编校各姓氏职名：

原任云南按察司副使郡人许一德、原任户科给事中郡人陈尚象、原任楚府左长史郡人刘汝楫、原任云南永宁府同知郡人周文化编辑。

贵阳府儒学教授杨蹈中、宣慰司儒学训导刘怀望、安庄卫儒学教授黄阁、新添卫儒学教授黄琏同编。

生员梅鼎、杨州贤、谢三顾、魏子忠、王俊民、徐行可、胡仰华、刘国麟、谢三桂、杨师孔丁酉举人、钱惟寅丁酉举人、万士英戊戌进士、沈绍中丁酉举人、刘应辰选贡、何东风、胡梦鹤、宋士达、李邦用、雷大节同校。

贵前二卫经历杨尚伟、李稠督梓。

椽史李大节、章承宗、李大用缮写。

参考文献

[1] (明)郭子章著，赵平略点校:《黔记》，西南交通大学出版社，2016.

[2] (明)江东之著:《瑞阳阿集》，东皋堂刻本，乾隆八年.

[3]（明）沈庠修,（明）赵瓒纂，赵平略、邢洋洋、赵念、吴春燕点校：弘治《贵州图经新志》，西南交通大学出版社，2018.

[4]（明）谢东山修,（明）张道纂，赵平略、吴家宽、徐万法点校：嘉靖《贵州通志》，西南交通大学出版社，2018.

[5]（明）王守仁著，王晓昕、赵平略点校:《王文成公全书》，中华书局，2015.

[6] 关贤柱点校:《黔诗纪略》，贵州人民出版社，1993.

[7]（明）万士英编纂，黄尚文点校整理：万历《铜仁府志》，岳麓书社，2014.

[8]（明）王阳明著，吴光、钱明、董平、姚延福编校:《王阳明全集》(新编本)，浙江古籍出版社，2010.

[9]（清）吴士进修,（清）吴世荣增修:《严州府志》，清光绪九年增修重刊本.

[10]（民国）霍殿鳌等纂:《马邑县志》，民国七年铅印本，中国方志丛书第七六号.

[11]（清）沈清崖、刘于义修纂:《陕西通志》，四库全书.

[12]（民国）向楚主编:《巴县志选注》，重庆出版社，1989.

[13]（明）夏言:《夏桂洲先生文集》，沈乃文主编《明别集丛刊》第二辑，黄山书社，2016.

[14]（明）徐问撰:《山堂萃稿》，沈乃文主编《明别集丛刊》第一辑，黄山书社，2013.

[15] （明）《彭文思公文集》，沈乃文主编《明别集丛刊》第一辑，黄山书社，2013.

[16] （明）周瑛撰：《翠渠摘稿》，沈乃文主编《明别集丛刊》第一辑，黄山书社，2013.

[17] （明）祁顺著：《巽川祁先生文集》，沈乃文主编《明别集丛刊》第一辑，黄山书社，2013.

[18] （明）宋濂著：《宋学士文集》，沈乃文主编《明别集丛刊》第一辑，黄山书社，2013.

[19] （明）席书撰：《元山文选》，沈乃文主编《明别集丛刊》第一辑，黄山书社，2013.

[20] （明）丁养浩撰：《西轩效唐集录》，沈乃文主编《明别集丛刊》第一辑，黄山书社，2013.

后 记

首先，我想借此机会说明一件事，我点校的嘉靖《贵州通志》出版后，后记中的一句话让我特别不安："初稿完成以后，我收到了贵州省文史馆组织点校的嘉靖《贵州通志》，本不想再继续此工作。该书点校得不错，可惜的是一些错误没有校出来，因此有必要重新点校此书。""错误"二字不是我原稿中的话，可能是改了几次后出现的错误，我特地查了查原稿，是"错简"而不是"错误"。我自己也出过几本点校的书，一些错误没有校出来，实在是太正常不过了。我出的所有书中，也一定还有错误的。张祥光与林建曾二位先生点校的嘉靖《贵州通志》确实点校得很好，但也确实有一些错简没有校出来，这使得读者阅读时会产生一些困难。因此，我认为我再出将错简校出来的点校本也是有必要的，此乃我的原意。

接着，该谈谈这本万历《贵州通志》了，在点校弘治《贵州图经新志》后，就想把四本明朝的贵州历史一并点校。嘉靖《贵州通志》有张祥光与林建曾二位先生的点校本先出了，正如上文所说的原因，我还是出了我的点校本。

贵州大学出版社出版了贵州省文史馆组织点校的万历《贵州通志》，我开始工作前就得到了这个本子。有朋友鼓励我一定要出我的点校本。我不大认同贵州大学本万历《贵州通志》的一些句读，所以，我想，出一本我的点校本，也算是多一种对万历《贵州通志》的解读，这是第一个意义。因为我出了另外三种明代贵州史，校勘时的对比资料就更丰富，原书的一些错漏之处也更容易校勘出来，这是第二个意义。因了这两个意义，我也就得以有理由完成明代贵州史全四种的点校了。

其时，家宽同学正在研究院做事，对此事很有热情，于是，我们就又合作完成了这本书的点校。

感谢西南交通大学出版社对我的支持，感谢李晓辉老师对我的支持，尤其是感谢本书的编辑李欣老师，她工作非常认真负责，对本书的检查非常细致，本书能以今天的样子呈现在读者面前，李欣老师做了大量的工作。

贵阳学院

贵阳孔学堂签约入驻学者

赵平略

2020.4.3